《云南生态年鉴》被中国知识资源总库
《中国年鉴全文数据库》全文收录

图书在版编目（CIP）数据

云南生态年鉴. 2018 / 何宣，杨士吉，许太琴编
. -- 芒市：德宏民族出版社，2018.7
ISBN 978-7-5558-0941-8

Ⅰ. ①云… Ⅱ. ①何… ②杨… ③许… Ⅲ. ①生态经济 - 经济发展 - 云南 - 2018 - 年鉴 Ⅳ. ① F127.74-54

中国版本图书馆 CIP 数据核字（2018）第 131014 号

书名 云南生态年鉴 2018
主编 吴　松　许太琴

出版·发行	德宏民族出版社	责任编辑	方萍
社　　址	云南省德宏州芒市勇罕街 1 号	责任校对	尹丽蓉
邮　　编	678400	封面设计	李绕平
总编室电话	0692-2124877	发行部电话	0692-2112886
汉文编室	0692-2111881	民文编室	0692-2113131
设计·制版	昆明凡影图文艺术有限公司	电子邮件	dmpress@163.com
印　　刷	昆明富新春彩色印务有限公司	网　　址	www.dmpress.cn
开　　本	889 × 1194mm　1/16	版　　次	2018 年 7 月第 1 版
印　　张	30	印　　次	2018 年 7 月第 1 次
字　　数	787 千字	印　　数	1-1000 册
书　　号	ISBN 978-7-5558-0941-8	定　　价	580.00 元

如出现印刷、装订错误，请于承印厂联系调换事宜。印刷厂联系电话：13700633225

《云南生态年鉴》（2018）编辑委员会

《云南生态年鉴》编辑部

编辑说明

一、《云南生态年鉴》是一部以生态文明建设为中心内容的主题年鉴。全面系统收载云南省生态文明建设、生态经济发展等方面的重要资料信息，为社会各界人士了解云南省的资源环境状况、绿色发展、生态文明建设提供一个窗口；为宣传生态文明，提高公民的生态环境意识服务；为推动云南生态立省、环境优先发展战略服务；为构建生态云南、和谐云南、美丽云南服务。

二、《云南生态年鉴》以习近平新时代中国特色社会主义思想为指导，深入贯彻习近平总书记系列重要讲话精神，结合云南资源环境优势和建设环境友好型社会的需要，客观真实地承载年度生态文明建设、绿色发展的新情况、新成就；力求体现主题年鉴的科学性、权威性、学术性和实用性。

三、《云南生态年鉴》（首卷）于 2008 年 6 月创刊，为更好地贯彻中共中央关于生态文明建设的决定和中共云南省委、省政府“生态立省”的战略部署，2010 年由《云南生态经济年鉴》更名为《云南生态年鉴》。本卷为第十一卷。主要收录 2017 年度内的生态文明建设、绿色发展资料、情况，也有少量 2018 年度的资料。本卷由特载、专文、生态大事记、省情概况、绿色发展、生态保护、污染防治与节能减排、生态文明建设、生态文明建设十二五成果选辑、生态旅游、理论研究、人物、政策法规、年度报告、附录、索引等组成。

四、结合云南省生态文明建设和绿色发展实际，《云南生态年鉴》（2018）的部类设置，在上卷较大调整的基础上，又作了适度调整，一是在生态旅游类目下，设置生态旅游资讯、生态古村落两个分目。二是在绿色发展类目下，分设了云南农业资讯、云花、云菜、云牧、云果、云茶、云粮等分目。三是在生态文明建设类目下，分设了生态文明建设大家谈、生态文明建设资讯、践行生态文明等分目。四是在附录类目下，增设了资料选介。

五、《云南生态年鉴》（2018）采用分类编辑法，由条目体和文章体构成。条目体主要以部类为单元，由类目、分目、条目组成，一般分为三个层次。条目是辑录资料、介绍情况的主要形式，条目标题用黑体字表示。除特载、专文、生态文明建设十二五成果选辑、政策法规、年度报告、理论研究等采用文章体以外，其他均为条目体。

六、《云南生态年鉴》（2018）资料主要来自云南省生态、环保、大专院校等部门的专家、学者及媒体工作者。统计数据采自相关统计部门公布的权威数据。部分文献资料采自省内外权威机关、传媒。

七、为方便读者检索使用，本年鉴在卷首设有目录，卷末附有“索引”，并设英文要目。“索引”按主题分析法编制，以汉语拼音音序排列，读者可从主题入手，查找所需资料。

八、《云南生态年鉴》（2018）由云南省生态文明建设研究与发展促进会（原名：云南省生态文明建设研究会）主办，云南省杨善洲绿化基金会、云南省绿色发展研究院等单位协办。《云南生态年鉴》（2018）在编纂过程中，得到有关领导、相关单位和社会各界人士的鼓励、支持、帮助，谨此一并致以深深的谢意！

《云南生态年鉴》编委会

2018 年 6 月

决胜全面建成小康社会　夺取新时代中国特色社会主义伟大胜利

——在中国共产党第十九次全国代表大会上的报告（节选）

（2017 年 10 月 18 日）

习近平

九、加快生态文明体制改革，建设美丽中国

人与自然是生命共同体，人类必须尊重自然、顺应自然、保护自然。人类只有遵循自然规律才能有效防止在开发利用自然上走弯路，人类对大自然的伤害最终会伤及人类自身，这是无法抗拒的规律。

我们要建设的现代化是人与自然和谐共生的现代化，既要创造更多物质财富和精神财富以满足人民日益增长的美好生活需要，也要提供更多优质生态产品以满足人民日益增长的优美生态环境需要。必须坚持节约优先、保护优先、自然恢复为主的方针，形成节约资源和保护环境的空间格局、产业结构、生产方式、生活方式，还自然以宁静、和谐、美丽。

（一）推进绿色发展。加快建立绿色生产和消费的法律制度和政策导向，建立健全绿色低碳循环发展的经济体系。构建市场导向的绿色技术创新体系，发展绿色金融，壮大节能环保产业、清洁生产产业、清洁能源产业。推进能源生产和消费革命，构建清洁低碳、安全高效的能源体系。推进资源全面节约和循环利用，实施国家节水行动，降低能耗、物耗，实现生产系统和生活系统循环链接。倡导简约适度、绿色低碳的生活方式，反对奢侈浪费和不合理消费，开展创建节约型机关、绿色家庭、绿色学校、绿色社区和绿色出行等行动。

（二）着力解决突出环境问题。坚持全民共治、源头防治，持续实施大气污染防治行动，打赢蓝天保卫战。加快水污染防治，实施流域环境和近岸海域综合治理。强化土壤污染管控和修复，加强农业面源污染防治，开展农村人居环境整治行动。加强固体废弃物和垃圾处置。提高污染排放标准，强化排污者责任，健全环保信用评价、信息强制性披露、严惩重罚等制度。构建政府为主导、企业为主体、社会组织和公众共同参与的环境治理体系。积极参与全球环境治理，落实减排承诺。

（三）加大生态系统保护力度。实施重要生态系统保护和修复重大工程，优化生态安全屏障体系，构建生态廊道和生物多样性保护网络，提升生态系统质量和稳定性。完成生态保护红线、永久基本农田、城镇开发边界三条控制线划定工作。开展国土绿化行动，推进荒漠化、石漠化、水土流失综合治理，强化湿地保护和恢复，加强地质灾害防治。完善天然林保护制度，扩大退耕还林还草。严格保护耕地，扩大轮作休耕试点，健全耕地草原森林河流湖泊休养生息制度，建立市场化、多元化生态补偿机制。

（四）改革生态环境监管体制。加强对生态文明建设的总体设计和组织领导，设立国有自然资源资产管理和自然生态监管机构，完善生态环境管理制度，统一行使全民所有自然资源资产所有者职责，统一行使所有国土空间用途管制和生态保护修复职责，统一行使监管城乡各类污染排放和行政执法职责。构建国土空间开发保护制度，完善主体功能区配套政策，建立以国家公园为主体的自然保护地体系。坚决制止和惩处破坏生态环境行为。

同志们！生态文明建设功在当代、利在千秋。我们要牢固树立社会主义生态文明观，推动形成人与自然和谐发展现代化建设新格局，为保护生态环境作出我们这代人的努力！

《习近平关于社会主义生态文明建设论述摘编》出版发行

2017 年 9 月，由中共中央文献研究室编辑的《习近平关于社会主义生态文明建设论述摘编》一书，由中央文献出版社出版，在全国发行。

党的十八大以来，以习近平同志为核心的党中央高度重视社会主义生态文明建设，坚持节约资源和保护环境的基本国策，坚持绿色发展，把生态文明建设融入经济建设、政治建设、文化建设、社会建设各方面和全过程，加大生态环境保护力度，推动生态文明建设在重点突破中实现整体推进。认真学习贯彻习近平同志关于社会主义生态文明建设的重要论述，对于全党全社会深刻认识生态文明建设的重大意义，坚持和贯彻新发展理念，坚定不移走生产发展、生活富裕、生态良好的文明发展道路，推动形成绿色发展方式和生活方式，推进美丽中国建设，努力走向社会主义生态文明新时代，实现“两个一百年”奋斗目标、实现中华民族伟大复兴的中国梦，具有十分重要的指导意义。

《论述摘编》共分 7 个专题：建设生态文明，关系人民福祉，关乎民族未来；贯彻新发展理念，推动形成绿色发展方式和生活方式；按照系统工程的思路，全方位、全地域、全过程开展生态环境保护建设；环境保护和治理要以解决损害群众健康突出环境问题为重点；完善生态文明制度体系，用最严格的制度、最严密的法治保护生态环境；强化公民环境意识，把建设美丽中国化为人民自觉行动；积极参与国际合作，携手共建生态良好的地球美好家园。书中收入 259 段论述，摘自习近平同志 2012 年 11 月 15 日至 2017 年 9 月 11 日期间的讲话、报告、谈话、指示、批示、贺信等 80 多篇重要文献。其中许多论述是第一次公开发表。

（新华社北京）

博览会现场

养老公寓沙盘模型引关注

云南白药展位

2017 中国（昆明）国际养生养老产业博览会在昆明举行

以“七彩云南·养老福地”为主题的2017中国(昆明)国际养生养老产业博览会于2017年12月8日~12日在昆明国际会展中心开幕。这是云南省首次举办与养老养生及大健康相关的大型展会，是云南省抓住机遇构建老龄事业大格局、勇于开拓提速老龄产业新动能的重要举措和探索。

在开幕式上，原省老领导、云南省老龄事业发展基金会理事长孟继尧，云南省民政厅党组书记、厅长段丽元致欢迎辞，国际公益学院院长、北京师范大学中国公益研究院院长王振耀，民政部社会福利中心党委书记兼副主任甄炳亮、中国老龄科学研究中心副主任党俊武、戴德梁行大中华区董事 Adam Rush，加拿大魁北克健康养老产业发展基金总裁陈泽清等国际国内养生养老产业的专家、学者、企业领军人物共1200多人参加了开幕式。

老龄产业从宏观意义上讲，是涉及多种学科、关系到多种经济门类的综合性产业；从内涵来看，老龄产业的最终服务对象是老年群体。相关数据表明，截至2016年底，云南省60岁以上的老年人已经达到570.1万人，占总人口的11.95%。随着老龄人口的迅速增长、老年人收入的不断提高、老年人消费需求日益扩大、全国老龄产业市场的带动促进，云南的老龄产业方兴未艾，正在成为经济发展新动能的重要增长极。

本次博览会由中国国际贸易促进委员会云南分会、云南省老龄事业发展基金会、省保健食品行业协会等单位共同主办。5天会展期间，组委会组织了一展览、一论坛、一大赛。

一展览。来自9个国家、18个省市、全省各州(市)、县(市、区)养生养老产业企业(机构)共230家单位参展。5天共接待参观人数12万人次，现场成交金额

养生养老产业的专家、学者、企业领军人物在论坛做主题演讲

1774万元，现场达成合作意向2280项。

一论坛。邀请到了民政部、全国老龄办、国际国内专家学者、大型企业领军人物共14位嘉宾解读养生养老产业政策，介绍国际国内前沿理论，分享了国际国内成功运作模式。

一大赛。300支团体7000人参加中老年团体艺术大赛，充分展示云南省中老年人的风采。经过层层筛选，最终评出一等奖4个、二等奖8个、三等奖12个，另外，24支团体获得优秀奖，32支文艺团体获得入围奖。

5天的博览会，充分展示和宣传了党的十九大报告对发展养老产业的要求，展示了养生养老产业的内涵和外延，推介了云南省发展养生养老产业的亮点、潜力和优势，学习借鉴了国际国内先进理论和经验，促进了全省养生养老产业招商引资，加强了国际国内养生养老产业之间的交流与合作，将在促进云南省养生养老产业发展方面起到积极的促进作用。

（杨　华　撰文/摄影）

美丽乡村

春天里的“瑞雪祥临”——个旧加级寨梨花

“梨花逊雪三分白，雪输梨花一段香” 虽是描写雪后的静谧氛围，但在个旧市加级寨里，人们却能在春天里看见如同“瑞雪祥临”的景致。

加级寨位于个旧市西北方向约10千米处。据了解，由于村里得天独厚的水土气候条件利于梨树的生长，当地村民自上世纪四五十年代，开始大面积连片种植鲁沙梨树。每年阳春三月，村子里的梨花满枝，团团锦簇，花山花海像是起伏绵延的“瑞雪纷飞”。

梨花的白色是加级寨的主色调，还有桃花的粉、菜花的黄、豆花的紫点染其间。这清新脱俗与姹紫嫣红的交织，让人宁静悠然。这里引得八方游客寻着春天的气息纷至沓来，这里人花相融，自然和谐。

（王　新　撰文／摄影）

万溪冲小学

街头宣传栏

梨花节分会场

“宝珠梨之乡”——呈贡吴家营

呈贡的宝珠梨种植历史悠久，素有“宝珠梨之乡”的美誉。吴家营街道是呈贡宝珠梨的主产区，宝珠梨种植面积达1万多亩5万余株。其中万溪冲社区种植6000余亩、段家营社区种植3000多亩、郎家营赵家山村种植1300余亩。每年3月，上万亩梨花竞相开放，蓝天白云下的瑞雪，美不胜收，吸引众多市民纷至沓来。

吴家营街道办事处距呈贡区6千米，距昆明主城20千米，交通极为便利。2008年1月，经中共呈贡县委（今呈贡区）决定，撤销呈贡县吴家营乡政府，成立吴家营街道办事处。街道下辖柏枝营、中庄、前卫营、郎家营、缪家营、万溪冲、段家营、刘家营八个社区居委会，10个自然村，51个居民小组，有农户3922户。

吴家营街道办事处辖区内海拔1899~2372米，属亚热带季风气候，气候温和、雨量充沛，年平均气温14.7摄氏度，平均年降雨量786毫米。辖区国土面积51.46平方千米，现有耕地面积13452亩，人均耕地1.06亩，林地38259亩，其中经济林果面积10745亩，人均林果面积0.85亩。农民收入主要以种植销售蔬菜、水果、花卉为主。

吴家营街道曾经是一个以农业为主的半山区街道。2008年以来，随着呈贡新区建设和产业结构调整步伐的加快，农民收入除以种植蔬菜、水果、花卉等传统种植业外，其主要经济收入来源已逐步地向二三产业过渡。尤其是伴随着“美丽乡村建设示范村”建设项目的不断推进，“宝珠梨之乡”——吴家营愈发变得生机勃勃，除了梨花节赏梨花、尝美食外，还有古梨树认养、梨园宝贝摄影大赛、梨花音乐会、土特产展销等系列活动。至2018年3月，吴家营已经连续成功举办6届梨花节活动，成为昆明市彰显美丽乡村的一张名片。

（栩　榕　撰文）

居家养老服务中心

桃花盛开

农家自产自销的宝珠梨

（本版图片摄影　许太琴）

赏樱新去处——王家小院樱花谷

昆明市乡村旅游示范点——安宁王家小院樱花谷位于安宁市小甸村，距离高速公路安丰营出口处约7千米，交通比较方便。樱花谷依山傍水、环境宜人。樱花谷内种植有樱花7万多株，是目前昆明较大的樱花谷之一。每到3月中旬至4月下旬，关山樱、白妙樱、中国红樱花等争艳绽放。在2017年3月举办“第一届樱花文化节”期间，以“樱花文化节我在王家小院等你”为主题的活动拉开序幕：以樱花为题材的有奖摄影大赛和“樱美人”拍摄活动在王家小院开展；围绕“樱花开幕式”“樱你而拍摄”“樱花烂漫时我在王家小院等你”为题材的有奖征文活动也相继拉开帷幕。

安宁王家小院创办于2000年，占地1000多亩，除种植有樱花以外，还种植有樱桃、杨梅、蓝莓、甜柿、板栗、水蜜桃、甜杏等多种特色水果；养殖有黑山羊、跑山鸡、跑山鹅、土猪、生态鱼等；拥有水面60多亩，餐厅可以同时接待600人就餐。游客可以在赏樱花的同时，品尝多种绿色生态美食。如今，王家小院这个原先并不出名的地方，已经成为昆明人休闲游的热门旅游目的地。

（栩　榕　撰文）

（本版图片摄影　江　云）

冬天里的春天——南涧无量山樱花谷

12 月的北方，已是千里冰封万里雪飘，而在云南南涧县无量山的深处，却是阳光明媚姹紫嫣红！第一次走进无量山樱花谷，面对冬天里的无限春光，不能不令人惊呼、令人雀跃！

无量山，是云南大理、普洱和临沧三州（市）交界处的一群山脉，属国家级自然保护区。无量山樱花谷位于大山深处南涧县无量镇德安村委会境内的云南大理华庆茶业有限公司的茶庄园内。距南涧县城 51 千米，距昆明约 330 千米。地理位置北纬 24° 45' 50"，东经 100° 30' 32"，海拔 2175 米。每年 11 月底至 12 月下旬，间植于约 2000 亩茶园中的冬樱花竞相开放，构成一幅无量山樱花谷人间仙境。

不过，这里最初并不叫樱花谷。在无量山，樱花多在深山中、村道旁，一任花开花落，自生自灭。当地人早已习以为常。就是这被当地人忽略的常态，因为与茶园的机缘巧合，而发达成为一道令人赏心悦目，且趋之若鹜的靓丽风景！

2000 年，南涧县招商引资时，外地茶商承包了这里的山地种植茶树。在种茶的同时，也种植了冬樱花树作为茶园内的覆荫树。几年过去以后，漫山遍野盛开在冬天里的樱花让这片山谷成为樱花谷，进而成就了这独具特色的生态茶园。尽管这里现在仍然是一个产茶区，但是，每逢冬季，当冬樱花怒放时，灿若云霞的樱花和着满山的欢声笑语，给这个茶园带来了别样的风景。这里，已成为让人流连忘返的生态旅游地。

（栩　榕　撰文）

（本版图片摄影　许太琴）

阳宗海畔的绣球花海

见过盆栽和小片的绣球花，却没有见过如此这般浩瀚的绣球花海。最近几年的夏天，阳宗海南面的一处坡地上，都会吸引着众多赏花和摄花的人慕名而来。

阳宗海的绣球花海隶属于南国山花科技生态园“都市农庄”，占地1200多亩。自2012年建园以来，目前已收集种植的国内外绣球花品种资源共有近70多个品种，其中的人面桃花、青山绿水、蓝宝石等9个是拥有自主知识产权的新品种。

进入园区眺望远处，蓝天白云下的壮观的绣球花海演绎出别样的盛景奇观。山顶上，大片的白色绣球如皑皑白雪，而在山腰，蓝色绣球则充满了烂漫的情调。眼面前，一只只花球硕大的绣球花伫立在齐腰高的绿叶碧海之中，有的蓓蕾初绽、欲吐芬芳，有的花大色艳、吸引眼球，一派醉人景象让人赏心悦目。

值得一提的该园区目前还拥有帝王花属、银树属、真垫花属等10余属的南半球木本花卉200多种。

（王　新　撰文／摄影）

安宁温泉镇

温泉镇隶属云南省安宁市，地处滇中中部，安宁市北部，因境内有天然温泉碧玉泉而得名。距安宁市城区 7 千米，离昆明市城区 35 千米。地理位置东经 102° 29′，北纬 24° 56′。东南与连然镇毗邻，西同草铺镇相连，北与青龙镇及西山区团结乡接壤。主要山脉有龙山、笔架山、九子母山，主要河流有螳螂川、甸中小河、箐门口小河。

温泉镇辖区面积 109 平方千米，海拔 1820 米 ~ 2538 米，年平均气温 14.6℃。全镇辖 3 个村委会，2 个社区居委会，30 个自然村，19 个村民小组，12 个社区居民小组。全镇总人口 12135 人。少数民族 1165 人，占总人口的 9.6%。世居民族主要有汉族、彝族、苗族三种。

温泉镇境内山清水秀。温泉镇温泉，古称碧玉泉。泉水自螳螂川东岸石灰岩壁流出，有泉眼九个，水温 42 ~ 45C°，弱碳酸盐型，可饮可浴。泉在山腰，宛若玉带揽山，故而形成赫赫有名的“天下第一汤”。因泉而兴的温泉镇，自古以来就有“温泉八景”之说，即“冰壶濯玉”“龙窟乘凉”“春圃桃霞”“晴江晚棹”“烟堤听莺”“渐入佳景”“山楼看雨”“溪亭醉月”等。

温泉镇历史悠久、文化底蕴深厚。明代杨慎、徐霞客等多位名人雅士曾到此游历；中华人民共和国成立以后，周恩来、朱德、邓小平、董必武等党和国家领导人也曾来此参观游览，董必武副主席曾留下了诸如“莫夸六国黄金印，来试三遍碧玉泉”的名句。以享誉中外的“天下第一汤”为主的自然资源景观及曹溪寺、珍珠泉、摩崖石刻群、三潮圣水等人文景观，使温泉镇成为云南省重要的观光旅游、休闲度假和疗养圣地。

温泉镇境内交通便利，成昆铁路、安富公路横贯南北；新开发建成了凤山森林浴场、邑尾里生态谷、牧羊湖景区等，尤其是近几年来螳螂川沿岸五千多亩观光油菜的种植，对重塑“天下第一汤”旅游品牌起到了较好的促进作用。

温泉镇十分重视生态环境保护。在认真抓好天然林保护、林地清理、补办征占林地手续等措施的同时，补植补造林木 620 亩，其中：火烧迹地补植 100 亩，废弃矿山植被恢复 520 亩；四旁义务植树 3.5 万余株，全镇森林覆盖率达 79.2%。为了切实加强森林防火工作，温泉镇成立了专业灭火队伍，此外，聘请巡山堵卡人员，对各条山箐及重点防火地段在火险期实行严防死守。

近年来，温泉镇先后荣获“国家卫生镇”“云南省卫生镇”“昆明市奔小康先进镇”“造林绿化、消灭宜林荒山达标乡镇”“精神文明建设先进镇”等称号，创建成“昆明市文明小城镇”“云南省生态镇”“全国环境优美乡镇”，被云南省立为 60 家重点打造旅游小镇之一。

（桐　榕　撰文／摄影）

董必武题词碑

螳螂川畔的摩崖石刻

享誉古今的温泉——“天下第一汤”

多乐原风景区广场全景（王芮芳 摄）

美丽乡村生态游——富源多乐原风景区

多乐原风景区位于云南省曲靖市富源县多乐屯，是富源县首个休闲度假式综合旅游景区。景区占地总面积约 1.41 平方千米，分为地上花卉、林果景观和地下喀斯特溶洞景观两大部分。

目前已建成并对外开放的主要景观被称为花宫。花宫包括：馨园、丽园、秘园、幻园、梦园、恬园等 6 园及地下溶洞。

馨园汇集了梅花、海棠、茶梅、山茶花、杜鹃、紫荆花、马缨花等品类，巧妙的搭配使花期从 11 月至翌年 6 月花开不断。

幻园以漫山的红叶碧桃、绿叶碧桃就山势而植，每年 3、4 月，桃花如朝霞般绽放，油菜花海烘托其间，让人流连忘返。

丽园是月季大观园。与众不同的是，丽园中除了中国的月季花品种以外，还引种了近千个欧州月季品种，如：玛格丽特王妃、瑞典女王、抓破美人脸、薄荷冰糕、天方夜谭、铃之妖精、大庄园等，还有微型风花、地被、大花等屡获殊荣的品种。花开时节，园中栈道、花田小道游人如织，人们在尽赏世界优质月季带来的美的震撼的同时，还能通过品读花牌，增长知识。

梦园是草花大观园。梦园每年都会种植超过 20 个品种的草花，以大面积草花的颜色和图案造型，营造出具有韵律感、如梦幻般的植物景观，让“景观与生态共生，美化与文化兼容”，其意境之美令人愉悦。

恬园是果园。主要有云贵高原的本土野果，如野猕猴桃、野葡萄、小橘子、羊奶果、地白泡、野刺梨、黄泡、山羊泡等，还有苹果、石榴、栗子、大枣、杨梅、桑椹、无花果、枇杷、山楂、橘子等。花开时赏花，结果时品果，可乐享时光的美好。

秘园是由金凤花组成的面积约为 1000 米 ×56 米的七彩飘带。位于景区大门至观景台的喀斯特地貌之上，虽不能与石林相媲美，但却有着别样的韵味。

多乐原风景区俯瞰（邓成斌 摄）

多乐原风景区大门（王芮芳 摄）

地下溶洞有4层主洞、10余个支洞、40个洞穴大厅，是目前国内罕见的特大喀斯特溶洞群。据专家考察确认，该洞穴系统为同一暗河（地面部分为海田小河）发育而成的层状溶洞群，总长约6.8千米，保留有3座天生桥、近20个出入口、80余个大厅，洞内不同时代发育的洞穴沉积造型奇特，不少景观为国内外罕见，并保留有若干珍贵的地质遗迹、文化遗址。该洞穴系统对于揭示云贵高原隆升与环境、演化、古人类变迁等具有十分重要的科学价值和历史文化价值。现已建成开放的为第一层洞穴（2个大殿）、第三层洞穴（26个大殿），长度约1600米。洞内景观主要为石灰岩中夹带钙、镁等矿物质及杂质的点状、线状、片状，经千万年沉积而成，其景观单体数量、景观密集度和奇特度实为国内外罕见。其中，石乳、树枝状石钟乳等多种沉积景观，至今未能揭其成因。

多乐原风景区建筑风格古朴，建筑主料为土基、老木及茅草。景区内的黄心楠木吧台、千年楠木景区大门、香柏木背景墙、榆木板大门、楠木秋千凳，纯木沙发、原木床、老树秋千椅、老榆木茶几、大磨盘餐桌、枝丫灯饰等等，无一不彰显出亲近自然，环保健康的原生态建筑理念。

多乐原风景区是集溶洞探秘、花卉鉴赏、鲜果采摘、住宿美食于一体的乡村休闲生态旅游景区。人们在观景赏洞的同时，既可穿越千年，又能回归自然；既可点燃想象，又能还原本真，在时光穿梭中看得见青山，记得住乡愁。

（栩　榕　整理）

多乐原风景区夜景（如哥　摄）

天生桥（熊海清　摄）

茅草屋餐厅（王芮芳　摄）

天人菊（王芮芳　摄）　碧桃（王芮芳　摄）　赏花栈道（王芮芳　摄）

多乐原风景区花宫（王芮芳 摄）

喀斯特地貌奇观——树枝状石钟乳

喀斯特地貌奇观——树枝状石钟乳

喀斯特地貌奇观——石乳（谢大才 摄）

月季大观园里的部分月季品种

威廉莎士比亚2000（英国）

玛丽公主城堡（德国）

红双喜（美国）

摩洛哥公爵（英国）

糖果宝贝（中国）

呼呼塞拉（荷兰）

罗曼尼·詹森（英国）

妖姬（日本）

格雷斯（英国）

曼斯特德伍德（英国）

（本版图片除署名者外均为许太琴摄影）

生态云南

白马雪山国家级自然保护区

位于迪庆藏族自治州境内。成立于1983年，1988年升为国家级自然保护区。2000年调整扩大后，保护区总面积为276400公顷，地跨迪庆藏族自治州的德钦、维西两县九个乡（镇）。主要保护对象是高山针叶林、滇金丝猴。2006年，被国家林业局确立为国家级示范自然保护区。2011年，被国家七部委联合调查组评为优秀管理水平保护区。

白马雪山自然保护区属野生动物类型自然保护区。区内记录有国家Ⅰ级重点保护野生动物滇金丝猴、云豹、雪豹、黑鹳、金雕等22种。国家Ⅱ级保护野生动物及省级保护野生动物44种。国家Ⅰ级重点保护植物有云南红豆杉、光叶珙桐、玉龙蕨、独叶草等4种。国家Ⅱ级重点保护植物有澜沧黄杉等9种。

白马雪山自然保护区是云南省寒温性针叶林集中分布的区域，大面积的长苞冷杉林是滇金丝猴种群的主要栖息环境。滇金丝猴（Rhinopithecus bieti）是灵长目猴科仰鼻猴属一种。又称黑白仰鼻猴。中国特有种。国家Ⅰ级重点保护野生动物。《濒危野生动植物种国际贸易公约》（CITES）附录Ⅰ物种。体型粗壮，头顶有一尖长的黑灰色冠毛，尾长约等于体长，被毛长而厚，主色调为黑色，但臀部、后肢内侧、喉部、颈下与颈侧、前肩及胸腹部白色或灰白色，眼周和唇部青灰色或绯红色。主要栖息于海拔2800 ~ 4300米的高山针阔混交林与暗针叶林，是栖息地海拔最高的灵长类之一。白马雪山自然保护区建立以来，十分重视对滇金丝猴的寻找、发现、保护、研究和精心管理，目前保护区内的滇金丝猴已有8个种群1500只左右，占全国该种群个体数的70%。

（栩　榕　整理）

（本版图片摄影　李　森）

纳帕海湿地景观

退田还湖

纳帕海自然保护区

香格里拉纳帕海省级自然保护区

位于香格里拉县县城西北部。建于1984年。面积为2400公顷，属季节性高原湖泊。纳帕海湖面高程海拔3260米，是许多珍稀濒危越冬候鸟的栖息地和中转站，每年都有黑颈鹤、黑鹳、胡兀鹫、白尾海雕等国家Ⅰ类保护动物，白琵鹭、大天鹅、白马鸡等国家Ⅱ类保护动物，以及赤麻鸭、斑头雁等171种候鸟到此越冬栖息，且数量较大，仅雁鸭类就有近万只。保护区内还分布有13种两栖爬行类动物和丰富的高原土著鱼以及大量的昆虫，为鸟类提供了丰富的食物来源。保护区主要保护对象是高原季节性湖泊、沼泽草甸，黑颈鹤、黑鹳等候鸟及其越冬栖息地。保护区建立时，黑颈鹤只有61只，到2009年已增至360只，同时其他越冬鸟类在数量和种群上也有明显增加。

（桐　榕　整理）

纳帕海草甸

纳帕海湿地

春天里的纳帕海草甸

纳帕海湿地草场

纳帕海草甸秋色

纳帕海自然保护区退田还湖水域面积扩大

纳帕海自然保护区植被保护良好

（本版图片摄影　许太琴）

属都湖湿地

游览栈道

属都湖的春天

普达措国家公园

位于迪庆州香格里拉县境内，地理坐标为东经 99° 59′ 16″ ~ 100° 02′ 38″，北纬 27° 43′ 52″ ~ 27° 58′ 30″，平均海拔 3600 米左右。地处“三江并流”世界自然遗产地和“三江并流”国家级风景名胜区内。公园总面积 798.4 平方千米，包括碧塔海省级自然保护区（国际重要湿地）、属都湖景区的周边地区。其中各类保护地面积 765.94 平方千米，占总用地的 99.81%；游憩用地 1.46 平方千米，占 0.19%。公园按特别保护区、自然生境区、户外游憩区、文化保存区、公园服务区、引导控制区（遗产廊道）六大功能分区进行建设和管理。普达措国家公园的主要景观类型有高山－亚高山寒温性针叶林森林生态系统景观、高山－亚高山草甸、沼泽生态系统和高原湖泊湿地生态系统景观、高山柳等植被和河流组合而成的高原河流湿地生态系统景观、以中甸叶须鱼（重唇鱼）为代表的湖泊珍稀濒危鱼类景观、以黑颈鹤等为代表的鸟类景观、藏族村落景观等。

（栩　榕　整理）

观景栈道

宣传标识和游览栈道

属都湖秋色

碧塔海秋色

植被保护良好

（本版图片摄影　许太琴）

滇池国家重要湿地

位于昆明市西南部。地理位置为东经102° 37′ ~ 102° 48′，北纬24° 40′ ~ 25° 02′。高原淡水湖泊，属金沙江水系。处于金沙江、元江、南盘江三大水系的分水岭地带，是构造断陷湖。湖面总面积309平方千米。2000年9月被列为国家重要湿地，在《中国湿地保护行动计划》上公布。

滇池国家重要湿地内分布有水生维管植物12科18属22种，浮游藻类8门21目39科81属205种及变种。大型无脊椎动物34科58属123种。鱼类5目15科（亚科）23属65种，其中土著鱼类29种；两栖类动物2目4科10种；爬行类动物3目5科16种；湿地鸟类7目15科62种。滇池湿地生态系统由湖泊、岸边湖滨低地和流域森林生态系统构成。据资料记载，从20世纪50年代至80年代以来，滇池水生植被的分布及群落演替发生了巨大变化，主要表现为：水生植物群落面积大为减少；水生植物群落结构发生简化，多为单优群落，伴生种类极少；群落多样性降低；水生植物群落的自然演替规律遭到不同程度的破坏。保护滇池刻不容缓。

近年来，昆明市委、市政府坚持“以水定城、量水发展”思路，把滇池治理作为城市经济社会发展转方式调结构的一面镜子，不断推动滇池治理实现新的突破，努力打造生态之湖、景观之湖、人文之湖，使昆明真正成为人与城市、城市与自然和谐相处的美丽家园。

（栩　榕　整理）

滇池边上的人工林带

滇池缓冲区生态修复带

滇池缓冲区绿化美化

滇池入湖河道大观河截污治理后生态恢复良好

郁金香盛开的捞鱼河湿地公园

滇池面山绿化美化

滇池边上的人工林带

滇池入湖河道晋宁东大河湿地截污治理

滇池面山绿化

打造生态之湖——滇池治理初见成效

美丽滇池的小精灵——红嘴鸥

打造生态之湖——滇池绿化

滇池游览渡口

（本版图片摄影 许太琴）

抚仙湖环湖生态修复

抚仙湖湖滨缓冲带生态建设——观光廊道

抚仙湖环湖湿地二次净化系统水域

抚仙湖国家重要湿地

位于玉溪市的澄江、江川、华宁三县境内。地理位置为东经102° 49′ ~102° 58′，北纬24° 21′ ~24° 38′。抚仙湖为云南省高原淡水湖泊。集水区面积1053平方千米，湖面平均面积212.5平方千米。2000年9月被列为国家重要湿地，在《中国湿地保护行动计划》上公布。

抚仙湖湿地内分布有藻类植物8门8纲13目22科62种。浮游动物34科232种。水生植物种类12种，全为沉水植物，表现出深水湖的特点。无脊椎动物6门8纲13目26科72种。鱼类7目14科33属39种（亚种），其中土著鱼类25种。两栖类动物2目7科27种。爬行类动物3目5科14种。湿地鸟类9目10科29种。哺乳动物16种，其中水獭和小灵猫为国家Ⅱ级重点保护野生动物。抚仙湖地区建立有抚仙湖管理局，对湿地进行保护管理。

（栩 榕 整理）

抚仙湖环湖生态修复美化建设

现代建筑与田园风光的融合

抚仙湖环湖湿地美化工程

抚仙湖环湖生态修复

抚仙湖环湖美化工程

抚仙湖国家湿地保护宣传标识牌

抚仙湖湖滨缓冲带生态建设

抚仙湖湖滨缓冲带生态建设

（本版图片摄影　许太琴）

鸟之乐园

鸟类（Aves）属动物界脊索动物门脊椎动物亚门一纲。根据生活方式和栖息环境差异，鸟类可分为6种生态类型。①游禽。生活在各种水体中，适应在水体漂浮、游泳或潜水，如红嘴鸥等。②涉禽。生活在各种水域边缘的浅滩地带、水田和山边溪流附近，如各种鹤、鹭类。③猛禽。以猎捕各种小型脊椎动物及昆虫为食，少数种类捕食鱼类或以动物尸体为食，如斑头鸺鹠、长耳鸮等。④陆禽。多结群生活，树栖或地栖，主要在陆地上活动。如环颈雉、山斑鸠等。⑤攀禽。栖息于各种森林中，多数种类不善于长距离飞行，如鹦鹉、杜鹃类。⑥鸣禽。栖息于各种环境中。鸣管发达，多善鸣叫，如普通八哥、麻雀等。

云南鸟类物种多样性的丰富程度，居全国各省之首。据资料，云南记录鸟类有903种，其中有108种鸟类在中国仅记录于云南。在云南记录的鸟类中，国家Ⅰ级重点保护野生鸟类24种、Ⅱ级重点保护野生鸟类137种；云南省Ⅱ级重点保护野生鸟类2种；被列入《濒危动植物物种国际贸易公约》（CITES）附录Ⅰ中的鸟类17种，附录Ⅱ中的鸟类96种；中国特有种20种。

（栩　榕　整理）

灰眶雀鹛

黑头奇鹛

黄颈凤鹛

蓝喉太阳鸟

红耳鹎

绿背山雀

（本版图片摄影　王　英）

彩鹮在昆明晋宁湿地

彩鹮（P falcinellus）于1766年由卡尔·冯·林奈先生（Carl von Linné）命名。Plegadis（鹮属）在希腊语中是镰刀的意思，大意是鹮属鸟类的喙长而下弯形似镰刀；而它的种名 falcinellus 在拉丁文中也是镰刀形的意思命名。

“彩鹮在中国已消失70多年，照国际学界标准，如物种野外50年没有观察到，就被视为野外灭绝，有专家依此提出彩鹮在中国绝迹的观点。2009年起，彩鹮重新出现，但彩鹮在中国发现数量极少，被列为国家二级保护动物。” 2012年6月28日，昆明鸟类协会等人在云南玉溪大营镇玉泉公园观察到一只彩鹮。引起人们的关注。

2013年4月下旬，我和昆明市林业局的同行，在云南省昆明市东川东格公路板河口旁的秧田里观察记录到彩鹮19只。同年7月，在昆明环湖东路看到彩鹮。

其实，从1998年以后陆续都有报道，湖南长沙洋湖湿地公园、云南鹤庆县、河北衡水湖国家级自然保护区、四川省凉山彝族自治州西昌市邛海、广西防城港市北仑河口自然保护区、贵州草海国家级自然保护区、江西鄱阳湖、内蒙古锡林郭勒查干诺尔湖、新疆喀什、湛江红树林国家级自然保护区等，都有过彩鹮的身影。

为了追寻彩鹮的踪迹，2015年的5月，在位于东南亚湄公河三角洲地区的一个自然保护区内，我拍到了彩鹮的繁殖。

不论时空如何转变，我们都希望这种全身羽毛带有绿色金属闪光的大鸟能够经常出现在各地的湿地湖沼中，希望彩鹮们能够自由自在地生活在这个美丽的家园。

（王　英　撰文／摄影）

白花鸡蛋花（西双版纳重点保护古树名木）

冲天柏（400 年）（通海秀山公园）

昆明柏（500 年）（通海秀山公园）

古树名木保护

古树名木分为国家一、二、三级。主要是对生长百年以上的古树和树种稀有、名贵或具有历史价值、纪念意义的树木（名木）的保护。从历史文化角度看，古树名木被称为“活文物”“活化石”，蕴藏着丰富的政治、历史、人文资源，是一座城市、一个地方文明程度的标志；从经济角度看，古树名木是中国森林和旅游的重要资源，对发展旅游经济具有重要的文化和经济价值；从植物生态角度看，古树名木为珍贵树木、珍稀和濒危植物，在维护生物多样性、生态平衡和环境保护中有着不可替代的作用。

据云南省古树名木普查统计结果，全省古树名木约有 3781 株，分别隶属 78 科 186 属 366 种，其中一级保护（树龄 500 年以上）284 株；二级保护（树龄 300 ~ 499 年）984 株；三级保护（树龄 100 ~ 299 年）2513 株。

1995 年 9 月，云南省第八届人大常委会第十六次会议通过《云南省珍贵树种保护条例》，建立了古树名木档案，保护工作逐步得到落实。各公园陆续对古树名木挂牌保护，并采取各种保护措施。如：昆明黑龙潭公园给明代云南山茶实施换土、施肥、滤水等保护措施；玉龙县玉峰寺建起围栏保护万朵茶花古树等等。此外，各地还聘请专家对古树的植物种类和树龄进行鉴定、挂牌，采用水泥浇注堵洞、钢筋牵引、钢架支撑，采取病虫害防治等措施进行保护。

（桐　榕　整理）

银杏树（800 余年）（昭通市昭阳区旧圃镇何家村）
（陈忠平　摄）

宋柏（宋钦宗靖康元年）（1126年）（昆明黑龙潭公园）

三仙柏（200年）（昆明黑龙潭公园）

唐梅（唐开元元年）（公元713年）（昆明黑龙潭公园）

圆柏（600年以上）（昆明黑龙潭公园）

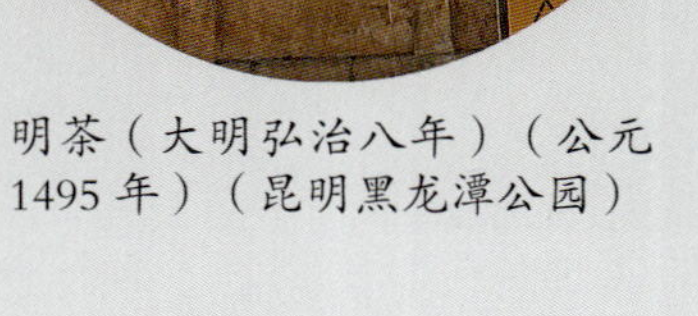

明茶（大明弘治八年）（公元1495年）（昆明黑龙潭公园）

梅树（450年以上）（昆明黑龙潭公园）

紫薇（明万历三十年）（公元1602年）（昆明金殿公园）

古栎（250年）（昆明金殿公园）

（本版图片除署名者外均为许太琴摄影）

腾越时光的云南古桥

在云南省境内纵横交错的大江小河上，千百年来无数代人修建了许许多多跨江过河的桥梁，有藤桥、廊桥、石桥、铁索桥等各式各样的老桥。数不清有多少座老桥，它们造型各异，有的早已名扬四海，但还有很多一直深藏大山之间……

云南的古桥多为明清时期建造而留存至今。由于云南具有特殊的地理条件，多数地区山高坡陡，河流湍急，因而修路架桥更显得艰难险恶。然而云南人民充分发挥自己的聪明才智，克服种种困难，架起了许多独具特色的桥梁，有的形如彩虹，有的形如卧龙，遍布云南各地。

这些古桥，或雄伟壮阔，或小巧玲珑；或精雕细琢，或古朴随意。山水不同，桥也不同，每座桥都巧妙地融入自然，变成一道独特的风景。

（王　新　撰文／摄影）

腾冲　太极桥

位于腾冲市叠水河景区，是一座南北跨向的双孔悬臂式平板石桥。在桥墩平台上建有方形石亭，取名“观瀑亭”。石亭顶为覆斗状，四周均为石制斗拱，亭内的顶部嵌有太极图，以此代替被毁的石内太极图。

贡山　独龙江藤桥

藤桥是独龙江乡一种常见的简易过江桥，由藤蔓编制牵引横拉在江河上，再用藤蔓、竹篾编制成竹排桥面和藤蔓护栏的一座桥，在波涛汹涌的独龙江江面上晃荡着。

建水　双龙桥

位于建水县城西3千米的泸江与塌冲河上，因两河蜿蜒如龙，故而得名，俗称“十七孔桥”。

富源　母子桥

位于富源县富村镇块泽河大桥北面，是座两孔石拱古桥，石拱一大一小，当地人也俗称“母子桥”。

昆明　龙川桥

位于昆明北市区上坝村东侧，横跨盘龙江上游两岸，为盘龙江第一桥。桥北有“滚龙坝”，坝高河低，洪水直泄如“滚龙”，分3股穿桥而过，故名龙川桥。

巍山　南熏桥

建造于清代宣统年间，长20米，宽2米，桥面由5根粗铁索铺厚木板构成，横跨于巍山城南的菜园河上，曾经是巍山与南涧之间的交通枢纽。

保山　双虹桥

位于保山芒宽乡，曾经是南方丝绸古道上重要的交通桥梁，始建于乾隆五十四年，建桥时，在江中礁石上建桥墩，桥一分为二，遥望如双虹。

剑川　玉津桥

位于剑川县沙溪古镇，玉津桥跨空12米，高6米，桥长35.4米，宽5米，石柱石板护栏。拱顶上有石雕鳖头，雄视黑惠江上游，另一侧是石雕鳖尾连接黑惠江下游，护栏尽头有四只“娃娃鱼”石雕。

南华　灵官桥

又名瑞应桥、平彝桥，位于南华县城西3千米滇缅公路，跨龙川河，始建于明万历二十九年（1601年）。灵官桥为三孔石拱桥，桥长24米，宽6.6米，高4.5米，桥面两侧有石雕护栏，至今桥仍可通行。

漾濞　云龙桥

位于漾濞县城西北角与飞凤山交界的漾濞江川峡之上。桥呈下弯弓形，凌空飞架，沟通东西两岸；东连下关至漾濞的古道、西南通永平县、西入云龙县，系博南古道和茶马古道必经的古桥之一。

禄丰　星宿桥

位于禄丰县西门外的禄衣河（又称星宿江）上，俗称“西门大桥”。为7孔尖拱石桥，长96.5米，宽9.8米，桥面两侧砌有实体护栏，高0.6米，厚0.4米。两头船形桥碳长18米，宽4.3米。桥身全用红砂石砌成，石条之间用石灰掺糯米浆浇灌，粘连紧密，坚硬牢固。

宜良　普济桥

位于宜良县城东北15千米北古城镇新街村东北500米处。为翻拱7孔平面桥，全长81米，宽5.5米，每孔跨度7米，高约15米。桥身系长条形五面石砌筑，桥拱分二层，表层用楔形条石，内层则以同一尺度的条石纵联镶嵌。

永胜　金龙桥

又名梓里江桥、梓里桥，号称“金沙江上第一桥”，位于云南丽江市永胜县和古城区之间金沙江上，东连永胜，西接丽江。

七彩云南

《“千手千眼观音经变”图》丝织壁毯亮相第二届丝绸之路（敦煌）国际文化博览会

2017年9月20日，第二届丝绸之路（敦煌）国际文化博览会在甘肃省敦煌国际会展中心开幕，数千件精品文物汇聚国际文化博览会各个展区，展现在来自世界各地的朋友们面前。精心筹划、精彩纷呈的文化年展，迎来了万人齐聚共享文化盛宴的热烈场面。

在敦煌国际会展中心B馆一楼的展出有《唐蕃古道·丝绸之路沿线文物展》《张大千书画作品展》《“千手千眼观音经变”图》《博物馆典藏精品及文化创意产品展》《版画丝路·丝绸之路沿线国家版画作品展》《大国巨匠·中华国礼精品展》等精品力作。其中，《“千手千眼观音经变”图》丝织壁毯是以敦煌莫高窟第三窟元代壁画千手千眼观音为摹本，用300道经线织法织成，极大地还原了壁画原有的神韵，且色彩过渡自然、柔和，是迄今为止丝织壁毯作品中的精品。这幅来自云南的全手工蚕丝壁毯，一经展出，就受到众多观者的高度关注。时任文化部部长雒树刚、甘肃省委领导及人民日报社等领导入馆参观，并认真听取了甘肃省博物馆讲解员对《“千手千眼观音经变”图》的讲解。博览会期间，新浪微博、甘肃省博物馆社教部官博等媒体、机构均有过报道。

一、《“千手千眼观音经变”图》背景渊源

据资料，《千手千眼观音经变》是依据唐初由印度传法僧携入的《千手经》绘制而成。《千手经变》译本颇多，唐朝有名的高僧不空、智通、金刚智、菩提流志等人均有译作，此经变画像虽早於唐初就传入中国，但从画史上看，由唐至宋中国寺庙壁画中绘制《千手经变》的图像在各类佛教题材里占的比例甚小。此类画像在中原地区似乎並不那么流行，然而，在地处边陲之地的敦

博物馆解说员为时任文化部部长雒树刚、甘肃省委书记林铎、人民日报社社长杨振武，讲解《“千手千眼观音经变”图》丝织壁毯

《“千手千眼观音经变”图》丝织壁毯

煌却是另一番景象，在莫高窟的73、113、148窟中均有绘制。在莫高窟所有绘制经变画的洞窟中，第三窟的两幅《千手千眼观音经变》画像是罕见的精美之作，也是莫高窟现存的唯一以观音为主题的洞窟，更为难得的是，在洞窟的西壁帐门北侧观音像左下角留有作者落款“甘州史小玉笔”（这六字题款在二十世纪八十年代还清晰可见，而今已完全消失不见）。在这两幅《千手千眼观音经变》画像中，又以画在北壁的观音像内容更为丰富，堪称元代敦煌壁画的代表作品。

值得一提的是，这幅壁画像曾在1996年作为敦煌壁画的代表作，发行过邮票小型张，可见《千手千眼观音经变》画像的艺术价值和代表性非同凡响！

《千手千眼观音经变》画像以线写形，以色显容，用遒劲有力的线条勾勒人物轮廓，轮廓内再淡施晕染，

省级非物质文化遗产——迪庆唐卡

寻找颜料

梅里雪山

迪庆藏族自治州地处青藏高原南延部分，是云南省海拔最高的地区。在历史发展进程中。迪庆各族人民创造并传承发展了本民族的文化种类和样式，形成了迪庆丰富多彩，而又底蕴深厚的民族文化格局。

唐卡也叫唐噶，系藏文音译。主要指藏传佛教帛画，以工笔重彩绘制彩缎装裱后，悬挂供奉的宗教卷轴画。唐卡最初在迪庆藏传佛教信徒内部流传，作为信徒供奉在佛堂的膜拜对象，此后唐卡在迪庆州境内蓬勃发展起来。迪庆唐卡经过传承与发展，不再只是为宗教服务的一种艺术形态。更由于其制作形式，题材内容的多样化，成为藏民非物质文化遗产中，不可缺少的一部分。迪庆唐卡作为藏民生活中的珍宝，有着独特的传统工艺和鲜明的民族特色，客观地反映了藏民族文化的艺术成就，具有较高的艺术价值和收藏价值。2017 年，迪庆唐卡被列入第五批省级非物质文化遗产名录。

绘制唐卡的相关实物，全部采用金、银、珍珠、玛瑙、珊瑚、绿松石、青金石和雌黄等珍贵的矿物宝石，藏红花、大黄和蓝靛等植物，和一些动物的骨或角。使用矿物颜料绘制唐卡，不仅能使唐卡色泽饱满、庄重和醇厚，而且经久不衰。

唐卡绘制的过程，从制作一块完美的画布开始。固定画布是第一步，绘制唐卡前首先要根据画面的大小，选择尺寸合适的画布。沿画布的四周，将其缝在一个木制的画框上，把画布绷紧，再用结实的绳子，把画框牢牢地绑在大画架上。按之字形的绳路样式，把木画框的四个边、大画架的四个边绑在一起。

涂抹浆糊是第二步。固定好画布以后，在画布上涂上一层薄薄的胶水作为底色，然后晾干。涂淡胶的目的是防止画布渗入颜料，防止颜料在画布上洇开和变花。使颜料涂上画布不会失掉本色。然后，再薄涂一层有石灰的浆糊。

第三步是摩擦画布。第二层涂料干后把画布放到木板或桌面之类的平坦地方。用鹅卵石和碗底等，反复摩擦。一直到画布的布纹看不见，变得像白纸一样光滑。每磨制一次画布就要阴干一次，冬天可以在太阳底下晒干，或在火上干烤，但热度都不能太高。

第四步打线稿。在素白的布上，用纯碳手工制作的铅笔描绘出所有图案，其中佛的脸部只画出轮廓。这一步决定了唐卡的内容、布局和比例。除眉眼之外，所有的细节都表现出来了。打线稿中所有佛像的比例和造型，必须按照严格的标准来描绘。

第五步填充颜色。由于唐卡的细部非常精致色块细小，填涂时要能很好的控制手中的笔，尽量保证每一块的颜色填涂均匀。由于唐卡色料都是现场矿粉研磨调制而成，所以，要保持唐卡颜色均匀统一很难，不像油画颜料有很强的遮盖性，因此每一步都要格外小心。

第五步晕染。在原来的底色之上画出层次和明暗，要让整幅唐卡看起来有立体感，色调有明暗对比，拥有一定的过渡感。这一步对画师的要求较高，也是唐卡绘制过程中较难的一个步骤

第六步填充金箔。这是迪庆唐卡绘制中最独特的一步。用化开的金子，将需要特别描摹的部分勾勒出来。这一部分增加了整幅唐卡的立体感和装饰感。金子的使用并不是大面积的平涂，而是要将花纹的层次感堆叠出来，因此这一部分对技术的要求更高。

第七步勾线。就是用较深的颜色勾勒出明显的色块

唐卡颜料

颜料开光

制作画框

调配胶水

涂抹胶水

摩擦画布

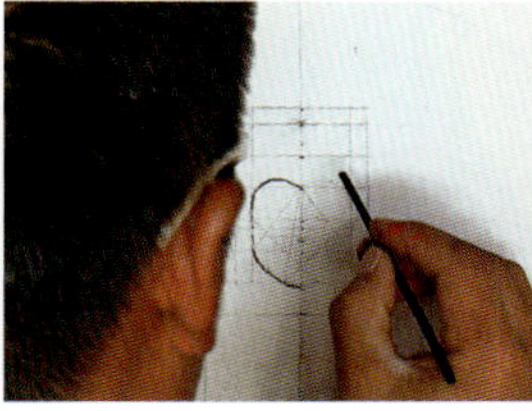
勾勒线条

准备涂料

填充颜色

勾线

开眉眼

轮廓。勾线要求运笔流畅均匀，用心把握整体颜色。

第八步开眉眼。作为画像核心的佛像面部仍然是空白的，这时需要请修行高深的艺僧来为绘制好的唐卡点睛。精髓之处就是眼睛，开眉眼是唐卡绘制工序中至关重要的一步。一旦尘埃落定，唐卡中的佛像就从艺僧笔下转换为了神圣的神佛本身。不再属于尘世的东西。

迪庆唐卡传承人——春初

春初出生在云南迪庆藏族自治州香格里拉县建塘镇尼史村委会羊木组 13 号。自幼喜爱看在松赞林寺的爷爷徒丹仪批喇嘛制作矿物粉粒坛城，坛城色彩的艳丽、精致，让春初产生了画画的动机，自 8 岁起就跟着现任松林文化旅游传播有限公司董事长江参一起学画画。哥哥对唐卡、藏香的学习和研究，吸引了妹妹对唐卡的关注。在江参的影响带动下，春初小学毕业后就开始专心学习，并正式拜师于初称降楚格西学绘唐卡。2004 年，春初孤身一人去到青海塔尔寺附近的贡奔香巴林艺术学校，深入学习唐卡专业知识与技能，师从桑主才让。2007 年春初回到香格里拉，在唐卡中心工作。2010 年，春初被初称降楚格西正式定成为迪庆唐卡的第四代传承人。走上唐卡绘制技艺的传承人之路以后，春初一直潜心钻研唐卡技艺，绘制出了较多的优秀作品。2013 年，春初成为松林文化旅游传播有限公司的唐卡技师之一，其作品在参加大型唐卡比赛时常常获奖而归。为松林文化旅游传播有限公司、为迪庆州争得了荣誉！

（于　子　撰文 / 摄影）

省级非物质文化遗产——迪庆藏香

1921 年，松谋活佛在经历了三十余年的潜心修炼、学习后，圆满回到松赞林寺任住持。在任住持期间，松谋活佛广开思路，把多年积累的藏医精髓和行医心得巧妙地运用于制香工艺中，并在原有的藏香配方中加入高原特有的天然植物香料和名贵药材，让具有医疗保健、养生等多种功能的藏香每日弥漫在寺院里，成为了一种独特的藏香——迪庆藏香，并逐渐由寺院流传到了民间。

僧人在石卡雪山

在石卡雪山采集原材料

切碎原材料

迪庆藏香是藏族传统的手工艺品，也是藏传佛教重要的文化载体之一。除了敬神礼佛，还具有清心健脾、杀菌消毒、美容、祛痛、消除疲劳、排解抑郁等养生功效，是藏族人每天生活中不可缺少的常用品。迪庆藏香所用原料为纯天然植物药材、植物香料，以海拔 3000 多米以上的柏树树干为主料，以藏红花、檀香、沉香、甘崧、丁香等数十种名贵香料和药料为辅料，适当比例配合揉搓而成。

十月的石卡雪山，是采集雪线以上的珍贵植物、药材的最好季节。黄色的石花，颜色鲜亮，小小的身躯依附在坚硬的山崖上，采集时必须胆大而心细。雪域高原上的石花、小叶杜鹃、红景天、雪莲、香柏等多种植物都是上好的制香材料。

迪庆藏香原料的采集要选取优质产区，要在香料有效成分含量最高的时节采集，采后立即用山泉水洗净、切好、阴干。更重要的是，原料取用一定要遵循与大自然和谐生息的原则，必须保留原料继续生长与繁衍的能力，绝不影响破坏和伤害原料产区中赖以生存的动物植物，采摘者的生活垃圾不能随意丢弃等。

制香原料的拣选、洗净、晾晒、炮制、保存等环节，必须全部按照制药标准进行，并采用古法纯手工精工细磨，通过自然晾晒等方法加工而成。

加工原材料

藏香用料

诵经加持

藏香原料

藏香用料

研磨

在选取好合适的原料后，进行拣选并经过香师以“水法”“火法”炮制处理，一是除去杂质，便于使用；二是导顺治逆，理其药性，并消除可能具有的毒副作用。香料配方过程中所用的水，必须为上师加持过的山泉圣水，所用的酒必须为自酿青稞酒的第一道酒。在配香、熬制、搅拌过程中，男士沐浴净身后方可入内。整个过程要由喇嘛不断念诵神秘经文护持。之后，将搅拌后形成的香泥在无光的密室放置 4 到 5 天，方可取出做香。

由僧侣与当地信徒百姓纯手工制作，把混着各种香料的香泥放入牛角，再挤出来，要求成型的藏香成笔直的线条状，或纯手工将香泥揉捏成塔状等。

高原上清晨的一缕阳光，温暖而强烈，无污染环境下晾晒的香品，让紫外线彻彻底底地渗透进去。

迪庆藏香体现了藏民族文化的传承，吸纳其他民族的医药精髓，与藏医学原理互为补充，形成独到的治疗理论和方法，体现了香格里拉民族多元化和极强的文化包容性。迪庆藏香以其独到的多种天然香料和藏药工艺配方，凝聚成藏族民间工艺艺术深厚的文化底蕴。体现了华夏民族和谐融合的民族学价值。对“香道”文化的传承、弘扬，具有深远意义。2017 年，迪庆藏香被列入第五批省级非物质文化遗产名录。

手工切线香

自然晾晒

自然晾晒

松林藏香传承人——江参

松林藏香传承者们

心洁净、物洁净、香品洁净，香格里拉洁净的土地给迪庆藏香注入了鲜活的灵魂，自然和谐、淡雅高洁、回味悠长的香品，寄托着美好的祝福，把最虔诚的祈祷传递到遥远。

（于　子　撰文 / 摄影）

企业风采

美丽的高山茶园

罗伯克茶山无公害生物防控

南涧县倾力打造“无量山高山茶”产业品牌

“无量山高，南涧茶好”。南涧，位于大理州的南端，地处北纬25C° 世界地理公认的黄金气候生态带上，“高山、净土、生态”的资源特征造就了南涧茶叶优秀的内在品质。近年来，南涧县不断创新发展模式，倾力打造“无量山高山茶”品牌，全面促进产业转型升级，促进茶农增收，助力精准脱贫，生动诠释了“绿水清山就是金山银山”的生态发展理念。

一、重视茶产业基地建设

南涧县坚持“山上建基地、路边活流通、园区搞加工、山外拓市场”的产业发展思路，尤其重视茶产业基地建设。南涧县有稳定的茶园面积11万亩，通过有机茶认证基地1.11万亩、通过绿色食品生产基地认证2.5万亩、通过无公害场地认证11万亩，备案茶叶出口基地6000亩，2017年，实现茶叶产量5545吨、综合产值7.11亿元，是全国十大生态产茶县和重点产茶县，全国茶叶区域发展规划重点县和全省优质无公害茶叶基地。全县有注册茶叶企业36家，专业合作社35个，种茶农户2.6万户，基本形成“龙头企业 + 基地 + 专业合作社 + 农户”发展模式。在六大茶类产品中，南涧县有普洱茶、绿茶、乌龙茶、白茶、红茶5大类产品，有罗伯克、土林、无量山、鑫凤凰等茶叶品牌，创建有中国驰名商标1个，云南省著名商标6个，地理标志产品1个。

万亩生态茶园春茶开采

2018年3月18日，南涧县举办无量山万亩生态茶园采茶节

二、构建三产融合的茶产业发展模式

近年来，南涧县根据县域实际，着力构建“三产高度融合，多业立体叠加”的现代产业发展模式。一是通过抓实低产茶园改造，古茶树资源保护，优化茶园结构等多种方式，做优“一产”；二是通过抓龙头企业帮扶、强化茶企招商、抓实茶产业工业园建设，茶企技改扩建等方式做强“二产”；三是通过科学规划茶园布局，新建旅游基础设施，建设现代农业庄园，发展茶山休闲旅游，做活“三产”，构建起了“三产高度融合，多业立体叠加”的现代产业发展模式，不断延伸茶叶产业链条，提升综合产值。如罗伯克万亩生态茶山，始建于1964年，由大小20多个茶场组成，连片面积达1.5万多亩。近年来，该片区的龙头企业罗伯克茶场，按照“三产高度融合，多业立体叠加”的发展模式，大力发展茶山旅游，被评为州级茶庄园、州级休闲农业与乡村旅游示范企业。2018年3月18日，“无量山·万亩生态茶园采茶节”首次在罗佰克茶场举办，上千人齐聚罗伯克万亩生态茶山，采茶、品茶、观茶、购茶，实现了罗伯克万亩生态茶山“接二连三”的产业链延伸。

三、以绿色发展理念促茶产业品牌建设

南涧，自古就是茶的故乡，有着悠久的种茶历史，早在唐代就有“茶出银生城界诸山”的史料记载，“银生城界诸山”，重点指的就是无量山。因此，在茶叶界也有“茶出无量”的说法，至今南涧县境内尚存有3万多株古茶树和大量的野生茶树。无量山拥有高海拔，低纬度的地理优势和澜沧江涧水云雾终年滋润的气候优势，造就了无量山高山茶明显的特征优势，氨基酸含量高、茶多酚含量适中，滋味鲜爽、醇正回甘、清香持久，获得了“无量山高，南涧茶好”的美誉。但长期以来，无量山高山茶藏在深山人未识，品牌较小，知名度较低，市场竞争力相对较弱。随着绿水青山就是金山银的绿色发展理念不断人心，南涧县全面激活绿色发展理念带来的绿色发展商机，抓好茶资源整合，以绿色发展理念促茶产业品牌建设，以“无量山高山茶”品牌，提升市场知名度和竞争力。

2017年，南涧县成立了县茶产业协会，将众多的茶企业组织起来，着力在品牌建设、特色园区建设、茶叶精深加工建设等方面下功夫。通过政府主导，强化招商，整合资源，强强联合，高起点规划启动了无量山高山茶产业园建设，与清华启迪控股签订了公郎特色茶小镇、无量山高山茶产业和大健康产业综合开发等协议，在南涧县注册成立了无量山启迪大健康科技有限公司，与南涧本土企业云南土林茶叶有限公司签订了并购协议。同时，新公司还在运作并购英国的一家茶叶销售企业，在无量山建设“英式红茶庄园”，进而把南涧茶叶带入欧美市场，进一步巩固和提升“无量山高山茶品牌”的知名度和品牌价值，带动当地茶农脱贫致富。

（中共南涧县委外宣办　徐志明／撰文
中共南涧县委外宣办／图）

洒拉箐古茶树

南涧百年大树茶王

芹麻箐野生型和栽培型混合古茶树居群

茶园自动喷灌

发展中的临沧耀阳生物药业科技有限公司

公司人员参加省有关部门举行的会议

公司召开合作社会议

人民日报等媒体在公司专业合作社采访

中央电视台记者到公司专业合作社采访

临沧耀阳生物药业科技有限公司成立于2013年。2017年公司注册资本金为1668万元。公司主要从事中药材种植、收购、加工、销售。现有公司高管8人，技术人员76人。种植服务范围涵盖临沧市8个县（区），成立专业合作社170多家。

随着全民健康意识的不断增强，食品药品安全特别是原料质量保障问题受到全社会的高度关注，中药材在中医药事业和健康服务业发展中的基础地位更加突出。大力推进生态文明建设及相关配套政策的实施，对中药材资源保护和绿色生产提出了新的更高要求。

一、抓住机遇，迎难而上

临沧耀阳生物药业科技有限公司抓住机遇，迎难而上，充分利用临沧市生物多样性资源优势，积极发展林下中药材种植。按照“政府引导、农民主体、企业经营、基地示范、专业合作社组织”的方式，通过野生训化、试点培育、多点种植推广等措施，着力抓好中药材种植的产业链建设。2011年–2016年公司在临沧市七县一区共发展专业合作社35个。其中，云县有24个，中药材种植面积达33.1万亩，其中滇龙胆种植面积达29.5万亩（云县17万亩）；续断、红花、滇黄精、白及、重楼、滇鸡血藤共3.6万亩。公司先后聘请专家和科技人员，对云县32个村委会、4000多名农民群众进行了滇龙胆草、重楼、续断、滇黄精等中药材种植技术培训，通过培训，使农民群众普遍掌握了中药材种植技术，并在漫湾白莺山、茂兰旧村、涌宝平河等创建了万亩滇龙胆草良种繁育基地，与云县林业局在涌宝亮山林场共建了林下中药材示范种植基地，在云县12个乡镇、24个专业合作社范围内种植滇龙胆，带动了红花、续断、重楼、滇黄精等多品种的推广发展。

二、参与脱贫攻坚，增强社会责任感

公司积极参与脱贫攻坚工作，努力增强社会责任感。以中药材种植、加工为主线，通过宣传发动群众种植中药材来实现增收脱贫致富的目的。2016年，中药材种植农户人均增收2500元左右，占家庭人均可支配收入的35%以上，辅助政府实现建档立卡户脱贫摘帽。

目前，公司名下大部分农民专业合作社中药材种植综合总收入已超过家庭总收入的50%，少的也不低于35%。其中，云县漫湾核桃林中草药种植专业合作社中药材种植收入占家庭总收入的57%，云县茂兰李映军中药材种植专业合作社中药材种植收入占家庭总收入的61%，云县茶房

省农业厅、省林业技术推广总站到种植基地调研

临沧市产业发展办、市农业局到种植基地指导工作

周国银等公司领导到龙胆草种植基地与药农交换意见（王新　摄）

乡响水村中草药种植农民专业合作社中药材种植收入占家庭总收入的53%。中药材种植已成为当地农民脱贫致富的一条实实在在的发展之路。

三、重视技术团队建设，增强产业发展后劲

长期以来，公司一直重视技术团队建设工作，截至目前共有技术人员76人，做到每块基地均有技术人员负责技术指导，并且由云南省药用植物研究所、云南省林业技术推广总站、西南中药材种植创新与利用国家地方联合工程研究中心作为技术支撑单位，由市发展生物产业办、市药监局中药材研究中心作为技术指导，县生物产业办、县科协作为长期技术跟踪服务单位，为公司发展中药材产业提供坚实的技术服务支撑。并且已和云南省农业大学达成项目合作协议，专项对滇龙胆野生抚育技术进行研究：滇龙胆种子萌发生理研究、滇龙胆补种技术研究、滇龙胆群落生态研究、滇龙胆种群密度与杂草控制研究、滇龙胆生长过程管理方法研究、滇龙胆采收期及采收技术研究。

四、发展方向

（一）继续做好专业合作社创建及基地新建任务

至“十三五”末，公司计划在临沧成立100个专业合作社，其中云县50个，至“十四五”末，专业合作社达200个，其中，云县100个。至“十三五”末，滇龙胆发展到80万亩，其中，云县30万亩，其他中药材轮作品种3个达到15万亩以上，云县每个品种3-5万亩；至“十四五”末，在临沧发展滇龙胆150万亩，其中云县40万亩，其他中药材轮作品种发展最低3—5个，其中3个品种每个达到20万亩以上。建立良种培育基地1-3个，建设5万亩滇龙胆良种培育基地，并建设滇鸡血藤及滇黄精分别为2千万株和3千万株良种培育基地，力争带动50万农民脱贫增收致富。

（二）继续做好技术服务及技术培训工作

公司计划帮助三至五个自然村为一个整体成立中药材种植专业合作社，每个专业合作社培训1—2名专业技术人员，和省、市相关技术部门合作，对基地进行测土配方、重金属、农残等指标检测、申报地理标识认证、每个产品申报省级市场认证、商标注册、知识产权认证、良种培育建设、示范推广基地建设及新品种基地建设，并对每个自然村的自然条件和实际情况规划种植适宜中药材品种，实现收益最大化；公司每年对药农进行定期和不定期培训，规范专业合作社，形成不乱用化肥、农药，不乱采乱卖，形成以优质、高产为目标的一个组织群体。

（三）继续做好农民基地入股公司经营模式的推广力度

公司让专业合作社成为公司股东，根据专业合作社滇龙胆种植面积和数量确定专业合作社在公司的持股比例，让公司、专业合作社、非贫困户、建档立卡贫困户成为一个紧密性的组合，进而形成人人都觉得是在做自己的事，人人都能发挥各自的工作热情，实现损失最小、利益最大。

耀阳公司力争在十三五期间形成中药材供给工业，工业生产品牌，品牌拉动种植基地的高原特色现代农业循环经济体。打造本土道地药、民族药、产业链格局的知名企业，实现政府有税收、企业有利润、药农脱贫致富奔小康，推动临沧生物药材产业发展新局面。

（栩　榕　整理）

云县茂兰种植专业合作社龙胆草种植基地（王新　摄）

“云之故乡”走出中药材扶贫路

中华工商时报对公司专业合作社的报道

药农在采收龙胆草（王新　摄）

药农在晾晒龙胆草（王新　摄）

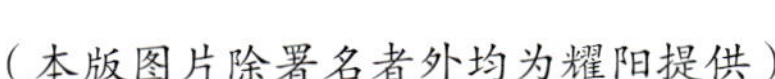

（本版图片除署名者外均为耀阳提供）

诚信为本　做优质茶

—— 云南锦兴茶业有限公司

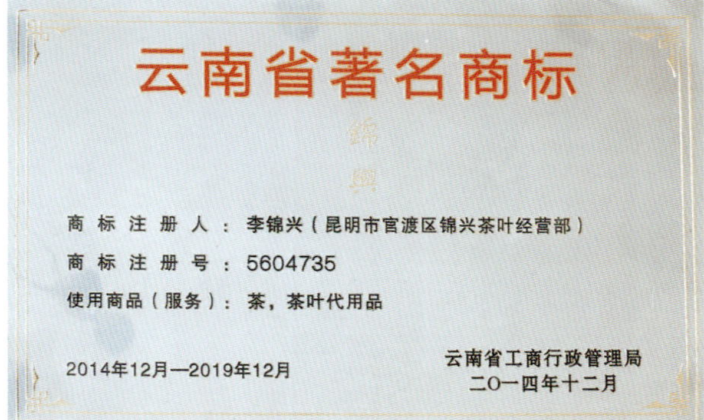

云南省著名商标

锦兴

商标注册人：李锦兴（昆明市官渡区锦兴茶叶经营部）
商标注册号：5604735
使用商品（服务）：茶，茶叶代用品

2014年12月—2019年12月

云南省工商行政管理局
二〇一四年十二月

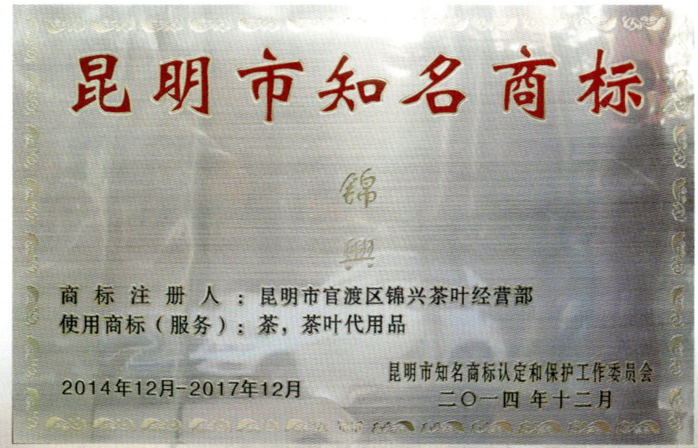

昆明市知名商标

锦興

商标注册人：昆明市官渡区锦兴茶叶经营部
使用商标（服务）：茶，茶叶代用品

2014年12月-2017年12月

昆明市知名商标认定和保护工作委员会
二〇一四年十二月

以诚信为本，做优质茶，这是云南锦兴茶业有限公司自创立以来始终坚持的发展方向。

云南锦兴茶业有限公司创立于2004年，注册资本金100万元。公司自成立以来坚持以诚信为本，做优质茶；以茶代言，创茶文化品牌。目前经营范围已拓展至广东、上海、北京等地以及香港、台湾等地区。

云南是茶树的原产地，跨越千年至今依旧传承；传承的不仅是与茶树相关的习俗，更是一种生活方式。锦兴茶业有限公司入行以来，虽然经历了茶行业的沉浮跌宕，但锦兴公司所奉行的稳健发展理念从未动摇；做优质茶，打造品质“锦兴”，创锦兴百年品牌的目标和追求从未放弃。除了经营普洱茶、滇红、陈年老茶、锦兴黄金茶饼、易武正山茶、班章茶等一系列知名茶品外，自2006年起，公司先后联合香港、台湾和广东资深茶人陆续推出了一批市场反映好，受茶友青睐的茶品。此外，公司还以茶代言，先后推出了私人定制茶品、企业定制茶品、商务定制茶品、婚礼茶品、寿诞茶品等。这种以私人订制的品质彰显宏大的中华千年茶文化，以尚品格调礼待社会大众的茶文化思维受到消费者的普遍欢迎，成为人们馈赠亲友的健康伴手礼。

2014年“锦兴”品牌荣获昆明市知名商标、云南省著名商标称号；2015年锦兴公司受邀参加中老越三

国边交会；2015 年锦兴公司作为发起人，制作了“中国第一款众筹古茶树”。2017 年，已是云南茶业界知名品牌的“锦兴”，不骄不躁顺势而为，又取得了令人瞩目的成绩。由云南锦兴茶业有限公司着力研发打造，在云南农垦集团勐海八角亭茶业有限公司生产的茶品 7310- 班章七子圆茶，在中国广州国际茶博会上荣获特等金奖，受到业界和消费者的广泛赞誉。7310- 班章七子圆茶的理念是传承优良的制茶历史，融入当下创新的制茶技艺，致敬茶界前辈，再现经典茶品！

（栩　榕　撰文／摄影）

凉晒茶叶

理条规范

凉晒茶叶车间

普洱天惠生态茶业有限公司

普洱天惠生态茶业有限公司位于宁洱县德安乡石中村野猪塘。地处无量山南麓，海拔 2100 米，属南亚热带半湿润山地季风气候，生态环境较好，是世界茶树原产地之一。2002 年，公司引种了台湾乌龙茶优质良种，以先进的栽培技术，培育出的茶叶品质优良且稳定。2008 年，公司完成了符合食品卫生生产设施标准的茶叶加工厂建设。目前，公司拥有茶园 1000 多亩，拥有建筑面积分别为 1230 平方米、380 平方米的两个抚管基地，是集种、制、产、销于一体的生态茶企业。

公司主要产品为“青心乌龙茶”和“石中红玉”。“石中红玉”属重发酵茶，发酵度近 60%，茶条色泽乌褐，条索外形紧结。冲泡后汤色红艳清澈，香气醇和甘润，滋味浓厚持久。

（黄家驹　撰文）

公司基地

乌龙茶山基地

天惠生态茶业有限公司乌龙茶山基地全景　黄家驹　摄

（本版图片除署名者外均为郭树芬摄影）

目　录

特　载

专　文

生态大事记

省情概况

绿色发展

生态文明建设

生态文明建设十二五成果选辑

生态保护

污染防治与节能减排

生态旅游

理论研究

人　物

政策法规

年度报告

附 录

索 引

彩页目录

The Catalogue

People

Policies and Regulations

Annual Reports

Appendix

Index

Color Supplement

云南生态年鉴 2018

Annual of Yunnan Ecology

倡导绿色和谐
促进生态文明

特载

云南省人民政府工作报告（节选）

——2018 年 1 月 25 日在云南省第十三届人民代表大会第五次会议上

省长　阮成发

一、过去五年的工作

过去的五年，是党和国家发展进程中极不平凡的五年。以习近平同志为核心的党中央以巨大的政治勇气和强烈的历史担当，带领全党全国各族人民进行具有许多新的历史特点的伟大斗争，解决了许多长期想解决而没有解决的难题，办成了许多过去想办而没有办成的大事，推动党和国家事业取得历史性成就、发生历史性变革，推动中国特色社会主义进入新时代。党的十九大确立了习近平新时代中国特色社会主义思想的指导地位，开启了全面建设社会主义现代化国家新征程。在这极不平凡的五年里，我们紧密团结在以习近平同志为核心的党中央周围，树牢“四个意识”，坚定“四个自信”，紧扣“一个跨越”“三个定位”“五个着力”目标要求，改革创新、攻坚克难、艰苦奋斗，全力抓好中央重大决策部署贯彻落实，全力推动省委安排部署落地见效，圆满完成省第十二届人民代表大会确定的各项目标任务，推动云南发展站到了新的历史起点上。

千方百计稳增长促发展，综合经济实力显著增强。全省地区生产总值年均增长 9.4%，财政收入年均增长 7.1%，发展质量和效益不断提高。滚动实施“十、百、千”项目投资计划和“四个一百”重点项目，固定资产投资年均增长 20.2%，发展基础不断夯实。全面实施扩内需、促消费各项措施，城乡居民人均可支配收入年均分别增长 8.8% 和 10.7%，社会消费品零售总额年均增长 12.3%。

坚定不移实施“三去一降一补”，供给侧结构性改革扎实推进。去产能有力有效，累计压减生铁产能 156 万吨、粗钢产能 426 万吨，取缔“地条钢”产能 600 万吨，退出煤炭产能 3 876 万吨，处置“僵尸企业”118 户。去杠杆稳步推进，严控各类债务风险。去库存成效明显，商品房库存控制在合理区间。降成本力度空前，累计为实体经济减负 1 700 亿元。补短板力度加大，一大批交通、教育卫生、生态环保等补短板重大项目建成投入使用。

大力发展实体经济，转型升级迈出坚实步伐。创新驱动发展战略大力实施，研发投入年均增长 17.9%。坚持“两型三化”产业发展方向，“中国制造 2025”云南实施意见和“云上云”行动计划持续推进，规模以上工业增加值年均增长 8.7%、企业主营业务收入突破万亿元大关。建筑业增加值年均增长 15.5%。现代金融、养生养老、大健康、旅游、文化等产业加快发展。第三产业增加值年均增长 9.9%。民营经济焕发新活力，非公经济增加值占地区生产总值比重提高到 47.2%。

深入实施农业供给侧结构性改革，现代农业建设成效突出。高原粮仓进一步夯实，粮食生产连续五年保持增产。特色产业稳健发展，优质特色农产品市场占有率稳步提高，农产品出口额稳居西部省区第一位，第一产业增加值年均增长 6.1%。农业新型经营主体蓬勃发展，年销售收入 10 亿元以上的农业“小巨人”25 户，全省农业龙头企业 3 784 户。品牌建设扎实推进，获得国家驰名商标农产品 21 个，有效认证“三品一标”农产品 2 049 个，斗南花卉、普洱茶、文山三七等一批区域性品牌初步形成。

全力以赴抓扶贫，脱贫攻坚取得重大进展。坚持精准扶贫精准脱贫基本方略，聚焦4个集中连片特困地区和深度贫困群体，扎实推进贫困对象精准识别、动态管理，建立健全责任落实、资金投入、考核评估等体制机制，全面推行“四到县”改革，累计投入省级以上财政专项扶贫资金380.8亿元。实施易地搬迁、产业、教育、健康等精准扶贫措施，扎实开展迪庆藏区、怒江州、镇彝威革命老区等脱贫攻坚行动，“三位一体”大扶贫格局和“挂包帮”“转走访”工作机制日益完善，中央单位定点扶贫和沪滇、粤滇扶贫协作扎实推进。累计减少贫困人口556万人。

全力推进基础设施建设，新型城镇化取得新进展。累计完成以“五网”建设为重点的综合基础设施投资超过8 800亿元。云南迈入高铁时代，新增铁路运营里程1 166千米。新增高速公路通车里程2 079千米，总里程突破5 000千米，实现所有建制村通硬化路。昆明长水国际机场旅客年吞吐量排名全国第6位，泸沽湖、沧源、澜沧机场建成通航。牛栏江—滇池补水工程通水，全省新增蓄水库容12.2亿立方米。电力装机突破8 550万千瓦，西电东送电量1 382亿千瓦时。国际通信枢纽和信息汇集中心建设提速，新增光缆线路75.9万千米。新型城镇化建设步伐加快，常住人口城镇化率进一步提高。建成海绵城市49.5平方千米、

昆明高海高速公路 （王 新 摄）

城市地下综合管廊145千米，地铁运营里程88.7千米。实施城镇保障性安居工程104.5万套、农村危房改造和抗震安居工程189.3万户。

着力深化改革扩大开放。制定“放管服”措施和政府工作部门权责清单管理办法，取消省级部门行政许可事项101项、中介服务事项25项，启动实施“32证合一”改革，“双随机、一公开”监管实现全覆盖。全面推开省以下财政事权和支出责任划分改革，盘活财政存量资金128.4亿元。成立政府债务管理委员会，严格规范政府举债融资。省级机关后勤服务社会化改革取得重大进展。新引进10户世界500强企业。配合国家成功举办澜湄合作第三次外长会议，成功举办外交部云南全球推介、2017商洽会。中缅油气管道顺利通油。积极建设关检合作试验区，推进跨境动物疫病区域化管理试点，昆明综合保税区和保税物流中心通过国家验收，国际贸易“单一窗口”建设全面推开。驻外商务代表处实现南亚东南亚国家全覆盖，外贸进出口总额突破1 500亿元。

着力改善生态环境质量。完成生态保护红线划定方案。完成退耕还林还草230万亩。开展蓝天保卫、碧水青山、净土安居三个专项行动，环境空气质量平均优良率98.2%。全面实施河长制，九大高原湖泊保护治理项目完成投资63亿元。全面开展全省土壤污染状况详查。推进省以下环保机构监测监察执法垂直管理制度改革，狠抓中央环境保护督察反馈问题的整改落实，实现省级环境保护督察州市全覆盖。西双版纳、石林成为第一批国家生态文明建设示范市县。

着力保障和改善民生。突出抓好重点群体就业帮扶，新增城镇就业49万人，扶持创业12.2万人。统一城乡居民医保制度，参保人员每人每年财政补助标准提高到450元。机关事业单位养老保险制度改革基本实施到位。中小学“全面改薄”工程全面实施。加强“控辍保学”，提高义务教育巩固水平。云南大学成功列入“双一流”建设，滇西应用技术大学建成招生。公立医院综合改革全面推开，取消所有公立医院药品加成，稳步推进分级诊疗、药品供应保障等改革，实施市、县两级中心医院能力提升工程。加快推进公共文化和体育服务设施建设。安宁市、腾冲市跨入全国文明城市行列。10件惠民实事全面完成。

各位代表!

五年来云南各项事业取得的新成绩、发生的新变化，是党和国家事业取得历史性成就、发生历史性变革的缩影。这些成绩的取得，最根本的就在于有以习近平同志为核心的党中央的坚强领导，有习近平新时代中国特色社会主义思想的科学指导，有习近平总书记考察云南重要讲话精神的导航引领。五年来砥砺奋进的生动实践启示我们，谱写好中华民族伟大复兴中国梦的云南篇章，必须牢固树立“四个意识”，坚决维护习近平总书记党中央的核心、全党的核心地位；必须坚持以习近平新时代中国特色社会主义思想武装头脑、指导实践、推动工作，扎扎实实把习近平总书记为我们勾画的美好蓝图变为现实；必须自觉维护党中央权威和集中统一领导，坚决贯彻落实党中央决策部署，确保令行禁止、政令畅通；必须把全面从严治党要求贯彻落实到政府工作的方方面面，以党风廉政

建设新成效凝聚起推动跨越发展的磅礴力量。

各位代表！

回顾第十二届省人民政府的工作，成绩来之不易，经验弥足珍贵。这是党中央坚强领导的结果，是省委带领全省各族人民团结奋斗、开拓进取的结果，是省人民政府历任班子坚持不懈、奋力拼搏的结果。在此，我代表省人民政府，向全省各族干部群众，向驻滇人民解放军、武警官兵，向各民主党派、各人民团体和各界人士，表示崇高的敬意！向关心支持云南发展的中央各部门、兄弟省市和港澳同胞、台湾同胞、海外侨胞、国际友人，表示衷心的感谢！

在总结成绩和经验的同时，我们也清醒地认识到，在中国社会主要矛盾发生转变的时代背景下，云南省发展不平衡不充分、发展质量不高的问题更为突出。主要是：经济总量偏小、产业发展滞后，尤其是工业化水平不高，传统产业占比大，自主创新能力不足；县域经济薄弱，民营经济活力不足，营商环境不理想，民生事业欠账较多，基础设施滞后，城镇化水平低，区域发展不协调，脱贫攻坚任务艰巨；生态环境敏感脆弱，九大高原湖泊保护治理形势依然严峻；重大风险防控难度和压力不小；政府自身建设、作风建设存在薄弱环节，少数领导干部不担当、不作为、乱作为等问题仍然存在，一些领域腐败问题时有发生。对这些问题，我们必须勇于面对，以铁的决心、铁的意志、铁的手段、铁的作风，不畏艰难险阻、不计个人得失，采取更加有力的举措认真加以解决，确保取得实实在在的成效。

二、今后五年的主要任务

今后五年，是云南省全面脱贫、全面建成小康社会的决胜期，也是“两个一百年”奋斗目标的历史交汇期。我们必须以习近平新时代中国特色社会主义思想为指导，紧紧围绕党的十九大确定的战略目标，认真贯彻党中央决策部署，深入贯彻落实习近平总书记对云南发展的重要指示精神，以及省第十次党代会精神，坚持稳中求进工作总基调，坚持新发展理念，按照高质量发展的要求，统筹推进“五位一体”总体布局和协调推进“四个全面”战略布局，坚定贯彻科教兴国战略、人才强国战略、创新驱动发展战略、乡村振兴战略、区域协调发展战略、可持续发展战略、军民融合发展战略，推动新型工业化、信息化、城镇化、农业现代化同步发展，坚决打好防范化解重大风险、精准脱贫、污染防治三大攻坚战，奋力开创云南跨越式发展新局面。

今后五年，要突出八个方面的重点任务。

（一）决战脱贫攻坚，决胜全面建成小康社会。坚持以脱贫攻坚统揽经济社会发展全局，坚持精准扶贫精准脱贫基本方略，紧扣“两不愁、三保障”，完善脱贫攻坚体制机制和大扶贫格局，集中力量攻克深度贫困堡垒，激发贫困地区干部群众内生动力，打好深度贫困地区脱贫“十大攻坚战”，确保新时代第一场硬仗取得完胜。到2020年，农村贫困人口如期脱贫，贫困县全部摘帽，区域性整体贫困得到解决，全面建成群众认可、经得起历史检验的小康社会，实现第一个百年奋斗目标，乘势而上向第二个百年奋斗目标阔步前进。

（二）坚持推动高质量发展，加快建设现代化经济体系。坚持质量第一、效益优先，以供给侧结构性改革为主线，推动经济发展质量变革、效率变革、动力变革。牢牢把握新一轮科技革命和产业变革带来的重大机遇，改造提升传统产业，培育壮大重点支柱产业，加快发展战略性新兴产业和现代服务业，加快建设实体经济、科技创新、现代金融、人力资源协同发展的产业体系。把创新作为引领跨越式发展的第一动力，加快创新型云南建设。增强金融服务实体经济能力，完善金融监管体系，守住不发生区域性系统性金融风险的底线。

（三）坚持推进互联互通，大力构建现代基础设施网络。继续抓好以交通、水利、能源、信息、物流为主要内容的“五网”基础设施建设，加快形成有效支撑云南跨越式发展、更好服务国家战略的综合基础设施体系。全面推进交通基础设施建设，确保高速公路“能通全通”、铁路州市基本全覆盖、机场建设全面提速，加强“四好农村路”建设，加速推进通用机场建设。加快滇中引水等重大项目和民生水利建设，着力构建区域互济、均衡优质、安全可靠的水安全保障体系。加快骨干电源、城乡电网和油气管网建设，形成保障有力、绿色安全的现代能源体系。加快新一代信息基础设施建设，基本建成面向南亚东南亚的国际通信枢纽和区域信息汇集中心。坚持物流枢纽、物流园区与综合交通体系同步规划、同步建设，努力成为区域性国际现代物流中心。加快建设地下综合管廊、轨道交通等重大城市基础设施，全面提升城市综合承载力。

（四）坚持城乡融合发展，加快推进农业农村现代化和新型城镇化。建立健全城乡融合发展体制机制和政策体系，促进城乡区域协调发展。实施乡村振兴战略，坚持农业农村优先发展，按照产业兴旺、生态宜居、乡风文明、治理有效、生活富裕的总要求，推动农业全面升级、农村全面进步、农民全面发展。深化农业供给侧结构性改革，加快发展高原特色现代农业，促进农村一二三产业融合发展。以人的城镇化为核心，优化城镇化布局与形态，提高城市群质量，推进特色小镇建设，加快形成以滇中城市群为核心，以中心城市、次中心城市、县城和特色小镇为依托，大中小城市和小城镇协调发展的城镇格局。

（五）坚持改革开放，大力释放发展动力活力。统筹推进各领域各方面改革，构建系统完备、科学规范、运行有效的制度体系。以完善产权制度和要素市场化配置为重点，营造良好营商环境，推动国有资本做强做优做大，促进非公经济加快发展。主动服务和融入“一带一路”和长江经济带建设，加快完善开放型经济体制，用好两个市场、两种资源，当好中国与周边国家发展战略对接的桥梁纽带，打造对外开放新高地。

（六）坚持以人民为中心，努力提高基本公共服务水平。突出问题导向，既尽力而为，又量力而行，努力让各族群众幼有所育、学有所教、劳有所得、病有所医、老有所养、住有所居、弱有所扶，使全省各族人民有更多获得感幸福感安全感。优先发展教育事业，办好人民满意的教育。坚持就业优先战略和积极就业政策，实现更高质量和更充分就业。深入推进健康云南建设，为人民群众提供全方位全周期健康服务。加强食品药品等领域安全工作。全面建成覆盖全民、城乡统筹、权责清晰、保障适度、可持续的多层次社会保障体系。坚持房子是用来住的、不是用来炒的定位，探索住房制度改革和长效机制，不断满足人民群众住房需求。推进文化事业和文化产业双轮驱动，建设民族文化强省。深化平安云南建设，打造共建共治共享的社会治理格局。推动民族团结进步示范创建工作不断深化，促进各民族和睦共处、和衷共济、和谐发展。

（七）坚持人与自然和谐共生，加快建设美丽云南。坚持节约优先、保护优先、自然恢复为主的方针，创新绿色发展路径，完善生态补偿机制，推动形成人与自然和谐发展的现代化建设新格局。统筹山水林田湖草系统治理，加大生态系统保护和修复力度，全面实施清水、净土、蓝天、国土绿化和城乡人居环境提升行动，确保主要污染物排放总量完成国家下达任务，生态环境质量走在全国前列。实行最严格的生态环境保护制度，完善省级环保督察体系，坚决制止和惩处破坏生态环境行为，把七彩云南建设成为中国西南生态安全屏障，让云岭大地天更蓝、水更清、山更绿、空气更清新。

（八）坚持党的全面领导，努力提高政府治理能力。牢固树立“四个意识”，坚决维护以习近平同志为核心的党中央权威和集中统一领导，确保中央大政方针和省委决策部署落地生根、开花结果。深化机构和行政体制改革，转变政府职能，深化简政放权，创新监管方式，增强政府公信力和执行力，建设人民满意的服务型政府。建设法治政府，推进依法行政，严格规范公正文明执法。大力弘扬“跨越发展、争创一流；比学赶超、奋勇争先”精神，锲而不舍抓好政府系统作风建设。

各位代表！

云南的前景无限光明，云南的未来无限美好。站在新的历史起点上，只要我们善于抓住机遇，勇于改革创新，以踏石留印、抓铁有痕的劲头和钉钉子的精神，一件事情接着一件事情办，一年接着一年干，就一定能够推动全省综合实力再上新台阶，就一定能够开创云南跨越发展新局面，就一定能够与全国同步全面建成小康社会、谱写好中国梦的云南篇章。

三、2018 年的重点工作

2018 年是贯彻落实党的十九大精神的开局之年，是改革开放 40 周年，是决胜全面建成小康社会、实施“十三五”规划承上启下的关键一年，也是新一届政府履职的第一年，做好今年的工作事关长远、至关重要。2018 年政府工作的总体要求是：全面贯彻落实党的十九大和中央经济工作会议精神，以习近平新时代中国特色社会主义思想为指导，进一步贯彻落实习近平总书记对云南发展的重要指示精神，坚持稳中求进工作总基调，坚持新发展理念，紧扣中国社会主要矛盾变化，按照高质量发展的要求，统筹推进“五位一体”总体布局和协调推进“四个全面”战略布局，坚持以供给侧结构性改革为主线，统筹推进稳增长、促改革、调结构、惠民生、防风险各项工作，大力推进改革开放，推动质量变革、效率变革、动力变革，在打好防范化解重大风险、精准脱贫、污染防治的攻坚战方面取得扎实进展，加强和改善民生，促进经济社会持续健康发展。

经济社会发展主要目标建议为：全省地区生产总值增长 8.5%，固定资产投资增长 16%，地方一般公共预算收入增长 5.5%，社会消费品零售总额增长 11%，外贸进出口总额增长 15%，城乡居民人均可支配收入分别增长 8%、9%，居民消费价格涨幅控制在 3% 左右，城镇新增就业 45 万人以上，完成国家下达的节能减排任务。

完成以上目标任务，要重点抓好十个方面的工作。

（一）扎实推进供给侧结构性改革。把深化供给侧结构性改革作为推进经济结构战略性调整和转型升级的治本之策，深入推进“三去一降一补”，重点在“破”“立”“降”上下功夫，把发展产业作为建设现代化经济体系的重要抓手，加快构建“传统产业+支柱产业+新兴产业”迭代产业体系。

大力淘汰落后产能。坚持用市场化、法治化手段推动钢铁、煤炭等行业化解过剩产能，继续保持严厉打击“地条钢”高压态势，压减粗钢产能27万吨，退出煤炭产能58万吨，对13类落后小煤矿，坚决做到应去尽去。严格控制新增产能，采用产能置换指标交易等手段，鼓励先进企业重组并淘汰落后产能。依法处置“僵尸企业”，妥善安置分流职工。加快建立多主体供应、多渠道保障、租购并举的住房制度，因城因地去库存，优化供需结构，促进房地产业持续健康发展。

大力培育新动能。捏紧拳头、聚焦重点，扬长避短、彰显特色，全力打造世界一流的“绿色能源”“绿色食品”“健康生活目的地”这“三张牌”，形成几个新的千亿元产业。一是打造“绿色能源牌”。做优做强绿色能源产业，紧扣把绿色能源产业打造成云南省重要支柱产业的目标，加快建设干流水电基地，加强省内电网、西电东送通道、境外输电项目建设，拓展省内外和境外电力市场。下大气力解决“弃水”“弃电”问题，在保护环境的前提下，推进水电铝材、水电硅材一体化发展，培育和引进行业领军企业，着力发展新材料、改性材料和材料深加工，延长产业链；建设铝工业工程研究中心、硅工业工程研究中心，占领行业制高点。加快发展新能源汽车产业，大力引进新能源汽车整车和电池、电机、电控等零配件企业，尽快形成完整的产业链，把云南省绿色清洁能源优势转化为经济优势、发展优势。二是打造“绿色食品牌”，形成一批具有云南特色、高品质、有口碑的“云南名品”。三是打造“健康生活目的地牌”。大力发展从“现代中药、疫苗、干细胞应用”到“医学科研、诊疗”，再到“康养、休闲”全产业链的“大健康产业”。支持中国昆明大健康产业示范区加快发展。按照“世界一流”的标准打造国际医疗健康城，引进国际一流高端资源和管理模式，建设集医疗、研发、教育、康养为一体的医疗产业综合体，力争经过几年的努力，成为国际先进的医学中心、诊疗中心、康复中心和医疗旅游目的地、医疗产业集聚地，引领云南生物医药和大健康产业跨越发展。加快旅游产业转型升级。坚持以“零容忍”态度整治旅游市场秩序，绝不半途而废，并进一步强化属地管理体制机制。围绕“国际化、高端化、特色化、智慧化”目标，以“云南只有一个景区，这个景区叫云南”的理念打造“全域旅游”，以“一部手机游云南”为平台打造“智慧旅游”，以“游客旅游自由自在”“政府管理服务无处不在”为目标建设“一流旅游”，开发精品自驾旅游线路，加快汽车营地、厕所等基础设施建设，大力发展新业态，制定实施新标准，推动旅游产业全面转型升级。加快推进特色小镇建设，紧扣“特色、产业、生态、易达、宜居、智慧、成网”七大要素，杜绝滥竽充数和变相房地产开发，坚持高质量、高标准建设，使云南的蓝天白云、青山绿水、特色文化转化为发展优势，成为世人健康生活的向往之地。

大力降低实体经济成本。采取停止征收坝区耕地质量补偿费等一系列降成本措施，确保降低实体经济成本780亿元左右。继续清理不规范的中介服务，取消“红顶中介”，推进行政机关与协会、商会彻底脱钩。依法依规征收、减免税款，坚决杜绝收“过头税”，建立降成本长效机制。下大气力解决涉企收费较多问题，通过大力降低非税收入占财政收入比重，切实减轻企业和社会负担。

进一步优化投资结构和扩大消费。加大工业投资考核奖惩力度，大幅提高工业投资占固定资产投资的比重。加快“3个100”工业转型升级重点项目建设和20项智能制造重点示范项目建设，力争规模以上工业企业达4 500户，工业增加值增长9%以上。全面开工“十三五”规划项目，突出抓好工业投资、民间投资和滇中5个州市、滇中新区的固定资产投资。适应消费升级需求，增强消费对经济发展的基础性作用。第三产业增加值增长9%以上。

（二）加快建设创新型云南。创新是引领发展的第一动力，是建设现代化经济体系的战略支撑。要深入实施创新驱动战略，加快建立以企业为主体、市场为导向、产学研深度融合的技术创新体系。

大力培育创新主体。建立高新技术企业培育库，加快培育和引进高新技术企业、科技型中小企业以及国内外先进企业研究机构，新增高新技术企业120户以上、科技型中小企业500户以上。支持省内高校和科研院所加强重点领域应用基础研究，加强关键共性技术、前沿引领技术、现代工程技术研究，突破重大核心关键技术，新建国家级重点实验室1个、省级重点实验室10个、院士专家工作站60个。

加快创新平台建设。充分发挥滇中新区、国家级经开区和高新区的创新引领作用，大力引进信息技术、人工智能、生命健康、智能制造和新能源、新材料等新兴产业龙头企业，加强与高校和科研院所在新兴产业方面

的协同创新，不断壮大新兴产业创新的主体规模。创建自主创新示范中心，启动云南生物及高原特色现代农业创新园建设，培育重点产业研发平台，打造高水平产业技术创新战略联盟。争取在以现代中药和民族药及新型疫苗研发为主的生物技术、以干细胞应用为主的生命科学、以纳米技术为主的新材料等前沿领域取得新突破，形成一批创新产品。深入实施知识产权强企强县工程。实施质量提升行动和自主品牌培育计划，推进质量强省建设。举办好第四届科技入滇活动。

加强服务保障和人才队伍建设。加大财税、政府采购、高科技企业认定等政策扶持力度。发挥科技成果转化与创业投资基金重要作用，吸引风险投资机构、商业银行等各类金融机构和其他社会资金共同投入，放大基金使用效益。深入实施“千人计划”“万人计划”，加快建设科技创新专业人才、科技型企业家、科技管理服务人才“三支队伍”，加快建设高素质产业工人队伍。

（三）大力实施乡村振兴战略。实施乡村振兴战略是广大农民群众的殷切期盼，是新时代做好“三农”工作的总抓手。要科学制定战略规划，加快推进农业农村现代化，让农业成为有奔头的产业，让农民成为有吸引力的职业，让农村成为安居乐业的美丽家园。

大力发展高原特色现代农业，打造“绿色食品牌”。

安宁食用玫瑰园　（江　云　摄）

锦绣茶王村　（江　云　摄）

无量山深处的茶园　（许太琴　摄）

元阳长街宴　（郭增强　摄）

把产业兴旺作为乡村振兴的重点方向，把高起点发展高原特色现代农业作为今后一个时期传统产业优化升级的战略重点，用工业化理念推动高质量发展，突出绿色化、优质化、特色化、品牌化，走质量兴农、绿色兴农之路，在确保粮食生产能力稳中提质和粮食安全的基础上，力争到2020年形成若干个过千亿元的产业。一是大力推进“大产业 + 新主体 + 新平台”发展模式和“科研 + 种养 + 加工 + 流通”全产业链发展，瞄准高端市场、国际市场，迅速占领行业制高点。二是大力发展县域经济，把实施产业兴村强县行动作为做大县域经济底盘、优化县级财政收入结构的战略性举措，着力打造“一村一品、一县一业”发展新格局。三是大力培育新主体，引进国内外大企业，扶持本土农业“小巨人”等龙头企业，积极培育专业合作社、家庭农场、种养大户等新型经营主体，力争年销售收入超过1亿元的龙头企业新增100户以上、超过10亿元的新增10户以上。四是大力打造名优产品，围绕茶叶、花卉、水果、蔬菜、坚果、咖啡、中药材、肉牛等产业，集中力量培育，做好“特色”文章，加快形成品牌集群效应。五是大力塑造“绿色牌”，推动农业生产方式“绿色革命”，力争新认证“三品一标”600个以上，有机和绿色认证农产品生产面积分别增长10%和15%以上。六是大力发展精深加工，力争将全省农产品加工业产值与农业总产值之比由0.67∶1提升到1∶1以上。七是大力开拓国内外市场，扩大云南农产品影响力和市场份额。八是建立强有力的领导推进机制，常抓不懈、一抓到底，推动高原特色现代农业发展进入快车道。

持续深化农村综合改革。巩固完善农村基本经营制度，全面完成农村土地承包经营权确权登记颁证工作，加快承包土地信息联通共享。深化农村土地制度改革，加快推进农村土地征收、集体经营性建设用地入市、宅基地制度改革试点，深入推进农村集体产权制度改革。完善农业支持保护制度，提升农业质量效益和竞争力。深化粮食收储制度改革。扩大耕地轮作休耕试点。

构建乡村治理新体系。加强农村基层基础工作，深化村民自治实践，加强法治乡村、平安乡村建设，提高乡村德治水平，确保乡村社会充满活力、和谐有序。

（四）打好精准脱贫攻坚战。脱贫攻坚军令如山，责任如山。要对标对表中央政策，把提高脱贫质量放在首位，向深度贫困地区聚焦发力，确保全年完成145万贫困人口脱贫、27个贫困县摘帽任务。

集中力量打好“十大攻坚战”。一是打好易地扶贫搬迁攻坚战，坚持“挪穷窝”与“换穷业”并举，对30户以下、贫困发生率50%以上、基础设施和公共服务尚未达到脱贫出列条件的村庄，原则上应搬尽搬、整村搬迁、进城入镇，确保搬迁1户、脱贫1户。确保完成国家规划15万人易地扶贫搬迁任务，启动实施新增易地扶贫搬迁建档立卡人口35万人左右。二是打好产业就业扶贫攻坚战，着力引进和培育龙头企业，扶持专业合作社6万个，转移就业85万人，推动产业就业扶贫措施和新型农村合作经济组织对贫困户全覆盖。三是打好生态扶贫攻坚战，退耕还林还草、生态护林员等项目和政策向深度贫困地区和贫困户倾斜，带动20万贫困人口稳定增收脱贫。四是打好健康扶贫攻坚战，切实降低就医负担，有效防止因病致贫、因病返贫。五是打好教育扶贫攻坚战，专项资金和招生就业、教师待遇等政策优先倾斜保障深度贫困地区。六是打好素质提升攻坚战，对“直过民族”和人口较少民族深度贫困人口普及国家通用语言和常用规范文字，实施青壮年劳动力素质提升行动计划。七是打好农村危房改造攻坚战，实施4类重点对象农村危房改造40万套。八是打好贫困村脱贫振兴攻坚战，优先安排50户以上不搬迁的自然村补齐基础设施短板，新改建农村公路1.5万千米，建成硬化路1万千米，实现100万农村人口饮水安全巩固提升。九是打好守边强基攻坚战，实施守边固边工程，扎实推进第二轮改善沿边群众生产生活条件三年行动计划，打造边民生活有保障、发展有支撑、管理有秩序、守边有动力的抵边新村。十是打好迪庆怒江深度贫困脱贫攻坚战，新增资金、项目、举措进一步向两州倾斜，严格落实公益性建设项目取消州县配套资金政策，以工代赈资金主要用于支持两州。

丽江玉湖村新貌　　（许太琴　摄）

全力提高脱贫质量。下足“绣花”功夫，做实做细贫困对象动态管理，落实分层分类、因人因户因致贫原因精准帮扶工作机制和责任机制，建立促进贫困群众根本脱贫、长远脱贫的体制机制，保持政策连续性和稳定性，做实脱贫攻坚规划和项目库建设，确保“两不愁、三保障”落实到位。坚持扶贫与扶志、扶智结合，扎实开展“自强、诚信、感恩”主题实践活动，消除“等靠要”思想，培育贫困群众自我发展意识和能力，引导贫困群众艰苦奋斗、自强自立。加快推进贫困县涉农资金实质性整合，建成扶贫资金全程在线监管系统，全面开展扶贫资金绩效管理，全面公开县级扶贫资金分配情况。严格监督考核，深入开展扶贫领域腐败和作风问题专项治理，强化跟踪问效和审计监督，坚决防止虚假脱贫、数字脱贫，严肃查处贪占挪用扶贫资金的行为。加强扶贫队伍培训和管理。

（五）打好防范化解重大风险攻坚战。防范化解重大风险是一场输不起的战役。要站在事关经济发展大局和人民群众财产安全的高度，扎实做好重点领域风险防范和处置，守住不发生区域性系统性金融风险底线。

加强金融风险防控。落实地方政府责任，构建地方金融监管体系，实现所有金融活动监管全覆盖、无例外。启动风险监测预警平台和监管信息平台建设，强化风险监测预警和应急处置。防控处置不良贷款风险，高度重视地方法人金融机构的改革和风险防控。严把市场准入关，加强对各类交易场所和影子银行、互联网金融等薄弱环节的监管，有效处置个案风险。严厉打击非法集资等违法违规金融活动，严防“非法集资下乡”。管控高杠杆投机炒作，严防债券违约风险。引导各类金融机构服务实体经济，建设广覆盖、可持续的普惠金融体系。

加强政府债务风险防控。统一归口管理政府债务，统筹加强政府性债务管理。加强对隐性债务的统计和监测，摸清隐性债务底数。明晰债务主体，坚持“谁使用、谁偿还”，“谁家的孩子谁抱走”。省政府不会为州市县政府债务兜底、“埋单”。严格实行政府债务限额和预算管理，设置政府债务“天花板”，严格控制增量债务。加快市场化运作，盘活政府性债务投资，逐步消化存量债务。研究化解高校债务问题。严格限定政府举债程序和资金用途，对违法违规举债和担保，实行终身问责、倒查责任。

加强国有企业债务风险防控。强化企业负债率考核，加大资本金约束，力争每户省属企业负债率降至70%以下。严控融资平台新增债务，规范省属企业投资特别是对外投资行为。优化企业资产结构，推动有条件的企业实现整体上市或主营业务上市。加快剥离企业非主业资产和低效无效资产，加快市场化法治化债转股、兼并重组等步伐，推动企业去杠杆取得扎实进展。

（六）打好污染防治攻坚战。良好生态环境是最公平的公共产品、最普惠的民生福祉。要以更有力的举措，控制污染源头，狠抓末端排放治理，让人民群众切实感受到环境改善的成果。

加强生态保护修复。加快“森林云南”建设，着力培育生态保护修复专业化企业。启动大规模国土绿化行动，加快水土流失和荒漠化、石漠化综合治理，完成营造林800万亩，退耕还林和陡坡地生态治理300万亩，力争森林覆盖率提高到60%以上。深入推进西双版纳州、玉龙县国家主体功能区试点示范和普洱市国家绿色经济试验示范区建设。加强重点流域生态系统修复和环境综合治理，积极参与长江绿色生态廊道建设。

加强环境保护治理。开展生态保护红线落地试点，加强生物多样性、自然保护区、重要湿地和生态脆弱区域生态保护，全面开展第二次全国污染源普查。制定污染防治攻坚战实施方案，推进大气、水、土壤综合治理。开启新一轮大气污染治理行动，确保全省环境空气质量优良指数稳中有升。深入实施“水十条”，认真落实河长制、湖长制，坚定不移推进洱海抢救性保护行动，强化滇池、抚仙湖等九大高原湖泊生态系统保护与治理，多抓大保护、不搞大开发，确保地表水优良水体比例达到70%以上。全面实施“土十条”，确保重金属、固体废弃物、危险化学品等行业土壤污染治理修复得到明显好转，化肥、农药减量使用。

加强城乡环境整治。深入实施城乡“四治三改一拆一增”和农村“七改三清”环境综合整治，着力提升人居环境。深入开展“厕所革命”，县级城市建成区公厕数量提高到每平方千米5座以上，大力开展农村户用卫生厕所改造。加强城市黑臭水体治理，加大城乡生活垃圾、污水处理设施建设力度。积极推进以昆明为重点的城市生活垃圾分类处理。

加强环境监管。坚持绿色发展，对不符合环评要求的项目一律实行“一票否决”。加强环境保护督察发现问题的整改。启动生态环境损害赔偿制度改革，依法征收环境保护税。加快建立省以下环保机构监测监察执法垂直管理制度，全面推进领导干部自然资源资产离任审计，加大环保执法力度，严惩破坏生态环境行为。积极推进环境公益诉讼。

（七）大力推进基础设施网络建设。基础设施建设滞后仍然是制约云南省经济社会发展的最大瓶颈。要加快构建互联互通、功能完善、高效安全、保障有力的基础设施网络，不断夯实云南省跨越发展的基础条件，力争完成投资3 440亿元。

加快交通基础设施建设。扎实推进县域高速公路“能通全通”工程，加密高速公路网，加快建设67个高速公路项目，全面改造提升高速公路服务区，完成高速公路建设投资1 400亿元。加快怒江美丽公路和“四好农村路”建设。加快推进铁路州市全覆盖工程，完成广大铁路扩能改造，开工建设弥蒙高铁，做好渝昆高铁等前期工作，完成铁路建设投资250亿元。加快推进机场建设，推进昆明长水国际机场二期开工和综合交通枢纽建设，开工建设元阳等机场，新建5个通用机场，完成民航建设投资40亿元以上。推进水运航道、港口、泊位等水运基础设施建设和高等级航道扩能升级改造。

加快水利和能源基础设施建设。加快滇中引水一期控制性工程进度，做好二期工程前期工作。加快德厚、阿岗、车马碧水库和柴石滩灌区等重大工程进度，新开工50件重点水网工程，完成水利投资600亿元。加快白鹤滩、乌东德等大型水电站和特高压直流输电重大工程建设，加快推进与周边国家输电线路项目建设，开工建设中老500千伏电力联网项目，扩大西电东送、云电外送规模。开展新一轮农网改造。

加快信息基础设施建设。全面实施“宽带中国—千兆到户”和“百兆乡村”工程。提升乡村、交通沿线和旅游景区4G网络覆盖面，新建4G基站3.5万个、光缆1.5万千米，全面提升网络质量。加快5G网络商用和物联网应用。完成信息通信业投资100亿元。加快政务、旅游、农业、林业、教育、医疗等信息网络设施、大数据中心、云服务平台建设。

加快物流基础设施建设。推进物流示范园区和冷链设施建设，积极发展多式联运、高铁快运、智能仓储。推动全省建制村通邮，加快推进县乡村三级农村物流网络建设。推进供应链体系建设，组建跨境物流集团，加快构建跨境物流高效快速通道。建设交通运输物流大数据分析平台，着力提升物流信息化水平。

加快城镇基础设施建设。实施城镇基础设施和公共服务设施补短板工程，完善城市路网，深入推进6个国家智慧城市试点，开工建设海绵城市55平方千米、城市地下综合管廊120千米、污水配套管网500千米。启动实施城市暴雨内涝防治工程。深入开展城市设计和“城市双修”试点，推进棚户区和“城中村”改造，提高城市整体形象和综合承载能力。

（八）进一步深化改革扩大开放。实现跨越式发展，希望在改革，出路在开放。对改革开放40周年最好的纪念就是以更大的决心、更大的力度推进改革开放。

全面深化改革。深化国企国资改革，全面完成省级国有经营性资产集中统一监管，做强做优做大国有资本。积极发展混合所有制经济。鼓励支持企业上市。认真落实领导干部挂钩联系企业制度，构建亲清新型政商关系，进一步营造支持民营企业发展的良好环境。深化财税体制改革，着力优化财政收入结构，降低非税收入比重，力争全省税收收入占财政收入的70%以上。对非税收入超过50%的县，逐县制定工作方案，促其税收收入占比提高到50%以上。改革财政资金支持市场主体的管理办法，实行网上申请、网上办理、网上永久公示。稳步推进投融资、价格、自然资源资产管理、产权保护制度、社会信用体系、社会保障、教育文化、医药卫生、审计体制、统计管理体制等改革。

全面扩大开放。充分发挥云南在“一带一路”建设和对外开放战略中的区位优势，深化与周边国家各个领域的合作。规范整合各类开发开放平台，改革完善管理体制。支持企业走出去，推动中外经济合作区等开放型平台建设，在周边国家合作建设一批产业园区，推进国际产能合作。加快口岸软硬件建设，提升口岸通关效率，推进货物和人员往来便利化。落实外贸稳增长政策措施，扩大农产品出口，发展加工贸易和转口贸易。探索建设境外商贸中心，推动云南产品走出去。推动跨境动物疫病区域化管理试点，尽快形成养殖、加工、销售一体化、规模化的产业链。深化沿边金融改革，创新金融跨境业务，提升人民币国际化水平。围绕重点项目和重大项目开展精准招商。办好第五届南博会，组织好首届中国国际进口博览会参展工作。进一步巩固和扩大文化、教育、卫生等领域的对外开放与合作。

（九）在发展中提高保障和改善民生水平。保障和改善民生是人民政府的基本职责。要坚持以人民为中心的发展思想，着力解决群众最关心最直接最现实的利益问题，不断满足人民日益增长的美好生活需要。

坚持教育优先发展。突出抓好农村义务教育，完成“全面改薄”任务，对88个贫困县的“改薄”投入全部由省财政负责。加强中小学标准化建设。依法推进“控辍保学”，将辍学率严格控制在国家标准以内。切实解决中小学生课外负担重、“择校热”“大班额”等突出问题。努力提升高中办学水平。大力支持“一流大学、一流学科”建设，推动高等教育内涵式发展。办好学前教育、职业教育、民族教育、特殊教育和继续教育。鼓励和规范社会力量兴办教育。加强教师队伍建设。

提高就业质量和收入水平。实施更加积极的就业政策，解决好结构性就业矛盾，城镇新增就业45万人以上。做好高校毕业生等重点群体就业创业工作，实施“云岭创业计划”，全面落实“贷免扶补”等扶持政策，鼓励农民工转移就业和返乡创业。实施技能强省行动计划，扩大职业技能培训规模，提升就业技能水平。继续深化收入分配制度改革，提高低收入群体收入水平。

完善社会保障体系。深入实施全民参保计划，深化医保支付制度改革，推进跨省异地就医联网直接结算。完善基本养老、失业、工伤保险制度。统筹推进城乡社会救助体系建设，加强农村最低生活保障制度与扶贫开发政策衔接。健全残疾人基本福利制度，激发慈善主体活力。继续加大城镇保障性安居工程建设，新开工棚改10万套以上，基本建成城镇保障性住房7万套。

推进健康云南建设。深化医药卫生体制改革，加快分级诊疗制度、现代医院管理制度、药品供应保障

制度和综合监管制度建设，做实医联体、家庭医生签约服务和药品购销“两票制”。支持3个没有达标的州市级医院建成三甲医院、40所县级医院达到国家标准。加快实施远程诊疗“乡乡通”工程。完善全科医生培养与使用的激励机制。完善妇幼健康服务体系和计划生育服务管理。加强重大疾病预防控制，深入开展爱国卫生运动。推动中医药、民族医药高质量发展。大力发展体育事业，广泛开展全民健身运动。加快发展老龄产业，完善养老保障体系，鼓励社会资本进入养老、医疗、体育服务领域。

推进文化建设。进一步完善现代公共文化服务体系，推进基层综合性文化服务中心建设。加强文化保护与利用，实施优秀传统文化传承发展工程和“云南文化精品工程”。实施“国门文化”建设工程，加强对外文化交流。加快发展文化产业，培育一批骨干文化企业和重点文化产业园区。加大对新闻出版广播电视事业的支持力度。

加强和创新社会治理。完善矛盾纠纷多元化解机制，依法有序畅通信息公开和民意表达渠道。防范和打击恐怖活动，深入开展扫黑除恶专项斗争，依法惩治各类违法犯罪。强化网络安全，坚决打击虚假信息诈骗、倒卖个人信息等行为。全面提升食品药品安全治理能力。狠抓安全生产，坚决防范和遏制重大安全事故。打好禁毒防艾人民战争。加强监测预警，提升防灾减灾救灾能力。构建全方位的公共安全防范体系，维护社会和谐稳定。全面贯彻落实民族区域自治法，深入实施兴边富民工程，推进民族团结进步示范区建设，依法管理宗教事务和场所。

同时，开展好第四次全国经济普查和第三次全国土地调查，做好移民、参事、哲学社会科学、文史、档案、地方志、港澳台侨、智库、科普、测绘、地震、地质、气象、红十字等工作，切实保障妇女、儿童、老年人、残疾人合法权益，支持群团组织改革发展。推进军民融合深度发展，扎实抓好国防动员、国防教育、人民防空、民兵预备役、双拥共建、优抚安置等工作。继续办好一批惠民实事。

（十）建设人民满意的服务型政府。加快转变政府职能，提升政府治理现代化水平，增强政府公信力和执行力，更好地服务人民。

深化行政体制改革。全面推进机构改革，切实解决机构重叠、职责交叉等问题。深化“放管服”改革，狠抓政策落实，优化营商环境，完善政府权责清单，清理规范政府规章制度，构建行政审批、政务服务和公共资源交易为一体的监管体制，加快电子政务信息中心和政务云平台建设，全面推进“互联网+政务服务+公共资源交易”，逐步实现“一颗印章管审批”，让群众和企业到政府办事最多跑一次。制定实施市场准入负面清单制度，创新监管方式。深入推进相对集中行政许可权改革试点，深化综合行政执法体制改革。推进并完成省级机关与所属企业的剥离、省级机关后勤服务社会化改革。

全面推进依法行政。依法全面履行政府职能，切实做到法定职责必须为、法无授权不可为，着力提升各级政府依法行政水平。健全完善重大行政决策的公众参与、专家论证、风险评估、合法性审查、集体讨论决定机制，推进行政决策科学化。执行重大行政决策终身责任追究和责任倒查制度，落实行政执法责任追究制度。健全机关负责人应诉机制。

主动接受监督。自觉接受人大及其常委会的法律监督、工作监督和人民政协的民主监督，进一步做好人大代表建议和政协提案办理工作，自觉接受民主党派监督、人民群众和社会舆论监督，学会并习惯于在批评声、监督声中工作。完善决策部署的执行、监督、考评、奖惩等工作机制，落实主体责任，确保令行禁止、政令畅通。加强行政权力运行制约和监督，加大政务公开力度，拓宽政府信息公开渠道。

加强作风建设。落实新时代全面从严治党要求，扎实开展“不忘初心、牢记使命”主题教育，在全省政府系统来一个“大学习”，切实提高“八种本领”。深入贯彻落实中央八项规定和实施细则精神以及省委实施办法，坚决纠正“四风”，严厉整肃庸政懒政怠政行为。进一步完善工程建设、土地出让、政府采购、产权交易、国有企业监管等重点领域腐败风险防控机制，坚决查处损害群众利益的问题。建立健全容错纠错机制，激发广大干部凝心聚力促跨越的激情和活力。树立正确政绩观，多做打基础、利长远的事，不搞短期行为，不能急功近利，更不能竭泽而渔，真正做到对党的事业负责、对人民负责、对历史负责。

新时代的蓝图已经绘就，发展是实现梦想的根本，幸福都是奋斗出来的。让我们更加紧密地团结在以习近平同志为核心的党中央周围，高举习近平新时代中国特色社会主义思想伟大旗帜，在省委的坚强领导下，不忘初心、牢记使命，锐意进取、埋头苦干，努力创造出无愧于这个伟大时代的新业绩，努力履行好新时代赋予我们的新使命，努力向全省各族人民交上一份满意的答卷，为全面脱贫、全面建成小康社会、谱写好云南人民幸福美满生活的新篇章作出新的更大贡献。

云南省人民代表大会常务委员会工作报告（节选）

——2018 年 1 月 27 日在云南省第十三届人民代表大会第一次会议上

云南省第十二届人民代表大会常务委员会常务副主任　张百如

一、依法履职尽责，促进全省经济社会持续健康发展

云南省十二届人大常委会在中共云南省委的坚强领导下，深入学习贯彻党的十八大、十九大精神和习近平新时代中国特色社会主义思想，围绕统筹推进“五位一体”总体布局、协调推进“四个全面”战略布局，落实习近平总书记考察云南重要讲话精神，认真行使宪法和法律赋予的职权，各项工作取得新进展新成绩，为促进云南跨越式发展作出了积极贡献。

（一）旗帜鲜明讲政治，把党的领导贯穿人大工作全过程。常委会强化政治意识、大局意识、核心意识、看齐意识，坚决维护习近平总书记党中央和全党的核心地位，坚决维护以习近平同志为核心的党中央权威和集中统一领导，对标对表党中央要求，自觉在省委的领导下履行职责。围绕贯彻中央和省委工作部署，制定工作要点和立法、监督、讨论决定重大事项等工作计划，并认真组织实施，确保党的主张通过法定程序成为国家意志。坚持党管干部原则，严格依法任免，圆满实现中央和省委的人事意图，确保党组织推荐的人选成为国家政权机关领导人员。严格执行请示报告制度，主动向省委请示报告重要事项和工作中的重大问题，并从 2015 年起坚持每年向省委常委会全面报告年度工作，认真贯彻省委指示，及时报告落实情况，确保党通过国家政权机关实施对国家和社会的领导。落实全面从严治党要求，认真履行党组政治领导责任，坚持党组研究提出人大常委会重大工作，再由人大常委会依法审议决定；修订常委会党组工作规则，完善工作机制；建立健全党组织，2017 年在委员会和研究室设立分党组，加强党的建设，确保人大工作始终在党的领导下不断向前推进。

（二）发挥引领和推动作用，地方立法成绩显著。常委会按照全面依法治国的新要求，根据云南跨越式发展的新需要，加强立法工作，制定省的地方性法规 30 件，修改省的地方性法规 29 件（次），废止 20 件，通过法规性的决议决定 3 件；批准民族自治地方单行条例 56 件、废止 1 件；批准州（市）地方性法规 41 件、废止 14 件。

聚焦重点领域立法。围绕“五位一体”总体布局和“四个全面”战略布局立法。加强经济领域立法。制定发展规划条例、电信设施建设和保护条例，修订信息化促进条例、旅游条例。加强民主政治立法。制定预防职务犯罪工作条例、司法鉴定管理条例、突发事件应对条例、政府规章设定罚款限额规定等，修改信访条例；全面清理云南省地方性法规，修改了行政事业性收费管理条例等 17 件地方性法规，废止了经纪人条例等 11 件地方性法规和法规性决议决定，保障深化行政审批制度改革。加强文化领域立法。制定非物质文化遗产保护条例，批准楚雄州民族教育条例、景谷县民族民间传统文化保护条例等一批单行条例。加强社会领域立法。2 次修改人口与计划生育条例，保障云南实施全面两孩政策，增加延长婚假、女方生育假和男方护理假时间等规定，2017 年全省出生二孩同比增长 16.9%，人口长期均衡发展迈出可喜步伐；制定人体器官捐献条例、医疗机构管理条例、工会劳动法律监督条例，修改流动人口服务管理条例、安全生产条例、道路交通安全条例。加强生态领域立法。制定湿地保护条例、水土保持条例、散装水泥促进条例、违法建筑处置规定，修订林木种子条例。

聚焦地方特色立法。突出民族特色。开展少数民族文化遗产保护工作立法调研，制定少数民族教育促进条例、少数民族语言文字工作条例，批准文山州农村产权抵押贷款条例等一批单行条例。突出生态特色。在全国率先出台国家公园管理条例，制定云龙水库保护条例，修改抚仙湖保护条例，探索建立生态补偿机制。突出边疆特色。制定边境管理条例，推动全面互联互通；批准昆明市会展业促进条例、高新技术开发

区条例等一批法规，助推对外开放新高地建设；批准河口县城市管理条例等一批边境地区的单行条例，推动破除开放壁垒，建强合作平台。

聚焦脱贫攻坚立法。2014年制定农村扶贫开发条例，明确扶贫开发对象和范围、项目、资金及监管措施；2017年初又根据中央和省委精准扶贫精准脱贫、“两不愁三保障”的目标要求，修改扶贫条例，强化机制，落实责任，为脱贫攻坚提供有力法制保障。同时，开展涉及打赢脱贫攻坚战的相关立法，及时修订《村民委员会组织法》实施办法、村民委员会选举办法，保障全省1.2万个村委会依法圆满换届，发挥村民自治组织在脱贫攻坚中的重要作用。制定农村公路管理条例，促进贫困地区农村基础设施建设，破除乡村发展瓶颈制约，补齐脱贫攻坚短板。

（三）推动重大决策贯彻落实，监督工作成效突出。常委会紧紧围绕关系全省改革发展稳定的重大问题和人民群众关注的突出问题，加强监督工作，听取和审议“一府两院”专项工作报告89项，开展执法检查29次、视察12次、专题调研25次，组织专题询问3次、专项工作评议2次。

督促落实新发展理念和供给侧结构性改革。坚持以新发展理念为引领，听取和审议省政府关于“十二五”规划纲要实施中期评估、年度计划执行情况报告，依法调整“十二五”规划，科学谋划“十三五”发展，推动落实规划和重大决策部署；听取和审议省政府关于营业税改征增值税试点、专利工作等报告，检查中小企业促进条例实施情况。听取和审议省政府关于国有资产监督管理和国有企业改革发展、粮食安全工作情况等报告，专题调研落实结构性减税政策、重要产业转型升级、供销合作社综合改革、园区经济发展、金融工作情况，组织视察“四个一百”重点建设项目和供给侧结构性改革推进情况，督促深入推进供给侧结构性改革。

督促决战脱贫攻坚。围绕贯彻中央和省委精准扶贫精准脱贫决策部署，聚焦“两不愁三保障”脱贫目标，对农村扶贫开发条例实施情况进行执法检查，专题调研检查整乡推进、产业扶贫、教育扶贫、健康扶贫、科技扶贫、林业扶贫、乡村旅游扶贫和贫困县脱贫工作情况。专项督查昆明、楚雄、西双版纳3个州（市）脱贫攻坚工作，专项检查16个州（市）控辍保学，专题调研12个州（市）25个贫困县精准识别精准脱贫工作。听取和审议省政府关于完善农村土地承包经营权流转工作的报告，开展农业法、农村公路条例和农产品质量安全法的执法检查，专题调研农村改革、强农惠农富农补贴政策落实情况和水利改革发展情况，全方位促进脱贫攻坚。

督促落实全口径预决算。完善预决算初审机制，将审查范围从公共预算、政府性基金，延伸到国有资本经营、社会保险基金和政府债务等方面，把审查监督重点从预算执行、收支平衡，延伸到支出政策、资金绩效和预算公开等方面。听取和审议省政府关于财政预算绩效管理情况的报告，跟踪监督资金项目实施情况，建立听取有关州（市）人大常委会和受益群众意见的机制，连续5年跟踪部门预算编制、执行和决算情况。省级财政项目预算支出细化率从2012年的34.1%提高到2017年的61%。深入调研全省政府性债务管理和债券资金安排使用情况，严格审批发行新增政府债券1 489亿元。连续5年听取和审议审计工作报告及审计查出问题整改情况报告，跟踪调研整改情况，督促挽回和避免损失财政资金约215亿元，建立健全规章制度1 400多项。

督促解决热点难点问题。紧盯抗灾救灾、教育、卫生、旅游、权益保障、平安云南建设等热点问题开展监督。组织开展防震减灾法和云南省相关条例的执法检查。与省政协联合组织视察组，深入鲁甸、景谷地震灾区，督促落实地震灾区恢复重建工作。组织抗旱保民生促春耕专题调研，省委及时批转调研报告。听取和审议省政府关于义务教育、职业教育、学前教育等工作情况报告。开展食品安全监管工作评议，督促政府深入推进食品安全专项整治行动。开展医药卫生体制改革、旅游市场综合监管工作专题询问。检查全民健身条例、传染病防治法、艾滋病防治条例、发展中医药条例的实施情况。听取和审议省政府关于老年人权益保障法和老年人权益保障条例实施情况、征地拆迁中民生保障工作情况的报告，组织对老年人权益保障法、企业工会条例、涉诉特困人员救助条例、未成年人保护法、预防未成年人犯罪条例实施情况的执法检查，专题调研老年人权益保障和企业工资集体协商条例执行情况，督促落实散居困难归侨侨眷扶贫救助政策。听取和审议省政府关于禁毒工作情况的报告，组织对道路交通安全法和道路交通安全条例、消防法和消防条例、森林防火条例等执法检查。

督促落实“三个定位”战略目标。听取和审议省政府关于推进民族团结边疆繁荣稳定示范区建设情况、贯彻落实民族区域自治法和云南省实施办法、少数民族传统文化保护工作情况的报告；开展民族区域自治法、少数民族教育促进条例执法检查，专题调研云南民族问题和城市民族工作条例实施情况。听取和审议省政府关于环境保护工作情况的报告，督促政府整改落实中央环保督察组反馈的问题；专题调研生态文明制度创新改革、自然保护区建设管理和生物多样性保护工作；开展对水污染防治法、大气污染防治法、洱海保护管理条例、程海保护条例、牛栏江保护条例的执法检查，视察异龙湖保护管理工作，推动建立洱海综合治理省州工作联动机制；认真履行对九大高原湖泊保护的督查责任，加强对河长制落实情况的督察督导，持续开展云南环保世纪行活动，推动生态建设和环境保护工作。开展城乡规划“一法一条例”实施情况专题询问，组织视察“五网”基础设施建设、沿边开放经济带建设、面向南亚东南亚辐射中心推进情况，专题调研滇中新区建设、跨境经济合作区和保税区建设、边境管理、边民互市、滇企“走出去”等工作。加强与周边国家及地区的议会交流互访，以南亚东南亚国家为重点，先后接待国外议会和友好人士来访61批（次），组织出访38批（次），促进扩大对外开放。

督促落实法治云南工作。制定并带头执行宪法宣誓制度组织办法，推动全省新任命的69 922名国家工作人员进行宪法宣誓。听取和审议省政府关于法治政府建设、政府职能转变、机构改革、深化公安改革工作情况等报告，检查政府采购法和采购条例实施情况。听取和审议省“两院”关于深化司法改革、规范司法行为、落实司法责任制，以及涉诉信访工作改革、加强法律监督、贯彻执行民事诉讼法、基层检察院建设工作情况等报告，专题调研司法体制改革试点情况，组织视察涉法涉诉信访案件办理工作。听取和审议省政府关于法治宣传教育、“六五”普法工作情况暨制定“七五”普法规划情况的报告，组织视察依法治省规划和“六五”普法规划执行情况，作出了关于开展第七个五年法治宣传教育的决议，推动全社会增强法治意识。

（四）正确行使决定权和任免权，促进云南改革发展稳定。做好讨论决定重大事项工作，围绕省委重大工作部署，对经济社会发展、环境保护、预算调整、年度决算、明确税额、撤县设区（市）、人大换届选举等重大事项，及时作出决议决定48项。其中，及时作出环境保护税云南省适用税额和应税污染物项目数的决定，推动绿色发展。做好人事任免工作，坚持党管干部原则与严格依法任免相统一，及时任命新一届省人民政府组成人员和省人大常委会工作机构负责人，先后任免国家机关工作人员780人（次）。其中，接受2人辞去常委会主任职务、2人辞去常委会副主任职务；接受2人辞去省长职务、8人辞去副省长职务；接受1人辞去省高级人民法院院长职务、1人辞去省人民检察院检察长职务；免去副省长职务1人；决定代理省长2人，任命副省长10人；决定省高级人民法院代理院长1人、省人民检察院代理检察长1人，为云南发展提供了有力组织保证。

（五）深化拓展代表工作，代表作用得到更好发挥。常委会始终把代表工作作为人大工作的基础，拓展工作，改进服务，保障履职，为云南发展汇聚民意、集中民智。

深化人大代表履职服务管理工作。组织代表培训1000多人（次），推进远程培训学习平台建设，实现新任代表和基层代表培训全覆盖；及时向代表通报常委会重要工作，定期寄送资料；组织代表专题调研和视察近2000人（次），强化代表履职服务。建立代表履职档案，全面记录代表参加会议、提出议案和建议等履职情况；落实代表履职报告制度，公开代表履职信息；支持原选举单位依法监督代表履职活动，健全代表退出机制；及时处置违纪违法的代表，督促代表依法执行职务。

加强国家机关同人大代表的联系。建立常委会组成人员联系代表工作档案，每位常委会组成人员与3至5名基层人大代表保持经常性联系；扩大代表对常委会工作的参与，安排173名代表列席常委会会议，确保基层省人大代表任期内至少列席了一次常委会会议，广泛征求代表对法规草案和预算草案的意见，邀请代表参加视察、执法检查、专题调研和工作评议。推动“一府两院”及时向代表通报重要工作情况，使代表通过了解“一府两院”工作、提出工作建议等方式，积极发挥作用。

密切人大代表同人民群众的联系。及时制定并修订全省各级人大代表联系人民群众的指导意见，组织代表开展“访民情、解民忧、促发展”活动，改进代表联系群众的方式方法，畅通社情民意表达和反映渠道。搭建网络平台，向社会公布代表个人基本信息和联系方式，方便群众联系代表、了解代表、监督代表。目前，全省近11万名各级人大代表直接联系群众33.35万人（户），其中，省人大代表直接联系群众1 173人（户）。各级人大代表认真倾听民声、积极反映民意，人大工作更接地气、更得民心。

提高人大代表议案建议办理质量。修订代表建议、批评和意见处理办法，健全统一交办制度。坚持每年审议“一府两院”办理情况报告，先后组织代表视察27个政府部门的办理情况，对其中18个部门的办理工作进行评议，由常委会领导牵头重点督办重要建议，

督促重办代表不满意办理结果的建议。省十二届人大历次会议主席团交付审议和研究的31件议案，代表提出的4 145件建议、批评和意见，已全部办结并作了答复，当年解决落实的代表建议比例由2013年的33%提高到2017年的54%。为激励先进，提高办理水平，表彰建议办理先进单位30个、先进个人60名，推动提高代表议案建议办理质量。

二、着力深化改革，推动人大常委会工作与时俱进

省十二届人大常委会把深化改革作为重大政治责任，认真贯彻中央和省委的改革要求，按照依法、有序、高效的原则，着力健全人大组织制度和工作机制，形成了重要的理论成果、制度成果、实践成果，完成全面深化改革任务46项，制定制度性规定33项。

（一）推进立法体制机制改革。常委会认真落实加强党对立法工作领导的改革要求，制定向省委请示报告立法工作的办法，完善民族自治地方自治条例和单行条例党内报批程序。认真落实人大主导立法工作的改革要求，提请省十二届人大五次会议审议通过了修改立法条例的决定。推进立法科学化，由省人大及其常委会有关委员会牵头起草法规案17件，数量多于往届。认真落实完善立法体制的改革要求，出台加强州（市）立法工作的意见，分期分批授权，增加了15个地方立法主体，加强工作指导，有序推进州（市）地方立法。目前，已批准获得立法权的9个州（市）制定地方性法规12件，全省州（市）地方立法工作顺利开局。认真落实推进立法精细化的改革要求，制定和修订了法规立项办法、立法技术规范、立法评估办法等8项制度规定，建立10个基层立法联系点，建成省立法研究会、立法咨询专家库、地方立法研究院“三位一体”的地方立法智库平台，开展优秀单行条例第三方点评，积极探索委托第三方起草法规草案的工作，着力提高立法质量。

（二）推进监督制度机制改革。常委会拓展监督方式方法，制定专题询问实施办法，推进专题询问的常态化和规范化；加强专项工作评议，在全国各省市中率先听取和审议省政府年度环境状况和环境保护目标任务完成情况报告，并对政府环保工作进行评议打分；改进专题调研，针对视察检查出的问题多次组织专题研究，形成常委会审议意见后，督促政府落实；探索审议意见落实情况报告的再审议，3次听取医药卫生体制改革情况报告，2次听取食品安全工作报告并组织执法检查，强化跟踪问效。认真落实加强全口径预算决算审查监督的改革要求，修改预算审查监督条例，改进审计查出问题整改情况向省人大常委会报告机制，建立部门预算决算分类调研和审查机制、预算审查前广泛听取人大代表和社会各界意见建议的机制，推进预算联网监督，推动建立全面规范透明、标准科学、约束有力的预算制度。按照有件必备、有备必审、有错必纠的要求，创新规范性文件备案审查工作机制，依法对省政府、昆明市政府和州（市）人大常委会的138件规范性文件进行备案审查。根据深化司法体制改革的新情况，建立司法监督工作联席会议制度，制定审查处理涉法涉诉信访案件的暂行规定，出台省人大常委会司法监督与省人民检察院法律监督衔接工作暂行规定，助推提高司法公信力。

（三）推进讨论决定重大事项机制改革。常委会根据健全人大讨论决定重大事项制度的改革要求，修订了省人大常委会讨论决定重大事项规定，进一步明确讨论决定重大事项的范围、内容和程序，细化了实施办法，完善了工作机制。常委会加强与“一府两院”沟通协调，及时制定年度讨论决定重大事项计划，建立公众意见采纳机制，通过座谈会、论证会、信函网络等方式，广泛听取社会各界的意见建议，努力提高科学决策、民主决策、依法决策水平，形成改进工作、推动发展的合力。

（四）推进人大及其常委会工作机制改革。常委会坚持以实践创新推动制度创新，不断完善工作机制。深入开展调查研究，及时总结新经验，为省委制定关于加强和改进人大工作的意见、关于加强县乡人大工作和建设的实施意见等重要决策部署提供依据。先后制定和修订了26项重要的人大工作制度，其中，关于完善省人大及其常委会有关工作机制的意见、省人民代表大会会议工作程序，健全了省人民代表大会会议的组织和工作机制，规范了省人大常委会会议、主任会议的议程、内容和运作程序，有效提高了依法议事的水平和效率。健全专家顾问制度，制定专家咨询委员会管理办法，完善立法和司法监督咨询、预算审查咨询等专家库，积极发挥智库作用。

三、夯实基层基础，县乡人大工作和建设迈上新台阶

省十二届人大常委会把加强县乡人大工作和建设作为加强基层政权建设、巩固执政基础的重大举措，加强指导、创造条件、支持履职，有力促进县乡人大工作完善发展。

（一）健全制度，完善县乡人大履职规范。常委

会结合云南实际，落细落实中央和省委的决策部署，全面规范县乡人大代表选举、人大会议、讨论决定重大事项、监督、选举任免、代表工作和机构设置等工作。指导县乡人大修改县级人大常委会议事规则，制定乡镇人大议事规则，修订讨论决定重大事项制度，鼓励县乡建立政府重大决策出台前向本级人大报告制度，指导县乡人大规范人事任免工作，建立健全任前法律知识考试、宪法宣誓、年度述职、工作评议等机制，不断完善履职规范。

（二）抓住契机，破解县乡人大建设难题。常委会把落实中央和省委的要求，作为解决长期制约县乡人大工作发展难题的重要契机。及时作出决定，依法调整全省129个县（市、区）人大常委会组成人员名额。支持县级人大及其常委会依法完善机构设置，全省半数以上的县级人大设立了法制、财政经济等专门委员会，半数以上的县级人大常委会增设了预算审查和备案审查等工作机构。依法明确乡镇人大主席团和街道人大工委的职责，及时配备干部，做到有人办事，全省配备乡镇专职人大主席或副主席 1 335 人、街道人大工委专职主任或副主任 168 人。支持全省县乡人大在村委会和社区设立“代表之家”“代表联络活动站（室）”6600 多个，半数以上的村委会和社区有了代表活动室，有效发挥县乡两级人大代表直接联系选民的优势和作用。加大资金扶持和技术指导力度，支持县级人大常委会建成电子表决系统、大部分县级人大常委会建立网站、部分乡镇人大和街道人大工委开通网页。云南省县乡人大工作取得的成绩和积累的经验，在全国推进县乡人大工作和建设经验交流会上作了交流。

（三）上下联动，增强全省人大工作合力。常委会高度重视上下级人大的工作协同和联系，加强指导和协调，先后 3 次召开州（市）、县（市、区）人大常委会主任工作会议，出台一系列配套举措，推动提高县乡人大工作水平和全省人大工作整体效能。指导县级人大将区域发展规划、城镇建设、重大民生工程、重大建设项目纳入依法讨论决定重大事项的范围，指导县级人大加强规范性文件备案审查和预算决算审查监督工作，推动县乡人大加强对人大决议决定落实情况的监督和人大选举、任命人员的监督，有效发挥职能作用。及时作出县乡两级人大提前一年换届选举的决定，使全省县乡两级人民代表大会换届选举与全国同步进行；建设云南省人大系统换届选举信息服务平台，1 148 万选民通过平台完成在线登记；建立换届选举工作联席会议制度，设置联系点、组织工作交流，召开现场工作推进会，指导县乡人大圆满完成换届选举。

四、加强自身建设，推动履职能力不断提高

省十二届人大常委会着眼新形势新任务新要求，大力加强政治建设、思想建设、组织建设、作风建设和制度建设，不断提高思想政治素质和履职能力。

（一）政治建设扎实推进。常委会把维护习近平总书记党中央和全党的核心地位、维护以习近平同志为核心的党中央权威和集中统一领导摆在首要位置，始终在政治立场、政治方向、政治原则、政治道路上同党中央保持高度一致，严守政治纪律和政治规矩。提高政治站位，彻底肃清白恩培、仇和等余毒，营造风清气正的良好政治生态。

（二）思想建设持续深化。常委会深入开展“两学一做”学习教育，坚定理想信念，夯实思想基础，牢固树立“四个意识”，增强“四个自信”。常委会党组带头，进一步加强理论学习，强化理论武装，增强政治自觉和政治担当。

（三）组织建设得到加强。常委会认真落实全面从严治党要求，深入开展“三严三实”和“忠诚干净担当”专题教育，打造政治过硬、本领高强的干部队伍。组织专题讲座和学习培训，提升常委会组成人员的政治和业务素质。进一步明确专门委员会和常委会工作机构的职能和定位，理顺工作关系，提高工作效率。

（四）作风建设成效显著。常委会认真落实中央八项规定精神和省委有关党风廉政建设的要求，深入开展党的群众路线教育实践活动，牢固树立宗旨意识，持续改进作风，努力做到民有所呼、我有所应，进一步密切常委会与人民群众的联系。自觉接受省委巡视监督，认真整改巡视反馈问题，“四风”问题得到有效遏制，“庸懒散”等不良风气得到有效整治。

（五）制度建设不断完善。常委会把制度建设贯穿自身建设的始终，及时修订省人大常委会组成人员守则，废止了一批不适应形势发展要求的制度规定，新制定和修订了一批涉及常委会议事规则和工作程序的规定，先后制定规章制度 40 余项，坚持以制度管人、按制度办事。

省十二届人大常委会五年来取得的工作成绩，是中共云南省委正确领导的结果，是常委会组成人员和省人大代表共同努力的结果，是“一府两院”有力配合的结果，也是全省各级人大和人民群众大力支持的结果。

专 文

走中国特色社会主义乡村振兴道路谱写云南新篇章

中共云南省委书记　陈　豪

实施乡村振兴战略，是中国特色社会主义进入新时代做好“三农”工作的总抓手。云南省委、省政府将深入学习贯彻习近平总书记“三农”思想，坚持走中国特色社会主义乡村振兴道路，谱写新时代云南乡村振兴新篇章。

实施乡村振兴战略是必须完成的新时代答卷。中国特色社会主义进入新时代，我国社会主要矛盾已经转化为人民日益增长的美好生活需要和不平衡不充分的发展之间的矛盾，要求我们更加重视“三农”工作，更加重视乡村发展。云南到2020年全面建成小康社会，最突出的短板在乡村；到‘2035年与全国同步基本实现社会主义现代化，大头重头在乡村；到 2050年建成与富强民主文明和谐美丽的社会主义现代化强国相适应的现代化强省，最重要 的基础在乡村。党中央提出实施乡村振兴战略，对云南而言，事关精准脱贫攻坚战能否打好打赢、脱贫成果能否巩固，事关经济能否高质量跨越式发展，事关全面小康和社会主义现代化建设战略目标能否如期实现，事关4700多万各族人民日益增长的美好生活需要能否满足。同时，随着中国特色社会主义进入新时代，农业农村发展的内在动因和外部环境已发生重大而深刻的变化。实施乡村振兴战略在政治上有根本保证、在制度上有坚强保障、在文化上有深厚土壤、在工作上有扎实基础、在经济上有巨大潜力。云南拥有“七彩云南、旅游天堂”“诗画云岭、文化瑰宝”“休闲胜境、健康福地”“开放前沿、辐射中心”四张名片，农耕文化底蕴深厚、特色鲜明，“云系”“滇牌”高原特色农产品市场影响力不断提升、出口额多年稳居西部省区第一位，赋予乡村振兴独特魅力和广阔空间。推进乡村振兴发展，既是重大历史机遇，也是重大时代命题，是我们必须完成的新时代答卷。

谱写新时代云南乡村振兴新篇章，必须落实党的十九大提出的总要求。结合云南实际，我们要重点突出这几方面工作。一是以产业兴旺为重点，提升高原特色农业发展质量。立足云南多样性资源这个独特基础，坚持质量兴农、绿色兴农，以农业供给侧结构性改革为主线，打好高原特色现代农业这张牌，推进“大产业＋新主体＋新平台”发展模式和“种植养殖＋深加工＋流通”全产业链发展，大力发展特色产品产地初加工，支持主产区发展农产品精深加工，培育农业龙头“小巨人”、专业合作社、家庭农场、种养大户等新型经营主体，打造农产品加工产业集群，重点发展茶叶、花卉、水果、坚果、蔬菜、核桃、咖啡、中药材、肉牛等产业，大力发展绿色食品、药品、保健品，推动高原特色农业绿色化、特色化、优质化、品牌化发展，力争到2020年形成若干个过千亿元的

红河撒马坝梯田　（程　雪　摄）

一二三产融合发展的产业，大力发展“三农”现代服务业。二是以生态宜居为关键，推进乡村绿色发展。牢固树立和践行“绿水青山就是金山银山”的理念，统筹山水林田湖草系统治理，深入扎实开展农村人居环境提升行动，继续推进美丽宜居乡村建设，创建一批特色生态旅游示范村镇和精品线路，打造绿色生态环保的乡村生态旅游产业链，恢复和提升农村生态，用美丽乡村为生态文明建设排头兵打底色、为打造健康生活目的地增特色。三是以乡风文明为保障，繁荣兴盛乡村文化。坚持物质文明和精神文明两手抓、两手都要硬，加强农村思想道德建设，传承发展提升各民族农村优秀传统文化，加强农村公共文化建设，开展移风易俗行动，形成文明乡风、良好家风、淳朴民风。坚持保护传承和开发利用有机结合，加大对古镇、古村落、古建筑、民族村寨、文物古迹、农业遗迹等优秀农耕文化遗产的保护力度，让有形的乡村文化留得住，让活态的乡土文化传下去。四是以治理有效为基础，推动农村和谐发展。坚持自治、法治、德治相结合，建立健全党委领导、政府负责、社会协同、公众参与、法治保障的现代乡村社会治理体制，深化村民自治实践，培育富有地方特色和时代精神的新乡贤文化，注重培育引导农民树立现代价值观念和法治意识，深入开展“村霸”和庸、懒、滑、贪“四类村官”专项治理，严打农村黑恶势力，整治违法犯罪活动，建设法治乡村、平安乡村，确保乡村社会充满活力、和谐有序。大力实施农村“领头雁”培养工程，把农村基层党组织建设成为坚强战斗堡垒。五是以生活富裕为根本，提高农村民生保障水平；按照抓重点、补短板、强弱项的要求，把公共基础设施建设的重点放在农村，进一步加大农村公路建设力度，统筹配置城乡公共资源，提高农村社会保障水平，促进农村劳动力转移就业和农民增收，加快农业转移人口市民化，着力解决农民群众最关心最直接最现实的利益问题。云南实施乡村振兴战略，摆脱贫困是前提，必须坚决打好打赢精准脱贫攻坚战，确保全面建成小康社会，一个不能少；共同富裕路上，一个不能掉队。

强化乡村振兴制度性供给，破除一切不合时宜的体制机制障碍。实施乡村振兴战略，必须抓住“钱、地、人”等关键环节，破除一切不合时宜的体制机制障碍，加快形成工农互促、城乡互补、全面融合、共同繁荣的新型工农城乡关系。要强化规划引领，着眼城乡融合发展，抓紧编制各级乡村振兴规划，实现乡镇、村庄规划管理全面覆盖，做到镇、村按规划建设，农房按规划设计建造，生产生活空间科学合理分离。深化农村改革，以完善产权制度和要素市场化配置为重点，深化农村土地制度改革，深入推进农村集体产权制度等改革，激活主体、激活要素、激活市场。强化投入保障，建立健全实施乡村振兴战略财政投入保障制度，加快建立涉农资金统筹整合长效机制，创新投融资机制，撬动金融和社会资本更多投向乡村振兴，加快形成财政优先保障、金融重点倾斜、社会积极参与的多元投入格局。强化人才支撑，把人力资源开发摆在首要位置，大力培育新型职业农民，加强农村专业人才队伍建设，发挥好各类农业科技人员的作用，创新乡村人才培育引进使用机制，研究制定鼓励城市专业人才参与乡村振兴、外出务工人员回乡创业的政策，畅通智力、技术、管理下乡通道，让农村的产业、环境留住人，让农村的机会吸引人，既要留住绿水青山，也要留住青年人才。

加强和改善党对“三农”工作的领导，确保党中央乡村振兴的决策部署落到实处。办好农村的事情，实现乡村振兴，关键在党。健全党委统一领导、政府负责、党委农村工作部门统筹协调的农村工作领导体制，建立实施乡村振兴战略领导责任制，党委和政府一把手是第一责任人，五级书记抓乡村振兴。加强各级党委农村工作部门建设，充分发挥决策参谋、统筹协调、政策指导、推动落实、督导检查等职能。理顺涉农部门基本职能，妥善解决跨部门事权划分不清晰或重复交叉等问题，形成乡村振兴工作合力。注重提拔使用想干、敢干、能干、苦干、实干的干部，建设一支服务；‘三农’有感情、开拓创新有激情、开展工作有热情、献身事业有痴情，懂农业、爱农村、爱农民的“三农”工作队伍。广泛动员和组织全社会力量关心、支持和参与乡村振兴，建立考核督查机制，确保各地区各部门对乡村振兴战略真正从思想认识、组织领导、要素配置、资金投入、工作措施上重视起来，优先考虑、优先满足、优先保障、优先安排。

推进生态文明建设　加快建设美丽云南

中共云南省委党校中国特色社会主义理论体系研究中心

2015年1月，习近平总书记在考察云南时，要求云南“一定要像保护眼睛一样保护生态环境，努力使云南成为，生态文明建设的排头兵”。在党的十九大报告中，习近平总书记再次强调“建设生态文明是中华民族永续发展的千年大计”，必须“像对待生命一样对待生态环境”。围绕习近平总书记提出的战略定位，云南推进生态文明建设需要在思想认识和工作方法上进行深入的研究探讨，认识生态文明建设的长期性与艰巨性，按照《中共云南省委关于深入学习贯彻党的十九大精神促进云南跨越式发展的决定》对坚决打好污染防治攻坚战和牢固树立社会主义生态文明观，把云南建设成为我国西南生态安全屏障的具体部署和要求，加快生态文明体制改革，加大生态系统保护力度，大力推进生态文明排头兵建设，推动形成人与自然和谐发展现代化建设新格局，加快建设美丽云南，为建设美丽中国作出新贡献。

加快生态文明体制改革强化制度保障

党的十九大报告提出“加快生态文明体制改革，建设美丽中国”，并作了许多顶层设计。对于云南而言，最重要的是把党的十九大关于生态环境保护和生态文明建设的蓝图落实为路线图、施工图，以成为全国生态文明建设排头兵为关键，进一步加快生态文明体制改革，强化生态文明建设的制度保障。

体制改革和制度建设是推进生态文明排头兵建设的根本保障

党的十八大以来，云南秉持“绿色”这张发展名片，牢记习近平总书记关于“一定要像保护眼睛一样保护生态环境”的嘱托和“努力成为全国生态文明建设排头兵”的战略定位，以构建系统完善的生态文明制度体系、努力成为生态文明建设排头兵为目标，积极推动生态文明体制改革，生态文明体制改革的总体方案和实施意见、主体功能区规划、环境污染第三方治理、河长制、环境监管执法、生态环境损害责任追究等具有支撑性、全局性、关键性改革的“四梁八柱”已初步建立，为成为生态文明建设排头兵提供坚强的制度保障，生态文明建设取得了阶段性的成果，但与中央要求，与云南特殊生态地位和人民群众期盼相比，尚存在差距。当前，云南面临的生态环境问题依然突出，中央环保督察反馈意见指出的主要问题有：对生态环境保护工作要求不严，高原湖泊治理保护力度仍需加大，重金属污染治理推进不力，自然保护区和重点流域保护区违规开发问题时有发生。形成这些问题的最根本原因是没有处理好生态环境保护与经济发展的关系，体制不完善、机制不健全、责任不落实、改革不到位等则是问题发生发展的深层次因素，需要在深化改革中加以解决。

扎实推进生态文明体制改革，完善生态文明制度体系

省委书记陈豪在主持2017年11月22日省委理论学习中心组学习时强调，要把贯彻落实党的十九大关于生态文明建设的重大决策部署同深入贯彻习近平总书记考察云南时关于推进生态文明建设和生态环境保护的重要指示精神紧密结合，牢固树立正确政绩观，处理好经济发展和生态保护的关系，坚持节约优先、保护优先、自然恢复为主的方针，做到生态环境治理与保护并重、城乡环境治理并重、深化改革与示范创建并重，切实加强系统保护治理。

因此，要以习近平新时代中国特色社会主义思想的生态文明观为指导，以解决制约生态文明建设的体制机制问题为导向，以强化地方各级党委、政府及其有关部门环保责任和企业环保守法责任为主线，以整合提升生态环境质量改善效果为目标，建立与新时代新要求相适应的生态文明制度体系。

制度建设上要推进生态文明体制改革总体方案的落实。按照中央和省委部署，继续细化改革重点，实行时间、任务倒逼，督促各项改革项目落实、改革事项落到实处。建立反映市场供求和资源稀缺程度、体现生态价值的资源有偿使用和生态补偿制度，完善生态资源、自然资源资产产权制度、利用制度和保护制

度，整合形成系统的生态修复、环境治理制度，建立健全严格可实施的生态环境破坏责任追究、赔偿制度。特别是要抓住领导干部这个关键少数，强化和压实环境保护主体责任，落实“党政同责”“一岗双责”和领导干部任期生态文明建设责任制，加快推进绩效评价考核、党政领导干部生态环境审计和终身责任追究制度，坚决保护好云南的绿水青山、蓝天白云。

实现路径上要推动形成政府、企业、公众共治格局。必须在营造绿色发展方式和生活方式方面下功夫，加快建立绿色生产和消费的法律制度和政策导向，切实解决行动自觉问题，构建政府为主导、企业为主体、社会组织和公众共同参与的环境治理体系。一要发挥政府整体规划、监管的作用。二要加强政府问责并利用市场机制，为生态文明建设的各类主体提供适当激励，建立市场化、多元化生态补偿机制，健全.生态环境保护引导激励机制，将环境保护专项资金分配与生态环境质量改善成效挂钩。三要提高全社会生态文明的意识，推动实现生态环境的全民共治。

工作重点上要划定并严守生态保护红线。建立生态保护红线硬约束机制，将生态功能保障基线、环境质量安全底线、自然资源利用上线“三大红线”作为综合决策的前提，作为编制空间规划的基础，作为制定和修订各地产业结构调整指导目录的依据，在全省各县(市、区)全面推进“多规合一”工作，强化空间“一张图”管控。严守生态功能保障基线，实现一条红线管控重要生态空间，确保生态功能不降低、面积不减少、性质不改变；坚守环境质量安全底线，确保生态环境质量只能更好、不能变坏；严控自然资源利用上线，实现能源、水资源、建设用地总量和强度双控管理。

组织体系上要加快推进生态环境监管体制改革。按照国家关于生态环境监管体制改革的安排部署，完成省以下环保机构监测监察执法垂直管理制度改革工作，完善省级环境保护督察体系，加强生态环境保护考核与责任追究，强化生态环境监管执法。要按照党的十九大报告的要求，设立国有自然资源资产管理和自然生态监管机构，秉承依法、公开、专业、程序化、可问责的原则，统一行使全民所有自然资源资产所有者职责、所有国土空间用途管制和生态保护修复职责、监管城乡各类污染排放和行政执法职责，对自然资源资产实施有效管理，对生态环境实施有效监管。

(执笔：盛世兰)

加大生态系统保护力度推动人与自然和谐共生

习近平总书记在党的十九大报告中将“坚持人与自然和谐共生”纳入新时代坚持和发展中国特色社会主义的基本方略，明确要求加大生态系统保护力度。云南拥有良好的生态环境和自然禀赋，要完成国家赋予云南保护生态的光荣使命，就要把贯彻落实党的十九大关于生态文明建设的重大决策部署同深入贯彻习近平总书记考察云南重要讲话精神紧密结合，优化生态安全屏障体系，促进生态系统各要素的有机协调，提升生态系统质量和稳定性，在美丽中国建设中作出云南贡献。

加大生态系统保护力度是建设美丽中国的客观需要

马克思、恩格斯认为，自然界是人的无机身体，人是自然界发展到一定阶段的产物。人与自然是统一性关系，人类文明发展的最佳状态是人与自然达到动态平衡与高度和谐。习近平总书记指出：“人与自然是生命共同体，人类必须尊重自然、顺应自然、保护自然。”这既是对马克思主义生态观的继承和发展，也是对自然规律和人类发展规律的重要遵循。人与自然和谐共生是生态文明建设的核心，加大生态系统保护力度是推动人与自然和谐共生的有效举措和重要支撑。

党的十八大以来，我国大力推进生态文明建设，全党全国不断增强贯彻绿色发展理念的自觉性和主动性，天然林资源保护、河湖与湿地保护修复等一批重大的生态保护与修复工程稳步实施，忽视生态环境保护的现象明显改变，生态安全状况不断改善。但是，从生态脆弱区域占比和荒漠化、石漠化程度来看，我国生态系统退化的形势依然严峻，生态保护和修复存在碎片化状况，生态系统的质量和稳定性遭受挑战。随着中国特色社会主义进入新时代，我国社会的主要矛盾已经转化成为人民日益增长的美好生活需要和不平衡不充分的发展之间的矛盾。人民对美好生活的需要，内在地包含着人民群众对于良好生活环境的向往，对于食品健康安全的关注，对于优质生态产品的需求。加强美丽中国建设，就是要着力解决人民日益增长的优美生态环境需要与生态资源承载力有限、优质生态产品有效供给不足的矛盾，通过进一步加大生态系统保护力度，增强生态系统自我调节、自我修复的能力，从根本上扭转生态环境恶化的趋势，坚定地走生产发展、生活富裕、生态良好的文明发展道路，实现中华民族的永续发展。

加大生态系统保护力度是推动云南绿色发展的内在要求

云南被称为中国生物多样性的天然宝库和资源基

地。2017年6月发布的云南省环境状况公报显示，全省森林面积2273．56万公顷，森林覆盖率59.3%，具有国际重要湿地4处，已津不同级别、不同类型的自然保护区161个，云南省在全国率先编制并发布的《云南省生物物种名录(2016年版)》共收录云南25434个物种，生物物种及特有物种均位于全国之首。但是，全省具有特殊的地质构造与复杂的气候环境，这既给我们带来了得天独厚的气候条件，同时也导致植被恢复和演替过程十分缓慢，一旦破坏就极难恢复，生态系统保护工作任重而道远。

多年来，云南省坚持“生态立省、环境优先”的发展思路不动摇，生态文明建设取得了阶段性的成果但是，云南生态环境敏感脆弱，发展不足和保护不够并存，生态建设和环境保护存在很多薄弱环节，生态系统保护工作兼具紧迫性与艰巨性。2017年11月22日，省委理论学习中心组开展以生态文明建设为主题的集中学习时，省委书记陈豪指出：“当前云南面临的生态环境问题依然突出，中央环保督察反馈意见整改落实任务依然很重”。加强生态系统建设，加强生物多样性保护，是云南成为我国生态文明建设排头兵的题中应有之义。

加大生态系统保护力度要多措并举，统筹推进

成为全国生态文明建设排头兵，是云南全面落实党的十九大确立的各项目标任务，开启新时代云南跨越式发展新征程的关键。把加大生态系统保护力度作为生态文明建设的重大举措，就要以广阔的视野和系统的思维引领发展，真正实现生态系统各要素的协调统一。一是实施重要生态系统保护和修复重大工程，加大以滇西北、滇西南为重点的生物多样性保护力度，建设以青藏高原东南缘生态屏障、哀牢山—无量山生态屏障、南部边境生态屏障、滇东—滇东南喀斯特地带、干热河谷地带、高原湖泊区和其他点状分布的重要生态区域为核心的“三屏两带一区多点”的生态安全屏障。二是完成生态保护红线、永久基本农田、城镇开发边界三条控制线划定工作。进一步调整优化空间结构，加强开发强度管控，加强生态系统保护和恢复。三是积极开展国土绿化行动，大力推进荒漠化、石漠化、水土流失综合治理，强化湿地保护和恢复，进一步完善防灾减灾体系，加强地质灾害防治。四是深入推进“森林云南”建设，大力实施退耕还林还草、防护林建设、天然林保护等工程，完善相关保护制度，构建稳定的天然林生态系统。五是严格保护耕地，始终坚守耕地保护红线，扩大轮作休耕试点，健全耕地草原森林河流湖泊休养生息制度，建立市场化、多元化生态补偿机制。通过全社会共同行动，真正实现生态系统的良性循环，以生态底色绘就未来发展蓝图，为子孙后代留下天蓝、地绿、水净的美好家园。

（执笔：丁玮）

创新绿色发展路径奋力实现绿色发展、高质量发展

党的十八大以来，以习近平同志为核心的党中央始终把生态文明建设放在治国理政的重要战略位置。“绿水青山就是金山银山”这一重要论断，贯穿在习近平总书记的生态文明思想中。它打破了简单地把发展与保护对立起来的思维束缚，生动阐明了发展与保护的内在统一。习近平总书记在考察云南时，明确提出云南应着力推进生态环境保护，努力成为我国“生态文明建设排头兵”。他指出：云南作为西南生态安全屏障，承担着维护区域、国家乃至国际生态安全的战略任务。同时，云南又是生态环境比较脆弱敏感的地区，生态环境保护的任务很重，一定要像保护眼睛一样保护生态环境，坚决保护好云南的绿水青山、蓝天白云。

良好的生态环境是云南的宝贵财富，也是全国的宝贵财富。我们必须牢记习近平总书记的嘱托，坚持生态优先、绿色发展，筑牢生态安全屏障，努力成为我国生态文明建设排头兵，为推动云南实现高质量发展与跨越发展有机统一提供重要保障。必须按照中共中央、国务院印发的《生态文明体制改革总体方案》要求，树立发展和保护相统一的理念，坚持发展是硬道理的战略思想，坚持发展必须是绿色发展、循环发展、低碳发展的理念，平衡好发展和保护的关系，按照主体功能定位控制开发强度，调整空间结构，实现发展与保护的内在统一、相互促进。必须按照党的十九大报告的要求，以成为全国生态文明建设排头兵为关键，坚决保护好绿水青山、蓝天白云，坚持绿色生产和绿色生活，构建绿色产业体系，探寻实现绿水青山就是金山银山的发展新路径，构建人与自然和谐相处的生态环境。

把节约资源作为保护生态环境的根本之策，深入推动全社会节能减排，推进节能、节水、节地、节矿，节约一切资源。必须全面贯彻落实习近平总书记关于绿色发展的思想，坚持节约资源的基本国策，综合运用市场、法律、经济等手段，全面推进工业、建筑、交通运输、商业、公共机构、农业和农村等各领域节能降耗与资源综合利用，加快建设资源节约型、环境友好型社会，确保到2020年，构建覆盖全面、科学规范、管理严格的资源总量管理和全面节约制度，着力解决

资源使用浪费严重、利用效率不高等问题。按照节水优先、空间均衡、系统治理、两手发力的方针，健全用水总量控制制度，保障水安全。完善基本农田保护制度，划定永久基本农田红线，按照面积不减少、质量不下降、用途不改变的要求，将基本农田落地到户、上图入库，实行严格保护。建立健全矿产资源集约开发机制，提高矿区企业集中度，鼓励规模化开发。

建立健全绿色低碳循环发展的经济体系，培育更多绿色产业市场主体和新的增长点。必须坚定“绿水青山就是金山银山”信念，牢固树立“生态立省、绿色发展”理念，积极探索实践具有云南特色的绿色产业发展路径，实现经济跨越式发展与生态文明建设的双赢。在产业部署方面，第一产业要深化农业供给侧结构性改革，推进高原特色农业现代化，大力发展生态农业，提高农产品质量和效益，推进农产品绿色营销，着力打造云南高原特色农产品的“金字招牌”。第二产业要坚定不移走新型工业化道路，转变经济发展方式，发展集约、特色和多元工业经济。坚持实施以信息化带动工业化、以工业化促进信息化的发展道路，保证工业发展沿着科技含量高、经济效益好、资源消耗低、环境污染少、人力资源优势得到充分发挥的发展思路顺利进行。第三产业要积极探索现代服务业发展新模式，加强自然环境保护、基础设施建设，提高旅游服务质量，并通过挖掘历史文化资源突出地方旅游特色，优化游客旅游体验，重塑云南旅游业的良好形象。同时，加大对绿色科技创新的支持力度，对具有前沿性、应用性、创新性的绿色科技，给予政策倾斜和资金帮助；将目前分头设立的环保、节能、节水、循环、低碳、再生、有机等产品统一整合为绿色产品，建立统一的绿色产品标准、认证、标志等体系；进一步完善绿色财政、税收政策，大力推行建立绿色信贷、绿色发展基金，绿色担保机制等绿色金融体系，为绿色发展提供政策支撑。

发展壮大循环经济，促进生产、流通、消费过程的减量化、再利用、资源化，提高全社会资源产出率。积极鼓励与支持社会组织和民间团体参与促进循环经济发展的各项活动，使全民能够理解、支持和自觉参与节约资源、爱护资源、合理利用资源和循环经济事业的发展，从而使循环经济步入良性发展的轨道。加快研究制定与国家促进循环经济发展、固体废弃物回收处理和再资源化、废旧家电和电子产品回收处理和再资源化法、推进清洁生产、城市生活废弃物分类处理和再资源化等法律法规相配套的地方法。充分发挥税收、金融、财政等经济政策对循环经济的导向、推动作用。突出抓好省级工业园区循环化改造，逐步实现园区土地集约利用、能源梯级利用、废物交换利用、废水循环利用。探索建立促进资源高效利用考核指标体系，推进传统产业转型升级，积极开展工业产品生态（绿色）设计示范企业创建工作，总结推广示范企业推进模式和成功经验，引导工业走绿色低碳循环发展道路。

（执笔：赵思旭）

算好“生态账”打赢九大高原湖泊保护治理攻坚战

2015 年 1 月，习近平总书记在云南考察工作时指出：在生态环境保护上，一定要算大账、不能只算小账，要算长远账、不能只算眼前账，要算整体账、不能只算局部账，要算综合账、不能只算单项账，不能因小失大、顾此失彼、寅吃卯粮、急功近利。作为全国生态环境最好的省份之一，云南担负的生态环境建设任务较重，承担着保护与发展的双重责任，要始终坚持“生态立省、环境优先”的发展思路，实现云南的“三个定位”战略目标，这就要求云南在经济社会发展总体格局中运筹生态保护，算好“生态账”。九湖水污染综合防治是云南生态文明建设中最为复杂和艰巨的系统工程，九湖保护治理工作全面反映着生态文明建设方面的认识和成效，也是云南生态文明建设的一面镜子。

算好九大湖泊保护治理的“生态账”，就是谋云南的“发展账”

云南是一个天然高原湖泊众多的省份，湖泊面积 30 平方千米以上的有 9 个：滇池、阳宗海、抚仙湖、星云湖、杞麓湖、洱海、泸沽湖、程海、异龙湖，故称九大高原湖泊。九湖流域占全省面积的 2.1%，人口约占全省人口数的 11%，其所在区域大多是云南开发较早、利用强度较大、人口特别密集的重要功能区，也是全省城市化发展最迅速、人湖关系最突出、保护与发展矛盾最集中的敏感地带，要在支撑区域经济社会发展的同时，保护和改善湖泊水环境质量，确实是一个世界性的难题，巨大的挑战是不言而喻的。20 世纪 90 年代以来，九湖水体污染加剧，璀璨的“珍珠链”日渐黯淡。经过近 20 年的治理，目前九大湖泊正在从“救命阶段”转向“治病阶段”，从工程治理转向生态修复。在认识到湖泊治理的复杂性、艰巨性，和长期性的同时，我们更加坚定绿色发展信念，走环境与经济发展共赢的发展道路。正如习近平总书记强调的：“我们既要绿水青山，也要金山银山。宁要绿水青山，不要金山银山，而且绿水青山就是金山银山。我们绝不能以牺牲生态环境为代价换取经济的一时发展。”因此，发展经济要算环境保护的大账，走经济发展与环境改善双赢之路是云南的必然选择。

落实九大湖泊的绿色“责任账”，扎实推进九大湖泊的保护与治理

经济在发展，环境在污染。造成环境污染的原因关键还是认识问题。“思路决定出路”，我们要巧用“加减乘除法”，算好一笔“生态账”，“加法添绿，减法节能，乘法增效，除法遏制”，在经济生态化和生态经济化之间找到平衡点和突破点，实现两者融合的最大效益，做生态与发展协调共赢的排头兵。近五年来，省委、省政府始终把九湖治理作为头等大事来抓，采取有力措施，坚持“一湖一策”、分类施策，九湖水质总体保持稳定，主要污染物稳中有降，部分湖泊水环境有所改善，综合防治工作初见成效，总结形成了两类治理保护模式：典型富营养化初期湖泊，“洱海保护治理模式”；重度污染湖泊，“滇池治理模式”。

但是也要清醒地看到，九湖依然肩负着超过其环境承载力的污染负荷，面临巨大的发展压力，且污染存量大，污染源还没有完全杜绝，截污治污体系尚未完善，湖泊生态环境体系尚未形成，稍有懈怠和不慎，以前努力的成效将可能化为乌有。必须清楚地认识到湖泊治理的复杂性、艰巨性和长期性，坚定信念，从长计议，科学谋划，有序推进。扎实推进九大湖泊的保护与治理，应从以下几个方面加强：

一要坚持保护与治理相结合的方针，对于水质良好的湖泊要按预防为主、保护优先、发展优化的思路，对于其他污染型的湖泊，必须采取工程与管理措施并举，内源和外源共治。存量和增量共减，加大综合治理力度，确保人湖污染负荷得到有效削减并逐步控制到流域环境承载力范围内，逐步恢复水环境功能并最终建立湖泊健康生态系统。

二要按照“精确定污、精准治污、精致配水、精细管理”的治理思路，突出流域管控与生态系统恢复，划定并严守湖泊生态红线，强化建立九湖流域部门联动，建立和完善省级巡查、州市县区检查的环境监督执法机制，大力推进湖泊生态圈建设。坚持“水清、岸绿、景美”为目标，建设高原湖泊生态圈。

三要筑牢“绿水青山就是金山银山”理念，加强组织领导，建立完善的治理长效机制，营造全民参与、监督的社会氛围。以治理成效，切实改善城乡人居环境，提升群众生态获得感。

四要加快形成绿色生产方式和生活方式，坚持发展与保护并重，走“两型三化”的产业发展路子，推动经济绿色、循环、低碳发展，提升绿色发展水平，构建绿色产业体系。发展壮大绿色经济，通过九大湖泊治理保护，形成环保产业集群，为降低治理成本提供开创性实践。

九湖治理涉及经济社会发展的方方面面，具有复杂性、长期性和艰巨性的特点，是一项庞大的系统工程，需要十几年甚至几十年坚持不懈的努力。只有算好“生态账”，践行“绿水青山就是金山银山”的发展理念，走经济发展与环境改善双赢之咯，才能让九颗高原明珠还原亮丽本色，重现湖泊生态美景。

（执笔：王　晶）

生态大事记

1 月

2 日

△云南省政府公布第二批省级重要湿地名录：巧家马树、富源水海子、鹤庆草海、盈江、宁蒗青龙海、宁蒗拉伯、兰坪箐花甸、香格里拉千湖山等。这些重要湿地以湖泊湿地和沼泽湿地为主，多分布于长江流域，资源稀缺，生态区位重要，生态系统脆弱，在区域内发挥着调节气候、提供生物栖息生境，进化水质、涵养水源、稳定经流、保持水土、储碳等重要生态服务功能，对区域生态建设和经济社会可持续发展以及流域生态安全、水资源安全具有重要意义。

全省现已有湿地 26 处，其中 4 处是国际重要湿地，7 处是国家重要湿地，15 处是省级重要湿地。重要湿地面积占全省自然湿地总面积的 28%。

4 日

△云南省第四次森林资源二类调查成果审定会在昆明召开，会议通过全省森林资源二类调查成果审定验收。

8 日

△大理白族自治州举行开启洱海保护治理抢救模式实施“七大行动”动员大会。会议强调，大理州要时刻牢固树立习近平总书记嘱托，坚持生态优先、保护优先，牢固树立“共抓大保护，不搞大开发”的理念，突出重点，迅速行动，全面打响洱海抢救性保护治理攻坚战。要实行最严格的保护制度。加快实施流域“两违”整治行动、村镇“两污”整治行动、面源污染减量行动、节水治水生态修复行动、截污治污工程提速行动、流域执法监管行动、全民保护洱海行动。同时要全力推进《洱海保护治理与流域生态建设》，加快进行截污治污工程、入湖河道综合整治工程、流域生态建设工程、水资源统筹利用工程、产业结构调整工程、流域监管保障工程。会议要求，把思想和行动统一到依法治湖、科学治湖上来，强化组织领导，严格落实州、县（市）、乡（镇）、村、组五级网络化管理责任制，确保每一项任务都落地见效。

云南省省委常委、大理州委书记杨宁出席会议并讲话。

13 日

△云南省杨善洲绿化基金会在云南野生动物园组织植树活动。

△云南省与越南河江、老街、莱州、莫边四省第 6 次联合工作组会议在昆明召开。会议期间，云南省与越北四省签署了为期 5 年的边境林业及野生动植物保护合作协定。

25 日

△ 2017 年全省旅游工作会议在昆明召开。会议提出，各地州有关部门和单位要积极推进旅游资源整合，品牌打造和景区创建，深入发展全域旅游，加快旅游文化 + 创意产业融合发展，抓好重点旅游文化项目建设，着力培育旅游市场主体，深化区域旅游合作，促进旅游文化产业向国际化、高端化、特色化转型升级，全力打造旅游强省。要以更加有力的举措，严厉打击“不合理低价游”，重拳整治旅游市场乱象，实行全省旅游市场秩序明显好转。

云南省副省长陈舜出席会议并讲话。陈舜代表省政府与州市负责人签订旅游强省目标任务责任书。

△ 2017 年云南省防震减灾工作联席会议在昆明举行。会议指出，做好防灾减灾救灾工作，特别是防震减灾工作，是加强公共安全体系建设，建设平安云南的重要内容，是全省人民安居乐业的重要保障，是检验政府执行力的重要内容，各级各部门要进一步增强责任感、紧迫感，充分认清震情形势的复杂性、严峻性和省防震减灾工作存在的薄弱环节，深入持久地抓好防震减灾各项工作。会议强调，各地各部门要牢固树立“宁可千日不震，不可一日不防”的思想，坚持“以防为主，防抗救相结合”，进一步夯实基础工作，补齐工作短板。进一步提升地震监测预报水平，提升城乡地震灾害综合防御能力，推进地震科技创新和国际合作。

副省长张祖林出席会议并讲话。

2 月

4 日

△云南省以“提升城乡人民人居环境，建设美丽幸福家园”为主题，召开州（市）、县（市、区）委书记工作经验交流会。会议以视频方式进行。昭通市、麒麟区、红塔区、蒙自市、思茅区、景洪市、古城区、盈江县、威信县、楚雄市的州（市）、县（市、区）委书记通过视频交流发言。省委书记陈豪在会上提出，要站在全局和战略高度，坚持问题导向，主攻薄弱环节，把城乡人居环境提升行动抓紧抓实，抓出成绩，着力建设生态宜居的美丽幸福家园。中共云南省委、省人大常委会、省政府、省政协领导班子成员、省人民法院院长、省人民检察院检察长等出席昆明主会场会议，各州（市）县（市、区）设分会场。

省委常委、省委组织部长李小三主持会议。

7 日

△云南省省委常委、副省长刘慧晏深入砚山县石岩村、广南县八宝镇、富宁港实地调研城乡人居环境提升工作，特色小镇建设和富宁港建设情况。

△云南省林业厅、云南省气象局联合召开 2017 年森林防火形势会商会。

8 日

△全省国土资源工作电话会议在昆明召开。会议总结了2016年国土资源工作，安排部署2017年重点任务。

省委常委、副省长刘慧晏出席会议并讲话。国家土地督察成都局有关领导出席会议并讲话。

△ 19 时 11 分昭通鲁甸县（北纬 27.07、东经 103.36）发生 4.9 级地震，震源深度约 10 千米，距昭阳区 45 千米，截至 9 日零时 30 分，造成 5 人受伤。

9 日

△经云南省人民政府批准，云南省林业厅对外发布“云南省第四次森林资源调查成果”。

10 日

△在云南省林业局长会议上，省林业厅、省教育厅、共青团云南省委共同授予西南林业大学、昆明市西山林场、东川区汤丹镇小龙潭公园、陆良县花木山林场、临翔区五老山森林公园、永德大雪山国家级自然保护区等 6 单位“云南省生态文明教育基地”称号并授牌，至此云南省共有省级生态文明教育基地 12 个。

△云南省绿化委员会、云南省林业厅决定授予凤庆县“云南省森林县城”称号并授牌，标志着云南省第一个森林县城正式诞生。

△全省气象局长会议在昆明召开。会议提出，全省气象部门要以气象服务供给侧改革为重点，以更大的作为服务云南综合防灾减灾和产业发展，以更实际的举措推进气象现代化，全面提升气象保障云南经济的发展能力。

12 日

△“中国云南省—老挝南塔省环境保护交流合作技术援助项目”启动会暨交流合作会在老挝南塔省召开，标志着云南省在加强与周边国家的环保交流合作迈出了新步伐。

13 日

△全省水利工作会议在昆明召开。会议明确 2017 年水利工作重点和措施，切实推动水利工作创新发展。

副省长张祖林出席会议并讲话。

14 日

△云南集中打击整治破坏森林资源违法违规行为专项行动总结电视电话会在昆明召开。

17 日

△云南省政府滇池水污染防治专家督导组视察滇池湖滨生态湿地建设时强调，要创新方式，加大力度，全力推进滇池湖滨生态湿地规划建设和管理。

督导组组长晏友琼、副祖长高晓宇参加调研并在座谈会上讲话。

21 日

△云南省启动第九次全国森林资源清查工作。

27 日

△滇池水污染防治工作第 30 次联席会议在昆明召开。会议强调各级各部门要齐心协力，狠下功夫，确保滇池水质稳定保持在Ⅴ类，决不能反弹。

云南省政府滇池水污染防治专家督导组组长晏友琼、副组长高晓宇出席会议并讲话。

28 日

△在《云南省林业厅关于进一步加强全省林业碳汇项目开发及管理工作的通知》文件框架下，云南省杨善洲绿化基金会与广州市碳排放开发投资有限公司在昆明签订林业碳汇开发战略合作框架协议，双方本着平等自愿、优势互补的原则发挥各自优势在云南开展全面、务实的林业碳汇开发申报和销售。

3 月

10 日

△云南省委常委、副省长刘慧晏主持召开云南省 2017 年环境保护督察工作动员会。刘慧晏强调，对环境保护督察是党中央、国务院推进生态文明建设和环境保护工作的一项重大制度安排，全省各地有关部门要认真贯彻落实省委、省政府的要求，以高度的政治责任感和使命感，全面做好省级环境保护督察工作，着力解决环境的突出问题，全面提升生态文明建设水平。尤其要把落实中央环境保护督察要求作为重中之重，全面查找各地在生态文明建设和环境保护方面存在的突出问题，督促各级党委、政府严肃问责，层层压实责任，推动问题整改。

云南省委、省政府组建的 4 个环境保护督查组将对 16 个州（市）开展环境保护督察。督察结果将作为对被督察地方领导班子和领导干部生态文明建设考核，领导干部任免的重要依据。

12 日

△ 20 时 21 分，昭通市鲁甸县（北纬 27.09 度、东经 103.40 度）发生 4.5 级地震，震源深度 10 千米。

截至12日23时，经核查暂无人员伤亡，地震发生后，省委书记陈豪、省长阮成发立即要求进一步核查灾情，采取措施确保人民群众生命财产安全，省地震局等相关部门加强监测预警和防震指导。昭通消防支队鲁甸大队已出动前往灾区救灾。

13日

△为解决退耕还林中存在的突出问题，推进新一轮退耕还林顺利实施，按照国家林业局的统一部署，云南省对2014年度以来退耕还林突出的问题，进行重点抽查。云南省林业厅组织4个检查组分别对金平苗族瑶族傣族自治县、元江哈尼族彝族傣族自治县、墨江哈尼族自治县、彝良县进行抽查，重点检查退耕还林政策执行、计划完成、地块落实、林权证办理，以及农户利益是否遭受侵害等。

16日

△昆明市召开2017年滇池流域环境综合治理工作会。云南省委常委、昆明市委书记程连元、省政府滇池流域水污染防治专家督导组副组长高晓宇出席会议并讲话。2017年滇池保护治理计划实施100个项目，完成投资33.1亿元，流域水质在2016年基础上稳定改善，滇池外海、草海水质稳定在Ⅴ类；35条主要入湖河道及松华坝水库、云龙水库等9个饮用水源地下水质达标；23个地下水考核点水质保持稳定。昆明市将把河长制由滇池流域推广到市域河（渠）湖库范围。

△云南省财政厅、林业厅联合下发《关于下达2017年省级陡坡地生态治理补助资金及退耕还林工作经费的通知》，正式下达全省2017年度省级陡坡地生态治理任务20万亩，涉及全省15个州（市）、43个县（市、区）。

20日

△全省环境保护工作会议暨九大高原湖泊水污染综合防治领导小组会议在昆明召开。会上传达学习全国环境保护工作会议精神，总结2016年工作，分析存在的问题，部署2017年工作。省委副书记、省长、九大高原湖泊水污染综合防治领导小组组长阮成发在会上强调，要全面落实中央、国务院关于生态文明建设和环境保护的一系列决策部署，以实际行动深入落实习近平总书记系列重要讲话和考察云南重要讲话精神，增强“四个意识”，压实责任，不断改善环境质量，增强人民群众的获得感。阮成发指出，要以九大高原湖泊为重点，不折不扣抓好污染治理工作是全省环境保护的重点难点，也是生态文明排头兵建设的抓手和突破口。要充分认识九大高原湖泊保护治理的艰难性和复杂性，做好打持久战的思想准备，要通盘考虑、突出重点、远近结合、标本兼治，把省委、省政府关于九大高以湖泊保护治理的决策部署不折不扣落到实处，确保水质持续改善提升；要坚持“一湖一策”，把改善湖体水质，维护湖泊生态系统完整性放在首位，不断提高九大高原湖泊保护与治理的科学化、精准化水平；要全面落实《云南省环境保护“十三五”规划》，统筹治理大气、水、土地污染，坚决打好蓝天保护战，实施好碧水青山专项行动，推进净土安居专项工程，不断取得环境保护与生态文明建设的新突破。要进一步压实责任，形成环境保护的多元共治格局，要强化责任落实，完善配套政策，严格考核监督，营造良好氛围，努力形成政府、企业和公众共管共治的环境治理体系，努力把云南建设成全国生态文明建设排头兵。

刘慧晏、晏友琼在会上讲话，刀林荫、王承才、高晓宇出席会议，何金平主持会议。

24日

△云南农村节柴炉灶创新设计大赛在昆明启动。

27日

△云南省政府召开全省旅游市场秩序整治工作电视电话会议。云南省委副书记、省长阮成发在会上强调，要把思想和行动统一到省委、省政府决策部署上来，以自我革命的精神，壮士断腕的决心，最严厉的措施和不达目的不罢休的意志，坚决整治旅游市场乱象，加快推进旅游产业转型升级，重塑云南旅游形象，擦亮云南旅游“金字招牌”。

陈舜在会上通报《云南省旅游市场秩序整治工作措施》的主要内容和相关工作安排意见。

△7时40分、7时55分、9时10分漾濞彝族自治县漾江镇先后发生4.7级、5.1级、4.3级地震，造成漾濞、河源、云龙等6县市部分乡镇不同程度受灾，截至27日20时尚无人员失踪、死亡报告，抗震救灾工作已全面展开。

28日~4月11日

△为贯彻落实云南省委、省政府关于环境保护督察的决策部署，2017年3月28日至4月11日，省委、省政府第四环境保护督查组对怒江傈僳族自治州开展了环境保护督察并形成督察意见。经省委、省政府批准，督查组于28日向怒江州委、州政府进行了反馈。

29日~4月1日

△云南省委副书记、省长阮成发深入大理白族自治州各县（市）调研时强调，要牢记习总书记嘱托，以高度的政治责任感，抓好洱海保护治理，科学划定洱海保护治理范围，加大入湖河流治理和截污治污力度；按照《洱海抢救性保护方案》依法加强整治，

做到对污染洱海行为“零容忍”，湖泊周边“零排污”，全社会共同推动洱海水质改善，水生态逐步恢复。

云南省副省长何金平参加调研。

30日

△全省森林防火和国土绿化工作电视电话会议在昆明召开。会议要求，全省各级相关部门切实抓好造林工作，大力开展义务植树活动，着力推进森林质量提升，创新国土绿化机制，强化国土绿化责任落实。树立“防范第一”“有火是过，无火是功”的责任担当意识，最大限度减少森林火灾发生，努力打赢森林防火攻坚战。

副省长张祖林出席会议并讲话。

4月

10日~16日

△云南省政协组织“金沙江流域生态环境保护与绿色发展”为主题的调研组，深入昭通水富、绥江、永善、昭阳、鲁甸、巧家调研。调研组对昭通市积极探索金沙江流域区域绿色发展路子、主动融入和服务国家长江流域带发展战略所取得的成绩给予充分肯定。同时指出，当前对金沙江流域保护与开发尚未引起国家有关部门的足够重视，与长江经济带发展战略中的地位与作用还不相匹配，保护与发展矛盾十分突出。调研组表示，要发挥政协职能作用，争取国家有关部门支持，推进省际开发合作，促进流域内跨越发展和全面小康目标的实现。

云南省政协副主席王承才率队调研。

18日

△云南省防汛抗旱工作电视电话会议在昆明召开。会议深入贯彻落实全国防汛抗旱工作视频会议，国家防总2017年第一次全体会议精神和省委、省政府有关要求，安排部署2017年防汛抗旱工作。

云南省副省长、防汛抗旱指挥部指挥长张祖林出席会议并讲话。

19日

△云南省工商局印发《关于印发全省工商行政管理部门旅游市场秩序整治工作具体措施的通知》，整治旅游市场突出问题，规范旅游市场秩序，保护消费者合法权益，促进本省旅游业健康发展。

21日~22日

△云南省委书记陈豪以全省总河长和抚仙湖河长身份，带头履行河长制责任，率领调研组深入澄江、江川等地，调研“三湖”保护治理。调研组还深入左所社区、广龙社区、江川区大凹村星云湖入水口等地察看。

副省长刘慧晏、张祖林参加调研。

26日~27日

△云南省政府滇池水污染防治专家督查组对牛栏江－滇池补水工作进行现场调研。督导组先后实地查看寻甸塘子工业园区、德泽枢纽管理部、干河泵站、鱼类增殖站、输水线路等水质监测和工程运行情况。在听取云南牛栏江滇池补水工程有限公司关于补水工程运行情况汇报后，督查组组长晏友琼提出，一要牢固树立大局意识，确保滇池补水水量充足，保持水质长期稳定达标。二要规范制度管理，确保公司正常运营。三要加强与牛栏江周边集镇、工业园区的联系，减少农业面源污染、生活垃圾污染和河道污染。四要通过科学引种，精细管理，加强德泽水库库区周围面山的植树造林。

28日

△云南省委、省政府对中央第七环境保护督察对省环境保护督察后反馈的意见高度重视，立即研究制定《云南省贯彻落实中央环境保护督察反馈意见问题整改总体方案》（以下简称《方案》）。《方案》整改主要措施，一是切实把环境保护摆在更加突出的位置。二是切实加强污染综合治理。三是切实加强自然生态保护。四是切实改善提升城乡人居环境。五是切实实行最严格的环境保护制度。云南省委、省政府主要负责同志要求严格按照《方案》责任分工，认真抓好整改落实。

5月

2日

△中共云南省委办公厅、省政府办公厅印发《云南省全面推进河长制的实施意见》。主要内容包括，一、总体要求。二、主要任务。三、全面建立河长制体系。四、建立技术支撑体系。五、建立考核监督体系。六、全面落实推进。

△云南省林业厅与四川省林业厅联合制定《2017年川滇两省重大林业有害生物联防联控联治工作方案》。明确2017年两省联防联治工作的主要任务包括：重点落实《川滇两省松林线虫病联防联治框架协议》，加强联防联治工作的宣传和信息共享交流；定期不定期召开协调会议；联合开展检疫执法；联合开展统防工作；互派技术人员学习交流。细化协作层级，细化工作措施，确保联防联检联治工作取得实效。

2 日 ~3 日

△云南省委副书记、省长阮成发履行河长责任，率领省级有关部门负责人到大理白族自治州检查指导洱海保护治理河长制推进落实工作。

副省长何金平参加检查指导。

10 日

△云南省委、省政府召开全省全面推行河长制电视电话会议。云南省委副书记、省长、全省副总河长阮成发强调，要深入贯彻落实中央关于全面推行河长制的重大决策部署和省委、省政府具体要求，明确目标，落实责任，推动全省河湖库渠管理保护工作再上新台阶，为决战脱贫攻坚，决胜全面小康提供更加坚实的生态保障。

省委副书记李秀领主持会议。副省长刘慧晏、何金平出席会议。昆明市、玉溪市、大理市政府负责同志在会上作交流发言。

11 日

△云南省政府机关事务管理局与省发展改革委、省工业和信息化委合作印发《云南省公共机构节约能源资源“十三五“规划》，确定全省公共机构到 2020 年人均综合能耗将下降 10%，单位建筑面积能耗将下降 10%，人均用水量下降 15% 的节能目标。为全省公共机构绘制了“六大绿色行动”和“六大节能工程”路线图，即绿色建筑行动、绿色办公行动、绿色出行行动、绿色食堂行动、绿色信息行动、绿色文化行动和节能计量统计基础工程、试点示范工程、新能源推广应用工程、资源综合利用工程。

14 日

△云南省纪委、省监察厅印发《关于加强旅游市场秩序整治工作监督执行问责的通知》。强调纪检监察机关要积极参与全省旅游市场秩序整治工作，发现和解决影响旅游产业健康发展的纪律作风突出问题，作为当前和今后一段时期的重要任务，以促进全省旅游市场秩序彻底好转，推动旅游产业转型升级，为把云南打造成国内一流、世界著名的旅游目的地提供纪律保障。

17 日

△云南省副省长张祖林在江川区调研星云湖保护治理及河长制工作。他指出，要坚持“四退三还”原则，落实好各级河长职责，统筹推进星云湖 12 条入湖河道整治，确保 2018 年底消除星云湖劣Ⅴ类水质，力争 2020 年达到Ⅳ类水质。

17 日 ~18 日

△云南省委常委、副省长、省委政法委书记张太原到丽江市就落实河长制，推进泸沽湖治理工作进行调研。他指出，要牢固树立生态优先保护优先的理念，认真贯彻中央、省委关于全面推行河长制的决策部署，全面落实河长制责任，深入推进泸沽湖水环境综合治理，努力实现泸沽湖长治久清。

22 日

△以《推进乡村生态文明，促进美丽乡村建设》为主题的 2017 年环保世纪行活动在昆明启动。

云南省人大常委会副主任刀林荫、省政府党组成员高树勋出席行动仪式并讲话。

27 日

△云南省政府九湖污染综合防治督导组对洱海水污染综合防治工作进行调研。先后调研洱海治理“十三五”规划实施、河长制落实、“两违”及“两污”整治、入湖河道整治、应急补水、还湖截污，湿地及生态建设等情况。

6 月

1 日

△中科院昆明动物研究所、云南省林业厅在昆明动物博物馆举办以“留住最美的它”为主题的云南珍稀濒危动物见面会。

3 日

△由云南省环保厅、共青团云南省委、中国邮政集团云南分公司共同举办的“六五”环境日系列宣传活动启动。主要内容：发布《云南省生物物种红色名录（2017 版）》，环保集邮展览，环保志愿者绿色骑行，为省级命名的绿色学校、绿色社区、环境教育基地授牌，为环保小卫士颁奖，环保流动讲堂等公益活动。

4 日

△云南省国土资源厅、省住建厅、省交通厅、省林业厅、省水利厅、省安监局联合印发《关于开展矿山生态环境综合评估工作的通知》，在全省范围开展矿山生态环境综合评估工作。《通知》要求，要坚持“谁开发、谁治理”，严格落实矿山企业保护与治理的主体责任。州（市）、县（区）有关部门要加大监督执法力度，督促矿山企业严格按照地质环境保护与恢复治理和土地复垦方案，恢复林业生产条件方案、环境影响评估报告等，实施边开采边治理。对拒不履行相关义务的在建矿山、生产矿山，要将该矿山企业向社会公开，列入矿业权人异常名录或严重违法名单，情节严重的依法依规严肃处理。

6日

△中共云南省委召开常委会议，传达学习近期中央政治局会议精神和中央办公厅、国务院办公厅《关于甘肃祁连山国家级自然保护区生态环境问题督察处理情况及其教训的通报》，研究贯彻意见，部署健康云南建设，推进旅游产业转型升级等工作。

会议强调，中央政治局常委会议对甘肃祁连山国家级自然保护区生态环境破坏典型案例进行深刻剖析，并对有关责任人员作出严肃处理，充分体现以习近平同志为核心的党中央对生态环境保护的高度重视，要引以为戒，提高政治站位，坚决落实生态安全政治责任；坚持问题导向，善于发现突出问题，抓好整改落实，树牢新发展理念，准确处理经济发展和生态环境保护关系；强化主体责任，通过环保督察常态化等措施，层层传导压力，切实把生态文明建设抓紧抓实抓好。

省委书记陈豪主持会议。

8日

△云南省政府九湖水污染综合防治督导组在对阳宗海水污染综合治理工作调研时指出，要加快环湖截污工程建设，加大截污治污力度，确保阳宗海水质稳定并改善。

督导组组长晏友琼、副组长高晓宇参加调研并在汇报会上讲话。

14日

△云南省提升城乡人居环境领导小组（扩大）会议在昆明召开。中共云南省委副书记、省提升城乡人居环境行动领导小组组长李秀领出席会议并讲话。他强调，要深入学习贯彻习近平总书记系列重要讲话精神和城乡规划建设管理重要论述，遵循城乡发展规律，改善生产生活方式，全面立法治理脏乱差，提升城乡环境质量，确保提升城乡人居环境行动的正确方向。

副省长张祖林主持会议并就有关工作提出具体要求。

17日~18日

△中共云南省委常委、常务副省长宗国英到曲靖市云南冶金云芯硅材股份有限公司、驰宏锌锗、红云红河曲靖卷烟厂、麒麟职教园区调研，了解企业、园区生产经营状况；深入珠江源和南盘江沾益黑桥段，实地察看和听取河流保护治理情况。他强调，要发挥好各级河长的主体作用，层层压实责任，强化对重点地区、突出问题的整治，并切实把河流保护治理与经济发展、城镇建设、群众增收紧密结合起来，把河流建设成为群众旅游休闲锻炼的绿色走廊，发展成为带动沿河地区发展的新经济带。

19日

△云南省委书记陈豪、省长阮成发、省委副书记李秀领等到昆明市盘龙江滇池入湖口湿地公园，与昆明市干部群众、志愿者代表一同参加“保护母亲河·共创文明城”志愿活动。他指出，以滇池流域为重点的水环境保护治理，是昆明创建全国文明城市工作的重要组成部分，一定要全面深化河长制，抓好入湖河道综合整治、沿线面源污染治理等，维护滇池水质持续改善；要加强滇池周边生态修复和景观打造，使“高原明珠”沿岸白天绿美、夜晚亮丽。云南省委常委、昆明市委书记程连元，副省长刘慧晏，何金平参加活动。

20日

△云南省副省长陈舜以河长身份深入到腾冲界头镇调研伊洛瓦底江（云南段）流域治理保护工作及建立河长制等情况，并听取了保山、德宏、怒江对河流治理保护等情况汇报。

△云南省林业厅对全省范围内131个林业部门管理的各级各类自然保护区开展资源保护督察行动，并向社会公布督察行动举报电话，接受社会公众的监督、投诉和举报。

22日

△由云南省杨善洲绿化基金会组织捐赠的德宏傣族景颇族自治州首片杨善洲纪念林落户芒市三台山乡。

△《云南省旅游市场秩序整治工作措施》自2017年4月15日施行以来，全省查办了一批涉旅案件。截至目前，共查处涉旅案件276起，行政处罚罚款206.02万元。

25日

△中共云南省委常委、副省长刘慧晏以怒江河长身份到保山市巡查调研怒江河长制推行工作。刘慧晏一行先后深入隆阳区怒江东风桥、怒江道街坝水文站，详细了解并实地查看了怒江水质监测情况，与有关州（市）和部门负责人进行了座谈。刘慧晏要求，要以高度的政治自觉抓好怒江河长制的推行实施；认真普查、科学规划，做到底数清、情况明、措施实，加强出入境断面水质监测，以多规合一的方式推进怒江管理保护工作；搞好顶层设计建立健全组织、制度、政策保障体系，要层层压实河长责任，做到守河有责、守河尽责、守河担责。要加强环境监管执法，加大宣传力度，动员社会力量助推怒江保护治理工作迈上新台阶。

26日

△中共云南省委办公厅、云南省人民政府办公厅发出《关于切实做好防汛减灾有关工作的紧急通知》。

7 月

3 日

△第三届亚峰会清洁能源论坛在昆明举行。云南省副省长董华、国家能源局副局长李凡荣出席论坛开幕式并致辞，联合国副秘书长、亚洲及太平洋经济社会委员会执行秘书沙姆沙德·阿赫塔尔向论坛发来视频致辞。

5 日

△云南省政府印发《云南省“十三五”节能减排综合工作方案》，从优化产业和能源结构，加强重点领域节能，强化主要污染物减排，大力发展循环经济，实施节能减排工作等方面提出来 48 条具体措施。

9 日 ~11 日

△云南省政协主席罗正富一行，在迪庆藏族自治州，丽江市督察调研金沙江河长制及保护治理工作时强调，要深化思想认识，夯实责任担当，全面贯彻落实中央和省委、省政府对河长制的工作部署，促进金沙江流域生态保护与绿色发展。

11 日

△云南省气象局制定《云南省气象局服务“一带一路”气象保障行动方案》，该方案围绕“一带一路”国家战略以及云南省发展定位，重点聚焦建设适应澜沧江—湄公河流域发展的综合气象保障服务体系，有效提升澜沧江—湄公河流域及云南毗邻国家地区气象综合防灾减排能力，形成促进中国向南亚、东南亚辐射中心建设和服务“一带一路”建设。

15 日

△云南省人大常委会组成执法检查组，对《云南省牛栏江保护条例》实施情况进行执法检查。执法检查组在昆明举行座谈会，听取省政府、昆明市、曲靖市工作汇报，并反馈执法检查组在检查中发现的问题。

执法检查组组长、省人大常委会副主任刀林荫出席会议并讲话。

17 日

△云南省政协在昆明举行重点提案《建设云南生物及高原特色现代农业创新、创业园区》办理座谈会，邀请周俊、孙汉董、苏君红、朱有勇 4 位两院院士与提案人及各提案办理单位就相关工作开展协商座谈。

云南省政协主席黄毅出席座谈会并讲话。

19 日 ~21 日

△红河州出现强降雨过程，导致金平、屏边、绿春等 8 县市 30 个乡镇部分地区遭受洪涝、风雹、泥石流等灾害。截至 21 日共造成 31 852 人受灾，农作物受灾面积 3 646 公顷，倒塌民房 38 户、142 间。灾情发生后，省民政厅立即调拨帐篷 200 顶，红河州政府及时派出工作组赶赴灾区指导协助县乡做好救灾工作。

26 日 ~29 日

△云南省政协主席罗正富深入保山市、怒江傈僳族自治州调研脱贫攻坚工作开展情况和推行河长制落实情况并慰问怒江“7.05”泥石流受灾的部分群众。

8 月

1 日

△中共云南省委召开常委会听取中央环境保护督察工作进展情况汇报，研究加快服务经济发展推进“防管服”改革等有关工作。会议强调，环境保护督察是党中央、国务院加快推进生态文明建设和强化环境保护工作的一项重大制度安排。各地区各部门要提高政治站位，全面履职尽责，坚决把中央环境保护督察反馈问题全面整改到位。要推进省级环境保护督察巡视常态化，健全“大环保”监管格局，不断提升全省生态文明建设和环境保护工作水平，让群众持续增强环境质量改善的获得感。

省委书记陈豪主持会议。

4 日

△云南各族人民近百年梦想的滇中引水工程正式开工。工程建设动员大会在昆明市盘龙区龙泉倒虹吸接收井工程现场举行。

中共云南省委书记陈豪出席工程建设动员大会并宣布工程开工。云南省省长阮成发、水利部副部长周学文、国家发展改革委秘书长李朴民讲话。副省长宁国英主持大会。国家有关部委和企业领导马建华、钮新强、杨东民、云南省李秀领、程连元、刘慧晏、张百如、张祖林、王承才、纳杰出席大会。滇中引水工程建设管理领导小组成员单位主要负责人参加大会。

滇中引水工程是国务院确定的 172 项节水供水重大水利工程中的标志性工程。工程受水区共涉及沿线 6 个州市 35 个县市区。输水线路全长 661.06 千米，收益国土面积 3.69 万平方千米，惠及人口 1 112 万。

11 日

△第四届中国国际（云南）文化旅游投资洽谈会在安宁市举行。洽谈会共签约 320 个重大项目，资金额超过 800 亿元。中航集团、中国马业协会、北京华熙国际集团等一批有实力企业与云南本土企业达成了战略合作协议。安宁市主要领导对安宁市文化旅游产业发展进行

了推介。来自中国风景名胜区协会、中国民族建筑研究会、清华大学文化创意发展研究会、云南省民营企业家协会的嘉宾在会上致辞。来自全国各地的专家还就文旅融合发展、文化遗产保护等进行了圆桌对话。

投资洽谈会由中国国际文化旅游投资洽谈会组委会、云南日报报业集团主办，共有200多家机构和企业参加。

17日

△首届珠江流域旅游高峰论坛暨滇黔桂三省（区）社科联第三届南盘江流域发展论坛在曲靖市召开。滇黔桂三省（区）社科联主要领导、专家学者就“创新发展，全域旅游”进行探讨交流。

23日

△由云南省外国专家局、昆明市滇池管理局和昆明市外国专家局主办，昆明市城市排水监测站承办的“滇池流域综合管理研究”培训会在昆明举行。来自瑞士、美国、德国、法国、以色列和国内相关领域专家从滇池流域综合管理、污水处理技术、蓝藻研究、环境监测等方面做了专题报告。

24日

△云南省政协在昆明举行“云南省旅游市场规范与监督”民主监督专题协商会。

省政协主席罗正富出席会议并讲话，副省长陈舜率省政府相关部门到会听取民主监督协商意见并讲话。

省政协副主席倪慧芳主持会议。

28日

△第九届西部地区植物科学与资源利用研讨会在大理举行，来自西部地区11个省、市、自治区高校和科研院所的100多名植物学专家进行交流研讨。

9月

7日

△省工信委联合中国石油天然气销售西南分公司在昆明举行全省工业领域天然气利用推广座谈会。中石油天然气销售西南分公司相关负责人表示，今后中石油将立足云南实际，加快支线管理建设和天然气推广利用，使天然气产业成为云南新的经济增长极。截至9月1日，中国石油天然气销售西南分公司云南销售部累计销售中缅管道天然气1.97亿立方米，与2016年相比，增幅高达173.5%。

8日

△地震风险管理创新实验室揭牌仪式暨地震风险管理学术研讨会在昆明举行。中国保险学会、云南省地震局、云南省民政厅、云南省住建厅、昆明理工大学、诚泰财产保险股份有限公司共同签署合作协议，共建“地震风险管理创新实验室”。

资料显示，云南省仅占全国国土面积的4%，却释放了全国大陆20%以上的地震能量。全省具备发生破坏性和强破坏性地震的区域占全省总面积的84%，仅近约20年间，云南省及其邻近区域共发生不同等级破坏性地震80余次，破坏性地震年均发生率达每年4次，且绝大多数破坏性地震，造成的直接经济损失都在亿元以上。

11日

△云南省政府召开煤矿安全生产集体约谈会议。副省长董华代表省政府对近期发生煤矿安全事故、隐患突出的重点产煤州市县政府和企业负责人进行约谈。

△主题为“彩云南·全球蓝莓新视界”2017年蓝莓大会在曲靖市开幕。这是国际蓝莓组织的第5次大会，也是首次在中国举办。国际蓝莓组织成员15个国家的代表29人、联想控股集团、佳沃鑫荣懋集团及国内蓝莓行业专家、企业、生产链参与者代表，国内外嘉宾约300人出席会议。大会由曲靖市政府、省农业厅、国际蓝莓组织主办。

省委常委、曲靖市委书记李文荣宣布大会开幕，副省长张祖林致词。

17日~18日

△云南省政协主席罗正富到昭通市镇雄县、贵州省毕节市调研赤水河流域保护治理情况，他强调，昭通市要深入贯彻落实中央关于推行河长制的决策部署和省委、省政府全面落实河长制的具体要求，不断加大赤水河源头和上游水资源保护、水环境治理、水生态修复等工作力度，加快实现“水清、河畅、岸绿、景美”的水生态环境质量改善目标。贵州省政协副主席黄家培、省政协秘书长李月成及云南省政协秘书长胡建华先后参加调研。

20日

△川滇黔三省在贵州省仁怀市茅台镇签署赤水河流域三省合作协议。三省突破行政壁垒，将共同编制赤水河流域生态经济示范区，生态功能区保护、主导产业发展等规划，建立全流域、跨区域的协作联动机制，加强赤水河流域生态保护和环境质量，共享生态红利。

川滇黔三省将建立轮班制度、联席会议等协作机制，加强赤水河流域生态保护和环境治理。

24日

△“中国·昆明原生态文化学术研讨会”在昆明

开幕。本次研讨会由云南省文联主办，云南大学艺术学院、云南省文艺评论家协会承办。主题为“中华文化大背景下的云南原生态民族文化”。旨在通过研讨，提出保护和传承云南各少数民族原生态传统文化和非物质文化遗产的方略，对云南最具特色和影响力的原生态艺术进行集中研究和梳理。

10 月

11 日 ~13 日

△云南省人大常委会常务副主任张百如率队到玉溪市、红河哈尼族彝族自治州督察河长制工作。

张百如一行先后深入石屏县、通海县实地考察异龙湖、杞麓湖保护治理工作，详细了解河长制落实、湿地和治污工程建设、退耕还湖、水质变化等情况并召开座谈会，听取汇报，与当地党政干部一道分析现状，研究湖泊治理措施。

17 日 ~19 日

△澜沧江（云南段）河长、副省长何金平率调研组赴普洱市、西双版纳傣族自治州实地检查河长制和脱贫攻坚及移民工作。何金平一行先后到思茅河御景新城段、思茅区龙潭乡小田易地扶贫搬迁安置点、糯扎渡水电站、勐海县勐宗乡蚌龙村调研，并沿江查看澜沧江（云南段）保护情况。在听取澜沧江流域（云南段）沿江 8 个州（市）和省政有关部门落实河长制的工作情况汇报后，何金平指出，要深入学习贯彻党的十九大精神，深刻领会和践行习总书记关于绿水青山就是金山银山的理念，坚持节约资源和保护环境的基本国策，切实推进澜沧江流域水环境综合保护治理，坚持城乡统筹，水陆共治，确保一江清水永续流淌。

24 日

△鲁甸 6.5 级地震灾后恢复重建工作指挥部第八次会议在昆明召开。会议总结当前恢复工作情况，并就进一步做好恢复重建收尾工作进行再部署。会议强调，要进一步深化对鲁甸灾后恢复重建重要性的认识，把恢复重建工作作为学习贯彻党的十九大精神的实践平台，要增强责任感、使命感和紧迫感，以坐不住、慢不得、等不起的精神状态和勇于担当、主动作为，以立言立行的作用，抓好收官、批段各项工作的落实。

副省长、指挥部副指挥长张祖林出席会议并讲话。

25 日

△普洱菜阳河国家公园被世界和平旅游研究所授予“世界和平公园”称号，成为国内首个“世界和平公园”。来自联合国世界旅游组织、世界和平旅游研究所、全国工商联、香港中华总商会及普洱市的代表，共同为“普洱菜阳河世界和平公园”揭幕，并种下和平树。

27 日

△黄泥河管理保护联合行动启动仪式暨第一次联席会议在富源县举行。黄泥河发源于曲靖市富源县出水洞，是云贵两省的河界，流域分区人口众多，民族聚集，资源丰富。为了共同维护黄泥河流域生态安全，曲靖市、贵州六盘水市和黔西南州三州市全面推行河长制，对黄泥河水环境进行全面治理、管理。

启动仪式后，召开了第一次联席会议，曲靖市、六盘水市和黔西南州分别介绍了黄泥河保护情况。审议通过了《曲靖市、黔西南州、六盘水市关于黄泥河环境保护协同监督工作机制》和《打击破坏黄泥河生态环境违法犯罪行为工作五项联合机制》。

△ 2017 年滇池治理宣传月系列活动正式启动，昆明市滇池管理局将通过丰富多彩的活动号召广大市民积极投身治理滇池，营造人人参与滇池治理保护的良好氛围。当日，“滇池保护 · 我在参与”骑行活动同时拉开帷幕，300 多名骑行志愿者沿着 40 多千米的环滇池骑行，开始保护滇池宣传活动。

11 月

2 日

△按照中共云南省委省政府关于环境保护督察的决策部署，6 月 2 日至 7 月 14 日，省委省政府第四环境保护督查组对普洱市开展了环境保护督察并形成督察意见，经省委省政府批准，督查组于 11 月 2 日向普洱市委、市政府进行反馈。

7 日

△按照云南省委省政府关于环境保护督察的决策部署，7 月 6 日至 7 月 20 日，省委省政府第三环境保护督查组对迪庆藏族自治州开展了环境保护督察并形成督察意见，经省委省政府批准，督查组于 11 月 7 日向迪庆州委进行了反馈。

8 日

△云南省政府与国家自然科学基金委员会签署《国家自然科学基金委员会——云南省人民政府关于设立联合基金的协议书（第三期）》。根据协议双方将重点在生物多样性保护、矿产资源综合利用与新材料、资源与环境、人口与健康、南亚东南亚区域合作与可持续发展等领域加强合作。

云南省副省长何金平出席签字仪式。

13 日

△全省今冬明春火灾防控工作动员部署电视电话会议在昆明召开。会议强调，深入学习贯彻党的十九大精神，是当前和今后一个时期全省消防工作的首要政治任务，要时刻认识新时代对消防安全工作的新要求、新挑战，积极主动探索新时代加强消防工作的新思路、新方法，全面提升全省消防工作服务保障经济社会发展的能力和水平，为服务云南而跨越发展提供坚强有力保障。

15 日

△按照云南省委省政府关于环境保护督察的决策部署，6 月 29 日至 7 月 13 日，省委省政府第一环境保护督查组对丽江市开展了环境保护督察并形成督察意见，经省委省政府批准，督查组于 11 月 15 日向丽江市进行反馈。

17 日

△云南省通报中央环境保护督察移交环境损害责任追究问题问责情况。2016 年 7 月 15 日至 8 月 15 日，中央第 7 环境保护督查组对全省开展环境保护督查工作并于 2016 年 11 月 23 日将督察发现的 12 个生态环境损害责任追究问题移交云南省依法依规调查处理。

云南省委省政府对此高度重视，省委书记陈豪，省委副书记、省长阮成发强调，要根据核查的事实，依据有关规定，经省委、省政府研究决定对 33 个责任单位、110 名责任人进行问责。被问责 33 个单位中，厅级单位 10 个，县级单位 13 个，乡科级单位 10 个。被问责的 110 责任人中，厅级干部 25 人，县处级干部 50 人，乡科级干部 31 人，其他干部 4 人。其中 9 人已被追究刑事责任、4 人已移送司法机关处理，给予党纪政纪处分 55 人、免职 2 人、停职检查 1 人、诫勉问责 25 人、通报问责 5 人、批评教育 9 人。

19 日

△根据云南省委省政府统一部署，省第一环境保护督查组进驻玉溪市开展环境保护督察工作。

21 日

△根据云南省委省政府统一部署，省第二环境保护督查组进驻曲靖市开展环境保护督察工作。

22 日

△云南省委理论学习中心组以生态文明建设为主题进行集中学习。阮成发、宗国英、李江、张百如、张祖林、董华在发言中交流了学习习近平总书记关于生态文明建设重要思想的体会，结合实际分析了存在的问题，提出了加强和改进生态文明建设的意见和建议。

陈豪指出，当前云南面临的生态环境问题依然突出，中央环保督察反馈意见整改落实任务依然很重，全省各地区各部门特别是领导干部要坚持问题导向，清醒认识加强生态文明建设、保护生态环境的极端重要性和紧迫性，尊重和遵循生态文明建设基本规律，自觉把习近平新时代中国特色社会主义思想的生态文明观贯穿于经济社会发展各方面，满足人民日益增长的优美生态环境需要。

陈豪强调，要把贯彻落实党的十九大关于生态文明建设的重大决策部署同深入贯彻习近平总书记考察云南时关于推进生态文明建设和生态环境保护的重要指示精神紧密结合，牢固树立正确政绩观，处理好经济发展和生态保护的关系，坚持节约优先、保护优先、自然恢复为主的方针，做到生态环境治理与保护并重，城乡环境治理并重。深化改革与示范创建并重，切实加强系统保护治理。要建立与新时代新要求相适应的生态文明制度体系。强化生态环境监管执法，要全面压实环境保护责任，落实“党政同责”“一岗双责”和领导干部任期生态文明建设责任制，坚决保护好云南的绿水青山蓝天白云。

26 日

△根据云南省委省政府统一部署，省第三环境保护督查组于 11 月 26 日进驻红河哈尼族自治州开展环境保护督察工作。

12 月

3 日

△云南省水利厅在召开的全省农村饮水安全巩固提升工作进展新闻发布会上宣布：截至 11 月 28 日，2017 年全省农村人口饮水安全巩固提升工作已完成投资 14.8 亿元，建成工程 4 522 处，巩固提升了 312.7 万农村人口的饮水安全，其中建档立卡贫困人口 55.5 万人，超额完成农村饮水安全巩固提升工作任务。

4 日

△截至 2017 年 11 月底，全省共新建、改建旅游厕所 2 072 座，占旅游厕所建设管理 3 年（2015 年至 2017 年）行动计划目标任务（2 045 座）的 100.32%；新建城市公厕 2 415 座，改建提升二类以上公厕 2 560 座，每平方千米县级城市建成区公厕数量达 4 座，每平方千米昆明市建成区公厕数量达 7 座；1 124 个乡镇（镇区）建成公厕 4 050 座，12 269 个建制村建成公厕 1.7 万座，完成住建部门 2015 年至 2017 年计划（1.55 万座）的 135%。

7 日

△云南省河长制领导小组向社会公告云南省总河长、副总河长、总督察、副总督察名单。

△云南省采取强有力措施加快全面深化生态文明体制改革进程，生态环境损害赔偿制度改革试点工作取得实质性进展。2017 年 9 月，云南省生态环境损害赔偿综合管理平台、云南省生态环境损害鉴定机构申报系统、云南省生态环境损害赔偿信息服务平台，大信息服务平台搭建完成。利用信息化系统将生态环境损害赔偿范围、责任主体、索赔主体、损害赔偿解决途径、管理涉及的政策法规、评估队伍和案件处理信息等建立动态监管机制，全面实现了生态环境损害案件管理的电子化和信息化。

13 日 ~15 日

△云南省政协主席、省级河长制副总督察罗正富率队深入丽江、大理、楚雄三州市对金沙江流域河长制工作进行督察。

罗正富一行实地察看了金沙江流域所属拉市海、玉河、鲁地拉电站、青山嘴水库、龙川江等地断面水质及水源保护情况，听取有关工作汇报。

22 日

△全省河（湖）长制领导小组暨总河（泊）长会议在昆明召开。会议强调，要围绕“河畅、水清、岸绿、湖美”总体目标和加强水资源保护、水域岸线管理保护、水污染防治、水环境治理、水生态修复和涉河湖执法监管等河长制六大主要任务，统筹山水林田湖草系统治理，坚持问题导向，因河因湖施策，着力解决好河湖管理保护的难点、热点和重点问题，确保全面推行河（湖）长制工作落到实处，取得实效。

云南省委书记、总河长陈豪出席会议并讲话，省长、副总河长阮成发主持会议，省委副书记、总督察李秀领，省政协主席、副总督察罗正富出席会议。

副省长张祖林汇报全省全面推行河长制工作情况。宗国英、程连元、杨宁、赵立雄、董华、陈舜、何金平、白保兴、刘建华出席会议，省河（湖）长制领导小组成员单位负责同志参加会议。

26 日

△云南全面推行河长制以来，截至 12 月 6 日，省州（市）、县（市、区）、乡（镇）、村五级共有河长 62 729 名。在河（湖）长制工作推行中，形成巡河监督常态化，全省各级河长巡河 267 137 人次，较好地推动了河（湖）长制工作的落实，一些河湖管理保护突出问题得到解决。全省还充分发挥三级督察的作用，各级人大、政协积极开展督察作用，已完成督察检查 1 196 次，有力地促进河（湖）长制落地见效。

（魏家骏　整理）

省情概况

行政区划

位置面积

云南省位于中国西南边陲，地跨东经 97° 31′ ~ 106° 11′ ，北纬 21° 8′ ~ 29° 15′ 之间，北回归线贯穿南部，属低纬度内陆省份。东与贵州省及广西壮族自治区接壤，北与四川省相连，西北隅紧依西藏自治区，西与缅甸交界，南与老挝、越南毗邻。东西横跨 846.9 千米，南北纵距 990 千米，总面积 39.4 万平方千米，占全国总面积的 4.1%，位居全国第八位。全省山区、半山区面积占 94%，耕地面积 9349.28 万亩，其中常用耕地 6882.6 万亩。云南省自古就是中国连接东南亚各国的陆路通道，国境线长达 4060 千米。其中：中缅边界 1997 千米，中老边界 710 千米，中越边界 1353 千米。有 8 个州市 25 个县（市）与缅甸、老挝、越南 3 个国家的 9 个省（邦）、32 个县（市、镇）接壤。其中 11 县（市）与邻国隔江（界）相望。国境线上有 16 个国家级口岸、7 个省级口岸、97 个边境主要通道和边民互市点。

历史沿革

云南省简称“滇”，是东方人类的发祥地之一。早在 170 万年前元谋猿人就在这里生息繁衍。夏商周时期为中国九州之一的梁州的一部分。历史上古滇国、南诏国、大理国都曾建在这块土地上。云南之名始于西汉。公元 1276 年，元朝在云南设立行中书省，为全国 10 个行省之一。从此，云南正式成为全国省级行政区划的名称。公元 1381 年（明洪武十四年），明朝在云南设“三司”（即承宣布政使司、提刑按察使司和都指挥使司），统辖府、州、县。清朝沿袭明制，设承宣布政使司，下辖道、府、州、县。民国 2 年（1913）“废府改县”。1950 年 2 月云南全境解放。3 月云南省人民政府成立。2014 年，云南省设有 8 个省辖市，8 个民族自治州，129 个县（市、区），其中市辖区 13 个、12 个县级市、75 个县、29 民族自治县个。

民族人口

云南是一个多民族的省份，少数民族人口居全国第二位。除汉族外，人口在 6000 人以上并有一定聚居区域的少数民族有 25 个。其中：白族、哈尼族、傣族、傈僳族、佤族、拉祜族、纳西族、景颇族、布朗族、阿昌族、普米族、德昂族、怒族、基诺族、独龙族等 15 个民族为云南省特有少数民族，是特有民族最多的省份。少数民族人口超过 100 万的有彝族、白族、哈尼族、傣族、壮族、苗族 6 个；超过 10 万不到 100 万的有傈僳族、回族、拉祜族、佤族、纳西族、瑶族、景颇族、藏族、布朗族 9 个；1 万至 10 万的有布依族、普米族、阿昌族、怒族、基诺族、蒙古族、德昂族、满族、水族 9 个；超过 1 000 人不到 1 万人的有独龙族、仡佬族、土家族、侗族等。云南少数民族分布为大杂居与小聚居交错，多居住在山区和边疆，全省没有一个县是单一民族的自治县。云南各族人民世代和睦相处，安居乐业，在漫长的历史进程中创造了丰富多彩、独具特色的民族文化，有古滇文化、滇东爨文化、大理南诏文化以及纳西族东巴文化、傣族贝叶文化、彝族太阳历文化、哈尼梯田文化等，在国内外均有较大影响。众多民族、多种语言、多样歌舞、多种民俗、多姿服饰、构成绚丽多彩的民族多元风情，为云南增添神秘色彩。

广南县布依族妇女 （王 新 摄）

云南省行政区划表

州市	州市辖县区	合 计
昆明市	盘龙区 五华区 官渡区 西山区 东川区 呈贡区 安宁市 晋宁区 富民县 宜良县 嵩明县 石林彝族自治县 禄劝彝族苗族自治县 寻甸回族彝族自治县	7个市辖区 1个市 6个县
曲靖市	麒麟区 宣威市 马龙区 陆良县 师宗县 罗平县 富源县 会泽县 沾益区	3个市辖区 1个市 5个县
玉溪市	红塔区 江川区 澄江县 通海县 华宁县 易门县 峨山彝族自治县 新平彝族傣族自治县 元江哈尼族彝族傣族自治县	2个市辖区 7个县
保山市	隆阳区 施甸县 腾冲市 龙陵县 昌宁县	1个市辖区 1个市 3个县
昭通市	昭阳区 鲁甸县 巧家县 盐津县 大关县 永善县 绥江县 镇雄县 彝良县 威信县 水富县	1个市辖区 10个县
丽江市	古城区 永胜县 华坪县 玉龙纳西族自治县 宁蒗彝族自治县	1个市辖区 4个县
普洱市	思茅区 宁洱哈尼族彝族自治县 墨江哈尼族自治县 景东彝族自治县 景谷傣族彝族自治县 镇沅彝族哈尼族拉祜族自治县 江城哈尼族彝族自治县 孟连傣族拉祜族佤族自治县 澜沧拉祜族自治县 西盟佤族自治县	1个市辖区 9个县
临沧市	临翔区 凤庆县 云 县 永德县 镇康县 双江拉祜族佤族布朗族傣族自治县 耿马傣族佤族自治县 沧源佤族自治县	1个市辖区 7个县
楚雄彝族自治州	楚雄市 双柏县 牟定县 南华县 姚安县 大姚县 永仁县 元谋县 武定县 禄丰县	1个市 9个县
红河哈尼族彝族自治州	蒙自市 个旧市 开远市 弥勒市 建水县 石屏县 泸西县 元阳县 红河县 绿春县 屏边苗族自治县 金平苗族瑶族自治县 河口瑶族自治县	4个市 9个县
文山壮族苗族自治州	文山市 砚山县 西畴县 麻栗坡县 马关县 丘北县 广南县 富宁县	1个市 7个县
西双版纳傣族自治州	景洪市 勐海县 勐腊县	1个市 2个县
大理白族自治州	大理市 祥云县 宾川县 弥渡县 永平县 云龙县 洱源县 剑川县 鹤庆县 漾濞彝族自治县 南涧彝族自治县 巍山彝族回族自治县	1个市 11个县
德宏傣族景颇族自治州	芒 市 瑞丽市 梁河县 盈江县 陇川县	2个市 3个县
怒江傈僳族自治州	泸水市 福贡县 贡山独龙族怒族自治县 兰坪白族普米族自治县	1个市 3个县
迪庆藏族自治州	香格里拉市 德钦县 维西傈僳族自治县	1个市 2个县
云南省	8个地级市，8个自治州，13个市辖区，12个县级市，75个县，29个自治县，共129县（市、区）级行政单位。	

边境口岸

云南省地处祖国西南边陲，与东南亚、南亚国家毗邻，具有独特的区位优势，是中国通往东南亚、南亚重要的桥头堡。全省陆地边境线长4 046千米，约占全国陆地边境线总长的18.7%，其中：中越段1 353千米，中老段710米，中缅段1 997千米。有8个边境州（市）的25个边境县（市）与缅甸、老挝、越南3个国家9个省（邦）32个县（市）接壤。

截至2014年末，云南省经国务院批准对外开放口岸16个。其中空运口岸3个，分别是：昆明空运口岸、西双版纳空运口岸、丽江空运口岸；铁路口岸1个，即河口陆运（铁路）口岸；公路口岸10个，分别是：瑞丽陆运（公路）口岸、畹町陆运（公路）口岸、孟定清水河陆运（公路）口岸、腾冲猴桥陆运（公路）口岸、打洛陆运（公路）口岸、磨憨陆运（公路）口岸、勐康陆运（公路）口岸、河口陆运（公路）口岸、天保陆运（公路）口岸、金水河陆运（公路）口岸；水运口岸2个，分别是：景洪水运（河港）口岸、思茅水运（河港）口岸。经云南省人民政府批准，开放口岸7个。分别是：田蓬公路口岸、孟连公路口岸、沧源公路口岸、南伞公路口岸 、章凤公路口岸、盈江公路口岸、片马公路口岸。

在全省 23 个口岸中，中越边境口岸 5 个（河口铁路、河口公路、天保公路、金水河公路、田蓬公路），中老边境口岸 2 个（磨憨公路、勐康公路），中缅边境口岸 11 个（瑞丽公路、畹町公路、孟定清水河公路、猴桥公路、打洛公路、孟连公路、沧源公路、南伞公路、章凤公路、盈江公路、片马公路）。云南省与邻国地方政府签署协议和云南省政府批复对双方边民开放通道 97 条（在中越 26 条、中老 7 条、中缅 64 条）。

猴桥口岸（江 云 摄）

瑞丽口岸（江 云 摄）

孟定口岸（许太琴 摄）

（栩 蓉 整理）

经济发展

综合经济实力

“十二五”期间，全省地区生产总值年均增长 9.4%，财政收入年均增长 7.1%，发展质量和效益不断提高。滚动实施“十、百、千”项目投资计划和“四个一百”重点项目，固定资产投资年均增长 20.2%，发展基础不断夯实。全面实施扩内需、促消费各项措施，城乡居民人均可支配收入年均分别增长 8.8% 和 10.7%，社会消费品零售总额年均增长 12.3%。

供给侧结构性改革

“十二五”期间，全省累计压减生铁产能 156 万吨、粗钢产能 426 万吨，取缔“地条钢”产能 600 万吨，退出煤炭产能 3 876 万吨，处置“僵尸企业”118 户。去库存成效明显，商品房库存控制在合理区间。降成本力度空前，累计为实体经济减负 1 700 亿元。补短板力度加大，一大批交通、教育卫生、生态环保等补短板重大项目建成投入使用。

企业转型升级

“十二 五”期间，全省实施创新驱动发展战略，研发投入年均增长 17.9%。规模以上工业增加值年均增长 8.7%、企业主营业务收入突破万亿元大关。建筑

临沧市茶文化风情园（王 新 摄）

西双版纳澜沧江民族风情旅游度假区 （王 新 摄）

业增加值年均增长 15.5%。现代金融、养生养老、大健康、旅游、文化等产业加快发展。第三产业增加值年均增长 9.9%。民营经济焕发新活力，非公经济增加值占地区生产总值比重提高到 47.2%。

产业转型升级进展

烟草制品业增加值同比增长 0.5%。油气管道建设取得重要进展，西电东送电量再创新高，电力行业增加值同比增长 19.6%。重拳整治各类旅游乱象。全面启动“一部手机游云南”建设。昆明经开区纳入国家第二批双创示范基地名单。新增 145 户高新技术企业、1 271 户科技型中小企业。

农业农村经济

“十二五”期间，全省粮食生产持续保持增产。特色产业稳健发展，优质特色农产品市场占有率稳步提高，农产品出口额稳居西部省区第一位，第一产业增加值年均增长 6.1%。农业新型经营主体蓬勃发展，年销售收入 10 亿元以上的农业“小巨人”25 户，全省农业龙头企业 3 784 户。品牌建设扎实推进，获得国家驰名商标农产品 21 个，有效认证“三品一标”农产品 2 049 个，斗南花卉、普洱茶、文山三七等一批区域性品牌初步形成。

昆明斗南花市 （许太琴 摄）

安宁螳螂川油菜花 （许太琴 摄）

昭通大寨樱桃丰收（陈忠平　摄）　无量山大棚种植三七（江　云　摄）　无量山生态茶园　（许太琴　摄）

大理草莓种植　（许太琴　摄）

沧源县扶贫项目易地搬迁　（许太琴　摄）

扶贫攻坚

“十二五”期间，全省累计投入省级以上财政专项扶贫资金 380.8 亿元。坚持精准扶贫精准脱贫基本方略，聚焦 4 个集中连片特困地区和深度贫困群体，建立健全责任落实、资金投入、考核评估等体制机制，实施易地搬迁、产业、教育、健康等精准扶贫措施，扎实开展迪庆藏区、怒江州等脱贫攻坚行动，“三位一体”大扶贫格局和“挂包帮”“转走访”工作机制日益完善，中央单位定点扶贫和沪滇、粤滇扶贫协作扎实推进。累计减少贫困人口 556 万人。

固定资产投资增长

固定资产投资增速连续 3 年保持全国前列。实施“十、百、千”项目投资计划、“四个一百”重点项目建设计划、重大前期项目投资计划，切实加快项目建设。全年争取中央预算内投资 225.34 亿元。投融资体制改革深入推进，企业投资主体地位进一步确立。民间投资同比增长 11%。

基础设施建设

“十二五”期间，全省累计完成以“五网”建设为重点的综合基础设施投资超过 8 800 亿元。新增铁路运营里程 1 166 千米。新增高速公路通车里程 2 079 千米，总里程突破 5 000 千米，实现所有建制村通硬化路。昆明长水国际机场旅客年吞吐量排名全国第 6 位，泸沽湖、沧源、澜沧机场建成通航。牛栏江—滇池补水工程通水，全省新增蓄水库容 12.2 亿立方米。电力装机突破 8 550 万千瓦，西电东送电量 1 382 亿千瓦时。国际通信枢纽和信息汇集中心建设提速，新增光缆线路 75.9 万千米。新型城镇化建设步伐加快，常住人口城镇化率进一步提高。建成地铁运营里程 88.7 千米。实施城镇保障性安居工程 104.5 万套、农村危房改造和抗震安居工程 189.3 万户。

昭通市渔洞水库　（陈忠平　摄）

景洪电厂　（王　新　摄）

牛栏江引水入滇工程形成的人工瀑布　（王　新　摄）

曲靖市麒麟区珠江源古镇 （王 新 摄）

水富县省级可持续发展实验区 （王 新 摄）

水富县张窝电站 （陈忠平 摄）

精准扶贫

2017 年，省级以上财政专项扶贫资金投入达117.8 亿元、同比增长 26%，整合 195 亿元涉农资金投入脱贫攻坚。全面完成 2016 年易地扶贫搬迁问题整改工作，2017 年搬迁任务集中安置点开工率达100%。实现转移就业 54 万人次，围绕 4 类重点对象实施危房改造 32 万户，生态扶贫使 57.9 万贫困人口直接受益，精准资助贫困户学生 89 万人，贫困人口全部参加基本医疗保险和大病保险。全年有望实现 115 万贫困人口脱贫。

绿色发展成效

狠抓中央环境保护督察反馈意见整改落实。完成生态保护红线划定方案。实现省级环境保护督察州（市）全覆盖。全面推行河（湖）长制。昆明、保山、玉溪、大理被列为第三批国家生态修复城市修补试点城市。森林覆盖率达到 59.3%。玉溪市、普洱市思茅区列入国家第三批低碳试点城市。万元地区生产总值二氧化碳排放下降完成年度任务。开展蓝天保卫、碧水青山、净土安居 3 个专项行动。全省主要河流国控省控监测断面水质优良率为 82.6%，环境空气质量平均优良率为 98.2%。

民生保障加强

2017 年，全省财政民生支出占地方一般公共预算支出比重达 72.2%。就业工作不断加强，新增城镇就业人数比 2016 年增加 4.2 万人，扶持创业 12.2 万人。保障体系持续完善，城镇和农村居民最低生活平均保障标准分别较 2016 年提高 12.3%、18.7%。基本建成20 万套城镇保障性住房。鲁甸地震灾后恢复重建基本完成。教育事业继续加强，投入 130 亿元资助各级各类学生 1 056 万人次，投入“全面改薄”项目资金303.32 亿元改善义务教育薄弱学校基本办学条件。公共卫生服务供给持续改善，所有公立医院全部取消药品加成，新增 9 所三甲医院，云南阜外心血管医院建成运行。文化体育事业加快发展，成功举办第十届云南省民族民间歌舞乐展演等系列活动，安宁市、腾冲市入选全国文明城市，改造 17 个县（市、区）、200个乡镇（街道）、380 个村（社区）体育场馆（所）。全省社会治安秩序良好，安全生产形势总体平稳，食品药品安全形势良好。

（栩 蓉 整理）

地形地貌

概述

云南省以山地和高原地貌为主，山地占全省面积的84%，高原占10%，山间盆地（中国西南地区称“坝子”）占6%。地势西北高，东南低，呈阶梯状逐级下降，最高点是滇西北与西藏交界处的梅里雪山主峰卡瓦博格峰，海拔6740米，最低点在滇东南河口县南部南溪河与红河交汇处，海拔76.4米，两地直线距离900余千米，高差6663.3米。云南以元江河谷和大理坝—玉龙雪山一线为界分为两大地貌区，东部为滇东高原区，西北为横断山纵谷区。

丽江玉龙雪山晨曦　（许太琴　摄）

山地

云南山地占全省总面积的84%。其中，低山丘陵（海拔在1000米以下）面积3万余平方千米，约占山地总面积的10%，低山丘陵多呈浑圆形，地势起伏和缓，谷地浅而开阔，气温高，降水丰富，植被覆盖良好。中山（海拔为1000～3500米）面积约25万平方千米，约占山地总面积的77%，多位于亚热带气候区内，水土流失比较严重。高山和极高山（海拔3500米以上）面积约5.8万平方千米，约占山地总面积的13%。山地多呈锯齿形，山高谷深，山地垂直带谱发育，动植物及水资源十分丰富。

坝子

云南省面积在1平方千米（包括1平方千米）以上的坝子约1445个，自然面积24157.68平方千米，坝子周围由山地环绕，两者相对高差一般都大于200米，大的可达2000余米。云南的坝子，历史上多有成湖阶段，多数有河流通过，主支流交汇于坝内，河网密布，水利条件好，土壤肥沃，是省内各种地貌类型中利用充分、开发得较早的一种地貌类型。

河口县老铁路桥　（王　新　摄）

滇东高原

滇东高原是云南省两大地貌区之一。位于元江河谷－大理坝－玉龙雪山一线以东，由高原和山原为主体构成。包括六个地貌区。一是滇西北中山山原区。金沙江与其主要支流之一雅砻江的分水岭，是滇西横断山纵谷向滇东高原的过渡景观带。内部起伏较和缓，平均海拔 2000 米左右，西部和南部地形起伏较大，相对高差 1500 米左右。二是滇东北中山山原区。以莲花峰山景观为基本骨架，平均海拔 1800 ～ 2500 米，最高峰药山，海拔 4040 米。在分水岭上，地势起伏和缓，分布有大面积的湿地草场和旱地。山原上分布着大小不等的断陷坝子、河谷平原和阶地。三是滇中湖盆喀斯特高原区。位于金沙江、元江和南盘江三江分水岭地带。地势北高南低，平均海拔 1900 ～ 2400 米，以完整高原面景观为主，其中镶嵌着一系列由南北向构造控制的断陷湖泊盆地和坝子，是云南省高原湖泊最为集中的地区，包括滇池、抚仙湖、阳宗海、星云湖、杞麓湖、异龙湖等。北部有一组由拱王山和轿子雪山组成的高大山地，最高峰为拱王山主峰，海拔 4247 米，这也是滇东高原的制高点。有轿子雪山、小江峡谷、东川红土地、九乡溶洞群以及众多的高原湖泊等。四是滇中红色（层）高原区。位于金沙江与元江的分水岭上，地势北高南低，平均海拔 2000 米左右，高原面比较平坦，广泛发育有中生代紫红色地层景观，主要山地有百草岭、鸡足山、三台山等，最高峰为百草岭主峰，海拔 3657 米，是云南省坝子最集中的地区之一。五是滇东喀斯特高原区。是中国西南喀斯特海拔最高的分布区。地势北高南低，平均海拔 1800 ～ 2500 米，地表起伏和缓，石灰岩广布，崎岖不平，广泛发育峰林、峰丛、石芽、溶洞、溶蚀洼地、漏斗、地下河等喀斯特景观。最高峰为乌蒙山西支主峰大牯牛寨山，海拔 4016 米。六是滇东南喀斯特溶蚀山原区。位于元江和南盘江的分水岭地带，地势西北高东南低，是滇东喀斯特高原区向两广（广西、广东）倾斜的喀斯特斜面过渡地带。区内石灰岩广布，峰林、峰丛、孤峰、石芽、漏斗、溶洞、溶蚀洼地、溶蚀盆地、地下河十分发育。

磅礴乌蒙（陈忠平　摄）

黑颈鹤（陈忠平　摄）

滇西横断山纵谷区

滇西横断山纵谷区是云南省两大地貌区之一。位于元江河谷－大理坝－玉龙雪山一线以西。主要由山地、峡谷、河流构成。包括横断山北段高山峡谷区（怒山高黎贡山高山峡谷景观亚区和云岭高山山原景观亚区）和南段中山峡谷区（滇西中低山宽谷盆地亚区、腾冲火山地貌亚区、滇西南中山宽谷盆地亚区、无量山中山山原亚区和哀牢山中山峡谷亚区）。横断山北段高山峡谷区由高大并行的山脉和深邃的江河，以及蚀余山原地貌构成。"三江并流"世界自然遗产就位于此。横断山北段地区由西到东分布着担当力卡山、独龙江、高黎贡山、怒江、怒山、澜沧江、云岭和金沙江等高大而狭窄的山脉和深邃峡谷。横断山南段属横断山余脉区，向南水系间距逐渐增大，具有帚状水系特征，将山地切割成梁状和箱状。山体高度降低，主要山脉有云岭余脉哀牢山和无量山，怒山余脉临沧大雪山、邦马山和老别山，高黎贡山的西部分支姊妹山和尖高山等。

高黎贡山 （许太琴 摄））

无量山 （程 雪 摄）

喀斯特地貌

云南的喀斯特类型齐全，各具特点。石林以高石芽（俗称石林）为魁；峰丛、峰林主要分布在文山壮族苗族自治州境内。洞穴发育的层次丰富，一般都有2～3层，最多可达5层。全省已知洞穴1000多个，主要集中在滇东、滇中和滇西南地区，多为溶洞，有少量火山溶洞及砂岩岩洞。

火山、丹霞、土林和彩色膏林地貌

云南的火山主要集中分布在腾冲，为中国西南最典型的第四纪火山。滇西大理、丽江广泛分布中新生带陆相碎屑岩地层，形成了不少造形奇特的丹霞地貌，较为典型的有丽江黎明、黎光一带和剑川石宝山的丹霞地貌。云南土林分布较为广泛，主要分布于元谋、陆良、永德、南涧、建水、元江等地。

梅里雪山远眺 （许太琴 摄）

昆明乃古石林　　（许太琴　摄）

文山八宝镇峰丛　　（王　新　摄）

峡谷

峡谷是由于新构造运动抬升，流水下蚀作用形成的谷底狭深、两壁陡峭的地质形态。根据峡谷的断面形态可分为三类：一是嶂谷。峡谷中最幽深的一种，两坡陡峭，谷底狭窄，宽从几米到几十米不等。二是V形谷。通称峡谷。由嶂谷发展而来，谷坡稍开阔，云南是世界上峡谷景观最为集中的区域。三是隘谷。俗称“一线天”。一线天有大有小，有长有短，大的接近嶂谷，小的犹如一道裂痕，如会泽地缝。峡谷多分布在河流的上游地区。具有岸壁陡峻、河道狭窄、纵坡比降大、河水湍急、滩险浪大、沉积物粗大、心滩和边滩景观不发育等特征。

云南现在的地貌形态是在第三纪以前的准平原被抬升破坏后形成的。在准平原被抬升过程中，河流沿着断裂侵蚀，同时受到岩性的一定影响，随着河床与侵蚀基准面的落差愈来愈大，河流下切愈加强烈，形成了世界著名的横断山“三江并流”高山峡谷景观区。此外，在滇东高原的蚀余高原面边缘地带、地形阶梯的陡坡转换地带、盆地的山前地带等区域，由于河流的强烈下蚀，形成了众多的峡谷景观。云南的峡谷相对高差巨大，最大的可达4000米左右。云南金沙江流域著名的峡谷有金沙江虎跳峡、奔子栏大转弯、维西其宗石门关峡谷、威信扎西两合岩峡谷、小江峡谷、牛栏江峡谷等；澜沧江流域著名的峡谷有梅里雪山大峡谷、营盘街峡谷、巴迪燕子峡谷、漾濞石门关峡谷等；怒江流域著名的峡谷有长达310千米的怒江大峡谷，峡谷内最有名的是青纳桶峡谷、双腊瓦底嶂谷，其支流河床多为峡谷形态，如老窝河峡谷等。另外还有元江的裴脚深谷、大盈江的虎跳石峡谷、独龙江峡谷等。

昭通大山包鸡公山大峡谷　　（许太琴　摄）

溶洞

溶洞属于地下喀斯地貌的一种类型。换言之，地下喀斯特主要包括溶洞、洞穴化学沉积物（石钟乳、石笋、石柱、石帘、石花、滴管、边石坝等）、地下河、地下瀑布等。

云南由于新构造活动强烈，具有间歇抬升的特点，故洞穴发育的层次丰富，一般都有 2 ~ 3 层，最多可达 5 层。云南省已知有洞穴 1000 多个，几乎遍布全省，但具有一定旅游价值的主要集中在滇东、滇中和滇西南地区。云南省知名度较高的溶洞主要有建水燕子洞、泸西阿庐古洞、宜良九乡溶洞等。其中，宜良九乡溶洞群面积约 140 平方千米。主要分布在南盘江一级支流麦田河及其支流两岸，河谷以优美壮观的侵蚀、溶蚀峡谷（局部为嶂谷）为主。在地壳间歇式抬升运动中，完成了多层溶洞的演化过程，造就其巨大、奇特的洞穴系统景观。已发现溶洞近百个，这在中国乃至全球已发现的溶洞中实属罕见，洞穴中石钟乳、石笋、石柱、鹅毛管、石花、卷曲石、边石坝（神田）、瀑布、暗河等喀斯特景观比比皆是。因此，宜良九乡溶洞群被誉为“洞穴博物馆”。

九乡溶洞　（许太琴　摄）

河流

云南省的河流分属于金沙江、澜沧江、红河、珠江、怒江、伊洛瓦底江六大水系。金沙江、珠江属国内河流，澜沧江、红河、怒江、伊洛瓦底江属国际河流。金沙江、澜沧江、红河、珠江注入太平洋，怒江、伊洛瓦底江注入印度洋。珠江、红河源于云南省境内，金沙江、澜沧江、怒江、伊洛瓦底江为过境河流。

澜沧江（云县境内）　（江　云　摄）

怒江　（许太琴　摄）

据《云南省志·水利志》，云南全省流域面积在100平方千米以上的1 ~ 5级支流298条。其中，流域面积1万平方千米以上的有6条，均为一级支流。云南的河流多属于山区雨季型河流，年径流补给来源仅滇西北高山地区有少量冰雪融水，大部分地区均为降雨补给。河流汛期大多集中在6 ~ 10月，径流量约占全年的80%以上。

金沙江（云南丽江石鼓境内）　（程　雪　摄）

湖泊

据不完全统计，云南全省湖水面积1140平方千米，集水面积9000多平方千米，分别占全省面积的0.29%和2,31%，蓄水总量近300亿立方米。

云南省湖泊的形成主要受地质构造因素的控制。按成因，分为断层陷落、构造岩溶、构造侵蚀3种类型。按成分，全部为淡水湖泊。按分布，分为滇东湖群、滇中湖群、滇南湖群、滇西北湖群。滇东湖群主要包括会泽的者海，路南的月湖、长湖等。滇中湖群主要包括昆明的滇池、澄江的抚仙湖、江川的星云湖、宜良的阳宗海、寻甸的清水海等。滇南湖群主要包括石屏的异龙湖、蒙自的南湖、丘北的普者黑等。滇西北湖群主要包括宁蒗的泸沽湖、永胜的程海、大理的洱海、洱源的茈碧湖、剑川的剑湖、鹤庆的草海、丽江的拉市海、香格里拉的纳帕海和碧塔海等。

抚仙湖　（江　云　摄）

属都湖　（许太琴　摄）

念湖鸟园　（李俊敏　摄）

茈碧湖　（秦　硕　摄）

泉水

俗称潭、池、塘、箐等。云南地质条件复杂，泉水分布广泛，遍及全省各地，据不完全统计，全省有冷泉600余处，温泉700余处，温泉占全国1 / 4强。有“泉水王国”“温泉之乡”之称。

云南泉水类型十分复杂。从形成机理上看，既有上升泉，又有下降泉，还有喀斯特泉、溢出泉、接触泉以及侵蚀泉、断层泉等。从泉水的性质上看，有普

洱源温泉　（许太琴　摄）

通泉（淡水泉）、矿泉，其中还有碱泉、毒泉和哑泉等。从泉水的温度上看，有低温泉（25 ~ 40℃，占 51%）、中温泉（40 ~ 60℃，占 33%）、高温泉（60 ~ 100℃，占 15%）、过热泉（＞100℃，占 1%）等。每年从温泉中流出热水约三亿六千多万立方米，仅次于西藏，位居全国第二，热量相当于燃烧一百多万吨标准煤。从泉水的水质上看，以重碳酸泉为主，其次为碳酸泉及硫酸泉，极少数温泉含有有害气体，一些怪泉在全国罕见。从分布上看，冷泉主要分布在高原边缘破碎地带、河谷地带、沟箐地带和湖泊盆地边缘，喀斯特地区分布尤其广泛；温泉主要分布大致以香格里拉

大理蝴蝶泉　（许太琴　摄）

腾冲热海　（秦　硕　摄）

昆明黑龙潭　（江　云　摄）

——下关——个旧一线为界分为东西两个区，即西部为滇西高温热水活动区，具有水温高但流量较小的特点，东部为中低温热水活动区，具有水温低而流量较大的特点。

云南丰富的地热资源，为开展以温泉、矿泉为中心的旅游度假提供了得天独厚的条件。目前，安宁天下第一汤、丽江黑龙潭、昆明黑龙潭、腾冲蛤蟆泉、大理蝴蝶泉、禄劝转龙缩泉已成为知名旅游景区，腾冲、安宁、弥勒、水富西部大峡谷、洱源等地的温泉热水已被开发利用。

瀑布

俗称叠水、跌水、标水、彪水、滴水等。瀑布景观由造瀑层（河谷中急坡地段）、瀑下深潭、潭前峡谷三部分组成，具有形、声、色三态变化。已知云南瀑布共有500余条，落差大于50米的有100余条，仅贡山怒江一个支流上就有10条以上，数量之多，高差之大，居全国前列。云南省内高差最大的瀑布为泸水市的滴水河瀑布，高差为400余米。云南瀑布众多与云南阶梯状地势和层状地貌发育有着密切关系。

云南的瀑布具有以下特点：一是云南山地高原所占比例较大，山高谷深，高原边缘切割强烈，瀑布景观分布广泛，堪称“瀑布王国”。一般单个瀑布落差大，但宽度不大，大多数瀑布的宽度在10米以内，罗平九龙河瀑布瀑幅最宽也只有112米。这是由于云南大地一直处于抬升过程中，河流下蚀力量强，而侧蚀力量较弱所致。二是瀑布景观分布广泛，但又相对集中，地区分布不均匀。由于受岩性构造等因素控制，从空间上看，瀑布多分布在滇西横断山区及北部、南部边缘地带；从地貌位置上看，主要集中在地形阶梯陡坡带、盆地和高原边缘强切割地带，山区河流干流上游和一、二级支流上。三是瀑布周边环境较好，往往与瀑布、峡谷、茂密森林形成丰富多彩的组合。

云南的瀑布主要有罗平九龙河瀑布群、罗平多依河瀑布群、大关黄连河瀑布群、石林大叠水、瑞丽扎朵瀑布、大姚双沟瀑布等。

广南县 三腊瀑布　（王　新　摄）

石林大叠水瀑布　（江　云　摄）

梅里雪山雨崩村瀑布　（王　新　摄）

金平县马鞍底乡西地北标水崖瀑布　（许太琴　摄）

（江　云　整理）

资源环境

世界自然遗产

截至 2013 年，全世界共有世界遗产 981 项，其中文化遗产 759 项，自然遗产 193 项，文化与自然双重遗产 29 项；中国有世界遗产 45 项，其中自然遗产 10 项，文化遗产 29 项，文化与自然双重遗产 4 项，文化景观 2 项，仅次于意大利成为世界第二大世界遗产国。云南省有三江并流、中国南方喀斯特片区之一石林喀斯特、澄江化石地 3 项世界自然遗产。

云南省于 2003 年开始申报世界遗产。2003 年，三江并流景观区因符合世界自然遗产的四项个提名标准（vii、viii、ix、x）而被列入《世界遗产名录》。2007 年，云南石林喀斯特、贵州荔波喀斯特和重庆武隆天坑地缝喀斯特因符合世界自然遗产的两项提名标准（vii、viii），作为中国南方喀斯特第一批提名地被列入《世界遗产名录》。2012 年，澄江化石地因符合世界自然遗产提名标准 viii 而被列入《世界遗产名录》，填补了中国化石类自然遗产的空白。其中石林喀斯特和澄江化石地分布在滇东高原，三江并流景观区分布在滇西横断山纵谷区。

三江并流世界自然遗产

2003 年被列入世界遗产名录。位于云南省青藏高原南部横断山系的纵谷地区，由怒江、澜沧江、金沙江及其流域内的山脉组成。整个区域面积 3.2 万平方千米，其中自然遗产地面积 1.78 万平方千米。1. 三江并流是全球奇异景观的集大成地。怒江、澜沧江和金沙江在云南省境内自北向南并行奔流 170 多千米，穿越担当力卡山、高黎贡山、怒山和云岭等崇山峻岭之间，形成世界上罕见的“江水并流而不交汇”的奇特自然地理景观。2. 三江并流景观具有壮观的自然美特征。三条大江并行深切的峡谷与两岸耸立雪峰形成巨大的高差，怒江、澜沧江和金沙江咆哮奔流构成谷底的银色风景线，梅里雪山、白马雪山和哈巴雪山等构成壮观的空中风景线。3. 三江并流自然景观具有重要的地球历史和地质特征。三江并流地处东亚、

怒江 （许太琴 摄）

澜沧江 （程 雪 摄）

南亚和青藏高原三大地理区域的交汇处，展示了 5000 万年印度板块与欧亚板块碰撞的地质历史、古特提斯海的闭合遗迹喜马拉雅山和西藏高原的隆起，这些曾是亚洲地表演变的主要地质事件。④三江并流区域是世界上生物物种最丰富的地区。这一地区处于东亚、东南亚和西藏高原的生物地理区的汇合处，是植物和动物运动的南北通道，是地球上生物多样性资源保护区中的最重要的残留区之一，也是大量的稀有和濒危动植物的最后残留的栖息地。三江并流是云南省自然景观和人文景观禀赋最优越的地区。

中国南方喀斯特世界自然遗产（云南）

2007 年被列入《世界遗产名录》。由云南石林、贵州荔波和重庆武隆联合申报。中国南方喀斯特由云南石林的剑状、柱状和塔状喀斯特，贵州荔波的锥状喀斯特（峰林），重庆武隆的以天生桥、地缝、天坑群等为代表的立体喀斯特，三地共同组成，形成于距今 50 万年至 3 亿年间，总面积达 1460 平方千米。自然遗产中的云南石林是中国南方喀斯特自然遗产最具代表性的景观。

石林景观位于昆明市石林县，距昆明城区 70 余千米。石林由形态丰富的高石芽成群分布而成，高石芽包括了剑状、柱状、塔状、蘑菇状、锥状、不规则状等形态，几乎囊括了所有剑状喀斯特石柱形态，具有典型的石芽状喀斯特地貌特征和较高的游览观赏价值，是世界闻名的自然奇观。石林是热带—亚热带喀斯特地貌的典型代表。石林经历了复杂的地质演化，其独特的塔状、剑状、蘑菇状、锥状喀斯特景观是地球喀斯特地貌的典型形态，是大陆热带—亚热带喀斯特发育演化重要痕迹，反映了正在进行的地貌演化地质作用，石林碳酸盐岩地层中丰富而特殊的化石是地球生命的重要记录。石林是自然景观与人文景观完美结合的典范，石林景观地处石林彝族自治县，阿诗玛的传说与石林景观相得益彰，石林景区与彝族风情相辅相成，赋予石林深厚的文化底蕴和神秘的吸引力。石林是云南最著名旅游区之一。

昆明石林高石芽成群分布 （江 云 摄）

昆明石林喀斯特著名景观——阿诗玛 （许太琴 摄）

澄江化石地世界自然遗产

2012 年 7 月被列入《世界遗产名录》。位于玉溪市澄江县东部帽天山，距澄江县城 5 千米。澄江化石地是迄今发现的分布最集中、保存最完整、种类最丰富的早寒武纪地球生命大爆发的化石遗迹景观，中国唯一化石类自然遗产地。

澄江化石地是地球生命演化史重要阶段的著名范例。地球上存在着三个重大生命演化历史事件：一是生命起源，二是寒武纪生命大爆发，三是二叠纪末期生物绝灭事件。澄江化石代表了寒武纪生命大爆发时期生动物迅速多样化的重要化石记录，是早期复杂海洋生物系统的化石例证。澄江化石地是重要的生命演化记录。澄江化石地是动物界各个门类多样性起源的直接证据，是迄今已知最完整的寒武纪早期海洋生物群落，化石类群繁多，其化石标本揭示了大量生物种类（包括无脊椎动物和脊椎动物）的硬体和软组织精美的解剖学细节特征。澄江化石对回答生命演化中的基本问题产生了重要影响，如后生动物身体基本构造的起源演化、形态演化革新的遗传学背景。澄江化石的特异埋藏方式赋予其一种罕见的美感，即澄江化石保存在黄色的泥岩内，化石本身主要以红色的氧化铁或黑色的碳质形式保存，以及特殊的生物个体形态在黄色的背景映衬下极具质感和美感。因此，澄江化石不仅具有重大科学价值，也具有特殊的美学景观价值。澄江化石地位于著名抚仙湖畔，在化石产地和澄江县城内已建成的两个博物馆和部分化石地层剖面景观，是澄江化石地景观展示和科普教育的重要基地。

（江　云　整理）

生态环境质量

全省完成生态保护红线划定方案。完成退耕还林还草 230 万亩。开展蓝天保卫、碧水青山、净土安居三个专项行动，环境空气质量平均优良率 98.2%。全面实施河长制，九大高原湖泊保护治理项目完成投资 63 亿元。全面开展全省土壤污染状况详查。推进省以下环保机构监测监察执法垂直管理制度改革，狠抓中央环境保护督察反馈问题的整改落实，实现省级环境保护督察州市全覆盖。西双版纳、石林成为第一批国家生态文明建设示范市县。

环境优美的环滇池廊道　（许太琴　摄）

昆明城市绿化带　（秦　硕　摄）

晋宁东大河湿地　（秦　硕　摄）

滇池入湖河道晋宁东大河湿地工程截污治理
（许太琴　摄）

自然保护区

云南是全球生物多样性最丰富的地区之一，云南省自然保护区集中保存了全省最为原始、完整的森林生态系统和最为丰富的生物多样性。

云南省1958年开始筹建第一个自然保护区——西双版纳自然保护区。1980年9月全国自然保护区区划工作会议后，省人民政府分别于1983、1984、1986年批复建立了30个自然保护区。20世纪80～90年代期间，相继制订了一系列地方性条例、办法和细则。主要有《云南省森林和野生动物类型自然保护区管理细则》《云南省自然保护区管理条例》《云南省珍稀动物保护名录》等。20世纪80年代以来，自然保护区事业蓬勃发展，数量和面积增长很快。截至2013年底，全省已建各种类型、不同级别的自然保护区162个，总面积281.4万公顷，占全省国土总面积的7.1%。位居全国自然保护区数量第6位，总面积第9位。其中，国家级21个，省级38个，州市级57个，县级46个。按类型分：森林生态系统类型110个，湿地生态系类型18个，野生动物类型15个，野生植物类型10个，地质遗迹7个，古生物遗迹2个。初步形成了类型齐全、布局合理、结构科学并发挥重要生态保护和生物多样性保护功能的自然保护区网络。西双版纳和高黎贡山两个国家级自然保护区被联合国教科文组织列入"人与生物圈保护区网络"，成为云南第一批联合国人与生物圈自然保护区。截至2016年，云南省已建立各种类型、不同级别的自然保护区161个，其中国家级21个、省级38个、州市级55个、区县级47个，总面积约286万公顷，占全省面积的7.3%，基本形成了布局合理、类型较为齐全的自然保护区网格体系。

碧塔海自然保护区开放区域的宣传标识 （许太琴 摄）

高黎贡山自然保护区 （许太琴 摄）

水富铜锣坝自然保护区 （陈忠平 摄）

碧罗雪山 （许太琴 摄）

普洱菜阳河省级自然保护区

位于普洱市思茅区东南部。建于 1981 年 11 月。总面积 14892 公顷。原为州级自然保护区，1986 年升为省级自然保护区。原名太阳河自然保护区，2001 年更名为菜阳河省级自然保护区。保护区森林植被共划分为 7 个植被型、9 个植被亚型、14 个群系。森林植被类型以季风常绿阔叶林为主，优势树种有短刺栲、截果石栎、华南石栎、红木荷等。其次有绒毛番龙眼、千果榄仁为标志的热带季雨林，以岔架树、滇楠为标志的山地雨林，以思茅松为优势的暖热性针叶林等森林类型。记录有维管束植物 209 科 883 属 2104 种，其中国家Ⅰ级保护植物有藤枣；国家Ⅱ级保护植物有苏铁蕨、中华桫椤、大叶黑桫椤、金毛狗等多种。兰科的多样性最大，共 70 属 240 种，分别占种子植物属、种总数的 8.62% 和 12.52%。记录陆栖脊椎动物 28 目 364 种，其中国家Ⅰ级保护动物有印度野牛、熊猴、蜂猴、巨蜥、黑颈长尾雉等多种；国家Ⅱ级保护动物有穿山甲、大灵猫、虎纹蛙、红瘰疣螈、凤头蜂鹰等多种。主要保护对象是热带雨林、季风常绿阔叶林生态系统及珍稀动植物。

临沧澜沧江省级自然保护区

位于临沧市境内。由 8 个片区组成，涉及临翔、凤庆、云县、双江、耿马 5 个县（区）。从 1992 年起，五县（区）各建立县级自然保护区，1999 年 6 月合并。2011 年 10 月保护区面积范围调整，总面积 89504 公顷。2012 年升为省级自然保护区。保护区森林植被类型共划分为 8 个植被型、14 个植被亚型、25 个群系。其中以红木荷、厚叶石栎为优势的季风常绿阔叶林，以高山栲、元江栲为标志的半湿润常绿阔叶林和以硬斗石栎为主的中山湿性常绿阔叶林为主要的森林类型。区内记录有种子植物 136 科 428 属 1051 种，其中国家Ⅰ级保护植物有云南红豆杉 1 种，国家Ⅱ级保护植物和省级保护植物有桫椤、金毛狗、水青树、滇山茶、峨眉含笑、合果木等 33 种。脊椎动物 39 目 123 科 742 种，其中国家Ⅰ级重点保护野生动物有西黑冠长臂猿、蜂猴、灰叶猴、绿孔雀、黑颈长尾雉、巨蜥等 12 种，国家Ⅱ级重点保护野生动物有黑熊、猕猴、穿山甲、白鹇、原鸡、冠斑犀鸟等 60 种。主要保护对象是中山湿性常绿阔叶林和季风常绿阔叶林生态系统及栖息其间的西黑冠长臂猿、长蕊木兰等珍稀动植物物种，野生古茶树群落。

长江上游珍稀、特有鱼类国家级自然保护区（云南段）

2005 年由国务院批准成立。以保护长江上游鱼类种群多样性和长江上游自然生态环境而建立的一类保护区。保护区范围涉及流经包括贵州、云南、四川和重庆四省、市在内的长江上游流域，在东经 104° 9′至 106° 3′，北纬 27° 29′至 29° 4′之间，总面积 33174.2 公顷，其中核心区 10803.5 公顷、缓冲区面积 15804.5 公顷、试验区 6566.1 公顷，主要保护对象为白鲟、达氏鲟、胭脂鱼等长江上游珍稀、特有鱼类及其产卵场和栖息地生态环境。保护区主要管护内容包括管护设施建设、渔民转产专业、珍稀特有鱼类增殖放流、保护区资源环境监测、社会经济调查、科学研究等。保护区云南段为赤水河上游河源段及金沙江（水富段），涉及云南镇雄、威信、水富三县，共 15 个乡镇，干流全长 74.24 千米，镇雄果珠鱼洞河到坡头白车村为核心区，长度 40.74 千米，面积 24.44 公顷；缓冲区分为五段：一碗水坪子至鱼洞、妥尼河（雨河－妥尼）、铜车河（胡家寨－中寨）、扎西河（斑鸠井－何家寨）、倒流河（老盘口－渡口）等全长 244.29 千米，面积 111.723 公顷；实验区，金沙江（水富段）向家坝坝轴线至横江出口上长 3.49 千米，面积 90 公顷。

湿地

指位于陆生和水生生态系统之间的过渡性地带。湿地是地球上一种重要的、独特的、多功能的生态系统，在全球生态平衡中扮演着极其重要的角色，有着“地球之肾”的美名。据 2014 年公布的云南省第二次湿地资源调查结果，云南湿地总面积 56.35 万公顷，占全省国土总面积的 1.47%，自然湿地总面积占全省国土

昆明滇池草海湿地　　（程　雪　摄）

总面积的1.02%。调查结果显示，全省湿地有4类14型（不包括水稻田），其中河流湿地24.18万公顷，湖泊湿地11.85万公顷，沼泽湿地3.22万公顷，人工湿地17.10万公顷。调查范围内发现湿地植被型12个，湿地植物群系189个。记录到湿地高等植物2274种，其中国家重点保护野生植物12种，云南特有植物116种。记录到湿地脊椎动物1006种，其中国家重点保护野生动物67种，云南特有种237种。云南被列为国际重要湿地的有4处，即碧塔海湿地、纳帕海湿地、拉市海湿地、大山包湿地。被列入国家重要湿地名录的有11处，即滇池湿地、抚仙湖湿地、异龙湖湿地、洱海湿地、拉市海湿地、泸沽湖湿地、碧塔海湿地、纳帕海湿地、大山包湿地、会泽黑颈鹤栖息区湿地、程海湿地。

截至2016年，云南省有国际重要湿地4处，沾益海峰等15处湿地被认定为省级重要湿地。申报建设国家湿地公园16个，保护范围达5.86万公顷；建立各种级别的湿地类型自然保护区16处。

迪庆纳帕海湿地　　（许太琴　摄）

永善县茂林乡湿地　　（陈忠平　摄）

属都湖湿地 （秦硕摄）

腾冲市北海湿地的夏天 （王新摄）

芒市孔雀湖 （王新摄）

异龙湖湿地

位于红河哈尼族自治州的石屏县境内。地理位置为东经102° 28′ ~ 102° 38′，北纬23° 38′ ~ 23° 42′。湖面平均面积为34平方千米。属珠江水系。高原淡水湖泊。2000年9月被列为国家重要湿地，在《中国湿地保护行动计划》上公布。区内分布有藻类植物7门34科173种和变种。鱼类24种，其中土著鱼类16种。湿地鸟类计有9目10科39种。哺乳动物22种，其中水獭、小爪水獭、大灵猫、小灵猫为国家Ⅱ级重点保护野生动物。1994年，红河州第七届人民代表大会批准了《云南省红河哈尼族自治州异龙湖管理条例》（2007年修订），成立异龙湖管理局，对异龙湖湿地进行保护。

程海湿地

位于丽江地区永胜县境内。地理位置为东经100° 38′ ~ 100° 41′，北纬26° 27′ ~ 26° 38′。湖面平均面积为76.9平方千米。属长江水系。高原淡水湖泊。2000年9月，被列为国家重要湿地，在《中国湿地保护行动计划》上公布。区内分布有种子植物13科13属14种，其中湿生植物9种；无脊椎动物2门4纲6目10科18种；鱼类7科20属20种，其中土著鱼类16种；两栖类2目8科10种；爬行类2目2科8种；鸟类8目8科29种；哺乳类14种，其中水獭、小灵猫为国家Ⅱ级重点保护野生动物。已建立永胜县程海管理局，对程海湿地实施保护与管理。

湿地公园

兼有湿地保护与利用、湿地研究等社会公益性作用，以湿地的科普宣教、湿地功能利用、弘扬湿地文化等为主题，可供人们旅游观光、休闲娱乐的生态型主题园林。中国国家湿地公园是指经国家湿地主管部门批准建立，在完成试点建设并验收合格后的湿地。截至 2013 年底，云南省已建成红河哈尼梯田国家湿地公园、洱源西湖国家湿地公园、普者黑喀斯特国家湿地公园、普洱五湖国家湿地公园、盈江国家湿地公园、鹤庆东草海国家湿地公园、蒙自长桥海国家湿地公园（试点）等湿地公园，总面积约 1.98 万公顷。

昆明捞鱼河湿地公园　（程　雪　摄）

昆明捞鱼河湿地公园　（许太琴　摄）

昆明捞鱼河湿地公园　（程　雪　摄）

昆明捞鱼河湿地公园　（秦　硕　摄）

红河哈尼梯田国家湿地公园

位于红河哈尼族彝族自治州境内的元阳、红河、金平、绿春等4县，共有8个片区。地理位置为东经102° 20′ 44″ ~ 103° 14′ 50″，北纬22° 47′ 59″ ~ 23° 17′ 49″。最高海拔2186.8米，最低海拔633.6米。2007年11月15日，被国家林业局批准为国家湿地公园试点，是云南省首个国家湿地公园，总面积13011.57公顷，占红河哈尼梯田总面积的23.8%。2010年被联合国粮农组织批准为全球重要农业文化遗产。2013年6月，列入世界文化遗产名录。区内分布有植物（苔藓、蕨类、被子植物）59科322种，动物（含鱼类）65科228种，其中国家Ⅰ级重点保护植物1种，国家Ⅱ级重点保护植物32种；国家Ⅰ级重点保护动物4种，国家Ⅱ级重点保护动物14种。红河哈尼梯田湿地具有重要的保护价值和历史价值。哈尼梯田是以哈尼族为主的红河州各族人民历经1300多年，顺应自然开垦而成的山间田地，是人工湿地和世界农耕文明的典范，既为哈尼族生存、繁衍、发展提供了保障，又具有独特的传承价值、文化价值和生态价值。“江河、森林、村寨、梯田”四度同构的梯田农耕模式是哈尼族千百年来为生存而创造的人间奇观。2007年先后成立了红河州林业局湿地保护管理办公室、红河州哈尼梯田管理局。2001年10月9日，《红河哈尼族彝族自治州红河哈尼梯田管理暂行办法》公布施行，2012年5月31日，由云南省第十一届人民代表大会常务委员会第三十一次会议通过《云南省红河哈尼族彝族自治州哈尼梯田保护管理条例》自2012年7月1日起施行。

红河哈尼梯田国家湿地公园（许太琴 摄）

红河哈尼梯田国家湿地公园（许太琴 摄）

白鹭　（李俊敏　摄）

白马雪山就地保护的滇金丝猴　（李　森　摄）

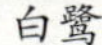

生物物种资源

据《云南省生物物种名录（2016版）》，云南有25434个物种。其中，大型真菌2729种，占全国的56.9%；地衣1067种，占全国的60.4%；高等植物19365种，占全国的50.2%，包括苔藓1906种，蕨类1363种，裸子植物127种，被子植物15969种；脊椎动物2273种，占全国的52.1%，包括鱼类617种，两栖类189种，爬行类209种，鸟类945种，哺乳类313种。

云南省有国家重点保护野生植物153种，约占全国的41.6%。其中大型真菌2种，蕨类25种，裸子植物40种被子植物86种；其中国家一级重点保护野生植物45种，包括蕨类3种、裸子植物28种、被子植物14种；国家二级重点保护野生植物108种，包括大型真菌2种、蕨类22种、裸子植物12种、被子植物72种。有国家重点保护野生脊椎动物242种，约占全国的57.1%。其中，国家Ⅰ级重点保护野生动物60种，包括鱼类两种、爬行类3种、鸟类26种、哺乳类29种；国家Ⅱ级重点保护野生动物182种，包括鱼类4种、两栖类4种、爬行类5种、鸟类145种、哺乳类24种。

昆明植物园种植的拟单性木兰　（许太琴　摄）

西双版纳南药园种植的箭毒木（见血封喉）（许太琴　摄）

西双版纳南药园种植的龙血树　（许太琴　摄）

西双版纳热带植物园种植的王莲　（许太琴　摄）

生物物种红色名录

《云南省生物物种红色名录（2017 版）》（2017 年 5 月 22 日，云南省环境保护厅会同中科院昆明植物研究所和昆明动物研究所联合发布），主要依据国际公认的世界自然保护联盟（IUCN）制定的《物种红色名录等级和标准（2001 年 3.1 版）》《物种红色名录等级和标准使用指南（2010 年 8.1 版）》和《物种红色名录标准在地区和国家的应用指南（2012 年 4.0 版）》的方法和标准，确定 11 个等级（绝灭、野外绝灭、地区绝灭、极危、濒危、易危、近危、无危、数据缺乏、不宜评估、不予评估）对生物物种进行绝灭风险评估，并参考《中国生物多样性红色名录——高等植物卷》《中国生物多样性红色名录——脊椎动物卷》，本着客观全面、科学审慎、循序渐进的原则，以《云南省生物物种名录（2016 版）》（以下简称《物种名录》）收录的 25434 个物种为评估对象，另外增加了《物种名录》发布以来发表的具有明确评估等级的新物种或新记录物 17 个，总计评估了 11 个类群的 25451 个物种。其中，大型真菌 2759 种、地衣 1067 种、高等植物 19333 种（苔藓植物 1912 种、蕨类植物 1363 种、裸子植物 115 种、被子植物 15943 种）、脊椎动物 2285 种（鱼类 619 种、两栖类 190 种、爬行类 211 种、鸟类 949 种、哺乳类 316 种），另外鱼类有 7 个亚种按评估标准列为“不予评估”。评估结果为：①绝灭物种 8 种：小叶椽吾、干生铃子香、小叶澜沧豆腐柴、单花百合、云南刺果藓、大鳞白鱼、异龙鲤、滇池蝾螈，占评估物种总数的 0.03% 多。②野外绝灭物种 2 种：三七、杜仲，占不到评估物种总数的 0.01%。③地区绝灭物种 8 种：心叶猴耳环、闭壳柯、白背兀鹫、黑兀鹫、蓝冠噪鹛、斑嘴鹈鹕、双角犀、爪哇犀，占评估物种总数的 0.03% 多。④极危物种 381 种：巧家五针松、水松、贡山三尖杉、滇南苏铁、爪哇野牛、豚鹿、虎、林麝、金钱豹、西黑冠长臂猿、双角犀鸟、绿孔雀、赤颈鹤、蟒、凹甲陆龟、斑鳖等，占不到评估物种总数的 1.50%。⑤濒危物种 847 种：红豆杉、多歧苏铁、高黎贡羚牛、马来熊、滇金丝猴、眼镜王蛇等，占不到评估物种总数的 3.33%。⑥易危物种 1397 种：岩羊、小熊猫、黑熊、灰孔雀雉、黑颈鹤、冬虫夏草、松茸等，约占评估物种总数的 5.49%。⑦近危物种 2441 种：赤麂、果子狸、白腹锦鸡等，约占评估物种总数的 9.59%。⑧无危物种 16356 种，约占评估物种总数 64.26%。⑨数据缺乏物种 2991 种，约占评估物种总数的 11.75%。⑩不宜评估物种 1013 种，约占评估物种总数的 3.98%。不予评估物种 7 种，占不到评估物种总数的 0.03%。

昆明圆通动物园人工饲养的绿孔雀　（江　云　摄）

巧家五针松　（陈忠平　摄）

昭通大山包黑颈鹤　（陈忠平　摄）

森林资源

2016年，云南省森林面积2273.56万公顷，森林覆盖率59.3%；云南省森林蓄积18.95亿立方米，活立木蓄积19.13亿立方米。与第三次森林资源二类调查结果相比，云南省森林面积增加117万公顷，森林覆盖率从56.24%提高到59.3%，提高了3.06%；森林蓄积由16.02亿立方米增加到18.95亿立方米，增加18.29%；活立木蓄积由16.12亿立方米增加到19.13亿立方米，增加18.67%。林分每公顷蓄积由84.5立方米增加到94.8立方米，增加12.19%。

昆明环滇池人工林　（江　云　摄）

香格里拉天然林　（江　云　摄）

香格里拉天然林　（江　云　摄）

水资源

云南全省水资源总量为2222亿立方米。其中，地下水资源量为738.3亿立方米。当地产水量平均每平方千米58万立方米，亩均水量5290立方米，人均水量6712立方米（1985年）。云南省水资源总量仅次于西藏、四川，居全国第三位。

据《云南省志·水利志》，云南全省水能资源理论蕴藏量为10367.2万千瓦，可发电量9081.6亿度，占全国总蕴藏量的15.3%，可能开发的水能资源装机容量为116.79万千瓦，年发电量3944.53亿度，占全国可能开发量的20.5%。

云南全省河流水量丰富，落差大而集中。除红河流域以外，金沙江、珠江、澜沧江、怒江、伊洛瓦底江水系的干流天然落差都在1000米以上，仅次于西藏、四川两省区。干流上基本无较大的河谷盆地，因此，对干流天然落差的利用基本不受淹没条件限制。除南盘江以外，其他干流天然落差利用率在84.4%以上。支流天然落差利用率在9.5 ~ 75%之间。

云南省各流域水能资源表

流域名称	水能理论蕴藏量（万千瓦）	可开发装机容量（万千瓦）
金沙江	4028.25	3543.53
珠江	424.65	187.02
红河	980.00	357.51
澜沧江	2550.09	1968.60
怒江	1974.01	1030.63
伊洛瓦底江	410.20	29.30
全省	10367.20	7116.79

抚仙湖　（程　雪　摄）

石林大叠水　（江　云　摄）

土地资源

云南全省土地总面积38.32平方千米，折合57481.50万亩。居全国第八位。山地、高原约占全省总面积的94%，山间盆地约为2.4万平方千米，占全省总面积的6%。云南全省土地类型可划分为北热带、南亚热带、中亚热带、北亚热带、南温带、中温带、北温带等7个类型。以地面坡度为依据，可划分为8度以下、8～15度、15～25度、25～35度35度以上等5个量级。

据《云南省志·土地志》，云南省北热带土地类型面积占1.23%、南亚热带土地类型面积占19.29%、中亚热带土地类型面积占16.69%、北亚热带土地类型面积占20.81%、南温带土地类型面积占16.36%、中温带土地类型面积占16.39%、北温带土地类型面积占8.50%、主要水面等占0.73%。

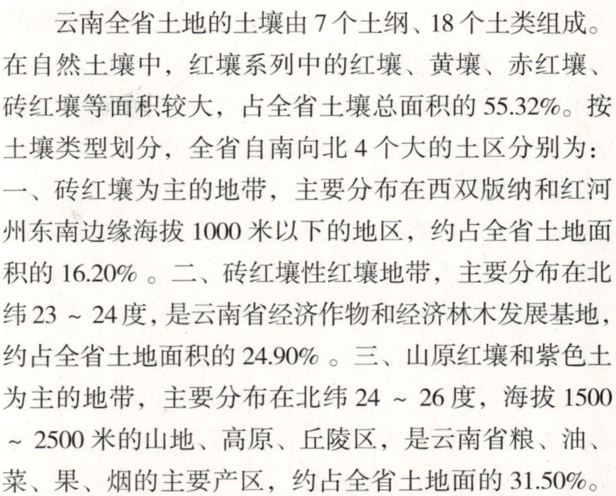

云南全省土地的土壤由7个土纲、18个土类组成。在自然土壤中，红壤系列中的红壤、黄壤、赤红壤、砖红壤等面积较大，占全省土壤总面积的55.32%。按土壤类型划分，全省自南向北4个大的土区分别为：一、砖红壤为主的地带，主要分布在西双版纳和红河州东南边缘海拔1000米以下的地区，约占全省土地面积的16.20%。二、砖红壤性红壤地带，主要分布在北纬23～24度，是云南省经济作物和经济林木发展基地，约占全省土地面积的24.90%。三、山原红壤和紫色土为主的地带，主要分布在北纬24～26度，海拔1500～2500米的山地、高原、丘陵区，是云南省粮、油、菜、果、烟的主要产区，约占全省土地面的31.50%。四、棕壤为主的地带，主要分布在北纬26度以北，海拔2000米以上的土区，约占全省土地面的22.80%。

罗平坡地　（许太琴　摄）

元阳哈尼梯田　（许太琴　摄）

香格里拉草地　（许太琴　摄）

景观资源

云南省的景观资源具有多样性特点。景观多样性是指不同类型的景观在空间结构、功能机制和时间动态方面的多样化和变异性。景观要素可分为斑块、廊道和基质。斑块是景观尺度上最小的均质单元，它的大小、数量、形态和起源等对景观多样性有重要意义；廊道成线状或带状，是联系斑块的纽带，不同景观有不同类型的廊道；基质是景观中面积较大，连续性高的部分，往往形成景观的背景。云南的景观多样性主要由云南复杂、独特的自然地理环境和极其多样化的地貌类型和生态系统所决定。从生物多样性保护与研究角度看，景观多样性主要是指生物地理景观的多样性。云南景观多样性包括 7 种类型。

一是横断山系高原面以上的高耸山地温性－寒温性生物地理景观。主要有滇西北的梅里雪山（海拔 6740 米）、玉龙雪山（海拔 5596 米），白马雪山（海拔 5429 米）、哈巴雪山（海拔 5396 米）、山体高出附近的高原面达 2500 ~ 3000 米，成为云南第一梯雄伟险峻的极高山景观。

二是高原面亚热带生物地理景观。通过构造抬升的古夷平面，分为丘陵状高原面和分割高原面两种形态，占据云南大部分地区。

三是剥蚀面河谷阶地、盆地边缘台地及低山缓丘热带亚热带生物地理景观。分布在古夷平面以下，在河谷两侧及盆地周围最为常见。通常在下切河谷和盆地周围形成多级剥蚀阶地、台地与低山缓丘。

四是河谷热带、亚热带生物地景观。云南河流水系发达，河流强烈的下切作用形成了纵横交错、宽窄与深浅不一的多样化河谷地貌景观。

五是盆地热带亚热带农业生物地理景观。云南盆地众多，全省面积大于 1 平方千米的盆地有 1442 个，大多为小型的山间盆地。面积大于 1001 平方千米的盆地有 49 个，以滇池坝和陆良坝最大，面积均超过 7001 平方千米。形成盆地的主导成因包括构造、剥蚀和岩溶三类。

六是水系河川生物地理景观。云南河流众多，径流十分丰富。在云南境内的河流分属六大水系，包括南盘江、红河、金沙江、澜沧江、怒江和独龙江。六大水系干流在云南境内长约 5000 千米，全省多年平均河川径流总量达 2009.16 亿立方米。六大水系总体上呈西北向南、南东和南西三个方向帚状散开。此外，还有河流的多层次发育与巨大的落差以及岩溶地下暗河发育等特点。

七是高原湖泊湿地生物地理景观。云南面积大于 1 平方千米的湖泊有 27 个，湖泊总面积 1164 平方千米，总蓄水量 290 亿立方米。主要特点是分布海拔高，以金沙江与红河、南盘江水系的分水岭高原部分湖泊最为发达。湖泊湖盆的形成大都受断裂构造的控制。在岩溶区还有许多小型溶蚀湖分布，在滇西北横断山有不少冰蚀湖分布。

景观资源是云南绿色发展的重要支撑，保护、研究和有序开发景观资源，对于云南社会经济的可持续发展具有重要意义。

工作人员为黑颈鹤投食　（陈忠平　摄）

高黎贡山石月亮　（许太琴　摄）

昆明石林花海　（许太琴　摄）

昆明黑龙潭公园龙泉观　（程　雪　摄）

独龙江国家公园　（许太琴　摄）

中甸松赞林寺　（许太琴　摄）

气象气候资源

云南省特殊的地理位置，古老复杂的地质演化历史，得天独厚的地理环境，使得气象因素和气候特征复杂多样，形成了不同类型的气象气候资源。云南特殊的地形条件，对北来冷空气形成一个天然屏障。地势北高南低，由西北向东南倾斜。在西部，云岭、怒山和高黎贡山为云南的三大主要山脉，海拔一般在3000 ~ 6000米之间。在东部，大凉山在北部，乌蒙山在东北，高度都在2500米以上。这种地形特点，使得云南受冷空气侵袭的概率较小，故而冬季较温暖，夏季无酷暑，四季比较温和。另外，较大的海拔落差，形成了“一山有四季，十里不同天”的景象。千变万化的各种气象与山水景象有机结合，形成了诸如在高山地区的鸡足山金顶、轿子雪山山顶常能观看到佛光，在高原湖泊上常见“彩云南现”，在山区常有变化莫测的云雾以及玉带云、望夫云等等生动的景象。按最冷月气温5℃，最热月气温22℃及其雨日等要素，可以把云南分为三个旅游气象气候区。

鸡公山峡谷佛光　（陈忠平 摄）

一是滇北旅游气候区。包括滇西北、滇东北两片。以香格里拉为代表，年平均气温5.4℃，最热月平均气温为13.3℃，最冷月平均气温 -3.8℃。大于等于5毫米的雨日，全年38.1天，雨季各月不超过10天，年雨量612.4毫米。气候温凉，春夏秋三季皆适宜旅游，以春末夏初为最佳。春季杜鹃花盛开，繁花似锦；夏日晴天，看三江并流峡谷以及垂直地带性植被、现代冰川，滇金丝猴等珍贵动、植物。

二是滇中旅游气候区。包括昆明、曲靖、玉溪、大理、宝山、临沧和文山的一部分地区。以昆明为代表，年平均气温14.7℃，最热月平均气温19.8℃，最冷月平均气温7.7℃。大于等于5毫米的雨日，全年50.7天，年降水量1000毫米左右。全年适宜旅游，以冬夏为佳。“天气常如二三月，花枝不断四时春”的昆明，已建成国际旅游城市。

三是滇南旅游气候区。包括西双版纳、普洱以及德宏、红河、文山的一部分地区。以景洪为代表，年平均气温21.9℃，最热月平均气温25.6℃，最冷月平均气温15.7℃。大于等于5毫米的雨日，全年61.6天，年降水量1193.9毫米。气候温热，冬春秋季适宜旅游，以冬夏为佳。热带雨林、季雨林风光及林中奇花异卉、珍禽异兽是该区域的特色。

（栩　榕　整理）

绿色发展

云南农业资讯

高原农产品畅销海外

全省各相关部门及出口企业以提升出口农产品品质为重点，为农产品顺利出口打牢基础。与此同时，各地以出口食品农产品质量安全示范区建设为主要突破口，建立健全质量安全标准化、质量安全追溯、企业质量安全及诚信等体系，发挥示范区在技术、品牌、质量、服务等方面的示范引领和辐射作用，示范区不断增点、连线、扩面、提档升级。

2016年，大理出入境检验检疫局受理出口番茄制品报检118批次、2516吨、货值3 753.39万美元，与2015年相比分别增长13.46%、57.77%和151.26%。出口国家在英国的基础上增加美国、日本、意大利、泰国等国家。以云南龙云大有实业有限公司等企业为代表，大理白族自治州番茄制品出口增长明显。2017年1~2月，大理出口番茄制品14批次、301吨、416.89万美元，同比分别增长75%、99.34%、159.63%。番茄酱等番茄制品符合欧美等地区的饮食习惯，但进口国对产品质量普遍都有很高要求。为此，大理州各相关部门指导企业抓好出口番茄种植备案基地建设和管理，有效运行食品生产安全卫生控制体系，将源头管理和事中事后监管全覆盖，不断提升企业自检自控能力。云南龙云大有实业有限公司出口除对种植、生产过程进行规范管理外，企业在加工细节上也下了功夫。如，主要供应欧洲市场的番茄酱采取慢烤工艺，可浓缩60%~70%的水分；主要供应美国市场的番茄酱根据客户需求，加入牛肝菌粉，味道更好，营养价值更高。由于有了更精细的加工工序，产品附加值提升较多，广受国外市场欢迎。

2016年9月，国家质检总局发布2016年第90号公告，建水县国家级出口食品农产品质量安全示范区获批。2017年1月，蒙自市召开创建国家级出口农产品质量安全示范区动员会。通过国家级出口农产品质量安全示范区建设，蒙自市将全方位加强对出口农产品质量的全过程监管，促进农产品出口和农民增收，推动红河哈尼族彝族自治州农业整体开放转型发展。

农产品的质量竞争力全面提高，出口量值稳步攀升。在中欧班列等新兴国际运输方式的促进下，特色优势农产品出口势头更加迅猛。为此，海关、检验检疫等部门加大服务力度，优化流程，推行分类管理、绿色通道、无纸化通关、区域通关一体化等便利措施，实现高效快捷通关，有效降低企业仓储、物流和人工等运行成本。

为了使云南农产品在国际竞争中站稳脚跟，各相关部门还发挥职能优势，为企业开展“一对一”服务，梳理企业涉及产业的发展状况、出口贸易总体趋势等信息，主动适应国际市场需求变化，不断开发新产品，延伸产业链，国际市场越拓越宽。

（《云南日报》记者 李秋明）

第十三届昆明农博会

2017年11月9~13日，第十三届中国昆明国际农业博览会召开。

本届农博会入馆人流量达35.90万人次，现金交易达3 000万元。其中，现场洽谈签订购销合同416个，合同金额1.26亿元；现场洽谈意向性合作协议852个，协议金额5.52亿元；签订招商签约项目36个，协议金额248.05亿元。此次签约项目包括种植、养殖、智慧农业建设、中药材一体化建设、特色小镇建设等项目。

本届农博会组织参展优质农产品推荐、评选活动。参与评审的农产品来自16个州市共117项产品。经组委会专家评审，授予金奖产品23项、银奖产品27项、优质奖62项。农博会优质农产品评选活动进一步提高名特优农产品知名度，扩大优质农产品影响力，拓展优质农产品产销市场。

本届农博会开创多项“第一”。在全国首开先河，以单一产品举办“2017云南·昆明核桃博览会”，不仅得到各州市全力支持参与，还得到国家林业局有关领导、海内外知名专家学者和业界代表的积极支持。参展产品还贴上“2017云南·昆明博览会”的专用标签，保证参展产品的品质，树立“云南核桃”的市场口碑和品牌。所有商家和产品都有二维码，参观采购商或市民扫码就可以了解产品和企业基本情况，也可以通过手机等方式购买。

本次展会上还首次举办昆明市脱贫攻坚成果展。采取图片展示、文字说明与动态视频介绍相结合的方式，直观、通俗、生动地宣传脱贫攻坚政策，展示党的十八大以来昆明的脱贫成果。同时，组织各县区几十种脱贫特色农产品展览，如琼坊蜂蜜、南蛮子牛干巴、稻花鱼米、雪山燕麦面条、撒坝火腿等参与成果展示，促进贫困地区特色农产品与市场紧密对接，助推脱贫攻坚取得新突破。在7号馆设置大健康展区，集中展示昆明健康之城形象，积极推进大健康产业发展。

本届农博会举办"世界春城花都——花卉论坛"活动，全力以赴打造昆明农业新名片。论坛期间，40余家花卉企业参加，纷纷就"中国鲜切花的定位与格局""夯实'世界春城花都'产业基石，构建云花未来核心竞争力""鲜花消费升级对'云花'带来的影响"等话题展开研讨。

同时，为推动云南核桃产业发展，促进云南核桃产品、核桃企业"走出去"，会议期间举办的"云南核桃产业发展高峰论坛"特邀国内外有关核桃种植、食品营养、核桃加工、核桃营销专家学者及行政管理人员，围绕云南核桃产业的发展开展研讨。

会议期间举办的"智慧农业高峰论坛"，以"智慧农业助推昆明农业供给侧结构性改革"为主题，与会专家和业界代表就大力发展智慧农业，促进昆明农业与信息技术深度融合，加快推进农业现代化，推动昆明农业供给侧结构性改革等建言献策，贡献智慧。

此外，电商扶贫暨高原特色农产品对接会，有效搭建农产品与电商企业、大型超市及专业买家的合作平台，促进农商结合，扩大销售，助力脱贫攻坚。

（云南网记者 赵岗）

泸西高原特色现代农业示范区建设

泸西县以创建高原特色农业知名品牌示范区为抓手，通过实施土地经营权流转，扶持培育龙威、明康汇、香港兴仔记等一批重点龙头企业进驻，带动当地老百姓致富增收。为保障农产品质量安全，泸西县严把质量关、安全关和运输关。从产地环境管理、农业投入监管、生产过程管控、包装标识、准入准出等方面做出明确规定，建立健全进货查验、质量追溯和召回等制度，实现农产品从生产到市场的全链条质量跟踪。鼓励农产品生产企业和农业产业化龙头企业建立安全信用档案，积极推进农产品包装标识制度。

泸西全力推进高原特色现代农业示范区建设，按照"发展高原特色水果、推动农业观光旅游，建设新型都市农业、做靓花园城市客厅，挖掘自然资源优势、加速特色产业发展"的目标定位，全力打造18.10万亩高原特色农业示范基地。截至2017年3月，示范区已累计投入建设资金18.52亿元，果蔬实现产值11.12亿元，培育农业产业化龙头企业25家、农民专业合作组织30家、种养大户150户、生态农庄10家，带动就业1.60万余人。加大水利、道路、高标准农田及电力基础设施建设，实施一系列河道、小坝塘治理及水库、高效节水灌溉等工程，建成各类干道133.50千米，完成中低产田地改造5.47万亩，实现示范区电力输送全覆盖。

加大招商引资力度，成功引进深圳果菜公司、乡土公司、绿源公司和红河邦达实业公司建设滇东农产品物流交易中心和5万亩标准化商品蔬菜基地，引进广州宏升蔬菜经营部、香港兴仔记公司投资建设无公害蔬菜种植及加工项目，引进明康汇生态农业集团到泸西县建设1万亩蔬菜种植基地。

（《云南日报》记者 段晓瑞 通讯员 朱灵 曾波）

云南农垦现代物流园项目开建

2017年6月23日，云南省现代物流产业发展"十三五"规划重点物流园区——云南农垦集团高原特色农副产品现代物流园，在昆明市经开区王家营开工建设。

该物流园占地240.48亩，项目总投资7.50亿元，是以云南农垦集团为运营主体，集物流综合服务为一体的现代化、多功能农副产品流通商贸物流园区。项目总建筑面积23.76万平方米，其中多层仓库达20.66万平方米，不仅具有强大的仓储功能，更能充分利用铁路公路服务西南、面向东部、辐射全国、开拓东南亚，在实现降低农产品物流成本的同时，提升农产品竞争力，为高原特色现代农产品"走出去"创造更加便利的条件。

项目建成后，不仅能满足云南农垦集团天然橡胶、高原特色农产品、粮油等大宗产品的物流需求，还能集成仓储、运输、加工、贸易、金融、信息、综合服务等功能，并通过云南农垦集团高原特色农副产品现代物流园的建设和产业链培育，形成农垦现代物流产业体系和服务网络的新格局。

（《云南日报》记者 王淑娟）

云南省获食盐生态原产地保护证书

2017年6月29日，在北京召开的第八届"一带一路"生态农业与食品安全论坛上，云南"白象牌"的3个产品——高原深井盐系列产品、大理高原深井盐系列产品、普洱高原深井盐系列产品获得国家质检总局为省盐业公司颁发的生态原产地保护证书，成为全国盐行业第一个获得生态原产地保护证书的产品，上述产品也是目前全国唯一获得生态原产地保护证书的食盐产品。

率先获得生态原产地保护证书，是云南省盐业贯彻落实国家盐改政策，实施“三品”（强化品牌、提升品质、增加品种）战略取得的新突破，有力助推云南盐业走出去谋发展。同时，生态原产地保护证书也是云南盐业为消费者提供健康产品的承诺和根本保证。

生态原产地产品是指在形成全过程中符合绿色环保、低碳节能、资源节约要求并具有原产地特征和特性的良好生态型产品。生态原产地产品保护工作是近年来国家质检总局贯彻落实党中央“五位一体”总体布局，以国家公信力为担保推出的一项全新的产品保护制度，是中国生态文明建设的一项重要举措。获得保护的产品可加贴“PEOP”标志，具有可追溯性，产品的生态特性能够满足消费者对于食品安全的高端需求，具备更高的附加值和市场竞争力。

（《云南日报》记者　胡晓蓉）

易门野生菌博物馆开馆

2017 年 7 月 18 日，易门县城乡规划展示馆野生菌博物馆举行开馆仪式，正式向社会开放。

易门县城乡规划展示馆野生菌博物馆坐落于县城南屯湖生态旅游园项目区高家山顶。展馆由城乡规划展示馆和野生菌博物馆两个大区组成。易门城乡规划展示馆由“映像区”“历史区”“城建区”“规划区”“展望区”组成，综合展现易门县、人文魅力等内容；野生菌博物馆由菌菇之乡、菌菇之谜、菌菇之韵、菌菇之业 4 个展区组成。

该馆应用声、光、电技术，展示易门县经济社会发展成就、未来规划及易门野生菌的发展潜力。

（《云南日报》记者　余　红　通讯员　陈　永）

“云南特色 · 冬农魅力”推介活动开幕

2017 年 12 月 7~10 日，以展现“云南特色 · 冬农魅力”的高原特色现代农业展示推介活动在北京全国农业展览馆 1 号馆举行。来自云南 16 个州市、170 余家农业龙头企业、1 000 余种产品亮相北京，再次为首都市民送上“丰富多样、生态环保、安全优质、四节飘香”的高原特色优质农产品。

本次推介活动由云南省人民政府主办，省农业厅、省农垦集团承办。副省长张祖林出席推介活动开幕式并与嘉宾一起巡馆，省农业厅厅长、省委农办主任王敏正在开幕式上做主旨推介，省农垦集团董事长陈祖军主持开幕式。

“云南特色·冬农魅力”云南高原特色现代农业（北京）推介活动 2015 年、2016 年连续在北京全国农业展览馆成功举办，让北京广大市民在严冬季节品尝到来自彩云之南的新鲜优质农产品，在展示宣传云南高原特色现代农业的魅力以及发展成果，推动云南高原特色农产品“出滇进京”方面都卓有成效，将成为今后推广云南高原特色现代农业的常态化活动。

2017 年的推介活动设在全国农业展览馆 1 号馆，展区面积 3 000 余平方米，设有云南 16 个州市、云南农垦集团和云南农大等 20 个主题展示区，共组织 18 类代表云南特色的茶叶、咖啡、核桃、蔬菜、水果、花卉、野生菌、畜产品、粮油产品、乳制品等 60 余家企业，1 000 余种产品参展，同时确保所有展示展销农产品有商标、有认证、有包装，优质、安全、可追溯。此次推介活动带来的丰富多样的农产品品种将满足不同消费群体的需求，也体现云南一年四季都能生产、能收获，产出旺盛的供给能力，特别是在寒冬季节也依然充满着生机与活力，能向市场、向民众全年均衡生产供应新鲜丰富、安全可靠的蔬菜、水果、水产品等各类农产品，填补了全国冬季农业的市场空缺。

本次推介活动采取整合市场资源，引导企业参与，市场化运作的方式，旨在通过展示展销、“一对一”产销对接洽谈会、州市精品推介会、京滇两地视频直播购等活动，展现云南高原特色农产品的规模和魅力，营造出首都人民“爱吃云南菜、爱喝云南茶、爱赏云南花、爱尝云南果”的良好氛围，进而提升云南高原特色现代农业的知名度和影响力，推进云南与北京在农产品贸易及农业领域的交流与合作。

（云南网记者　张永金）

云南特色农产品亮相北京

2017 年 9 月 21 日，第十五届中国国际农产品交易会在北京开幕，云南展团共组织 80 家企业参展。开展首日，来自七彩云南的高原特色农产品以优质、生态、健康等优势备受客商关注。

本届农交会以“绿色发展、生态优先、品牌引领、产业升级”为主题，以现代农业成就展示、农业交流合作、农业贸易洽谈为主要内容，努力打造符合“市场化、专业化、国际化、品牌化、信息化”要求的高品质农业贸易和交流平台。参展团组 49 个，1 600 家企业参展。国际展区有来自美国、俄罗斯等 36 个国家和地区超过 50 家国外公司参展。

云南展团有茶叶、咖啡、核桃、蔬菜、水果、花卉、野生菌、畜产品、粮油产品、乳制品、保健品等18类200余种产品参展。云南展团分设室内展区和室外展区。室内展区以云南民族特色的孔雀造型为特装风格，设置普洱茶和咖啡品鉴洽谈区、果蔬展示区、粮油展示区、畜牧展示区、花卉展示区、云南农垦集团展示区和云南省农科院展示区。室外展区设置展位50个，独立设置云南高原特色农产品一条街，组织50家云南农业龙头企业参展，集中展示销售云南高原特色农产品。西盟米荞、昭通苹果、普洱铁皮石斛、保山小粒咖啡、漾濞核桃备受关注。

（《云南日报》记者　王淑娟）

云南省农业专家顾问团成立

2017年11月7日，云南省高原特色现代农业专家顾问团在昆明举行成立大会。顾问团成员197人，下设生猪、蔬菜等10个产业顾问委员会，成为保障云南省高原特色现代农业科学发展的重要智囊机构。

2017年9月，根据省委、省政府主要领导批示，决定成立云南省高原特色现代农业专家顾问团。顾问团定位为服务于省委、省政府决策的非营利性顾问和参谋机构，密切联系政府和广大专家学者的重要纽带，是紧密联系企业与广大专家学者的重要平台。今后，顾问团将就十大重点产业的重大问题进行调查研究和咨询研究，提供政策、规划、行业标准等决策方案；参与十大重点产业的重大项目建设、项目招商等的评估论证；就十大重点产业中的重大技术攻关、技术开发等进行资源整合，解决产业发展中遇到的技术难题。

（《云南日报》记者　王淑娟）

云南“最美农技员”

2017年底，在农业部评出的全国100名“最美农技员”中，云南省有7人入选，占7%；50名“最美农技员”提名中，云南有4人入选，占8%。云南、山东、湖北3省入选及获提名人数并列全国第一。

云南省入选全国100名“最美农技员”的农技员是：楚雄市吕合镇农业技术服务中心高级农艺师马春旺、禄丰县农业技术推广中心高级农艺师刘少龙、通海县秀山街道农业综合服务中心高级农艺师许艳斌、沧源佤族自治县农业技术推广站高级农艺师李晓梅、宣威市宝山镇农业综合服务中心高级农艺师陈兴片、砚山县植保植检站高级农艺师赵云柱、临沧市临翔区博尚镇农业综合服务中心高级农艺师唐亚梅。获得“最美农技员”提名的农技员是：宾川县植保植检站推广研究员何建群、耿马县孟定农场管委会农林水服务中心高级农艺师唐建昆、德钦县拖顶乡农业技术推广站农艺师斯那永宗、广南县农业技术推广中心推广研究员焦兰。

近年来，云南省一大批县、乡农技人员积极深入生产一线，建立试验示范基地，建立科技示范村，培育科技示范户，试验示范新品种新技术；积极参加知识更新培训，提高服务能力和水平。目前，农技推广成绩在全国名列前茅。

（《云南日报》记者　陈云芬）

“一村一品”打好高原特色农业牌

云南省在打造高原特色现代农业中，充分发挥资源优势，紧盯市场需求，咬定特色化、品牌化、规模化和市场化建设，形成“一村一品”“一乡一业”“一县一业”良性发展格局，极大提升农村经济整体实力，拓宽农民增收新渠道。

一、突出“特”字发展

2016年云南省符合“一村一品”专业村条件的有907个，占全省行政村总数的6.75%；符合一村一品专业乡镇条件的有125个，占全省乡镇总数的9.27%，全省农村居民人均可支配收入突破9 000元关口，达到9 020元，增长9.4%，增速分别高于全省城镇居民人均可支配收入和全国农村居民可支配收入增幅0.90、1.20个百分点。

元谋县抓住“一村一品”发展契机，大力发展番茄产业。元谋县金诚优质番茄产销协会于2007年成立后，又相继成立元谋热坝果蔬产销专业合作社、元谋热坝农资有限责任公司，投资建设蔬菜育苗基地200亩、农民科技创业园10亩、科技实验示范基地20亩。该协会已拥有登记会员4 450户，推广的新品种番茄已发展到全县7个乡镇100多个自然村1万多户农户，种植优质番茄1.60万亩，累计开展培训800多场次，培训会员3万多人。通过科技培训提升生产质量，协会还注册“热坝”番茄品牌商标，并通过绿色食品认证，助推协会年外销优质商品番茄4.50万吨，创造产值上亿元。

云南省立足本地资源优势，选准产业，精准施策，选择最适宜本区域生产的农产品作为主导产业和主导产品进行培育和发展，是云南省发展壮大“一村一品”的重要法宝。比如“斗南花卉”“元谋番茄”“建水洋葱”“洱源大蒜”等都是通过立足本地资源优势，统一规划，合理布局，发展成为当地乃至闻名省内外的区域公用品牌，并受到当地政府及各有关部门的高

斗南花卉市场（许太琴 摄）

品牌建设试点，至 2017 年，已实施品牌建设试点 6 个。

遮放镇被认定为“一村一品”示范村镇以来，以遮放镇户闷村 212 户示范户为中心，品牌建设为重点，在示范区推广优质品种“滇屯 502”“德优系列”，良种覆盖率达 100%，辐射带动全镇 7.70 万亩贡米生产种植，平均单产达到 516.90 千克，总产 39 842 吨，产值达 14 519.54 万元；核心区域稻谷收购价达 4.20 元 / 千克。在农业部首届中国大米品牌大会上，“遮放贡”牌遮放贡米荣获“2016 中国大米区域公用品牌”和“2016 中国十大好吃米饭”殊荣。

巍山红雪梨栽培已有 200 多年的历史，是巍山县特有的优良地方品种，由巍山的独特地理气候孕育而成。在丰富的自然资源和适宜的地域气候环境条件下，巍山全县 10 个乡镇均有种植，其中以马鞍山乡种植的红雪梨最具规模，占全

度重视。“昭通苹果”“华坪芒果”“蒙自石榴”被评为 2016 年全国名优果品区域公用品牌。

二、抢抓“范”字辐射

云南省已被农业部授予 6 批共 48 个全国“一村一品”示范村镇，2016 年，12 个村镇被评为全国一村一品示范村镇，重点推进“一村一品”示范村镇

罗平油菜花旅游节（许太琴 摄）

特色餐饮——峨山彝人谷竹宴（王 新 摄）

元谋无公害蔬菜种植基地（刘建明 摄）

县60%，产出效益占全县80%以上。2015年，巍山县马鞍山乡三胜村（巍山红雪梨）入选农业部认定的第五批全国“一村一品”示范村镇。马鞍山乡三胜村的巍山红雪梨特色农产品已成为巍山县“一村一品”的标志产品。在全国市场上取得的良好口碑，同时衍生出乡村休闲旅游、农民专业合作社发展、龙头企业带动等众多的经济增长方式。

三、着力“育”字提升

云南省正加快引导农村土地经营权有序流转，鼓励工商资本进农村，发展农业适度规模经营，同时大力发展多类型的农业新型经营主体，着力构建新型农业经营体系，通过培育和扶持龙头企业、农民专业合作组织，引导其参与“一村一品”发展，促进“一村一品”产业化、组织化、专业化、标准化和品牌化，支持企业、农民合作组织与专业村建立完善的利益联结机制，并鼓励和支持企业技术创新，改进生产、加工、包装工艺等，增加“一村一品”附加值，促进产品品质不断提升、品牌效应不断提高。

与此同时，云南省各地积极拓展高原特色现代农业功能，通过加快推动“一村一品”与特色旅游、民族风情文化、绿色餐饮、“大健康”等第三产业融合发展，为农业农村发展注入强大的新动能。在此基础上，各地政府及有关部门充分利用特色“品（产品）”或“业（产业）”的优势，举办不同层次、形式多样旅游节、美食节等宣传推广活动，如油菜花节、蜜桃节、杨梅节、芒果节、石榴节、荔枝节等，加大地方特色农产品宣传，在促进当地旅游和相关服务业发展的同时，极大促进了当地特色农产品品质、品牌效应的提升，加快一村（乡、县）一品（业）发展步伐。

（《云南日报》记者　王淑娟）

中国首个无公害三七标准发布

2017年6月6日，《无公害三七药材及饮片的农药残留与重金属及有害元素限量》标准在昆明发布。该标准是中国中药材领域首个无公害标准，由中国中药协会作为团体标准发布，规定无公害三七药材及饮片中206项农药残留的最大限量、5种重金属及有害元素的最大限量。该标准限量指标的把握，比日本、欧盟、韩国、美国的还要严格。

三七是云南省文山壮族苗族自治州地道药材，在广西、贵州等省区亦有少量种植，在治疗心脑血管疾病、养身保健等方面疗效显著，应用广泛。以三七为原料的生产厂家有1 260家，以三七为原料的药品有300多种，市场规模达150亿元。

伴随着标准的颁布，三七内农残重金属含量有明确的标准。过去那些不合格低品质的三七将逐渐被市场淘汰，消费者也能购买到更加放心的产品。不仅能够保障人民的用药安全，也能够保障三七产业的健康发展。

对于标准颁布后如何实施落实，文山州政府将形成政府负总责，企业是主体，全行业共同监管的管理制度。由政府负责牵头，研究制定产业发展规划和政策，组织开展基地建设、科技推广、产业宣传、招商引资、企业服务和行业管理。工商局、食药监局、质监局等相关职能部门，则负责对三七生产经营进行监管。

无公害三七标准的制定仅是开始，之后相关研究团队将致力于配套的无公害三七栽培、加工技术标准的制定，形成完善的无公害三七技术体系和质量追溯体系。

（《云南日报》记者 赵岗　实习生　黄玉铭）

大型沼气池落户峨山县

2017年6月，峨山县首座1 500立方米大型沼气能源工程落户双江辖区农牧公司，项目投入使用后，日产沼气300立方米，发电600余度，每月节约煤炭、液化气、电等各种能源支出1.20万元。

云南源天生物集团农牧科技有限公司成立于2009年，主要从事生猪养殖及销售，现存栏母猪1 500余头，仔猪6 000多头，年出栏3 700余头。一方面公司，用于生猪猪圈的保温保湿、30多名员工的生产生活等电能、煤炭、液化气等年均在10万元左右；另一方面，生猪每天排放粪便、尿液有5吨多，处理粪便、尿液等成为一大难题。为了彻底解决能源与排污的问题，在各级政府的关心、支持下，云南源天生物集团农牧科技有限公司争取到国家大型沼气能源项目，由中央财政资金补助220万元，市级财政资金补助10万元，企业自筹资金415万元，总投资645万元，建设大型沼气能源工程。项目自2016年底开工，至2017年6月竣工并投入使用。主要建设有沼液暂存池、进料池及调节池、锅炉房、发电机房、沼气灶、管道、有机肥生产车间等9个分部工程。项目投入使用后，日产沼气300立方米，发电600余度，每月节约煤炭、液化气、电等各种能源支出1.20万元。待配套建设的有机肥料加工厂建成后，可年产有机肥1 095吨以上，带来的经济效益将达150万元以上。有机肥的施用，既可减少化学肥料的施用、改善土壤结构、防止病虫害发生，又可提高农作物产量，增加经济效益。

自大型沼气能源工程落户农牧公司后，形成“畜

禽养殖 -- 沼气生产 -- 生态种植”生态农业发展模式，使养殖场生猪粪便得到有效的处理，变废为宝，还可给周边的老百姓供应沼气、沼液、沼渣和供电，美化周边环境，实现“零污染、零排放”。

（双江农科站 普莉华　毕晓琳）

广南县打造 10 大主产业

广南县在产业脱贫工作上，注重打造 10 大产业，以农民增收、企业增效和产业发展为目标，全面推进农业产业化龙头企业、生产基地、农产品流通和社会化服务体系建设，提高农产品的市场竞争力，全面提升特色产业的快速发展。其产业发展以八宝米、茶叶、蔬菜、水果、油菜、铁皮石斛、万寿菊、剑麻、文山牛、生猪 10 大产业为主，其他产业为辅，努力让产业发展脱贫一批，带动一批。至 2017 年年中，共完成种植业基地 64.33 万亩，渔业 0.01 万亩，牧草项目 226.80 万亩，大牲畜及家禽存栏 421 万头（万羽），出栏 520 万头（万羽），其他项目（基层农技推广体系）1 个，实现产值 29.41 亿元，其中带动建档立卡户 28 020 户，92 703 人，建档立卡户种植业发展 2.22 万亩，大牲畜及家禽出栏 5.53 万头（万羽），渔业养殖 40 万亩，牧草项目实施 3.13 万亩，共实现产值 3 803.01 万元。

统筹财政资金，助推产业发展。县委、县人民政府把农业产业脱贫发展摆到重要的位置，制定出台《中共广南县委办公室广南县人民政府办公室关于印发加快产业发展推进精准扶贫实施方案的通知》《广南县人民政府关于印发 2017 年统筹整合财政涉农资金用于精准扶贫方案的通知》，全县共统筹财政涉农资金 24 020 万元用于产业发展。

明确产业，制定预脱贫目标。广南县在制定脱贫产业规划中，对带动力强、产业基础好的产业进行打造，并做出各种脱贫规划，在全县农业产业发展中，确定以发展 10 大产业为主，其他产业为辅，带动贫困户脱贫，2017~2020 年，计划从 10 大产业中，带动存档立卡户 16 000 户发展。

广南田园风光　　（王　新　摄）

鼓励多种模式，带动产业发展。按照不同发展阶段、不同产业、不同产品的特点和要求，积极探索不同的利益联结模式，逐步形成“公司＋基地＋农户”“公司＋农民专业合作组织＋农户”等多种有效的组织经营模式，通过引导龙头企业采取建立保护价收购、为农户提供市场信息、生产资料和产品销售等形式，使农民与龙头企业结成利益共享、风险共担的利益共同体，企业和农户互惠互利。新的利益联结机制在生产中不断得到补充和完善，有力推动农业产业化发展进程。

实施金融扶持，加快产业发展。通过制定政策，对小额贷款、企业贷款、合作社贷款、种养殖大户贷款等进行贴息，促使 10 大产业快速发展。

（广南县农科局　袁正书）

广南县养蜂促脱贫

广南县谦益胡蜂养殖农民专业合作社成立以来，通过合作社＋基地＋农户运作模式，先后带动 118 户贫困户短期增收近 30 万元，使合作社成为胡蜂养殖农户的支撑。

为了解决“没有产业、没有技术”的困难，杨仕勇牵头组建谦益胡蜂养殖农民专业合作社，带动当地村民养殖胡蜂、中蜂。2016 年，谦益胡蜂养殖农民专业合作社帮扶带动贫困户 18 户养殖胡蜂 180 群，当年实现效益 7.20 万元；2017 年，建设中蜂示范基地 5 个，扶持 918 户贫困户发展中蜂 9 180 群；帮扶带动 100 户贫困户发展胡蜂 1 000 群，实现效益 20 万元；现已具备每年可以培育胡蜂标准蜂群 5 000 群、培育中华蜜蜂 10 000 群能力，可带动 1 500 户农户共同发展养蜂产业，实现年产值突破 500 万元。

（云南网记者　赵　岗）

种植重楼初见成效

重楼是常用中药材料，为“云南白药”“宫血宁”等国家保护中药的主要成分之一，在治疗炎症方面具有独特的疗效。重楼野生资源逐渐减少，而市场用量逐渐增长，市场走势不断加快，价格步步攀升。仅依靠野生资源已远远不能满足市场的需求，人工种植成为解决重楼资源匮乏的必然选择。临翔区马台乡南糯大村于 2014 年自发种植重楼，2017 年成功出售根茎

700多千克，销售金额20多万元。

（临翔区马台乡农业综合服务中心 黄丕龙）

大姚县蚕茧收入突破亿元大关

2017年，通过广大蚕桑科技人员的共同努力，大姚县完成新植桑园3 701亩，完成计划任务3 500亩的105.70%；推广简易养蚕大棚100座6 000平方米；加温补湿器50台；多功能伐条机60台；纸板方格簇3.50万片；扶持企业建设日处理10吨的自动热风烘茧机一套；指导新建标准化蚕室5 218平方米；组织蚕桑生产技术培训5期2万人次以上。

在蚕茧价格持续上扬的大好形势下，大姚县蚕茧喜获丰收。全县蚕茧收入首次突破亿元大关。全年饲养蚕种55 007张，完成计划任务55 000张的100%；生产蚕茧2 115.20吨，蚕茧现金收入达1.10亿元，全年均价51.80元。同比养种、产茧、产值、均价分别增长7.80 %、3.10 %、25.80 %、21.70%。

（现代农业产业技术体系专家团 李 燕）

石林县烟叶税收首破亿元大关

2017年，石林彝族自治县烟叶收购税收首次突破1亿元，近万名烟农收入实现近5亿元，烟农户均收入5.80万元。

石林县是红花大金元的发源地，也是红云红河集团高端卷烟优质原料的核心产区。面对2017年烤烟种植前期干旱、中期阴雨寡照、后期冰雹频发等恶劣天气造成的影响，石林攻坚克难，牢牢把握烟叶供给侧改革、促进烟农增收这两个关键点发力，烟农收入和烟叶税收均实现逆势增长。全县共收购烟叶28.54万担，实现烟叶税10 064万元，同比增加262万元；烟农收入4.57亿元，加上各项产前投入补贴2 273万元，2017年共支付烟农资金4.78亿元，实现烟农户均收入5.80万元，同比增加2.79万元。

2017年，石林县烟草专卖局（分公司）坚持以国家局、省、市局（公司）烟叶收购会议精神为指导，以烟叶质量为中心，全力以赴守红线、抓质量、强服务、抓纪律，收购进度、收购均价、上等烟比例、烟叶税、烟农户均收入、亩均收入、烟叶质量、服务质量等方面创下“八个新高”。烟农普遍反映2017年烟叶收购秩序、服务质量、售烟收入明显好于往年，工业企业反映石林烟叶等级、质量、纯度较好，进一步巩固提升石林烟叶优势地位。

（云南网记者 程三娟）

“普洱优质农产品虚拟展示中心”发布

2017年4月，“普洱优质农产品虚拟展示中心”正式对外发布。

在这个虚拟空间中，2 000多种商品整齐陈列在货架上。顾客戴上VR眼镜，握住手柄，瞬间就“穿越”到一个上百平方米的虚拟展示厅。通过走动、视线移动，同时操控手柄，体验者有如在真实的展厅中信步漫游，还可以任意抓取虚拟空间的农产品，360度查看产品及其产地、价格等相关信息。

该虚拟展示中心是中国优农协会与普洱市政府合作的成果，它可以让人全方位立体感受商品，并进行虚拟互动等，对消费者的心理说服力更强，对于农产品品牌建设、商业营销、宣传推广等起到促进作用。

前两期VR虚拟展厅只提供视觉和听觉感受，而在第三期，消费者将可以体验到嗅觉感受，即用特殊设备，从产地或产品上采集香气，再对应VR现场，用设备释放出来。人们在观赏农产品的同时，便能闻到它的香气，从中获得真实的感受。

消费者通过虚拟系统从“货架”上随意取货，“拿”在手中翻转观察，通过手触、鼻闻，感受到农产品的真实美味，阅览系统采集的视频、文字、图片等资料，全面了解感触云南优质农产品优越的产地环境、产品质量参数与检测指标，为产销两方搭起一座信任的桥梁，实现足不出户下单定购。这一创新营销模式，加快推动云南优质农产品走进国内外消费市场。

（云南网记者 欧阳小抒）

休闲渔业成为个旧市渔业经济发展新亮点

个旧市在发展休闲渔业的过程中，注意从实际出发，因地制宜，自主创新，迎合城市居民休假日到郊外休闲娱乐的需求，发展模式各具特色，并将鱼塘、山野风情和农家庭院所特有的淳朴映衬到城郊休闲渔业中，它是与休闲、旅游、观光、度假、娱乐以及渔业知识传播等有机地结合起来的新兴产业，是第一产业的延伸和发展，实现一、二、三产业的相互转移与结合，从而创造出较高经济效益和社会效益。休闲渔业是一种利用农闲资源转变为高效渔业的生产方式。同时，也激发了广大渔（农）民的投入积极性，在生产经营上创造出许多新花样，一大批有特色、有规模的休闲渔业基地悄然兴起，为增创渔业经济新优势，促进渔业增效、渔（农）民增收开辟新的财源。

个旧市许多懂技术会经营的生产者，开辟新的销售渠道。采用放养大规格鱼种，投喂优质配合饲料，加强管理等方法加快鱼类生长速度，使商品鱼提前达到上市规格，适时开展垂钓经营活动，不但能将自养成鱼销售出去，还要购入部分成鱼补充垂钓的需求。广大垂钓爱好者已不满足于草鱼、鲤鱼、鲫鱼的垂钓，更多的是青鱼、淡水白鲳、美国斑点叉尾鮰、虹鳟、鲟鱼等名优品种，促使渔业生产者不断更新养殖品种，从而优化淡水养殖品种的结构，提升养殖品种档次。

休闲渔业与旅游业相互促进，有机结合，打破渔业生产的单一性，形成集鱼类养殖、垂钓、餐饮、旅游度假为一体的新型经营形式。截至 2017 年 9 月底，个旧市休闲渔业生产经营主体 129 家，水产养殖面积 2 196 亩，接待游客达 35 万人次，实现渔业经济总产值 2 900 多万元。

（个旧市水产工作站　喻正彬）

沾益区 1.5 万亩耕地休耕

2017 年 2 月，沾益区被农业部列为全国耕地休耕试点区，该区随即制定出台实施方案，稳步推进耕地休耕试点工作，重点在全区石漠化重点治理区，选择 25 度以下相对集中连片坡耕地和瘠薄地两季作物种植区，非退耕还林还草和重点水源保护区开展休耕试点。2017 年，该区实施耕地休耕试点面积 1.5 万亩，投入中央财政资金 750 万元，每亩每年补助 500 元，连续补 3 年。项目覆盖 8 个乡（镇、街道）23 个村委会（社区），80 个村民小组 5 230 户，其中，500 亩以上 8 个片区，300~500 亩 18 个片区，100~300 亩 22 个片区。

该区耕地休耕试点工作开展以来，乡村干部通过召开户主动员会、培训会等方式，广泛宣传耕地休耕试点政策，做到休耕试点政策家喻户晓，调动群众参与积极性。让农户自愿参与耕地休耕试点，主动投入到保护和提升耕地地力工作中来。在农户知晓耕地休耕试点政策的基础上，按照“农户自愿申请、村民小组登记、村社申报公示、乡镇（街道）审核”的程序，编制休耕到户花名册，并将休耕到户花名册在村委会（社区）村务公开栏公示 7 个工作日以上，公示无异议后返给休耕农户签字确认并签订休耕协议，上报乡（镇、街道）、区农业、财政部门审核。农业部门积极组织专业人员进村入户到地块实地踏勘，实时采集“一表一图一辅助”相关数据。在审核校对合格的基础上，区政府与休耕试点乡（镇、街道）签订休耕目标管理责任书，进一步明确相关权利、责任和义务，保障试点工作依法依规运行。

（《曲靖日报》特约记者　张太祥）

祥云县中草药产值超 2 亿元

祥云县加快中药材产业的发展步伐，把中药材产业列为发展高原特色农业的重要内容加以实施。坚持以培植和壮大中药材产业为目标，按照“扶龙头、建基地、快发展、兴产业”的发展思路，以市场为导向、科技为支撑，统筹规划、合理布局，坚持政府引导、企业带动、科技推动、产业联动，扶持中药材产业化龙头企业，培育发展一批中药材种植重点户和专业户。中药材企业以公司化运作、产业化发展、土地流转，“公司＋基地＋农户”等多种形式发展滇重楼、铁皮石斛、金银花等中药材的种苗繁育、种植、加工，辐射带动周边群众发展种植重楼、金银花、铁皮石斛、续断、桔梗、灯盏花等中药材。

截至 2017 年，全县有 10 000 多农民从事中药材种植，有 800 多人在中药材企业、专业合作社就业。全县种植中药材 15 719 亩，产值达 2.32 亿元。

（祥云县农业局 环志祥）

云　花

亚洲花卉科创谷建设启动

2017 年 3 月底，亚洲花卉科创谷揭牌暨战略合作协议签订仪式在云南省农科院花卉所九溪基地举行，玉溪市政府、省农业科学院签订战略合作协议，双方将共同构建合作机制，聚合创新资源，在玉溪市江川区九溪规划建设亚洲花卉科创谷。

根据合作协议，双方把玉溪市建成区域性国际花卉育种中心、花卉示范农场、花卉产业创新发展区域性中心、花卉产业人才培养基地、花卉品牌产品交易平台和南亚东南亚重要花卉生产基地，打造江川区九溪花卉小镇和玉溪农村一二三产业融合发展示范区。

玉溪市中花卉产业发展具备优越的区位优势、适宜的气候条件以及良好的产业基础，云南省农科院在花卉科技创新、成果转化、人才培养、创新创业平台建设等方面居全国领先水平，与国内外多家科研机构建立单边或多边合作机制。双方优势互补，启动建设亚洲花卉科创谷。

亚洲花卉科创谷主要建设内容为“1+1+N”，即建设1个国际花卉育种创新中心、1个花卉双创平台、N个现代化鲜花农场。一是建设国际花卉育种创新中心。积极引进国内外专家和研究机构开展全产业链研发，创造引领市场的新品种、新技术、新产品；外引内联，与国际花卉研发机构合作，建成国际花卉人才培训基地。二是建设花卉“双创”平台。建设花卉产业物流、保鲜、加工、仓储、交易等设施，建成标准化花卉加工平台和花卉电商孵化平台，为创客搭建生产、加工、包装、物流、交易等全产业链的“双创”平台。三是建设多个现代化专业花卉农场。以江川区九溪片区为核心，建设玉溪市乃至云南省内现代化专业花卉农场，打造原产地鲜花品牌。

省农科院花卉所九溪基地已建成年产能达5 000万株的智能组培工厂、花卉园艺植物规模化种质离体保存中心，可离体保存17种花卉园艺植物不同基因型1 500余份，保存种类和数量居全国首位。引进并吸引国际先进设施，形成智能温室 + 肥水回收系统 + 潮汐灌溉的生产技术，建成国际领先的智能玻璃温室7 000平方米。建成组培种苗过渡及中试标准化温棚55 000平方米，完成主要花卉园艺植物的高效繁育技术体系构建，现年产优质种苗2 500余万株，创建高原特色花卉高产高效栽培新模式。

（《云南日报》记者　陈云芬　蒋贵友）

云南省（红河）现代花卉产业园区启动

2017年3月3日，省农业厅和红河哈尼族彝族自治州政府在弥勒市举行云南省（红河）现代花卉产业园区启动仪式，全省108家花卉企业和花农代表参加。

云南省（红河）现代花卉产业园区规划总面积8万亩，为“一园两区四片”的空间结构，涉及泸西县的金马镇和白水镇，弥勒市的弥阳镇和虹溪镇，包括种植区、综合服务区和花卉观光区等功能区，以发展鲜切花、绿化苗木、盆栽观赏植物、花卉种苗（球）、地方特色花卉、药用食用花卉为主；同时提升加工、物流、休闲旅游产业，完善配套设施，实现一二三产业融合发展。启动大会上，省农业厅与红河州政府签署花卉产业发展战略合作框架协议，红河州政府、弥勒市政府与泸西县政府分别与重点企业签订合作协议。印度香料和精油商人威普·帕里克与云南悦馨香料科技有限公司当场签下6万美元的订单。

（《云南日报》记者　岳晓琼）

禄劝县大花蕙兰基地建设

英茂大花蕙兰是禄劝县花卉产业的一大特色，已有多年发展历史，如今在禄劝县现代农业产业园区，大花蕙兰基地不断发展壮大。

禄劝彝族苗族自治县在农业产业结构调整中引进云南英茂花卉产业有限公司大花蕙兰盆景生产基地，占地780亩，总投资1.2亿元，现已建成温室大棚23万平方米、78座共45万平方米温室盆景园，年生产能力达50万盆。

为充分发挥禄劝农业资源优势和自然生态优势，做大做强高原特色农业，禄劝县于2011年启动建设现代农业产业园区，按照“一园两轴四区多点”的总体要求，全力推进园区各项工作。通过全县上下的不懈努力，于2012年3月15日成功升级为昆明市10个市级重点农业园区之一，园区核心区规模不断扩大。其中，云南英茂花卉产业有限公司禄劝分公司在园区主要种植大花蕙兰，拥有3个管理部门，管理人员11人，操作员工156人。

大花蕙兰通过人工杂交培育，是色泽艳丽、花朵硕大的兰花统称。绿槐村作为公司的大花蕙兰生产基地，拥有丰富的光热能源，能够充分满足大花蕙兰的生长需求。

基地温室大棚采用的是国内最先进的现代化钢结构建设，光照、温度、湿度全部采用全自动电控设施，灌溉系统也是国内最先进的全自动节水喷灌设施，花卉培育技术同样首屈一指。在2017年元旦期间，销往北京、上海、广州等地的大花蕙兰盆景达到15 000多盆，每盆价格在200~300元，花期长达2~4个月。

截至2017年初，项目完成二期建设，完成投资8 700万元，建成温室大棚53座23.20万平方米，投入使用43座18.8万平方米，存栏大、中、小三类大花蕙兰137万盆，安装4吨锅炉两台，建成蓄水池5万立方米，硬化厂区道路2万平方米。大花蕙兰项目促进带动园区周边兴发、上坝、蒋家、耿家、偏坡、龙潭山、干海子等7个村小组同步发展，实现300多户农户就业。

项目建设不仅让农民增收，还间接带动相关餐饮业和商贸服务业的快速发展。随着入园企业的不断增多，农村富余劳动力就业问题得到逐步解决。之前，当地农民经济来源靠种植水稻、玉米、小麦、烤烟等。建园后，农民将土地流转给企业，每亩每年可以获取租金 1 000 元，农民到企业就业或者外出打工，人均每月收入至少 1 500 元，年均收入可达到 19 000 元，年收入较建园前增收 17 000 多元。农业园区的建设使得传统农业向现代农业转变，农民向产业工人转变，村民收入方式向工资性收入转变。

（《云南日报》记者　李秋明）

引种金边玫瑰

2016 年 12 月，砚山县玫玲食用玫瑰种植农民专业合作社成立后，砚山县阿舍乡累计发展金边玫瑰 3 600 余亩，带动 1 000 余户群众种植玫瑰，其中建档立卡贫困户共有 165 户 650 亩。亩产 500 千克，每亩产值 4 000 元。自 2017 年 4 月 15 日开磅收购鲜花以来，共收购鲜花 150 余吨，实现花农收入 170 余万元，鲜花经加工做成花茶后，远销黑龙江、西藏、香港等地。

（砚山花卉试验站　阳纯艳）

砚山县花卉百亩核心示范见效益

2017 年，砚山县建立花卉新品种、新技术的百亩核心示范区，使示范区内良种良法覆盖率达 95% 以上，亩产量或亩产值比原种植种类或品种增产或增收 10% 以上。依托砚山瑞成农工民发展公司加工玫瑰种植基地，确定新品种、新技术的百亩核心示范区布局在江那镇铳卡村民委铳卡村及子马社区国家现代农业示范园区，品种主要为重瓣玫瑰（用于提炼精油、纯露和制成玫瑰花茶）、滇红、大马士革。推广新技术主要为宽窄行栽培技术，累计推广种植面积 1 380 亩，每亩产值达 5 640 元。

（砚山花卉试验站　阳纯艳）

科技支撑食用百合产业发展

为推进大姚县食用百合产业发展，2017 年 9 月 28 日，第一届科技入楚第二场项目推介会上，云南省农业科学院花卉所与大姚县人民政府签署大姚县万亩百合产业项目战略合作协议。累计开展百合技术培训会 3 次，实地培训农民 300 余人次，帮助大部分新种植户掌握百合种植的入门级技术。

2017 年 12 月 5 日，受大姚县政府邀请，云南省花卉苗木产业体系加工花卉岗位专家李绅崇研究员、百合专家王祥宁研究员参加大姚县百合种植现场会及百合产业发展推进会，县委书记陆积峰，县长刘文跃，县委副书记陈如军等县委县政府领导，以及农业局、各乡镇党委书记、镇长，村支部书记代表，企业负责人，百合种植户等 82 人参加现场会。

食用百合是一种集观赏、食用、药用于一身的花卉种类，主要食用百合有兰州百合、龙牙百合、卷丹、川百合等 10 余种。云南食用百合发展处于起步阶段，种植面积不足 5 000 亩，其中大姚县面积最大。大姚县委县政府大力推进，2017 年，全县食用百合种植面积达 3 115 亩，计划 2018 年扩大到 6 000 亩，三年发展 1 万亩，把食用百合打造成继核桃、花椒、烤烟之后的又一个富民产业。截至 2017 年底，基本形成区域化布局、规模化种植、产业化经营的发展格局。大姚食用百合优质高产，亩均产值 27 750 元，扣除成本 10 630 元，亩净收益达 17 120 元左右。

（现代农业产业技术体系专家团　王祥宁）

丽江打造九色玫瑰旅游小镇

丽江市古城区七河镇金龙村为支持国家水电开发建设，自 2008 年陆续从金安桥、龙开口水电站淹没区所涉及的 5 个乡镇、28 个村民小组搬迁到移民新村——金龙村，是古城区唯一一个由移民组成的村委会，距离丽江古城 28 千米。

截至 2016 年底，全村共有农户 444 户，1 893 人，总面积 2.30 平方千米，有耕地 836 亩。村里居住着白族、纳西族、苗族、傈僳族、彝族、藏族、回族、拉祜族和汉族 9 个民族。每天晚上有着不同民族、不同语言、不同服饰的村民相聚在村内文化广场一起跳民族舞，最多达 300~400 人。全村充满着各民族相互融合、团结友爱的良好氛围。

九色玫瑰旅游小镇　　（王　新　摄影）

为了发展经济，金龙村引进丽江玫瑰小镇旅游开发有限公司进行旅游包装，打造九色玫瑰小镇，发展旅游业。同时，也有效解决村内剩余劳动力，现在到公司上班的员工大部分都是村里面的人，村民既可以照顾好家里的人，又可以在家门口上班，增加收入。2016 年，村民人均收入 9 000 多元，2017 年，超过 12 000 元。

随着小镇建设的逐步完善，不少在外打工村民返回家乡。村民利用自家的房屋开铺设店，经营着时尚的旅游产品与各种特色小吃。大家的收入渠道不仅有土地入股门票分成、玫瑰花种植收入、就业收入，还有房屋出租收入、土特产销售收入、区域旅游参与收入等。

自从九色玫瑰小镇开发旅游项目成功落地以来，村民们走上以玫瑰为主题的旅游之路，金龙村从原来的“移民村”变成富裕时尚的“玫瑰小镇”。人们共同分享着安居乐业的快乐，共同享受着增收致富带来的幸福。

（云南网实习记者　张　彤　黄译仪）

砚山县成功引种多头菊

2017 年 9 月，砚山县维园蔬菜种植农民专业合作社从荷兰引进 24 个多头菊品种在基地种植这些品种的菊花一支可开 7 朵以上的花，传统的非洲菊品种开花是一支一朵，而引种的多头菊花一年可种三茬，一亩地每批可种植 3 万株，以 2017 年市场价格每株 1.75 元均价计算，亩产值可达 5.25 万元。

（砚山县经济作物工作站）

云南省农业项目建设在昆签约

2017 年 11 月 22 日，昆明中昆投资与北京城建集团在昆明签署协议，投资 185 亿元，共同开发建设云南省最大的花卉产业园——云花科技泸西花卉产业园和西南地区最大的农产品交易中心——嵩明国际农产品贸易城项目。

云花科技泸西现代花卉产业园是云南省重点打造的红河现代花卉产业园区的重要组成部分之一。园区集“科技研发、示范推广、标准化种植、物流集散、品牌打造和休闲旅游”等功能为一体，建成后产业园预计鲜切花生产规模将达 60 亿枝，成为全球鲜切花定价中心和采购中心。该花卉产业园总规划面积 2.50 万亩，总投资 50 亿元。此次合作协议建设规模为 4 000 亩，投资 25 亿元，将引入高端种植企业，实行工厂化无土栽培技术生产高端花卉，并形成云南花卉种植的标准体系。同时，与当地政府及企业合作建设花卉园区综合体、花卉主体乐园，打造中国乃至亚洲最重要的花卉生产加工基地，建成云南省最美的花卉旅游观光目的地。

嵩明国际农产品贸易城规划面积约 4.40 平方千米，总投资 267 亿元。项目以“高原生态产业链，滇中智慧农业城”为发展定位，以高原特色农产品为依托，集国际先进农业技术、国内外特色农产品展示、销售、加工、冷链物流配送功能为一体。项目分三期建设，此次合作双方将投资 160 亿元，建设覆盖全省、辐射西南乃至东南亚的云南高原特色农产品的汇集交易设施、进出云南省的农产品交易中转站点、进出东南亚农产品的交易、展示及仓储加工物流中心。项目完成后，将成为国内最大、东南亚领先、国际一流的大型农产品跨境电子商务平台和国家农产品物流骨干网节点。

（云南网记者　李竞立）

新奇盆花亮相嵩明花博会

2017 年 9 月 30 至 10 月 22 日，“嵩明县第二届花卉博览会”在昆明市嵩明县隆举行。期间，除展示各类花卉品种外，还举办嵩明兰茂文化美食节、百草宴、特色小镇半程马拉松等活动。

同期举办的昆明虹之华园艺有限公司（位于小街镇花卉示范园区）主办的第五届菊花品种展，展会上大岩桐、向日葵、三角梅、金枝玉叶、长寿花、非洲菊、百合、鸡冠花、玫瑰、石竹等近百个盆花新奇特品种集中亮相，受到广大市民瞩目。这些盆花产品是在云南省现代农业花卉苗木产业技术体系盆花研究室支持下，主办方从全省各生产商精心遴选而来的，市民可以现场扫码关注后购买。此外，针对此次活动，虹之华公司还集中展销 30 多个盆花菊产品。

（现代农业产业技术体系专家团　陆继亮）

云 菜

龙陵县青菜发展

龙陵县水利条件较适宜种青菜，上市时节正值德宏州及缅北地区蔬菜淡季，季节差给龙陵青菜带来广阔的市场空间。龙陵县把青菜作为冬季农业（烟后产业）开发的骨干产业培植，全县每年青菜种植面积达4万余亩，平均亩产2.5吨，为村民带来不菲的收入。进入冬季，龙陵县数千农民、商贩将一车车青菜运到周边县市和缅甸市场出售，带动一方经济。

（《保山日报》记者　雷　华　段登信）

省蔬菜产销对接会在昆举行

2017年12月14日，由中国蔬菜流通协会、云南省商务厅、云南省农业厅和昆明市政府共同主办，云南能投物流有限责任公司承办，云南省特色农产品流通行业协会协办的云南省蔬菜产销对接会在昆明举行。

会上，来自全国各地蔬菜生产加工企业的代表以及采购商在会上作了各自的基地推介、采购商说明会并举行产销对接签约仪式。

与会期间，大会主办方还组织参会代表参观嵩明晨农农博园一二三产业融合发展基地和云南凯普农业投资有限公司的绿色及可追溯蔬果种植基地。

（云南省农业信息中心　陈　斓）

邓川镇千亩大蒜实现生态种植

千亩大蒜生态种植基地位于邓川镇旧州村委会，示范种植海拔1 990~2 007米，种植面积达1 032亩，共投入资金115万元。2017年以来，洱源县为进一步落实洱海流域保护治理工作措施，强力推进洱海保护治理“七大行动”，统筹做好农业产业结构调整，切实管控好农业面源污染，坚持“无公害、绿色、有机”的生态农业发展理念，在邓川镇推进千亩大蒜生态种植示范。编制生态大蒜示范种植规划，确定施肥、防控和检测三套技术方案。施肥以基肥为主，有效减少化学肥料用量，亩均50%以上。杀虫利用杀虫灯等，有效减少化学农药使用量达40%以上。

为解决好千亩生态大蒜种植带来的面源污染问题，邓川镇还配套实施两项节水排污措施。严格执行源头管水控水，制定禁止大水漫灌、止上满下流、尾水直排，不准在抽水规定时间外启动抽水设备、雨天抽水、夜间抽水的“三禁止、三不准”用水制度。聘请11名水管员，实现“一把闸刀管水，一把锄头放水”，真正做到“沟沟有人管、渠渠有人控”。严格实施尾水循环利用，在抓好大蒜生态种植的基础上，迅速启动实施投资200多万元的旧州村农业尾水循环利用灌溉项目。

（《大理日报》记者　杨钰洁　通讯员　赵春荣）

泸西百万余吨蔬菜销往全国

泸西县紧紧抓住云南省高原特色农业建设机遇，发挥自身优势，加快以蔬菜为代表的农业产业发展。2017年，全县蔬菜种植面积达47万余亩，同比增长12.50%，上市商品蔬菜达115万余吨，同比增长15.80%，预计蔬菜产值达17亿余元。

泸西县以推进农业供给侧结构性改革为主线，加快产业结构调整和转型升级步伐，通过土地集中、人才引领、技术提升、公司推动，全力打造“果、菜、药、花、畜”五大农业产业品牌，有效促进农业增产、农民增收。

泸西县通过加大招商引资力度，扶持培育浙江海亮、广东宏升、云南天露、泸西龙威等一批重点龙头企业，加快蔬菜集约化、规模化种植。集中建设以中枢镇中大河现代农业示范区为代表的精细蔬菜产业带，以午街、金马为代表的时鲜蔬菜产业带，以三塘、向阳等东部山区为代表的高山蔬菜产业带，以中枢、永宁、白水等为代表的加工蔬菜产业带，形成“市场造龙头、龙头建基地、基地带农户”“一个企业带动一个产业，致富一方百姓”的基本格局。

（云南网记者 段晓瑞　通讯员　蒋惠云　陶　亮）

中乌全球葱园（昆明中心）启动建设

2017年11月22日，由中国科学院昆明植物研究所与乌兹别克斯坦科学院植物研究所合作共建的中－乌全球葱园（昆明中心）启动建设，建成后将与位于乌兹别克斯坦首都的“塔什干中心”一起收集保育与展示全球90%以上的葱属植物，为系统开展葱属植物的科学研究、资源挖掘与利用、知识传播和环境教育等提供支撑。

中－乌全球葱园（昆明中心）位于中国科学院昆明植物研究所昆明植物园（东园），占地3 700平方米（5.50亩）。按葱属植物的地理分布和利用价值，自然分割成原生种保育区和葱属花镜观赏区。花镜观赏区又分为食用、观赏和药用三个葱属植物保育展示区。已在中－乌葱属植物种质资源圃（昆明）引种繁育葱属植物163个引种号共100余种。

葱属植物是中国和“一带一路”沿线中亚国家沿线地区分布的重要经济植物，在各国有着极其广泛和久远的开发使用。中－乌全球葱园（昆明中心）的建设是中国科学院响应国家“一带一路”倡议的具体体现，将至少保育展示葱属植物种质资源200种，目标是建成全球葱属植物种质资源保育、研究、展示与知识传播的重要基地。

（云南网记者 黎鸿凯　实习生　钟　燕）

文山市文祥巴西菇助力精准脱贫

文山市文祥巴西蘑菇种植农民专业合作社成立于2013年，注册资金100万元，位于马塘镇汤坝村委会塘子寨村小组，现有专业种植技术人员10人，管理人员8人，市场营销人员5人，入社农户286户，主要从事巴西蘑菇种植、加工、销售及技术服务。2014年被评为“州级示范社”，2015年被评为“省级示范社”，2016年被评为“国家级示范社”。2015年、2016年连续两年成为文山市先进农村科普示范基地。合作社建成菌料发酵厂1个，年可生产菌料2.80万立方米，可供14万平方米巴西蘑菇种植大棚生产使用，建有4个标准化自动控制出菇房及工厂化栽培示范基地。合作社采取“合作社＋基地＋社员”的模式，实行“统一提供菌种、统一提供培养料、统一提供技术、统一价格收购、统一销售产品”的方式。合作社在文山州3县1市建立种植基地10个，建成烘干房9个，带动文山市东山乡、平坝镇、马塘镇、古木镇；砚山县维摩乡、平远镇；马关县大栗树等10个乡镇383户农户发展巴西蘑菇种植大棚462个25.59万平方米，其中带动建档立卡贫困户139户发展巴西蘑菇种植大棚157个。2016年，全市巴西蘑菇鲜菇产量达250万千克，合作社收购价为8.50元／千克，产值达2 125余万元，带动社员农户和非社员农户增收1 000余万元，户均年增收2.50万余元，其中139户贫困户的157个种植大棚产鲜菇94万千克，产值可达750余万元，户均增收达5.40万元，户均纯利润2.50万元。合作社在广州市设立有直销店1个（年销售巴西蘑菇干品达5万千克），产品主要销售到上海、广州、深圳、福建、浙江、成都、重庆等大城市。2016年，合作社流动资产350万元，固定资产420万元，实现综合经营收入1 300万元，年盈余117万元，可分配盈余46.80万元，按章程规定提取公积金、公益金和发展基金（或风险基金）后，为社员农户实行“二次返利”20.80万元，户均获得收益2 000元。合作社发展成为文山州首家拥有社员农户最多、产业基地最大、经济效益最好、带动能力最强从事巴西蘑菇产业的农民合作经济组织。

（文山市农业和科学技术局　杨莉珠）

祥云县百合丰收

2017年10月9日，祥云县东山乡干海村举行百合成熟上市开挖仪式。当地彝族群众和驻村帮扶工作队一起来到干海村一组李开荣家的百合地里，举行开锄仪式和百合测产。经过全田收挖后测产，田块面积0.88亩，实际称重后总重量2 032千克，其中，可以作商品出售的有1 810千克，小种子172千克，挖烂及废弃百合50千克。折合亩产2 309.10千克。按当前田间收购价格25元／千克计算，扣除50千克烂百合后，本块田产值49 550元，折合亩产值56 306.80元／亩。百合是一种高投入高产出、高收益的药菜兼用的特色经济作物，是山区脱贫致富的一个支柱产业。

为把百合产业培植成东山乡的一个特色增收产业，在帮扶单位县政协的努力下，县农业局、县邮政局从各自职能上主动发力。农业部门从种得出、生态安全、优质高效方面做好科技支撑，邮政部门从卖得出、卖得好方面开展电商销售模式，拓展销路。通过优帮帮电商销售，州内当天发货，次日到达，省外当天发货，3~5天到达。

（祥云县农业局　杨家源）

池塘种植空心菜对调节养殖水体效果明显

弥渡县水产站试验基地位于弥渡县平坝海水产养殖区，该区域土壤碱性较大，水源不足，养殖水体的PH值常年保持在9.00以上，个别时段高达10.00以上，饵料残渣、鱼类粪便等有机质积累较多，每年的生产旺季多次发生蓝藻水华，给渔业生产造成很多危害，养殖户在调节水体的pH值、控制蓝藻上付出很大代价。

2016年开始，云南省水产技术推广站、大理州渔业工作站、弥渡县水产站共同在弥渡县水产站试验基地开展“池塘种养结合试验”。选择2号塘作为实验池，面积2.70亩，种植空心菜114平方米，占池塘面积的6.30%；选择相邻的5号塘作为对照池。

在相同的养殖条件下，每月检测一次水质指标，其中PH的平均值为8.75，对照池的PH平均值为9.34，实验池的PH值下降比较明显，在生产季节，试验池没有发生蓝藻水华，只有少量的蓝藻浮沫，对照池与往年一样发生蓝藻水华。

试验开展以来，经过两个生产旺季的水质检测、观察记录，池塘种植空心菜对调节养殖水体的 PH 值和控制蓝藻效果明显。

（大理州渔业工作站　孟志荣）

玉龙县发展花椒种植业

玉龙纳西族自治县奉科镇制定花椒种植技术的培训计划，免费发放培训教材《花椒栽培技术》，邀请云南省农业科学院药用植物研究所的专家全面讲解花椒的苗木培育、栽种技术、肥水管理等方面的知识，专家还深入田间地头演示花椒田间管理技能。

2016 年以来，奉科镇共举办花椒种植培训班 18 期，为 2 604 人次培训花椒品种改良、品质退化防治等技术。为解决好花椒产业发展的“水”和“路”问题，全镇投入 2 122.50 万元实施奉柳路 12 千米道路硬化建设、善美村色看一组村道建设等 13 个道路建设项目；投入资金 844.50 万元，实施完成善美及奉联三级抽水站建设，梨园、春头水利建设等 17 个水利设施建设项目。此外，玉龙县还采取“龙头企业 + 公司 + 合作社 + 农户”的青花椒产业发展模式，不断扩大花椒种植面积，截至 2017 年，全镇种植青花椒 18000 亩，发展规范化种植 4 562 亩。2016 年，奉科镇花椒收入达 4 500 余万元，2017 年，花椒收入突破 5 000 万元。

（《云南日报》记者　和　茜）

大理州黑蒜出口日本

2017 年 5 月，经大理州检验检疫局检验检疫合格，由大理品宏高原农业科技开发有限公司生产的一批重量 1.01 吨、货值 1.39 万美元的黑蒜顺利出口日本，这是大理州大蒜深加工和高附加值产品首次打入国外高端市场。

黑蒜是一种用带皮新鲜大蒜在一定温湿度条件下经过 60~90 天发酵后制成的健康食品，市场销售价格比新鲜大蒜高 10 倍，是出口前景较好的大蒜高附加值深加工产品。大蒜是大理传统特色农产品，出口量逐年增长，但仅以新鲜大蒜出口为主，深加工、高附加值大蒜产品出口一直是空白。

大理州检验检疫局落实推动出口农产品供给侧结构性改革要求，推动优质特色农产品扩大出口。一是开展联合调研，帮助企业解决实际困难；二是指导企业种植基地建设和管理，严格农业化学投入品管理，使企业尽快完成出口农产品基地备案；三是多次深入企业，指导企业改造黑蒜加工车间，有效运行卫生质量体系，第一时间获出口食品生产企业备案资格；四是引导企业开发高附加值产品，开展产品质量检测；五是高效开展现场检验检疫、抽样送检、出证放行等工作，提高通关便利化水平。

（《大理日报》通讯员　董成刚）

云　牧

莱德马业产业助力云南脱贫攻坚

2017 年 11 月 23 日，内蒙古莱德马业股份有限公司赴东川考察现代马业发展情况，先后到野牛草山、石门草山调研。在 24 日召开的调研汇报会上，莱德马业公司董事长朗林表示东川区投资环境一流，有信心与东川区政府携手决战脱贫攻坚，助力贫困户顺利脱贫致富。东川区与莱德马业集团签署“昆明东川区、莱德马业集团精准脱贫合作框架协议”，按照协议，莱德马业将在东川区精准帮扶 1 万户贫困户，共计 3 万 5 千人。25 日，莱德马业走访曲靖市会泽县多个贫困村，调研当地自然环境、农作物种类及畜牧养殖等情况。会泽县有云南的新西兰之称，地形地貌、气候条件都适合发展畜牧业。畜牧业也是会泽的传统优势产业，2016 年产值达 42.49 亿元，实现畜牧业收入 36.19 亿元，全县范围内有可利用草地面积 406 万亩。莱德马业与会泽县达成共识，签订“脱贫攻坚战略合作协议”，并导入“精准脱贫攻坚 433 模式”。这种扶贫模式采用政府 + 企业 + 金融 + 贫困户“四位一体”利益连接机制；联合养殖、订单农业和入股分红 3 种模式；实施过程第一步建立基地，第二步培养联合饲养和联合种植的贫困户，第三步为旅游产业注入新的业态的步骤。

莱德马业推广扶贫工作多年，取得良好的社会效益，创造独特可行的扶贫模式。其将继续充分发挥企业在社会扶贫中的重要作用，助力云南脱贫攻坚。

（云南网记者　李星佺　翟芯冉）

云岭牛干巴试制成功

2017年11月23日，云南省现代农业肉牛产业技术体系成功试制出一批云岭牛高品质特色牛肉制品——牛干巴。来自泰国孔敬大学 Metha Wanapat 教授和中国牛业协会会长、中国农业科学院北京畜牧兽医研究所研究员许尚忠等专家们从色泽、咸度、风味、残渣、香气、嫩度、醇香味、肉腥气等多项指标，对云南各地的牛干巴进行感官评价，专家们一致认为云岭牛高品质特色牛肉制品牛干巴味道鲜美，嫩度适中，咀嚼性好。

牛干巴作为云南特色牛肉食品，受原料牛肉品质、工艺制作、气候条件、地方口味等因素的影响，品质标准参差不齐。云南省肉牛产业技术体系依托云南省科技计划项目——省院省校科技合作项目，2017年3月中旬至6月份中旬，云南省肉牛产业技术体系的团队成员在首席科学家王安奎研究员的带领下，到思茅江城、昭通大关、大理巍山、寻甸等生产牛干巴的地区进行样品采集。通过对云南地方特色的不同地区、不同方法腌制的牛干巴进行感官评价数据比对，结合高档云岭牛肉质营养特性，优化出适合高档云岭牛干巴的制作方法。

云岭高品质特色牛肉制品的研究还处于起步阶段，云南省现代农业肉牛产业技术体系专家团队将根据高品质牛肉市场需求，研发多个特色牛肉制品，满足不同消费群体需要，提升企业盈利能力和市场竞争力，加快云岭牛产业化进程，促进肉牛产业的经济效益增长和持续健康发展。

（云南省草地动物科学研究院　高月娥）

永胜县黑山羊销往港澳台地区

2017年9月28日，丽江市永胜县天瑞食品有限公司、香港华润五丰国际分销有限公司黑山羊产品出口签约仪式在丽江永胜县天瑞食品有限公司举行，拉开丽江黑山羊产品大量打入香港市场的序幕。

丽江市是云南省黑山羊的主产地，其中永胜县的黑山羊存栏居云南省第二位。在活羊跨省调入调出受限的情况下，必须实行就地加工，解决农民卖羊难的问题。市、县人民政府确定由丽江市永胜县天瑞食品有限公司作为丽江市黑山羊产品加工的龙头企业对丽江市一区四县全覆盖。丽江永胜县天瑞食品有限公司认真贯彻省、市、县领导的指示，在永胜县农村商业银行、丽江富滇银行、永胜县农行的支持下，立足永胜，面向丽江，辐射云南，大量收购黑山羊。

企业在加工环节严把产品质量关，取得ACCP质量管理体系认证、对外贸易经营者备案证、海关报关单位注册登记证、出口食品备案证，成为云南省唯一进行黑山羊产品加工的企业，也是云南省唯一取得肉食品出口资质的企业。

为解决农民卖羊难题，2017年9月，丽江永胜县天瑞食品有限公司与香港华瑞五丰国际分销有限公司、香港大众烧猪食品制造有限公司、德利肉食集团香港有限公司、澳门新丰冻肉公司以及台湾的客商签订黑山羊出口订单，将丽江的黑山羊产品销往港、澳、台市场。

（《云南日报》通讯员　张　彪）

腾冲市东山芹菜塘牧草开发利用

为提高天然草原牧草质量和产量，增加人工牧草植被盖度，进一步改善草原生态环境，2017年，腾冲市依托恒益东山农业开发有限公司，取得云南省农业厅草牧业试点项目支持，公司采用租赁模式，对腾冲市东山芹菜塘1.5万亩天然草原进行保护性开发利用。

按照《腾冲市腾冲恒益东山农业开发有限公司2016年草牧业试点建设项目实施方案》相关要求，在云南省现代农业草产业技术体系和云南省草地动物科学研究院专家指导下，2017年4~5月，结合天然草原地块现状，对平缓地带进行翻耕、耙细、撒播，建设人工草地；陡坡地块实施鱼鳞状塘播，进行草地改良。品种为多年生黑麦草、鸭茅、狗尾草、白三叶、光叶紫花苕、扁穗雀麦。种植成功后，采用刈割饲喂为主，放牧使用为辅的利用方式。

截至2017年底，完成人工草地建植4 100亩，改良草地2 300亩，建设草地围栏21 000米。饲养云岭牛能繁母牛67头，试验性饲养独龙牛4头。下一步，公司将以打造生态型、观光型、适度放牧型常绿草原为一体目标，结合划区轮牧，完善观光牧道建设，配套休闲服务。力争把东山芹菜塘牧场建设成离腾冲市区最近的“天上草原”，凸显腾冲“天然氧吧”魅力。

（云南省现代农业草产业技术体系　杨茂生　邵思远）

富宁县山羊养殖为群众增收

富宁县抓实特色养殖产业发展，在板仑、阿用、归朝、剥隘、洞波、那能等乡镇大力发展本地山羊养殖，鼓励有条件的能人发展适度规模养殖，同时推广种草养畜技术，逐步培育以规模养殖为主，群众分散经营为辅的生产方式。截至2017年中，山羊存栏在10只以上的养殖户207户，年存栏3万余只，出栏2万余只，为群众增收1 600余万元。

（富宁县农业和科学技术局　熊明波）

富宁县启动实施大美草原守护行动

为深入贯彻党中央、国务院关于生态文明建设的决策部署，践行“山水林田湖草是一个生命共同体”和“绿水青山就是金山银山”理念，认真落实习近平总书记考察云南的重要讲话精神，汲取中办、国办关于甘肃祁连山国家级自然保护区生态环境问题督查处理情况及其教训，切实做好富宁县草原生态保护建设工作，富宁县于2017年11月3日召开富宁大美草原守护行动动员会议并开展宣誓仪式，正式启动实施富宁大美草原守护行动。

守护行动为期一年，即2017年10月至2018年10月。重点开展草原执法检查“绿剑行动”、草原征占用专项检查“护卫行动”、草原补奖政策“宣贯行动”、新闻媒体“发现美丽草原行动”和最美草原管护员“寻找行动”五个方面的行动，进一步加大草原管护和建设力度，稳步推进全县草原生态文明建设，助推全县经济社会协调发展

（富宁县农业和科学技术局　韦光伟）

马关县启动“大美草原守护行动”

马关县于2017年10月31日在县农业和科学技术局召开“马关大美草原守护行动”宣誓仪式，并对参会人员进行培训。“马关大美草原守护行动”有五项子行动，一是草原执法检查“绿剑行动”，对非法征占用草原、非法开垦草原、违反禁牧和草畜平衡规定、滥采乱挖草原野生植物等行为，组织开展草原执法专项检查。二是草原征占用专项检查“护卫行动”，重点针对旅游、风电、光伏、公路、铁路、水利、开矿等建设征占用草原开展专项检查，督促即将开工的工程项目按照《农业部草原征占用审核审批管理办法》规定的程序和管理权限办理相关手续。三是草原补奖政策“宣贯行动”，建立“进村入户”联系制度，宣讲解读草原补奖政策内容，倾听农牧民需求和心声，征询农牧民意见建议。加强宣传，普及草原禁牧、草畜平衡知识，增强农牧民科学合理利用草原的意识，树立主人翁观念。四是新闻媒体“发现美丽草原行动”，组织媒体记者深入草原牧区，围绕“山水林田湖草是一个生命共同体”“加强草原管护推进生态文明建设”等主题，开展调研采风和宣传报道，讲好草原故事。五是最美草原管护员“寻找行动”，建立村级草原管护员制度，寻找工作责任心强、事迹感人、作用发挥突出的最美草原管护员。

（马关县畜牧站　蓬文超）

大理州“大美草原守护行动”启动

2017年10月19日，由大理州农业局主办的大理州“大美草原守护行动”正式启动。

大美草原守护行动启动仪式完毕，大理州畜牧工作站和负责草地资源清查的公司的相关工作人员分别作“草原执法”“退耕还草”“粮改饲”“草地资源清查”等系列培训。对实际操作中遇到的问题一一作解答，同时也对草业工作者提出具体的要求，对“退耕还草”“粮改饲”“草地资源清查”等正在实施的项目要如期完成；对“大美草原守护行动”各县要编写实施方案落实三大行动：草原执法检查“绿箭行动”；草原征占用专项检查“护卫行动”；草原补奖政策“宣贯行动”。各项工作要切实加强领导，强化工作措施，明确任务分工，层层压实责任，有力、有序地推进，切实取得工作成效。

10月20日，大理州草业工作者在大理州畜牧工作站相关工作人员的带领下，前往鹤庆县草海镇柳绿河村的暖性灌草丛类样地进行草地资源清查实地培训，由翰哲和尚霖公司的技术人员手把手教授植被盖度系统和草地资源数据采集终端的使用，以“课堂+实训”的方式确保大理州草地资源清查的高效开展。

（大理州畜牧工作站　张晓燕）

云　果

发展梅果产业带动农民增收

大理洱宝实业有限公司作为梅子、木瓜、核桃基地建设及系列产品生产加工销售为一体的龙头企业，扶持山区群众种植优质梅子树3.50万亩，免费为群众提供种植和改良技术，免费发放有机肥，壮大梅果产业并促进农民增收。2016年，该公司实现总产值1.50亿元，收购鲜梅、木瓜、核桃1.387万吨，带动农民增收5 490.5万元，其中建档立卡贫困户增收2 018元。

（《云南日报》记者　雷桐苏）

云南省育出甘蔗新品种

在云南省科技重大专项“蔗糖产业提质增效关键技术研究与产业化应用”支持下，云南省农业科学院甘蔗研究所经过刻苦攻关，选育出甘蔗糖分达19.20%的全国最“甜”甘蔗新品种——“云蔗08-1609”。

省农科院甘蔗所甘蔗种质资源收集利用及甘蔗育种一直领先全国。依托该所建设的国家甘蔗种质资源圃是全国规模最大、保存数量最多、属种最丰富的甘蔗资源圃，现保存有2 700多份甘蔗种质资源，为全国甘蔗育种储备丰富的基因资源。

2015年以来，在“蔗糖产业提质增效关键技术研究与产业化应用”项目支持下，甘蔗所利用优异种质资源，经过技术创新，选育和筛选出“云蔗08-1609”“云蔗05-51”“柳城05-136”3个高产高糖新品种。其中，自育新品种“云蔗08-1609”早熟高糖特性突出，平均蔗茎产量每亩达6.5~7.3吨，与全国主栽品种“ROC22”相当；平均蔗糖分达15.82%，较“ROC22”提高1.41个百分点；11月份的蔗糖分达14.12%，比“ROC22”提高1.55个百分点；最高蔗糖分达19.20%，是目前全国蔗糖分含量最高的甘蔗。同时，由于“云蔗08-1609”兼具高蔗糖分、高产量两大突出优点，成为全国亩含糖量最高的甘蔗品种。该品种于2016年通过审定，开始在全国蔗区推广。

此外，甘蔗所另一自育品种“云蔗05-51”种性优异，是中国首个在国外（美国）登记的甘蔗新品种，2016年，获农业部植物新品种权。该品种于2016年在耿马县经专家组现场测产鉴定，旱地百亩连片单产达9.20吨，打破中国无灌溉旱地蔗区的单产纪录，成为云南和全国蔗区主推新品种。

（《云南日报》记者　陈云芬）

云南实现草莓鲜果周年规模化生产

2016年，云南省草莓种植面积约5万亩，种植面积年均增长率在30%以上。云南省是目前全国能实现草莓鲜果周年规模化生产的唯一省份，一年四季都有草莓鲜果产出。统计数据显示，2016年，云南省日中性草莓（产果期主要是夏秋季）种植面积占全国的60%，产量占全国的70%以上。

云南地处低纬高原，冬暖夏凉，四季温差小，全年光照充足，草莓鲜果着色好；短日照草莓（产果期主要是冬春季）能在11月大量上市，较全国其他地区早1个月；日中性草莓的有效生长期较省外其他产区长3~4个月，单位面积产量高1倍多，具有很强的市场竞争力。

（云南网记者　陈云芬　杨　峥）

石林县“大可枇杷”获国家地理标志证明商标

2017年2月28日，石林县“大可枇杷”成功在国家商标局申报为地理标志证明商标，成为“石林圭山山羊”之后的第二件地理标志证明商标。经过多年发展，石林大可乡有1 100余户群众种植枇杷，面积达11 450亩，平均每亩带来1万余元的利润，成为当地成功调整农业产业结构，鼓起群众腰包的“摇钱树”。

2015年3月，位列云南六大本土名羊之首的石林圭山山羊，成功申报为石林第一件地理标志证明商标。石林县市场监管部门把申报地理标志证明商标工作，作为增进县域经济发展活力的有效抓手，开展商标进企入户及农民专业合作社、农产品商标、农产品知名品牌“一社、一标、一乡一品”申报创建。石林县大可乡在农业产业结构调整和“一乡一品”代表产业发展中，以“山顶戴帽、山腰挂果、山脚粮仓”立体发展思路，引进冬春两季成熟的优质枇杷试种成功。大可乡枇杷产业经过10余年发展壮大，种植遍布全乡各村委会，带动当地1 000多户群众种植枇杷11 450亩，连片种植达8 000多亩，基地规模种植达2 000多亩，其中，已有超过半数正在或已进入盛果期，每亩利润达到1~1.5万元，户均增收达8 000元左右。

大可乡冬春枇杷酸甜适中、皮薄多汁，远销省外。通过成立石林大可枇杷种植专业合作社，逐步形成“合作社＋科技基地＋农户”产业发展模式，合作社以基地建设为突破口，发挥示范带动作用，对247户社员进行枇杷种植技术培训，与社员签订收购合同，实行订单式收购，把合作社与农户利益紧密联系在一起，实现合作社增效、农户增收双赢目标，合作社先后获得“国家农民合作社示范社”“全省农民专业合作社示范社”等称号。此次“大可枇杷”成功申报成为石林第二个地理标志证明商标，对于大可枇杷产业以标准化管理、品牌化经营为核心，着力打造“大可枇杷之乡”起到进一步打响石林大可枇杷品牌，畅通枇杷销路，促进果农增收的作用。

（《昆明日报》记者　莫　衍　邹　腊　通讯员　侍　伟）

普洱市发展“美藤果”产业

中文学名南美油藤的“美藤果”生长于南美洲安第斯山脉地区热带雨林，在秘鲁、厄瓜多尔等地区已被当地土著人食用上千年的历史，被当地确认为国宝级天然食用植物。2008年，引进中国种植，其果实富含不饱和脂肪酸，有降血脂、美容养颜、提高免疫力、改善记忆、抗衰老等保健作用，在国外广泛应用于生物医药、保健食品和化妆品等领域。2013 年 4 月，“美藤果的综合开发与应用研究”和“美藤果种植基地建设及产业化开发”同时入选科技部“十二五”农村领域科技星火计划。

坐落于普洱市工业园区的普洱联众生物资源开发有限公司是开发研究利用“美藤果”的公司之一。联众生物资源开发有限公司成立于 2009 年，先后申报国家发明专利 10 项，授权 5 项，发表学术论文 5 篇；荣获科技部“全国优秀民营科技企业年度贡献奖”“科技部云南省科技入滇战略合作项目欧米伽膳食养生产业研究中心”等荣誉称号。该公司于 2010 年与华南农大食品学院院长杨公明、杜冰博士联合开展“美藤果”研发，完成国家新资源食品申报报告及相关卫生学、毒理学、营养学及动物喂养、产品标准、生产工艺等研发报告。公司还将华南农大的人才引入开展“美藤果”的具体工作，解决普洱高端科技人才缺乏的现状。该公司 2016 年的销售业绩是 2015 年的两倍，2017 年营业收入突破 2 000 万元，带动“美藤果”种植户增收上百万元。

（《云南日报》记者　马　喆）

巍山县发展红雪梨

巍山县马鞍山乡全面实施精准扶贫，大力扶持引导农民集中连片发展无公害红雪梨种植，将红雪梨产业与乡村生态旅游有机融合，并通过电商扶贫、冷库储藏、精深加工等措施，全面提高红雪梨产业经济效益。截至 2017 年底，马鞍山乡红雪梨种植面积达 2.73 万亩，总产量达 2 万多吨，总产值将突破 5 000 万元。

马鞍山乡红雪梨协会、龙塘植保专业合作社、朝阳红雪梨产销合作社等相继成立，“党支部 + 企业 + 合作社 + 贫困户”的发展模式，有效地引导着贫困户发展红雪梨种植。马鞍山乡朝阳红雪梨产销农民专业合作社通过巍山县邮政“优帮帮”扶贫电商平台，每天以 1 吨的数量将红雪梨从线上销售到昆明等地。

马鞍山乡还积极争取项目促进红雪梨产业发展，建成红雪梨标准化生产示范基地 1 万亩、核心示范基地 500 亩。完成中央财政农技推广巍山红雪梨项目，实施红雪梨标准园建设、省级红雪梨品牌创建和育苗基地建设。

（《大理日报》特约记者　张树禄　通讯员　董有喆　曹永福）

首届核桃博览会举办

2017 年 11 月 9~13 日，首届云南昆明核桃博览会在昆明国际会展中心举办。此次博览会主题为“云南核桃 世界品味”，旨在打造“云南核桃”统一品牌，扩大“云南核桃”影响力，培育核桃消费热点、扩大核桃消费需求，助推云南核桃产业成为对云南社会、经济、生态建设起重要支撑作用的生态产业。

展会期间，举办云南核桃产品推介及贸易对接交流签约活动，多家核桃龙头企业进行现场推介展示，云南摩尔农庄、云澳达、磨浆农业、南涧红云核桃还分别与深圳、临沧市政府、老牛基金会、云南东方航空等签署合作协议，涉及核桃技术研发、产品深加工、航空食品供应等领域。

（《云南日报》记者　王淑娟）

新平县柑橘丰收

新平县依托得天独厚的气候优势和土地资源，将柑橘产业定位为高原特色农业重点产业加以培植，2017 年，全县种植柑橘 10.90 万亩，实现柑橘产量 7 200 多万千克、产值 3.96 亿元。

新平县依托得天独厚的气候优势和土地资源，将柑橘产业定位为高原特色农业重点产业加以培植。出台以柑橘为重点的一系列扶持政策，新植柑橘符合要求的每亩补助 300~800 元，对符合产业发展规划并按标准化建设的果园给予 50% 贷款贴息，有力推动柑橘产业发展。

（玉溪网　杨玉婷、李云春、刀思瑜）

镇康县咖啡产业引领脱贫

镇康县把咖啡产业作为贫困人口脱贫增收的重要途径来抓，紧紧围绕“发展产业脱贫一批”的要求，坚持政府引导、市场主向，龙头带动、集群发展，统筹协调、科学发展等原则，着力强化咖啡产业在脱贫攻坚工作中的引领作用。

充分发挥政府主导作用，积极调整预算支出结构，安排咖啡产业发展专项资金，组织实施以培育咖啡标准化示范基地为重点的现代农业示范区创建工程。截至 2017 年底，各级财政共支持咖啡产业发展资金 4 500 多万元，帮助协调各类融资 3 000 多万元，通过整合农业部门的阳光工程、劳动力转移等培训，培育新型咖农 1.50 万人，基地基础设施得到进一步优化，农业产业结构得到进一步调整。2016~2017 年，全县共采收咖啡鲜果 6.10 万吨，农业产值 1.65 亿元，加工优质咖啡豆 1.10 万吨，产值达 1.98 亿元。从 2010 年开始，镇康县的咖啡面积、产量居全市主导地位，已连续七年位居全市第一。

镇康县一方面以现有本土农副产品加工企业为基础，通过挖潜改造、兼并联合、资产重组等途径，扩大生产规模。另一方面，加大招商引资力度，2010年，成功引进国家八部委认定龙头企业德宏后谷咖啡公司到镇康发展咖啡产业；通过采取外引内联、股份合作、产业集群、抱团发展等多元化培育方式，2017年7月，中国中信集团与临沧后谷咖啡有限公司正式签约，合作开发，实行国有控股。全县从事咖啡生产企业有3家，有“后谷咖啡”和“隆玉咖啡”两个品牌，有初加工工厂7座（在建1座），在建精加工工厂1座，生产出的原料及产品远销欧亚及美洲50多个国家。

在推进农业产业化进程中，搭建企业与市场的桥梁和纽带，狠抓企业生产和与大市场的连接机制，特别在有助于优化和完善农业产业化经营的组织创新和发展机制上进行探索。全县共创建咖啡合作社7个，连续7年组织咖啡企业参加国家和省、市主办的各类推介活动。2016年，全县咖啡基地面积12.80万亩，咖啡种植涵盖全县7个乡（镇）48个村，8 891户农户，培育以咖啡为主导产业的行政村7个，50亩以上种植大户68户，有4.68万人从事各类咖啡行业，全县咖啡营业收入达2.33亿元。

（《临沧日报》通讯员　蒋正林）

四河社区葡萄

作为陆良县标志性生产的“红提”基地，四河社区抓住以“质量”换取“市场”，以“市场”引导农户发展高品位的水果，在该基地建有“T”字形的设施，上盖避雨简易大棚或防暴网，下安输送的滴溉。在地下施足农家的有机肥，地上配制滴管输送的营养液，满足葡萄的成长。果农修剪打枝成型的“Y”字形骨架，绿叶能采集更多制造营养的阳光和空气。因此，四河社区的葡萄穗大粒饱，紫红半透明，果肉细密，软而多汁，甜酸适度，不仅色形味俱佳，而且适应性强，耐贮藏，能远运。套袋穗重均1千克以上，粒重12克以上，优果率95%以上，亩产葡萄2 100多千克。

该基地规模化、连片化、标准化、科学化的栽培管理模式，使商品成为“线上线下”的畅销货，电商的收购价都在8元以上，产品销往北京、广州、上海、湖南、四川等地。

（《曲靖日报》记者　徐德荣）

云南各地核桃产品参评

2017年11月13日，2017云南昆明核桃博览会展品评审及颁奖仪式在昆明国际会展中心举行。经组委会组织相关专家对选送的282件展品进行遴选、评审，最终16件展品脱颖而出，斩获金奖。

截至2016年，云南省核桃种植面积达4 280万亩，产量和产值均居全国之首。云南省90%以上的县种植核桃，加工销售专业合作社达1 000多个，企业500余家。为了进一步推进云南省核桃和坚果产业发展，增强企业品牌影响力和竞争力，2017云南昆明核桃博览会组委会举办博览会展品评选活动。旨在推广云南省核桃新技术、新成果以及系列核桃新产品，促进云南省核桃新品种、新技术、新产品研发，普及核桃知识，引导核桃消费，推动云南省核桃产业又好又快发展。

此次博览会根据展会产品及送来参评产品的具体情况，评选出核桃坚果、核桃仁、核桃乳、核桃油、澳洲坚果及新产品等六类奖项。最终，云南磨浆农业股份有限公司等参展单位选送的16件展品获得金奖；云南双江沐栉核桃油有限公司等参展单位选送的28件展品获得银奖；昌宁笑果果食品有限公司等参展单位选送的55件展品获得铜奖；云南省林业科学院等15家单位获得组织奖。

（云南网记者　彭　锡）

南伞镇坚果产业成脱贫主产业

临沧市南伞镇依托省、市、县大力发展坚果产业的优惠政策，认真分析实际情况，以片区规划为载体，坚持抓好重点，统筹推进的原则，按照“产业发展生态化、生态建设产业化”的要求，因地制宜，利用田坝村得天独厚的地理和气候优势，积极探索政府引导、市场化运作、龙头企业带动、林农积极参与、部门配套服务的发展模式推进坚果产业发展。

通过创新举措，采取“示范带动、效益推动、贫困户联动”的办法和“龙头企业+贫困户”“专业合作社+贫困户”“党员种植大户+贫困户”模式，南伞镇积极引导贫困户参与到坚果发展中来，真正把坚果产业作为富裕农民、脱贫攻坚的支柱产业来抓，不断提升壮大坚果种植优势，“生态化、庄园化”发展格局逐步形成。

同时，按照“一业为主，多业并举”的发展理念，大力发展林下经济，鼓励引导群众短期内以套种玉米、山稻谷、黄豆等农作物为主，长期以套种咖啡，海南黄花梨等经济林木为主，逐步形成“以短养长、立体种植”的发展模式，实现生态效益、经济效益、社会效益最大化。

全镇累计种植坚果19.62万亩，其中挂果面积达6万余亩，产量1 800余吨，产值3 600余万元，发展坚果套种其他产业8万亩，产值达9 600万元以上。贫困户也积极参与到坚果产业发展中，参与坚果种植的贫困户达1 700多户，占贫困户总数的90%以上，坚果产业成为脱贫摘帽的主产业。

（《临沧日报》　阮露明丹）

建水县油茶产业

2017年10月21日，建水县文联、建水县浩野农林产业有限公司举办“喜迎十九大·首届油茶韵浩野杯摄影采风创作比赛”活动。

建水县浩野农林产业有限公司是红河州第一家以油茶良种苗木培育、油茶种植示范推广、油茶产品深加工开发利用的省级林业龙头企业。该公司把油茶作为一项发展高原特色林业、绿山富民和创建“森林云南”的产业来发展。通过7年多的努力，公司已自建油茶高效栽培示范基地5 700亩、油茶良种苗圃200亩、油茶采穗圃250亩、油茶种质资源收集圃100亩。为建水、金平、个旧、屏边、石屏、开远等县（市）提供优质良种油茶苗800余万株，直接带动农户7 000余户农户种植油茶，带动油茶发展面积8万余亩，实现红河州油茶产业从无到有的跨越，并为红河高原特色油茶产业化的发展开辟一条新路。

油茶产业还带动养蜂产业，茶花飘香引来养蜂人。满山遍野的茶花盛开，吸引养蜂人到此放蜂采蜜，该处油茶生态无污染，没有使用化肥农药，非常适宜发展养蜂业。浩野公司还要大力发展种植苕子等牧草，这是一种保土养水、改良土壤的植物，开出紫色的花十分鲜艳多蜜，可实现观光农业与养蜂产业的双丰收。

（云南省红河州建水县农业局　何　屏）

石林县旅游文化节助力人参果产业发展

2017年9月23日，第三届中国石林人参果旅游文化节在中国人参果之乡石林县西街口镇路花人参果交易市场隆重开幕。

一年一度的人参果旅游文化节已成为石林县的重大节日，现场不仅有丰富多彩的民间文艺表演，还评选出2017年人参果国王、表彰优秀种植户、营销户及开展吃人参果大胃王比赛活动。

石林县人民政府为实现全域旅游、农旅融合发展战略，以石林旅游带动农业产业的发展。连续三年举办中国石林人参果旅游文化节，通过旅游文化节搭台、农业产业唱戏，以扶贫攻坚为突破口、打造石林人参果品牌。人参果虽然是外来品种，但在石林这块红土地上演变出世界品质的果感。来自省内外众多人参果客商前来收购，激发人参果种植户、销售商、加工企业、研发专家的热情。销往香港的精品人参果8个果包装每盒400元、单果售价50元。2017年，石林人参果种植面积达近4万亩，产量近8万吨，产值近4亿元。人参果已成为石林贫困山区的脱贫致富果。

（现代农业产业技术体系专家团　李国昌）

石林人参果推介会

2017年9月19日，生态中国品牌行动金秋研讨会暨运田良品创立30周年新品—石林人参果推介新闻发布会在北京喜庆堂庄园成功举行。活动由首都经贸大学中国品牌研究中心、中国网生态中国频道、品牌智库研究院、云南省石林彝族自治县人民政府、运田良品科技发展有限公司等联合主办，荣泽生态农业、源本生活合作社、阿大公司等鼎力支持。

十届全国人大农业与农村工作委员会副主任委员、农业部原副部长路明，原农业部新闻发言人、农业部办公厅主任、农民日报社社长徐静，国务院扶贫开发领导小组办公室西北办原主任严万鸿，北京市农委委员左晓波，云南省石林彝族自治县委副书记黄世建、副县长李雄斌，著名品牌管理专家、首都经贸大学中国品牌研究中心副主任、品牌智库研究院院长郭占斌，生态中国品牌行动秘书长、中国网生态中国频道总监张一帆，运田良品董事长刘运田、新知集团董事长、丽江雪桃开发有限公司董事长李勇、荣泽生态农业董事长苏国飞、黔域良品董事长龙登忠等领导、专家、企业家等出席活动。

在新品推介环节，来自彩云之南的水果新品—石林人参果被隆重推出：人参果产自云南的石林县，独特的气候和喀斯特地貌造就了这里出产的人参果含有十九种氨基酸，六大人体所需的营养素，并含有钙、镁、硒、铁等十多种有益健康的矿物质和微量元素。农业部果蔬品质监督检验测试中心检测数据表明，每100克果肉中含蛋白质910豪克，VC16.38毫克，胡萝卜素624毫克，钙910毫克，其微量元素含量是西红柿的114倍，黄瓜的36.40倍。据科学研究表明，硒能激活人体细胞，增强人体免疫力，维持免疫细胞的正常功能，促进各种维生素及营养素的吸收，抑制恶性肿瘤的裂变。

通过在北京举办推介会，扩大石林人参果的知名度和影响力，对促进石林人参果品牌培育、产业发展、农民增收将产生积极的推进作用。

（现代农业产业技术体系专家团　李国昌）

云 茶

古树茶申获“老山百年”商标

2017 年 3 月，麻栗坡县明宏茶叶加工厂成功申获“老山百年”国家注册商标。

明宏茶叶加工厂地处麻栗坡县猛硐瑶族乡坝子村小组，占地面积 3 300 平方米，始建于 1965 年，迄今已有 52 年的历史。现生产老山百年古树普洱茶、野生茶、手工晒青毛茶、绿茶、红茶、普洱茶等系列品牌产品种类 39 个。该厂采取“加工厂 + 合作社 + 基地 + 农户”的方式，与周边 14 个村民小组 510 户农民形成利益连结，带动周边群众户均增加纯收入 3 000 余元。

坝子村种茶历史悠久，现存有树龄 300 年以上的原生态古树茶 2 万余株；原始森林自然生长的千年野茶树 1 000 株；无公害茶叶产地 1 万余亩。可年产鲜茶叶 635 吨，年产值在 400 万元以上。“老山百年”茶，全部采用当地自然生古树茶，经过传统技术和现代工艺精制而成，其内含物质丰富，具有口感好、回味甜、香韵持久、易冲耐泡、生津解渴、舒心养胃等特点。

（《云南日报》记者　张登海　黄　鹏）

普洱茶品牌价值达 60 亿

2017 年 12 月，历时 4 个月的 2017 中国茶叶区域公用品牌价值评估结果公布。评估数据显示，92 个有效评估品牌的总价值为 1 368.05 亿元，平均品牌价值为 14.87 亿元，普洱茶品牌价值最高，达到 60 亿元，居 2017 年中国茶叶区域公用品牌之首。

2016 年 12 月底，2017 中国茶叶区域公用品牌价值评估进入相关程序。评估依据“中国农产品区域公用品牌价值评估模型”，经过对品牌持有单位调查、消费者评价调查、专家意见咨询、海量数据分析，最后形成相关评估结果。参与本次评估的中国茶叶区域公用品牌总数为 109 个，经由对参评品牌相关数据的多方审核，课题组最终完成对 92 个品牌的有效评估。

在本次评估中，92 个品牌的平均品牌强度乘数为 18.37，其中最高的是普洱茶，为 20.10，是唯一品牌强度乘数超过 20 的品牌；以普洱茶为代表的黑茶类品牌，平均品牌强度乘数达到 19.51，远高于其他茶类。排在第二的是白茶类品牌，平均品牌强度乘数为 18.79。青茶类品牌以 18.70 的平均值，位列第三。以上数据表明，黑茶类品牌在区域带动、产业经营、品牌传播、发展趋势等多方面均有不俗表现，在品牌未来持续性收益上有较强的保障。

（《云南日报》记者　王淑娟）

云南国际茶叶交易中心上线

2017 年 6 月 28 日，云南国际茶叶交易中心在昆明正式上线，标志着省内唯一一家专注于茶叶批发和大宗现货的专业化电子交易平台投入运营。

该中心采用“在线交易、产品认证、仓储物流、商品溯源、供应链金融”五位一体的商业模式，致力于打通茶叶全环节产业链，依托云南作为全国两大茶产业中心基地地位优势，打造具有较强公信力的茶叶批发和大宗现货的专业化、标准化电子交易平台，构建大宗茶品的交易、结算、定价、配送、信用评估中心。

同时，通过溯源体系、质检体系、标准仓储物流体系的建设与应用，对上市的交易品种以茶叶产品质量检测标准执行国标、行业标准等相关标准进行客观估值，包括通过量化指标、观感指标、风味指标、茶多酚元素等，引导云南茶产业走向行业规范化、信息透明化、定价权威化以及管理智能化。此外，交易中心以互联网 + 茶农茶企 + 市场的方式，利用交易平台，让买卖双方进行自由交易操作，形成不同交易品种的实时交易价格。在减少流通环节、降低流通成本的同时，实现定价机制及品种的公允价格，满足多层次市场参与者对多种交易模式的需求，形成电子交易与金融服务、仓储物流、生产管理、产品溯源相结合的新型交易平台，从而全方位提升对行业的引领作用和服务功能。通过大数据管理与分析，精准锁定不同区域、不同群体消费者的需求，引导供给端茶叶生产企业优化产能。

（《云南日报》记者　王淑娟）

中国茶文化列车“贡润祥号”首发

2017 年 11 月 16 日 10 时 50 分，玉溪至郑州东 G1536/5 次“贡润祥号”列车从玉溪火车站始发，历时 10 小时，一路驰骋 2 485 千米，横跨云南、贵州、湖南、湖北、河南 5 省 22 个城市，抵达郑州市。

“贡润祥号”由云南贡润祥茶业有限公司与昆明铁路局合作开行，是云南首列民营企业冠名的中国茶文化高铁列车。

冠名“贡润祥号”茶文化列车，将助推云茶文化走出去。云南贡润祥茶业有限公司除了冠名“贡润祥号”茶文化列车外，还联合昆明铁路传媒打造“贡润祥号”高铁专供产品——“云普箐香”“云普天香”等茶产品。

（《云南日报》记者　胡晓蓉）

生态保护促南糯山古茶发展

勐海县境内野生茶树遍布，生活在这里的哈尼、傣、布朗、拉祜等少数民族有无茶不成礼的传统。住在南糯山的哈尼人世代种茶，茶叶是半坡寨村民收入的主要经济来源。但是，南糯山传统茶叶加工相对落后，散户售茶，价格低，茶叶愁销路。2012 年，陈升茶叶有限公司入驻当地，通过保护生态古茶树，把半坡寨打造成南糯山古茶第一村。公司从种茶、收茶的各个环节入手，与村民小组签订 50 年合约，一年三季的茶叶都由公司负责收购，茶叶的品质和销路都有了保证，形成长期稳定的“公司＋基地＋农户”合作模式，惠及周边少数民族茶农增收致富，与陈升茶业合作的少数民族群众达数万人。企业的入驻，还解决了当地少数民族就业的问题。在陈升茶厂里的 152 名固定员工中，少数民族员工占 70%，涵盖当地的 13 个民族。采茶季节，聘请的少数民族员工占比则高达 90%。

西双版纳南糯山古茶园　　（许太琴　摄）

多年来，依山而居的村民保护古茶园和生态环境的意识越来越强烈，大家明白，生态好了水源才能保持好。因此，南糯山的生态环境保护得较好，植被覆盖率达到 87.90%。

（云南网实习记者　张　彤）

凤庆县获“2017 年度中国十大生态产茶县”称号

2017 年 10 月 26 日，第十三届中国茶业经济年会暨“天下茶尊・红茶之都”云南临沧红茶节开幕式在临沧市会议中心礼堂隆重举行，凤庆县荣获“2017 年度中国十大生态产茶县”荣誉称号，县委副书记、县长杨红俊参加开幕式，并代表县委政府领受奖牌。

（凤庆县农业信息中心　袁中记）

镇康县勐捧镇“秋白露茶”俏销市场

“秋白露茶”即秋茶没有春茶“苦”，不如夏茶“涩”，其滋味与香气是一年中最好的。它独特的“个性”吸引大批消费者。且由于“秋白露茶”的数量不如春茶多，为了争夺有限的资源，茶商直接到农户的茶园蹲点收购，进一步节省茶农的劳作成本，大部分茶农十分乐意采收秋茶。

勐捧镇共有茶园面积 13 956 亩，可采收茶叶的面积为 12 276 亩，2017 年，共采收春茶鲜叶 1 158 吨，制成 386 吨干茶，春茶总收益约 2 123 万元。秋茶鲜叶采收量达到 750 吨，按照现在的市场价计算，总收益在 1 375 万元左右。

（《临沧日报》记者　罗荣超）

镇康县马鞍山古茶园获省“魅力古茶园”殊荣

镇康县政府、县茶办积极组织申报 2017 年度“魅力古茶园”以及云南省高原特色现代农业茶产业“十强县”“二十强企业”“魅力古茶园”“秀美茶园”评选。镇康县马鞍山古茶园荣获云南省“魅力古茶园”荣誉，标志着该县茶企业影响力及品牌价值进一步得到提升，茶产业实力显著增强。

马鞍山古茶山位于镇康县北部忙丙乡。马鞍山片区茶园面积 7 598 亩，包括 2 个乡（镇）5 个村委会，即马鞍山村、帮海村，忙汞村，回掌村、凤尾镇大伯树村，核心区马鞍山古茶园 3 200 亩。片区茶园涉及 40 个村民小组，1 697 户 7 144 人。

（《临沧日报》记者　佚　名）

云 粮

玉米新品种兴玉 101 号

2017 年，保山市隆阳区 10 户科技示范户，在海拔 1 450~1 850 米的蒲缥、板桥镇、瓦窑镇示范种植玉米新品种兴玉 101 号，面积 28 亩，平均产量 706.60 千克 / 亩，表现大穗、大粒、高产、商品性好、抗逆性强（抗灰斑病、抗大小叶斑病、抗锈病和抗穗粒腐病）、生育期适中，成为粮农心中的金麦，适宜保山市海拔 1 850 米及以下的区域种植。

（隆阳区玉米试验站）

文稻 11 号留植再生稻获得成功

2017 年，富宁县引进文山州农科院培育的籼型常规水稻文稻 11 号，在归朝镇那旦村民委玉林小组黄吉姑农户责任田试种留植再生稻试验获得成功。经田间调查，该农户种植的文稻 11 号于 9 月 3 日收获头季稻，再生稻于 2017 年 11 月 10 日成熟，田间密度为 18 940 丛 / 亩，有效穗 109 856 穗 / 亩，实粒数 44.60 粒 / 穗，千粒重 30.60 克，根据三要素的产量构成，折合亩产 149.92 千克。据田间调查数据分析，该品种再生力强，生长整齐，长势好，值得示范推广留植再生稻。在示范推广中，应合理密植（密度在 2 万丛左右 / 亩），适时追施出芽肥，以及病虫害防治等田间管理，确保再生稻安全生长，促进增产增收

（富宁县种子管理站　农汉奎）

广南县打造八宝米产业扶贫

为认真贯彻落实《中共中央国务院关于打赢脱贫攻坚战的决定》及省委、省政府《关于举全省之力打赢扶贫开发攻坚战的意见》等文件精神，结合《中共广南县委办公室 广南县人民政府办公室关于广南县加快产业发展推进精准扶贫实施方案的通知》精神，广南县八宝米产业扶贫工作严格按照全县八宝米产业精准脱贫发展规划，围绕“大力发展产业促进增收脱贫”目标，培育一批带动能力强的八宝米产业龙头企业、农民合作社，宣传发动和扶持建档立卡户积极发展八宝米产业种植增收脱贫。

2017 年，以云南八宝贡米业有限责任公司为龙头，以广南县益康米业公司、那糯芒农民种植合作社和云之香米业公司为补充，建立以公司 + 合作社 + 基地 + 农户的生产经营运作模式，实施八宝米订单生产 5.81 万亩，带动全县建设八宝米种植基地 14.85 万亩。其中云南八宝贡米业有限责任公司充分发挥龙头企业的带动作用，积极履行企业社会责任，借着产品创新做大规模，呈现效益，以带动当地立卡户脱贫为己任，以不同的合作模式带动建档立卡贫困户增收脱贫。企业不断完善创新帮扶措施，为广南县精准扶贫工作起到引领带动的作用。特别是在产业发展区域布局上以八宝镇为重点，着力打造“一乡一产”“一村一品”，重点安排八宝米产业项目，覆盖全镇贫困村惠及精准贫困人员脱贫。2017 年，该企业共计带动建档立卡贫困户 1 740 户增收，其中以实施订单生产带动贫困户 1 022 户种植八宝米 2 079 亩，计划实现增加销售收入 666.70 万元。

为激励贫困户积极发展八宝米产业种植增收脱贫，云南八宝贡米业有限责任公司制定出相应的八宝米产业发展扶持的奖励办法，在县政府对实施订单生产并销售八宝米每千克农产品奖励补助贫困户 0.80 元的基础上，云南八宝贡米业有限公司补助贫困户 0.20 元；实施金融贷款参与产业发展 404 户，贫困户贷款参与企业协议入股分红，协议贷款入股三年，贫困户贷款不承担风险和利息，每年按入股总额的 8% 分红，截至 2017 年 8 月，兑现分红 80.80 万元；企业劳务用工带动建档立卡户 60 人（次）参与企业、合作社生产基地的建设管理和车间生产流程工作，计划实现劳务用工增加收入 67.50 万元。

广南县和广东、浙江、上海等省（市）电商探索“电商＋扶贫”新型模式，积极发展八宝米订单农业，产品远销全国十多个大中城市，借着思路创新、技术创新拓宽市场，带动 1 000 余户贫困户的农产品销售，实现增收脱贫。云南八宝贡米业有限责任公司本着“求实奋进”的企业精神，围绕企业价值观和企业精神扎实求发展，增强企业社会责任，积极带动产业发展成为广南县精准扶贫工作中产业扶贫的亮点。

（广南县八宝米研究所　陆坤华）

大理州开展绿色水稻高效示范项目

2017 年，大理州绿色水稻高效示范（稻鱼、稻蟹、稻鸭共育）项目利用大理市荣江生态农业发展有限公司流转的 205 亩土地，开展以绿色生态洱海保护农业面源污染治理为核心，以推行稻鱼、稻蟹、稻鸭共育养殖结合的循环农业为切入点，以公司 + 基地 + 科技的方法，以实现绿色高效为目标，具有较强的针对性、先进性、

示范性和可操作性；水稻采取以“统一良种、统一栽插规格、统一肥水管理、统一机收、统一绿色防控、统一技术培训”的集成技术和共生互利、循环利用的养殖技术措施，具有较好的示范带动作用；经稻鱼、稻蟹、稻鸭3种共育模式测产验收结果：稻鱼模式的水稻平均单产557.64千克，鱼平均亩产值1 540.50元；稻蟹模式的水稻平均单产601.43千克，蟹平均亩产值1 170.40元；稻鸭模式的水稻平均单产670.54千克，鸭平均亩产值1 463.60千克。3种模式的水稻平均单产587.26千克，鱼、蟹、鸭综合平均亩产值1 423.79元，超额完成水稻亩产不低于500千克，鱼、蟹、鸭亩产值分别不低于1 000元的计划指标，经济效益明显。

（大理州农科院农技推广站　杨凤刚）

高海拔百亩极量核心区水稻创高产记录

2017年10月26日，由丽江市农业局主持，邀请云南省农业科学院、云南农业大学、丽江市种子管理站五人组成的专家对云南省现代农业产业技术体系丽江水稻试验站（丽江市农科所）组织实施，宁蒗县农业技术推广中心、永宁乡农科站参与的高寒稻区“百亩极量创新”丽粳9号百亩连片示范区进行实收测产，实施的150亩“丽粳9号”百亩核心区经实产验收平均亩产524.26千克，较全乡万亩区的平均亩产量263.25千克增产261.01千克，增幅高达99%；比原来2016年百亩连片高产纪录435.1千克，增产89.15千克，增产效果显著。专家组认定这是世界水稻种植最高海拔在低纬度、高海拔的高寒稻区水稻新品种百亩连片种植获得的最高产量。

这次验收严格按照“全国粮食高产创建测产验收办法（试行）”进行，对150亩示范片进行测产，经测产高产田块8亩，中产田块102亩，低产田块40亩，经现场对比随机抽取高、中、低产田各一块进行全田机收。其中，高产田农户王盛忠田块，实收面积1.10亩实收稻谷717.55千克，平均含水量21.10%，扣除水分及杂质1.90%，折合亩产590.61千克。中产田农户曹友清田块，实收面积1.63亩，实收稻谷920.55千克，平均含水量20.04%，杂质1.90%，折合亩产517.81千克。低产田农户张红忠田块，实收面积1.03亩，实收稻谷586.60千克，平均含水量22.10%，杂质0.89%，折合亩产514.26千克。对150亩高中低产田加权平均，核心样板平均亩产量为524.55千克。

（现代农业产业技术体系专家团　杨　洪）

“无人机”绿色防控玉米病虫害成效显著

为深入贯彻落实农业部《到2020年农药使用量零增长行动计划》，认真抓好2017年度农作物病虫害绿色专业化防控工作，确保粮食安全、农药减量增效、农民增产增收。根据省州业务主管部门考核要求和科技增粮工作发展趋势，武定县安排2017年省级农业生产发展专项资金2.16万元，在高桥镇花桥村委会下长冲苗族村200亩玉米集中连片育苗移栽样榜核心区、插甸镇插甸村委会依纳格村100亩间作套种样榜示范区实施玉米病虫害专业化绿色防控项目，组织开展植保无人机防治玉米病虫害300亩。于7月26日、8月31日和9月8日三个时段开展防控作业，在县乡农技中心专家监督和项目区上百农户的见证下，按质按量完成农作物病虫害无人机绿色防控工作。

无人机绿色防控工作可全面提高病虫害防治效果，降低农药使用量，减轻人工防治高成本低投入弊端，有力地推进武定县农业生产对高科技技术的应用和推广；无人机“一体化”绿色防控充分体现无人机喷施农药雾化程度高、作业效率高、效果好，减少农药用量和人工成本，提高农药利用率，从而降低农药残留，对清洁田园建设，保护生态环境安全，提高农产品品质和人身安全具有重要意义。

无人机绿色防控工作的开展，充分展示现代农业装备在现代农业中的重要作用，对积极引导、鼓励专业合作社和广大农民群众引进、使用先进植保机械，实施现代化装备大面积防虫治病具有积极的推进作用，标志着武定县专业化、机械化植保技术开始从人工地面作业，进入航空无人化、高科技智能化时代；为切实贯彻落实农业部《到2020年农药使用量零增长行动计划》迈出划时代的一步。

（武定县农业局　周国智）

元江县推广水稻田埂套种黄豆

水稻田埂套种黄豆是一项充分利用土地、生态互利、省工节本、增产增收的好方法，这种节支、增收的新型免耕栽培模式在元江县羊街乡、那诺乡的哈尼梯田广泛推广。

田埂上光照充足，土壤肥沃，水分适宜，有利于黄豆生长。一方面种植田埂黄豆简单易行，施肥少、病虫少，不需打药，品质好，是真正的无公害食品；另一方面种植田埂黄豆不但不影响主栽作物水稻生长，而且还有利于减少田埂杂草，豆叶还田，又能培肥田力，增加土壤有机质，是一项投工少，效益好的好项目，值得推广利用，预计每亩可收干豆100千克，亩产值可达350元以上。

（元江县农产品质量安全检测站　白军荣）

剑川县马铃薯种薯外销

2017年10月，剑川县种薯基地大面积采挖，在剑川县马铃薯新型经营主体——合作社、家庭农场、种粮大户的组织下，大量外销脱毒种薯。

剑川县位于滇西北高原，北纬26° 11′ ~26° 24′，东经99° 28′ ~100° 4′之间，属低纬度高海拔地区。马铃薯种薯基地海拔大多在2 650~3 100米，平均海拔在2 700米以上，地形地貌以山地为主，谷坝镶嵌其间，山地中的丘陵、平坝、缓坡土层肥沃疏松，土壤沙性重，雨季不易受涝；气候冷凉，在农户家里就是天然冷库；县有光照条件好、昼夜温差大、作物品种单一、自然隔离条件好、病虫害少、品种退化慢等优越的自然条件，非常适宜脱毒种薯的生产。

剑川县种薯基地在剑川县农业技术推广站的建设下，依托云南省现代农业马铃薯产业技术体系的技术支撑，加快脱毒种薯的循环生产，并对种薯基地的建设进行全程监管，确保种薯质量，到2017年，建成脱毒种薯基地1.5万亩，品种主要是“合作88”“丽薯6号”“剑川红”等，平均单产在2吨以上，预计能产3万吨种薯，可满足15万亩商品薯的生产用种。种薯按目前的市场价1 400元/吨计，亩产值可达2 800元，生产脱毒种薯的产值效益远远超过传统的粮食作物水稻、玉米等。剑川县脱毒种薯基地的建设及种薯的大量外销，提高山区农民的收入，助推剑川扶贫攻坚的进程。

（剑川县农业局　张宽华）

高海拔粳稻高产攻关

按照云南省水稻产业技术体系提出的建立水稻产业技术高地、树立产业标杆、“籼稻攻质量、粳稻攻产量、寒区攻极量”目标要求，2017年，大理试验站在祥云县云南驿镇左所村（海拔1 960米）组织实施凤稻29号、凤12-47、凤11-55高海拔粳稻高产攻关及鹤庆县辛屯镇三合村（海拔2 200米）凤11-55、凤12-17百亩高产展示，力争实现产量水平的突破。

祥云县高海拔粳稻高产攻关田严格按照稻凤稻29号等新品种的配套高产稳产栽培综合集成技术规范实施，实施过程中主要抓了肥床旱育培育带蘖壮秧，精确定量栽培技术，测土配方优化施肥技术，氮素化肥后移、病虫草鼠害绿色防控、科学管理等技术环节的落实，攻关田水稻田间表现群体整齐，长势均衡、清秀，生育期株高适中，成熟期转色好，高产稳产；鹤庆县百亩高产展示区选用高海拔粳稻新品种凤稻30号（凤11-55）、凤12-17，以扣种稀播培育带蘖壮秧、早栽、精确定量栽培、测土配方科学施肥、病虫害综合防控等为骨干技术的抗御低温冷害高产稳产栽培技术，示范区田间表现群体整齐，长势均衡、清秀，生育期株高适中，成熟期转色好。

2017年9月26日、2017年10月9日，由大理州农业局组织，邀请州内有关专家对“大理试验站水稻百亩核心示范区”及“高海拔粳稻高产攻关”项目进行实测验收。鹤庆百亩核心示范区验收结果，百亩核心区平均亩产761.38千克，非示范区的亩产629.19千克，示范区平均亩产较对照亩增产132.19千克，增21.01%；其中，张钧杰户，品种凤稻30号，田块面积1.20亩，实收测产量面积315.56平方米，实收净谷总量463.53千克，用谷物水分速测仪测定的含水率为30%，扣除粳稻标准干重含水率14.5%，折合亩产802.80千克。祥云高海拔粳稻高产攻关田验收结果，张仕林户，品种凤稻29号，田块面积1.49亩，实收测产量面积991.15平方米，实收潮谷总量1 628.28千克，测定杂质含量3.2%，用谷物水分速测仪测定的含水率为24.80%，扣除粳稻标准干重含水率14.50%，折合亩产932.50千克；李万明户，品种凤稻30号（凤11-55），田块面积1.78亩，实收测产量面积207.79平方米，实收净谷总量341.24千克，用谷物水分速测仪测定的含水率为25.30%，扣除粳稻标准干重含水率14.50%，折合亩产956.58千克；张仕昌户，品种凤稻29号，田块面积1.32亩，实收测产量面积880.04平方米，实收净谷总量1 428.14千克，用谷物水分速测仪测定的含水率为27.20%，扣除粳稻标准干重含水率14.50%，折合亩产921.22千克；张仕智户，品种凤12-47，田块面积1.03亩，实收测产量面积683.37平方米，实收净谷总量886.92千克，用谷物水分速测仪测定的含水率为15.30%，扣除粳稻标准干重含水率14.50%，折合亩产857.19千克。

（大理州农科院　宋天庆）

楚粳37号获农业部超级稻认证

2017年3月6日，楚雄州农科所选育的“楚粳37号”喜获超国家农业部级稻认证，这是楚粳系列优质水稻继“楚粳27号”“楚粳28号”之后被认定的第三个超级稻品种。

2016年，楚雄州农科所在大理州弥渡县、楚雄州禄丰县和永仁县实施3个超级稻后备品种“楚粳37号”百亩示范方，并于2016年9月17日邀请农业部、中科院院士、省农业厅、省科技厅等专家、领导参与“楚粳37号”百亩示范方实地测产验收，平均亩产达995千克，最高亩产达1 022.30千克，至此，“楚粳37号”连续3年突破超级稻产量认证标准。

（楚雄州农科所　周　莉）

学习杨善洲 绿化彩云南

万家森林植树活动

由云南省杨善洲绿化基金会、云南森林自然中心主办，云南野生动物园承办的“万家森林·2017”植树活动，于2017年1月13日在云南野生动物园举行。社会各界爱心人士和志愿者共150多人参加了活动。

植树活动仪式由云南省杨善洲绿化基金会副理事长兼秘书长王德祥同志主持。云南省杨善洲绿化基金会理事长李森致辞。李森理事长指出，“万家森林”植树活动的开展，是积极响应省委、省政府“争当全国生态文明建设排头兵”的号召，弘扬杨善洲精神，把各方力量凝聚起来，形成合力，为争当生态文明建设排头兵做好扎实的工作。在市民的爱心募捐和参与下，杨善洲绿化基金会从2012年起，已在云南野生动物园相继开展了4次“万家森林”植树活动。植树活动的开展，让群众在云南野生动物园这个生态保护示范基地上，将自己的爱心变成一棵棵绿树，不仅带动家人和孩子提高了生态文明意识，而且树立起了生态文化理念，形成全社会齐心协力推进“森林云南”建设的良好氛围，为助推“森林云南”建设做出应有的贡献！

参加“万家森林”植树活动的志愿者代表先后发了言。同时，与会志愿者进行了爱心认捐挂牌，共种植云南樱花大树320株。

“玉龙县冷凉山区留守妇女关爱示范项目”实施

在云南省杨善洲绿化基金会的积极努力下，“玉龙县冷凉山区留守妇女关爱示范项目”获得中央财政支持社会组织开展社会服务示范项目立项。“这是基金会连续三年第三次获批的中央财政支持社会组织开展社会服务示范项目。在实地调研的基础上，2017年5月13日，在玉龙县巨甸镇后箐村八组举行项目动员会。项目总投资超过50万元。

芒市杨善洲纪念林植树活动

由云南省杨善洲绿化基金会、云南省林业厅、德宏州政府主办，德宏州纪委、德宏州林业局、芒市市委、市政府、芒市林业局和爱心企业云南牧雨春田农业技术开发有限公司支持的“2017年德宏州义务植树暨芒市杨善洲纪念林”植树活动，于2017年6月22日在芒市三台山乡举行。活动共有200多人参加。共募集到价值32万元的苗木捐赠，在三台山乡德昂族村民小组台地茶间套种经济林木150亩。项目规划总面积1033.5亩，计划五年分步实施完成。

瑞丽市杨善洲纪念林植树活动

由云南省杨善洲绿化基金会、德宏州林业局、瑞丽市委、市政府主办，瑞丽市林业局、瑞丽市勐秀乡党委政府承办，云南程盈森林资源开发控股集团有限公司、瑞丽市程茂农业发展有限公司、瑞丽市荣茂商贸有限责任公司、沭阳县盛农苗木有限公司支持的“瑞丽市杨善洲纪念林”植树活动，于2017年7月13日在德宏州瑞丽市勐秀乡小街村委会举行。活动共有150多人参加。植树活动共募集到价值78万元的苗木捐赠，种植木本粗蛋白饲料林构树400亩。项目规划总面积2000亩。

瑞丽杨善洲纪念林植树现场　　（和雪屏　摄）

陇川县杨善洲纪念林植树活动

2017年7月12日，云南省杨善洲绿化基金会从爱心企业云南润民农业科技有限公司的捐赠中调运价值20万元的红豆杉苗1万株（袋苗），在陇川县开展杨善洲纪念林植树活动。

陇川杨善洲纪念林植树现场　　（和雪屏　摄）

盘龙区杨善洲纪念林植树活动

由云南省杨善洲绿化基金会、盘龙区农林局主办，盘龙区松华街道办事处承办，民建云南省委直属科技支部、盘龙区拓东第一小学、云南润民农业科技有限公司支持的“2017年盘龙区义务植树暨杨善洲纪念林”植树活动，于2017年7月20日在昆明松华坝水源保护区举行。植树活动由盘龙区农林局局长袁绍诚主持。民建云南省委科技支部、盘龙区农林局机关、森警部队、盘龙区松华街道办事处的干部职工和盘龙区拓东第一小学的师生，以及爱心企业云南润民农业科技有限公司和中国绿色时报、云南电视台新闻媒体记者共200多人参加了植树活动。

此次植树活动共募集到爱心企业云南润民农业科技有限公司捐赠价值40万元的红豆杉树苗2万株和基金会捐赠种植管护费4万元现金。同时盘龙区农林局筹集12万元配套资金，全部用于种植300亩水源林。

盘龙区义务植树暨杨善洲纪念林活动现场（和雪屏 摄）

万家森林·2018植树活动

为弘扬杨善洲精神，动员和鼓励社会各界共同参与生态文明建设，进一步把“学习杨善洲、绿化彩云南”造林绿化活动引向深入，2018年1月30日，由云南省杨善洲绿化基金会、云南森林自然中心主办，云南野生动物园承办，云南艺都园林绿化有限公司、中国绿色时报云南记者站等媒体单位支持的“万家森林·2018”植树活动在云南野生动物园内举行。

植树活动由云南省杨善洲绿化基金会秘书长安俊义主持。省林业厅党组成员、副厅长夏留常，省杨善洲绿化基金会副理事长王德祥、王国亮、邓树斌，省林业厅相关部门领导张林冲、赵永平、桂许明、李源、刘宏屏、马骏，以及省林业厅团工委、云南森林自然中心、云南野生动物园、盘龙区拓东一小、盘龙区启梦丽水雅苑幼儿园、昆明医药职业技术学校、省孕婴童用品协会、昆明鑫燎文化传播有限公司等社会各界

省杨善洲绿化基金会副理事长王德祥在启动仪式上讲话（和雪屏 摄）

志愿者代表在启动仪式上发言（和雪屏 摄）

植树活动启动仪式现场（和雪屏 摄）

植树活动现场（和雪屏 摄）

植树活动启动仪式现场　　（和雪屏　摄）

万家森林2017年植树活动　　（和雪屏　摄）

爱心人士、志愿者350多人参加了活动。

活动仪式上，云南省杨善洲绿化基金会副理事长王德祥致辞，他在致辞中阐述了六年来持续开展“万家森林”植树活动的目的和意义。爱心志愿者单位代表盘龙区拓东一小校长刘兰英、盘龙区启梦丽水雅苑幼儿园执行园长龚璐，以及云南森林自然中心主任刘宏屏、云南野生动物园副总经理马骏分别发了言。

在植树活动中，志愿者们进行了爱心认捐挂牌，共种植了胸径4–6厘米、8–10厘米两种规格、价值7.8万元的全冠幅云南樱花大树370株。在整个植树活动过程中，从幼儿园的小朋友到小学生，以及职校学生、离退休干部、普通市民、省林业厅机关工作人员等志愿者。

（程维义　黄成伟）

生态文明建设

生态文明建设大家谈

公众共管共治的环境治理体系，努力把云南建成全国生态文明建设排头兵。

（《云南日报》记者 陈晓波 李绍明）

阮成发谈抓好环境保护

2017年3月20日，云南省环境保护工作会议暨九大高原湖泊水污染综合防治领导小组会议在昆明召开，传达学习全国两会和全国环境保护工作会议精神，总结2016年工作，分析存在问题，部署2017年工作。云南省委副书记、省长、九大高原湖泊水污染综合防治领导小组组长阮成发强调，要全面落实党中央、国务院关于生态文明建设和环境保护的一系列决策部署，以实际行动深入贯彻落实习近平总书记系列重要讲话和考察云南重要讲话精神，增强“四个意识”，压实责任，不断改善环境质量，增强人民群众的获得感。

阮成发强调，要进一步提高思想认识，切实增强做好环境保护工作的使命感和紧迫感。必须站在讲政治的高度，切实抓好环境保护和生态文明建设；必须牢固树立绿色发展理念，正确处理好发展与保护的关系，以供给侧结构性改革为契机，不断探索环境保护新形态，坚持产业发展与生态环境保护相协调，走绿色崛起之路；必须突出问题导向，全面落实《中央环境保护督察反馈意见问题整改总体方案》各项措施，严肃认真确保中央环境保护督察反馈意见问题整改到位，切实推进生态环境保护工作取得实效。

阮成发强调，要以九大高原湖泊为重点，不折不扣抓好污染治理工作。以九大高原湖泊为重点的水污染综合防治既是云南省环境保护的重点难点，也是生态文明排头兵建设的抓手和突破口。要充分认识九大高原湖泊保护治理的艰巨性和复杂性，做好打持久战的思想准备，通盘考虑、突出重点，远近结合、标本兼治，把省委、省政府关于九大高原湖泊保护治理的决策部署不折不扣落到实处，确保水质持续改善提升；要坚持“一湖一策”，把改善湖体水质、维护湖泊生态系统完整性放在首位，不断提高九大高原湖泊保护治理的科学化、精准化水平；要全面落实《云南省环境保护“十三五”规划》，统筹治理大气、水、土壤污染，坚决打好蓝天保卫战，实施好碧水青山专项行动，推进净土安居专项工程，不断取得环境保护与生态文明建设的新突破。

阮成发提出，要进一步压实责任，形成环境保护的多元共治格局。要强化责任落实、完善配套政策、严格考核监督、营造良好氛围，努力形成政府、企业和

张百如谈绿色发展理念

2017年10月11日至13日，云南省人大常委会常务副主任张百如率队在玉溪市、红河哈尼族彝族自治州督察河长制工作。张百如强调，要坚决贯彻省委决策部署，践行绿色发展理念，推动河长制深入落实，推进以高原湖泊为重点的水环境综合治理，营造水清山绿的良好生态环境。

张百如一行先后深入石屏县、通海县，实地考察异龙湖、杞麓湖保护治理工作，详细了解河长制落实、湿地和截污工程建设、退耕还湖、退养还湖、水质变化等情况，并召开座谈会听取汇报，与当地党政干部一道分析现状，研究湖泊治理措施。

张百如指出，实现高原湖泊治理目标，确保湖泊有效保护、功能持续发挥、资源永续利用，必须树立和践行绿色发展理念，沿湖不符合绿色发展的项目坚决不上，不符合绿色发展的建设坚决不搞。必须大力落实河长制，压实治湖责任担当，千方百计筹措资金和落实项目，扎实推进保护水资源、防治水污染、改善水环境、修复水生态和加强执法监管等重点工作。必须提高湖泊治理能力，善于发动群众，使绿色发展理念家喻户晓、深入人心，使广大群众就像爱护自己的眼睛一样爱湖、护湖，成为湖泊治理的参与者、受益者。

张百如强调，各级人大及其常委会要按照党委的统一部署，抓好河长制的督察、督导，进一步完善湖泊治理地方性法规，依法管湖、依法治湖，把湖泊保护和治理纳入法治化轨道。要通过组织代表调研、视察、执法检查、听取和审议专项报告、专题询问等方式对河长制落实情况进行监督，督促湖泊保护治理各项政策措施落地落实。

（《云南日报》记者 瞿姝宁 余 红）

两会代表建议

焦家良委员提出，要进一步重视和利用中国的中医中药资源，把中医中药资源转化为健康产品和健康产业，提升健康中国水平。他建议在《国家医保目录》中增加民族药品种数量，设立中医中药资源与健康产业融合发展专项基金，同时加强对中药资源进行保护和可持续发展的研究与种植。

李丕钧委员提出关于提高残疾人两项补贴标准的

提案。将托底困难残疾人生活补贴和重度残疾人护理补贴合二为一，按照类别进行发放，发放范围扩大到所有符合条件的残疾人。同时建议加大对欠发达地区转移支付力度，提高两项补贴标准。

陈科含代表提出转方式调结构关键时期的不少去产能压力较大的企业面临职工安置问题。

何春委员提出完善野生动物肇事补偿机制、提高补偿标准等建议，建立国家级野生亚洲象自然保护区，加强亚洲象活动区域村庄道路、房屋等基础设施建设，推动构建人象和谐相处的生存环境。

赛勐代表提出从基层环保工作的现状来看，最大的薄弱环节在“硬件”。由于环保监察、环境监测等方面的人员、设备不足，环保执法能力远远不能满足目前环保工作的需要。如果不重视队伍、能力建设，将很难满足人民群众对环保工作提出的要求。

秦丽云代表呼吁，希望国家进一步加大投入，加强边疆少数民族地区乡村教师的住房保障建设。

重视社会建设，补齐民生短板，事关各族群众的幸福安康，也是全面建成小康社会的应有之义。代表委员们不约而同地提出，坚持以人民为中心的发展思想，进一步加快社会事业发展，努力让云南省各族群众享有更好的教育、更稳定的工作、更满意的收入、更可靠的社会保障、更高水平的医疗服务、更安全和谐的社会环境。

（《云南日报》记者　瞿姝宁　张潇予　郎晶晶）

人大代表建议

2017 年 3 月 7 日上午，参加十二届全国人大五次会议的云南代表团举行全体会议，审查《关于 2016 年国民经济和社会发展计划执行情况与 2017 年国民经济和社会发展计划草案的报告》和《关于 2016 年中央和地方预算执行情况与 2017 年中央和地方预算草案的报告》。会上，12 位代表各抒己见，纷纷表达对云南未来发展的建议与思考。

赵坚代表希望能够持续加大对企业技术创新研发扶持力度，建议继续加快发展中国贵金属新材料产业，支持云南大力发展贵金属新材料和铂族金属二次资源回收利用，不断完善铂族金属原料进口政策，加强对贵金属新材料产业的科技支持。

赛勐代表建议国家对农村环境整治工程项目给予专项资金补助，着力解决垃圾收集、转运、无害化处置问题，解决农业面源污染问题，让美丽乡村永远天蓝、地绿、水清。

倪月红代表建议，政府应该加大生物农药的研发，大力生产推广使用高效、低毒、低残留的农药。

自贵菊代表希望国家能够给予云南边疆山区农村更多的政策倾斜，提供低息贷款；能进一步加大对农村实用技术人才的培训力度，支持产业发展。希望能从国家层面研究建设优质农产品销售平台，把千家万户与大市场连接起来。

王树芬代表希望国家能够进一步支持沿边地区群众、藏区群众改善生产生活条件。

龚敬政代表希望国家能够继续对边疆民族地区给予项目、资金、政策等方面的倾斜支持，支持边境地区乡村建设发展。

铁飞燕代表建议加快金沙江下游库区工业产业发展，拓宽移民就业渠道和促进移民增收以解决金沙江下游库区（白鹤滩、溪洛渡、向家坝三大电站建设涉及昭通移民近 16 万人）群众的生存发展问题。

秦丽云代表希望，能进一步加快临沧至清水河铁路的建设，打造全方位的互联互通。

杨劲松代表希望在《吴哥的微笑》已经建立的良好关系基础上，建设“中柬文化创意园”，对云南文化“走出去”给予大力支持。同时，加大对云南文化旅游基础设施建设支持力度，全面补齐云南旅游文化产业发展短板。由中柬两国文化部共同支持、云南文投集团投资的《吴哥的微笑》大型演艺文化项目，正是“国际元素、中国制造”的成功经验，已经成为柬埔寨国家级的旅游演艺品牌。

（《云南日报》记者　李绍明　瞿姝宁　张　寅　陈晓波　彭　锡　赵　玮）

李友祥建议

全国政协委员李友祥提出更快地推进以怒江交通为主的基础设施建设，促进生态旅游发展，促进云南和西藏两省边疆地区的稳定与发展。同时还提出，建立怒江州国家级生物多样性保护与减贫示范区，开展“以电代柴”项目，采取大幅度降低农村居民用电价格、加大农村电网改造力度、补助农村居民购置电炊具等措施，逐步实现“以水发电、以电护林、以林涵水”的生态保护良性循环，降低森林资源的低价值消耗，保护好怒江的绿水青山。

（《云南日报》记者　刘晓颖）

饶南湖建议

全国政协委员饶南湖提出将抚仙湖流域纳入国家山水林田湖生态保护修复工程试点。

抚仙湖是中国蓄水量最大的深水型淡水湖泊，至今仍保持 I 类水质。长期以来，抚仙湖保护治理工作成效显著，但同时也存在生态风险持续加大、生态整治修复效果不尽理想、保护治理融资压力巨大等问题。

2017年初，《抚仙湖山水林田湖生态保护修复试点工程实施方案》编制正式启动，明确将全力统筹实施抚仙湖流域矿山环境治理与面山石漠化修复、土地整治与污染修复、生物多样性保护、流域水环境保护治理、全方位系统综合治理修复5个方面工程，促进山湖同保、水湖共治、产湖俱兴、城湖相融、人湖和谐。

饶南湖提出，抚仙湖保护治理工作形势严峻、任务艰巨，开展抚仙湖山水林田湖生态保护修复工作，是破解抚仙湖生态环境难题的必然要求，是长期保持抚仙湖Ⅰ类水质的战略决策，但是仅靠云南省、玉溪市的力量难以支撑，亟须得到国家各部委办局的大力支持。希望国家相关部委加大对抚仙湖保护治理工作的帮助支持力度，帮助指导玉溪市编制好抚仙湖山水林田湖生态保护修复试点实施方案，并将抚仙湖流域纳入国家山水林田湖生态保护修复工程试点，在政策、资金和项目上给予更大的支持。

（《云南日报》记者　瞿姝宁）

云南省政协常委会建议

2017年9月22日，云南省政协召开十一届二十二次常委会，围绕“推进农业供给侧结构性改革，大力发展云南高原特色现代农业”主题开展专题协商议政，常委们在分组讨论中从“深化农村综合改革，激活农业农村内生发展动力”等4个方面，深入分析云南省农业、农村发展的现状和问题，结合实际提出一系列推动云南省农业现代化发展的对策建议。

段昌群常委提出，云南绝大多数人的幸福感和自豪感就在于云南享受着比其他地方更多的生态产品、生态服务以及云南人消费的高水平生态化、绿色化自产农产品的观点。并建议，云南应面向市场化水平高、规模化程度高的国内高端农产品消费市场、旅游市场，进行整体性、系列化、全域性、集中性的农产品开发和品牌打造，把云南农产品整体包装成绿色、环保、无公害的代名词。同时尽快开展系统研究，构建适合高原区域特点的产品质量标准和产地环境基准体系，从源头上化解品质质量风险。

王云月常委提出，以农业供给侧结构性改革为主线，以技术创新为驱动，以市场需求为导向，以农民增收为目的，延伸产业链、重塑价值链、贯通流通链，加快推进“产业互联网+高原特色现代农业”融合发展。并建议，突出高原特色，进一步挖掘培育地理标志名优农产品，建立农产品区域品牌；加快提升高原特色农产品的规模化效益，以农业龙头企业为基础，重点培育农业“小巨人”；抓紧制定完善既与国际标准接轨，又适合农业产业发展需要的农业标准体系。

宋保钢常委建议，扎实开展优势特色产业功能区划定，推进茶叶、核桃、花卉、中药材、羊牛等重点产业提质增效，推动高原特色重点产业一产做优、二产做强、三产做大。

常敏常委提出，政府应率先帮助部分本土农民接受农业发展新理念，帮助企业形成适应当前市场需求的新产业、新业态。

保文莉常委提出，中国将“健康中国”上升为国家战略，使大健康产业成为发展前景广阔和市场潜力巨大的新业态。云南结合经济社会发展实际，有效利用和开发农村自然生态资源要素，着力培育壮大农村大健康产业。并建议，积极促进健康与特色小镇建设、养老、旅游、互联网、健身休闲、食品等高度融合，推动生态游、健康食品、生态农业、健康环境建设等产业的延伸，通过实现信息技术、物联网技术以及地理信息系统与农村农业现代化结合，完善农村大健康产业供产销一体化的全产业链服务模式，推动建立农村大健康产业及大健康产业+的新产业、新业态。

傅汝林常委建议，政府积极引导符合条件的农村市场经济主体向家庭农场转变，支持家庭农场依托农村专业户、专业村向农产品加工、储运等为农业生产服务的行业拓展；系统性推出家庭农场扶持政策，开展土地流转供求信息、合同签订、价格指导、纠纷调解等服务，促进家庭农村健康稳步发展。

刘亮常委提出，云南最紧迫的任务就是结合优势特色，推进建设优质基地、强化标准建设、塑造知名品牌、培育龙头企业、完善物流体系，统筹好产业链、创新链、人才链、资金链、政策链，优化产品产业结构。农业供给侧结构性改革的实质，就是要围绕人的需求进行生产，使农产品供给在数量上更充足，在品种和质量上更契合消费者需求，真正形成结构合理、保障有力的农产品有效供给。并建议，完善农业科技创新激励机制，加快落实科技成果转化收益、科技人员兼职取酬等制度规定，积极支持发展面向市场的新型农业技术研发、成果转化和产业孵化机构，加强农业知识产权保护和运用。

田云翔常委建议，不断加大农村产权制度改革力度，重点推进农村集体土地产权登记颁证、集体产权制度改革、农村小型水利工程产权制度改革、农村集体资产股份权改革，农村产权抵押融资、产权流转交易平台建设等，以促进高原特色现代农业发展和农村持续性增收。

（《云南日报》记者　张潇予）

生态文明建设简讯

大丽高速获评国家水土保持生态文明工程

2017年4月底，水利部对全国选送的项目进行评审，大丽高速建设项目被评为国家水土保持生态文明工程，是云南省首个获此殊荣的高速公路工程。在建设过程中，建设者注重环境保护，精心组织施工，为建设绿色生态高速公路积累宝贵的经验。

（《云南日报》通讯员　李文圣）

2017年环保世纪行活动启动

2017年5月22日，以“推进乡村生态文明，促进美丽乡村建设”为主题的2017年环保世纪行活动在昆明启动。云南省人大常委会副主任刀林荫、省政府党组成员高树勋出席启动仪式并讲话。

2017年环保世纪行活动，把美丽乡村建设与特色小镇、脱贫攻坚、新农村建设、兴边富民工程、城乡人居环境提升行动、历史文化村落保护利用、农村环境综合整治等行动计划、工作部署、项目实施紧密衔接起来，坚持“三农”发展的系统性、整体性谋划；把城市与乡村两个方面的发展统筹起来，在注重城市与乡村发展差异性、非均衡性的同时，更加注重发挥城乡发展互补性、一体化等内在协同的积极意义，使“美丽乡村”的建设成果在社会发展的大格局中得到全面深化。

环保世纪行活动的开展，深入宣传云南省生态文明建设和环境保护的成效与经验，有力推动突出环境问题的解决。2017年环保世纪行活动，紧密结合省人大常委会监督工作重点，深度挖掘先进典型，对各地各部门好的经验和做法多作深度报道，并把影响人民群众生产生活的突出问题曝光出来，真正推动问题解决，充分发挥环保世纪行活动在宣传行动和舆论引导方面的品牌作用，助推全省生态文明建设迈上新台阶。

（《云南日报》记者　胡晓蓉）

第四批省级非遗代表性项目名录公布

2017年6月初，云南省政府印发《云南省人民政府关于公布第四批省级非物质文化遗产代表性项目名录的通知》，公布第四批省级非物质文化遗产代表性项目名录（共计165项）和省级非物质文化遗产代表性项目名录扩展项目名录（共计37项）。截至2017年6月，共有国家级非物质文化遗产名录105项，省级非物质文化遗产名录增至450项。

第四批省级非物质文化遗产名录项目，有民间文学类13项，传统音乐类21项，传统舞蹈类12项，传统戏剧类1项，曲艺类1项，传统体育、游艺与杂技类2项，传统美术类14项，传统技艺类32项，传统医药类8项，民俗类42项，民族传统文化生态保护区19个。苗族叙事长诗《红昭和饶觉甯那》、安宁小调、哈尼族“莫蹉蹉”、香童戏、车灯、苗族射弩、昆明微雕、酥油花、红糖制作技艺（巧家小碗红糖）、建水汽锅鸡烹制技艺、管氏针灸疗法、宜良花街节、老达保村拉祜族传统文化生态保护区等项目和保护区入选。

与前三批相比，第四批省级非物质文化遗产名录具有类别全、民族多、地域广等特点，涵盖了民间文学、传统音乐、传统舞蹈、传统戏剧、曲艺、传统体育、游艺与杂技、传统美术（含刺绣）、传统技艺、传统医药、民俗（含服饰）等10大类别，涉及云南20个少数民族，人口较少的布朗族、德昂族、景颇族、普米族、阿昌族均有项目入选，云南16个州市均有项目入选。同时，一大批传统制作技艺，特别是群众喜爱的食品制作技艺入选，如红糖制作技艺（巧家小碗红糖）、建水汽锅鸡烹制技艺、丽江粑粑制作技艺、牛干巴制作技艺、卤腐制作技艺（七甸卤腐）、永香斋玫瑰大头菜制作技艺、豆豉制作技艺（易门豆豉）、水酥饼制作技艺等都榜上有名。

设立国家级和省级传统文化生态保护区是云南自然生态与非物质文化遗产实行整体性保护的一个重要举措，第四批有19个民族传统文化生态保护区，较之前有所增加，全省共有85个省级民族传统文化生态保护区。

（《云南日报》记者　刘　晓）

西双版纳州和石林县入选第一批国家生态文明建设示范市县

2017年10月初，环境保护部在浙江省安吉县召开全国生态文明建设现场推进会，再度推介“绿变金”先进地区的绿色发展模式，并命名授牌第一批国家生态文明建设示范市县。云南省西双版纳傣族自治州和石林彝族自治县入选。

国家生态文明建设示范市县的评选，以国家生态

西双版纳热带雨林

（许太琴　摄）

西双版纳热带植物园种植的王莲　（许太琴　摄）

市县建设指标为基础，充分考虑到发展阶段和地区差异，在生态空间、生态经济、生态环境、生态生活、生态制度、生态文化 6 个方面分别设置 38 项（示范县）和 35 项（示范市）建设指标。

开展国家生态文明建设示范市县评选，是充分发挥生态文明建设示范创建的平台载体和典型引领作用，加快推进生态文明建设的重要举措。国家生态文明建设示范市县是国家生态市县的"升级版"，也是推进市县生态文明建设的有效载体。

对于国家生态文明建设示范市县，环保部在农村环境综合整治、重点生态功能区生态补偿、山水林田湖生态保护修复工程等方面给予政策、项目、资金扶持的依据。对环境质量明显下降、未完成年度环境质量目标、发生重大特大突发环境事件或生态破坏事件以及指标反弹的地区，则及时警告或撤销称号。

（《云南日报》记者　胡晓蓉　熊　明　通讯员　张雪刚）

"生态文明与绿色发展"论坛在昆明举行

2017 年 12 月 16 日，"生态文明与绿色发展"论坛暨云南省环境科学学会 2017 年学术年会在昆明怡景园培训中心举行，来自环保管理部门、环保咨询机构、大专院校等 100 多位专家学者和企事业单位代表参加本次年会。

会议由云南省环境科学学会理事长李唯主持，云南省环保厅副厅长杨春明进行开场致辞，并对云南省 2017 年的环保工作总体情况及重要事件进行介绍。来自环境保护部环境规划院国家环境规划与政策模拟重点实验室的蒋洪强主任进行"绿色发展的理论实践与发展趋势"主旨报告，介绍绿色发展模式在中国的发展历史和趋势、国家在环保管理方面所做的引导绿色发展的布局设计，对新时期尤其是十九大召开前后国家在环保管理方面的新法规、新政策、新制度，以及今后环境管理的变革思路和方向进行系统的介绍，与参会领导及代表就政策制定中存在的"一刀切"现象如何看待、生态扶贫政策如何向西部贫困地区倾斜及总量指标制定以环境质量为依据等问题进行交流。

云南省环保厅张建萍、云南省土壤培肥与污染修复工程实验室主任张乃明、省环境科学学会副理事长晏司带来生态文明体制改革、土壤污染与修复及排污许可制改革等环保管理及污染治理方面的交流讲座。

（云南省环境科学学会）

《云南省林业科技创新与成果转化推广"十三五"规划》通过论证

2017 年 10 月中旬，《云南省林业科技创新与成果转化推广"十三五"规划》（以下简称《规划》）在昆明通过专家论证，成为"十三五"期间云南省林业科技工作的纲领性文件。根据《规划》，到"十三五"

末，全省林业科技成果转化率将达60%。

来自中国科学院、云南省热带作物科学研究所等单位的专家组成的评审组认为，《规划》总体思路清晰，目标定位准确，具有较强的针对性，对促进和加强云南省林业科技成果转化推广，打造绿色产业，实施林业科技精准扶贫将发挥积极作用，并一致同意《规划》通过论证。同时，建议尽快明确实施主体、路径，确保云南省林业科技创新与成果转化推广落到实处。

该《规划》明确，到"十三五"末全省林业科技进步贡献率达到55%；林业科技成果储备数量达300项以上；推广先进、实用的科技成果72项，建设林业科技试验示范基地70个；力争完成地方标准和企业标准100项以上；新建重点实验室1个、工程技术研究中心3个、生态定位站7个；林产品质量检验检测中心1个。通过林业科技创新与成果转化，引领林业产业升级、支撑林业生态建设、助推林业精准扶贫，推动云南林业实现传统林业向现代林业的转变。

《规划》提出，建立核桃、澳洲坚果、油茶、西南桦、云南松、思茅松、华山松、秃杉、沉香、龙竹等10类树种的高效林业产业技术体系。建立以热带雨林、热带季雨林、季风常绿阔叶林、亚热带常绿阔叶林、温性针叶林、天然竹、寒温性针叶林、干热河谷、喀斯特森林、高原沼泽湿地等10个重要生态系统保育技术体系。

根据《规划》，为促进林业科技创新与成果转化推广，云南省将实施强化林业科技源头创新、加强主要林木品种定向选育、推进极量创新、创新林产品精深加工技术、强化有害生物防控技术创新、推进森林质量精准提升技术创新、建设生态定位监测网络、实施重大生态工程检测等八大行动。

（《云南日报》记者　胡晓蓉）

普洱市全国水生态文明城市建设试点通过评估

2017年10月初，珠江水利科学研究院牵头对普洱市全国水生态文明城市建设试点进行技术评估。评估组认为，试点保障措施有效、布局合理、创新特色突出、成效显著、示范带动作用明显，较好完成了试点工作各项任务，通过技术评估。

2013年8月，普洱市被水利部确定为全国水生态文明城市建设首批试点之一。普洱市按照试点实施方案中确定的2014~2017年试点期建设任务，结合普洱市国家绿色经济试验示范区建设内容，遵照水生态文明建设目标，准确把握项目定位，将水资源管理制度体系、水资源配置体系、水环境水生态保护体系、水文化水景观建设体系、水资源监控体系五大体系建设内容进行优化。

经过3年的试点期建设，在水生态文明城市建设22项考核指标中，圆满完成21项，建设完成包括7项示范工程在内的169项工程，完成投资66.90亿元，基本完成试点期建设任务。其中，约束性指标2016年全市用水总量为11.35亿立方米、较目标值减小12%、万元工业增加值用水量下降率为62.60%、远远超过目标值，农田灌溉水有效利用系数为0.498、较目标值提高14%，水功能区水质达标率为91%、较目标值提高6%，城市居民生活用水保证率100%，城市饮用水源地水质达标率100%。

通过实施水生态文明城市建设试点工作，普洱市建立科学严格的水资源管理制度、统筹可控的水资源配置、健康完整的水环境水生态保护、特色鲜明的水文化水景观、先进规范的水资源监控"五大体系"，形成"三江十城"生态建设布局，水环境质量得到进一步提升，水生态环境得到恢复，生态系统多样性得到保护，群众居住水平得到进一步提升，为其他地区，特别是高原山区及少数民族地区水生态文明城市建设提供了一定的借鉴。

（《云南日报》记者　王淑娟）

自然资源资产离任审计试点

2017年年初，昆明市出台《昆明市领导干部自然资源资产离任审计中长期工作实施意见》。按照《实施意见》，根据审计署办公厅关于印发《2017年地方审计机关开展领导干部自然资源资产离任审计试点工作指导方案的通知》有关要求，昆明市审计局组织全市14个县（市）区审计局及市本级在全市范围内开展审计试点工作，重点对市、县管领导干部所在区域、部门的水、土地、森林等自然资源的管理和相关生态环境保护情况进行审计。

截至2017年9月底，昆明市2017年地方领导干部自然资源资产离任审计试点工作圆满完成。此次试点工作涉及15位领导干部。其中，1位市管领导干部、14位县管领导干部；2位资源管理部门领导，13位地方党委政府领导；1位任中审计，14位离任审计。15个审计项目共投入65名审计人员。

审计发现19类问题，涉及"遵守自然资源资产管理和生态环境保护法律法规方面""履行自然资源资产管理和生态环境保护监督责任方面""自然资源资产和生态环境保护相关资金征用和项目建设运行方面"等，查出违规资金360万元。同时提出行政主管部门之间应建立议事协调组织，对在河道管理中跨区域性问题进行沟通和协调、对违规建筑占地的行为要严加监管和处理、加大处理及跟踪问效力度等审计建议38条。

该审计为今后全面开展领导干部自然资源资产离任审计打下坚实基础，提供丰富的工作经验和参考。通过审计，促进领导干部守法守规尽责，加强自然资源资产管理和环境保护，进一步推进审计对国有资产资源的全覆盖，为保障全市生态环境安全，促进生态文明建设，推动经济社会与生态环境协调发展发挥积极的建设性作用。

（《云南日报》记者　李　莉）

西双版纳州成为首批“国家生态文明建设示范州”

2017年9月底，西双版纳傣族自治州获环保部首批“国家生态文明建设示范州”命名授牌。

西双版纳州秉持绿色发展理念，努力实现生态保护与经济建设两相宜。西双版纳州把生态优势持续转化为经济优势，在实现经济跨越发展的同时，也留住得天独厚的生态环境，为世人展现一个山川秀美、资源节约、生态产品供给多样的西双版纳。

西双版纳从严守生态保护红线、推进生态修复工程、减少森林资源低值消耗、抓好“两污”治理等四方面加强生态保护，留住绿水青山，同时积极发展生态经济，重点发展生态工业、旅游文化产业、特色生物产业和健康养生产业。

西双版纳州是云南省政府命名的第一批省级生态文明州市，景洪市成为“全国森林旅游示范县（市）”，31个乡镇被命名为省级生态乡镇，26个乡镇被命名为国家生态乡镇。

（新华网记者　张东强）

生物医药和大健康产业成为云南省支柱产业

2017年6月6日，由省政府新闻办与省生物医药和大健康产业推进组办公室主办的2016年度云南省生物医药和大健康产业新闻发布会在昆明举行。

云南省生物医药和大健康产业基本形成以天然药物（中药民族药）为重点的中药材种植加工、生物医药及保健品研发生产、医疗健康服务、商贸流通等构成的产业体系。根据省统计局统计，2016年，该产业实现主营业务收入2 090亿元，完成产业发展规划中确定的2 060亿元目标任务。2016年，全省生物医药和大健康产业实现增加值766亿元，同比增长13.40%，占全省GDP比重达5.15%，首次发展成为云南省支柱产业。其中，生物医药和健康产品制造实现工业增加值174.60亿元，同比增长14.90%，超过全省工业增加值增幅（8.90%）6个百分点。中药（民族药）、生物技术药发展迅速，全省已基本形成以天然药物（中药民族药）为重点的中药材种植加工、生物医药及保健品研发生产、医疗健康服务、商贸流通等构成的产业体系。国家已批准在昆明建设国家植物博物馆，设立中国昆明大健康产业示范区。

“云南大健康产业刚刚起步，生物医药产业急待全面整合提升。”省科技厅有关负责人介绍，围绕专业化园区、种植基地、生产线建设以及技术改造等，云南省组织实施100个重点项目，建立招商引资项目库和联合招商工作机制，锁定一批国内知名医药企业，新华都、广药集团、康美药业等一批知名企业成功落地云南。云南省已争取中央财政专项资金1.80亿元，多个项目获国家科技重大专项支持。省科技厅整合科技经费2.20亿元，围绕创新品种临床试验、民族药开发、成果转化和产业化等，组织实施一批重大科技项目。

与此同时，“三七种子种苗国际标准”正式发布，血塞通软胶囊经美国FDA批准开展Ⅱ期临床研究，云南省基因检测技术应用示范中心建设加快推进，干细胞治疗等新技术的研究稳步推进。中药材规范化、标准化种植（养殖）技术得到进一步提升和推广。

2017年，云南省生物医药和大健康产业将确保完成主营业务收入2 500亿元，重点锁定世界500强、国内100强企业中的3~5家生物医药和大健康企业，开展精准定向专业招商，力争一批大项目落地，迅速形成增量。依托重点园区、重点企业，抓好30个投资亿元以上的重点项目，10个投资亿元以上的招商引资重点项目，实现新增投资100亿元以上。研究储备100个新药和保健产品，力争4个新药获生产批件，10个保健产品获批投产；引进5个健康产品落地投产；抓好30个大品种的二次开发、技术改造、产能扩大、市场开拓等工作。重点建设云南中药材国际交易中心、云药电子商务交易平台。

发布会上，云南省工信委、省农业厅、省商务厅、省质量技术监督局、泸西县人民政府、中国医学科学院医学生物研究所、云南白药集团、云南中医学院、云南农业大学、中国科学院昆明植物研究所、省工投集团、昆药集团、龙津药业等部门和单位发布云南省医药工业、中药材种植、医药商贸流通和道地药材系列标准相关情况。

（《云南日报》记者　杨抒燕）

践行生态文明

云南省环保整改

2017年初，中央环保督察组向云南省提出反馈意见，云南省委、省政府高度重视反馈意见问题整改，迅速制定上报并印发《云南省贯彻落实中央环境保护督察反馈意见问题整改总体方案》（以下简称《整改总体方案》），建立整改落实工作联席会议制度，定期调度整改进度，厘清整改具体问题，强化督导检查，全面抓紧抓好整改工作落实。

为确保中央环保督察组反馈意见问题整改工作取得实效，按照《整改总体方案》要求，云南省全面落实环境保护责任，将环境保护纳入党委和政府的重要议事日程，严格落实党政同责、一岗双责，强化环境保护考核评价，实行环境保护“一票否决”制，强化环境保护责任追究。

在整改工作组织保障上，云南省成立省环境保护督察工作领导小组，全省各州（市）党委、政府制定印发整改方案，省直有关部门细化整改工作措施，明确责任人和完成时限，积极推动整改工作的落实。

整改领导小组办公室对各地、各部门整改落实情况实行半月一调度，及时掌握工作进展。省委督查室、省政府督查室牵头对各地整改落实情况开展现场督导检查，尤其盯紧重点事项的整改落实情况。

昆明市按照时间节点顺序列出整改内容，制成图表，实行挂图督战。同时，加强督察督办和现场检查，市委、市政府目标管理督察办组成3个督察组进行整改落实的专项督察，及时纠正整改不到位的问题，做到整改一条销号一条，确保“三个满意”：处理结果中央环保督察组要满意，省委、省政府要满意，人民群众要满意。红河州坚持以问题为导向，以整改为契机，着力改善薄弱环节，尽快补齐短板，完善长效机制，全面打响红河生态环境保护攻坚战，扎实推进中央环境保护督察涉及问题的整改落实。曲靖市建立长效机制，根据工作分工对整改工作进行督办，确保每一项整改事项均有明确具体的整改措施、责任单位、责任人、配合单位和整改时限。

云南省将中央环保督察组反馈问题细分为“立行立改类”“2017年6月底完成类”“2017年底前完成类”“中长期类”4类整改事项。截至2017年6月底，需整改事项总体完成率约达60%，其中，“立行立改类”“2017年6月底完成类”整改事项除个别未全面整改到位外，其余整改事项均已整改到位。

在推进重点事项整改上取得明显成效：全面实施九湖流域水环境保护治理“十三五”规划，洱海保护治理开启抢救性模式，异龙湖完成退耕还湖5 219亩，阳宗海砷超标问题已基本解决，《滇池保护条例》《阳宗海保护条例》正抓紧修订；印发土壤污染防治工作方案，启动土壤污染状况详查，以农地为重点实施土壤污染治理与修复；全面加快历史遗留重金属污染治理，个旧市59座鼓风炉全面停产整顿并拆除37座，维西傈僳族自治县3个历史遗留重金属污染综合治理项目完成主体工程。

（《云南日报》记者　胡晓蓉　通讯员　蒋朝晖）

云南省争当全国生态文明建设排头兵

2015年以来，云南全省上下以习近平总书记考察云南重要讲话精神为引领，狠抓生态文明建设，深入实施“生态立省、环境优先”战略，争当全国生态文明建设排头兵，努力把云南打造成为祖国南疆的美丽花园。

一、生态底色绘就美好发展蓝图

结合云南省实际，中共云南省委、省政府将生态文明体制改革单列出来，成立生态文明体制改革专项小组，坚持以构建系统完善的生态文明制度为目标，建立完善改革工作机制，高位推动各项改革工作。

2015年3月，云南省政府办公厅印发《关于加强环境监管执法的实施意见》，从全面推进环境监管全覆盖、严厉打击环境违法行为、严格规范环境执法行为、形成环境监管执法合力、加强环境监管能力建设5个部分共17个方面，提出明确具体的贯彻落实措施，为全省严格环境监管执法提供制度支撑。2015年5月，省环保厅和省财政厅共同出台“县域生态环境质量检测评价与考核办法”，成为全国首个将所有县域纳入定量生态考核的省份。

结合贯彻落实新《环境保护法》，云南省启动修订《云南省环境保护条例》，编制《云南省生物多样性保护条例（草案）》《云南省生态文明建设规划》《云南省生态保护红线划定工作方案（草案）》，出台《关于加快发展节能环保产业的意见》等工作。首个以自然生态资源为对象的保护与建设规划——《云南省生态保护与建设规划（2014–2020年）》通过评审，以生态底色绘就未来发展蓝图。

云南省委、省政府高度重视中央环境保护督察反馈意见，按照“一个问题、一套方案、一名责任人、一抓到底”的要求，逐项落实整改措施。全面启动省级环境保护督察，分4批，对全省16个州（市）开展环境保护督察巡视。

全省生态文明体制改革的总体方案和实施意见、主体功能区规划、环境污染第三方治理、河长制、环境监管执法、生态环境损害责任追究、不动产登记、生态补偿、生态环境监测网络建设等具有支撑性、全局性、关键性改革的“四梁八柱”初步建立，为云南省成为生态文明建设排头兵提供坚强的制度保障。

二、改善环境质量增进民生福祉

大理白族自治州认真贯彻落实省委、省政府关于采取断然措施、开启抢救模式保护治理洱海的部署，围绕改善和提升洱海水质的目标，拿出壮士断腕的决心，全力实施洱海保护治理“七大行动”，扎实推进洱海的保护治理和生态文明建设。保山市通过开展垃圾减量化、无害化、资源化就地处置试点，“先建后补”解决乡镇垃圾处理问题。普洱市加大财政投入，全面开展农村环境综合整治。

以《重金属污染防治“十二五”规划》实施为抓手，全省合力推进各项重金属污染防治，推进土壤环境保护和综合治理，推行农村环境综合整治目标责任制，进一步加大农村环境连片整治力度。

云南省印发实施《云南省大气污染防治行动实施方案》。为加快环境空气质量新标准监测能力建设，自2015年起，全省16个州（市）政府所在地均可开展PM2.5等新增指标监测并向社会发布监测信息，与国家明确的时限相比，提前1年实现全省地级以上城市环境空气新标准监测能力全覆盖。2016年，全省环境空气质量总体保持优良，16个州（市）政府所在城市平均优良天数比例达98.30%。

截至2016年12月，云南省建立各种类型、不同级别的自然保护区161个，总面积约286万公顷，占全省国土总面积的7.30%，基本形成布局合理、类型较为齐全的自然保护区网络体系。滇池、杞麓湖水质由劣Ⅴ类改善为Ⅴ类。

三、厚植绿色根基走向永续发展

坚持河（湖）长制，省委书记、省长到村书记、村主任五级主要负责人担任“总河长”“河长”的“河长制”遍布全省，还有更多的“小河长”志愿者，积极主动投入到保护河湖、绿色发展的行动中。

坚持把节能减排，化解过剩产能作为推动产业转型升级，实现绿色和谐发展的重要抓手。通过强化节能目标考核，确保责任落实。通过开展试点示范，积极建立节能新机制。按照技术先进适用、节能效果良好、示范作用明显的原则，持续开展节能示范项目建设。2016年，全省万元GDP能耗0.72吨标准煤，同比下降5.30%，完成“十三五”进度36.11%，年度节能目标超额完成。

坚持“生态立省、环境优先”的战略，把加强生物多样性保护作为深入贯彻落实新发展理念的具体行动。《云南省生物多样性保护条例》立法进程加快。在全国范围内，率先发布《云南省生物物种名录（2016版）》和《云南省生物物种红色名录（2017版）》，率先编撰完成第一部地区性百科全书《云南大百科全书》（生态 ）。

坚持示范引路，普洱市国家绿色经济试验示范区建设扎实推进，西双版纳傣族自治州和玉龙纳西族自治县列入全国主体功能区建设试点示范。

云南省从单纯的治理污染到确立生态立省，从建设绿色经济强省到争当全国生态文明建设排头兵，树立大局观、长远观、整体观，七彩云南以生态文明观引领绿色发展，逐步走出一条经济发展与环境保护相协调的特色之路，引领各族人民用智慧和双手去赢得永续发展的美好未来。

（《云南日报》记者　王永刚　胡晓蓉）

打造生态环境天地一体监测网

云南省环境监测中心站认真学习贯彻落实习近平总书记系列重要讲话和考察云南重要讲话精神，以监测技术为核心，监测数据为抓手，持续加强水、大气、土壤环境质量监测工作，为云南争当全国生态文明排头兵，更有针对性地打好污染防治三大战役，构建全省环境保护工作“八大体系”，促进全省环境质量改善，提供有力的技术支撑。

五年来，省环境监测中心站上报各类监测数据159万多个，编制上报各类监测技术报告1 065期，发送空气质量预警预报信息52 200余条，为客观反映全省生态环境质量，说清变化趋势，促进经济社会和环境保护持续、和谐、健康发展提供科学依据。

一、保障饮水安全

云南省是中国水资源最为丰富的省份之一，常年水面面积在1平方千米以上的湖泊有30个。其中，滇池、洱海、抚仙湖、泸沽湖、异龙湖、程海、阳宗海、杞麓湖、星云湖被称为九大高原湖泊。九大湖泊是云南省环境治理保护的重点。

省环境监测中心站认真贯彻落实《水污染防治行动计划》和《云南省水污染防治工作方案》，充分发挥环境监测的技术支撑作用，积极推进重点流域水质和人民群众生产生活密切相关的饮用水安全保障监测工作。

中心站组织最强技术力量和最好的技术设备，按月对九大高原湖泊流域水质进行监测评价预警，尤其加大对大理白族自治州推进洱海抢救行动和保护整治工程，及时做好趋势分析和评估，客观反映各湖泊水质变化状况，为云南省长期开展九大高原湖泊水生生物监测评估和管理保护提供重要参考资料和技术力量储备，为中国环境监测总站制定和修编全国水生生物监测技术规范提供重要依据。

2017 年 8 月底发布的《九大高原湖泊水质监测月报》显示，通过对九大高原湖泊湖体的 41 个点位，44 条入湖河流 50 个断面的例行监测，抚仙湖与泸沽湖符合 I 类标准，水质为优。

此外，还启动云南省沿江沿河涉重点企业基本情况和废水、废渣污染因子调查分析工作，为环境保护管理部门落实《云南省水污染防治工作方案》，深化重点流域污染防治，进一步掌握环境隐患，制定保护治理措施，合理进行区域开发，提供必要的技术保障。

中心站持续开展对全省饮用水水源地水质特定项目的监测工作，编制出台《2016 年云南省集中式生活饮用水地表水源地水质特定项目监测实施方案》，组织全省 16 个州市监测站开展 104 个饮用水源地 33 个特定项目的月度监测分析。对全省 170 余个饮用水源地 76 项指标进行监测分析，开展地下水基础环境状况调查评估，编制上报《云南省地级以下集中式饮用水水源环境状况评估报告》和《云南省典型农村饮用水水源环境状况调查评估报告》，为保护群众饮用水安全根据省环保厅的安排和要求，中心站还及时编制《重点城市集中式饮用水水源保护区生态保护红线划定方案》，完成全省 45 个重点城市集中式饮用水源地生态保护红线划定工作，生态保护红线面积达 2 802.22 平方千米，占全省面积的 0.71%。

二、预警预报

从 2016 年 12 月 26 日开始，在云南卫视天气预报节目、中国天气网云南站等平台，都能看到由云南省环境监测中心站发布的 16 个州（市）政府所在城市未来 24 小时、48 小时环境空气质量预报，内容包涵城市空气质量指数范围、空气质量级别及首要污染物，以及对人体健康的影响和建议措施等。此举为人民群众生产生活提供及时、准确的环境空气质量信息。

为了做好环境空气质量预报预警工作，守护云南最美的风景线，省环境监测中心站进行四个方面的探索和研究。一是协助除昆明市、曲靖市、玉溪市外 13 个州（市），按照空气质量新标准实施要求，完成数据联网上报工作。二是按照国务院《大气污染防治行动计划》的实施细则，稳步推进大气颗粒物源解析、迁移规律和监测预警预报研究工作。开展对 PM2.5 源解析项目的研究，并提出控制各种细颗粒物及前体污染物排放的重点领域清单，基本摸清昆明市大气颗粒物污染特征，建立大气颗粒物受体成分谱，通过模型解析，初步完成昆明市大气细颗粒物来源解析工作。三是初步建成全省首个空气质量监测预报预警体系，实现省级平台空气质量预报业务化并及时发布预警信息。第三届南博会期间，组织昆明市监测和上报 PM2.5 数据 1 万余个，协调会商 11 次，有力保障会议期间昆明空气质量预报预警服务。四是为提高预报预警的针对性、准确性、科学性和时效性，根据《云南省省级环境空气质量预报预警平台建设方案》，在一期建设的基础上，启动以细化污染源清单、优化预报结果展示和完善预报预警会商系统为核心的二期建设。同时，积极组织和协助玉溪、红河、文山、保山等监测站率先开展重污染条件下污染成因的溯源分析，追踪污染物输送情况，为建立城市大气颗粒物一次源排放清单，开展区域联防联控提供技术支撑。

三、位点监测

按照国家及省环保厅的要求，结合“七五”“十一五”土壤调查研究成果，省环境监测中心站通过技术培训、理论布点、现场核实、专家论证、技术筛选等手段，完成全省土壤环境质量监测国控点位布设工作，确定 1 024 个土壤国控点位，2016 年，增设 170 个风险点位，总点位数达 1 194 个，形成全省土壤环境质量风险监测网络格局，完善全省土壤环境监测网络建设，为动态掌握土壤环境质量变化，提升土壤环境综合监管能力，促进云南省土地利用与土壤环境保护协调发展打下坚实的基础。

为贯彻落实国务院发布的《土壤污染防治行动计划》，积极推动全省土壤环境质量监测工作，省环境监测中心站在完成“云南省土壤环境保护优先区和污染重点治理区划定”基础上，以改善土壤环境质量为核心，以保障人民群众身体健康及农产品安全为出发点和落脚点，完成《云南省土壤污染防治工作方案》编制，并建立云南省环境监测数据综合管理系统。

开展遥感监测预警平台项目研究和探索，自 2000 年以来实现云南省 129 个县（市、区）域的土地利用年度数据更新，编写《云南省生态环境状况遥感监测与评价报告》，有效推动云南省生态环境监测“天地一体化”建设。

积极做好土壤环境保护与综合治理工作。完成《云南省各州、市土壤综合治理方案编制指南》；编制《云南省土壤环境质量例行监测工作实施方案》；受普洱市环保局委托，编制《普洱市近期土壤环境保护和综合治理方案》；联合昆明理工大学完成“云南重金属污染土壤调查和修复技术研究”项目，获 2014 年度中国有色金属工业科学技术二等奖。

四、污染监测

省环境监测中心站坚持固强补弱，持续加强能力建设，为编织严密的监测网而不懈努力，推动云南省生态环境质量监测整体能力迈上新的台阶，实现新的突破。

一是提升监测硬件能力。实施云南省省级预报预警平台建设、云南省环境监测中心站实验室能力补齐及设备更新、云南省大气污染防治及城市区域大气颗粒物来源解析技术等 10 个能力提升项目。通过较大范围更换省环境监测中心站实验室长期以来带病运转的老旧设备，提升实验室监测分析能力，填补实验室 X 射线荧光光谱仪、超高效液相色谱——串联质谱仪等试验仪器的空白，提高相关监测手段，为云南省环境监测工作的发展打下坚实基础。

二是提升监测软实力。把人才培养作为提升软实力的根本途径。近 5 年，重点实施云南省环境监测系统 32 期培训班，开展“八大专题培训”，共培训全省监测人员 3 164 人次，基本实现对全省监测系统所有监测技术人员 1 500 余人轮训两遍的目标。利用滇沪、滇粤合作平台，积极培训环境监测技术管理人员 133 人次。同时，加大复合型人才队伍建设，先后有 14 人成为“三五”人才，纳入国家级和省级专家库。

三是提升应急响应能力。加大对有机污染物分析能力建设投入，健全完善应急机制，参与修编《应急预案》，从实战提升与机制保障两个方面提升整体水平。先后成功应对鲁甸“8·03”地震、景谷“10·8”地震、“2·06”澜沧江污染、“6·23”昆石高速公路小团山隧道天然气管道泄漏和“4·14”会泽油罐运输车翻落毛家村饮用水源地水库等多个重大环境污染突发事件。在这些突发事件中，省环境监测中心站快速反应，攻坚克难，紧急开展应急监测，及时准确上报监测数据，有效防止事态扩大。

同时，组织骨干力量集中对全省 551 家国家重点监控企业污染源进行监督性监测，按照 10% 的比例对 7 家废气排放企业、11 家废水排放企业、9 家污水处理厂、17 家重金属和危险废物国控企业实行抽测。突击对省内装机容量 30 万千瓦以上火电企业开展监督性监测及自动监控设备比对监测，确保火电机组及污染指标的监测覆盖率，拓展监测领域空间。

（云南省环境监测中心站　张明全）

滇池治理保障

昆明滇池投资有限责任公司（昆明滇投）自 2004 年成立以来，承担昆明市政府滇池治理项目的投融资工作，对市政府授权的国有资产、资源进行开发和经营管理，是以污水收集处理和再生利用为支柱的环境产业投资商、项目管理中介服务商和社会公益事业服务运营商。作为昆明市滇池污染治理的投融资及项目建设、管理和运营主体，昆明滇投积极发挥作用，全面攻坚克难，开拓创新，在资金保障上、项目推进上、技术创新上促进滇池治理。

一、为滇池治理融资到位资金逾 500 亿

2004~2017 年，昆明滇投全体干部职工同心同德，奋发图强，攻坚克难，为滇池治理融资到位资金超过 500 亿元，为滇池治理项目的顺利实施和滇池治理阶段性成果的取得提供资金保障。

至 2017 年，昆明滇投发展成为一家拥有 50 亿元注册资本金，总资产超 600 亿元的大型国有集团化企业，围绕滇池治理工作任务和业务范围，形成投、融、建、管一体化统筹，构建环保水务、市政排水、项目建设、土地开发、资产管理等产业板块。

“十二五”期间，滇投人不忘初心、砥砺前行，在滇池治理保卫战中立下赫赫战功：完成滇池治理项目建设 22 个，新建管网 367 千米，昆明市第九、第十、第十一水质净化厂，王官、斗南、南滇池湿地和昆明瀑布公园等一大批滇池治理重点、骨干项目顺利完工；由昆明滇投管理运营的水质净化厂由 7 座增加到 21 座（含环湖 10 座），污水处理规模由每天 110.50 万立方米增长到每天 197 万立方米，出水平均水质均优于国家一级 A 标，运营管理水平稳居全国前列；通过实施昆明主城“一城一头一网”公共排水设施管理模式，管理运营排水管（渠）由 852 千米增加到 4 434 千米，排水泵站由 67 座增加到 94 座。到 2016 年，滇池全年水质首次由劣Ⅴ类提升为Ⅴ类，出现 31 年来最好水质。专家评价，这是滇池治理的里程碑进展，也是中国环境保护和水污染治理的标志性成果。

为加速草海水质提升，2016 年，昆明滇投实施牛栏江—草海通道工程、草海西岸导流带和前置库水体净化工程，提升昆明市第一、三、九水质净化厂出水标准，有效削减进入草海的污染负荷，2016 年度实现草海补水 2.80 亿立方米。随着草海水质的提升，昆明市在草海成功举办“中华龙舟大赛”“艇进滇池赛艇友谊赛”，向全国人民展示滇池治理取得的阶段性成果。2017 年，投资 4.70 亿元，启动滇池草海大堤加固提升及水体置换工程，道路变宽、景观变美、水质变清的草海大坝，将为品质春城增色。

二、主城区水质净化厂出水水质优于国家行业最高标准

“十三五”时期是滇池治理全面提速新阶段。随着“科学治滇、系统治滇、集约治滇”的要求和思路日渐明确，昆明滇投全面进行科技创新，健全完善体制、机制，切实提高滇池治理的科学化、专业化、精细化水平，稳步提升滇池水体水质。

昆明滇投控股的昆明滇池水务股份有限公司加强与国际、国内一流的科研机构合作，打造“产研联盟”，不断推进科技创新与成果转化。2016 年，昆明主城区水质净化厂的出水水质远远优于国家污水处理行业最高的一级 A 排放标准，部分指标达到地表水 III 类标准。2012~2016 年，昆明主城区第一至第八水质净化厂 5 项主要出水指标中，COD 下降 53.80%，NH3－N 下降 63.80%，TP 下降 44.40%，TN 下降 27.40%，BOD 下降 42.80%，在提升出水质量的同时，吨水耗电量下降 17.20%。2015 年，达到一级 A 标水厂的平均吨水耗电量为 0.24 千瓦时，低于全国行业 2014 年度 0.30 度的平均水平约 20%。2016 年，累计处理污水 5.10 亿立方米，尾水补给主要入滇河道 3.10 亿立方米。

2014 年，昆明市采用“政府特许＋政府采购＋企业经营”的模式，授予昆明滇投全资子公司——昆明排水设施管理有限责任公司全市主城区公共排水设施运行维护业务的特许经营权，对主城区公共排水设施进行运营管理，构建“一城（主城区）一头（一个部门运营管理）一网（全市的公共排水管网）”的城市排水管理机制。

2017 年，昆明排水公司防汛排涝服务范围达到 312 平方千米，并以专业化管理和市场化维护为抓手，全年坚持全天 24 小时值班制度，累计处理公共排水服务案件 1.30 万件，开展技术服务 460 项；在气象部门的精准预报支持下，排水公司大幅提高防汛调度工作的速度和效率；按照“一点一策”的原则对 146 处易积水点制定安全度汛预案。

三、3 年计划投入 5 000 万助贫困山区换新颜

转龙镇，一个典型的山区农业镇，位于昆明市东北部，省级风景名胜区轿子雪山脚下。多年来，受自然条件和基础设施条件限制，经济发展相对落后，全镇有省级贫困村 1 个，2013 年，共有省级建档立卡贫困户 406 户 1500 人和边缘贫困户 3350 户 13283 人。2014 年，农村经济总收入 7211 万元，农民人均纯收入仅有 2489 元，脱贫攻坚任务十分艰巨。

2014 年底，昆明滇投党委班子带领扶贫队员到倘甸“两区”实地考察，对转龙镇 13 个村委会进行逐一实地调研，制定扶贫工作方案及 152 个扶贫工程的项目库。经过两年的扶贫攻坚，昆明滇投累计向转龙、寻甸两地投入扶贫资金 3 701.10 万元，实施完成 88 项帮扶项目。镇村通道路、通村道路硬化率、村内道路硬化率、人饮安全等均达到或超过国家考核标准，全面完成年度扶贫工作目标任务。

四、为实现滇池治理目标坚持不懈

按照市政府下达的 2017 年滇池流域水环境综合整治目标任务，截至 8 月底，昆明滇投承担的 25 个项目大部分任务推进顺利，按目标要求完成年度任务。草海大堤加固提升及水体置换通道建设工程完工并向公众开放；昆明市第一、三、七八、九水质净化厂超极限除磷提标改造示范工程正按计划加紧推进，其中，一、九厂水质提标工程开工建设；外海北部水体置换工程、洛龙河厂试验示范工程、老运粮河及支流沟渠截污治污工程、环湖南路古城段提升改造工程、呈贡彩龙村安置房建设项目 5 个项目完工；污泥资源化利用、西片调蓄池、草海清淤、污泥搬迁 4 个项目按期完成前期工作并开工建设。

截至 2017 年 9 月底，羊肠片区 5 条道路 1.80 千米动工建设，完成晋宁东大河片区及拓展区、古滇王国拓展区三合五组片区土总规调整工作和三合五组 240 亩征地拆迁工作及呈贡片区约 880 亩土地征收，完成土地供应 424 亩，实现资金回笼 8.58 亿元。

2017 年 4 月，按照《2017 年度滇池重点区域蓝藻打捞处置工作实施方案》启动年度滇池重点区域蓝藻处置工作，截至 9 月底，累计处理富藻水 1.70 亿立方米；1~8 月，牛栏江补水滇池 3.69 亿立方米，其中补草海 2.13 亿立方米；昆明瀑布公园（牛栏江滇池引水盘龙江入口段防洪工程）和王官、斗南、南滇池国家湿地累计接待游客 204 万人，配合属地政府圆满完成创建全国文明城市相关工作。

“十三五”时期，是滇池治理全面提速的新阶段。

昆明滇投坚决贯彻昆明市委、市政府决策部署，以“创新、协调、绿色、开放、共享”为引领，进一步改革创新，贯彻“政府主导，全民参与，专业治理，协调联动”的治理理念，围绕“区域统筹、巩固完善，创新机制，提质增效”的总体思路，整合工程技术、信息技术、生物技术、自控技术等手段，突出截污治污设施建设、湖滨生态系统建设、已建设施调度运行，全力以赴打好滇池治理三年攻坚战，实现2018年草海稳定达到V类，2020年滇池湖体富营养水平明显降低，蓝藻水华程度明显减轻，流域生态环境明显改善，滇池外海水质稳定达到IV类等滇池治理各项工作目标做努力。

（昆明滇池投资有限责任公司）

石林县生态文明建设

石林彝族自治县认真践行习近平总书记系列重要讲话和考察云南重要讲话精神，努力建设全国民族团结进步示范县、生态文明建设示范县，打造国际知名旅游胜地。2017年9月21日，石林县荣获“国家生态文明建设示范县”称号，成为全省第一个全国生态文明建设示范县；9月26日，石林县荣获“中国天然氧吧”称号，全省首家获此殊荣；9月2日，石林县创建全国民族团结进步示范县通过省市初评，正向国家民委申报。

一、中国天然氧吧

石林县积极践行绿水青山就是金山银山的发展理念，坚持“生态美县”与“全域旅游”相结合，走一条绿色、健康、环保、生态的特色之路。9月26日，石林县折桂“中国天然氧吧”。获此殊荣者全国仅有19家，石林县是云南省唯一一个获得者。

自2012年起，石林县在昆明市率先开展负氧离子含量监测，监测点覆盖石林县境内的主生活区、郊区、旅游景区、生态保护区。各监测站每十分钟采集发布一次负氧离子数据。监测显示，石林县环境空气质量指数年均值为48，环境空气质量优良率为100%，年平均负氧离子含量在3280个/立方米，远远高于世界卫生组织规定清新空气的负氧离子浓度1200~1800个/立方米的标准。

2017年9月21日，石林县受到国家环保部表彰，荣获第一批国家生态文明建设示范县称号。这是全省唯一的生态文明建设示范县。石林县坚持以科学发展观为统领，以改善环境质量为核心，坚持污染防治与生态环境保护并重，城市和农村环境综合整治相结合。从2006年起，县财政每年安排不少于1 000万元资金，专项用于生态建设。通过实施生态创建、“两污”建设、节能减排等重大举措，环境保护、生态建设、城市改造等工作取得突破性的进展。

一是完善“两污”基础，提升县域环境综合治理能力。石林县先后实施污水管网完善工程、垃圾收运设施项目及赵公庄村、蓑衣山村等多个美丽乡村建设。累计建成污水干管40余千米，垃圾转运站8座，购置垃圾转运车辆42辆，实施农村环境综合整治11个村，实施污染减排项目3家企业。新增污水收集量每天约5万吨，城乡垃圾收运率先实现城乡全覆盖，城市污水收集处理达89%。

二是推进“厕所革命”，提高城乡公厕建设管理水平。结合全县旅游厕所建设相关要求，出台《石林彝族自治县公共厕所布点规划（2016~2020）》《石林彝族自治县公厕建设管理实施方案》等文件，成立公厕建设管理工作领导小组，统一组织、协调推进全县公厕建设管理工作。2016年以来，投资1 660.63万元，新建城市公共厕所29座、乡镇集镇公厕2座、行政村公厕11座，改建公厕34座，开发内厕6座。建成区范围内48座公厕24小时免费开放。

三是加大绿化建设，创建生态文明。早在2004年，石林县就在全省率先实施生态美县战略，举全县之力、集全县之智推进生态建设。2008年，“石林生态县建

美丽乡村（江　云　摄）

石林生态旅游示范（许太琴　摄）

设规划”正式颁布实施；2012年，全县88个行政村100%创建为市级生态村，其中糯黑村和小箐村创为国家级生态村，4个乡镇（街道）创建为国家级生态乡镇。2012~2016年，石林县共组织义务植树406万株，完成村庄绿化92个，绿化面积4 914亩。城市绿地率保持在35.64%以上，绿化覆盖率达39.14%，森林覆盖率达40.95%。全县共创建国家级生态乡镇6个，省级生态乡镇1个、国家级生态村2个，实现省级以上生态乡镇100%、市级以上生态村100%。

经过10余年的努力，2016年7月，石林县创建国家级生态县考核的5项基本条件、22项考核指标已全部达标，成功通过国家环保部的考核验收；2017年，荣获全国第一批、云南省第一个国家生态文明建设示范县。

二、创建全国民族团结进步示范县

创建全国民族团结进步示范县，是全面建成小康社会的关键，是石林县极为重要的政治任务。石林县委、县政府高度重视，以“一把手”负总责的“军令状”高位推进创建工作。

2017年，石林县委、县政府在原有基础上制定出台创建全国民族团结进步示范县实施方案和“七进”活动具体措施，成立由县委书记任组长的创建工作领导小组，将创建工作列入县委、县政府工作重点，纳入县对乡镇（街道）、县对部门综合考核的重要内容，由党政主要领导作为“一把手”工程高位统筹推进，抓好落实。建立领导责任、经费保障、目标考核、监督检查、协调合作、舆论宣传6项机制，全面推进全国民族团结进步示范县的创建工作。

让各民族群众充分享受改革成果，增加幸福感，是创建工作的前提。石林县紧紧围绕“五有”目标，加大财政投入，民生支出占财政比重70%。（一）形成城乡公交一体化发展模式。全县城乡公交乡镇覆盖率达100%，公交出行分担率达45.50%。（二）社会保障体系逐步完善。各项社会保险参保率达95%以上，城乡基本医疗保险实现一体化，社会保险基本实现全覆盖。（三）加强城镇保障性住房建设。先后投入资金13.52亿元，建设保障性住房7个小区5787套，投入使用共1 715套，已分配入住1467套，解决广大中低收入群体的住房问题。四是实施充分就业发展战略。累计新增城镇就业4 600人，农村劳动力转移就业5.50万人次，城镇登记失业率控制在2.30%以内。

振兴民族经济，加快小康步伐，实现各民族共同进步，共同繁荣发展，共同享受改革红利，是创建工作的根本。2016年，石林县实现地区生产总值77.41亿元，增长8.80%；地方一般公共预算收入增长9.6%；固定资产投资144.04亿元，增12.5%；社会消费品零售总额39.59亿元，增15%；城镇和农村居民人均可支配收入分别为34 678元、12 443元，分别增8.10%、9.70%。全县非公经济占地区生产总值比重达44%，经济发展正进入结构优化、动力转化和方式转变的新阶段。（一）培育特色产业。台湾农民创业园入驻企业49户，被评为全国休闲农业与乡村旅游示范点、全国农村科普示范基地；生态工业集中区被评为省级重点特色产业园区、全省新能源产业示范基地。（二）加速城乡统筹，实施扩城修路三年行动。县城建成区面积由13.10平方千米扩展到15.82平方千米，城镇化率从2014年的38.50%提高到2016年的42.50%，集镇面积新增120万平方米；行政村公路硬化率达100%，自然村道路硬化率达95%，创建为云南省首批“四好农村公路”示范县。（三）加快项目建设。2015年，全县共投入涉农专项资金4.10亿元。其中，投入2 850万元实施9个美丽乡村项目；投入1.04亿元实施148千米农村道路硬化工程。（四）推进精准脱贫。2016年，整合专项扶贫、行业扶贫、社会扶贫“三大资源”，共投入资金5 800余万元，实施项目13类46个，3个省级建档立卡贫困村、442户1 187人达脱贫标准。

民族关系和谐，经济社会发展，是创建工作的目标。积极开展《民族区域自治法》《宗教事务条例》《自治条例》等宣传，营造民族团结和谐的浓厚氛围；通过建立和完善各项民族工作机制，将问题解决在基层，处理在萌芽状态，实现民族团结，宗教和顺。自2011年以来，石林县先后三次成功创建为云南省平安先进县。2014年9月，石林镇和摩站村委会寺背后村获国家民委命名为全国首批“中国少数民族特色村寨”。2017年4月，圭山镇糯黑村获国家民委命名为全国第二批“中国少数民族特色村寨”。

振兴民族教育、培养民族干部，是创建工作的基础。落实教育法律法规和民族教育政策，教育优先投入，改善办学条件，石林县累计投入各类教育基础设施建设资金4.52亿元，新、改、扩建校舍21.95万平方米，教育信息化等软件建设累计投入资金6 550余万元。三年来，全县安排进城务工子女7 000人入学，入学率达100%；适龄儿童入学率100%。优化民族干部队伍结构，加强民族干部人才教育培训。在全县公务员、事业单位工作人员招录中，按少数民族人口所占比例定向招录少数民族考生。大力培养、选拔、使用优秀少数民族干部，目前，全县科级干部中少数民族占35.9%，少数民族干部已成为推进全县经济社会发展、维护民族团结、保持社会和谐稳定的重要骨干力量。

三、争创国家全域旅游示范县

石林县的基础在旅游、潜力在旅游、出路在旅游，旅游兴则百业兴。

发展全域旅游，“旅游+”产业融合，为县域经济发展开辟全新路子。2016年，石林县制定了全域旅游发展规划。规划以全域旅游资源整合为基础，以扩容全域旅游发展空间为载体，以全域旅游要素供给为保障，丰富旅游体验项目，完善旅游配套设施，强化生态养生、休闲度假功能，提升石林旅游的市场影响力和核心竞争力，加速构建“1心3带4区8寨1环”的全域旅游空间发展格局。以石林观光休闲、度假旅游为核心，重点发展石林大道城市旅游经济带、巴江生态休闲旅游经济带、九石阿旅游专线阿诗玛文化旅游特色经济带，乃古石林自然遗产展示和台湾创业园生态农业休闲度假区、大叠水户外旅游体验区、长湖休闲康体旅游度假区、圭山生态及红色旅游区；打造彝乡八寨，形成一条便捷的自驾车旅游环线。

“抓牢旅游这个主导产业发展的‘牛鼻子’，以全域旅游为抓手，推动旅游与农业、工业、文化和其他服务业的高度融合，全力打造国际知名的游客聚集地、集散地和目的地。”石林县各级领导认为，要下好“旅游+”这步棋，关键要延伸产业链，让全域旅游成为县域经济发展的新引擎，推动旅游与农业融合、旅游与服务业融合、旅游与文化融合、旅游与健康养老融合。

2016年，大小石林景区接待游客400万人次，旅游直接收入7亿元；全县接待游客533万人次，旅游综合收入41亿元，石林风景名胜区先后获得世界地质公园、世界自然遗产、国家5A级旅游景区、全国文明风景旅游区、国家生态旅游示范区等荣誉称号，争取在2018年创建全国全域旅游示范县。

石林县委、县政府，正以高度责任感、强烈使命感，积极谋划石林发展，融入昆明建设区域性国际中心城市的重大实践，全力推进全国民族团结进步示范县、生态文明建设示范县和国际知名旅游胜地建设。

（中共石林县委）

晋宁区绿色发展道路

晋宁区认真学习贯彻习近平总书记治国理政新理念新思想新战略，牢固树立“绿水青山就是金山银山”的发展理念，紧紧围绕建设面向南亚东南亚的国际旅游康养新区、古滇郑和文化名城的目标，始终坚持生态优先、绿色发展，高标准、高水平推进“+生态”“生态+”发展战略，全力以赴优生态、促发展、惠民生，加快推进生态晋宁、美丽晋宁、幸福晋宁建设。

一、坚持生态立区，生态基础不断厚植

晋宁区地处滇池南岸，拥有53千米的滇池湖岸线，占据滇池总湖岸线的32.5%。晋宁区在昆明滇池治理考核中排名前列，建成近两万亩生态湖滨湿地，其中南滇池国家湿地公园是滇池周边唯一一个国家级湿地公园，成为滇池生态圈、文化圈、旅游圈建设的重要组成部分。晋宁区全面加强水、土、气、林等生态环境建设，补短板、提品质、建机制，推动生态环境质量不断提升，全区森林覆盖率达到52%，城区绿地率为34.48%，空气质量优良。

二、坚持全生态理念，积极创新绿色发展道路

2016年11月，国务院正式批复晋宁撤县设区，晋宁成为昆明主城的重要组成部分。晋宁始终把改革创新作为湖滨新城建设的强大动力，以全绿色发展理念为指引，充分发挥晋宁文化生态资源“五个一”优势，大力实施“+生态”“生态+”发展战略，提出“12356”发展思路。“一个引领”，即以全面融入昆明主城，服务区域性国际中心城市建设为引领。“两个重点”，即以环滇池发展和昆阳、晋城双城互动发展为重点，着力打造环滇池文化旅游发展带，包括海宝山、梁王山、大湾山、大河河口湿地、虎山等环滇池岸线区域，围绕古滇项目、南滇池湿地等重大项目，以文化旅游产业为重点，打造昆明市重要的核心旅游消费区域。

生态湖滨湿地　（江　云　摄）

生态湖滨湿地步道　（许太琴　摄）

同时昆阳、晋城两个城镇坚持双城互动发展。“三个关键”，即三次产业高效联动、产城一体化深度融合，创新开放双向驱动。“五大产业”，即重点培育具有国际水准的文化旅游、健康养生、商贸物流、装备制造、精细磷化工五大产业。“六大工程”，即着力实施产业转型升级、招商引资突破、基础设施联通、城市品质改善、服务效能提升、生态环境保护六大工程。

晋宁区积极响应昆明打造“中国健康之城”目标，开展国际旅游康养新区建设。按照“整体规划高起点定位、大企业大项目带动”思路，旅游与农业、体育、文化、健康等加快融合发展，全区旅游康养和文化产业格局初现雏形，2017年7月，七彩云南·古滇名城滇池国际养生养老度假区养老小镇开园，为昆明发展大健康、大旅游、大文创现代产业体系作出示范。

三、坚持共建共享，持续优化生态发展环境

晋宁区加快补齐民生社会事业短板，大力推进教育、卫生、文化、体育等公共服务均衡化，积极促进就业，完善保障体系，让群众拥有更厚实的获得感、更饱满的幸福感。

晋宁南滇池国家湿地公园　　（程　雪　摄）

至“十二五”末，全区地区生产总值达到112.92亿元，年均增长12.10%；一般公共预算收入达到15.82亿元，年均增长20.40%；规模以上固定资产投资达145.25亿元，年均增长21.30%；城镇和农村常住居民人均可支配收入分别达31 341元、12 081元，年均增长12.30%和17%。2016年，地区生产总值完成116.75亿元，公共财政预算收入完成16.90亿元，城镇居民人均收入34 162元，农民人均纯收入13 289元。

（中共晋宁区委区人民政府）

普洱市打造“养在普洱”品牌

普洱市抓住机遇、顺势而为，提出以“养在普洱”为重点的大健康产业品牌，依托大生态、建设大基地、培育大品牌，大力发展以高原特色健康食品、生物医药、休闲度假、养老养生等大健康产业，把普洱打造成全国知名的大健康食品供应基地和休闲度假康体养生旅游目的地。

一、构建“六位一体”大健康体系

2017年9月，在普洱市举办的“绿色旅游·康体养生”主题会上，来自联合国世界旅游组织、全国工商联旅游业商会专家学者以及省内外旅游养生行业的企业家热议普洱大健康产业，会上提出“养在普洱”的理念。

普洱发展大健康产业具有得天独厚的自然条件和资源禀赋。全市森林覆盖率高达68.80%，建成自然保护区16个，受保护地区占国土面积的20.10%，保存着全国近三分之一的物种。普洱空气中负氧离子含量高出世界卫生组织“清新空气”标准12倍，全年空气质量状况优良率保持在100%。良好的生态、清新的空气、洁净的水源、没有污染的土壤，使这里成为发展大健康产业的梵天净土。

打造“普洱养都”，普洱市提出构建“药、医、游、食、养、管”六位一体的大健康产业体系。大力发展以“医”为主体的医疗医药产业，加快推进中药材种植加工和保健食品行业发展，积极发展医药医疗保健和健康保险服务；大力发展以“养”为特色的养老养生产业，加快发展养生休闲产业和健康养老服务；大力发展以“健”为支撑的康体产业，积极发展全民体育健身和户外运动健身；大力发展以“智”为引领的智慧健康产业，积极开发健康信息服务普惠项目，拓展健康信息服务新业态。力争到2025年，基本建成面向南亚东南亚的生命科学创新中心、健康产品制造中心、候鸟式养生养老中心、亚高原健体运动中心、民族健康文化中心、康体医疗服务中心。

2017年，第三届普洱绿色发展论坛期间，普洱市共签订招商引资项目29个，涉及大健康、休闲度假旅游、特色生物、特色小镇、文化产业、现代服务业等多个产业形态，投资总额超过281亿元。大健康产业正成为普洱投资新热点。

二、医养融合推进绿色农业试验示范工程

作为全国唯一的绿色经济试验示范区，普洱市立足资源禀赋，推进绿色农业试验示范工程。全力打造全国重要的特色生物产业基地、全国知名的大健康食品供应基地。以茶叶、咖啡、生物药、渔牧等特色产业为重点，着力抓标准、抓品牌、抓“互联网 +”、抓融资、抓庄园、抓整合，促进三次产业融合发展，打造一批有市场、叫得响的高原特色健康食品、中药材产品和保健品品牌。生物药种植面积、产量年均分别增长 19.50%、30%，产值翻三番，呈井喷式发展。积极探索和大力发展林下种植重楼、三七、茯苓等高端中草药基地，为健康养生提供充足的原生态中草药原料。

在“绿色旅游·康体养生”主题会上，由普洱市卫生计生委牵头组织企业进行“养在普洱”科研成果和产品展示。淞茂制药、良宝生物科技、天士力等普洱市 7 家企业以及 1 家民族传统医药科研机构集中展示“养在普洱”的科研成果及产品，共展出民族传统医药、医药健康等产品 600 多个。在少数民族医药特色展示区，原生态的各民族传统医药吸引了嘉宾参观体验。

三、休闲度假康体养生方向发展

成功创建国家园林城市、国家森林城市、国家卫生城市后，普洱市不断提升人居环境，全力争创全国文明城市。宜居的生活环境，吸引越来越多的北、上、广等大城市居民到普洱定居，2016 年，中心城区外地居民购房占到 16.10%，2017 年上半年达 25%，普洱正成为度假养生的理想之地。

普洱市一直以建成国际性旅游休闲度假养生基地、全国康体休闲养生旅游目的地为目标，加快构建以休闲度假康体养生为突破的“一心两轴三区两点”旅游空间布局，全力推进旅游景区景点建设，已成功创建 3 个国家 4A 级景区，合力推动全域旅游融合发展，旅游品牌形象深入人心。“十二五”以来，接待游客人数和旅游总收入增幅连续 5 年居全省前列。

为大健康产业发展提供有力支撑，普洱市从改善高速公路、铁路、机场等基础设施等硬环境入手。开展以综合交通为重点的基础设施建设，“十三五”末，形成中心城区到各个县城的 2.5 小时交通时空圈，构建公路、铁路、航空互为一体的综合交通体系，成为连接东南亚国际大通道重要枢纽节点；运用信息技术大数据做好线上线下大文章，大力发展智慧旅游、智慧医疗等新经济新业态。

普洱大健康与大开放、大旅游、大文化、大扶贫融合发展，成功引进华侨城、天士力、东软、汇源果汁、安缦酒店、康恩贝等一大批战略合作伙伴，创新产业发展模式，延长产业链，提高附加值。云南高山生物、龙生茶业、大唐汉方制药、淞茂药业成功登陆“新三板”，大健康产业步入发展快车道。

（《云南日报》记者　沈浩）

开远市生态文明建设

中共开远市委、市人民政府高度重视美丽乡村建设，提出以“美丽开远、幸福之乡”为主题，以改善居住条件和美化生活环境为根本，联动推进城镇化、城乡一体化和农业现代化进程，全市成功创建全国卫生城市、国家园林城市、全国低碳发展示范市，着力打造人居环境更加优化、城市更加绿色、生态、宜居的“绿城水洲、山水田园”城市。

让农村居民住得更好、生活更富是实施美丽乡村根本的出发点和落脚点。因此，开远市将高原特色现代农业示范区建设与美丽乡村建设相结合，从红河州百万亩高原特色现代农业示范区建设涉及的乡镇中，选择 28 个基础好、热情高的村庄作为首批美丽乡村建设示范村进行重点打造，把村庄土地整理、农田基础设施建设纳入村庄规划一并考虑，在建设中注入产业发展内涵，提高农民收入，提升村庄发展后劲。羊街乡伍家村发展 1 600 亩优质稻，助农户增收 554.40 万元；中和营镇跃进社区积极发展民族刺绣，产品远销美国、加拿大；灵泉办事处西山区建成万寿菊种植基地，规模达 2 万多亩，吸引众多游客前往赏花、摄影。

为让生态美走进千家万户，融入日常生活，彻底扭转农村“垃圾靠风刮，污水靠蒸发”的状况，开远市突出抓好农村生活垃圾和污水治理，大力开展“清洁水源、清洁田园、清洁家园”工程。建成 7 座农村污水处理站、6 座生物污水处理池和 7 个乡镇垃圾中转站。对距离市垃圾处理厂 20 千米范围内的乡镇（街道）、村庄采取“户保洁、村收集、市转运处理”，距离 20 千米以上的乡镇实行“户保洁、组收集、村转运、乡镇处理”，边远山区乡镇和村庄按照“源头减量、就近就地处理”三种模式处理农村生活垃圾。在农村污水处理中，采取集中式和分散式相结合，对 2016 年 17 个易地扶贫搬迁安置点“一步到位”规划建设雨污分流设施，对城郊和坝区 14 个条件成熟的村庄整合项目实施雨污分流改造，对地形条件复杂、污水不易集中的村庄，探索采用生态处理方式进行污水处理。

全市创建省级文明村 5 个、州级文明村 7 个、市级文明村 41 个。在州、市有关部门的支持下，共投入资金 341.80 万元，创建 8 个民族文化、生态、旅游、卫生、科技、小康等特色文明村。

（《云南日报》记者　李树芬　通讯员　李立章）

玉溪市国家健康城市试点建设启动

2017 年 10 月 25 日，玉溪市建设国家健康城市试点工作正式启动。作为全国首批健康城市试点，玉溪市计划用3年时间，完善城乡规划，加强环境卫生基础设施建设，健全城市管理体制机制，完善基本公共服务体系，推广健康生活方式，全方位提升群众健康素养和文明素质，建设环境宜居、社会和谐、人群健康、服务便捷、富有活力的健康城市，实现城乡建设与人的健康协调发展。

玉溪市委、市政府历来高度重视人民身心健康，通过采取多种综合治理措施，改善城乡环境面貌，不断健全医疗卫生服务体系，有力促进人民健康水平和身体素质持续提高，先后获得国家卫生城市、国家园林城市殊荣，被列为国家公立医院改革示范市、海绵城市建设试点市。

作为全省唯一的国家健康城市试点，玉溪市牢固树立以人民为中心的发展思想，坚持把人民健康放在优先发展的战略地位，将健康因素融入各项工作，全方位全周期保障人民健康，推动健康城市建设取得成效。2012年，成功创建国家卫生城市，并于2015年顺利通过复审。目前全市共有国家卫生县城3个，国家卫生乡镇1个，省卫生乡镇5个，省卫生村71个。基本医疗卫生服务有保障、多元医疗卫生服务有特色”的医疗卫生服务体系初步建成形成玉溪经验。在城市、社区和农村全面实施全民健身工程，全力推进体育健身活动开展，基本形成天天有活动、月月有比赛，群众健康水平不断提高。

玉溪市制定《玉溪市建设国家健康城市试点工作实施方案》，以红塔区、江川区、高新区作为健康城市建设试点，重点抓好营造健康环境工程、构建健康社会工程、优化健康服务工程、培育健康人群工程、实施全民健身工程、实施健康细胞建设工程和创新健康发展工程七大工程，建立健全工作机制，强化追责问效和奖优罚劣，强力推进健康城市建设。

到2019年，红塔区、江川区主城区生活垃圾无害化处理率达90%，城市生活污水集中处理率达70%；生活饮用水水质合格率达95%以上；全市环境空气质量比2016年改善40%左右；国民体质测定总体达标率90%以上；15岁及以上人群吸烟率在26%以下；全市人均期望寿命达80岁；全市城乡居民健康素养水平分别达22%和12%。到2020年建成健康城市，力争为全省乃至全国作出示范。

（《云南日报》记者　余　红）

丽江市以绿色发展推进生态文明建设

丽江市以“生态立市、环境优先”为发展战略，坚持绿色发展，认真落实生态环境保护措施，强化对重要生态功能区的生态保护和环境建设，严格控制不合理的资源开发活动，以绿色发展推进生态文明建设。

丽江市以《丽江市生态文明建设排头兵“十三五”规划》等利于推动绿色发展的规划为引领，着力推进以林果、药材等生物产业为主的生态产业基地建设，建成生态产业基地440万亩，生态产业综合产值逐年攀升。同时实施野生动植物资源保护工程，深入开展法制宣传，加大对破坏森林资源案件的查处力度；实施禁猎措施，严厉打击破坏野生动植物资源的违法犯罪活动；开展野生动物肇事补偿试点工作；建立野生动物疫源疫病监测防控体系；加强野生动植物进出口审批、监管工作。此外，还实施自然保护区建设工程，建立生物种源保存培育园地，初步形成以自然保护区、重要湿地、国家公园、迁地保护园为主要实体的保护体系，全市生物多样性得到有效保护。拉市海被列为西南高原科普环境教育基地、全国湿地环境教育基地和全国湿地雁鸭类试点示范区。

与此同时，全面推进城乡人居环境提升行动，实施城镇、农村环境综合整治项目和县（区）级以上城

抚仙湖旅游度假区　（许太琴　摄）

丽江九鼎龙潭　（江　云　摄）

镇集中式饮用水水源地保护工程项目，全市城镇污水集中处理率和垃圾无害化处理率分别提高到87%和95%，城市建成区绿化覆盖率提高到34%。稳步推进“森林丽江”建设，森林面积和林业用地面积实现双增长，分别达到2 174万亩和2 450万亩，全市森林覆盖率提高到70.5%。强化节能减排，先后关闭一大批高污染企业，着力推行结构减排、工程减排、强化管理减排和清洁生产审核制度，节能降耗和主要污染物总量削减全面达标。认真开展大气、水体、生物、噪声等环境质量监测与污染源在线监测，城区空气质量优良率连续3年保持100%，名列全国同类州市第二、全省第一。严格实行城市环境综合整治定量考核制度，城市集中式饮用水源地水质达标率保持在100%，城区环境噪声稳定达标，城市环境公众满意度逐年提高。

（《云南日报》记者　和　茜）

楚雄州盛开“三朵花”

楚雄彝族自治州素有“东方人类故乡”“世界恐龙之乡”和“中国彝族文化大观园”等美誉。党的十八大以来，楚雄州委、州政府凝心聚力，带领全州各族干部群众开拓创新，全州经济社会取得长足发展。楚雄州始终坚持以经济建设为中心，努力让全州更加和谐、人民生活更加幸福。

一、民族团结盛开“和谐花”

楚雄州委、州政府始终把民族团结进步示范区建设作为统领全局的工作，在构建平等、团结、互助、和谐的社会主义新型民族关系上下功夫，全州上下形成“党委领导、政府负责、部门协同、社会参与、合力推进、共建共享”的示范区建设良好格局。

坚持从实际出发，抓典型示范引路，全面实施新一轮“十县百乡千村万户”示范点创建，着力打造一批率先建成小康、跨越式发展、脱贫开发和民族团结、宗教和顺的示范典型；大力弘扬社会主义核心价值观，充分挖掘彝族文化的“根”和“魂”。

楚雄州以联动联创为途径，丰富创建内容，在示范学校中推广“五个一”，即会说一句民族语言，会画一幅民族题材画，会唱一首民族歌曲，会跳一个民族舞蹈，会讲一个民族故事。结合实际开设民族文化课程，在全州各中小学深入开展“民族团结教育、红色传承教育、法制宣传教育”进校园活动。紧紧围绕《楚雄彝族自治州建设民族文化强州规划（2013~2020年）》，依托彝族文化、古生物、古人类、古文化“一彝三古”的文化资源优势，努力建设滇中民族文化新高地。

2013年以来，全州投入民族专项资金3.01亿元，整合各类资金57亿元，着力打造“率先发展、全面小康”“精准脱贫、跨越发展”和“突出特色、融合发展”的民族团结进步示范典型。楚雄市紫溪镇紫溪彝村等8个特色村被国家民委命名为中国少数民族特色村寨，楚雄市紫溪镇、栗子园社区被国家民委命名为全国民族团结进步创建活动示范单位。

二、转型升级盛开“发展花”

党的十八大以来，楚雄州切实深化改革，努力加快推进工业强州进程，大力促进新型工业化，用新兴技术不断改造传统产业，积极推动经济结构调整，形成以烟草制造、冶金化工、食品加工、医药生产和机械设备制造为重点行业的工业架构。

2016年，全州规模以上工业产值达到668.70亿元，比2011年增长89.30%，5年年均增长13.60%；全州规模以上工业企业318户，比2011年增加195户。

三、脱贫攻坚盛开“幸福花”

建档立卡贫困人口31.80万人，全州9县1市有8个县纳入国家连片特困地区，其中有6个国家扶贫开发重点县、1个省级重点县。贫困成为楚雄州发展的拦路虎和绊脚石。

2013~2017年，全州投入各类扶贫资金405.95亿元，其中专项扶贫资金56.70亿元，并从2016年，开始每年筹集脱贫攻坚资金不少于100亿元，2016年，筹集各项扶贫资金达176.20亿元；统筹各级1 632家单位挂包贫困乡、贫困村，组建驻村扶贫工作队505支，3.47万名干部挂包贫困户，做到贫困村村村有驻村扶贫工作队、户户有帮扶责任人。

（《云南日报》记者　博　达　胡梅君）

生态文明建设十二五成果选辑

加强生态文明建设　助推文山绿色崛起

——文山壮族苗族自治州“十二五”生态文明建设成果

生态文明建设成果综述

文山壮族苗族自治州位于云南省东南部，东邻广西百色市，西连红河州，北接曲靖市，南部与越南河江省接壤，国境线长438千米，素有“滇东南门户”之称。全州面积31456平方千米，辖7县1市，有汉、壮、苗、彝、瑶、回、傣、白、布依、蒙古、仡佬11个世居民族，2015年末全州常住人口为360．7万人，其中少数民族人口占57．9%。北回归线横贯而过，全州70%的地区属亚热带，30%的地区属温带，年均降水量和日照量相当充足，全年无霜期达270~350天，具有丰富的生物、水能、矿产和旅游资源。文山州是闻名中外的“中国三七之乡”，更有极富地方特色的辣椒、八角、八宝米、草果、阳荷、烤烟、油桐、茶叶等特色产品。“十二五”期间，特别是党的十八大以来，文山州牢固树立“绿水青山就是金山银山”的发展理念，编制了《文山州生态文明建设规划》，出台《关于加强生态文明建设的实施意见》《贯彻落实（中共云南省委、云南省人民政府关于争当全国生态文明建设排头兵的决定）的实施意见》《文山州全面深化生态文明体制改革实施方案》《关于努力建成石漠化地区生态文明建设示范区的实施意见》等一系列政策性文件，把生态文明建设贯穿于经济、政治、文化和社会建设中，坚持经济社会发展和保护生态环境有机结合、经济建设与生态建设同步进行、经济效益与生态效益同步提高、产业竞争力与生态竞争力同步提升、物质文明与生态文明同步前进，努力建设山青水净、地绿天蓝、生态灵秀、人民富裕的“美丽富饶文山”。

树立绿色理念，增强生态意识

充分发挥人民群众的积极性、主动性、创造性，弘扬民族生态文化，鼓励公众积极参与，提高广大人民群众特别是各级领导干部的生态文明意识，绿色发展正成为文山人的自觉追求。一是充分发挥电视、报刊等新闻媒体的舆论导向和宣传作用，树立理性、积极的舆论导向，加强资源环境国情宣传，普及生态文明法律法规、科学知识等，树立保护环境的先进典型，曝光破坏环境的违法行为。二是围绕七彩云南保护行动的七大行动，组织开展好以“3·22”世界水日、“4·22”地球日、“6·5”世界环境日、“6·25”土地日等主题宣传活动。三是通过国际三七节暨民族节、普者黑荷花节、苗族踩花山、彝族火把节、壮族三月三等少数民族传统节庆活动，不断提升文山特有生态文化品牌形象，挖掘和弘扬民俗生态文化和地域生态文化，培养全民的生态道德，树立强烈的生态责任感，让推进生态文明成为社会的主流意识。四是积极探索建立科学的生态文明建设考核评价体系，把生态文明建设工作纳入领导干部年度述职和考核重要内容，引导领导干部进一步树立正确政绩观，将生态建设和环境保护提高到全新高度。五是适时开展生态文明进校园、进企业、进社区等主题宣传活动，动员、鼓励、引导广大群众树立生态化的生活方式，倡导绿色消费、适度消费，积极参加义务植树等环保行为，形成全民参与生态环保的良好氛围。六是通过举办培训班、讲座、论坛、摄影展、征文、警示教育等丰富多彩的活动，不断提升干部群众的可持续发展意识和生态保护意识。“十二五”期间，全州共创建26个省级生态乡镇、97个州级生态村和357个绿色学校（绿色社区），完成1个省级环境教育基地的申报与复核命名工作；参加义务植树的人数累计达535.25万人次，完成义务植树3014.8万株。

优化国土空间，构建“宜居文山”

实施战后恢复建设以来，国土空间发生了深刻变化，既有力支撑了经济快速发展和社会进步，也出现了耕地减少过多过快、资源开发强度大、空间结构不合理等突出问题亟需着力解决。为此，文山州按照人口资源环境相均衡，生产空间、生活空间、生态空间三类空间科学布局，经济效益、社会效益、生态效益

三个效益有机统一的原则，以实施主体功能区战略、绿色城镇化、美丽乡村建设等为重点，合理控制国土开发强度，调整空间结构，促进生产空间集约高效、生活空间宜居适度、生态空间山清水秀，努力建设天蓝、地绿、水净的“宜居文山”。

——实施主体功能区战略。深入贯彻落实《全国主体功能区规划》和《云南省主体功能区规划》，按照重点开发区域、限制开发区域和禁止开发区域分类，构建合理生态保护空间和城镇建设空间，保护全州生态安全格局。大力促进土地节约集约利用，执行最严格的耕地保护制度，通过转变建设用地方式，调整完善土地利用总体规划，将坝区周边宜建山地、低丘缓坡土地优先纳入规划，引导城镇、村庄、产业项目向宜建山地发展，各类建设用地上山比例明显提高。州、县、乡、村、组层层签订耕地保护目标责任书(2011 ~ 2015 年)，将全州 915 万亩的耕地保有量和 768 万亩的基本农田保护任务分解下达，一级抓一级，落实到地块到农户，确保了全州基本农田数量不减少，质量不降低，用途不改变；组织实施土地开发整理项目 102 个，建设总规模 93.6 万亩，新增耕地面积 13.87 万亩；认真开展土地利用总体规划调整完善工作，完成了土地利用、城镇建设、林业生态“三规合一”，全州坝区优质耕地中基本农田面积保护率由 64.5%提高到 83.6%，合理增加建设用地总规模 14.8 万亩，新增建设项目占用耕地全部实现占补平衡。同时，全面加强土地开发复垦整理和中低产田地改造工作，大力推进“兴地睦边”工程。出台了《文山州不动产统一登记工作方案》，对土地、房屋、草原、林地、水域、滩涂等不动产进行统一确权登记，累计办理农村土地承包经营权证 64.0l 万户，确权登记到户率达 93.2%；办理农村宅基地使用权证 66.11 万户，确权颁证到户率达 94.2%；办理农村房屋所有权证 48.87 万户，确权颁证到户率达 69.6%；完成换(发)林权证 55.09 万本，发证到户率为 99.6%。

——扎实推进绿色城镇化。全州按照“守住红线、统筹城乡、城镇上山、农民进城”的总体要求，着力在土地保护利用、城乡规划、功能布局、城市建设等方面下功夫，先后编制了《文山州域城镇体系规划》《“文砚平”城市群规划》等一系列重要规划。加快推进低丘缓坡建设城镇试点工作，强化城镇化过程中的节能、节水、节地、节材理念，大力发展绿色建筑和低碳交通，推进绿色生态城区建设，提高城镇供排水、防涝、雨水收集利用、供气、环境等基础设施建设水平，加强生活污水、垃圾处理能力建设，努力提升城镇人居环境。“十二五”期间，全州城市规模进一步扩大，结构进一步优化，城市功能进一步完善，文山县撤县设市工作顺利完成，辐射带动作用进一步增强，走出了一条符合文山实际的绿色城镇化发展新路子。至 2015 年底，全州城镇人口 134.1 万，城镇化率从“十一五”末的 28.5%提高到 37.2%，29.4 万农业人口转为城镇居民；一批市政道路、绿化亮化、公共服务设施项目相继建成，城市绿化覆盖率达到 28%，文山市被评为省级园林城市，文山市、广南县、富宁县被评为省级文明城市(县城)；城市污水处理率达 88%，生活垃圾无害化处理率达 95%；全州获批 11 个低丘缓坡试点建设，总规模 8.63 万亩，其中：城镇上山试点项目区总规模 3.69 万亩，工业上山试点项目区总规模 3.02 万亩，旅游上山试点项目区总规模 1.92 万亩。11 个项目区一期工程已全部开工建设，已开发面积为 0.98 万亩；开工建设公共租赁住房(含廉租住房)4.82 万套、启动实施城市棚户区改造 1.79 万户，惠及城镇住房困难家庭 6.61 万户。

——狠抓美丽乡村建设。深入实施《滇桂黔石漠化片区区域发展与扶贫攻坚规划(2011~2020 年)》《左右江革命老区振兴规划(2015 ~ 2025 年)》《文山州“三农”发展大规划》，以省级重点建设村、民族特色旅游村、民族团结进步示范村等项目建设为载体，打造了一批宜居美丽乡村。“十二五”期间，全州累计投入各类扶贫资金 140.40 亿元，集中连片特困地区扶贫开发项目 4 个、整村推进新农村项目 6072 个村组，农村生产生活条件明显改善，35 万贫困人口实现脱贫。推进城乡人居环境综合治理，防治农业面源污染，强化工业污染源监管及治理，加快推进各县(市)县城和重点中心集镇污水、垃圾集中处理设施建设，推进城乡绿化建设和管理，切实提高城镇绿化覆盖率、绿地率。以乡镇所在地为重点，在广大农村地区大力倡导卫生文明新风，加快改变乡镇集镇卫生脏、乱、差现象。乡镇“十个一”工程加快实施，特色集镇、传统村落保护全面加强；实施“美丽乡村专项活动”，每年州财政拿出 1600 万元，以贷款贴息、以奖代补等方式扶持 8 个州级特色示范乡镇基础设施建设；大力实施乡镇“一水两污”项目建设，累计争取上级补助资金 4200 万元；全州小城镇道路硬化、给排水、路灯、绿化、环卫等基础设施和公共服务设施条件明显改善，镇容镇貌明显改观，小城镇综合承载力明显增强。

实施生态修复，巩固“绿水青山”

保护环境就是保护生产力。深入实施生态修复工程，构筑生态安全屏障，坚决保护好文山的“绿水青山”。

——大力推进造林绿化。加大天然林、退耕还林、防护林等重点生态工程的建设力度，森林质量大幅提高，林分结构渐趋合理，生态功能得到加强，工程区水土流失情况得到有效控制，生态环境进一步改善。“十二五”期间，全州累计完成林业重点生态工程营造林412.6l万亩。全州森林覆盖率由“十一五”末的41%提高到51%，森林蓄积量由“十一五”末的4761万立方米增加到5356.6万立方米。

大力推进水土流失及石漠化治理。文山州作为典型的岩溶石山区，石漠化面积达1.1万平方千米，占全省石漠化面积的28.8%，是云南省石漠化面积最大的州市，石漠化成为全州生态文明建设和社会发展中面临的一大挑战。多年来，文山州深入实施石漠化地区综合治理，探索创新了“山顶戴帽子，山腰系带子，山脚搭台子，平地铺毯子，人户建池子，村庄移位子”的“六子登科”治理模式，有效遏制了石漠化的蔓延。在实施过程中，坚持以水土流失综合治理为核心，以提高水土资源的永续利用率为目的，将工程措施与生物措施相结合、经济建设与生态建设相结合、发展生产与劳务输出相结合、就地开发与易地开发相结合，探索了大规模开展石漠化综合治理的宝贵经验。针对石漠化集中连片地区，实行“山、水、林、田、路”综合整治，先后实施了水土保持重点防治工程、国债水土流失综合治理项目，陡坡地生态治理等九大工程。“十二五”期间，共争取国家、省级、州级、县级土地整治项目共113个，总建设规模65057.69公顷，新增耕地10875.93公顷；完成水土流失综合治理建设工程69件，治理水土流失面积1050平方千米；全州石漠化综合治理范围从原来的文山、砚山、广南3个县(市)扩展到了全州8个县(市)，累计完成石漠化综合治理93.73万亩。

发展生态经济，推动绿色转型

主动适应经济发展新常态，坚持产业发展生态化、生态建设产业化的思路，转变发展方式，推进绿色发展、循环发展、低碳发展，落实节水、节地、节能、减排的制度和措施，促进经济发展效益和速度协调并进。“十二五”规划各项目标任务圆满完成，质量和效益稳步提升，地区生产总值从2010年的329.85亿元增至2015年的670.84亿元，年均增长12.9%，三次产业比重为21.8:36.0:42.2。

——发展生态农业。科学编制和实施“三农”发展大规划，以农业产业结构调整优化为主线，以现代科学技术为支撑，以建设高效生态农业为目标，抓实龙头企业培育、农民合作社发展、农村“三权三证”抵押融资等着力点，大力发展生态型、优质高效型现代农业，继续推进三七、烤烟、辣椒、甘蔗、木本油料等高原特色产业发展，具有文山州特色的农业产业不断培育壮大。2015年末，全州三七产业实现产值150亿元，成为全省发展高原特色农业、打造“云药”产业的重要支柱产业，并积极打造千亿元产业；文山烟叶品质独特，是我国多个高端卷烟品牌中的主料烟，已成为全国、全省重点大型烟区；全州辣椒种植面积达170万亩，“中国辣椒之乡”的品牌优势进一步巩固；甘蔗种植面积达80万亩，并引进了一批加工企业；畜牧业发展势头强劲，产值占农业总产值的比重近40%。

——发展生态工业。依托资源优势，走新型工业化、工业生态化道路，提高工业整体实力和可持续发展能力，全州以电力生产和供应、烟草制品、有色金属矿采选和冶炼、农副产品加工、食品制造、医药制造、非金属矿物制品业为主导的产业格局正在形成，规模化、现代化、集群式和集约式发展的新型工业化、工业生态化效应逐步显现。全州工业园区发展至9个，其中，省级重点工业园区3个；工业增加值从“十一五”的90亿元提高到159亿元，年均增长18.4%；规模以上工业完成增加值123亿元，是“十一五”末的1.53倍，年均增长9%。通过规划建设“一中心四基地”，狠抓产业结构调整和空间布局，全州大类行业由2010年的17个增加到21个，文山铝业公司年产80万吨氧化铝、云南华联锌铟公司年采矿210万吨等一批重大工业项目建成投产。积极引导企业实施技术进步工作，共组织实施了技术改造和技术创新项目62个，工业产品质量技术攻关项目6个，高新技术产业化项目2个，工业共性关键性技术、重点产品产业化、知识产权项目9个。引导企业加大研发投入，全州共有企业技术中心17个，其中省认定企业技术中心12个；省核定工业产品质量控制和技术评价实验室1个，企业竞争综合力逐步得到提升。严格落实国家和省相关政策，引导鼓励企业节能降耗和淘汰落后产能，“十二五”期间，全州单位GDP能耗累计下降率达18.52%，超额完成了“十二五”节能降耗下降12%的目标；累计淘汰落后和过剩产能47.8万吨。

——发展生态旅游。紧紧抓住云南省实施旅游强省建设的战略机遇，进一步强化旅游基础设施建设，

优化发展布局，注重旅游产业与相关产业互动融合发展，加快转型升级，推进旅游业加快发展。全州拥有1个国家级风景名胜区、4个省级风景名胜区，6个国家A级旅游区(AAAA级1个、AAA级1个、AA级4个)，1个国家级水利风景区。合理布局生态旅游基础设施、污水垃圾处理等保护设施和配套旅游接待设施，逐步恢复和优化生态环境。旅游业对地方经济的拉动作用不断增强，在第三产业中的贡献不断提升，全州年接待旅游者从“十一五”末的561.35万人次增加到“十二五”末的1000万人次；五年累计实现旅游业总收入达346.19亿元，旅游对生态经济发展的贡献作用明显增强。

——发展生态林产业。全力发展生态林产业，努力拓展低碳经济空间，围绕森林碳汇产业、特色经济林、林下经济、珍贵速生丰产林基地等产业做文章，林业生态建设及林业产业发展稳步推进，实现林业经济效益与生态效益的双赢。加快推进以油茶、核桃为主的500万亩木本油料基地建设，稳步推进以松树、杉木、桤木、西南桦、桉树、榉木等为主的速生丰产及珍贵用材林和工业原料林基地建设，抓好八角、红豆杉等为重点的特色经济林发展。“十二五”期间，全州共增加森林碳汇面积421.85万亩，其中：完成人工造林277.36万亩、封山育林127.49万亩、省级低效林改造6.0万亩、国家森林抚育11.0万亩；发展以油茶、核桃、八角、草果、油桐等为主的特色经济林495万亩。广南、富宁、砚山、丘北等4个县被列为国家、省级油茶重点县；发展林下经济面积350万亩，完成珍贵速生丰产林基地建设32.44万亩。生态林产业的快速发展，既有效带动了农民增收，又绿化了荒山荒坡，对“美丽文山”建设产生了积极推动作用。

——发展绿色能源。积极推进生态文明体制改革，加大水电、风电、光伏发电、生物质能发电等新能源建设，大力开发绿色能源，努力构建具有自身特色的现代能源产业体系和能源民生保障体系，推动绿色循环低碳发展。2015年底，全州已建成水电站158座，总装机容量178.34万千瓦；已建成风电项目3个(羊雄山风电场一、二期，大龙山风电场一期)，总装机容量14.7万千瓦；已建成太阳能光伏发电项目2个(阿三龙光伏发电站一、二期)，总装机容量5万千瓦；沼气池在农村得到普遍运用，每年可减排二氧化碳约7万吨，减排二氧化硫约290吨。

强化环境治理，建设“美丽文山”

注重环境污染防治能力建设，严厉整治环境污染事件，认真回应人民群众对环境问题的关注，加大对环保行政审批、环境监管执法、县(市)政府所在地空气环境质量及城镇饮用水源和主要河流湖泊水质监测信息公开力度。

——严格审批执法。严格新建项目管理，对新上项目，坚持“四个一律不批”“八个不准”，严格控制“两高一资”和完善“六个优先审批”的工作程序，严把项目入口关，对不符合国家产业政策和环保要求的项目坚决给予否决。“十二五”期间，全州共受理9011个环评项目；共立案查处环境违法案件143件，挂牌督办了一批环境违法问题，重点督办事项全部办结；办理环保举报热线(微信平台)投诉585件，办结群众来信来访895件。

——狠抓污染减排。把主要污染物总量减排纳入经济社会发展大局统筹部署，在全力抓好水泥行业脱硫脱硝、制糖行业废水深度治理减排工作的同时，重点针对城镇污水处理厂减排，建立多部门会商、通报、约谈、督查工作机制，狠抓节能减排目标任务落实。“十二五”期间，全州化学需氧量排放总量3.2210万吨，氨氮排放总量为0.3503万吨，二氧化硫排放总量为1. 0706万吨,氮氧化物排放总量为1.589l万吨;淘汰报废老旧机动车和“黄标车”8619辆，圆满完成“十二五”节能减排任务。

——加强污染防治。努力构建以水、大气、土壤、重金属、农业农村面源污染治理为主的污染防控体系，加大对重金属、出境跨界河流、重要湖泊和城镇集中式饮用水水源污染防治力度，努力提高环境安全水平。主要出境跨界河流、普者黑湖泊水质和八县(市)城镇集中式饮用水水源水质总体达标；马关、文山两个重金属重点防控区和重金属削减任务全面完成，全州重金属排放总量有所下降；加大农村环境综合整治示范力度，实施27个村庄环境综合整治示范项目；扎实开展了大气污染防治行动，全州环境空气质量持续保持优良，文山市区平均空气质量达标率为97%以上，其余7县政府所在地环境空气质量均达到国家《环境空气质量标准》(GB3095—1996)二级标准。

回顾“十二五”，一手抓发展、一手抓保护，文山州生态文明建设取得了可喜成绩。但是，经济总量小、结构不合理，产业单一弱小；生态环境脆弱，治理恢复任务艰巨；贫困面大，贫困程度深，脱贫摘帽任务重；生态文明建设体制机制不健全等困难和问题依然存在，这是文山州今后工作必须突破的瓶颈。“十三五”及今后更长一段时期，文山州将全面贯彻党的十八大和十八届三中、四中、五中全会精神，深入贯彻习近平总书记系列重要讲话和考察云南重要讲话精神，认真贯彻五大发展新理念，围绕打造石漠化地区生态文明建设示范区的总体目标，把生态环境保护作为推动可持续发展的重要基石，坚持走生产发展、生活富裕、生态良好的文明发展道路，加快绿色发展步伐，努力建设绿色文山、生态文山、美丽文山。

美化绿水青山 扮靓蓝天彩云

——保山多措并举争当生态建设排头兵

保山是云南省重点林区，是云南生态较好的州市之一，素有“植物王国”“动物王国”“世界物种基因库”“生物多样性宝库”等美誉。“十二五”以来，保山市认真贯彻落实党的十八大精神、贯彻落实习近平总书记系列重要讲话精神尤其是考察云南重要讲话精神，把生态文明建设摆在了最为重要的位置，围绕建设森林保山、生态保山、美丽保山、健康保山，着力抓好“绿化”“美化”“彩化”“香化”等各项生态文明建设工作，全面实施“碧水蓝天”工程，争当云南生态文明建设排头兵。

绿化，让“森林保山”建设走出生态富民路

“十二五”以来，保山市提出了“生态立市”的发展战略，成立了“保山生态市创建领导小组”，制定出台了多个生态建设政策，完善森林增长和国土绿化空间规划，加快森林保山建设，走出了一条生态富民之路。

首先是高位推动荒山绿化。2012 年，保山市在学教活动中提出了“一教育五行动”，“绿化荒山行动”就是其中之一。“绿化荒山行动”4 年来，保山各级采取绿化荒山责任制，把党政同责，一把手负总责作为抓落实的根本措施，高位拉动，强力推进。围绕着 2020 年新一轮陡坡地退耕还林还草 10 万亩的目标，按规划大力开展植树造林，建设珍贵用材林、速生丰产林、短周期工业原料林基地，不断提高森林覆盖率。同时鼓励林农对疏林地、灌木林地和林间空地进行封山育林及补植补造，科学合理地开展低效林改造，进一步提高林分质量，增加高效林业发展的资源总量。“十二五”期间，保山市超额完成了国家和省下达的造林绿化任务，其中在“绿化荒山行动”中义务植树 2380 万株，完成人工造林 200 多万亩，绿化道路近 500 千米、绿化河道 200 多千米，澜沧江、怒江，各重要公路沿线及各生态脆弱地区生态环境得到了全面改善。

其次是下大决心治理绿化特殊地域。保山市气候多样，地形地貌复杂，干热河谷、陡坡石崖这些地方是绿化工作的特殊地域，对这些地方，保山市进行专项研究，整合项目资金，林业部门提供技术支撑，优选树种，在全省打响干热河谷区域造林绿化第一枪，首创培育出一项生态效益好又有一定经济效益的重要产业——高黎贡山糯橄榄产业，在怒江、澜沧江流域海拔 1000~1500m 的干热、半干热河谷地区，种植高黎贡山糯橄榄，目前全市糯橄榄种植面积达到了 20 万亩。

再次是把绿化与富民有机结合，做到“生态建设产业化，产业建设生态化”。保山每年安排专项资金，依靠科技进步，培植新型经营主体，重点支持核桃、油茶、澳洲坚果等林业产业发展和中药材石斛等林下经济产业建设。

目前，保山市建成“森林保山”省级示范基地 21 个，各类林产品加工经营企业 1000 多户，2015 年，全市林业总产值达 80.89 亿元，农民人均从林业上获得的收入超过 2500 元。

美化，让“生态保山”建设筑起绿色大屏障

保山是全国、全省面向南亚重要的绿色生态屏障，为筑牢这一生态安全屏障，为子孙后代留下可持续发展的“绿色银行”，保山市扎实推进生态市、生态县、生态乡建设，抓好水、大气、矿山、土地污染等重点领域生态恢复治理，加强城乡环境综合整治，打造生态产品品牌形象，努力建设成为生态文明示范市。

首先是重点保护好公益林。截至 2015 年底，保山

全市区划界定生态公益林面积482.22万亩。“十二五”以来，保山围绕“管好公益林，用好补偿金”这一核心主题，共完成森林生态效益补偿资金2亿元，切实抓好林业管护、灾害防控工作、野生动物疫情监测防控、信息化管理等各项工作，5年来，全市未发生重大林业有害生物疫情。

其次是开展“三项清理整治行动”。“十二五”期间，保山市连续开展了以保护生态环境、保护森林资源为核心的“清理整治非法加工木炭、清理整治木材经营加工、清理整治野生树木移植”等“三项清理整治行动”，大力清理炭窑、清理非法移植野生树木现象和清理整顿木材经营加工户。同时，保山进一步规范了探矿、露天开矿、挖砂、采石、取土等建设工程临时占用林地的审批管理，从严审核审批占用征收林地项目，清理排查非法侵占林地现象，打击涉林违法行动。

第三是大力整治环境质量。“十二五”期间，保山共投入50亿元，加大城乡环境基础设施工程建设，建成县(市、区)城市垃圾填埋场5个、污水处理厂6个；完成5条主要城市河流综合整治工程；建成城市生态湿地公园3个。

到2015年底，保山全市林地面积达2006万亩，位列全省第11位，森林覆盖率达65%，位列全省第7位，活立木蓄积量达1.11亿立方米，位列全省第6位。

彩化，让“美丽保山”建设树起城乡新形象

“十三五”开局，保山市制定了《保山生态市建设规划》，到2020年，全市林地和森林保有量不低于127万公顷和116万公顷、森林覆盖率达到并保持在67%左右、森林蓄积量保持在1.1亿立方米以上、自然湿地面积保持在2.5万公顷以上、自然保护区面积不低于12.37万公顷。按照这一规划，保山市根据不同气候环境、不同海拔地域，因地制宜布局不同色彩的植被，种植不同形状的树种，“彩化”保山大地，让“美丽保山”建设树起保山城乡新形象。

在全面加强生态建设和森林资源保护的基础上，保山扎实推进现代林业三大体系建设和林业保护支持体系的建设，大力发展珍贵用材林、速生丰产林、短周期工业原料林、木本油料林等有色林业，并建成了一批林下绿色食品及药品种植、特色养殖、林下产品采集和森林生态旅游观光基地，建成了林业产业体系发达、生物多样性丰富、森林景观独特、城乡焕发新姿，融人文景色和自然风光于一体的森林式、环保型、可持续发展的“彩色森林保山”。

保山市大力抓好陡坡地生态治理，出台了《保山市人民政府关于加快陡坡地生态治理的实施意见》，全市确定新一轮退耕还林还草目标。在喀斯特地貌等特殊地形地貌上，保山市还培植了金银花等产业，做到山山是绿色、处处开鲜花、村村能致富。面对全市现有的湿地，保山市进一步加大保护工作力度，使湿地面积增加到近3万公顷。

农村环境方面，共争取国家级、省级环保专项资金项目66个、资金11480万元，以农村饮用水源保护、生活污水、垃圾收集处理，集中畜禽养殖污染防治为重点，对96个村实施了农村环境综合整治；市县乡共投入6000多万元，探索开展农村生活垃圾处理示范建设工作，全市建成了320台套农村生活垃圾热解机、热解汽化炉，覆盖600多个行政村，农村生活垃圾统一收集处置率达80%以上，过去脏、乱、差等环境问题得到解决，村民生产生活环境质量极大改善。

香化，让“健康保山”建设成天然大氧吧

“十二五”期间，保山市先后出台实施了《保山市生物多样性保护实施方案》《七彩云南保护保山行动方案》《加强环境保护重点工作的意见》《加快推进保山生态文明市建设实施方案》等一系列生态文明建设政策保障文件，“香化”保山，让保山成为了一个天然的大氧吧。

保山市着力培育崇尚自然的文化，构建人与自然平等、和谐共生的关系，树立热爱自然、尊重自然、顺应自然、保护自然的生态文明理念。同时，保山市各级着力培育节约文化，形成节约优先、集约利用、适度消费的文化取向。此外，保山市从小事抓起，大力培育生态道德，丰富文化内容，弘扬生态文化，建起了一批森林公园、湿地公园、自然保护区，建起了一批生态文化博物馆、科技馆、乡村少年宫，丰富了生态文明建设载体。

高黎贡山是中国生物多样性最丰富的地区，有高等植物4897种、动物2389种，是全国最多的灵长类动物栖息地，鸟类超过全国三分之一。高黎贡山是我国发现新物种最多的地区，近30年来已发现新物种518种。“十二五”以来，保山市加大了生物多样性保护工作力度，完善了一批设施，开展了昆虫、洞穴、药用植物研究和多样性保护等探索科研工作，摸清了高黎贡山保护区蛾类资源状况，完成了高黎贡山海拔梯度生态样地的建设，编写了《高

黎贡山药用植物图集》，开展了国际学术交流合作，就地保护了高黎贡山长蕊木兰、光叶珙桐等52种珍稀濒危特有植物，建立了白眉长臂猿研究基地，推介了白眉长臂猿、白尾稍虹雉、大树杜鹃、高黎贡山兰花等4大明星物种。

优越的自然环境加上有效的保护措施，为各种生物及生态系统的形成和发展提供了天然条件，使保山成为滇西北生物多样性独特而丰富的地区之一。

截至“十二五”末，保山共建成5个各级各类自然保护区，2个重点风景名胜区，16个集中式饮用水水源保护区，2个森林公园，1个国家级地质公园。全市建成国家级生态乡镇4个、省级生态乡镇53个、全国生态文化村4个，全国传统村落94个。保山市城区绿化覆盖率达36.3%。

展望未来，保山全市人民有信心有能力像保护眼睛一样保护生态环境，像对待生命一样对待生态环境，像保护家园一样保护着祖国西南生态安全的绿色屏障，我们相信“四化”将让保山的明天更美丽！

（中共保山市委书记　赵德光）

奋力建设和谐美丽楚雄

——楚雄州“十二五”环境保护工作回顾

“十二五”以来，楚雄州按照“五位一体”的发展总要求，更加高度重视环境保护这一基本国策，制定并实施了各级党委、政府领导抓环境保护“一岗双责”责任制，确立了生态立州、环境优先，实施可持续发展战略。州委八届三次全会提出建设美丽楚雄，把污染治理和生态保护摆在更加重要的位置，坚持在发展中保护、在保护中发展，正确处理发展与保护的关系，大力推进生态文明建设，切实解决损害公众健康、影响科学发展的突出环境问题。全州各级政府和有关部门严格执行环保法律法规，认真落实国家产业政策，坚决淘汰落后产能，全面推进重点领域节能降耗；大力开展污染防治，按照省政府核定的污染减排指标要求，努力完成年度污染减排目标任务；加强生态文明宣传教育，积极开展生态县市、乡镇、村和绿色学校、社区、环境教育基地以及环境友好企业等创建活动。在州委、州政府的高度重视下，在州人大、州政协的监督支持下，全州生态环境保护从认识到实践发生了巨大变化，环境保护工作取得积极进展，全州环境质量保持基本稳定！

——主要污染物减排工作成绩显著。为强化污染减排，州政府成立了应对气候变化及节能减排工作领导小组，印发了节能减排综合性工作方案、节能减排工作任务分解方案、节能减排楚雄行动实施方案和“十二五”主要污染物总量控制实施方案；将节能减排工作任务分解到11个工作领域，细化为46个工作目标，州级15个牵头单位、29个部门共同参与落实；与10个县市政府、6个州级相关部门签订了主要污染物减排目标责任书，层层分解落实减排任务，强化责任考核，形成了政府牵头、部门配合，减排目标责任横向到边，纵向到底的责任体系。采取调整优化产业结构，淘汰落后产能，实施重点减排工程，开展农村环境综合整治，推进绿色交通管理，强化污染减排环保监管等措施，全面推进污染减排工作。建立健全污染减排环境监察、环境监测、污染源在线监控制度，认真落实减排月报、季报、核查核算等工作。建立减排项目建设倒逼机制，强化减排工作督查。“十二五”以来，全州累计完成省级重点减排项目183个，项目完成率为100%；云南德胜钢铁有限公司、云南德胜煤化工有限公司烧结脱硫等一批污染减排项目建成投运，一批落后产能被淘汰退市。全州建成11座污水处理厂，县级城市污水处理厂全部建成投运，处理污水能力18.7万吨／日，年处理污水4804万吨，削减化学需氧量10229吨，削减氨氮1239吨。2015年全州城镇生活污水处理能力、污水处理量、削减化学需氧量和氨氮量分别比2010年增加2.3倍、3倍、3.9倍、8倍。2015年全州11座污水处理厂污水处理负荷率在2014年的基础上提升了13.5个百分点。

——建设项目环评服务更加到位。州政府制定印发了《楚雄州环境保护“十二五”规划》和《关于进一步加强环境保护重点工作的意见》，批准成立了楚雄州环境工程评估中心，明确经济建设必须符合环境保护要求。在建设项目环评审批服务工作中，严格执行国家产业政策和污染物总量控制指标，严把环保准入关，对不符合环保法律法规、不符合有关规划和产业政策、不符合清洁生产要求的项目，一律不批；对未按环评和审批意见要求建设污染治理设施的企业一律不允许试生产不允许环保验收，从源头上控制污染物新增量。牢固树立环境保护为经济建设服务的思想，对州委、州政府确定的重大项目，提前介入，跟踪服务，依法审批，对民生工程、基础设施、生态环境建设、烟草水源工程等民生基础建设项目，按照“特事特办、急事急办、难事巧办”的原则，开辟环评审批绿色通道。简政放权，推进审批职能转变优化，将35千伏及以下输变电工程的环评审批权下放县市，州级审批的非生产类项目委托县市环保局验收。提高审批效率，向社会公开承诺环评登记表当天办结、环评报告表15天内办结、环评报告书30天内办结，压缩法定审批时限2/3以上。“十二五”以来，全州环保部门累计审批建设项目环境影响评价文件1904个，项目总投资483.57亿元。全州没有因环评工作不到位而影响项目开工建设和运行生产。

——污染防治工作全面扎实推进。推进大气污染防治，制定了《楚雄州大气污染防治行动实施方案》，安排专项资金对环境空气自动站进行改造更新。开展污染源普查和县城饮用水源地环境状况调查及数据更新，编制了《楚雄州县城重点集中式饮用水水源地保护区划分报告》和《龙川江水污染防治方案》；配合省环保厅编制完成《三峡库区及其上游水污染防治“十二五”规划》。加强对重点河流、区域企业的环境监测监管，保证辖区环境安全。推进饮用水水源地环境综合治理，争取中央资金2575万元实施楚雄市九龙甸水库污染防治、2060万元实施青山嘴水库库区污染防治，全州19个在用县市城镇集中式饮用水源地水质总体良好。推进城镇生活污水和垃圾无害化处理，全州建成的11座污水处理厂和10个垃圾处理场运行正常。加强污染防治重点项目建设，牟定县含铬废渣综合处理工程和南华县茂森综合利用有限公司湿法冶炼污染治理工程全面完成；南华县化工厂历史遗留砷渣处置工程完成初设并启动实施；牟定县历史遗留含镉危险废物处置工程顺利实施并已处置镉渣4.2万吨；楚雄亚太医疗废物处置有限公司对全州医疗废物的处理处置运营正常。大力推行清洁生产，全州先后组织实施94家重点企业强制性清洁生产审核工作，共完成审核评估和验收35家，通过评估待验收13家。

——环境风险隐患得到有效控制。州政府制定印发了《楚雄州“十二五”期间重金属污染综合防治实施方案》，将39家企业列为重金属污染防治监管重点，12个项目列为“十二五”期间重金属污染防治工程稳步推进。加强环境风险管理，集中整治重金属污染突出环境问题，连续5年开展对重金属排放企业、危险废物产生企业和减排项目等的环保专项整治行动，关停铅酸蓄电池和再生铅生产企业5家，有效降低环境风险隐患，促进全州环境安全。强化环境监管执法，实施网格化环境监管，大力开展环境隐患排查整治，对2011年以来突发环境事件隐患整改和尾矿库环境风险隐患整改等问题进行督查督办，及时查处危险化学品生产经营企业、危险废物储运企业和涉重金属企业的环境违法行为。加强对集中式饮用水水源地环境监管，确保水质安全。加强核与辐射环境监管，提高辐射监管信息化工作水平，全州现有使用密封放射源企业（单位）7家，有密封放射源32枚（Ⅳ、Ⅴ类源）；有射线装置使用单位125家；放射源使用单位办证率达100%。全州先后对25枚闲置放射源进行强制收贮，放射源及放射性废物得到安全处置；辐射环境管理应急预案按期编制完成。深入开展矛盾纠纷大排查大化解专项整治，认真调处环境污染纠纷，全州累计受理环境污染投诉纠纷和信访1952件，调处率达100%。全州依法征收排污费4258.17万元。

——生态环保工作取得明显成效。州委、州政府成立了生态文明建设领导小组，出台了《关于加强农村环境保护工作的意见》，把生态文明建设纳入“十二五”规划。编制完成了《楚雄州农村环境污染防治规划(2011~2020年)》和《楚雄州生态创建工程实施方案》。

围绕农村环境综合整治重点，积极争取上级项目资金支持，不断拓宽融资渠道，将专项资金和配套资金以及排污费专项资金向农村环境综合整治项目倾斜，支持农村生活垃圾和生活污水治理、畜禽养殖污染防治以及生态恢复与保护等，解决突出环境问题，共争取到中央和省、州级环保专项资金4904万元，实施农村环境综合整治项目104个。借助整村推进、美丽乡村等项目建设，整合资金大力开展农村饮用水水源地保护，确保农民群众饮水安全。加大生态、绿色创建工作力度，除禄丰县外其余九县市启动了生态县市建设工作，全州已有楚雄市鹿城镇、东瓜镇、武定县发窝乡、大姚县昙华乡4个乡镇获国家级生态乡镇称号，姚安左门乡、双柏爱尼山等35个乡镇获省级生态乡镇称号。全州已创建州级绿色学校287所、省级绿色学校93所，受国家级表彰绿色学校2所；创建州级绿色社区5个、省级绿色社区24个，州级环境教育基地4个、省级环境教育基地11个。

——环境质量状况得到持续改善。“十二五”期间，全州水环境质量总体保持稳定，金沙江水系中江边、大湾子断面为Ⅱ类水质，水质状况为优；毛板桥和青山嘴水库断面为Ⅲ类水质，水质状况为良好；西观桥断面氨氮超标，为劣Ⅴ类水质，属重度污染。元江水系中礼社江口断面为Ⅱ类水质，水质状况为优；绿汁江口、螺丝河桥、元江口、小江口断面水质均为Ⅲ类，水质状况为良好；星宿江大桥断面水质为Ⅳ类，水质状况为轻度污染；水文站、腾龙桥断面氨氮超标，为Ⅴ类水质，属中度污染。全州19个在用集中式饮用水源地水质均达到地表水环境质量Ⅲ类及以上标准。楚雄市城区空气环境质量为二级，达到二级标准天数300天的指标。城市声环境质量状况良好，楚雄市区昼间为一级，永仁、南华、大姚、牟定、武定县城昼间、夜间均为二级，禄丰、姚安、双柏县城昼间二级、夜间三级，元谋县城昼间、夜间均为三级。城区道路交通噪声除大姚县昼间噪声强度为二级外，楚雄、永仁、南华、禄丰、元谋、牟定、武定、姚安和双柏9县市昼间噪声强度均为一级。

——环境宣传教育工作成效明显。“十二五”以来，全州先后投入环境宣传教育经费近120万元，组织开展了新《环保法》、“两高”环境司法解释、清洁生产、总量减排、农村环保、污染防治和环保局长等专项培训。大力开展文化科技卫生“三下乡”、防灾减灾日、科技活动周、生物多样性日、世界环境日、节能宣传周、安全生产宣传月、科普日、宪法日等集中宣传活动，共展出环保宣传展板872块、图片1000余幅，向群众发放环保购物袋14600个、环保围裙1600块，环保宣传手册18900本，环保宣传资料115000份，解答群众环境投诉、咨询466人次。开展环保法律法规和环保知识“进机关、进单位、进企业、进学校、进社区、进乡镇、进村寨”等活动。组织县市安装生态文明建设或“七彩云南保护行动”户外宣传广告牌21块；在楚雄市区人员密集场所安装大型环保科普知识专栏牌7块。通过手机短信平台向全州手机用户发送环保宣传短信100余万条。与楚雄日报社、云南加油报楚雄版、楚雄电视台、州广播电台等媒体联办“彝州环保”和“建设生态文明·构建和谐彝州”专栏，利用网络平台开展环保宣传，基本做到每日网上有环保信息，每周楚雄日报、云南加油报有环保稿件、州广播电台有环保声音、楚雄电视台有环保新闻和公益广告等，为推进生态文明建设营造了浓厚氛围。

展望未来，楚雄州各级党委、政府和环保等部门将在党的十八大、十八届四中、五中全会精神引领下，紧紧围绕“彝州科学发展和谐发展跨越发展”和“生态州建设”主题，解放思想，奋力拼搏，用更加饱满的精神和更加务实的作风，努力实现“彝州天蓝、地绿、水清、人与自然更加和谐”，为加快建设美丽楚雄、美丽云南、美丽中国而不懈努力！

将绿水青山建设成百姓的金山银山

——德宏州生态文明建设成效显著

“十二五”期间，德宏州以习近平总书记系列重要讲话精神为指导，把生态文明建设放在突出的地位，切实转变作风、真抓实干，围绕“十二五”林业双增目标和永葆德宏地绿、天蓝、水净的总体目标，加快推进“森林德宏”和“美丽德宏”建设，着力构建西南绿色生态安全屏障和生物多样性宝库，全州完成林业投资9.16亿元，林业总产值累计达到241.47亿元，比“十一五”期间132.49亿元增加108.98亿元，增长82.25%，集体林权制度改革全面覆盖，生态环境得到明显改善，山区群众生活水平得到显著提高。

——绿色生态民生林业快速推进。在中央和省州一系列强有力的政策扶持下，全州绿色生态林业发展

步伐进一步加快，根据国家森林资源二类调查最新结果，全州活立木蓄积量均比“十一五”末有明显增加，森林覆盖率有可能超过69%，超过全省平均水平；人工林产业基地达到497万亩，成为全国西南桦、石斛种植面积最大和竹种资源收集保存最多的地区，并荣获中国“坚果之乡”“咖啡之乡”和“石斛之乡”荣誉称号。“十二五”期间，全州完成人工造林178.84万亩，较“十一五”增加42.61万亩，净增31.2%。完成低效林改造及森林抚育258.14万亩。建立州县直机关义务植树基地800亩，累计完成义务植树869.48万株，一大批特色珍稀植物绿染城乡。德宏红木产品屡获殊荣，成为全国四个红木产区之一。“十二五”期间，全州完成退耕还林及陡坡地生态治理工程建设58.51万亩，争取国家、省退耕还林和陡坡地生态治理工程资金25695万元，使全州4.58万户退耕农户，21.27万人直接受益，退耕户户均从政策补助中获得收入5610元，人均获得收入1208元，大幅度增加了农民收入，促进了农户生产生活条件的改善。“十二五”期间，新建农村户用沼气池6899户，推广省柴节煤炉灶16269户，安装农村太阳能热水器10818台，改造病旧沼气池500户，建设农村能源乡村服务网点23个，开展农户技术培训133期8164人次；共减少二氧化碳排放25.28万吨，节约做饭时间1755.56万小时，产生直接经济效益10262.6万元。以草果、石斛、重楼为主的林下种植业和以竹鼠、豪猪、野猪为主的林下养殖业发展迅速，成为各族群众不砍树也能致富的好产业。种植面积达21万亩、养殖规模到10万头(条)，产值近7亿元。“十三五”时期，德宏州将科学推进优质用材林工程发展，稳步推进木本油料工程建设，加快林下经济产业项目发展。加大对现有珍贵用材林基地的抚育管理，大力发展林下种植养殖项目和开展森林旅游，使林地空间拉高拉宽，全面实现人工用材林提质增效和永续利用，争取单位面积利益最大化。

——林业改革和服务不断深入。“十二五”期间，德宏州发放林权证户数2740户，发放证面积48.19万亩，全州共投入林改资金6400万元，部署2.21万人参与到林改工作，集体林地确权率达到99.06%，发证率达到99.77%，林权纠纷调处率达到93.6%。全州累计登记林权流转面积73.96万亩，累计流转金额5.56亿元；累计办理林权抵押贷款41.79万亩，发放贷款40.86亿元。广泛开展调研合作，促进法治林业和开放林业健康发展。先后配合全国人大开展《森林法》《野生动物保护法》修改和自然保护区立法调研，省政协生态文明建设排头兵调研；配合国家林业局相关司局和驻云南专员办多次就我州森林防火、珍贵用材林发展、森林资源保护和红木产业发展进行专题调研；配合省人大组织的云南环保世纪行活动采访团对德宏森林生态和生物多样性保护采访调研；配合国际竹藤组织、欧洲林业研究所、国家林业局亚太林业培训中心、老挝国家农业及林业部的领导专家调研考察团、越南澳洲坚果产业考察团等就德宏生态文明建设、森林资源及湿地保护、林业产业发展作了全面交流考察与合作；与野生动物保护国际(FFI)合作，加强白眉长臂猿保护工作。一个院士工作站、两个博士工作站落户德宏。“十二五”期间，全州已组建成立州、县(市)两级6个林权管理服务中心。新增林业产业省级龙头企业17户，总数达到23户，就业3.79万人，带动农户13.08万户，户均增收2242元。全州涉林企业注册商标19个，其中：“中国驰名商标”2个，“省级著名商标”3个；国家名牌产品2个，云南省名牌产品4个；拥有产品、技术等相关认证13项，国家专利50项。全州建立林业专业合作组织5个，加入合作组织农户5.75万户，经营面积24.32万亩；成立林农专业合作社141个，加入合作社农户1.16万户，合作社经营面积47.55万亩。“十三五”时期，我州将全力推进林业改革与发展，推进国有林区和国有林场改革，续建6个林业改革服务中心，改善服务能力和服务方式。

——生态环境明显改善，生物多样性逐渐增加。“十二五”期间，德宏州全面加强森林资源保护，全力建设西南生态安全屏障。严格执行森林限额采伐制度，五年森林采伐总量为572.6万立方米，占总限额1167.95万立方米的49.03%，森林采伐量呈逐年下降趋势，年均下降13.18%。全州投入森林防火资金9800万元，其中投入森林防火基础设施建设资金6100万元，州、县市储备了462万元森林防火物资，配备专兼职护林员3469人，每年组建季节性专业扑火队7支189人，半专业扑火队42支1127人，义务扑火队286支6578人，取得了连续16年无重特大森林火灾、无重大人员伤亡事故的好成绩。2014年、2015年均被省政府考核为一等奖。

“十二五”期间，查办各类案件7753起，依法惩处违法犯罪人员8296人，为国家挽回经济损失0.77亿元。陇川、梁河、芒市三县市林业局分别被省林业厅、省综治办表彰为云南省平安林区创建活动先进集体。“十二五”期间，累计争取森林生态效益补偿资金1.39亿元，全州361.22万亩公益林得到保护；建立了野生动物疫源疫病中心监测站1个、省级监测站4个。滇藏榄、盈江龙脑香、萼翅藤、滇桐等极小种群植物的抢救繁育取得成效。成功繁育国家一级保护动物东白眉长臂猿一只。灰叶猴、豚尾猴等国家一级保护动物在野外均有新种群被发现。“十二五”期间，全州完成林业有害生物防治38.21万亩，比“十一五”增加8.11万亩，防治率90%，成灾率为0.02%，测报准确率为95%，无公害防治率为97%，种苗产地检疫率为99.9%,保证了森林资源的健康安全。“十三五”时期，德宏州将以“绿色发展”理念为指导，坚持把生态环境保护放在首位，更好地维护西南生态安全屏障。加强对361万亩生态公益林、77万亩自然保护区和33万亩湿地保护管理，全面实施天然林保护工程。积极争取将铜壁关省级自然保护区升格为国家级保护区，加快推进大盈江国家湿地公园和瑞丽珍稀植物园建设，争取探索国家公园建设。

（德宏州林业局）

澄江县“十二五”生态文明建设成果

“十二五”期间，澄江县委、县政府紧紧围绕“天蓝、水清、山青”的目标，干群齐心绘就了一幅“环境优美、生态宜居”的美丽画卷。

生态保护取得重大进展。“十二五”期间，澄江县始终坚持把抚仙湖保护作为全县各项工作的重中之重来抓，积极争取上级政策、资金和项目支持。抚仙湖入选国家重点支持生态良好湖泊名录，被纳入全国首批8个生态环境保护试点湖泊及国家级重点生态功能区转移支付补助范围，补助额度居全省第三。抚仙湖径流区统一委托澄江管理，使工作平稳有序推进。完成22个水污染综合防治“十二五”规划项目建设，投资达23.5亿元。抚仙湖“四退三还”成效显著，搬迁马房村和广南营群众1505人、退田3528亩、退房13万平方米，建成一期湿地631亩、生态调蓄带2.8千米、仙湖时光栈道2千米。严守抚仙湖保护“四条红线”，铺设污水收集管网324千米，退出畜禽规模养殖15户，推广测土配方施肥55万亩，拆除塑料大棚3831亩，治理河道33千米。“仙湖卫士”和“四清”活动扎实有效。完成全国南方农业高效节水减排高西片区试点项目，初始水权分配，节水减排合同管理等7条经验在全省推广。完成帽天山片区生态修复615亩。澄江化石地保护立法进入省级立法程序。实施林业生态建设14.2万亩，公益林管护29.1万亩，森林覆盖率达33.17%。深入推进生态县和环保模范城市创建，实现省级生态乡镇全覆盖。

产业结构持续优化，推动发展高原特色农业。始终坚持“优一精二强三”的发展思路，着力在产业转型发展上求突破，三次产业比重从18.3:39.7:42调整为14.5:33:52.5。烤烟、粮食、蔬菜等传统农业稳步发展。完成水库除险加固等6355件农田水利基础设施项目，改造中低产田地6.9万亩，实施人饮工程297件、解决8.8万人饮水安全，农田水利基础设施投入达5.7亿元。累计流转土地2万亩，发展蓝莓5200亩、景观苗木1万亩、核桃11.3万亩，巩固荷藕种植3050亩。种植烟叶23.3万亩，烟农收入7.9亿元。庄园经济取得新突破，建成高西蓝莓等5个庄园，玉溪庄园获国家级旅游生态示范区、国家农业科技园区称号，木森庄园、玉溪庄园、大樱桃庄园获省级精品农业庄园认证。品牌建设深入推进，认证无公害蔬菜产地6.7万亩、云南名牌农产品1个、著名商标3个，试验示范农作物新品种55个，“澄江藕”“澄江藕粉”通过国家农产品地理标志认证，抗浪鱼入选云南六大名鱼。

探索工业园区发展新路径，以园区建设为载体的新型工业化基础得到夯实。保护生态环境就是保护生产力，改善生态环境就是发展生产力。建设美丽中国，要正确处理好经济发展同生态环境保护的关系，决不以牺牲环境为代价去换取一时的经济增长。“十二五”期间，以园区规划、土地收储、基础设施建设和招商引资为重点，着力改善园区综合承载能力，各项工作取得新突破。投资2.5亿元，收储园区土地2087亩，整理开发700亩，启动园区道路建设3条。完成新村110千伏等4个输变电项目。中国东南亚食品商贸仓储物流港等7个项目落户园区。八方工贸等20个项目建成投产。华荣水泥与中国建材实现重组。盘虎、宝泰获省级高新技术企业认定，实现高新技术企业零突破。扶持微型企业215户，3户企业实现纳规统计，11户民营企业获省级成长型中小企业认定。盘虎、龙凤黄磷尾气综合利用等6个节能技改项目竣工投产，

关闭三元德隆等 11 家企业，淘汰吉花 19 万吨、冶钢 17 万吨机立窑水泥熟料生产线。

环境监管进一步加强，环境违法现象得到有效遏制，扎实有效地开展“整治违法排污行为，保障人民群众健康”的环保专项行动。“十二五”期间，共计开展现场检查企业 2620 家次，出动执法人员 7860 余人次。加强建设项目环境管理。共计完成建设项目环评文件审批 143 个，其中登记表 85 个、报告表 41 个、报告书 17 个，总投资 724474.58 万元。建设项目环境影响评价执行率达 100%。严格执行建设项目“三同时”制度。对符合条件“三同时”落实到位的企业，做到申请一家验收一家，对落实不到位的企业及时下达整改通知，确保“三同时”验收率达 100%。共出具试生产行政许可 17 个，市级审批项目试生产审查意见 15 个，建设项目竣工环境保护验收意见 73 个。认真开展排污费征收工作，共征收排污费 1503 万元。建立重点污染源在线监控检测系统。全县 19 家重污染企业均已安装污染源在线监控或监测系统，并实现有效监控各企业废气、废水排放情况。强化环境执法，依法查处环境违法行为。认真贯彻落实新环保法，加大环境执法力度，开展定期或不定期执法检查，始终保持以高压态势加强对排污企业环境监管，对存在问题排污企业下达限期整改，做到排查不留死角，整改不留后患，杜绝新污染事故发生，切实维护群众环境权益。“十二五”期间，共计处罚违规企业 38 家，结案 38 起，处罚金额 97 万元。

完成环境监测站标准化建设，环境监测能力建设不断加强，生态环境质量有效改善。认真开展环境监测业务。2013 年建成环境监测站实验室，监测站通过实验室资质认定现场评审。实验室获得云南省质量技术监督局计量认证证书，认证项目为 51 项，其中水（含地面水、地下水和废水）37 项，环境空气和废气 10 项，噪声 4 项；获得澄江县发改局核发的“行政事业收费许可证”。监测站完全具备开展现场、实验室分析等环境监测工作能力。开展环境空气质量监测。自 2013 年 4 月 1 日起，对县城开展环境空气质量监测。监测点位于县环保局办公楼顶，可以实现 24 小时连续在线监测，每月采样均不低于 21 天，每天采样 20 小时，监测项目包括 PMl0、PM2.5、S02、NOX。自 2013 年 4 月 ~ 2015 年 12 月，有效监测 725 天，环境空气优良以上 725 天，环境空气优率 100%。开展饮用水源地水质监测。按照市县要求，澄江县西龙潭饮用水源点每季度采样监测一次，监测指标为《地表水环境质量标准》(GB3838—2002) 中表 1 和表 2 共 28 个项目。根据监测数据显示，西龙潭饮用水源点水质指标均达到地表水Ⅱ类及以上标准，符合集中式饮用水源标准。加大对高原湖泊水质的监测。2013 年 10 月，开始独立开展抚仙湖水质监测工作。围绕抚仙湖及抚仙湖 26 条入湖河道的监测，制定了详细的监测方案。每年均对 11 条市级考核及 15 条县级考核的主要入湖河道分别开展水质监测 12 次。开展污染源监督性监测。自 2014 年 1 月开始对国家重点监控企业及重点减排企业开展污染源监督性监测，并对一些新建治污项目和未列入例行监测的敏感区域开展监测，对“十二五”抚仙湖及入湖河流水质监测项目开展水体采样工作，并编写审定监测报告。

着力品质城市建设，城乡建设事业取得明显成就。坚持规划引领，编制完成《城市总体规划》《土地利用总体规划》《林地利用保护规划》及《城市绿地系统规划》等专项规划，启动《生命之城・五年近期建设规划》等 10 个规划编制。切实加大投入，城乡基础设施明显改善。呈澄高速公路建成并通车，昆明绕城高速公路正在建设中。新建城市道路 8 条，改扩建公路 20 条 159 千米。完成县污水处理厂改扩建和东岸自来水厂建设，新建城市游园 7 个，新增城市绿地 0.8 万平方米，林木绿化率达 41%。廖官营、小西城片区棚改工作全面启动并走在全市前列，完成 8 个村 (居) 民小组 2677 人的民房拆除；完成行政中心、档案馆等 8 个业务用房项目及 2282 套保障性住房建设；北岸湿地一期安置房、小窑城中村改造安置房主体完工；文化商业街、容大广场等老城区改造项目竣工投用；宽澄鼎元、文星佳园等商住项目顺利推进。坚持城乡统筹，进一步改善城乡环境。全面启动人居环境综合整治三年行动和“百村示范、千村整治”6 个“示范村”、43 个“整治村”建设，持续开展拆临拆违、城乡垃圾、路域环境、“厕所革命”等专项整治行动，拆除临违建筑 1462 宗 15.9 万平方米，整治重点街区 7 条；完成农危改等农村改造项目 253 个，惠及 4.9 万户群众；朱家山美丽家园项目建设成效明显，松元石门村被列为中国传统村落。完成农转城 30792 人。城镇化率达 44.1%。殡葬改革在全市率先实现火化率、公墓安葬率等 4 个百分之百。美丽 100 校园行动计划推进有序，完成县幼儿园迁建，启动二中迁建、职中改扩建项目，积极推动“全面改薄工程”，在全市率先实现中小学危房全面清零。编制《文化玉溪・澄江卷》，认定国家级非物质文化遗产 1 项、国家重点文物保护单位 1 个。建成 6 个综合文化站、30 个七彩云南全民健身基础设施等文体工程。

澄江，在全县广大干部和群众的努力下，打响了“国际生命之城”和“高原湖滨生态旅游之城”生态环境整治攻坚战，既保住了绿水青山，又守住了金山银山。放眼澄江坝子，青山葱葱、湖水澄澈，美丽澄江前景可期。

（澄江县环境保护局　许　玲）

绿色使命书华彩　生态文明谱新篇

——奋进中的国家林业局昆明勘察设计院

国家林业局昆明勘察设计院（原名林业部西南林业勘察设计院，以下简称昆明院）于 1965 年 7 月 1 日成立，是全国建立较早的国家级林业勘察设计队伍之一。该院的主要职能是完成国家林业局下达的各项指令性任务，履行国家林业局西南生态监测评估中心，国家林业局自然保护区及野生动植物西南监测中心、国家林业局西南林业碳汇计量监测中心的“一院三中心”的职能，重点承担西南地区森林资源监测和生态监测评估，碳汇计量研究、自然保护区及野生动植物监测任务，重点林业工程的勘察设计任务，并在全国范围内承担林业管理检查、核查工作，自然资源综合考察，森林资源资产评估，林业司法鉴定等任务。此外昆明院还承担全国林业基本建设规程、规范、标准、定作，同时编辑出版全国性科技刊物《林业建设》期刊。在林业、农业、水利、交通、市政、国土、旅游、建筑等领域拥有 30 余项资质证书，为各行业提供调查、监测、规划、咨询、勘察、设计、监理及总承包服务。同时拥有对外承包经营权，是国际咨询工程师协会会员，可以开展对外合作和技术及劳务输出业务。院下属西南林业司法鉴定中心、云南金杉工程建设监理有限公司，为社会提供服务。自 1986 年以来一直保持云南省“文明单位”的荣誉称号，院党委多次被云南省省级国家机关工委和云南省林业厅直属机关党委授予“先进基层党组织”称号。2006 年，被评为“全国林业援藏先进单位”；2010 年荣获“国家西部大开发突出贡献集体”荣誉称号。2014 年 9 月，被国务院授予“全国民族团结进步模范集体”荣誉称号。

围绕中心，服务大局，扛好林业生态建设大旗

昆明院“十二五”致力绿色发展，服务林业生态建设作用彰显。在森林资源监测、林业调查规划设计、林业工程、生态环境工程等方面发挥作用。

一、充分发挥事业职能、优质完成各项指令性任务

2008 年，昆明院获得了云南、重庆、湖北、西藏四省（市、区）退耕还林工程重点核查验收任务，迈出了履行国家林业局赋予职能的第一步。十二五期间，昆明院承担着森林资源和生态监测；森林资源规划设计调查；国家林业生态建设重点工程检查验收；国家或省级林业专项检（核）查；国家级公益林区划界定；国家或者省级的森林灾害损失调查评估；国家或者省级湿地资源、荒漠化（沙化、石漠化）土地调查监测；石漠化综合治理；征占林地可行性报告编制；制定森林资源调查、监测和评价的相关国家、地方或者行业标准等多项任务。参与完成了监测区营造林综合核查、第八次森林资源清查数据汇总和报告编制，林地年度变更调查、东北内蒙古重点国有林区森林资源管理情况检查、退耕还林工程国家级重点核查验收、天保一期公益林建设因灾损毁核销复查、昆明市森林资源二类调查任务等工作；参与全国林业碳汇计量监测体系建设，完成监测区碳汇计量工作的省级指导工作，先后承担多个计量监测任务，与多个高校和科研单位在林业应对气候变化和林业碳汇领域开展交流与合作；有效开展自然保护区及野生动植物调查监测，在监测调查中发现新的动植物新种，积极承担专题调研和标准编制工作，主编、参编《林业工程分类》《林区公路设计规范》等多个行业标准和地方标准。

二、立足西南，服务林业生态建设

在出色完成各项指令性任务的同时，在生态环境修复、生态保护、园林规划设计、产业发展、林业法制化建设等方面发挥了重要作用，提供了多元化、全方位的技术服务，做出了积极的贡献。在生态建设方面，完成滇池度假区等多个规划设计和绿化工程。特别是在石漠化综合治理方面完成了 100 多个石漠化综

合治理工程初步设计，做出了特色，树立了品牌。完成了多个自然保护区和湿地公园的规划设计工作。在产业发展方面，完成了全国集体林地林药林菌发展实施方案、西藏自治区林业产业发展规划、昌都地区林业产业示范基地规划、昆明市林下经济发展总体规划、丽江市林下经济发展总体规划，昆明市林业产业“十三五”发展规划、石林县和盘龙区林业产业“十三五”发展规划等，为民生林业做出新的贡献。在林业基础设施建设方面，为森林防火通道建设、物资储备库建设、自然保护区基础设施建设项目等林业投资完成可行性研究、初步设计和施工图设计。在林业法制化领域方面，经云南省司法厅批准，成立西南林业司法鉴定中心，完成了珠海拱北海关查获的1000余吨核桃果、核桃仁主产地和品质的司法鉴定、会泽樱花苗木死亡原因鉴定等林业司法鉴定业务，为依法治国林业领域提供优质法律服务。此外，昆明院充分发挥技术和地缘优势，积极实施林业走出去战略，在南亚、东南亚、南太平洋、非洲、南美洲等地开展林业调查和技术咨询，已经成为国家林业局在西南地区的一支不可或缺的技术力量。

三、在国家公园建设等领域发挥优势、树立品牌

国家公园是国际公认的成功的保护区模式。昆明院从1996年就开始基于国家公园建设的新型保护区模式的探索研究，作为我国国家公园研究较早，经验最为丰富的研究团队之一，昆明院在多年的研究和实践中积累了大量国家公园调查、规划、研究等方面的实践经验和成果积累，取得了丰硕的成果。成功承办了中国大陆第一次“国家公园建设研讨会”，作为全国大陆地区开展国家公园系统研究较早、实践经验比较丰富的专家之一。唐芳林院长与国家林业局保护司张希武司长合著并出版发行了《中国国家公园的探索与实践》一书；参与云南省地方标准——国家公园系列标准编制，主编的《国家公园建设规范》获云南省标准化创新贡献奖。2010年至今，共承担了云南省规划建立的13个国家公园中的7个国家公园(普达措、南滚河、大围山、怒江、白马雪山、楚雄哀牢山、轿子山)的申报和总体规划编制工作。按照国家林业局安排部署，2015年开展了四川绵阳大熊猫国家公园、四川雅安大熊猫国家公园、云南亚洲象国家公园、西藏羌塘藏羚羊国家公园的调研、规划工作。同时与湖北神农架林区人民政府合作编制完成了《湖北神农架国家公园体制试点实施方案》。受国家林业局保护司委托，开展了国家公园相关标准、国家公园管理体制、国家公园运行机制等相关课题研究，为我国建立国家公园体制提供了技术咨询服务，取得了一定的成绩。

聚力“十三五” 启航再扬帆

党的十八大将生态文明建设纳入五位一体的总体部署，加强生态文明建设首次被写入“十三五”规划重要内容。“十三五”期间，昆明院将继续在国家林业局的坚强领导下，围绕中心，服务大局，高举生态文明建设大旗，认真履行“一院三中心”的职能，坚持“立足西南、服务林业、立足林业、服务社会”的宗旨，发挥综合性勘察设计院的技术优势，壮大人才队伍和技术实力，出色完成国家林业局下达的指令性任务，切实履行好事业职能，以问题为导向开展科学研究，积极开拓进取，全方位为生态建设和地方经济建设提供一流的技术和服务，为林业现代化发展和生态文明建设作出更大的贡献。

生态文化教育模式的实践探索

——昆明学院“十二五”生态文明建设成果

作为文化传承和知识传播的主要阵地，高校特别是地方高校在生态文明教育中肩负着重要使命。建设生态文明，首先要有正确的价值观念作引导，离不开与之匹配的生态文化建设。生态文化可以促进人们生态文明观的养成，为生态文明建设提供思想引领，是生态文明发展的内在动力。所以，建设生态文明，必须大力培育和弘扬生态文化。建设生态文明，生态文明教育是基础。近年来，昆明学院创新生态文化教育模式， 取得了一些经验，形成了一些规律性认识。

一、在搭建生态文化研究平台上下功夫

昆明学院立足昆明，坚持以服务昆明为己任，以滇池保护治理为切入点，成立机构，搭建平台，积极研究昆明，以提高服务昆明的能力和水平，不断开辟自身发展的新空间。

成立校级科研机构“昆明滇池（湖泊）污染防治合作研究中心”。该中心的成立，为滇池保护治理搭建起多学科交叉研究的平台，充分发挥了高校文化传承与理论创新的功能；搭建起多部门协同合作的平台，通过与兄弟院校、科究院所、政府部门和企事业单位共同合作，形成了政、产、学、研合作模式，有利于整合优势资源，为滇池治理保护凝集了力量，拓宽了滇池保护治理的渠道。

2009 年，经云南省委宣传部批准，“滇池（湖泊）流域生态文化研究基地”在昆明学院挂牌成立。基地由校内外从事生态文化、民族文化、历史文化、旅游文化、人文教育、人文地理、生物科学、生态环境保护、经济与管理等学科领域的专家组成研究团队，开展滇池（湖泊）流域生态文化基础理论及应用研究，探索滇池（湖泊）流域生态文化建设的路径、模式，并用研究成果来指导滇池（湖泊）流域生态文化建设，从而促进昆明市、云南省乃至各地湖泊流域生态文化建设，为政府的科学决策提供理论依据。

获得中央财政支持地方高校发展专项资金项目。2011 年，中央财政支持地方高校发展专项资金项目“滇池（湖泊）流域生态修复与生态文化研究平台”获得立项。目前，该研究平台已建设完成，为有志于生态文化研究专家学者提供一个合作与交流平台，有利于发挥科学研究和生态育人相结合的功能，大力弘扬生态文化，树立生态文化价值观，培养具有生态文明意识的大学生；通过学者专家与地方政府相联动，理论研究与解决实际问题相结合，积极为生态文明建设提供更多有价值的研究成果，为生态文明建设决策提供科学依据，为云南争当生态文明建设排头兵做出贡献。

二、在开展校园生态文化建设活动上下功夫

构筑立体宣传网络。“滇池（湖泊）流域生态建设与生态文化数字化信息平台”（1 期）建设完成，标志着学校构筑起生态文化资料信息数据库、校报、校园广播、校园网络、文化墙、宣传橱窗为主体的多层面全方位的立体文化宣传网络，有利于充分发挥舆论宣传作用，宣传和普及生态科学知识、生态文化知识和环保法律法规教育，使大学生在学习专业知识的同时充分了解生态文明的价值和意义，增强生态意识、环保意识，营造爱护生态环境的良好风气和氛围。2016 年，原省委书记李纪恒到校考察博物馆时认为，利用专题片和电子信息系统强化滇池生态环境保护的宣传教育很有意义。

加强生态文化理论研究。学校立足学科门类齐全的优势，整合校内外资源，积极开展滇池（湖泊）流域生态文化研究和生态文明建设研究，组织教师开展《缓释氧钝化剂对滇池底泥磷地球化学形态转化的作用机制》《滇池流域资源环境承载力与人口发展研究》等二十余项国家、省部课题研究；发表《滇池流域传统生态文化及其时代意蕴》等论文 40 余篇；出版《滇池沧桑：千年环境史的视野》专著、教材 4 部；完成了《昆明市滇池流域生态村建设模式与可持续发展对策研究》《昆明市建立村庄污水处理设施管理体系对策研究》等十余个昆明市政府决策咨询课题；参与起草了《中共昆明市委昆明市人民政府关于建设“低碳昆明”的意见》，以理论创新促进生态文明发展，使大学生切身感受高校生态文化的魅力以及对社会生态文明发展的积极作用，从而自觉树立生态文明理念。

加强生态校园建设。学校把生态文明意识化为自身行动，体现在校园建设各个方面。滇合中心将校园雨水收集、中水回用的节水量，太阳能供热的节约标煤量和减排量，校园绿化的固碳量，校园木本、草本树木信息等生态文化教育内容制作成室外展板或挂牌，成为对学生进行生态文化教育最生动的教材。尊重自然、爱护生态、保护环境，给学生带来的示范效应正日益凸显。

三、在强化生态文化实践育人环节上下功夫

开设生态文化论坛和讲座。举办“昆明讲坛”“滇池沙龙”“学思讲坛”等学术活动，邀请专家、学者和官员以“滇池（湖泊）保护治理”和“生态文明建设”为主题到学校做学术报告；举办 2013 年国际水历史学会区域国际学术会议“水在历史上的角色：历史智慧与当代水治理”，来自联合国教科文组织水文项目、国际水协会、国际水历史学会及中国、英国、法国、澳大利亚、芬兰、韩国、泰国等 20 多个国家和地区的百余名专家学者、机构高级官员为滇池保护治理把脉问诊。通过这些论坛和讲座，帮助大学生将生态文化教育的理论外化为行动，形成一种行为习惯，达到生态文化教育知行合一的目的。

加强生态文化教育基地建设。学校依托中央财政及昆明市政府配套资金，建成了国内首个以生态文化为展示主题的“滇池流域生态文化博物馆”。博物馆主馆分为序厅、自然生态、社会生态、人文生态和结

束语五个部分。通过图片、影像、实物、数字等多种手段和形式立体展示滇池流域自然生态、社会生态、人文生态，再现了滇池自然演进和流域社会人文历史变迁，深刻揭示滇池保护对昆明经济社会发展的重要性。博物馆的建成开放，为普及生态知识，弘扬生态文化提供了一个有效载体，对于强化人与自然和谐发展的理念和生态文明产生了积极作用。博物馆自 2014 年 10 月开馆至今，已接待社会各界及校内外师生近 2 万人，在社会上引起强烈反响，生态文化教育基地功能日益显现。

2016 年 8 月 10 日云南日报“云关注”以《传承绿色理念树立文化自信》整版报道昆明学院在滇池流域生态文化研究传承所做工作，评价滇池流域生态文化博物馆“成为培养和弘扬绿色文化的一个重要平台，更成为激发昆明城市文化自信的一个极为活跃的因子。”目前，滇池流域生态文化博物馆成为“云南省科学普及教育基地”“云南省社会科学普及示范基地”和“昆明市环境教育基地”。

开展丰富多彩的社会实践活动。昆明学院组织学生开展环滇池生态带考察；组织教师开展滇池流域环境整治与村庄生态建设，以及高原湖泊流域生态文化的发掘、保护与传承的实地考察调研；组织学生参与“六·五”世界环境日、“昆明青年保护母亲湖”“滇池放鱼”“熄灯一小时地球日”“低碳校园节水行动”等环保活动；组织学生进入社区、校园开展“低碳生活、人人参与”为主题的宣传活动；指导学生环保社团开展“大学生志愿者千乡万村环保科普行动”。2011 年，昆明学院 10 名青年环保志愿者获环保部授予的“青年环境友好使者”荣誉称号。通过社会实践，使大学生在实践中感知、反思生态文明建设的意义，并上升为生态文明的自觉行为。《中国环境报》2014 年 3 月 3 日第六版以《昆明学院的“滇池”效应》专版报道学院环保活动开展情况。

四、在推进生态文化“进教材、进课堂、进头脑”上下功夫

调整人才培养方案。学校紧紧把握生态文明建设这一时代新课题，调整各专业人才培养方案，使人才培养的总体指导思想和基本原则充分体现前沿的生态文明教育理念，结合学生专业实际，对大学生应掌握的生态文化知识、生态文明理念和生态保护技能做出明确具体的规定。

构建学科、教材和课程体系。重视生态学科建设，环境科学与工程“十二五”学位授权点、“生态学”优势特色重点学科等已获省教育厅授权。构建制作了反映滇池自然演变和流域社会人文变迁的 3D 纪录片《滇池》《云津昆池》，研发《滇池流域生态文化手绘地图》，探索流域生态文明教育的新方式。开发编写了契合主题、彰显特色的教材《滇池流域生态文化漫谈》(讲义)，并在全校开设公共选修课，将理论研究成果转化为教材，将滇池保护治理现场转化为课堂，构建服务于教学的“滇池流域生态文明教育”课程体系。案例式教学、讨论式教学与理论讲授相互融合，把课堂、书本、音像、现场相互结合，使学生系统掌握生态文化知识，接受生态文明教育，提高生态环保意识。

强化实践教学。生态文化教育不能仅停留在课堂和书本上，而要深入到实践中“接地气”，增强理论教学的实效性。除了在校内建立像博物馆这样的实践教学基地外，学校还与企业合作，建立了滇池湿地公园实践教学基地、非物质文化遗产传习馆实践教学基地、污水处理厂实践教学基地等多个校外实践教学基地，为开展实践教学创造了便利条件。通过运用实地、实景、实例开展现场教学，使大学生在判断、反思、批判和改正中形成良好的生态文明意识，真正做到思想上认知、情感上认同，并外化为自觉的行动。

（钱春萍　代山庆）

践行节能环保新风尚　建设和谐美丽新校园

——云南财经大学“十二五”生态文明建设成果

“十二五”期间，云南财经大学坚定不移地贯彻落实中央和省委、省政府关于推进生态文明建设有关战略部署，践行节能环保新风尚，建设和谐美丽新校园，取得良好成效。

一、深入开展教育实践活动，倡导知行合一

“十二五”期间，学校充分发挥思想政治理论课主渠道作用，将环保理念和生态文明建设相关内容融

入《马克思主义基本原理概论》《毛泽东思想和中国特色社会主义理论体系概论》《思想道德修养与法律基础》课程的相关章节中，加强生态文明理念和资源环境国情教育，教育引导全校师生增强环境保护意识，树立生态文明观念，养成良好行为习惯，以实际行动推动生态文明建设。

建设节能环保校园文化。先后印发节能减排建设节约型校园实施方案、贯彻落实厉行节约要求推动节约型机关建设工作实施方案、深入开展节粮节水节电活动实施方案等文件，全体师生自觉投身“勤俭节约办教育、建设节约型校园”活动。组织开展了一系列以节能环保、生态保护为主题的教育实践活动，倡导学生在实践中认识环保、践行环保。组织开展了“公益环行，珍惜水资源”“关爱母亲河，清理盘龙江”“让森林走进城市”“熄灯一小时”“绿化，从我做起”“保护环境，从我做起”“深思环境危机，让环保驻我心”“环保进社区，共创绿色温馨家园，共享清澈碧水蓝天”“一起节能60+，你我活出环保家”“保护滇池精准治污知识竞赛”“毓德于智·我是节水小卫士”“图上作业探究‘厄尔尼诺’象”“我为时尚环保秀”“回收废旧电池，保护土壤环境”等主题团日活动。大力建设节能环保校园文化，学生在全省“六·五”环境日宣传演讲比赛中获一等奖，学校获优秀组织单位奖。

创建无烟校园。印发创建无烟学校实施方案和控烟制度，成立创建无烟学校领导机构，通过成立控烟社团、开展调查评估、加强无烟校园环境建设、举办大型烟包警示图展览、举办宣传倡议活动等措施，扎实推进无烟学校创建活动。学校被评为“省级文明学校”。

倡导绿色出行。举办“绿色出行，你我同行”百人环校骑行活动，倡导广大师生在日常生活中坚持“1千米内步行，3千米内骑车”的“绿色出行”理念；创办“小绿伴你行”自行车免费借用公益项目，学校出资4.4万余元购置70辆自行车(单人车50辆，双人车20辆)免费供学生出行使用，带动广大师生加入“绿色出行、低碳生活”行列。开展“三下乡”环保活动。学校学生社会实践团队多次赴云南各地州市开展环保主题的暑期社会实践“三下乡”活动，荣获“绿色新生力”全国大学生环保公益项目大赛项目“优秀奖”和“优秀案例奖”。学校青年志愿者协会获评云南省“学雷锋活动示范点”。

二、扎实开展环保科学研究，提供理论支撑

学校结合学科专业优势，积极开展环境保护领域科学研究和学术交流活动，并多次举办国际学术研讨会。2011年，举办“食品·环境与健康国际会议”，来自美国、法国、马来西亚等国以及台湾、香港地区的多所高校的专家学者应邀参会；2012年，举办“中国水治理与可持续发展——海峡两岸学术研讨会”，来自台湾政治大学的20位专家学者与大陆地区的40多位专家共同探讨中国水治理问题；2013年，举办“首届世界民族饮食文化与食品安全国际研讨会”，来自美国、英国、法国、印度、新西兰等国家以及台湾、香港等地区相关领域专家60余人参会。

在科学研究方面。2011年，杨子生教授主持国家自然科学基金项目《近八年退耕还林工程驱动下的云南不同地貌区土地利用变化及其生态效应研究》；2013年，张洪教授主持国家自然基金项目《基于生态安全的云南山地城镇土地可持续利用模式研究》；李云仙老师主持国家社科基金项目《基于贝叶斯统计方法对我国地震灾害规律和风险管理模式的研究》；葛绍林老师主持国家社科基金项目《资源枯竭型城市社区冲突与社区建设研究》；2014年，张洪教授领衔的科研团队中标《云南省低丘缓坡土地综合开发利用专项规划编制项目》课题；2015年，刘春学老师主持国家自然科学基金项目《基于裂隙三维空间分布的矿区地下水流动模拟研究》；兰天教授主持国家自然科学基金项目《清洁产业出口扩张与污染天堂规避——基于贸易、环境政策协调的CGE模型研究》。

这些学术探讨和研究为全省生态环境保护的政策制定和实践提供了较好的理论支撑。

三、精心规划布局校园绿化，打造生态校园

云南财经大学坐落于“春城”昆明北市区，东临盘龙江，西倚长虫山，南通二环，北接三环，自然环境优美，区位交通便利。目前，学校绿化面积501.74亩，绿化率达43.4%，草坪面积8万余平方米，每年累计摆放各种盆花10万余盆，全校植物共计46科、290余种，各类乔木1万余株。先后建成桃李园、茶花园、竹园、晨曦苑、博源广场、绿色球场等10余个主题园区。

在树种的选择上充分体现了物种的多样性和云南特色，以具有云南乡土特色的常绿阔叶乔木为主，有木兰科植物14种，樟科6种，还有马樱花、红豆杉、竹柏、北美红杉、云南覃树、石楠、华山松等特色乔木，总数达1万余株；种植含笑、桂花、杜鹃、杨梅、红果等灌木100余万株。校园内植物搭配合理、特色鲜明、层次丰富、品种优良，处处绿树成荫、繁花似锦。整个校园已成为春到海棠落缨缤纷，夏来樟树华盖如伞，

秋有枫叶红艳似火，冬至茶花争芳吐艳的优美景象。经过多年的投入和不懈努力，学校绿化取得可喜成绩，多次荣获省内各项嘉奖，2010 年被评为“全国绿化模范单位”；2013 年 11 月，学校社区在“大美云南·昆明最美社区”评选活动中荣获“最生态社区”称号。

（云南财经大学）

云南森林自然中心“十二五”期间生态文明建设实现双丰收

云南森林自然中心前身为金殿林场，目前由已获批准的云南森林自然中心、昆明金殿国家森林公园、云南省野生动植物救护繁育中心形成的“三块牌子，一套班子”的管理体制，是省林业厅下属的正处级公益一类事业单位，其中专业技术人员 46 人。主要工作职责：一是营造管理林地和森林资源，促进云南动植物资源的保护和发展；二是森林资源及林地的开发利用；三是森林公园建设、经营和管理；四是全省野生动物收容、救护、繁养；五是珍稀植物培育；六是提供科学实验及教学基地。职责职能的不断完善，为管辖区域内森林资源保持完好，森林环境稳定，环境质量优良，改善昆明市周边环境起着举足轻重的作用。“十二五”期间，云南森林自然中心为云南省生态文明建设、为森林资源保护、生态修复等做出了卓越的成绩。

森林资源保护成绩斐然

森林防火和森林资源管护工作一直是森林资源保护的重点工作。云南森林自然中所属 28080 亩管辖区域是由互不相连的七片林区（园宝山、平顶山、双乳山、三尖山、长虫山、摩天岭和石关林区）组成，森林覆盖率达 89.33%。其中有林地 26659.5 亩、占林地面积的 94.94%，非林地 1420.5 亩。

“十二五”期间，云南森林自然中心逐步完善森林防火和管护基础设施建设，森林防火与林地保护工作两手抓，两手工作落实掷地有声。目前，所辖林区森林防火通道为 88.6 千米，森林防火隔离带 50.34 千米，瞭望台 2 座、管理房 8 间、消防水池 10 个，宣传碑 10 个。积极开展森林防火工作，每年早安排、早部署，加强林区巡护力度，严控火源入山。强化宣传教育，开展各类宣传达 4 万余次（张、条）。

林地保护工作以不断健全和完善管理机制为基础，采取与时俱进，创新林地管理方式，完善林地管理手段，强化森林资源监管，发现对滥砍滥伐等违法违规行为及时上报等有效措施。这些举措为发展昆明市现代林业、建设生态文明、推动科学发展奠定坚实的基础。同时大力加强林业有害生物监测和预防，所辖区域内连续三年未发生森林火灾和大面积林业有害生物灾害，保护了森林资源，稳定了林区秩序。

野生动物收容救护成绩显著

在“十二五”期间野生动物收容救护工作成绩显著。云南省野生动物收容拯救工作是云南森林自然中心的一项重要职能工作，云南省野生动物收容拯救中心在严格按照国家现行法律、法规、政策的相关规定的前提下，积极主动地对受伤、受困、迷途、涉案等野生动物进行了有效的救护、医疗、饲养及检疫等工作。在“十二五”期间共收容救护动物 7400 余头（只），其中收容的国家一级保护动物有白眉长臂猿、穿山甲等，国家二级保护动物有白腹锦鸡、黑熊、猕猴等。通过救治后符合放生条件的动物，在普洱菜阳河保护区、西双版纳野象谷、黄连山保护区等地放生，放生的野生动物达到了 3400 余头（只），为云南省野生动物有效保护发挥了重要作用。

同时以公益活动为契机，采取多种形式开展野生动物救护保护工作，受到社会各方的一致好评。一是从“关爱野生动物，营造绿色家园”出发，积极组织以“保护野生动物、我们在行动”为主题等公益性放生活动。二是以救死扶伤保护生物多样性为己任，采取“软放生方式”使野生动物逐渐适应大自然生活环境，积极倡导全社会树立“关爱野生动物、共享和谐社会”的观念。三是在救护和放生宣传过程中注意培养、提高公民保护野生动物意识方面，起到了良好的社会效应与公众效应。

进一步认真落实野生动物收容救护日常管理工作。为更好地做好野生动物收容救护管理工作，根据工作实际需要重新设计、制作、使用了野生动物收容救护管理的5联单据，不断加强内部监管力度，为野生动物救护工作的顺利开展打下良好的基础。另一方面进一步加强野生动物疾病预防和治疗工作，在“十二五”期间，没有任何传染性疾病发生。“十二五”期间，通过开展科学有序的野生动物收容、救护、放生等工作，为全省生物多样性的保护起到了关键作用。

生态保护与修复取得实效

国家战略储备林建设试点工作取得新进展。云南森林自然中心作为国家战略储备林建设示范单位之一，规划在所辖长虫山、石关、摩天岭、三尖山、园宝山5个林区内，建立10050亩储备林。2013年已在园宝山实施2000亩，2015年在长虫山实施2000亩，目前，两个林区共完成了4000亩现有林改培任务，项目通过了检查验收。通过对现有林的改培工作，使现有林的林分质量得到提高，林木生长环境得到了改善，林区有害生物危害得到遏制，林下可燃物大量减少，降低了森林火情火灾的发生几率。

风景林营造和绿化美化工作取得新风貌。

“十二五”期间，在云南省杨善洲绿色基金会的支持下，开展面向社会的云南樱花义务造林植树活动。目前，已在双乳山景区栽种了4350余株云南樱花及垂丝海棠等树种。通过林分改造，改善森林景观质量，对林分结构有明显提升。

宜林荒山绿化造林工作取得新成绩。一是2011~2013年期间在摩天岭林区、平顶山林区种植杂交鹅掌楸树种苗木6.3万株。二是建立了多个野生植物种植基地。2011年在双乳山建立了125亩核桃采穗圃示范林；2014年在双乳山建设5亩铁皮石斛种苗繁育及种植基地；2015年在双乳山实施了云南优良乡土观赏树种高效培育技术推广及示范项目。通过苗木种植基地的建立及种苗的培育，为云南省野生植物保护做出了积极贡献。三是根据昆明市政府、昆明市滇池治理生态建设指挥部的要求，配合区农林局、属地街道办事处完成长虫山“五采区”麦溪采石场因历史遗留的废弃采石场挖空面0.73公顷的国有林地的恢复植被治理工作。通过项目的实施，使治理区域水土流失明显减少，生态环境得到恢复。

科研教育工作迈上新台阶

科研工作在突破中取得新进展。“十二五”期间，云南森林自然中心结合自身实际，积极与中国科学院、中国林科院、云南省林科院、云南大学、西南林业大学、云南省林业技术学院等科研院校合作，通过森林资源二类调查、野生动物调查、野生植物调查、林业有害生物等多个科研项目，一方面充分调动和发挥了云南森林自然中心专业技术人员的专业技术力量，另一方面也促使科研工作在不断突破中迈上新台阶。

科普教育取得良好的社会反响。一是以双乳山景区——云南野生动物园为窗口，大力开展科普教育工作。以“爱鸟周”、世界动植物保护日、大熊猫保护为主题，在馆内及社区内开展了丰富多彩的科普教育活动。多年来一直坚持免费科普课堂进校园活动，听课人数近2.5万人次。发出“保护鸟类，保护我们生存家园”倡议书和有奖知识问答十万余份。精心设计了20多块有关野生动物知识的科普展板，在馆内进行展览，对提高公众的野生动物保护意识发挥了积极作用。二是做好社区科普，为社区服务。近年来野生动物科普共进入社区10多次，发各类宣传资料5000余份，受教人数达到5000多人。三是提供教学试验基地，“十二五”期间为西南林业大学、云南省林业技术学院等高等院校提供了上千人的教学实习场所。

总之，“十二五”期间，云南森林自然中心以生态建设为主导，把森林资源保护、生态修复、野生动植物保护作为保护和改善生态环境的治本之策，强化体制机制建设，采取各项有力有效措施，全力保护和培育良好的森林生态环境，为发挥良好的生态效益和社会效益作出了积极贡献。

丽江林业“十二五”期间生态文明建设

“十二五”期间，丽江林业以天然林保护和退耕还林等林业工程建设为重点，坚持生态优先，依法治林，科技兴林，抢抓机遇，加大林业建设投入力度，实现了丽江林业的可持续发展，森林资源持续增加，生态环境得到较为明显改善，有效推进了生态文明建设。

五年来，丽江林业完成营造林任务 369.00 万亩，其中：人工造林 270.20 万亩，封山育林 98.8 万亩。义务植树 1219.49 万株。2015 年林业用地面积 2450．34 万亩，森林面积预计达 2173.8 万亩，特色经济林总规模达 440.8 万亩，活立木蓄积量预计达 1.15 亿立方米，森林碳储量预计 5869.3 万吨，森林覆盖率达到 70.35%，林业年总产值达 71 亿元，全面完成了“十二五”期间的各项计划任务，实现“十二五”林业发展规划目标。

天然林资源保护工程。“十二五”期间，丽江累计实施完成天保公益林建设 54.00 万亩，其中：人工造林 9.8 万亩，封山育林 44.2 万亩；森林抚育 79.8 万亩；森林管护 2422.82 万亩，其中：森林管护计划（国有林和集体公益林）1429.06 万亩，集体商品林 993.76 万亩（一般管护）；完成林业棚户区改造项目 1043 户，林区管护站点建设及修缮 42 个，林区公路建设 23.61 千米，森工企业非经营项目供排水供电 23815 米。完成投资 50621.03 万元，其中：森林管护项目完成投资 29095.00 万元；公益林建设项目完成 6034.00 万元；森林抚育项目完成投资 9605.5 万元；林区基础设施和林业棚户区项目建设投资 5887.03 万元。通过切实开展天保工程建设，丽江森林资源得到休养生息，林分结构和质量得到大幅度的改善和提高，林种结构更趋合理，森林面积和森林蓄积持续增长，生态环境有了明显改善，生态功能显著增强，各种生态性自然灾害发生的频率和强度显著降低。有效培育和推动了林产业、森林旅游的发展，基本实现了由以木材生产为主向以森林资源培育和经济林基地建设为主的生态林业和民生林业转变，有力促进了生态文明建设。

退耕还林工程。“十二五”期间，丽江共实施完成退耕还林 10.56 万亩其中：新一轮退耕还林 4.56 万亩，荒山造林 3.5 万亩，封山育林 2.5 万亩。完成巩固退耕还林成果建设各项任务。其中：基本农田建设 7.4143 万亩；后续产业养殖业棚厩建设 108561 平方米、青贮窖 16600 立方米、饲料地建设 2.40 万亩；农村能源建设沼气池 1400 户、节柴灶 10910 口、太阳能 20264 台、小水电 30 台；后续产业（种植业）23.19 亩；补植补造 4.598 万亩；技术技能 28842 人。实施完成陡坡生态治理项目建设任务 8.5 万亩。共获项目补助资金 34920.33 万元，其中：第一轮政策补助资金 4870.47 万元、第二轮完善政策补助资金 10301.67 万元、种苗补助资金 2593.00 万元、巩固退耕还林成果项目补助资金 12905.19 万元、新一轮退耕还林政策补助资金 1200.00 万元、陡坡地生态治理项目资金 3050.00 万元。工程涉及丽江 4 县 1 区的 61 个乡（镇、办事处），5.67 万户农户，26.17 万人，农户户均获国家补助 6158 元，人均获得补助 1334 元。工程实施后切实减少了陡坡地耕作面积，工程区水土流失面积大幅度下降，局部遏制了水土流失，有效控制了泥沙流量，工程区生态环境得到了较大改善。同时，有效推动了农村剩余劳动力向城镇和二、三产业的转移，调整了农村产业结构，拓宽了增收渠道，加快了山区群众脱贫致富步伐，有效促进了社会林业和民生林业的发展。

石漠化综合治理工程。“十二五”期间，完成石漠化综合治理工程林业项目 68.32 万亩，其中：人工造林 15.07 万亩，封山育林 53.25 万亩，完成投资 8227.71 万元。通过封山育林、人工种植等措施切实对石漠化土地进行了综合治理，治理面积达 1058.17 平方千米，有效增强了森林防护功能，使石漠化区域水土流失、石漠化土地面积扩大的趋势逐步得到扭转，工程区生态环境明显得到改善。

低效林改造工程。“十二五”期间，完成低效林改造任务 100.0 万亩，其中：中幼林抚育 79.8 万亩；低质低效林改造 20.2 万亩，完成投资 11615.63 万元。通过中幼林抚育和低质低效林改造，调整优化了森林结构，实现了多功能森林经营和利用，提高森林质量，大幅度提升了森林功能，有效发挥了林业多重效益。

程海、泸沽湖流域水污染综合防治林业项目建设工程。“十二五”期间，在永胜县程海流域实施营造林 13.1 万亩，其中：人工造林 5 万亩，封山育林 8 万亩，湖滨林带 0.1 万亩，完成投资 3363.2 万元；在宁蒗县泸沽湖流域实施营造林 18.5 万亩，其中：人工造林 3.5 万亩、封山育林 15 万亩。完成投资 2463.99 万元。按照以生态修复措施为主，宜封则封，宜造则造，封山育林与人工造林相结合、乔灌相结合的生态治理原则，切实提升了程海、泸沽湖流域的森林功能，使程海、泸沽湖流域水污染现象得到有效遏制。

生物多样性保护及自然保护区建设工程。“十二五”期间，丽江市以实施七彩云南保护行动为载体，生物多样性保护为主线，建设生态文明社会为目标，切实开展生物多样性保护及自然保护区建设工作。建立了“丽江市湿地保护管理中心”，积极组织滇金丝猴、鹤类和红豆杉、珙桐，玉龙厥等 10 多种珍稀濒危野生动植物和国家濒危保护植物芍兰极小种群的拯救、监测和保护工作以及泸沽湖自然保护区特有的三种濒危裂腹鱼(小口裂腹鱼、厚唇裂腹鱼、宁蒗裂腹鱼)的生物生态监测和人工促繁研究工作。建立完善了以江河、湖泊、水库等候鸟频繁活动的区域为重点的野生动物疫源疫病监测防控网络体系，建立了 1 个国家级监测站拉市海国家级监测站和泸沽湖、程海、市级中心站 3 个省级监测站。共完成投资 3163.64 万元。通过大力宣传、产业引导、监督检查、强化执法、严厉打击、积极补偿以及完善自然保护区管理体系，营造了崇尚自然、珍惜生态、保护生物多样性的良好社会氛围。初步建立了生物多样性保护体系。

农村能源建设工程。为切实保护生态环境，恢复生态植被，维护生态平衡，从根本上解决农村生活用能问题，遵循“因地制宜、多能互补、综合利用、讲求实效”和“开发与节约并重”的方针，按照国家、云南省相关技术规范的要求，以国家沼气项目、节柴改灶、推广太阳能热水器为重点，积极开展农村能源建设工作。“十二五”期间，新建沼气池 15610 口，完成节柴改灶 36103 户，推广太阳能热水器 26379 台，沼气池病旧池改造 700 口，新建乡村服务网点 30 个，技术培训 18 期；建成省级沼气综合利用示范基地 1 个，绿色能源低碳示范村 1 个。投入农村能源建设资金 14340 万元。其中：中央投资 1381.43 万元、省级补助资金 4916.95 万元、市级补助资金 913.24 万元、区县投入 1705.15 万元、农户自筹 5423 万元。形成了多能互补的生活用能格局，有效保护了森林资源，切实改善了农村人居环境，有力推动了社会主义新农村建设。

森林生态系统碳汇能力建设。通过不断开展植树造林和森林管理活动，丽江森林面积持续增加，森林质量不断提高。到“十二五”末，新增森林面积 134. 67 万亩、活立木蓄积 995. 63 万立方米，吸收和固定二氧化碳 1822 万吨，增加森林碳汇约 378. 33 万吨，切实增强了森林生态系统碳汇功能，提高了生态承载力，积极推动了“森林丽江”建设。

林业产业体系建设。“十二五”期间，丽江林业产业发展通过优化调整林业产业结构，完善林业产业体系，基本实现“生态建设产业化，产业发展生态化”的目标。通过充分发挥森林资源优势，进一步加大商品林、工业原料林和以核桃、花椒、芒果、桉树、青刺果、油橄榄等为主的特色经济林基地建设力度，大力发展森林旅游、森林食品、林木种苗繁育等林业产业。经过不断努力，丽江林产业基地建设初具规模，以木本油料为重点的特色经济林面积达 440. 8 万亩；按国家绿色食品质量技术标准建成了以青刺果油、羊肚菌、青梅、核桃油等为代表的野菜类、野生菌类、野果类系列绿色食品商品基地，依托新技术发展精深加工，已形成规模，形成系列。以球根花卉种球繁育为重点，园林花卉、高山花卉同步发展为一体的花卉产业，正逐步发展成为丽江市新兴的出口创汇产品。森林药材等其他林副产品均呈现蓬勃发展的良好态势。

（江 林）

凤庆县滇红生态产业园区推进生态文明建设

一、规划情况

凤庆滇红生态产业园区是县委、县人民政府为落实“工业强县”战略，实现全县“十二五”工业跨越发展，着力解决全县工业企业量少质弱、整体发展滞后问题而规划建设的。园区结合城镇上山、工业上山、农民进城的要求，按照“三区一基地”(即工业聚集区、城市开发新区、新家园建设示范区，商贸物流基地)思路进行规划建设。

规划布局。凤庆滇红生态产业园区原批准规划面积为6.6平方千米，县城南部延伸至洛党镇厚丰村。根据园区当前的发展实际，按照省级园区申报要求及全县工业跨越发展的实施意见，为进一步壮大园区经济、拓展园区发展空间，按照县委，政府的总体部署，对园区的总体规划进行了修编，将洛党集镇至大兴片纳入园区总体规划，并新增勐佑片区。修编后园区总体规划按“一园两片区”（凤山洛党片区、勐佑片区）进行布局，总规划面积由原来的6.6平方千米扩大到20平方千米。

凤山洛党片区在原规划6．6平方千米的基础上，向南延伸至云凤交界处，规划面积10平方千米，主要布局以茶业、核桃精深加工，生物医药开发，畜禽产品、绿色食品加工为主的工业企业，辅助布局包装、物流、商贸、城市生活服务等综合性配套企业。

勐佑片区在勐佑镇范围内，以集镇为核心，沿风习二级路及老云保线组团式布局，分为集镇中心习谦和大石坝三个组团，规划面积10平方千米，主要布局以矿、电、新型建材、特色林产品加工为主的工业企业，辅助布局物流及其他配套服务业。

总体定位。围绕打造“五基地”（即世界精品滇红茶产业基地、中国著名核桃产业基地、生物产业示范基地、文化滇红生态旅游观光基地、新型建材及矿业加工产业基地)，按照“产业特色鲜明、服务功能齐全、生态环境优美、投资效益显著、现代化、园林化的生态型、绿色型特色园区”的思路，把园区建成云南乃至中国一流的红茶产业聚集区，生态滇红、品牌滇红、文化滇红集中展示区，最终实现一个企业群、一个产业链、一个文化园、一个特色园的目标。

发展目标。近期到2020年，在园区内聚集形成200户以上的企业群，其中100户左右的生产加工企业，100户左右的科研、服务配套企业，实现工业总产值200亿元以上，实现税收总额20亿元以上，聚集人口5万人以上；远期至2030年，在园区内聚集500户以上的企业群，实现工业总产值600亿元以上，实现税收总额40亿元以上，聚集人口10万人以上。

二、园区开发建设取得的主要成果

（一）经济总量不断壮大，工业经济引擎功能初显

目前入园企业累计达102户（其中：茶产业类36户，核桃产业类7户，农产品加工及种养殖企业18户，建材加工企业12户，商贸服务企业11户，其他企业18户），投产运营企业96户，规模以上企业累计达23户。园区开发建设五年来，入园企业累计完成固定资产投资81.8亿元，企业销售收入66.8亿元，实现税收4.49亿元，园区工业总产值96.4亿元，工业增加值20.29亿元，吸纳就业人员3325人。

（二）综合竞争力显著提升，项目载体不断丰富

通过不懈努力，滇红生态产业园区被省委、省政府列入全省拟重点培育的45个省级工业园区之一，先后被批准为全省生物产业示范基地，列入省食品工业园区，认定为省级农业科技园区；被市委市政府列为重点建设的百亿园区。五年来，共投资15.28亿元，实施了园区一期（茶产业园）、二期（核桃产业园）基础设施建设，完成土地平整工程2200亩；完成园区道路建设5.5千米，桥梁建设4座，河道治理8.5千米，实施了园区电网、燃气管网、供排水网、绿化亮化等系列市政工程。

（三）项目建设扎实推进，招商引资取得实效

五年来，共实施包括企业建设在内的项目166个，建成投产或运营项目154个，在建12个，完成总投资97.08亿元。形成了“建成投产一批，落地建设一批，准备上马一批”的良好梯次格局。以园区为平台开展招商活动17场次，接待前来考察外商586人次，成功引进外资项目54个，实现招商引资到位资金27.13亿元。

（四）扎实推进生态文明建设，可持续发展得以落实

全县在谋划园区发展之初，紧紧结合全省建设绿色经济强省的要求，将园区定位为以农产品加工为主导的生态产业园区，重点突出生态、绿色、循环发展，符合时代的要求。在开发建设中坚持与生态建设同步协调推进。在抓好园区基础设施建设和企业建设的同时，紧紧抓住生态建设不放，严格设置生态门槛，引进天然气供气企业，推广使用新能源，鼓励清洁生产、强化节能减排，同时加大绿化美化力度，推行厂区园林化、园区园林化，园区的绿化率达35%以上，建成水域面积296亩的砚池景观湖，生态和谐的发展景象逐步呈现。

（滇　红）

生态保护

自然环境保护

云南生态保护指数居全国第二位

国家统计局网站2017年12月26日日发布《2016年生态文明建设年度评价结果公报》，公布2016年度各省绿色发展指数，这是中国首次公布该指数。从各省绿色发展指数看，排名前10位的分别为北京、福建、浙江、上海、重庆、海南、湖北、湖南、江苏、云南。

公布结果显示，云南省绿色发展指数为80.28。从构成绿色发展指数的分类指数结果看，云南省资源利用指数为85.32，居全国第7位；环境质量指数为91.64，居全国第五位；生态保护指数为75.79，居全国第二位。

根据2016年中共中央办公厅、国务院办公厅印发的《生态文明建设目标评价考核办法》，中国对各省区市实行年度评价、五年考核机制，以考核结果作为党政领导综合考核评价、干部奖惩任免的重要依据。其中，年度评价按照绿色发展指标体系实施，生成各地区绿色发展指数。2017年8月，国家统计局、国家发展和改革委、环境保护部、中央组织部会同有关部门，共同完成首次生态文明建设年度评价工作，综合评价各地区绿色发展总体状况。开展年度评价，对于完善经济社会发展评价体系，引导各地方各部门深入贯彻新发展理念、落实科学发展观、树立正确政绩观，加快推进绿色发展和生态文明建设，具有重要的导向作用。

（《云南日报》记者　胡晓蓉）

中老跨境野外考察预备会

根据中老跨境生物多样性保护项目计划安排，云南省环境科学研究院野外考察组与老挝南塔省自然资源与环境保护厅、楠木哈国家级自然保护区，于2017年1月9日在云南省磨憨口岸召开野外考察预备会，就考察路线、考察内容、考察方法、预期成果进行深入交流，并达成共识。以本次联合考察与相互交流为契机，中老双方生物多样性保护跨境合作能力得到提升。

楠木哈保护区与中国西双版纳保护区(尚勇片)毗邻，于1980年开始建设，在老挝自然生态保护领域具有重要地位，也是东盟自然遗产，对中老跨境生物多样性保护具有重要作用。通过本次考察，进一步掌握基本的生物多样性本底，了解跨境物种保护的关键因子，重点调查IUCN红色名录物种、CITES物种以及主要威胁因素，同时为老方生物多样性保护和自然保护区管理能力的提升提供强有力的理论依据。

（云南省环境科学院）

纳板河流域国家级自然保护区加入中国生物圈保护区网络

面对全球日益严峻的人口、资源、环境危机，联合国教科文组织于1971年发起一项政府间的科学计划——人与生物圈计划，目的在于：为改善人类及其生存环境之间的相互关系打造一个科学基础。为了推动此项计划在中国的实施，中国于1978年建立中华人民共和国人与生物圈国家委员会，将一种新型的自然保护理念——生物圈保护区传入中国。生物圈保护区的设立就是要强调把保护区及周边地区人民的生活改善、经济发展、社会进步与生态环境保护结合起来，进而找出一条既可以保护自然资源、文化资源，又可以促进社会经济可持续发展的模式。

（纳板河国家级自然保护区管理局）

傣药资源圃建设

由阿拉善SEE资助的“纳板河流域国家级自然保护区傣药资源圃建设项目”初步完成已逾数月，由于工作严格按照既定方案种植和管理，各类傣药长势喜人，傣药种类增加扩繁工作也在持续进行中，初步显示了种植示范效应。

对该项目极度重视的纳板河国家级自然保护区管理局领导视察了傣药资源圃，对傣药长势及管理工作给予了肯定并安排了后期工作，必将进一步推动傣药资源圃的建设。

（纳板河国家级自然保护区管理局）

寻甸获“中国候鸟旅居小城”称号

在2017全国候鸟旅居小城共建大会暨第四届国际候鸟健康旅居产业论坛上，寻甸回族彝族自治县荣获“中国候鸟旅居小城”称号，并入选“观鸟绝胜十佳”。

“候鸟小城”是气候生态环境宜游宜居宜业宜商宜学宜养目的地的代名词，是广大都市亚健康人群追求“避寒避暑避霾”和“养心养生养寿”的旅居宝地。

寻甸大力开展生态保护工程，先后建成钟灵山国家森林公园1个，云南寻甸黑颈鹤省级自然保护区1个（省级候鸟监测点），昆明市清水海水源保护区1个（环保部生态司水鸟监测点）。2015~2017年，黑颈鹤保护区市县累计投入建设资金644.87万元。保护区在核心区中8个海子构筑生物土坝12道，使湿地功能得到进一步恢复。

（《云南日报》记者　茶志福）

石漠化研究院士工作站揭牌

2017年11月27日，西南林业大学“石漠化研究院院士工作站”正式揭牌。

石漠化研究院院士工作站成立是石漠化研究院发展建设的重要里程碑，通过诸多院士、专家、学者的共同指导研究，西南石漠化地区生态环境将得到极大改善。石漠化研究院的发展，将推动学校生态环境领域学科群建设、提升学校科学研究与服务社会的综合水平、带动学校科研平台及人才培养的快速发展、促进学校知名度和影响力的大幅提升。通过多方战略合作为西南地区林业发展战略和林业重大工程提供强有力的科技支撑，为加快石漠化治理、改善生态环境、维护生态安全、建设生态文明做出贡献。

（西南林业大学）

生物地理研究新进展

中科院西双版纳热带植物园研究发现，中国热带植物区系在不同地区间演化和发展上的差异与喜马拉雅隆升过程中发生的地质事件有关。

西双版纳植物园研究员朱华通过深入研究中国热带地区植物区系的分布、组成、地理成分、区系亲缘、地区分异等，发现中国热带植物区系在不同地区间演化和发展上的差异与喜马拉雅隆升过程中发生的地质事件，如印度支那板块向东南逃逸、云南发生地质板块顺时针旋转和位移、云南南部与东南部在地质历史上曾有的隔离以及海南岛向东南的位移等有关。

中国热带地区包括西藏东南部、云南西南到东南部、广西西南部、广东雷州半岛、台湾的南部和海南岛。依据现有植物区系的记录和资料，中国的热带地区至少具有野生种子植物区系227科2 181属12 844种。中国的热带植物区系以热带和主产热带，但分布区延伸到亚热带和温带的科为主，在属的组成上也以热带分布属占优势，并以热带亚洲分布属所占比例最大，标志着其热带边缘性质和具有热带亚洲植物区系的特点。因不同地区地质历史及生态环境的差异，中国热带植物区系在不同地区的组成和地理成分也有一定差异。中国西南部到东南部各热带地区的植物区系科和属的相似性分别在90%和64%以上，但种的相似性一般低于50%。中国南部的热带植物区系与印度支那国家之间在科上的相似性超过96%，在属上的相似性超过80%，显示它们有密切的植物区系亲缘，属于同一个植物区系地理区域。

此外，朱华还提出中国热带地区生物地理北界的概念，并正式划定中国热带地区生物地理北界。

（《云南日报》记者　陈云芬）

云南省第一次全国地理国情普查公报发布

2017年10月20日，由省政府新闻办举行的云南省第一次全国地理国情普查工作和公报新闻发布会在昆明举行。数据显示，云南省山地面积最大，占88.64%。

发布会上，云南省第一次全国地理国情普查领导小组副组长、办公室主任，云南省测绘地理信息局局长王卫国介绍，云南省有史以来最大规模的地理国情普查于2013年9月正式启动，普查对象为云南省陆地国土范围内的地表自然和人文地理要素，由省测绘地理信息局牵头组织完成。历时3年，耗资5.19亿元，投入4 000余名测绘人员，是新中国成立以来云南省实施的普查要素最全面、采用技术最先进的一次地理国情调查。

普查最小图斑对应实地面积为100平方米，采用0.5米高分辨率的遥感影像为主要数据源，综合利用已有基础地理信息资源，整合其他部门专题资料，获取1 642.2万个图斑构成的全覆盖、无缝隙、高精度的海量地理国情数据，总数据量达27.7TB，并以2015年6月30日为标准时点，对普查数据进行统一时点核准，如实表达云南省地理国情要素在标准时点的现实状况。

普查涵盖全省各类地形地貌、9类种植土地、林草覆盖、水域覆盖的面积构成和空间分布，以及荒漠与裸露地的类别、面积、构成及空间分布，铁路与道路的路面面积、长度、构成及空间分布，房屋建筑（区）占地总面积等重要地理国情信息。

云南省地理国情主要数据：

一、各类地形地貌的面积构成和空间分布。1 000米~3 500米中海拔区域面积占全省面积的87.21%，绝大部分区域均位于中海拔区域。25°坡度以下区域占国土面积的56.46%，从地貌类型看，平原、台地、丘陵、山地面积分别占国土面积的 4.85%、1.55%、4.96%、88.64%。

二、9 类种植土地的面积构成和空间分布。总面积为 9.36 万平方千米，其中，水田 11 004.11 平方千米，旱地 59 903.49 平方千米。从区域分布看，按面积统计，滇中区域种植土地面积最大，占全省种植土地面积的 26.07%，滇西北区域面积最小占 4.64%。

三、林草覆盖的面积构成和空间分布。总面积为 27.18 万平方千米。其中，普洱市、楚雄彝族自治州、文山壮族苗族自治州、大理白族自治州与迪庆藏族自治州林草覆盖面积居全省前 5 位，占全省林草覆盖总面积的 43.40%。

四、水域覆盖的构成及空间分布。其中，单条长度 500 米以上的河流总长度为 39.15 万千米，最长的河流是金沙江，流经云南省境内总长度为 1 515.78 千米。单个面积 5 000 平方米以上的湖泊总面积 1 151.3 平方千米，单个面积 5 000 平方米以上的水库 1 691.13 平方千米。

五、荒漠与裸露地的类别、面积、构成及空间分布。总面积为 2 826.09 平方千米，仅为全省国土总面积的 0.7%，反映云南省良好的生态环境状况。

六、铁路与道路的路面面积、长度、构成及空间分布。铁路与道路的路面面积 3 121.30 平方千米，全省铁路路网总长度 2 778.04 千米，宽度 3 米以上的道路总长度为 43.95 万千米。

七、房屋建筑（区）占地总面积为 4 807 平方千米，约相当于 14.5 个滇池面积。

（《云南日报》记者　朱　丹）

纳帕海生态效益补偿试点

2017 年 2 月，财政部组织中央财政湿地补助项目绩效评价组到云南省，对 2015 年纳帕海国际重要湿地生态效益补偿试点项目进行绩效评价。

评价组深入湿地现场，查看项目实施进展及效果，并听取地方政府试点项目执行情况汇报。评价组认为，地方政府及相关部门重视湿地生态效益补偿试点项目，加强舆论宣传，为项目顺利实施提供有力保障、营造良好氛围；补偿过程公开，结果公正，通过补偿，社区群众收入增加，促进当地生态扶贫工作；项目区湿地面积增加，区域植被得到恢复，动物栖息地环境改善，生物多样性保育功能增强，黑颈鹤、黑鹳等珍稀保护物种数量增加，试点成效显著。

综合各项情况，评价组认为，纳帕海生态效益补偿试点项目内容符合纳帕海国际重要湿地的实际，为建立健全湿地生态效益补偿长效机制做出积极的探索。

纳帕海湿地项目区生态环境得到改善　（秦　硕　摄）

（《云南日报》记者　胡晓蓉）

林业科普基地命名

2017年3月14日，中国林学会命名110家单位为第四批全国林业科普基地，云南省西南林业大学和无量山国家级自然保护区上榜。

全国林业科普基地命名工作旨在充分利用社会各类科普资源，有序开展林业科普信息化建设，大力推进全国林业科普基地发展。该工作始于2007年，每一批基地有效期结束后重新组织申报评审活动，此次命名的第四批全国林业科普基地的有效期为2017年至2020年。

西南林业大学以“保护生物多样性，建设生态文明”为主要内容，将传统科普和新颖科普形式相结合，开展一系列科普活动，在昆明各大商场举办“争做绿色达人，保护动植物王国科普游园会”，开设科普微信公众号“保护生物多样性”不定期推送相关信息等，取得较好的科普效果。

无量山国家级自然保护区（南涧）历来将科普宣教工作作为自然保护区管护的第一道防线，一方面在网络平台发布科普信息，发放印有野生动植物保护有关知识的宣传册、中小学生作业本等，另一方面针对外地游客和周边群众积极组织开展观鸟护鸟活动、生物多样性保护进社区等专题活动，是自然保护区创新科普活动的先行先试单位。

（《云南日报》记者　胡晓蓉）

川滇重大林业有害生物联防联控联治工作方案出炉

为进一步深化《川滇两省松材线虫病联防联治框架协议》和贯彻落实2017年川滇两省重大林业有害生物联防联检联治工作会议精神，2017年4月，云南省林业厅与四川省林业厅联合制定《2017年川滇两省重大林业有害生物联防联控联治工作方案》（以下简称《方案》）。

该《方案》的制定，是进一步贯彻落实国务院办公厅关于进一步加强林业有害生物防治工作的意见文件精神，完善两省联防机制、拓展联防领域、精准联防方案、深化联防层次、落实联防措施、组织联防行动，严防松材线虫病和薇甘菊等重大检疫性林业有害生物扩散危害，确保长江经济带川滇两省相邻区域的森林资源和生态安全的重要举措。

《方案》明确，2017年两省联防联治工作的主要任务包括：重点落实《川滇两省松材线虫病联防联治框架协议》，加强联防联治工作的宣传和信息共享交流，定期不定期召开协调会议；联合开展检疫执法，联合开展统防工作，互派技术人员学习交流；细化协作层级，细化工作措施，确保联防联检联治工作取得实效。

（《云南日报》记者　胡晓蓉）

首笔林业资源开发与保护贷款获批

2017年6月初，农发行云南省分行审批该行首笔林业资源开发与保护贷款，金额3.3亿元，用于支持中国天麻原产地昭通彝良小草坝生态基础设施建设项目。

昭通彝良小草坝是省级自然保护区，区内森林资源丰富，珍稀植物繁多。该笔贷款主要用于小草坝风景区道路、服务中心等旅游生态基础设施建设，以利于对林业资源的保护开发，促进当地生态旅游发展。通过项目实施，可为项目区域内的782户、2 482名建档立卡贫困人口，创造就业机会，带动贫困户脱贫。

林业资源开发与保护贷款是农发行紧紧围绕服务国家生态文明建设战略和扶贫攻坚战略，新推出的贷款品种，贷款用于加强林业生态保护建设、提高林业生产能力、完善林业支撑体系等方面的建设。

（《云南日报》通讯员　李　凌）

澜湄流域国家文化遗产保护与推广研讨会召开

2017年6月6~7日，“澜湄流域国家文化遗产保护与推广研讨会”召开。

研讨会以“文化遗产的保护与推广”为主题，中外嘉宾围绕文化遗产保护的成功实践、文化遗产的开发利用、文化遗产保护的交流与合作3个议题展开研讨。内容涉及滇西抗战文化线路、红河哈尼梯田、丽江古城、柬埔寨吴哥古迹、缅甸蒲甘他冰瑜佛塔等澜湄流域众多文化遗产。嘉宾们交流各国在文化遗产保护方面的成功案例，探讨文化遗产保护维修的方法路径，以及澜湄国家在文化遗产上合作交流的设想与建议等。

通过研讨交流和实地调研，与会人员一致认为，澜沧江湄公河流域国家山水相连、人民相亲，民族同根、文化同源，各国之间有着友好交往和互利合作的历史基础，具有携手共进和合作共赢的现实愿望；各国同行在文化遗产保护利用中积累可资相互学习借鉴的宝贵经验，有着合作交流的需要。

研讨会修改通过《“澜湄流域国家文化遗产保护与推广研讨会”昆明倡议》。倡议提出，澜湄流域国家的文化遗产行政管理部门要继续深化对“人类命运共同体”理念的认识，积极鼓励和支持文化遗产保护、世界文化遗产联合申报、考古调查研究、人类非遗代表作名录联合申报、人员交流互访等活动的组织和开展；探索成立澜湄流域博物馆联盟；同时提出，研讨会对于促进澜湄流域的文化遗产保护意义重大，希望能永久落户云南，力争每年举办一次。

研讨会后，云南省文物局与老挝新闻文化旅游部文化遗产司签署合作备忘录。

（《云南日报》记者　刘　晓）

林业自然保护区资源保护督查启动

2017年6月20日，云南省林业厅对全省范围内131个林业部门管理的各级各类自然保护区开展资源保护督查行动，并向社会公布督查行动举报电话，接受社会公众的监督、投诉和举报。

该督查行动从6月20日起，延续至9月30日，省林业厅将对照《中华人民共和国保护区条例》规定的禁止性条款对自然保护区开展全面排查。叫停在保护区范围内的采矿、探矿、开垦、采石、挖沙等破坏自然保护区行为，核心区、缓冲区旅游活动，未经批准在实验区开展的建设，涉及违法犯罪的移交司法机关依法查处。

督查工作分为自查、督查打击整治、总结整改3个阶段。6月20日至7月10日，各州市林业局结合辖区内自然保护区管理实际情况开展自查，对自然保护区人类活动问题进行全面排查；7月11日至9月2日，省林业厅组成的督查组将根据各州市上报的自查情况，开展实地抽查；9月3日至9月30日，各州市对省级督查中发现的案件查处、立案情况、违法违规项目以及各级自然保护区规范化管理长效机制建立等问题开展全面总结和整改。

省森林公安机关于6月15日启动“自然保护区执法检查违法打击专项行动”，检查和打击在自然保护区内开展采矿、探矿、采石、挖沙、旅游开发、交通、水电、风电等开发建设行为；在自然保护区内毁林开垦、采药、盗伐、滥伐林木等违法行为；在自然保护区内狩猎、捕捞等违法行为；在自然保护区周边企业偷排偷放，导致自然保护区环境遭受破坏的行为。

林业自然保护区资源保护督查行动举报电话：0871–65736205。

（《云南日报》记者　胡晓蓉）

富宁建成水松保护小区

2017年12月初，富宁县林业局在归朝架街水库建成一个以保护国家一级保护植物水松为目标的水松保护小区。至此，该县建成包括蒜头果保护小区、西畴青冈保护小区、水松保护小区在内的3个自然保护小区。

自然保护小区是在没有条件建立自然保护区的地段，为保护珍贵或濒危的野生动植物资源及其栖息地，人为划定的保护区域。近年来，为开展极小种群物种拯救保护工作，根据《云南省极小种群物种拯救保护规划纲要（2010~2020年）》的要求，富宁县林业局相继在木央下者梅建立了以保护国家二级保护植物蒜头果为目标的蒜头果保护小区，在者桑高楼建立了以保护濒危植物西畴青冈为目标的西畴青冈保护小区。保护小区采取划定范围和面积，命名挂牌，并配备兼职管理人员的方式进行管理。通过保护小区的建设，该县蒜头果、西畴青冈等极小种群物种不但得到了有效保护，同时通过人工扩繁，这些资源都得到了科学合理的利用。

（《云南日报》记者　张登海　通讯员　赵国铭）

动物保护

首次调查评估陆生野生动物人工繁育产业

受省林业厅委托，云南森林自然中心对全省陆生野生动物人工繁育产业开展调查和评估。调查评估工作于2017年8月正式启动。工作组通过资料收集整理与实地抽样调查相结合的方式，对全省陆生野生动物人工繁育产业的相关信息进行收集整理，并通过数据分析，对养殖物种及其产业进行综合评估：一是评估各物种养殖产业的发展现状及前景，得出物种养殖成熟度结论，即养殖成熟种类、发展中种类、不成熟种类等；二是评估养殖企业的现状与发展前景，给出规范管理和发展建议，即保持现状、限制发展、鼓励发展、建议关停。此次调查工作还对全省陆生野生动物人工繁育单位（企业）信息进行登记和数据统计，以建设全省陆生野生动物养殖产业数据库。

截至9月底，全部外业调查工作顺利完成，共对全省的12州市51家养殖单位进行实地调查和信息收集，同时电话访问各类养殖单位198家，涉及保护型、观赏型、驯养试验型、生产型四个类型的98个养殖产业。

这项工作的开展，是云南省在野生动物人工繁育领域的一次重要的探索，对规范全省陆生野生动物人工养殖，制定省级范围内科学的野生动物养殖繁育技术标准和法律法规奠定重要基础。

（云南森林自然中心　谭　倩　金志堃　涂文姬）

轿子山国家级自然保护区监测到赤狐

2017年1月20日，轿子山国家级自然保护区管护局科研所对保护区样地样线进行野外红外相机布置。

2017年3月20日15点31分，在保护区四方景区域内第一次拍摄到赤狐的影像，科研所人员分析，赤狐属中小型食肉目犬科动物，它的存在说明保护区内具有完整的生态系统链。

赤狐，食肉目犬科动物，体长50~90厘米，尾长30~60厘米，体重5~10千克，最大的超过15千克，雌兽体形比雄兽略小。身体背部的毛色多种多样，但典型的毛色是赤褐色。头部一般为灰棕色，耳朵的背面为黑色或黑棕色，唇部、下颏至前胸部为暗白色，体侧略带黄色，腹部为白色或黄色，四肢的颜色比背部略深，外侧具有宽窄不等的黑褐色纹，尾毛蓬松，尾尖为白色。赤狐听觉、嗅觉发达，很狡猾，行动敏捷，喜欢单独活动，在夜晚捕食，通常夜里出来活动，白天隐蔽在洞中睡觉。

（轿子山国家级自然保护区管护局）

鸿雁首现红河州

2017年12月17日，红河哈尼族彝族自治州建水县某建筑工地上发现一只鸿雁，属国家二级重点保护野生动物，被国际自然保护联盟列为易危物种，在红河州是首次发现，也是红河州的新纪录。

经中科院昆明动物研究所技术员检查，鸿雁体长70.3厘米，喙长7.4厘米，头长14.2厘米，体重2.605千克，身体各方面状况良好。同时为了进一步了解鸿雁的飞行轨迹，技术员还在它的身上安装卫星鸟类跟踪器定位系统，以便日后科研人员及时掌握鸿雁的有关数据进行进一步的科学研究。设备安装好后鸿雁被放归大自然。

（《云南日报》记者　张　红）

富宁县候鸟迁徙保护专项整治

为有效保护候鸟资源，富宁县多举措开展秋冬季候鸟迁徙保护专项整治行动。

富宁县广泛宣传野生动物相关法律法规，在候鸟迁徙地张贴保护候鸟迁徙宣传横幅、标语，同时与周边村小组负责人签订《爱鸟、护鸟责任状》，提高群众保护野生动物、保护生态环境的法律意识。深入鸟王山候鸟栖息地对候鸟迁徙栖息地实行监控、巡查、管护，在区域内全面清理非法猎杀、运输、食用、倒卖候鸟违法行为，有效打击和震慑非法猎捕候鸟行为。以林业局为牵头部门会同森林公安、候鸟迁徙重点区域里达镇人民政府，对餐馆、栖息地、村寨进行突击检查，并形成长期机制。

截至2017年11月中旬，专项整治行动共出动执法人员128人次、车辆16台次，开展公共宣传1次，张贴保护公告1 000份，向群众发放宣传材料1 000多份，劝退拟捕捉人员43人，清理人工捕捉点26处，收缴野生鸟类17只，销毁网具27具。

（《云南日报》记者　张登海　黄　鹏）

发现中国兽类新记录物种—红鬣羚

2017年11月，云南高黎贡山国家级自然保护区保山管理局腾冲分局联合香港嘉道理农场暨植物园在对保护区开展生物多样性调查监测的过程中，在野外拍摄到一种红色鬣羚，经香港嘉道理农场暨植物园博士陈辈乐和相关国际专家鉴定，该鬣羚是中国兽类的新记录物种——红鬣羚，而这批野外影像资料也为研究红鬣羚提供珍贵信息。

在《世界兽类物种名录》第三版的描述中，红鬣羚属于偶蹄目牛科鬣羚属下的一个单独物种，主要分布在缅甸北部，中国国内对该种无确切的记录，本次拍摄到的影像资料说明，红鬣羚在中国云南的高黎贡山地区尚有分布。

嘉道理农场暨植物园在与高黎贡山保护区腾冲分局合作开展生物多样性调查与评估的3年中，先后在保护区发现云猫、腾冲掌突蟾、腾冲拟髭蟾等一批新记录或新种，这次又发现保护区分布的红鬣羚，为中国兽类大家族又增添一名新成员。

（《云南日报》通讯员　黄湘元）

发现一种寒武纪新生物

2017年11月，中、英两国古生物学者在中国澄江动物群中，发现一种新的寒武纪奇异生物。这种奇异生物生活在距今5.18亿年前的海洋底部，形似现在人

们常见的“毛毛虫”，科学家将之命名为“长形黎镰虫”。此前发现的最早黎镰虫标本，位于加拿大布尔吉斯页岩生物群，距今5.05亿年历史。而此次在云南澄江动物群发现的两块长形黎镰虫化石，不仅将黎镰虫出现的时间前推了1 300万年，而且更完整细致地展现黎镰虫身体形态特征，为人类更好地理解寒武纪大爆发时期的动物提供新证据。

（新华社记者　王珏玢）

澜湄增殖放流活动

2017年12月6日，农业部长江流域渔政监督管理办公室联合云南省农业厅、西双版纳州人民政府与老挝自然资源与环保部、南塔省自然资源与环保厅，共同开展“2017中国·老挝澜沧江—湄公河渔政联合执法行动暨增殖放流活动”。

农业部长江流域渔政监督管理办公室主任马毅、云南省农业厅党组成员、省渔业局局长张穆，西双版纳州副州长吕永和，老挝自然资源与环保部水资源司副司长金康·玛尼翁，老挝南塔省自然资源与环保厅副厅长松·西哈梯致辞；云南省渔科院院长李光华宣读放流品种物种鉴定报告。中老双方有关部门负责人、渔政执法人员以及当地渔民群众代表参加活动。

活动现场共放流当地土著鱼种鱼苗大鳞四须鲃2 000尾、丝尾鳠4 050尾。随后，两国执法人员共乘中国渔政060船开展澜沧江—湄公河边境水域联合巡航执法活动。此次活动是澜湄合作“同饮一江水、命运紧相连”的生动诠释，是两国渔政部门“共抓保护，打造生命澜湄、生态廊道”的有力举措。

这是中老双方连续第三年开展澜沧江—湄公河渔政联合执法行动暨增殖放流活动。3年来，中老双方不断加强沟通、凝聚共识、深化合作，共同致力于澜沧江—湄公河的水生生物资源和水域生态环境保护，并于2017年建立定期互访机制。

中老双方还就近年来的合作进行交流总结，对2018年的合作事项进行商讨，并达成一致意见。下一步，双方将在渔业资源管理、养殖技术合作、渔业产业发展，特别是水域生态环境保护方面继续深化合作，加强双方互信，增进双方交流和互访，利用云南和老挝的区位优势、资源禀赋和生态屏障，依托中国和老挝政府的传统友谊和已经建立的良好合作基础，共同创建好澜湄生态合作示范区，为澜沧江—湄公河流域生态文明建设作出应有的贡献。

（《云南日报》记者　马亚姗）

塔城滇金丝猴国家公园

白马雪山国家级自然保护区有1 300只左右的滇金丝猴，塔城范围内有700至800只。塔城滇金丝猴国家公园共有12个大的观测点，为保护生态和猴群健康，观测点2至3天换一次。随着来的游客越来越多，将对滇金丝猴实施更多的保护措施。

（云报融媒体　记者　刘子语　曹云波　王　静　周　灿）

土著鱼苗放流打洛江

2017年8月4日上午，来自西双版纳傣族自治州勐海县打洛镇的200余名边民、游客和部分缅甸边民，聚集在中缅两国打洛段界河——打洛江边，将3万余尾本地特有的丝尾鳠（当地人称长胡子鱼）鱼苗放流江水中。

打洛江又称南览河，有36千米的河段在中国境内，其余河段为中缅两国的界河，下游经缅甸流入湄公河。该活动是西双版纳州首次在中缅边境界河举行的增殖放流活动，由西双版纳云博水产养殖开发有限公司与景洪市水产研究所共同发起组织。

（《云南日报》记者　戴振华）

景东县获称“中国灰叶猴之乡”

2017年8月，中国野生动物保护协会授予景东彝族自治县“中国灰叶猴之乡”荣誉称号。这是继2008年6月景东县被中国野生动物保护协会授予“中国黑冠长臂猿之乡”之后的第二个动物之乡称号，由此景东成为全国唯一一个拥有两个动物之乡称号的县。

灰叶猴（印支灰叶猴）属于国家I级重点保护野生动物，IUCN（世界自然保护联盟）评估为濒危物种，主要栖息于原始常绿阔叶林中。灰叶猴是森林生态系统保护的旗舰物种，对灰叶猴的保护将惠及森林资源保护及其生物多样性保护。景东无量山现保存灰叶猴43群约2 000只的种群数量，可能为国内最大的印支灰叶猴种群，占到中国灰叶猴种群数量三分之一以上。

（《云南日报》记者　胡晓蓉）

野生动物繁育利用管理培训

2017年8月9日，全国首期野生动物繁育利用管理培训班在景洪市开班，来自全国20多个省区市的180余名学员参加培训。

来自国家林业局政法司、保护司、科技发展中心、森林认证研究中心以及中国林科院、黑龙江省野生动物研究所的专家，为学员们进行中国野生动物保护的形势与任务、野生动物保护法以及配套规章解读、野生动物繁育利用的条件与程序、野生动物饲养管理认证标准解读以及中国野生动物管理专用标识及其应用等方面的培训。

野生动物在生态系统中占据重要地位，野生动物繁育利用是为了更好地保护野生动物。该培训在新《野生动物保护法》颁布施行的大背景下举办，从业人员只有懂法、守法才能更好地促进野生动物繁育利用事业。

培训班由中国野生动物保护协会、中国森林认证委员会主办。

（《云南日报》记者　舒　文）

橡胶林对鸟类多样性的影响

2017年初，中国科学院西双版纳热带植物园科研人员开展的一项研究表明，橡胶林里的食果鸟与食虫鸟对天然林面积的变化最为敏感，橡胶林内的鸟类多样性取决于周边的天然林面积。

橡胶林是热带扩张最快的人工植被之一，大面积的橡胶林会损害生态系统功能，导致生物多样性下降。探讨橡胶林内的种植环境以及大尺度上天然林—橡胶林镶嵌景观格局如何影响生物多样性，可以为保护政策制定提供依据。

中科院西双版纳热带植物园动物行为与环境变化研究组张明霞博士、权锐昌研究员以及普林斯顿大学在读博士生 Charlotte Chang，对橡胶林内样方尺度（半径为50米的圆）上的种植方式，以及景观尺度（半径为500米的圆）上的天然林—橡胶林格局如何影响鸟类多样性进行了研究。在样方尺度上，最重要的自变量包括橡胶树之间的距离、橡胶树龄和天然林反距离权重。在景观尺度上，最重要的自变量是到天然林大斑块的距离和天然林面积。研究发现，天然林面积对鸟类多样性的影响最大——当天然林面积从25%增加到75%时，鸟类的多样性增加两倍，食果鸟与食虫鸟对天然林面积的变化最为敏感。

研究结果表明，种植橡胶的农户可以通过增加行间距、保留年老的橡胶树来提高橡胶林内的鸟类多样性，但是在景观尺度上保护大面积的天然林斑块才是最关键的措施。

该研究得到中国科学院科学基金135项目和国家自然科学基金的资助。

（《云南日报》记者　陈云芬）

“高黎贡白眉长臂猿”正式命名

2017年1月12日，中科院昆明动物研究所、云南省林业厅、中山大学联合举行新闻发布会，经中国科学家领衔的国际研究团队为期10年研究，最终确定分布在云南省高黎贡山附近的一种长臂猿为新物种，并命名为“高黎贡白眉长臂猿”（或“天行长臂猿”），这是由中国科学家命名的唯一一种类人猿。

长臂猿是一类小型类人猿，过去被分成4个属19个物种，高黎贡白眉长臂猿原隶属于东白眉长臂猿。2007年以来，由中山大学范朋飞教授领衔，来自中、美、英、德、澳大利亚5国的15位专家组成研究团队，对中国的白眉长臂猿种群和分布进行全面调查。他们查看分别馆藏于中国、美国和欧洲多个博物馆的122号白眉长臂猿标本，综合外部形态、牙齿和分子遗传学证据，确定中国高黎贡山附近的白眉长臂猿与已命名的白眉长臂猿有明显差异，该物种和典型的东白眉长臂猿在50万年前分化，分化时间大于或接近很多已被命名的灵长类物种，由于其主要分布于高黎贡山地区，所以被命名为高黎贡白眉长臂猿。该研究成果已在国际著名灵长类期刊《美国灵长类学报》上发表。

作为从东白眉长臂猿中独立出来的一个新物种，高黎贡白眉长臂猿的地理分布范围也随之发生变化。根据全球范围内博物馆现有收藏标本信息和野外观察记录，研究团队初步认为，高黎贡白眉长臂猿主要分布于怒江与伊洛瓦底江之间的中缅交界地区。中国境内仅分布于怒江以西的高黎贡山南段保山隆阳区、腾冲市和德宏州盈江县，种群数量不足200只，且呈现出明显的片断化分布。

（《光明日报》记者　张　勇　任维东）

发现彩鹮

2017年2月初，云南野鸟会会员在晋宁区环湖南路边的湿地发现国家二级保护动物“彩鹮”。

彩鹮在东川、红河州长桥海、玉溪和滇池等地有少量发现，此次在晋宁湿地发现还是首次。据统计，此次共发现10只彩鹮。

彩鹮在中国极为罕见，在亚洲也极少分布，其种群主要分布于欧洲南部、非洲、美洲中部。彩鹮主要栖息在温暖的河湖及沼泽附近，以水生昆虫、昆虫幼虫、虾等小型无脊椎动物为食。据资料记载，彩鹮在云南出现的首次记录为2012年，一只彩鹮飞临玉溪；2013年东川发现19只；2016年初有十多只彩鹮飞临

彩鹮　　（王　英　摄）

红河州长桥海被发现，它们在每个地方逗留几天就会离去。

（《云南日报》记者　张雁群　通讯员　李继明）

发现毛耳飞鼠

2017年2月25日，中科院西双版纳热带植物园科普工作人员在沟谷雨林意外发现珍奇动物——两只毛耳飞鼠。

毛耳飞鼠别名绒耳鼯鼠或毛足飞鼠，属于鼯鼠科毛耳飞鼠属，是该属里唯一的一种。毛耳飞鼠耳朵上有一小撮毛，特征比较明显。据仅有的资料显示，毛耳飞鼠主要分布在华南和中南半岛海拔800米到2 400米的热带亚热带森林，种群数量很小，2008年已被列入IUCN濒危红色名录。由于毛耳飞鼠均在夜间活动，生活习性隐蔽，科学界对其知之甚少，无论是文字还是影像均异常缺乏。

（《云南日报》记者　陈云芬）

发现野生动物绿孔雀栖息地

2017年3月，科学家在云南玉溪市新平县发现中国一级重点保护野生动物绿孔雀的栖息地，并通过红外相机拍摄到多只野生绿孔雀的图片和视频。

2017年1月，由云南大学生命科学学院和哀牢山国家级自然保护区新平管理局组成的“新平野生绿孔雀分布调查组”开始寻找绿孔雀之旅。团队初步判定新平野生绿孔雀数量不少于20只。

（新华社记者　岳冉冉、赵珮然）

发现钳嘴鹳

2017年3月底，金平苗族瑶族傣族自治县村民在稻田边发现一群白羽黑尾的中国罕见大型鸟类——钳嘴鹳。

在确认鸟群为钳嘴鹳后，当地森林公安局、自然

钳嘴鹳　　（李俊敏　摄）

保护区管护局等部门联合在现场召开村民大会，向村民介绍这一珍稀物种，并号召广大村民积极参与钳嘴鹳保护工作，如发现非法猎捕钳嘴鹳鸟行为应及时报警。

钳嘴鹳属鹳形目鹳科钳嘴鹳属，全球主要分布于印度、缅甸及越南等国家，2006年在中国首次被发现于洱源县西湖。

（新华社记者　庞明广）

滇池银白鱼人工繁殖成功

2017年3月，昆明市水产科学研究所分4批次从滇池收集13尾银白鱼亲鱼开展人工繁殖，孵化出鱼苗3万尾左右，标志着滇池土著鱼类的保护取得重大成果。研究团队已基本掌握种鱼驯养、人工繁殖、鱼苗孵化等技术，下一步将攻克银白鱼人工驯养、成鱼养殖等关键技术和多重难关，使昔日的珍稀土著特有鱼类重现滇池。

银白鱼是滇池土著物种，全球仅分布于滇池水体。20世纪六七十年代曾是滇池主要经济鱼类，但由于滇池水质逐渐恶化、外来物种引入和过度捕捞等原因，使银白鱼种群几近消失。该物种目前已被《中国濒危动物红皮书－鱼类》《中国物种红色名录第一卷》《IUCN红色目录》列为濒危等级，同时也被列为云南省特有珍稀保护动物。

昆明市水产科学研究所于2013年首次发现滇池中仍有银白鱼个体存在，并于2016年牵头组建昆明市滇池土著鱼保护研究科技创新团队，针对滇池特有珍稀濒危鱼类银白鱼及中臀拟鲿开展保护性研究工作。

（《云南日报》记者　季　征）

腾冲境内频现新物种

2017年5月12日，国际植物分类学期刊

《PHYTOTAXA》发表论文，描述并命名分布于高黎贡山腾冲境内的重楼属植物新记录——腾冲重楼。腾冲重楼因花瓣呈紫红色，萼片基部具长条状紫斑而明显区别于其他重楼属种类。

高黎贡山国家级自然保护区腾冲辖区内频频有新物种被发现。科研工作者不但在这里新发现并命名腾冲掌突蟾和腾冲拟髭蟾两个新记录物种，还通过红外相机发现消失 30 多年的濒危野生动物云猫。

2016 年 9 月，腾冲辖区生物多样性系统性调查的结晶——《高黎贡山腾冲生物多样性》出版。该书汇集超过 300 种动植物共 500 帧生态照片，包括云猫、腾冲掌突蟾、腾冲拟髭蟾的照片。所有照片皆在腾冲境内原生境拍摄，并提供辨认腾冲动植物的基本重点，是首本高黎贡山地区中英双语的动植物图鉴，也是欣赏了解高黎贡山以及滇西地区动植物的重要参考书籍。

（云报集团融媒体记者　程三娟）

保护云南珍稀濒危动物宣传活动

2017 年 6 月 1 日，中科院昆明动物所、省林业厅在昆明动物博物馆共同开展以“留住最美的它”为主题的保护云南珍稀濒危动物宣传活动。

活动通过现场演示亚洲象骨骼拼接、科普知识讲解及科普影片欣赏等环节进行宣传，普及保护野生动物的科学知识和法律知识。昆明动物博物馆馆藏的亚洲象、滇金丝猴、长臂猿、黑颈鹤、绿孔雀、犀鸟、金斑喙凤蝶等濒危珍稀动物标本与公众见面，加深公众对野生动物的了解，树立全面保护珍稀动物的意识。

中国是世界上野生动物种类最丰富的国家之一，云南是全球生物多样性聚集区和物种基因库。云南省坚持不懈开展生物多样性保护工作，通过多年努力，野生动植物得到有效保护，亚洲象、滇金丝猴等珍稀动物成为云南生物多样性保护的名片，具有极高的学术科研价值。

（《云南日报》记者　胡晓蓉）

拉市海鸟类增加

2017 年 6 月，丽江拉市海国际湿地保护区工作人员在拉市海巡护时，发现一只灰椋鸟，是国家保护的有益鸟类，具有重要的经济、科研价值。至此，拉市海的鸟类已从 1997 年的 31 种增加到 2017 年的 234 种，分隶属 44 科 130 属。

拉市海高原湿地自然保护区是云南省首个以湿地命名的省级湿地自然保护区。保护区内的湿地面积超过 1 000 公顷，平均海拔约 2 500 米。拉市海是迁徙候鸟的栖息地，每年到此越冬或停歇的候鸟为滇西北之冠。2004 年 12 月，拉市海被确定为国际重要湿地。

长期以来，当地政府和村民爱鸟、护鸟意识不断提高。为保护鸟类，玉龙纳西族自治县颁布实施拉市海高原湿地保护管理条例，采取对高原湿地、生态环境、珍稀濒危野生动物、植物资源实行全面保护与重点保护、全年保护与季节性保护相结合的原则，把中华秋沙鸭、黑鹳、白头鹤、黑颈鹤、灰鹤、大天鹅等列为重点保护对象。居住在拉市海周边的 500 多户渔民取尽纱网，附近的 1 万多户村民不再毒杀候鸟，使拉市海真正成为越冬候鸟的天堂乐园。

此次新发现的灰椋鸟，属雀形目椋鸟科椋鸟属灰椋鸟类。灰椋鸟除啄与足呈橙红色外，全身都是灰褐色，体长约 23 至 25 厘米，通体主要为灰褐色，头部上黑而侧白，尾部亦白色，嘴和脚为橙色。灰椋鸟主要栖息于低山丘陵和开阔平原地带的疏林草甸，河谷阔叶林，散生有老林树的林缘灌丛和次生阔叶林，也栖息于农田、路边和居民点房间的小块丛林中。灰椋鸟以昆虫为食，如蚂蚁、蝗虫、金龟子，也吃少量植物果实与种子。分布于欧亚大陆及非洲北部，中国为黑龙江以南至辽宁、河北、内蒙古以及黄河流域一带的夏候鸟，迁徙及越冬时普遍见于东部至华南广大地区。

（《云南日报》记者　李秀春　通讯员　和丽黄、李智宏）

植物保护

抚仙湖径流区植被恢复项目启动

2017 年 12 月 14 日，玉溪市正式启动抚仙湖径流区 10 万亩退耕还林植被恢复 PPP 项目。

该项目投资约 17 亿元，将恢复 4 万亩耕地植被，并对 6.3 万亩石漠化区进行植被恢复治理。项目区内规划发展林果、中药材等经济作物种植，耕地

抚仙湖环湖植树　（江　云　摄）

抚仙湖环湖植树造林　（江　云　摄）

植被恢复主要以适应性较强的清香木、香樟、红豆杉等11个树种和油菜花、滇牡丹2个农作物品种为主，石漠化区植被恢复治理以清香木、黄连木、香樟、滇朴等为主。根据测算，项目完成后将使抚仙湖径流区森林覆盖率从33.27%提高至40%，每年可减少入湖泥沙约2万吨，减施化肥4 000吨，增强流域水土保持和水源涵养功能，提高抚仙湖补水能力。

（《云南日报》记者　王云瑞）

濒危野生植物银缕梅落户昆明植物园

2017年10月，中国科学院昆明植物研究所工作人员赴江苏宜兴，成功将100株银缕梅引入昆明植物园，这是西南地区首次对银缕梅进行引种工作。

银缕梅为中国Ⅰ级重点保护野生植物，该树种木材细密坚硬，属铁木类材质，树姿优雅，春花奇特，秋后叶红、橙、黄、绿、紫，五彩缤纷；病虫害少，抗逆性强，易栽培，是珍贵的特种用材和园林景观植物。但在自然状态下，该物种呈群聚状集中分布于近山脊的上坡位（海拔200~300米），立地条件较差，种间竞争能力弱使其处于濒危状态。

截至2010年，中国人工培育的银缕梅种苗累计达5万株，先后在南京、西安、山东、江西、上海、北京等地植物园进行引种驯化和迁地保护工作。各地的专家学者正通过有效的抢救性保护和驯化繁育手段，挽救这一极小种群野生植物。

（《云南日报》记者　季　征）

《中国喀斯特地区种子植物名录》出版

2017年11月，中国科学院昆明植物研究所和华南农业大学的科研人员合作出版《中国喀斯特地区种子植物名录》，展示多年来昆明植物研究所喀斯特植物物种演化研究组相关研究成果。

《中国喀斯特地区种子植物名录》一书简明介绍中国喀斯特地区自然环境、植物区系特点和资源状况，共收载中国喀斯特地区种子植物134科696属2 622种（包括种下等级），包括中国最具喀斯特地貌特色的种子植物类群，种子植物产地、群落地位、用途、保护等级等信息。此外，该书突出有重要造林、经济和保护价值的喀斯特地貌乡土物种，为中国及周边东南亚“一带一路”国家的喀斯特生态环境建设提供基础科学指导。

（《云南日报》记者　季　征）

发现濒危物种云南梧桐

继2017年7月，中国科学院昆明植物研究所在玉龙纳西族自治县金沙江流域，发现被认为野外可能已灭绝近20年的国家重点保护野生植物云南梧桐以后，由丽江市林业局组织的科技人员于2017年9月在金沙江流域沿线林区开展历时20多天的云南梧桐摸底调查，发现在古城、玉龙、永胜、宁蒗等1区3县均有云南梧桐分布，初步调查约有2.5万株。

云南梧桐（国家二级保护植物）　（徐建兴　摄）

云南梧桐是国家重点保护野生植物，于1984年被列为第一批中国珍稀濒危保护植物名录。云南梧桐生长在海拔1 300米到1 600米的坡地或山地，主要产于云南中部、南部、西部，是西南片区特有的一种乔木。此次发现的云南梧桐，在古城区分布面积约为1 000亩，数量5 000株；玉龙县分布面积约为1 000亩，数量1万株；永胜县约7 000株；宁蒗县约3 000株。

（《云南日报》记者　李秀春　通讯员　和珍笛）

广南县为280万亩森林买保险

2017年，广南县按照“政府引导、市场运作、自主自愿、协同推进”原则，积极筹措森林火灾保险保费财政补贴资金112万元，为全县279.91万亩公益林购买森林火灾保险。

在开展森林保险工作中，该县采取有效措施，规范操作流程，防范操作风险。保证承保信息齐全有效，顺利完成全县280万亩森林的投保申报工作。随着森林保险政策的实施，将极大提高林农和林业经营者抵御自然灾害风险能力，激发社会各界参与林业生态建设的积极性，为该县推进生态文明建设、实现绿色发展构筑安全屏障。

广南县推进生态建设

广南县以被列为“国家生态保护与建设示范区”为契机，围绕“推进生态文明、建设锦绣广南”目标，截至2017年底，全县建成省级生态乡镇4个、州级生态村76个、绿色学校18所。者兔九龙山成功申报为国家森林公园，八宝省级自然保护区管理局于2016年9月正式成立。完成人工造林51.39万亩，封山育林25.46万亩，低效林改造20.5万亩，森林抚育11万亩。在全州率先建成森林资源信息化巡护系统，全县633.01万亩森林实现全面管护和动态管理。实施石漠化综合治理141.8万亩、林业重点项目38.92万亩、低效林改造10万亩。

（《云南日报》通讯员　韦海涛　徐　专）

云南省首家县级木本植物标本库建成

2017年8月，云南省首个县级木本植物标本库腾冲木本植物标本库正式建成，共鉴定和保存木本植物标本860种、2 000多份。

腾冲市生物多样性丰富，境内有植物2 514种，其中国家重点保护野生植物20种，素有“自然博物馆”和“天然植物园”的美誉。2013年底以来，腾冲市林业局在中国科学院昆明植物研究所的指导下，成立木本植物调查队伍，在不同季节深入腾冲各地采集标本，历时3年多，采集一批高质量的植物标本，拍摄收集许多生态彩色照片。经过系统整理和鉴定，建成腾冲市木本植物标本库，并编写《腾冲木本植物彩色图鉴》。该《图鉴》共编录木本植物110科、860种，其中不乏一些狭域分布的物种，如瑞丽蓝果树、具嘴荷包果等。标本库建成后，其数据与林业综合信息平台数据共享，并建设手机微信小程序平台，可实现手机微信查询木本植物标本库数据。

（《云南日报》记者　胡晓蓉）

云龙天池国家级保护区的云南松林和铁杉林

在云龙天池国家级自然保护区，云南松是最大的植被类型，有8 710.2公顷，占保护区总面积的60.2%。生长着全省最集中、保存最完好的原始云南松林。云南松胸径1.16米、树高超过30米，树龄有120余年，是保护区内发现的最大的云南松，也是云南省发现最大的云南松。云南铁杉林分布面积是保护区中仅次于云南松的植被类型，有不乏百年树龄的铁杉古树，是保护区旗舰物种——滇金丝猴的重要栖息地。铁杉王在管护站不远的一处陡峭斜坡上，铁杉王胸径1.6米，高近30米，树龄约200年。

（云报集团融媒体记者　朱金磊）

植物学专家共话地区植物科学

2017年8月26日，第九届西部地区植物科学与资源利用研讨会在大理举行，来自中国西部地区11个省、市、自治区高校和科研院所的100余名植物学专家进行交流研讨。

西部地区植物科学与资源利用研讨会每两年召开一次，是中国西部地区植物学科研和教学人员重要的学术交流平台。此次研讨会由云南省植物学会主办，大理大学承办，共安排大会邀请报告4个，大会报告23个，邀请中科院昆明植物研究所、新疆生态与地理研究所，西北大学、大理大学、昆明理工大学、新疆农业大学、甘肃省治沙研究所、上海交通大学（云南）大理研究院、塔里木大学以及美国加州大学伯克利分校的专家学者围绕相关课题作学术报告，并组织开展滇西植物资源调查及采集活动。

（《云南日报》记者　季　征）

命名豆腐柴属新种——八莫豆腐柴

2017年中，中科院西双版纳热带植物园科技人员确定豆腐柴属的一个新种，并将其命名为八莫豆腐柴。

豆腐柴属是唇形科中最大的木本属之一，约有200种。西双版纳植物园科技人员对豆腐柴属的一个新种进行研究。研究发现，形态上，该种与勐腊豆腐柴非常相似，具攀缘习性，叶子呈卵状椭圆形至椭圆形，聚伞圆锥花序；不同之处在于此种小枝和叶柄密被短柔毛，花绿色或黄绿色，雄蕊伸出花冠，果期花萼明显 2~3 裂。

该新种于 19 世纪 80 年代引种自缅甸东北部克钦邦八莫县，但详细的采集地点并未记录。自 2011 年至 2017 年，西双版纳植物园科技人员多次在缅北克钦邦开展植物多样性野外调查，均没有发现其在野外的分布情况。通过查阅相关标本和文献，认为此种为一新种，以其引种的来源地命名该种为八莫豆腐柴。

该研究得到中国科学院东南亚生物多样性研究中心项目和国家自然科学基金的资助。

（《云南日报》记者　陈云芬）

发现植物新种希陶木

2017 年，中科院西双版纳热带植物园科技人员在元江干热河谷进行植被调查时发现一大戟科植物，该种植物被命名为希陶木。

大戟科植物是被子植物的一个大科，拥有超过 5 000 个种，300 个属，几乎广布全球，但主要分布在热带和亚热带地区。西双版纳植物园科技人员在对元江干热河谷进行植被调查时发现一种未能定种的大戟科植物，通过与中科院昆明植物所科技人员合作，对其形态学和分子系统学深入研究，确认这种大戟科植物属于风轮桐族下一个全新的属。为纪念西双版纳植物园创始人蔡希陶教授，科技人员将该种植物命名为希陶木，属名为希陶木属。

希陶木属在形态学上与其近缘属最大的区别在于其雌雄异株，雌雄花着生于退化的短枝上，雌花存在花盘等。在系统发育关系上，它与风轮桐族下的白大凤属形成姐妹群，与蝴蝶果属、头花巴豆属等属亲缘关系较近。希陶木仅被发现分布于元江海拔 350~550 米干热河谷热带季雨林和稀树灌草丛林下。

（《云南日报》记者　陈云芬）

国家植物博物馆大健康产业示范区落地昆明

2017 年 3 月，按照国务院领导批示要求，国家发改委等相关部委召开会议就支持云南昆明建设国家植物博物馆和中国昆明大健康产业示范区相关事宜进行专题研究。会议赞同在云南昆明建设国家植物博物馆，同意设立中国昆明大健康产业示范区。

各部委表示，在昆明建设国家植物博物馆填补了国内空白，设立中国昆明大健康产业示范区、发展大健康产业顺应加快“健康中国”建设的时代要求，将予以支持。在国家各有关部委和中共云南省委、省政府的大力支持下，昆明市正全力开展各项前期工作。

昆明市正进一步动员全市上下统一思想，充分认识到在昆明建设国家植物博物馆，设立中国昆明大健康产业示范区是加快中国生态文明建设和经济发展新常态下供给侧结构性改革的客观要求，也是云南独特自然资源禀赋和植物多样性研究成就的集中体现，要求各级各部门抢抓机遇、趁势而上，以建设国家植物博物馆为切入点，着力加快中国昆明大健康产业示范区建设，为全市发展大健康产业提供重要载体和有力支撑。

（《云南日报》记者　雍明虹　茶志福）

秋海棠新品种通过审定

2017 年 3 月，云南省林业厅园艺植物新品种注册登记办公室组织专家对中国科学院昆明植物研究所培育出的秋海棠属植物 4 个品种进行技术鉴定和现场核查。经评审认定桂云秋海棠、三裂秋海棠、健翅秋海棠和银靓秋海棠 4 个申请品种为秋海棠属植物新品种。

通过审定的 4 个秋海棠新品种是由中科院昆明植物研究所特色研究所服务项目子课题之一“秋海棠盆花新品种选育”的课题组，通过有性杂交途径培育出的秋海棠属植物新品种。4 个新品种观花观叶相结合，冬春季开花，四季观赏，具有较强的栽培适应性。其中，桂云秋海棠花被片桃红色，着花数多，12 月至翌年 3 月开花；三裂秋海棠叶片褐绿色掌状三至四浅裂，1 至 4 月开花；健翅秋海棠叶片掌状二重深裂；银靓秋海棠掌状复叶。

（《云南日报》记者　季　征）

发现火焰兰

2017 年 4 月，元江国家级自然保护区内确认发现中国濒危珍贵植物火焰兰，其被植物学专家称作是植物中的“大熊猫”。

火焰兰爬行寄生在保护区内一个山箐处的树林里大树主干上。发现云南火焰兰后，调查队立即准确测量、记录和分析火焰兰的生存环境、开花和谢花时间，对周围森林植被、降雨量和对其他兰花科相关数据进行采集，为保护和开发利用作准备。

野生火焰兰分布于中国云南元江和越南。20 世纪 50 年代初，中国植物学专家在元江县 500 米左右的干热河谷区域发现国内唯一的火焰兰，当时没有具体介绍火焰兰的生存环境、数量。2015 年 4 月 23 日，西南林业大学与元江县林业局联合开展林业资源调查中，在元江国家级自然保护区内意外发现 3 株疑似火焰兰，经过3年的观察和论证，现确定其是极为珍贵的濒危植物云南火焰兰，目前发现的数量不足10株。

（《云南日报》记者 余 红 通讯员 黎欣欣 杨晓国）

中科院昆明植物所首次破译茶树基因组

经过多年研究，中科院昆明植物研究高立志研究员带领的植物种质资源、基因组学与生物信息学研究团队于2017年成功揭示决定茶叶适制性、风味和品质以及茶树全球生态适应性的遗传基础。

高立志带领的研究团队于2010年首次在国际上启动茶树基因组计划，通过基因组建库与测序等关键实验技术的掌握和基因组序列拼接、注释与分析等生物信息学平台的构建，攻克茶树高杂合、高重复和基因组庞大的植物基因组测序的难题，并率先在国际上完成栽培茶树大叶茶种云抗10号核基因组的测序和组装。研究发现，强烈的自然选择促进茶树抵抗生物和非生物逆境的抗病基因家族的大量增长，进而诠释为什么茶树可以在全球扩散和广泛种植。在对大多数茶组植物和非茶组代表植物进行化学成分比较分析后，研究团队发现，茶组植物富含茶多酚和咖啡因，且显著高于非茶组物种，高含量的茶多酚和咖啡因决定山茶属植物是否适合制茶和茶叶风味；茶树的野生近缘物种厚轴茶含有非常高的茶多酚和极低的咖啡因，具有培育茶树新品种的巨大潜力，栽培茶树的野生近缘物种因蕴藏着丰富的优异新基因，是未来茶叶品质改良的巨大宝库。

此外，研究团队通过对三大饮料植物的比较基因组学分析发现，茶树和其它山茶属植物的咖啡因生物合成途径可能起源于可可，但此后经历了独立的进化。

（《云南日报》记者 季 征）

云南发布全国首个省级生物物种红色名录

2017年5月22日，云南省环保厅联合中国科学院昆明植物研究所和昆明动物研究所，共同发布《云南省生物物种红色名录（2017版）》，这是中国发布的首个省级生物物种红色名录。

省环境保护厅联合中国科学院昆明植物研究所和昆明动物研究所，于2016年启动《红色名录》编制工作，全面系统地评估云南省生物物种濒危状况。《云南省生物物种红色名录（2017版）》以《云南生物物种名录（2016版）》收录的25 434个物种为评估对象，另外增加具有明确评估等级的新物种或新记录物种17个，总计评估11个类群的25 451个物种。其中大型真菌和地衣分别为2 759种和1 067种，高等植物19 333种，脊椎动物2 285种。另外鱼类有7个亚种按评估标准列为“不予评估”。评估结果显示，全省生物物种中属于绝灭等级的有18种，占评估物种总数的0.07%；受威胁的物种有2625种，占评估物种总数的10.31%，云南特有物种3 432种，受威胁率为25.96%，约为全国受威胁率（13.9%）的2倍。

省环保厅负责人介绍，该评估不仅确定每个物种的等级，还评估分析物种的地理分布、种群现状及威胁因素。《云南省生物物种红色名录（2017版）》不仅丰富和完善《中国生物多样性红色名录》，填补中国大型真菌和地衣红色名录空白，还纠正现有相关名录的一些错误。《云南生物物种名录（2016版）》和《云南省生物物种红色名录（2017版）》的发布，为云南省各级各部门制定相关政策规划、编制物种保护计划、开展生物多样性研究、修订重点保护野生物种名录、提高公众保护意识以及促进生物资源的合理利用提供科学依据。

云南省生物物种濒危状况评估结果：

绝灭8种：小叶橐吾、干生铃子香、小叶澜沧豆腐柴、单花百合、云南刺果藓、大鳞白鱼、异龙鲤、滇池蝾螈，占评估物种总数的0.03%；

野外绝灭2种：三七、杜仲，占评估物种总数的0.01%；

地区绝灭8种：心叶猴耳环、闭壳柯、白背兀鹫、黑兀鹫、蓝冠噪鹛、斑嘴鹈鹕、双角犀、爪哇犀，占评估物种总数的0.03%；

极危381种：巧家五针松、水松、贡山三尖杉、滇南苏铁、爪哇野牛、豚鹿、虎、林麝、金钱豹、西黑冠长臂猿、双角犀鸟、绿孔雀、赤颈鹤、蟒、凹甲陆龟、斑鳖等，占评估物种总数的1.50%；

濒危847种：红豆杉、多歧苏铁、高黎贡羚牛、马来熊、滇金丝猴、眼镜王蛇等，占评估物种总数的3.33%；

易危1 397种：岩羊、小熊猫、黑熊、灰孔雀雉、黑颈鹤、虫草、松茸等，占评估物种总数的5.49%；

近危2 441种：赤麂、果子狸、白腹锦鸡等，占评估物种总数的9.59%；

无危16 356种，占评估物种总数64.28%；数据缺乏：2 991种，占评估物种总数的11.76%；不宜评估：1 013种，占评估物种总数的3.98%；不予评估：7种，占评估物种总数的0.03%。

（《云南日报》记者 胡晓蓉）

滇中现千年野生古茶树

2017年5月16日至20日，中国农科院茶叶研究所专家组在玉溪市新平彝族傣族自治县对古茶树进行考察时，发现1株高约20米的古茶树，初步估算树龄在1 000年以上，属野生型乔木古茶树，这是滇中地区首次发现千年野生古茶树。

此次发现的古茶树位于新平县哀牢山中部的大帽耳山，其气候、土壤适宜茶树生长。专家组在10米×10米的样方范围内，共发现野生古茶树7株，已形成野生茶树居群。之前发现的最古老、树体最大、分布最集中、物种最多的野生茶树几乎都集中在滇西南，滇中是首次发现。这一发现，既拓展人们对云南野生茶树生长区域的认识，又填补滇中古茶树的空白，具有重要的学术和科研价值。

在新平县平掌乡梭村、者竜乡峨毛村、水塘镇邦迈村，专家组还发现大量的人工栽培型古茶树，树龄估算在100年至600年间。品种有勐库大叶种、凤庆大叶种和属于地方群体品种的峨毛大叶、中叶种。

（《云南日报》记者　陈怡希　通讯员　蒋　燕　周宗林）

发现兰科石豆兰属新种

中国科学院西双版纳热带植物园标本馆研究人员在景东县发现一兰科石豆兰属新种，取名为景东卷瓣兰。

石豆兰属是兰科的一个大属之一，超过2 000种，近年来不断有此属的新种发表。版纳植物园标本馆自2014年至2016年间承担云南省林业厅的全国重点保护野生植物的第二次普查项目，在项目实施过程中在普洱市景东县发现一个兰科石豆兰属新种，取名为景东卷瓣兰，活植物引种栽培于西园苗圃及景东亚热带植物园苗圃。

景东卷瓣兰在卷瓣兰组是一个比较容易区分的种，如假鳞茎压扁的球形，萼片和花瓣具密集的紫红色斑点，侧萼片比中萼片长不到1倍，其下侧边缘粘合，上侧边缘内弯并连合在一起，而中上部又彼此分离，蕊柱基部具有一个黄色的腺体等。

（《云南日报》记者　陈云芬）

湿地保护

丘北县湿地保护

丘北县建立健全自然湿地保护体系，实施“五子”举措，有效保护普者黑喀斯特高原湖泊湿地水质、湿地生态系统，改善农业生产和居民生产生活环境。一是强规划、重保护，注重“面子”。通过科学编制总体规划，实施退耕还湿、退塘还湿和湿地恢复，不断增加湿地面积。同时，完善湿地分类保护体系建设，将普者黑省级自然保护区外围的区域进行规划，积极向国家林业局申报云南普者黑喀斯特国家湿地公园，并被批准为国家湿地公园试点。二是立机构、强队伍，选好“苗子”。通过建立湿地保护机构，加强人员队伍建设，为顺利开展普者黑湿地保护管理工作提供保障。三是筹资金、动项目，夯实“底子”。累计争取和投入资金1.42亿元用于普者黑湿地保护，实施9大项目建设。四是严管理、抓行动，钉好“钉子”。加大对普者黑湿地范围内电鱼毒鱼、开山炸石、违规用地、乱砍滥伐、采摘野生荷花、水上烧烤等违法行为进行监管治理，加强普者黑湿地保护。五是推合作、激活力，用好“点子”。丘北县与云南大学签订合作协议，共同开展湿地生态系统监测、湿地生态旅游研究等工作，科学化管理湿地，着力提高工作人员专业技能。合作开展普者黑国家湿地公园及全流域生态监测工作，监测内容包括陆生植物、湿地植物、外来入侵植物、鸟类、水文水质等。

（《云南日报》记者　黄　鹏　张登海）

鹤庆东草海国家湿地公园试点建设

2013年12月，经国家林业局湿地保护中心批准，鹤庆东草海被列为国家湿地公园试点。先后实施东草海鱼塘和围垦耕地的退出工程及农家乐的拆除，实施东草海国家湿地公园一期、二期工程，进行道路修复、清淤及湖滨带等工程。鹤庆东草海湿地水源涵养能力、生物多样性得到恢复，为湿地鸟类提供良好的生存环境。按《鹤庆东草海国家湿地公园总体规划》，国家湿地公园试点建设2017年验收挂牌，对湿地自然资源和景观文化资源进行保护和恢复，将湿地公园建成湿地生态系统保护和恢复示范点、湿地资源“保护、利用、提高”基地和科普教育与休闲娱乐兼具的生态旅游目的地。

（《云南日报》记者　管毓树）

洱海保护治理行动

2017 年 3 月 10 日，大理白族自治州 16 支工作队奔赴洱海周边 16 个乡镇，落实洱海保护治理行动。

洱海水生态修复　　（江　云　摄）

大理州自 2017 年初启动洱海流域“两违”整治、村镇“两污”治理、面源污染减量、节水治水生态修复、截污治污工程提速、流域综合执法监管、全民保护洱海等“七大行动”以来，州委、州政府不断加大工作力度，层层压实责任、层层明确任务，力保洱海水质持续向好。一是以水质倒逼抓实截污治污，加快实施截污治污工程，确保全覆盖；强力整治流域“两违”，只拆不建、只减不增；加紧面源污染防控，年内完成洱海流域 7 万亩高效节水灌溉、3 万亩农药化肥减量生态种植。二是以水质倒逼抓实洱海增容，加快实施“清水回补”工程，改善洱海水动力；加快海西系统供水工程，坚决整治苍山十八溪无序取水；加快实施入湖河道治理工程，保障入湖水质改善；加快实施湖滨带和湿地建设工程，构建洱海生态屏障；加快实施海东面山生态灌溉工程，保障海东面山绿化成效。三是以水质倒逼抓实监测技术分析，加速构建洱海流域水生态环境监测预警体系，健全完善污染源、水文气象信息、水质水生态和蓝藻水华等生态环境监测网络，建立健全洱海保护治理科学精准决策机制。四是以水质倒逼抓实应急排险措施，实施应急补水，把优质清水及时补充到蓝藻水华风险高的水域；实施应急停污，不让滴漏污水进入洱海；实施应急打捞，切实提高蓝藻应急处置能力。

（《云南日报》记者　庄俊华　管毓树）

杞麓湖国家湿地公园开建

2017 年 3 月底，通海杞麓湖国家湿地公园（试点）建设项目开工仪式在通海县杞麓湖南岸举行，规划总面积为 3 881.22 公顷的湿地公园进入全面快速建设阶段。该项目结合当地实际，完善相关配套项目，把杞麓湖湿地建设成为集生态保护、科普宣教、旅游观光和生态文化体验为一体的国家级湿地公园。

杞麓湖是云南省 9 大高原淡水湖泊之一，湿地资源异常珍贵。2014 年 12 月，国家林业局批准杞麓湖为“国家湿地公园（试点）”建设。依据《云南通海杞麓湖国家湿地公园总体规划》，湿地公园规划总面积 3 881.22 公顷，工程建设总投资 1.87 亿元。

（《云南日报》记者　余　红　通讯员　师云波）

污染防治与节能减排

污染防治

垃圾热解处理系统通过验收

2017 年 7 月 10 日，由云南省环境保护厅、云南省环境保护对外合作中心及老挝南塔省环境与自然厅组成验收组，对老挝南塔省南恩村垃圾热解处理系统项目进行现场初步验收及点火运行启动。初验结果表明，项目主体工程及主要设备按照合同完成，相关技术指标均达到设计要求。

该热解站是中国云南省 – 老挝南塔省环境保护交流合作技术援助项目，由云南省环境科学院、云南利鲁环境建设有限公司联合设计施工，自 2017 年 3 月 3 日进场到 2017 年 7 月 11 日完工，进展过程顺利。作为老挝全国第一座垃圾热解处理站，该项目的建成，对于进一步推进云南省与老挝南塔省环保合作，改善当地农村群众生产生活环境具有重要意义，对加强南塔省乃至老挝农村生活垃圾收集清理处置具有引领示范性作用。

（云南省环境科学院）

云南省应对污染天气

2017 年 12 月 22 日起，昆明、楚雄、玉溪、昭通、曲靖、蒙自、文山 7 个城市环境空气质量陆续出现轻度污染，其中昆明、昭通、蒙自等城市部分时段出现中到重度污染天气。截至 25 日，污染天气尚未好转。同时，与云南省相邻的四川、重庆、贵州、广西等省（区、市）环境空气也同期出现大范围高污染情况。经组织专家会商研判，12 月 22 日以来，北下冷空气受高原地形和冬季干暖气流阻挡，造成滇中、滇东北、滇东南地区出现大范围湿度高、风速小、逆温等天气现象，对城市大气污染物扩散极为不利，导致污染物进一步累积超标。

结合天气情况，云南省环境保护厅于 2017 年 12 月 25 日印发《云南省大气污染防治专项小组关于采取有效措施及时应对污染天气的紧急通知》。对已出现轻度及以上污染天气的昆明、楚雄、玉溪、昭通、曲靖、蒙自、文山 7 个城市，要求在 2017 年 12 月 25 至 31 日立即实施“三停”措施，及时采取停建、停产、停运等“三停”措施。即：停止城市建成区内建筑工地施工建设，停止城市建成区内企业（单位）燃煤设施生产使用、停止城市建成区内货运车辆运输通行。同时，对发现污染物浓度上升并有可能引发轻度及以上污染天气的其他城市，也要求立即实施“三停”措施。

（省环保厅法规处）

控制污染物排放许可制实施计划

云南省政府办公厅印发的《云南省控制污染物排放许可制实施计划》（以下简称《实施计划》）明确到 2020 年，完成覆盖全省所有固定污染源的排污许可证换发和核发工作，对固定污染源实施全过程管理和多污染物协同控制，污染物许可排放量限值消费管控取得实质性突破，实现排污许可“一证式”管理。

《实施计划》从衔接整合有关环境管理制度、规范有序发放排污许可证、严格落实企事业单位环境保护责任、切实加强监督管理 4 个方面明确具体工作任务。

《实施计划》提出，将排污许可制实施情况纳入生态文明示范区创建工作，将排污许可证管理形成的实际排放数据作为生态文明示范区创建中考核固定污染源排污状况的基础数据。融合污染物排放总量控制制度，改变单纯以行政区域为单元分解污染物排放总量指标的方式和总量减排核算考核办法，通过实施排污许可制，落实企事业单位污染物排放总量控制要求，逐步实现由行政区域污染物排放总量控制向企事业单位污染物排放总量控制转变，控制范围逐渐统一到固定污染源。对环境质量不达标地区，采取提高排放标准或收紧许可排放量等措施，对主要排放单位实施更为严格的污染物排放总量控制，推动改善环境质量。

《实施计划》要求，纳入排污许可管理的企事业单位必须落实按证排污责任，实行自行监测和定期报告。如实向环境保护部门报告排污许可证执行情况，依法向社会公开污染物排放数据并对数据真实性负责。

《实施计划》强调，在通过依证严格开展监管执法、综合运用市场机制政策、强化信息公开和社会监督等手段切实加强监督管理的同时，严厉查处违法排污行为。根据违法情节轻重，依法采取按日连续处罚、限制生产、停产整治、停业、关闭等措施，严厉处罚无证和不按证排污行为，对构成犯罪的，依法追究刑事责任。环境保护部门检查发现实际情况与环境管理台账、排污许可证执行报告等不一致的，可以责令排放单位作出说明，对未能说明且无法提供自行监测原始记录的，依法予以处罚。

（《中国环境报》　蒋朝晖）

水污染防治资源共享

为全面推进云南省河长制工作，进一步加强环保与水文之间的沟通、协调、交流，逐步实现资源共享，信息互通，确保上报省委、省政府信息的一致性，2017 年 12 月 11 日，云南省环境监测中心站与云南省水文水资源局在云南省环境监测中心站召开交流洽谈会，双方就资源共享、沟通交流机制建立等内容进行深入探讨。

此次会议围绕部门合作机制的建立、常态化交流合作机制的开展、数据资源的共享等议题进行深入探讨，初步确立交流合作方式、数据资源共享内容、渠道和形式，探讨了数据应用及数据的深度开发、加工、分析，重点讨论利用数据在为公众及管理服务方面如何取得新进展。

（云南省环境监测中心站）

农用地污染状况详查培训

2017 年 11 月 27~28 日，按照《云南省土壤污染状况详查实施方案》要求，受云南省土壤污染防治专项小组委托，环境保护厅、国土厅、农业厅联合举办“云南省农用地污染状况详查土壤和农产品样品采集、保存、流转工作培训班暨采样启动仪式”。16 个州（市）环境保护局及环境监测站，云南省地质调查局及其下属地质调查院、地质技术信息中心、国土资源规划设计研究院、地质环境监测院，16 个州市农业环境保护站等 214 人参加本次培训班暨采样启动仪式。采样启动仪式由云南省环境监测中心站书记梁建立主持，云南省环境保护厅土壤处处长周波对云南省农用地污染状况详查工作做总体部署及动员，国土资源厅地质勘查处处长李炬、农业厅科技处李波分别对各相关部门下一步工作提出具体要求。

（云南省环境监测中心站）

推进“蓝天保卫行动”

2017 年，玉溪市推行《玉溪市 2017 年大气污染防治蓝天保卫行动实施方案》，各职责部门先后制定具体细化方案，建立工作进展台账，积极采取有效措施，共同推进“蓝天保卫行动”。

（玉溪市环保局）

全省生态环境质量持续改善

2016 年以来，全省环保系统科学谋划，着力打好大气、水、土壤污染防治三大战役，促进全省生态环境质量持续改善。

昆明黑龙潭公园　（许太琴　摄）

大气污染防治方面。云南省深入落实大气污染防治行动实施方案，加强工业大气污染治理、城市扬尘污染控制、机动车环保监管，各级各部门共同推进大气污染防治。全省淘汰黄标车和老旧车 13.6 万辆，超额完成国家下达的年度任务。全省环境空气质量持续改善，保持优良，16 个州市政府所在城市平均优良天数比例达 98.3%，较上年提高 1 个百分点。

水污染防治方面。省政府印发实施《云南省水污染防治工作方案》，各州市均制定水污染防治实施方案，层层签订目标责任书。九湖治理重点项目建设有序推进，完成投资 53.38 亿元，超额完成年度投资计划。

南涧生态茶园　（许太琴　摄）

其中，洱海启动抢救性保护模式，实施洱海保护治理“七大行动”；异龙湖精准治湖三年达标方案加快实施。全年九湖水质总体保持稳定，滇池、杞麓湖水质由劣Ⅴ类改善为Ⅴ类。

弥勒市湖泉生态园　　　　（许太琴　摄）

土壤污染防治方面。云南省积极争取国家支持，实施5个土壤污染治理与修复技术应用试点项目。全面完成重金属污染综合防治“十二五”规划实施情况考核，主要重金属污染物排放量明显下降，重金属污染防治重点区域环境质量总体稳中趋好。

为严格控制污染物减排，全省各级相关部门对城镇污水处理厂减排严格监管，实行每月一会商、一通报、一约谈、一督查，对减排工作推进乏力的州市、县市区政府领导进行约谈。加强重点减排项目进展情况督查，全年609个省级重点减排项目完成587个，完成率96%，其中，未完成项目中，有22个为破产或停产、停运项目。与此同时，云南省深入开展农村环境综合整治，编制“十三五”整治工作方案，分解落实整治任务，持续开展连片整治整县推进试点示范，加大沿边、贫困地区和传统村落环境综合整治，全省投入中央农村节能减排资金4.7亿元、省级环保专项资金8 634万元，实施543个建制村的整治试点示范。

（《云南日报》记者　胡晓蓉　实习生　谢丹妮）

香格里拉建塘镇环境优美　　　　（许太琴　摄）

洱海保护治理新举措

大理州政府于2017年3月27日发布《关于划定和规范管理洱海流域水生态保护区核心区的公告》，洱海流域水生态保护区核心区内，禁止新建除环保设施、公共基础设施以外的建筑物、构筑物，并依法查处违法违章建筑物、构筑物；按照“总量控制、只减不增”的原则，暂停审批餐饮、客栈等经营性场所，并对现有的餐饮、客栈服务业进行整治和规范；禁止畜禽规模养殖。

从4月1日起至大理市环湖截污工程投入使用止，开展洱海流域水生态保护区核心区餐饮客栈服务业专项整治。整治范围为水生态保护区核心区划定红线经过的洱海环湖自然村所有餐饮、客栈服务业。

从4月1日起至洱源县洱海流域集镇及村落污水处理PPP工程投入使用止，开展洱海流域水生态保护区核心区餐饮客栈服务业专项整治。整治范围为洱源县洱海流域水生态保护区核心区范围内的所有餐饮、客栈服务业，以及核心区划定红线经过的自然村内所有餐饮客栈服务业。

大理市和洱源县从《公告》发布之日起10日内，整治范围内所有餐饮、客栈经营户一律自行暂停营业，接受核查。对限期内未暂停营业的餐饮、客栈经营户，由相关职能部门依法查处，予以停业整治。同时，大理市和洱源县专项整治均实行分类处置

（《云南日报》记者　庄俊华）

洱海流域水生态环境良好　　　　（许太琴　摄）

打捞杞麓湖水生植物残体

2017年4月初，通海县2017年杞麓湖水生植物残体打捞工作正式启动。2017年，通海县首次启用机械打捞，投入打捞船5艘。与人工打捞相比，机械打捞效率高，速度快，打捞深度和宽度都有所提高。该项工作旨在进一步消除水生植物残体对杞麓湖的内源污染，促进生物多样性及本地物种的恢复，改善杞麓湖水质。此次水生植物残体打捞预计投入资金4 400万元，分水面部分的打捞清除和水下部分的打捞清除两个阶段。

（《云南日报》记者　余　红　通讯员　师云波）

发现“会吃塑料的真菌”

2017年初，中国科学院昆明植物研究所许建初研究组在塑料生物降解领域取得突破，首次发现能够高效降解聚氨基甲酸酯的新菌种——塔宾曲霉菌。

聚氨基甲酸酯是一种新兴的有机高分子材料，被誉为“第五大塑料”，广泛应用于工业、医疗、建筑和汽车等领域。全球聚氨基甲酸酯年产量估计约为800万吨，并且逐年增加。这些不可降解的聚氨基甲酸酯垃圾导致土壤和水体的污染，并最终进入海洋生态系统。塑料在地球表面、河流与海洋生态系统中的积累成为日益严重的环境问题。

中科院昆明植物研究所研究人员从城市垃圾中分离出用于降解塑料的新型真菌并命名为“塔宾曲霉菌”。研究发现，这一菌种可以在聚氨基甲酸酯表面生长，并在生长过程中产生酶和塑料发生生物反应，破坏塑料分子间或聚合物间的化学键。在菌种作用下，原本在自然环境中难以降解的塑料，两周就可以明显看到生物降解过程，两个月后其培养基上的塑料聚合物基本消失。该项成果已发表在国际权威期刊《环境污染》上。

（《云南日报》记者　季　征）

严惩破坏乡村清洁行为

云南省十二届人大常委会第三十三次会议表决批准《云南省大理白族自治州乡村清洁条例》（以下简称《条例》），于2017年6月1日起施行。该《条例》是大理州人大常委会制定出台的地方性法规，旨在通过地方立法为约束破坏乡村清洁的行为。

《条例》明确规定关于乡村清洁的5类禁止行为：禁止擅自在公共场所、乡村道路、田间堆放、弃置、倾倒垃圾、渣土等废弃物；禁止擅自在公共场所、乡村道路打场晒粮、晾晒物品，堆放粪便、秸秆、建筑材料、杂物；禁止在田间、沟渠、河流、池塘、水库、湖泊等弃置农药、化肥包装物或农用薄膜、育苗器具等农业生产废弃物；禁止向沟渠、河流、池塘、水库、湖泊等直接排放粪便、污水，丢弃动物尸体，倾倒垃圾等废弃物；禁止在非指定地点堆放、弃置、倾倒或者抛洒建筑垃圾。如有违反以上规定的，可由乡（镇）政府处以最高2 000元的罚款。同时，《条例》明确州、县市、乡镇各级政府以及村民委员会、经营管理者、村民在乡村清洁中的职责，规定应当建立由政府扶持、村集体经济组织投入、村民自筹、收益主体付费、社会资金支持的乡村清洁经费多元投入机制，村民委员会、自然村可通过村规民约、一事一议和有关规定向村民收取垃圾清运处理费。为鼓励“购买服务”，《条例》还规定，在征求村民意见后可聘用保洁员，按照聘用约定支付报酬。

《条例》内容紧密结合当前全省推进的农村“七改三清”行动，充分吸纳大理州“三清洁”工作的积极成果和经验，进一步完善乡村环境保护的法规制度。大理州自2014年开展“清洁家园、清洁水源、清洁田园”活动以来，州级财政投入资金1.2亿元、12县市财政投入资金1.8亿元，先后有1 350万人次参与整治，全州城乡环境卫生得到持续改善提升。

（《云南日报》记者　瞿姝宁）

推进水环境综合治理

2017年21~22日，省委书记陈豪以全省总河长和抚仙湖河长身份，带头履行河长制责任，率领调研组深入澄江、江川等地，调研抚仙湖、星云湖、杞麓湖“三湖”保护治理。陈豪强调，深化思想认识，夯实责任担当，全面贯彻落实中央对河长制的工作部署，深入推进以高原湖泊为重点的水环境综合治理，不断增加良好生态带给百姓幸福生活的获得感。

调研组沿抚仙湖岸线实地检查抚仙湖保护治理工作落实情况。左所社区，实施蓝莓等种植结构调整，不仅大幅削减面源污染，而且显著增加农民收入；广

良好水环境　　（许太琴　摄）

治理后的昆明东大河水域　　（江　云　摄）

龙社区，“四退三还”推进效果明显；右所镇窑泥沟，侵近湿地周边建筑正在拆除。

（《云南日报》记者　张　寅）

牛栏江向滇池补水

从 2013 年底牛栏江—滇池补水工程正式通水至 2017 年中，已累计向滇池补水 18.8 亿立方米，因滇池库容为 15.3 亿立方米，牛栏江补给的水相当于置换一遍滇池水。

牛栏江—滇池补水工程是滇池流域水环境综合治理六大工程措施的关键性工程。在昆明全面开展滇池流域截污治污、河道整治、内源治理、生态修复等综合性治理措施的基础上，牛栏江补水可有效增加滇池水资源总量和提高水环境容量，加快湖泊水体循环和交换，促进滇池水体污染指数明显下降。2016 年，滇池外海和草海水质类别均由劣Ⅴ类提升为Ⅴ类，在环保部公布的全国重点湖泊治理成效中，滇池治理成效首次排列首位。

牛栏江—滇池补水工程主要由德泽水库枢纽、干河泵站和输水线路工程组成，德泽水库蓄水经提水泵站引至输水线路后，自流至盘龙江进入滇池。德泽水库水质达综合地表Ⅲ类水以上，库容 4.48 亿立方米，能满足调水要求。干河泵站采取单级提水方式一级提水，安装 4 台机组（3 台运行 1 台备用），设计提水流量 23 立方米 / 秒，提水高差达 224 米。

云南水投牛栏江滇池补水工程有限公司开展输水线路巡查和上游水质保护巡查，对干河泵站设备进行 24 小时监测，确保安全、有效运行。同时，保障大坝汛期安全，按规定下放生态流量，确保全面完成省调水中心下达的年内完成 6.04 亿立方米的调水任务。

（《云南日报》记者　浦美玲）

牛栏江　　（王　新　摄）

牛栏江大峡谷　　（柴峻峰　摄）

整治黑臭水体

云南省住房和城乡建设厅于2015年、2016年对全省城市黑臭水体开展2次排查，发现昆明、昭通、玉溪、保山、临沧5市存在12条城市黑臭水体。2016年以来，5市及时制定整治方案，大力推进黑臭水体治理。

昆明市于2016年4月启动海河7.1千米黑臭水体整治项目，2017年1月完成，依据第三方监测机构抽样，整治后海河水体透明度、溶解氧、氨氮等各项数据指标已不属黑臭水体范畴；昭通市有秃尾河等3条河道列入黑臭水体名单，总计49.57千米，通过启动沿河截污、河岸防护、河道清淤等工程，秃尾河30.52千米已不属黑臭水体范畴；玉溪市有玉溪大河等4条河道列入黑臭水体名单，玉溪大河下段1.9千米通过实施黑臭水体治理及海绵工程项目，新建污水管网7.2千米、污水箱涵5.5千米，经监测已不属黑臭水体范畴；保山市有大小桥河等3条河道列入黑臭水体名单，总计13.29千米，截至2017年5月，大小桥河1.59千米、红花河3.45千米完成河道清淤截污、排污口治理及生态治理工程，经监测以上2河段已不属黑臭水体范畴；临沧市于2016年6月启动南北河黑臭水体整治项目，

昆明滇池入湖河道船房河清淤治理

（许太琴　摄）

昆明滇池入湖河道大观河

（许太琴　摄）

截至2017年5月，完成河道疏浚1 190米、河道清淤2 400立方米、污水管道安装1 100米等，依据连续6个月的水质监测，该河段已不属黑臭水体范畴。

2016年云南省出台《云南省水污染防治工作方案》，明确提出，到2020年完成地级及以上城市建成区黑臭水体治理目标任务。云南省尚未发现新增城市黑臭水体，按照相关工作进度，昭通市于2017年底完成黑臭水体治理目标，玉溪市、保山市、临沧市将于2020年全面完成黑臭水体治理目标。

（《云南日报》记者　瞿姝宁）

异龙湖整治行动

红河州、石屏县共同制定《红河州异龙湖水体达标三年行动方案（2016–2018年）》，提出以水环境质量改善为核心，开展“控源截污、生态修复、节水补水、科技支撑与综合监管保障”4方面重点工作。

州人大常委会主任挂钩督导异龙湖治理重点项目，石屏县“一把手”带头指挥，5个工作组分工协作，倒排时间表，层层压实责任，为各项目推进提供强有力的组织保障；针对治理资金需求较大的实际，石屏县用好政策，多渠道筹措，目前到位资金10.15亿元；坚持截污优先，实施污水处理扩建改造及管网建设工程，进一步提升县城污水收集处理率；加强流域内和环湖沿河44个村庄“两污”综合治理，从源头削减城乡居民生活污染，实施流域内25家规模化养殖场废水治理工程，逐步削减农业面源污染；实施以河道清淤、污物打捞、管网完善等为重点的异龙湖7条入湖河道综合整治；建成松村豆制品加工区及豆制品加工废水处理厂，实现豆制品企业集中入园生产，污水集中处理，加快城东鲜豆腐园区建设，年内对无法达标排放的豆制品加工企业（户），按规定予以取缔或迁入园区生产；加快实施异龙湖补水工程和优化水资源调配，2016年外流域向异龙湖补水2 000万立方米，2017年3月10日开始向新街海河排水，雨季前向外排水1 500万立方米，逐步实现水体置换；加快生态湿地建设步伐，完成异龙湖退耕还湖退耕还湿5 619亩，完成异龙湖流域林业生态林建设10.1万亩；实施异龙湖水生植物打捞及综合利用研究并加快工作进度，2016年以来共打捞香蒲、杂草等水生植物残体8 000余亩，筛选出安全可靠、效益显著、技术可行的湖体原位净化处理技术，为改善异龙湖水质提供技术支持。

此外，石屏县不断强化监管，推动湖泊治理管理法治化、规范化。修订后的《异龙湖保护管理条例》

已经省人大常委会审议通过；严格执行河段长制度，将异龙湖入湖河道综合整治责任区划分到县级领导、相关部门和乡镇，各河道负责人加大湖区巡查力度，对污水直排河道和异龙湖的行为“零容忍”，严惩各类违法行为。

截至2017年中，异龙湖治理“十三五”规划项目30个，开工28个，完成项目前期2个，完成投资8.2亿元；三年行动规划27个项目已完工10项，在建17项，累计完成投资8.05亿元。异龙湖综合治理取得阶段性成效，水质有所好转，主要污染指标有明显下降，异龙湖容量和蓄水量不断增加，湖滨生物多样性及湖泊生态景观得到初步恢复。

（《云南日报》记者　段晓瑞）

洱源推行河长制

2017年，洱源县对5个主要湖库、79条主要河流及其支流、457个河段全面推行河长制，努力实现河畅、水清、岸绿、景美。

洱源县在河湖库全面建立由县、镇乡、村、组四级河长，分别由各级负责人担任，旨在将坚持管理与养护相结合、治理与发展相结合，加强水资源保护，严守水资源开发利用控制、用水效率控制、水功能区限制纳污3条红线，严格管控地下水开采。加强河湖水域岸线管理保护，依法划定河湖管理范围，严禁以各种名义侵占河道、围垦湖泊、非法采砂，对岸线乱占滥用、多占少用、占而不用等突出问题开展清理整治，恢复河湖行洪和水域岸线生态功能。加强水污染防治，全面实行水陆统筹，强化联防联控，统筹水上、岸上污染治理，完善入河湖排污管控机制和考核体系。加强源头防控，从源头上清理各类污染源，保护江河源头和饮用水源地；全面加强重要水功能区排污口监督管理，严格排查入河湖河流污染源并登记造册，加强综合防治，全面管控污染源。加强水环境治理。强化水环境质量目标管理，组织实施不达标水体达标方案，确保《洱源县水污染防治目标责任书》水质目标如期实现。

（《云南日报》通讯员　张吉华）

哈尼梯田环境治理

2016年9月至2017年5月，元阳县把哈尼梯田保护开发与提升城乡人居环境有机结合，探索“规划一张图、建设一盘棋、管理一体化”模式。在元阳哈尼梯田遗产区的166.03平方千米范围内，生活着5.6万人，涉及18个村委会、82个自然村，以开展违法违规建筑专项整治行动为抓手，共依法整治哈尼梯田

哈尼梯田　　（许太琴　摄）

核心区违章建筑28户，整治面积2 645平方米，在遭到破坏的地面上植树造林恢复原貌，制止8起破坏山体植被行为，并依法处罚4户；依法整治拆除其他城乡违法违规建筑3 295平方米。

元阳县不断强化供水设施、污水处理、垃圾清运、厕所设置功能配套，提升公共服务水平。在牛角寨和攀枝花两个乡建设生活垃圾热处理场和填埋场，实现垃圾无害化处理；多次组织人员对排沙河和麻栗寨河开展疏浚治理；对元绿、红南二级路及滨河路延长线实施亮化美化改造提升；新街旅游特色小镇净水厂工程土建主体顺利动工。

（《云南日报》记者　李树芬　张文峰）

杞麓湖保护治理项目开工

通海县委、县政府扎实推进依法治湖、工程治湖、科学治湖、全民治湖，“十二五”期间（2011~2015年）累计投入6.77亿元，实施杞麓湖水污染综合防治项目22项。杞麓湖化学需氧量、总氮、总磷、氨氮浓度4大指标明显下降，水质富营养化趋势得到缓解，污染得到初步控制。

“十三五”期间，通海县继续坚持以问题为导向，以有效治理杞麓湖主要入湖河道污染减排为重点，以全面控污减负农业农村、城镇两大污染负荷源为核心，以疏浚杞麓湖底泥等污染存量为基准，围绕“保护水资源、防治水污染、改善水环境、修复水生态”的总体要求，进一步健全杞麓湖流域水陆统筹治污控污体系，通过工程与非工程两大措施，逐步削减存量污染负荷，严控增量污染负荷。力争到2020年，杞麓湖湖体及主要入湖河流水质达到V类水标准。

截至2017年5月，《杞麓湖保护治理与流域生态环境建设“十三五”规划》实施的6大类15个项目已开工10个，开工率达66.67%，开展前期工作4个，

累计完成投资 1.27 亿元。

（《云南日报》记者　余　红）

清理取缔滇池违禁渔具

从 2017 年 5 月初到 7 月末，昆明市滇池管理局渔业行政执法处联合晋宁渔政站，组织 20 条铁皮船、60 多名打捞工人、4 条执法艇、10 名执法人员对晋宁辖区范围内滇池湖面里的“草排花篮”、丝网、地笼、“迷魂阵”等违法渔具进行清理取缔，共取缔“草排花篮”6 570 个、“迷魂阵”62 套、地笼 387 个、丝网 37 张、竹子 822 根，保护滇池生态环境。

为了保护滇池生态环境，在滇池鱼类的繁殖排卵期，每年都会实行封湖禁渔。禁渔期内，禁止任何单位、集体和个人在滇池水域擅自对鱼、虾、蟹、螺、蚌、蛙等水产品进行捕捞。

执法人员不分白天黑夜地开展专项整治，收缴大量违禁渔具。晋宁渔政站对收缴的地笼、丝网等违禁渔具进行集中销毁。同时，也对偷捕、盗捕行为进行严厉查处。

（《云南日报》记者　张雁群　通讯员　刘　磊　彭瑞雄）

昆明市生态环境改善

昆明市持续加强大气污染防治，铁腕开展水环境综合治理，生态环境得到持续改善。监测数据表明，2017 年以来，空气质量优良率 100%；滇池外海与草海水质主要污染物大幅下降。

昆明市致力把“蓝天工程”作为市民共享发展成果的“民心工程”，深入推进大气联防联控，构建全社会共同参与的大气污染防治格局，实施空气质量周通报月排名制度，加快重污染天气监测预警应急体系建设，加强机动车尾气防治、城市扬尘污染控制，着

昆明城市环境改善　（江　云　摄）

昆明市天蓝水清　（许太琴　摄）

力解决以可吸入颗粒物为重点的大气污染问题。通过全市共同努力，昆明市空气质量持续保持优良。截至 5 月 8 日，优良天数为 128 天，优良率 100%。

水环境综合治理方面，昆明市全面推行河长制，加快推进滇池流域水环境监测网络及信息平台建设，实施河道水质排名，以水质目标倒逼整治结果。2017 年以来，滇池外海与草海水质均为Ⅴ类，营养状态均为轻度富营养。海河是昆明市 2016 年唯一列入全国黑臭水体的河道。经过全面整治，海河水体黑臭现象已消除，2017 年监测数据已达标。

（《云南日报》记者　浦美玲　通讯员　苏焕芹　李长明）

滇池一级保护区面积确定

2017 年 6 月 2 日，《滇池分级保护范围划定方案（修订草案）》通过审议。

2015 年 10 月，昆明市政府向社会公布施行《滇池分级保护范围划定方案》。但在实际工作过程中发现，个别以“拆角归并”方法被划入滇池一级保护区的零散地块，存在与地方规划建设工作发生重叠和冲突的问题。本着正视问题、实事求是、科学严谨的原则，昆明市有关部门对滇池一级保护区在实施管理过程中存在的问题进行核查，对存在问题的个别地块的滇池一级保护区范围界线进行细化校核，并依据校核结果对《划定方案》进行修订。

《修订草案》中明确滇池一级保护区，指滇池水域及保护界桩向外水平延伸 100 米以内的区域，但保护界桩在环湖路（不含水体上的桥梁）以外的，以环湖路以内的路缘线为界。一级保护区面积为 323.95 平方千米，占滇池流域的 11%。滇池二级保护区指一级保护区以外至滇池面山以内城乡规划确定的禁止建设区和限制建设区，及主要入湖河道两侧沿地表向外水

平延伸50米以内区域。二级保护区面积为606.96平方千米，占滇池流域的21%。其中禁止建设区393.84平方千米，占14%；限制建设区213.12平方千米，占7%。以上二级保护区面积未完全包含主要入湖河道两侧沿地表向外水平延伸50米以内的区域。滇池三级保护区，指一、二级保护区以外，滇池流域分水岭以内的区域。三级保护区面积为1 112.56平方千米，占滇池流域的38%。

环湖路是指昆明市城乡总体规划确定的环绕滇池水体的公路。环湖路分为环湖北路、环湖东路、环湖南路、环湖西路4段。滇池面山界线是滇池周边可视的最外层山体的山脊线，标志性山峰为：长虫山、一撮云、梁王山、文笔山、豹子山、观音山、西山、棋盘山等。

（《云南日报》记者　张雁群　雍明虹）

矿山生态环境评估

2017年6月初，云南省国土资源厅、省环保厅、省住建厅、省交通厅、省林业厅、省水利厅、省安监局7部门联合印发《关于开展矿山生态环境综合评估工作的通知》（以下简称《通知》），在全省范围开展矿山生态环境综合评估工作。

此次矿山生态环境综合评估目的是为贯彻落实省委、省政府对生态环境保护的要求，加快形成开发与保护相互协调的矿产开发新格局。《通知》指出，各州市、县区政府要按照“统筹协调，放管结合，简化程序，提高效率”的原则，组织建立由政府牵头，国土资源、环保、住建、林业、水利（水务）、交通、安全生产等有关部门组成的矿山生态环境综合评估工作机制，对辖区内矿山企业开展矿山生态环境综合评估。并加快建立健全资源开发与环境保护相互协调的矿产资源开发管理制度体系，统筹保护与开发，强化矿产开发管理对自然生态的源头保护作用。

《通知》明确，县（市、区）国土资源主管部门要按照公平规范的要求，每年以随机摇号的方式抽取比例不低于矿山总数5%的矿山作为辖区内开展矿山生态环境综合评估矿山名单，经县（市、区）人民政府审查同意后组织有关部门开展评估工作。申请办理采矿权登记的矿山必须开展矿山生态环境综合评估。凡未按要求开展矿山生态环境综合评估工作、未通过矿山生态环境综合评估的，国土资源主管部门不得办理采矿权登记手续。

《通知》强调，矿山生态环境综合评估工作要全面反映矿山开发建设对生态环境的影响，客观评估矿山企业在矿产资源开发利用过程中生态环境保护和安全生产主体责任落实情况，以及生态环境保护和安全生产措施的实施效果。国土资源主管部门负责矿山地质环境保护与恢复治理和土地复垦方案的审查，督促矿山企业落实矿山地质环境保护与恢复治理措施和土地复垦措施，依法查处矿山企业矿产开发违法行为。

《通知》要求，坚持“谁开发、谁治理”，严格落实矿山企业保护与治理的主体责任，将矿山生态环境综合评估情况作为矿山企业信息社会公示的重要内容和抽检的重要方面，强化对采矿权人主体责任的社会监督和执法监管。州市、县区有关部门要加大监督执法力度，提高监督执法频率，督促矿山企业严格按照地质环境保护与恢复治理和土地复垦方案、恢复林业生产条件方案、环境影响评价报告等，实施边开采边治理。对拒不履行相关义务的在建矿山、生产矿山，将该矿山企业向社会公开，列入矿业权人异常名录或严重违法名单。情节严重的，依法依规严肃处理。

（《云南日报》记者　朱　丹）

曲靖市与黔西南州携手治河

2017年6月14日，曲靖市与贵州省黔西南州正式建立黄泥河环境保护协同监督工作机制。

黄泥河位于罗平县与黔西南州之间，是珠江水系的重要支流。建立协同监督工作机制，是为了进一步做好黄泥河流域生态环境保护工作，对跨行政区域的界河明晰管理责任，协调上下游、左右岸实行联防联控，形成齐抓共管、共同推进的新态势。

双方下一步将定期召开联席会议，以一年为期轮流担任轮值主席，每年至少召集一次联席会，协调黄泥河流域重大污染防治项目的争取和实施，协同解决污染纠纷和环境突发事故等，并以会议纪要的形式形成决议。同时将定期开展联合执法检查，统一执法工作标准，同步开展各类环保专项行动，协调整治环境违法违规行为。此外，双方还将建立信息通报机制，按月通报水质监测断面检测情况，按季度、半年、年度通报污染治理工作情况，实时通报环境突发事件、污染事故、环境损坏责任等重要事宜。为妥善处理突发事件，双方将制定应急预案，建立重大水污染事件联合调查和评估机制。

（《云南日报》记者　谭雅竹）

昆明分等级处置扬尘污染

2017年8月底，昆明市出台《昆明市环境空气扬尘污染应急预案》，将昆明市环境空气扬尘污染分级，从低到高分为Ⅲ级（提示）、Ⅱ级（黄色）、Ⅰ级（红色）3级，针对不同级别的应急，采取相应响应处置措施，进一步加大空气污染防治力度。

按照《预案》，Ⅲ级应急处置措施为属地政府、开发（度假）区管委会收到提示信息后，应立即开展空气污染指数上升原因分析和自查，落实扬尘控制措施，做好启动更高级别应急响应的准备工作。Ⅱ级应急处置措施为加强建筑施工、地铁施工和拆除工地施工扬尘管理，加强施工工地原料及渣土堆场的检查，增加施工（拆除）工地洒水降尘频次，严格落实施工扬尘控制“六个百分百”；停止施工工地土石方、建筑拆除施工作业；开展执法检查，提高道路保洁频次，加大道路机械化清扫力度，渣土车临时停运。Ⅰ级应急处置措施为进一步加强对重点大气污染源的执法检查，监督各企业大气污染防治设施高效运转，严厉打击违法排污；开展针对各区域污染排放的临时性监测，开展区域空气质量污染分析；所有在建工地（建筑施工、地铁施工和拆除工地）停工，并增加工地洒水抑尘频次，落实扬尘污染控制措施，开展执法检查。

（《云南日报》记者　浦美玲）

昆明入滇池河道实施生态补偿

2017年6月滇池流域河道生态补偿金核算结果为，新运粮河、西边小河、新宝象河3条试点河道涉及的各区政府（管委会），6月共需缴纳生态补偿金355万余元。从6月1日起，34条入滇池河道的59个水质、水量监测断面全面开展生态补偿。3条试点河道6月份共计缴纳生态补偿金355.25万元。经过叠加，4月20日至6月，各区政府（管委会）共需缴纳生态补偿金526.20万元。

滇池流域河道生态补偿考核断面水质、水量自动监测设施将按照政府购买服务的方式建设及运营维护，实行分批建设、分年度实施。暂不具备水质、水量自动监测条件的河道及断面采用人工监测，人工监测频次原则上每周开展一次。其中，2017年内完成王家堆渠、新运粮河、西边小河、乌龙河、大观河等14条河道、29个断面水质、水量自动监测设施的建设。2018年年内在采莲河、正大河等14条河道、21个断面建设自动监测设施。2019年完成六甲宝象河等其余6条河道、9个断面自动监测设施建设。

按照《滇池流域河道生态补偿办法（试行）》，考核断面生态补偿金将分别按化学需氧量、氨氮、总磷3个指标进行计算，单个指标补偿金金额将以水质超标值、水量、补偿标准等计算得出，每个考核断面补偿金为3个指标计算的补偿金总和。除了水质不达标，考核断面出现非自然断流的，也将按照每个断面每月30万元缴纳生态补偿金。同时，未完成年度污水治理任务，比如污水治理设施建设、运营管理、河道综合治理等工作的，也需按年度未完成投资额的20%缴纳生态补偿金。

（《云南日报》记者　浦美玲）

丽江环保世纪行活动启动

2017年8月17日至11月底，以“推进乡村生态文明，促进美丽乡村建设”为主题的2017年丽江环保世纪行活动启动。紧扣丽江市提升城乡人居环境，针对乡村生态文明建设短板，从关乎群众切身利益，社会普遍关注的重要环境问题进行采访报道。同时，进一步加大对全市生态文明建设、法治建设的宣传报道，增强全民环保意识、生态意识。

丽江市坚持把城乡环境综合整治作为生态文明乡村建设的基础工程。截至2017年上半年，全市有529个村民小组建立生活垃圾治理保洁制度，279个村民小组建立保洁收费制度；33个乡镇实现自来水设施全覆盖，完成村委会道路硬化工程49条500千米；实施农危改和抗震安居工程1.8万户。

（《云南日报》记者　和　茜）

洱海源头变绿洲

洱源建立“公司+基地+农户”的绿色食品原料（水稻）生产模式，实行订单农业。经过几年的培育发展，绿色水稻推广种植年年递增，累计减少化肥施用量1 031吨。

2017年种植绿色水稻逾3万亩，建成万亩生态隔离带、万亩生态湿地。洱源建成东湖湿地、西湖湿地、茈碧湖湿地共1.9万亩。在入洱海的3条河道两侧100米，种植木瓜5万株。河道两侧100米外，建串珠式生态塘，隔断农田污水。同时，设立管水员，对每亩农田需水量进行核定，分片区推进高效节水灌溉，让高原水乡更多的清洁水源流进洱海。

至2017年中，洱源县共投入资金6.46亿元，建立县、镇乡、村、组四级河长体系，对3条主要河流13个水质断面进行监测。同时，人们生产、生活习惯得到改善，爱护环境，保护洱海意识不断提高。

（《云南日报》记者　管毓树）

云南新增两家国家水利风景区

2017年9月中旬，水利部公布第十七批54家国家水利风景区名单，云南省双柏县查姆湖和丘北县纳龙湖2家水利风景区榜上有名。云南省已创建省级水利风景区 29 家、国家水利风景区 20 家，覆盖 11 个州（市）、15 个县（市、区）。

查姆湖水利风景区位于楚雄州双柏县，景区面积 9.2 平方千米，其中水域面积 0.6 平方千米。总体布局为“一心一带五区多节点”，即入口游客服务中心，彝族查姆文化体验带，老黑山水源涵养区、森林休闲运动区、查姆湖休闲度假区、水乡文化游憩区、栗树埂水源保护区。2015 年 12 月被评为省级水利风景区。

纳龙湖水利风景区位于文山州丘北县，是普者黑国家 4A 级景区组成部分，依托清平水库工程而建，占地面积 6.6 平方千米，水域面积 1.15 平方千米。总体布局为“一心两带八区多节点”，即综合接待区，十里桃花风情景观带、清平河田园风光带，大坝管理区、综合服务区、集散服务区、水域观光区、高效农业观光区、瀑布樱花观赏区、水土涵养区等。2015 年 12 月被评为省级水利风景区。

（《云南日报》记者　王淑娟）

程海保护九大专项行动

2017 年 7 月 25 日，永胜县召开程海保护治理现场推进会，推出抢救性保护程海“九大专项行动”。

“五退四还”专项行动：在程海一级保护区内实行退房、退塘、退人、退田、退抽水泵，还湖、还湿地、还草、还林。至 2017 年底，经过摸排调查，一级保护区内现有耕地 1 543.35 亩，涉及农户 1 647 户；经济林果树 48 978 棵，风景树 2 507 棵；房屋 54 幢，涉及 37 户 12 198.22 平方米；鱼塘涉及 12 户 12 个，196 020.3 平方米；抽水站涉及 120 台。“两违”建筑物 199 户 233 宗，占地面积 23 944.64 平方米，建筑面积 18 570.31 平方米。其中有证建筑物 58 户 70 宗占地面积 15 455.61 平方米，建筑面积 9 953.32 平方米；无证建筑物 136 户 163 宗，占地面积 8 489.03 平方米，建筑面积 8 616.99 平方米。截至 2017 年 8 月 31 日，拆除 74 户 97 宗 7771.74 平方米，完成率 42%。

补水工程专项行动：羊坪河与仙人河隧道连通程海应急补水工程于 2018 年初竣工，确保每年引 1 100 万立方米Ⅱ类水进入程海；加快南瓜坪水库补水工程开工。

产业结构调整专项行动：发展高效生态农业，把程海流域建设成高效生态农业示范区、农业面源污染防治示范区；推进节水灌溉工程；严控沿湖畜禽养殖。至 2017 年底，农业面源污染治理集成技术推广示范工程完成投资 306.49 万元，占 40%；投资 308.52 万元完成程海镇海腰片区高效节水灌溉项目，新增高效节水灌溉面积 1 200 亩。投资 328.87 万元实施永胜县程海镇河口片区高效节水灌溉项目，完成灌溉面积 3 000 亩。

面山修复专项行动：建设县城至程海绿色通道、程海环湖公路绿色走廊、程海湖滨带、程海面山绿色屏障；整治程海流域泥石流；治理程海入湖小河道。至 2017 年底，程海流域林业生态建设封山育林 1.4 万亩、人工造林 5 000 亩、退耕还林 2 478 亩，投资 1 575.4 万元。完成沿湖 500 多米一级保护区生态修复工程，投资 50 万元；程海东南岸湖滨带保护区优化调整工程可研等前期工作完成；潘浦村泥石流治理工程完成投资 348.19 万元；半海子、李家河、洱崀泥石流治理项目完成勘查可研评审；托漂村、团山河、杨家村泥石流治理项目正在开展勘查设计工作；龙王庙泥石流工程进行项目核查；昔拉湾、潘崀、洱崀 3 条入湖河道小流域综合治理工程实施方案正在开展编制。

污水垃圾收集处理专项行动：全面“禁磷”“禁白”，开展治污工程和提升城乡人居环境行动。至 2017 年底，印发“禁磷”“禁白”通告 500 份、宣传材料 1 万份；程海集镇污水处理工程 9 月 30 日前开工建设；程海镇生活垃圾处理场渗滤液处理工程完成初设等前期工作，完成投资 36 万元；督促垃圾清运公司负责每天对沿湖生活垃圾进行清运。聘请 7 名保洁员开展垃圾收集，制作安装警示牌 50 块。

红线定桩专项行动：划定一级保护区红线范围，开展保护区管理工作。至 2017 年底，程海 1 501 最高水位线、1 501 最高水位线外延水平距离 30 米以及外延 100 米的测绘工作完成；2017 年增殖放流土著鱼 20 万尾，净化水质鲢鱼、鳙鱼 60 万尾，投入资金 35 万元。加大保护候鸟宣传力度和违法捕鱼行为打击力度，集中销毁一批非法捕捞渔具。

河长制落实专项行动：落实程海河长制。至 2017 年底，制定实施《永胜县全面推行河长制工作实施意见》，程海被纳入河湖库渠河长制名录，并分级设立市、县、乡（镇）、村级河长。

宣传发动群众专项行动：宣传动员全社会力量投入程海保护。至 2017 年底，张贴《永胜县人民政府关于开展抢救性保护程海九大专项行动的通告》，张贴发放《致程海人民的一封公开信》和《保护程海，人人有责》宣传海报 5.5 万份，张贴发放“两违”整治公告、禁牧公告，环湖设置立柱式宣传牌 50 块，其它宣传标语近 30 条。在沿湖 7 个村委会安装宣传广播定时宣传，利用流动宣传车程海街天宣传；开展“最美程海人”评比活动。

监察监测管理提升专项行动：成立副处级程海保

护和管理委员会、开展流域联合执法。至2017年底，完成副处级的程海保护和管理委员会机构设置。程海流域环境监管能力建设一期工程投入使用，完成投资210万元。《云南程海保护条例》第三次修订完成初稿。委托全国一流科研院所深入系统研究，提出程海水环境治理方案。程海科研论证和程海太湖新银鱼周期规律及其对生态环境下行影响工作有序开展。将程海保护治理工作纳入县人大、政协的视察、监督和检查范围，形成党委领导、人大、政协监督、政府负责、部门齐抓共管、社会共同参与的程海保护治理工作大格局。

（《云南日报》记者　李秀春　和　茜　康　平）

黄泥河管理保护联合行动启动

2017年10月24日，黄泥河管理保护联合行动启动仪式暨第一次联席会议在富源县举行。

黄泥河发源于曲靖市富源县出水洞，是云贵两省的界河。流域地区人口众多，民族聚集，资源丰富。为了共同维护黄泥河流域生态安全，云南曲靖市、贵州六盘水市和黔西南州三州市全面推行河长制，对黄泥河水环境进行全面治理、管控。

在随后召开的第一次联席会议上，云南曲靖市、贵州六盘水市和黔西南州分别介绍黄泥河保护情况。审议通过《曲靖市黔西南州六盘水市关于黄泥河环境保护协同监督工作机制》和《打击破坏黄泥河生态环境违法犯罪行为工作五项联动机制》。

三州市共同构建起责任明确、协调有序、监管严格、保护有力的管理保护机制，定期召开联席会议，对黄泥河开展联合执法检查，建立信息通报制度和联合防控机制，开展跨（界）断面水质联合监测，为跨区域协同治水探索新路。

（《云南日报》记者　蒋贵友）

滇池水质稳定在V类

2017年昆明市继续强化滇池保护治理各项措施，1~9月滇池全湖水质类别稳定保持在V类，达到20年来最好水平。

2017年滇池水环境综合治理计划实施的100个项目，已有7个项目完成建设，73个项目正在实施，20个项目开展前期工作。共完成投资21.68亿元。中央《关于全面推行河长制的意见》印发后，昆明市率先制定出台《全面深化河长制工作实施方案》，细化全市河长制工作的目标任务，36位市级河长、349位县级河长均对责任河道及区域进行巡查。同时，积极探索建立水环境区域补偿机制，制定出台《昆明市滇池流域河道生态补偿办法（试行）》及配套文件。在试点基础上，2017年8月已在滇池流域河道及支流沟渠全面推行生态补偿，各区共计缴纳生态补偿金2.2亿元。

2017年1~9月，滇池全湖水质与“十二五”初期（2011年）比较，由劣V类好转为V类，综合营养状态指数下降4.8%，主要指标高锰酸盐指数、化学需氧量、氨氮、总磷、总氮浓度分别下降40.6%、40.9%、33.7%、20.6%、35.8%，叶绿素a浓度上升22.3%。35条主要入湖河道持续改善。蓝藻水华程度也持续由重度逐步向中度和轻度过渡。1~9月，滇池外海水域共发生蓝藻中度和重度富集的天数为16天，比2016年同期相比减少5天，而且2017年首次出现中度水华的时间比2016年推迟13天。

（《云南日报》记者　茶志福）

滇池湿地　（江　云　摄）

滇池环湖人工林　（许太琴　摄）

澜沧江—湄公河环境合作中心成立

澜沧江—湄公河环境合作中心于2017年11月28日在京成立，可推动澜沧江—湄公河区域6国生态环境保护合作，促进可持续发展。

依托澜湄环境合作中心，澜湄国家共同做好环境合作顶层设计，积极开展《澜沧江—湄公河环境合作战略》编制工作；推动区域环境政策沟通与对话，开展务实项目合作，围绕优先合作领域，实施“绿色澜湄计划”旗舰项目；逐步形成区域合作新模式，为区域合作提供全方位的智力支持。

（新华社记者　高　敬）

云南省生态环境损害赔偿制度改革

云南省采取强有力措施加快全面深化生态文明体制改革进程，生态环境损害赔偿制度改革试点工作取得实质性进展。

生态环境损害赔偿制度改革是云南省努力成为全国生态文明建设排头兵和争创国家生态文明试验区的重要内容，在省委、省政府的高度重视和支持下，云南省于2016年4月成为首批全国生态环境损害赔偿制度改革试点7个省份之一。2016年7月出台实施《中共云南省委云南省人民政府关于贯彻落实生态文明体制改革总体方案的实施意见》，进一步提出“严格实行生态环境损害赔偿制度”。

为确保试点工作高效推进，云南省及时印发《云南省人民政府办公厅关于成立云南省生态环境损害赔偿制度改革试点工作领导小组的通知》，成立由分管副省长担任组长、省政府副秘书长和省环保厅厅长担任副组长，省发改委等15家单位为成员的领导小组。省委办公厅、省政府办公厅于2016年11月印发《云南省生态环境损害赔偿制度改革试点工作实施方案》，按照国家试点方案要求，结合云南实际，细化试点目标、充实试点原则、细化适用范围、明确部门职责分工、强化制度建设，增强操作性和可行性。经过努力探索，云南省逐步细化生态环境损害赔偿范围，形成相应的鉴定评估管理与技术体系、资金保障及运行机制，初步建立和完成生态环境损害的修复和赔偿制度。

2017年9月，云南省生态环境损害赔偿综合管理平台、云南省生态环境损害鉴定机构申报系统、云南省生态环境损害赔偿信息服务平台3大信息服务平台搭建完成。利用信息化系统将生态环境损害赔偿范围、责任主体、索赔主体、损害赔偿解决途径、管理涉及的政策法规、评估队伍和案件处理信息等建立动态监管机制，全面实现生态环境损害案件管理的电子化和信息化。

（《云南日报》记者　胡晓蓉　通讯员　将朝晖）

全省环境执法

2017年1~9月，全省共查处各类环境违法案件1 336件，共处罚款1.03亿元，处罚金额接近2015年、2016年两年的总和。查处涉及按日计罚、查封扣押、限制生产、停产整治、适用行政拘留、涉嫌污染环境犯罪等环境违法典型案件255件。其中，对90家企业生产设施设备实施查封扣押，对97家企业实施限产停产，对12家企业实施按日计罚，45起案件移送公安机关适用行政拘留，11起案件涉嫌污染环境犯罪移送公安机关。

进一步提高行政执法案卷质量，规范行政执法程序，提高环境监察人员业务水平，促进依法行政，是云南省深入推进环境执法大练兵的重要举措。此次案卷评查邀请省环保厅法律顾问担任评查组长，对执法人员现场执法过程中遇到的法律适用问题进行现场指导。通过法律顾问专业指导和现场互动，既发现各地在执法过程中和制作案件卷宗时存在的不足，也促进了州（市）之间的经验交流。通过案卷评查，为各州（市）相互取长补短、共同提高执法水平提供了平台，为全省环境执法大练兵持续深入开展增强了后劲。

云南省将执法大练兵列为省级环境保护督察的重要内容之一，重点督察16州（市）执行《环境保护法》和4个配套办法情况，着力解决对新法规不会用、不敢用和各地适用不平衡的问题。以环境执法大练兵为依托，在建立跨地区环境执法联动工作机制上积极探索，共同做好生态环境保护工作，确保区域和谐稳定与绿色发展。

（《云南日报》记者　胡晓蓉）

《澜—湄合作发展报告》发布

2017年12月13日，《澜沧江—湄公河合作发展报告(2017)》发布会暨教育部区域和国别研究中心“云南大学澜沧江—湄公河次区域研究中心”揭牌仪式在云南大学举行。

《澜沧江—湄公河合作发展报告（2017）》全书分为“总报告”“专题篇”“区域篇”3部分，对2016年以来澜沧江—湄公河合作的进展、特点、发展方向和路径进行全面分析、总结和展望。就澜湄国家命运共同体建设、澜湄合作与“一带一路”的互动关系、澜湄合作机制建设及云南的参与、澜沧江—湄公河水资源合作的进展与制度建设以及中泰铁路建设的进展、影响与风险探析等方面进行专题研究和深入分析；着重分析2016年各成员国的政治、经济、外交形势及对澜沧江—湄公河合作产生的影响、参与次区域合作的具体进展和政策措施。此书是由云南大学周边外交研究中心、云南大学澜沧江—湄公河次区域研究中心组织编撰的社科文献蓝皮书系列，每年一本，2017年是第七本。

（《云南日报》记者　陈怡希）

九大高原湖泊生态保护

云南省加大财政资金投入力度，全力开展九大高原湖泊保护治理各项工作。2015 年至 2017 年，省财政厅筹措资金 54.6 亿元，用于支持九大高原湖泊保护治理。

在经济下行压力较大，财政收支矛盾突出的情况下，省级财政积极争取中央财政资金的支持，同时稳步推进自身的财税体制改革：一是挖掘自身潜力，通过生态功能区转移支付、省级环境保护专项资金等方式，支持抚仙湖、阳宗海、程海等湖泊保护治理工作；二是扎实推进省级环保专项资金竞争性分配改革，改善资金安排“碎片化”局面，突出对九大高原湖泊保护治理重点项目的支持力度，财政资金效益进一步提高；三是通过推广应用 PPP 模式引入社会资本，减少地方财政压力，并充分发挥社会资金方运营、建设的优势和政府监督管理的长项，各尽所长，全省湖泊保护领域 PPP 项目获得财政部认可的有 18 个，总投资 142.15 亿元。其中，引进社会资本（或联合体）参与星云湖、抚仙湖、洱海等高原湖泊保护治理的总投资额达 103.77 亿元。

美丽泸沽湖　　（王　新　摄）

为认真贯彻落实党的十九大提出的必须树立和践行绿水青山就是金山银山的理念，云南省将不断加大财政资金的投入力度，保护和治理好九大高原湖泊的生态环境。其中，从 2017 年起，连续 5 年，每年安排 6 亿元财政资金作为洱海保护治理资本金，积极支持洱海保护治理。

（《云南日报》记者　张子卓）

夕阳下的滇池湖畔　　（江　云　摄）

滇池水务与五华区签署治水协议

2017 年 12 月底，昆明滇池水务股份有限公司与五华区政府签署合作框架协议，在未来 5 年内将投资 50 亿元主要用于五华区滇池流域内外水环境综合治理等项目投资、建设及运营管理。

根据《合作框架协议》约定，滇池水务与五华区将根据项目情况合作进行投资开发、合资合作及运营管理，投资的 50 亿元主要用于五华区滇池流域内外

抚仙湖良好的水环境　　（许太琴　摄）

水环境综合治理、农村人居环境建设、再生水利用、湿地建设、生态修复工程、环保基础设施项目投资、建设及运营管理。可供双方首期合作的项目包括：厂口污水处理厂项目、新老运粮河水质提升及生态修复建设项目、高新区移交河道生态治理、土壤修复及环保主题公园打造等项目的投资开发和运营。

双方按照“优势互补、重点推进、互利共赢”的原则，共同推进水环境综合整治、生态建设、环境产业发展等系列项目的合作，并在下一步工作中加快对接形成合作机制，实现首期合作项目尽快落地实施，进一步提高水环境治理和生态建设对五华区经济社会发展的保障能力，有力促进五华区在“十三五”时期发展取得更好的经济效益、环境效益和社会效益。

滇池水务股份有限公司于2017年4月6日登陆香港资本市场，依托昆明市政府授予的30年污水处理特许经营权，相继与五华区、西山区、滇池国家旅游度假区、宜良县、石林县、寻甸县等签订合作框架协议或合作协议，未来5年总投资金额预计将超过150亿元，有力推动昆明市污水处理事业的城乡一体化发展和环境保护治理工作。

（《云南日报》记者　浦美玲）

推进河湖系统保护

2017年12月22日，云南省河（湖）长制领导小组暨总河（湖）长会议在昆明召开。会议强调，要全面深入学习贯彻党的十九大精神和习近平新时代中国特色社会主义思想，从全面建成小康社会、实现中华民族永续发展的战略和全局高度，深刻认识加强河湖管理保护的重要性和紧迫性，切实增强使命感和责任感，深入贯彻落实中央决策部署，扎实做好全面推行河长制、湖长制各项工作，推进河湖系统保护和水生态环境整体改善，加快成为全国生态文明建设排头兵步伐。

省委书记、总河长陈豪出席并讲话。省长、副总河长阮成发主持会议。省委副书记、总督察李秀领，省政协主席、副总督察罗正富出席会议。

会议指出，全省全面推行河长制工作以来，围绕工作目标，层层传导压力，级级压实责任，整体推进有序，实现良好开局。但全省河湖生态环境形势依然严峻复杂，治理保护任务艰巨。要进一步提高思想认识，增强做好河湖管理保护工作的紧迫感、责任感和使命感，牢固树立社会主义生态文明观，推动形成人与自然和谐发展现代化建设新格局。

会议强调，保护江河湖泊，事关人民群众福祉，事关中华民族长远发展。中央决定在全国全面推行河长制、湖长制，充分彰显了中央加强河湖管理保护的鲜明态度。要建立健全党政领导负责制，细化实化河长、湖长工作职责，以更扎实的作风和举措，推进河湖长治长清。要加快生态文明体制改革，建立健全管控有力的河湖管理体制，加大法治建设力度，依法长效保护好河湖生态环境和资源环境。要加强协调配合，强化组织领导，广泛凝聚力量，形成有力有效的工作机制和工作格局。要围绕“河畅、水清、岸绿、湖美”总体目标和加强水资源保护、水域岸线管理保护、水污染防治、水环境治理、水生态修复和涉河湖执法监管等河长制6大主要任务，统筹山水林田湖草系统治理，坚持问题导向，因湖因河施策，着力解决好河湖管理保护的难点、热点和重点问题。要强化监督检查，严格考核问责，确保全面推行河（湖）长制工作落到实处、取得实效。

张祖林汇报全省全面推行河长制工作情况。宗国英、程连元、杨宁、赵立雄、董华、陈舜、何金平，白保兴、刘建华出席会议，省河（湖）长制领导小组成员单位负责人参加会议。

（《云南日报》记者　盛　廷）

推动河长制落地见效

截至2017年12月6日，省、州（市）、县（市、区）、乡（镇）、村五级共明确河长62 729名。

河（湖）长制推行以来，云南省按照《关于全面推行河长制的意见》和全面建立河长制“工作方案到位、组织体系和责任落实到位、相关制度和政策措施到位、监督检查和考核评估到位”4个到位的要求，全力推动项目实施。省、州（市）、县（市、区）、乡（镇）河长制四级工作方案已全部出台，部分州（市）的村社也结合工作需要，出台工作方案。与此同时，河（湖）长制组织体系全面建立。全省建立以各级党委主要领导担任组长的河（湖）长制领导小组。全省已建立省、州（市）、县（市、区）、乡（镇、街道）、村（社区）五级河长体系。

云南省在河（湖）长制工作推行中，形成巡河监督常态化。各级总河长、河长相继巡河，全省各级河长巡河达26 7137次，较好推动河（湖）长制工作的落实，一些河湖管理保护突出问题得到重视和解决，一些黑臭水体的治理取得立竿见影之效。全省充分发挥三级督察的作用，各级人大、政协积极开展督察工作，完成督察检查1 196次，有力地促进河（湖）长制落地见效。

随着河（湖）长制的推行，所带来的利好效应也正在逐渐释放。在工作中，云南省编制完成了全省各级河湖库渠分级管理名录，摸清河湖库渠分段自然属性和各级河长设置情况；树立河长公示牌 24 361 块。编制完成《云南省河长制监测体系工作方案》《“一河（湖）一策”方案编制指南（试行）》《云南省省级“一河一策”工作方案》。编制河长制考核指标体系、省级河长 7 大水系流域和 9 大高原湖泊工作手册等。全省完成“一河一策”10 296 个，河长制技术支撑等基础工作扎实推进。各地在构建河（湖）长制工作体系的同时，围绕河长制的六项任务，以问题为导向，大力开展河湖库渠治理和管护工作。积极开展农村水环境综合整治，整治河道采砂、网箱养鱼，消除主城区黑臭水体、实施《云南省“十三五”水资源消耗总量和强度双控行动方案》、加快落实《云南省水污染防治工作方案》《云南省清洁水源行动方案》，积极推进村庄“七改三清”行动等活动，全面加快河湖库渠水环境的治理和水生态修复。全省河湖库渠面貌有明显改善，全社会河湖库渠保护意识明显提高，重要江河湖泊水环境治理初见成效。为加强河（湖）长制的社会监督，各级都在媒体上公布河长名单，省级还聘请 344 名教师学生为社会义务监督员。为检验各州（市）全面推行河（湖）长制工作成效，组织并完成对 16 个州（市）全面建立河（湖）长制的省级验收。

（《云南日报》记者　王淑娟）

节能减排

昆明市首个一体化垃圾分类试点启动

2017 年 12 月底，为进一步提高市民参与垃圾分类的积极性，昆明市首个一体化垃圾分类试点在盘龙区金福园小区启动。

一体化分类试点工作由云南京环盘宸环境资源有限公司（以下简称京环盘宸公司）全程进行，该公司在小区内投放 10 多个与众不同的“大铁箱子”，分为可回收资源收集柜、旧衣物回收箱、有毒有害垃圾回收柜，市民只要分类正确并达到一定数量就可以获积分，然后用积分兑换生活用品。

京环盘宸公司按照《昆明市生活垃圾分类视觉识别系统》的标准要求，在回收柜上张贴统一标识，引导市民分类投放。如“可回收资源收集柜”可收玻璃瓶、饮料瓶、纸盒、废纸、金属等物品，“有毒有害垃圾回收柜”则收集包括废电池、废旧灯管、杀虫剂等类型垃圾。

市民需要关注“e 资源”公众号，注册完善个人信息后，将垃圾分成不同类别装袋，在袋子上贴上自己专属的二维码，投入到相应的回收柜中即可。工作人员会把相应的积分计入专属账户，市民可凭积分兑换粮油、卫生纸等生活用品。

据了解，京环盘宸公司每个月定期开展 1~2 次现场积分兑换活动，垃圾分类做得好的市民还会获得奖励积分。

（记者　张雁群）

峨山县首座大型沼气池投入使用

2017 年 12 月底，峨山县首座 1 500 立方米大型沼气能源工程项目投入使用。该项目日产沼气 300 立方米，发电 600 余度，每月可节约煤炭、液化气、电等各种能源支出约 1.2 万元。

云南源天生物集团农牧科技有限公司年出栏生猪 3 700 余头，为彻底解决能源与排污的问题，积极争取到国家大型沼气能源项目，由中央财政资金补助 220 万元，玉溪市级财政资金补助 10 万元，企业自筹资金 415 万元，建设大型沼气能源工程。项目还配套建设沼液暂存池、进料池及调节池、锅炉房、发电机房、沼气灶、管道、有机肥生产车间等 9 个工程。

大型沼气能源工程的建成，使该公司养殖场生猪粪便得到有效的处理，实现“零污染、零排放”，并为周边老百姓供应沼气、沼液、沼渣和电力，形成“畜禽养殖—沼气生产—生态种植”生态农业发展模式。

（《云南日报》记者　王云瑞　通讯员　毕晓琳　普莉华）

首台环保“常压节能褐煤气化炉”上市

2017 年 12 月初，云南天骄工贸有限公司研发的云南首台环保“常压节能褐煤气化炉”在昆明上市。

2014 年以来，云南天骄工贸有限公司针对淘汰 10 吨以下常用煤锅炉，着力攻克大气污染治理核心和传统锅炉燃烧排污难关，通过技术创新破解传统锅炉节能、排污技术难点，成功研发出高效、节能、环保、新型实用的“常压节能褐煤气化炉”。该产品除煤焦油、脱氮氧化物、脱硫、脱硝、无烟尘、无味，褐煤气化率达到85%以上，每吨褐煤只产生30千克煤渣，远远低于国家环保排放标准，产品获得8项国家专利，通过实践应用可节省能源达到50%~80%，环保排放合格指标达到100%以上，产品成熟度达到100%，实现节能与环保的双突破，为节能环保开启新路径。

（《云南日报》记者　赵元刚）

生物质能替代木柴加工茶叶

2017年8月，德宏州农业局、芒市总工会、芒市茶业协会在轩岗的芒市宏跃茶叶有限公司举办“保护环境、以生物质能替代木柴加工茶叶培训会”，对生物质能代替加工茶叶进行推广。

在茶叶加工中，传统的绿茶杀青机、红茶烘烤机必须靠燃烧木柴加热。德宏州有茶叶面积60多万亩，有475家茶叶初制所，一年产值4亿多元，综合产值20亿元，茶叶是传统产业。如果所有的茶叶初制所和茶叶加工厂都使用木柴做燃料，每年消耗木柴量非常巨大。而使用生物质能代替木材加工茶叶，一套茶叶杀青机配两至三台生物质能燃烧机即可。生物质能的生产原料是甘蔗渣、秸秆、木材的边角废料等，目前每吨生物质能的售价是900元。除环保外，由于生物质能燃烧机可以调节温度、控温，可以提高茶叶的品质。

生物质能替代木柴加工茶叶，是今后的发展方向，如争取到省州的农机购机补贴政策，扩大生物质燃烧机覆盖面，不仅能提高生态环境保护、促进茶产业发展，还可增加农民收入。

（《云南日报》记者　刘祥元　通讯员　肖素梅）

两项目入选国家绿色制造系统集成项目

2017年9月，工业和信息化部公布2017年绿色制造系统集成项目，云南省“普洱茶绿色制造及绿色设计平台一体化建设”和“典型贵金属废料提取及深加工产业化绿色关键工艺系统集成”项目通过评审和公示，被列为国家2017年绿色制造系统集成建设项目。

勐海茶业有限责任公司牵头的“普洱茶绿色制造及绿色设计平台一体化建设”项目计划投资1.16亿元，建设期32个月。项目建成后，制造技术绿色化率由42.8%提升到94.8%，制造过程绿色化率由21.9%提升到54.2%，绿色制造资源环境影响度由65.6%下降到47.4%。

云龙县铂翠贵金属科技有限公司牵头的“典型贵金属废料提取及深加工产业化绿色关键工艺系统集成”项目的实施，以汽车尾气失效催化剂、石化失效催化剂、废旧电路板等典型贵金属废料为研究对象，突破无氰全湿、“三废”超低排放、高回收率和深加工等关键技术，研制出相关核心装备，形成贵金属绿色提取及深加工15~20项绿色关键技术成套工艺。项目实施后，制造技术绿色化率从15.83%提高到77.94%；制造过程绿色化率从37.04%提高到93.70%；资源环境影响度从9.66%降低到3.64%。

绿色制造系统集成工作由工信部和财政部联合实施，是加快实施《中国制造2025》，促进制造业绿色升级、培育制造业竞争新优势的重要举措。该工作将支持企业组成联合体实施覆盖全部工艺流程和供需环节的系统集成改造，重点支持绿色设计平台建设、绿色关键工艺突破以及绿色供应链系统构建。

（《云南日报》记者　胡晓蓉）

金沙江上的绿色能源基地

装机1600万千瓦的白鹤滩电站与乌东德、溪洛渡、向家坝4座巨型电站一道，在金沙江下游构筑起中国最重要的绿色能源基地。

金沙江下游这4个巨型水电站总装机容量达到4 646万千瓦，是三峡电站的2倍多，完成建成后每年发电超过1 900亿度，可以少燃烧标煤超过6 400万吨，减少二氧化碳排放超过1.75亿吨，对中国在巴黎气候大会上作出的碳减排承诺提供强有力的支撑。

白鹤滩水电站不仅促进金沙江流域经济社会可持续发展和移民群众脱贫致富，还会成为打造金沙江下游清洁能源基地、改变中国能源结构和增强节能减排能力的支撑性电源，更将成为进一步巩固中国在世界水电领域领先地位的标志性工程。

白鹤滩水电站开创世界百万千瓦级水轮发电机组的新纪元。白鹤滩水电站规划安装16台100万千瓦的大型水轮发电机组，这是世界水电领域首次安装百万千瓦级别的水轮机组，而这些机组均全部国产化，为中国引领世界水电建设打下又一个基石。

白鹤滩水电站工程100万千瓦机组的成功研制，使中国自主掌握100万千瓦水轮发电机组的设计制造技术，极大地促进国内材料和部件加工技术水平的提高，带动水电装备全产业链的升级换代，推动水电重大装备国产化达到新高度，稳固中国水电技术的引领地位，引领“中国制造”到“中国创造”转变。

白鹤滩水电站是全球首座实现单机容量100万千瓦超大型水轮发电机组的电站，这项技术的突破不

单单是在水电行业，在整个发电领域都具有里程碑的意义。

白鹤滩水电站引领的另一个时代高点则在于其综合技术难度冠绝全球，凝聚世界水电发展的顶尖成果，可谓世界水电尖端技术的集大成者。白鹤滩水电站面临着复杂地质环境条件下高拱坝建设，高地震烈度、坝身大泄量、坝基层间层内错动带稳定和渗漏处理，混凝土温控防裂以及坝基柱状节理玄武岩变形控制等关键问题，堪称“中国乃至世界技术难度最高的水电工程”。

为了攻克白鹤滩水电站的各项难题，三峡集团联合40多家国内外科研院所和专业机构，开展150多项专题研究和技术领域的攻关及咨询工作。最终，白鹤滩水电站攻克复杂地质条件下全坝采用低热混凝土浇筑施工、高地应力条件超大规模地下洞室群开挖支护、千米高边坡地质稳定与施工安全、百万千瓦级水电机组制造安装等一系列世界级难题，成为中国引领世界水电发展的又一重要标志性工程。

水能资源富集的金沙江下游，天然落差大、河道穿行于高山峡谷之中，具有建高坝大库的地形地质条件，具备建设绿色能源基地的天然条件。

白鹤滩水电站总投资将超过1 700亿元，直接用于电站枢纽建设和库区建设的资金将超过1 500亿元，而乌东德电站投入工程和库区建设的资金将超过500亿元。

《云南金沙江开放合作经济带发展规划（2016–2020年）》明确提出，要把金沙江建设成为全国最大的清洁能源基地，不断夯实全省能源保障网建设，为全省实现跨越式发展、与全国同步建成全面小康社会提供源源不绝的“绿色动能”，中国三峡集团4个巨型电站的建设为云南省打造金沙江清洁能源基地的核心工程，对云南金沙江流域经济社会发展和人民群众脱贫攻坚意义重大。

在全省8 443万千瓦的电力装机容量中，水电装机达到6 096万千瓦，云南以水电为主的清洁能源占比达到83.4%、非化石能源电量占比达到93%，达到国际一流水平。到2020年，云南水电装机将达到6 867万千瓦，形成金沙江下游、金沙江中游、澜沧江中下游和澜沧江上游4个绿色电源带，成为全国水力发电主力省，最终成为全国重要的清洁能源基地。2016年，云南西电东送达到量首次突破1 100亿千瓦时，占南方电网西电东送量的56%，绿色能源不断输送到华南市场。

水电开发在贡献绿色清洁能源的同时，还能够改善生态环境、保护河流生态、促进节能减排，并且具有防洪、航运、灌溉、供水、养殖、旅游等方面的巨大综合效益。金沙江下游的清洁能源基地在未来40年至60年之内，还能够减少100多亿立方米泥沙进入三峡库区，将长江防洪标准提高到50年一遇。

（《云南日报》记者　李继洪）

抚仙湖北岸坝区农业节水减排项目启动

2014年澄江县启动高西农业节水减排模式以来取得显著成效。2017年，抚仙湖北岸坝区5.1万亩节水减排项目也正式启动建设，着力削减农业面源污染，促进抚仙湖保护，改善农业农村生态环境。田间刷卡取水，农户实现精准用水、施肥——这样的节水减排模式正在澄江县所有坝区推广建设。

2014年在澄江高西试点的农业节水减排项目，打破大水漫灌的高耗水传统生产方式，田间采用刷卡取水的方式，群众生产达到精准用水和精准施肥，大大改善生产条件，节约生产成本，增加复种指数和经济收入，探索出抚仙湖径流区内农业用水、减排的有效模式。

2016年9月起，农业高效节水减排项目开始向澄江县所有坝区复制推广。项目一期面积包括山冲河灌区和坝区共5.1万亩，项目实施后，可实现抚仙湖北岸坝区灌溉管网全覆盖，预计每年可节水1 271.66万立方米，节水率41%，可减少化肥、农药施用量分别为4 313吨、201吨，减少率分别为44.3%、47.3%。

澄江县在推进农业高效节水减排项目过程中，采取“先建机制、后建工程”的模式。建立起用水总量控制的初始水权分配机制，实行农业用水总量控制、定额管理、计量管理和计划用水制度。建立节水农业的水价形成和激励约束机制，科学核定水价和用水定额，超定额用水实行累进加价制度，鼓励节水减排，实行节水奖励和水权转让制度。同时，还建立起政府主导、社会参与、群众投资的产权明晰的工程建设与运行管理机制，节水减排监控评价机制和节水减排合同管理机制。

抚仙湖北岸坝区5.1万亩节水减排项目实施完后，将继续推进抚仙湖南岸坝区和抚仙湖流域山区实施8万亩高效节水减排项目，最终实现抚仙湖全流域13万亩高效节水减排项目全覆盖。

（《云南日报》记者　陈怡希　通讯员　李晓兰）

全国特大型生物天然气工程项目主体完工

2017年7月，位于大理经济技术开发区，由云南顺丰洱海环保科技股份有限公司承担实施的国家发展和改革委员会、农业部重点支持的全国特大型生物天然气工程国家试点项目主体完工投产。

该项目总投资3.3亿元，包含生物天然气生产线、液态有机生物菌肥生产线、固态有机肥生产线、微生物菌剂生产线、生物天然气出租车、天然气加气站及其附属设施。项目建成运营后，每年可处理洱海流域畜禽粪便、农作物秸秆、洱海水葫芦等废弃物35万吨，年产车用燃气1 050万立方米，日供1 500辆生物天然气出租车使用；可年生产固态有机肥16.9万吨、液态有机生物菌肥13.2万吨，可发展近60万亩绿色生态农业种植。可实现近5亿元销售收入，近3 000万元的利税，解决近150人的就业问题。

项目不但能对废物进行综合性利用，还可以打通废弃物资源利用的全产业链，在国内是一种创新的引领模式。

（《云南日报》记者　管毓树）

第三届东亚峰会清洁能源论坛在昆开幕

2017年7月3日上午，第三届东亚峰会清洁能源论坛在昆明开幕。

副省长董华、国家能源局副局长李凡荣出席论坛开幕式并致词。联合国副秘书长、亚洲及太平洋经济社会委员会执行秘书沙姆沙德·阿赫塔尔向论坛发来视频致词，希望各国加强合作，建立更加一体化的能源网络，形成可持续的发展动力。

云南历来提倡发展绿色经济，是中国低碳示范省和生态文明建设先行示范省。中国政府提出“一带一路”倡议后，云南与周边国家的能源合作迅猛发展。云南愿与各国能源署、东盟能源中心等国际组织及相关机构，在清洁能源的开发利用方面继续深化务实合作，共建绿色、互联、普惠、多元的区域能源新格局，推动东亚地区绿色经济的发展和环保事业的进步。

中国大力推进能源领域变革，确立创新、协调、绿色、开放、共享的发展理念。希望通过论坛这一平台，积极推进与东亚各国在清洁能源领域的务实合作，推动能源互联互通，促进能源绿色发展。

本届论坛由国家能源局与东盟能源中心指导，云南省发展和改革委员会（能源局）和水电水利规划设计总院主办，以“深化务实合作，推动互利共赢，构建绿色、互联、普惠、多元的区域能源体系”为主题，来自10余个国家和国际机构的270多名政府官员、专家学者和企业代表等在为期两天的论坛期间，分享清洁能源发展的成果和经验，探讨清洁能源发展的未来。

（《云南日报》记者　张若谷　韩成圆）

生态旅游

生态旅游简讯

西双版纳农垦企业打造万亩休闲农庄

2017年2月，由景洪农场规划实施的特色农业生态旅游庄园一期项目“林语花恋”，正式向游客开放，300余亩鲜花竞相绽放。“林语花恋”项目位于红旗生产队九居民组，总规划面积1万亩，设计年接待量为10万人次。该项目分两条环线，小环线为6千米，大环线为12千米。项目以服务本地家庭亲子客群、情侣婚庆客群、文化体验客群为核心，致力于打造集农林果种植、花卉观光休闲、亲子互动、婚庆服务、禅修体验5大功能于一体的大型体验式农庄。

（《云南日报》记者　戴振华）

腾冲火山热海旅游区荣膺国家5A级景区

2017年3月3日，云南机场集团有限责任公司与腾冲市政府在腾冲热海举行新战略合作协议签约仪式和腾冲火山热海旅游区荣膺国家5A级景区揭牌仪式。

云南机场集团与腾冲市政府自2004年合作以来，双方携手共进、合作共赢，取得显著成效。腾冲机场累计开通航线17条，2011年旅客吞吐量突破50万人次，提前5年完成设计目标，2016年完成旅客吞吐量80万人次；火山热海景区品牌知名度明显提升，并连续两年荣获中国温泉金汤奖。

为加快火山热海景区提质改造，提升腾冲机场的承载力、影响力，经双方友好协商，决定加快完成机场二期改扩建、机场跑道延长工程，进一步开拓国内大中城市直飞航线，尽早开通国际航线，并将火山热海景区的经营权在原约定30年合作期限的基础上延长20年，实现航空与旅游的优势互补、深度合作。签约仪式上，云南机场集团负责人与腾冲市政府负责人分别签署《战略合作协议》《腾冲机场改扩建协议》。

（《云南日报》记者　浦美玲）

琥珀历史博物馆亮相腾冲

国内首家全面展示琥珀历史的博物馆——腾冲市琥珀博物馆，于2017年8月对外开放。

腾冲市琥珀博物馆以研究和展示腾冲应用琥珀的历史，继承和发扬琥珀文化，普及琥珀科学知识为宗旨。展馆占地面积1 600余平方米，分为琥珀历史陈列馆和现代加工体验区两大展厅，按照自然科学、历史人文地域、文化商业、科学价值及收藏鉴赏五大领域进行布展。在此，参观者可以全面了解琥珀的历史、定义、分布、开采、加工、贸易、行会组织、现代工艺等，充分展示腾冲近千年来的琥珀文化。

博物馆汇聚100余组价值较高的与琥珀历史相关的珍贵图片，展出包括明代张介宾撰著记载琥珀在明代历史上即被入药使用的《景岳全书》；大清宣统二年记载琥珀矿产产地及成因的《云南丛书》；大清戊戌年重修光绪丁酉年重刻的《腾越州志》等大量的古籍资料和历史文献。收藏400余件不同时期腾冲乃至滇西和缅甸等地(包括：琥珀纽扣、戒指、帽正、耳烛、烟嘴、鼻烟壶、发簪、银嫛、挂坠、串饰、服饰、银票、马驼发单等)与琥珀相关的珍贵历史实物。

腾冲市高度重视琥珀产业的发展，2016年1月8日，成立国内第一个地方性琥珀协会。截至2017年中，腾冲共有从事琥珀销售的店铺近600家，雕刻作坊100多家，雕刻技师近600人，摊点柜台近2 000户，从业人员1万人以上，常驻腾冲的缅甸商人达1 000人以上，成为目前较大的琥珀集散中心。

（《云南日报》记者　贾云巍）

昆铁增开昆明至富宁“踏青列车”

自2017年3月8日起，昆明铁路局每天开行昆明至富宁D9134、D9136、D9142次动车；自3月11日起，每逢周六、周日，加开昆明至富宁D9132、D9138次动车。新增开昆明至富宁列车的预售期为3天，其他车次预售期不变。

自云南省高铁开通后，周末乘高铁出游的人越来越多。无论是到省内风景优美的地方度假或是出省游，高铁快速方便的出游方式日益受到群众欢迎。

（《云南日报》记者　胡晓蓉）

云南旅游产业创新创业发展中心成立

2017年3月7日，云南旅游产业创新创业发展中心在昆明成立。该中心由云南省东南亚南亚产业发展促进会、云南世博国际旅行社有限公司和云南滇能新能源科技有限公司共同构建，旨在搭建旅游产业创新创业平台，通过创新运营和服务模式，强化云南乃至全国与东南亚、南亚国家在旅游领域的互联互通，促进云南旅游产业转型升级。

该中心重点推动新能源汽车在旅游产业的全面应用，开发云南和东南亚、南亚国家“落地自驾游”“深度游”“跨境游”等特色旅游产品，实现消费升级。同时，帮助大学生落地实施在旅游领域的创业项目，培养旅游业人才和新的客户群体。未来3年，该中心还将积极完善和推广“旅游＋互联网、文创、高科技、新能源、创业”等发展模式，助力云南及东南亚、南亚国家旅游产业大数据中心和云平台建设。

（《云南日报》记者　朱　海）

高铁旅游升温

自2016年底沪昆高铁、云桂铁路开通以来，高铁旅游日益受到游客欢迎。伴随高铁而来的人流、物流、资金流、信息流等为全省旅游业带来新的发展机遇。

高铁的开通为云南旅游注入了新的活力。昆明铁路局管内高铁直接连通北京、上海、广州等城市，全国17个城市新增始发开往昆明的高铁列车，“坐着高铁去云南”成为许多国内外游客的首选。

通过高铁的带动，昆明周边城市的旅游资源，旅游线路产品可以与沪昆、云桂高铁沿线的贵州、长沙、南昌、杭州、南宁等地区的旅游资源联为一体，并辐射华东游、港澳游、红色旅游、东南亚出境游，促进旅游目的地加快形成。

借助高铁开通这一契机，云南多家旅行社相继推出高铁旅游产品和高铁旅游促销活动，多条省时、省钱的高铁线路成为目前火爆的旅游线路。

（《云南日报》记者　胡晓蓉　实习生　谢丹妮）

丽江打造全国旅游大数据中心

2017年1月，丽江市与上海斐讯数据通信技术有限公司签署《斐讯（丽江）大数据产业园项目投资协议》《I—Lijiang（爱丽江）无线城市运营项目投资合作协议》，计划投资38亿元，在丽江市建设中国西部最大的云计算数据中心、以孵化云计算大数据产业链上下游为主的双创中心、培训中心及其它配套设施。

由丽江市和上海斐讯数据通信技术公司联手打造的丽江大数据产业园和智慧城市爱丽江项目在丽江市启动。该项目占地275亩，将容纳30万台服务器。此外，上海斐讯数据通信技术有限公司投资的爱丽江项目计划投资5.8亿元，在丽江城区范围内建设2.5万个室内室外无线接入点，提供全城免费WIFI和旅游咨询、商家优惠、时事新闻等便民服务。

（《云南日报》记者　和　茜）

全国皮划艇勐腊热带雨林挑战赛落幕

2017年4月5日，在云南省勐腊县望天树风景区南腊河举行的2017全国皮划艇勐腊热带雨林挑战赛落幕。在当日的比赛中，云南代表队选手方翠、岩旺胆分别获得女子组6千米、男子组8千米挑战赛冠军。

（新华社记者　陈海宁）

“私家茶园”困鹿山

宁洱县宽宏村的困鹿山古茶园集中栽培的古茶园既有大叶种，也有中叶种、小叶种，这相比普洱茶区以大叶种为主的其他古茶山来讲十分独特。保存有400余棵古茶树，最大的一株茶树根部围长197厘米，其余几乎都在1米以上，全部古茶树高均在6~18米之间。

困鹿山像是一座“私家茶园”，有17户村民与古茶园混居，可谓“寨子在茶林中，茶林在寨子中”，百余年间，村民就是守护古茶园的园丁。为更好地保护古茶树，减少人类活动对茶树的影响，2012年以来，宁洱县在困鹿山实施生态移民搬迁项目，把古茶园中的村民，全部搬迁到距离古茶园1千米多的地方安置。

困鹿山古树茶的价格不断攀升，2017年春茶，树龄长的古树茶每千克价格直逼万元。困鹿山的茶农们仅古树茶一项年收入超过10万元。

（《云南日报》记者　沈　浩）

云南省整治旅游市场

2017年4月15日，《云南省旅游市场秩序整治工作措施》正式施行。

随着整治工作措施正式施行，省内不少原旅游购物商店已暂停营业，为调整经营、转型升级做准备。七彩云南、昆明世博园密玉珠宝店等一些景区内的原旅游购物商店仍正常营业，但已停止定点接待旅游团队，并纳入社会商品零售企业进行统一监管。

全省各地各部门积极行动，认真贯彻落实整治工作措施，从加强旅游购物管理、规范旅行社经营行为、改进导游管理方式、加强景区景点监管、推行综合监管模式、深化行业协会改革、强化属地管理责任7个方面，全面落实旅游市场秩序整治的22条措施。

（云报全媒体记者　熊　燕　储东华）

普洱茶大赛落幕

2017年4月16~18日，中国普洱茶节进行普洱茶加工、斗茶、茶艺大赛。

该次普洱茶加工、斗茶大赛的参赛人员有174人，共收到斗茶茶样 101 个。加工大赛包括晒青茶手工制作、普洱茶压制（机械、石磨）、普洱茶包装 3 项内容。斗茶大赛的参赛茶为 2017 年古树晒青茶、有机茶园晒青茶、存放十年的普洱茶紧压茶，展现独具魅力的普洱茶品鉴技艺。茶艺大赛分茶艺师个人项目和团体项目，其中共有 27 个少数民族茶艺大赛项目进行展演比拼。

（《云南日报》记者　沈　浩）

云南导游获全国导游大赛金奖

在 2017 年 4 月 20 日举行的第三届全国导游大赛总决赛中，云南省导游张宇获金奖、最佳应变奖，曹璟获优秀奖，省旅发委获最佳组织奖。

在本届全国导游大赛中，丽江白鹿旅行社的纳西族导游张宇一路应对自如，通过首轮“63 进 30”、次轮“30 进 10”的淘汰赛后进入总决赛，最终获得金奖和最佳应变奖。张宇、曹璟等导游均是从 2017 年云南省导游技能大赛中选拔出的优秀代表。对符合条件的金奖、银奖选手，共青团中央、全国妇联将按照推荐程序，分别授予“全国青年岗位能手”“全国巾帼建功标兵”称号；对获得金奖且符合条件的选手，中国财贸轻纺烟草工会将根据组委会推荐意见，选择 1 人申报授予“全国五一劳动奖章”荣誉称号。

比赛由国家旅游局与共青团中央、全国妇联、中国财贸轻纺烟草工会共同主办，旅游卫视承办。

（《云南日报》记者　朱　海）

昆明市发布《旅游行业诚信公约》

2017 年 6 月 1 日，昆明市正式发布《旅游行业诚信公约》（以下简称《公约》），希望推进旅游行业诚信建设，提供诚信服务，贯彻落实旅游产品质量评估和旅游产品说明书等相关工作要求，扶持正价旅游产品市场发展。

《公约》提出，健全行业培训机构，完善培训制度，加强培训力度，提高业内员工服务意识，提升服务质量，上岗人员培训合格率达 100%。开展文明宣传引导工作，打造文明旅游示范岗。以人性化服务为方向，做到“微笑服务”，服务主动、热情、细心、耐心，用语文明、礼貌，使用普通话。建立质量管理、监督、检查机构，积极主动受理游客投诉。对所提供的服务可能危及旅游者人身、财产安全的事项，向旅游者做出真实的说明和明确的警示。同时，为减少意外风险给游客带来的损害，应购买相应的旅游保险。

以行业自律为基础、优质服务为手段开展公平竞争，自觉抵制削价竞争、虚假折扣和降价争夺同行客户等扰乱旅游市场秩序的行为，坚决做到服务质量与行业内自身标准相符、质价相符、优质优价。

此外，进一步完善并落实消防、安全、卫生、防疫等管理制度，加强对经营设备服务设施的维护保养，消除安全隐患，避免重大安全事故，健全应急预案制度。以标准化、规范化、技能化提供服务，切实保障游客人身和财产安全，为旅客提供安全、舒适、方便的消费环境，自觉维护昆明旅游城市的形象。

（《云南日报》记者　张雁群）

西双版纳森林养生项目启动

2017 年 6 月，中国抗衰老促进会在景洪市大渡岗举行西双版纳森林养生基地授牌和揭幕仪式，标志着以热带雨林为依托的大型森林养生项目正式启动。

该项目由云南湄公河集团牵头规划建设，并联合北京龙德文创投资基金管理有限公司共同打造。项目规划由大象谷庄园、养生谷、抗衰老中心、康复疗养基地、野生动物收容救护中心及珍稀动物观赏区、湄公河生物科技绿色农场等 6 大功能板块组成，总规划面积为 40 177 亩，建设工期分 5 年完成，项目总投资为 30 亿元。

（《云南日报》记者　戴振华）

云南省 10 个小镇入选第二批全国特色小镇

2017 年 8 月 22 日，住建部公布第二批全国特色小镇名单，云南省姚安县光禄镇、剑川县沙溪镇、新平县戛洒镇、勐腊县勐仑镇、隆阳区潞江镇、双江县勐库镇、彝良县小草坝镇、腾冲市和顺镇、嵩明县杨林镇、孟连县勐马镇 10 个小镇进入名单。

云南省此次进入名单的小镇特色明显、类型丰富，既有历史悠久、民族文化多样的人文典范，也有产业特点突出，区位资源优势明显，发展潜力较大的小镇。专家组在对我省特色小镇进行评审时也给予指导性强的评审意见。如剑川县沙溪镇，专家组提出要创新体制机制，促进特色产业和传统文化可持续发展，加快引进民间资本促进小镇产业运营发展，尽快修编规划，提升规划质量。又如双江县勐库镇，专家组提出应结合现有优势产业，配套交通基础设施及物流设施建设，发挥普洱茶品牌的龙头优势，引导、带动全镇居民参与产业发展，整治镇区环境，塑造特色风貌等。

与全国第一批特色小镇推荐相比，本轮推荐要求更加严格。不仅要求各地推荐的特色小镇应具备特色鲜明的产业形态、和谐宜居的美丽环境、彰显特色的传统文化、便捷完善的设施服务和充满活力的体制机制，还要满足具备良好的发展基础、区位优势和特色资源，实施并储备一批质量高、带动效应强的产业项目等条件。在各地择优推荐的基础上，住建部最终认定全国的276个镇为第二批全国特色小镇。

（《云南日报》记者　朱　丹）

省特色小镇创建名单公布

2017年6月16日，云南省特色小镇发展领导小组办公室公布《云南省特色小镇创建名单》（以下简称《创建名单》），丽江古城、元阳哈尼梯田、建水临安古城等105个小镇入选，建设项目涉及投资近2 000亿元。

中共云南省委、省政府高度重视全省特色小镇创建工作，2017年3月，发布《云南省人民政府关于加快特色小镇发展的意见》，4月7日，全省特色小镇发展启动大会召开，4月15日，下发通知开展全省特色小镇创建名单申报工作。截至4月30日，共收到16个州市申报创建的特色小镇共计290个，其中申报创建全国一流的101个，申报创建全省一流的189个。经省、州、县（市）层层把关，研究审查，6月15日，省特色小镇发展领导小组最终审定形成《创建名单》。云南省计划用3年时间，利用财政补助、基金覆盖、社会资本投入、群众参与等多渠道筹措资金近2 000亿元，建设105个特色小镇。

《创建名单》共分为三个层次：第一层次为创建国际水平的特色城镇5个，包括丽江古城、元阳哈尼梯田2个世界文化遗产地和大理古城、巍山古城、建水临安古城3个国家级历史文化名城。第二层次为创建全国一流的特色小镇20个，包括和顺古镇、沙溪古镇、建水西庄紫陶小镇、橄榄坝傣族水乡、普者黑水乡、喜洲古镇、泸沽湖摩梭小镇、红河水乡、思茅普洱茶小镇、瑞丽畹町小镇、香格里拉月光城、临沧翁丁葫芦小镇、丙中洛小镇、楚雄彝人古镇、昭通大山包极限运动小镇、曲靖爨文化小镇、西双版纳勐仑小镇、昆明斗南花卉小镇、玉溪澄江广龙旅游小镇、昆明嘉丽泽高原体育运动小镇。第三层次为创建全省一流的特色小镇80个。除了以上三个层次外，云南省还鼓励州市、县区结合本地实际，因地制宜，建设一批州市、县区级的特色小镇。

省发改委相关负责人在发布会上表示，《创建名单》不是特色小镇的护身符，进入此次公布名单中的特色小镇不代表进入了保险箱。云南省还将开展相应的考核工作，并依据考核情况兑现奖惩，考核合格的给予年度扶持政策，考核不合格的停止支持政策，退出创建名单。同时，要扣减特色小镇所在县区的一般性财政转移支付，收回相应阶段的省财政支持资金。相反，2017年未被列入的，只要工作成效显著、工作推进扎实有力的仍有机会调整进来。

生态文化小镇　（王　新　摄）

（《云南日报》记者　朱　丹）

特色小镇招商推介会召开

为推进云南省特色小镇建设，加强企业与地方政府合作，鼓励社会资本参与到云南省特色小镇建设中来，于2017年7月15日在昆明召开特色小镇招商推介会。

云南省大力推进特色小镇建设，出台支持特色小镇发展的财税、融资、土地、项目等政策措施，召开全省特色小镇发展启动大会，并公布105个特色小镇创建名单。云南特色小镇吸引企业投资的优势，一是从国家战略大局看，云南地处“一带一路”和“长江经济带”的交汇点，战略地位重要；二是从云南经济发展大势看，近年来我省抢抓机遇、强化措施，后发赶超、跨越发展的态势良好；三是从发展特色小镇的核心支撑要素看，无论是自然风光，还是民族文化，云南都具有鲜明的、其他省份不可复制的特色。

在推介会现场，有关部门对丽江古城等5个创建国际水平特色城镇，以及建水西庄紫陶小镇等20个创建全国一流特色小镇进行重点推介。16个州市政府对辖区内的特色小镇进行专题推介。昆明嘉丽泽高原体育运动小镇、沙溪古镇等6个特色小镇分别与投资企业进行签约。推介会由省特色小镇发展领导小组办公室主办，省发改委、省财政厅、省住建厅、省招商合作局、省政府新闻办公室承办。国内外近百家企业、省特色小镇发展领导小组成员单位、16个州市政府、列入创建名单的特色小镇所在县（市、区）政府和新闻媒体等方面的代表共450余人参会。

（《云南日报》记者　朱　丹）

怒江“美丽公路”开工建设

2017年8月25日，怒江傈僳族自治州“美丽公路”（又称丙六公路，即国道G219线丙中洛至六库段改扩建工程）开工仪式在泸水市举行。

怒江“美丽公路”主线全长近300千米，是国家交通运输部“十三五”国省干线改造重点工程，省交通扶贫“双百”工程中“一百项骨干通道工程”之一、滇西旅游重要干线。项目起于贡山独龙族怒族自治县丙中洛镇，止于泸水市六库城区西部。路基宽度8.5米，设计速度每小时40千米，建设工期26个月，预计2019年底建成通车。

“美丽公路”建成通车后，将有效改善怒江沿边三县市30多万各族群众的交通条件，极大提升怒江内连外通的快速运输能力，助推怒江融入云南省主要城市群、滇川藏国家精品旅游带、中国大香格里拉生态旅游区，为开发怒江大峡谷、“三江并流”世界自然遗产、高黎贡山国家级自然保护区提供良好的交通支撑。

怒江“美丽公路”项目除对原丙六公路改扩建外，还同步开展慢行道路系统建设、“美丽怒江、智慧出行”平台建设、路域环境整治等附属工程。

（《云南日报》记者　李寿华　李正雄）

云南省旅游市场秩序整治

2017年9月15日，云南省旅游市场秩序整治工作领导小组在昆明通报：大理市途游旅行社有限公司等12家旅行社被吊销旅行社业务经营许可证，昆明螺蛳湾国际商贸城景区等8家A级旅游景区被取消等级资质。

2017年7月以来，全省查处涉旅案件456起，行政处罚罚款529.39万元。12家旅行社被吊证，其中，10家旅行社因涉嫌购物案被吊销业务经营许可证，2家旅行社因组织不合理低价游、委派无证人员为团队提供服务被吊销业务经营许可证。另外，8家A级旅游景区被取消等级资质，其中5家存在景区功能以购物为主的问题。

被吊证的12家旅行社分别是大理市途游旅行社有限公司、昆明恒拓旅行社有限公司、云南众森国际旅行社有限公司、昆明优彩旅行社有限公司、昆明优派旅行社、丽江怡和旅行社、玉溪康辉旅行社有限公司、昆明云辉国际旅行社、昆明臻美旅行社、西双版纳欢腾国际旅行社、西双版纳众祥旅行社、西双版纳畅享国际旅行社。

被取消等级资质的8家A级旅游景区分别是昆明螺蛳湾国际商贸城景区（4A）、德宏瑞丽莫里热带雨林景区（4A）、云南省紫云青鸟国际珠宝文化旅游区（3A）、西双版纳打洛独树成林景区（3A）、德宏样样好翡翠文化产业园（3A）、德宏芒市珠宝小镇景区（3A）、丽江拉市海湿地公园景区（3A）、迪庆纳帕海景区（3A）。

2017年8月下旬，省旅游景区质量等级评定委员会组织4个工作组，集中对6个州市的21家景区，对照A级景区质量等级标准各项要求和游客投诉突出反映的问题线索，以暗访形式，重点检查景区的旅游安全、环境卫生、秩序管理、设施维护、服务品质等方面的符合性和有效性。根据有关规定，对其中19家景区进行处理，其中，取消A级旅游景区等级资质8家，给予严重警告或警告7家，责令限期整改4家。

（《云南日报》记者　刘子语　储东华）

云南省旅游管理新办法实施

云南旅游管理2个新办法和5个新方案经省委全面深化改革领导小组审议通过，于2017年10月1日正式实施。

自2017年4月15日《云南省旅游市场秩序整治工作措施》实施以来，云南省着力推进旅游管理体制改革。一方面，抓管理方式改革，研究制定《云南省旅行社经营行为评价及重点监管办法》《云南省导游人员服务质量综合评价办法》2个管理办法，主要对旅行社经营行为和导游服务质量进行评价，评价结果向社会公开，接受群众监督，目的就是依托社会力量参与监管，形成“政府监管、企业主体、行业自律、社会参与”的良好氛围，建立旅游市场良性竞争机制和正向激励机制，促进旅行社依法规范经营，导游人员诚信规范服务。另一方面，抓旅游协会改革，研究制定《云南省旅游行业协会改革方案》《云南省旅游景区协会改革方案》《云南省旅游饭店行业协会改革方案》《云南省旅行社协会改革方案》《云南省导游协会组建方案》5个旅游协会改革和组建方案。强调完善组织架构、治理机制和职能建设，强化行业自律机制，通过相关行政管理部门的支持措施，把不适合政府部门开展的部分管理事项交由旅游协会行业自律性管理。

为全面贯彻落实好国家旅游局和省委、省政府的工作部署和要求，省假日办从加强假日旅游市场监管、强化安全运行、提高服务质量、拓展产品供给、发布旅游信息提示等方面全面安排部署云南省假日旅游工作；同时，组织省级相关部门组成8个工作组，对16个州市假日旅游工作筹备情况进行检查指导。

（《云南日报》记者　朱　海　储东华）

云南省旅游业协会换届大会

2017年9月29日，云南省旅游业协会换届大会和第四届一次会员大会在昆明召开。

大会当日，省旅游发展委员会发布《云南省旅游行业协会改革方案》，其中的重点是去行政化。2016年，云南省旅游业协会被列入云南省首批脱钩试点单位之一，脱钩工作全面启动。在2017年4月施行的《云南省旅游市场秩序整治工作措施》中，明确提出要“深化行业协会改革”。省旅游业协会积极开展与行政机关脱钩工作，努力实现机构、职能、资产、人员及外事活动等分离。大会选举产生的新一届理事会表示，以脱钩改革为契机，承接好政府转移的职能、尽快完善协会治理机制、重点增强协会服务会员的能力、切实提高协会改革发展的综合效应。

（《云南日报》记者　朱　海　王　坚）

石林世界地质公园成为首批“国家国土资源科普基地”

2017年9月4日国土资源部、科技部联合发文命名全国32家“国家国土资源科普基地”，云南石林世界地质公园榜上有名，成为首批“国家国土资源科普基地”。

国土资源部分四批命名建设176个国土资源科普基地，按照《国土资源科普基地推荐及命名暂行办法》，2012年、2014年和2017年分别对前三批科普基地进行评估，云南石林世界地质公园等32个科普基地被评估为优秀。根据《“十三五”国家科技创新规划》推进国家特色科普基地建设的要求，为充分发挥优秀科普基地的引领示范作用，国土资源部、科技部将32个优秀科普基地命名为“国家国土资源科普基地”。

云南石林风景区是中国首批国家重点风景名胜区、首批国家地质公园和首批世界地质公园，2007年被联合国教科文组织列入世界遗产名录。

（《云南日报》记者　张雁群）

芒市孔雀谷森林公园

芒市孔雀谷森林公园占地面积15 003亩，景区分为森林、孔雀两大主题，由滇西抗战遗址、傣族文化园、景颇文化园和景颇山官府、傈僳文化园、德昂文化园、阿昌文化园、生态茶园、大型孔雀谷花海、孔雀开屏园、大型民族艺术广场、大型瀑布核心景区等构成。

芒市孔雀谷景区是按国家4A级森林公园标准投资打造的一个高端旅游景区，预计总投资5亿元，分期建设，一期重点突出德宏美丽的孔雀之乡名片和原始森林生态观光游两大主题，景区的开发建设秉承“在保护中开发，在开发中保护”的理念，结合传统旅游与现代旅游的游乐模式，建成集生态、养生、休闲、娱乐、体验为一体的精品旅游景区。

（《云南日报》记者　王云瑞）

普洱菜阳河国家公园被授予“世界和平公园”称号

2017年9月17日，普洱菜阳河国家公园被世界和平旅游研究所授予“世界和平公园”称号，成为国内首个“世界和平公园”。

来自联合国世界旅游组织、世界和平旅游研究所、全国工商联、香港中华总商会及普洱市的代表，共同为“普洱菜阳河世界和平公园”揭幕，并种下和平树。世界和平旅游研究所肯定普洱市及普洱菜阳河国家公园在生态保护和少数民族文化传承等方面作出的积极贡献。

普洱菜阳河国家公园负责人表示，公园积极支持并参与世界和平旅游研究所的相关工作，加强与其他地区世界和平公园的交流合作，并将公园建设为和平教育的重要场所。

世界和平旅游研究所1987年创立于加拿大，秉承普及和平、可持续发展、环境保护等理念，致力于促进世界和平与理解。

（《云南日报》记者　朱　海　通讯员　陶　平）

西双版纳首个生态旅游扶贫项目开业

2017年9月5日，西双版纳傣族自治州首个生态旅游精准扶贫项目——中林西双版纳雅德秘依旅游度假区昆罕大寨项目开业。

该项目位于景洪市大渡岗乡大荒坝村委会，总规划范围158.5平方千米，涉及20个村寨和大渡岗农场关坪生产队第7、第9居民组，计划总投资约70亿元。项目打造一个集休闲、度假、旅居、康养、医疗、教育、商务会展、大地艺术等为一体的国际化人文社区。

雅德秘依旅游度假区的首期工程昆罕大寨森林生

态旅游精准扶贫项目，采取以景洪市政府专项投资350万元、企业投资2 000万元的形式进行合作投资建设。通过“政府＋企业＋合作社＋农户”的合作运营模式，在维护昆罕大寨布朗族村寨现有生产生活不变的前提下，实现劳动技能和社会资源的精准传输，使企业和村民成为利益共同体和发展共同体，达到可持续的精准扶贫效果。

（《云南日报》记者　戴振华）

户外运动旅游研究基地落户西南林业大学

2017年11月18日，云南省户外运动旅游发展研讨、云南省航空运动旅游发展研讨活动在2017中国国际旅游交易会上举行。云南省旅游规划研究院户外运动旅游研究基地正式落户西南林业大学。

《云南省户外运动旅游专项规划》（征求意见稿）和《云南省航空运动旅游专项规划》（征求意见稿）的内容分别在两场研讨活动中首次发布。数十位国内相关部门、企业、高校代表分享、交流户外运动旅游、航空运动旅游在云南及全国的开展情况和发展经验，并为两个规划的完善出谋划策。

云南发展户外运动旅游、航空运动旅游应依托全省独特的“山、水、林、洞”和通用机场等资源，遵循国际化、高端化、特色化、产业化等原则，全省一盘棋，创新开发相关产品，着力打造一批重点项目和品牌，开展人才队伍建设和市场主体培育，构建支撑体系，出台保障政策。同时，专家建议，相关规划的编制可借鉴先进地区发展经验，注意突破传统旅游规划编制的固有思维。

本次研讨由省旅游发展委员会、省体育局、省民族宗教事务委员会主办，中国旅游研究院昆明分院暨云南省旅游规划研究院承办。

（西南林业大学宣传中心）

和顺镇入选森林文化小镇

2017年12月，和顺镇入选中国林学会、光明日报社、中国光华科技基金会联合评选的“2017森林文化小镇”。

为弘扬生态文化，加快推进美丽中国与绿色城镇建设，生态文明和美丽中国贡献力量，中国林学会、光明日报社、中国光华科技基金会于2017年7月启动了“2017森林中国·发现森林文化小镇”公益活动。经形式审查、专家初审和专家委员会评议投票，最终于2017年12月底全国评选出10个森林文化小镇。

和顺镇是云南省著名的侨乡和旅游古镇，与来凤山国家森林公园紧密相依，大盈江自东向西穿流而过，自然风光秀丽。和顺镇土地总面积1 767公顷，森林面积1 237公顷，森林覆盖率70%，林木绿化率72%，人均绿地面积15.3平方米。全镇群众生产生活、经济收入来源主要依托旅游业和农业产业，境内无大型工业污染，3个村委会21个村民小组均设有固定的垃圾收集池、垃圾箱、垃圾桶；和顺集镇开发公司每天对全镇的垃圾进行清理后集中处理；和顺镇污水处理场修建了排污沟渠，对污水进行全面处理，无水污染现象发生；居民生活主要使用电力、太阳能、沼气等清洁能源，周边10千米范围内无任何污染源。

和顺镇注重森林资源与生物多样性保护，建立森林和生物多样性保护巡查监督机制，成立镇机关30人的半专业森林管护队伍，多年来未发生非法侵占林地、湿地和破坏森林资源、滥捕乱猎野生动物等案件。

和顺镇具有深厚的生态文化积淀，重视生态文化遗产保护。全镇有古树名木118株，其中省级保护古树名木4株，全部实行挂牌保护。着力打造清洁村庄、绿色村庄、生态村庄、美丽村庄，先后实施了和顺小巷、大盈江、陷河头、和顺河、人工湖五大绿化工程，兴建村级绿色走廊和1 000亩观赏荷塘，打造了覆盖和顺的绿色林网，主要道路、主要河岸绿化率达100%，农田林网绿化率达96.3%，基本建成田成方、林成网、路相通、沟相连的农田林网景观。

（云南省林业科学院网站　李甜江）

固东镇江东村被评为“中国最美银杏村落”

为了弘扬银杏历史文化，增强生态文明意识，建设美丽中国，中国林学会于2017年10月开展了“寻找中国最美银杏村落”活动。依据寻找推选条件，经过有关省（区、市）林学会和有关专家的推荐，

固东镇银杏村　（王　新　摄）

固东镇银杏村秋色（许太琴　摄）

并经过专家评议，最终云南省林学会推荐的腾冲市固东镇江东村被推选为“中国最美银杏村落”（全国共 11 个）。

江东村地处横断山脉西麓，属亚热带高原山区，受印度洋西南季风控制，冬无严寒、夏无酷暑。据考证，明洪武年间，江东先祖“三征麓川”到腾戍边，发现此地有很多枝繁叶茂、果实累累的银杏树，便在此地安营扎寨，由于属火山灰沉积区，土质特殊，所产银杏果实“色白而亮、味香而浓、果圆而大”，因此继续在房前屋后和门前庭院中种下了许多的银杏，久而久之发展为今天的银杏村。

江东村共分布银杏 1 万多亩 3 万余株，因保存有树龄百年以上的古银杏 1 000 余株，被誉为银杏村。其中，树龄 500 年以上的有 50 余株；400 年以上的 70 余株，200~300 年的 150 余株，100 年以上的 700 余株，20 年以上的有 2 100 株。全村年产干果约 40 万千克。有丰富的石灰石矿产资源，神奇惊险的江东山古溶洞，秀丽的龙川江小江峡，神秘的古战场“鬼磨针”，沧桑的石门古栈道，怪石嶙峋的莲花山。

（云南省林业科学院网站　李甜江）

澜沧江湄公河六国公推旅游城市合作联盟

澜沧江—湄公河（以下简称“澜湄”）旅游城市合作联盟工作会于 2017 年 11 月 17 日在昆明举行。来自中国、缅甸、老挝、越南、泰国、柬埔寨六国代表共同为联盟的启动工作谋划磋商，建言献策。

澜湄旅游城市合作联盟是 2016 年澜湄合作首次领导人会议发表的《三亚宣言》的重要成果之一，也是未来中国与周边国家进行旅游产业深度合作的重要平台。

缅甸国家酒店旅游部常务秘书吴耶孟表示，希望旅游城市合作联盟的建立，能加强相关各方交流，共同将沿线旅游城市最好的风光展现给游客，积极打造世界旅游目的地。泰国体育和旅游部常务次长蓬帕努·斯韦特称，希望澜湄各国消除现有壁垒和障碍，共同推进相关旅游城市合作。其他与会各国代表也一致支持澜湄旅游城市合作联盟的成立，以及组建联盟秘书处筹备机构。

云南与湄公河流域国家山水相连、文脉相通。多年来，云南不断推进和深化与湄公河流域国家之间的旅游交流与合作，逐步形成全方面、多层次、宽领域的旅游开放合作新格局。云南省副省长陈舜表示，云南将不断加强与湄公河流域国家在人文、教育等领域的深度交流，尽快推动澜湄旅游城市合作联盟的成立，并将其打造成为南亚、东南亚区域的黄金旅游资源交流平台；推进跨国旅游便利化，强化旅游管理服务，依托联盟为国内外游客提供更优质的旅游产品。

（中国新闻网记者　马　骞）

云南体育旅游精品项目授牌

2017 年 11 月 21 日，云南省体育旅游精品项目颁奖活动在昆明滇池国际会展中心举办。31 个精品项目被授予奖牌，作为云南户外活动的主打品牌，聚力构建中国西南地区户外天堂。

获奖的旅游项目分为 4 大类：体育旅游目的地、体育旅游路线、体育旅游景区和体育旅游赛事。主要是：香格里拉虎跳峡景区、云南·宜良 68 道拐自行车赛、昆明十峰登山体育旅游线路、玉溪·澄江抚仙湖体育旅游休闲度假区等。

另外，香格里拉生态体育公园、怒江大峡谷漂流入选 2017 中国体育旅游十佳精品项目。普达措国家公园、新平磨盘山国际户外运动公园、元阳哈尼梯田体育旅游精品景区、中国·东川泥石流国际汽车越野赛等被评为 2017 中国体育旅游精品项目。迪庆藏族自治州凭借优美的自然人文风光和优越的户外运动条件，赢得一个“全国十佳”两个“全国精品”。全国十佳路线的怒江大峡谷漂流位于中国“三江并流”景区，以其“白水漂流”而出名，正吸引越来越多的中外户外运动爱好者。

（《云南日报》记者　刘　蓉　刘子语）

云南省户外运动发展研讨会在昆明举行

2017 年 11 月 18 日，云南省户外运动旅游发展研讨在 2017 中国国际旅游交易会体育旅游馆研讨区举行。数十位国内相关部门、企业、高校代表参加研讨，围绕云南发展户外运动旅游及《云南省户外运动旅游专项规划》的编制建言献策。

户外运动旅游等新产品、新业态，不再是传统意义上“小旅游”的概念，涉及健康、运动、康体、教育、培训和装备制造业等多个领域，有助于构建大旅游产业链，是云南旅游转型升级的有力抓手。云南发展户外运动旅游应依托全省独特的“山、水、林、洞”等资源，遵循国际化、标准化、高端化、特色化、生态化五大原则，并以国家全民健身计划和国民旅游休闲纲要等文件为依据，围绕区域中心城市、传统景区景点、体育训练基地等，注入户外运动旅游新元素。同时，全省一盘棋，创新开发户外运动产品，着力打造一批重点项目和品牌，开展人才队伍建设和市场主体培育，构建支撑项目、产品、活动的运行体制机制，出台相应保障政策。

《云南省旅游业“十三五”发展规划》《云南省旅游产业转型升级三年行动计划》《云南省加快推进旅游产业转型升级重点任务的通知》等明确提出把户外运动旅游作为全省旅游产业转型升级的新产品和新业态进行重点打造和培育。随着大健康概念的提出、“全民健身计划”的实施、《健康中国“2030”》等的出台，预示着户外运动旅游发展的战略机遇期已经全面来临。为深化云南省旅游产业的供给侧结构性改革，力争把户外运动旅游打造成为助推云南省旅游产业转型升级与旅游强省建设的有力抓手，系统指导全省户外运动旅游的发展，迎接全新的旅游新时代和新市场，更好满足人民日益增长的美好生活需要，云南省委省政府于2017年初启动《云南省户外运动旅游专项规划》的编制工作，预计年内完成。

（云南旅游政务网　刘　栗）

云南省航空运动旅游发展研讨会在昆举行

2017年11月18日下午，云南省航空运动旅游发展研讨在2017中国国际旅游交易会体育旅游馆研讨区举行。

随着国人休闲需求方式的转变及消费能力的不断增强，以体育运动为核心，以满足健康娱乐、旅游休闲为目的，以“体育+旅游”为模式的体育旅游产业也逐渐形成一定的市场规模，成为满足人民群众多样化的体育运动和旅游休闲需求的重要方式。航空运动旅游作为旅游产业与体育产业、通用航空产业等新兴产业融合发展的产物，以其时尚、体验、刺激等为特点正逐渐成为旅游消费需求的焦点之一。航空运动旅游是一个全新的旅游概念、全新的旅游业态和全新的旅游产品，是社会经济发展到一定阶段的基础上，旅游产业为不断满足新型旅游消费需求，旅游景区为不断提升旅游吸引物、丰富旅游产品供给，与体育产业、通用航空产业等新兴产业融合发展的产物。与传统旅游产品相比，航空运动旅游能够借助航空运动飞行器，以全新的观光视角和体验方式，带给旅游者更为强烈、深刻的视觉冲击和心灵感受，与现代旅游者所追求自由化、自主化、个性化、自由化的趋势不谋而合。《云南省航空运动旅游专项规划》的初稿已编制完成，正在征求意见。

（云南旅游政务网　刘　栗）

云南建成旅游厕所2万余座

2015年至2017年全省建设完成城市、乡村、旅游厕所共23 047座，超额完成“厕所革命”前3年目标任务。

自2015年全国开展“厕所革命”以来，云南省将其作为推进全省旅游产业发展、提升城乡人居环境的基础工程、文明工程、惠民工程来抓，把相关工作列入2016年和2017年全省10件惠民实事、《云南省旅游产业转型升级三年行动计划（2016–2018年）》《云南省进一步提升城乡人居环境五年行动计划（2016–2020年）》等任务，重点加以推动。全省建立统筹建设机制，加强组织协调，落实分类推进，完善目标考核责任、绩效增减挂钩、信息统计报送等管理制度。省级财政筹措1.8亿元专项资金，采取以奖代补的方式，给予改建、新建城市公厕补助；在提升城乡人居环境行动中安排3.4亿元资金，由县级人民政府统筹开展乡镇、建制村公厕建设。各级城市政府也将城市公厕建设改造列入年度财政预算。

在“厕所革命”中，云南省不断创新厕所建管养机制，积极开拓旅游厕所衍生功能，探索推广旅游景区点的“厕所+商铺”、旅游客运站点的“厕所+售票点”、旅游交通沿线的“厕所+停车点”和“厕所+生态风景”等模式，推动旅游厕所管理长效化、常态化，提升旅游厕所建管市场化运作水平。同时，制定出台包括项目用地、税费减免、绩效奖惩等在内的系列支撑性政策，安排省旅游发展资金12 370万元，切实有效做好保障，全省旅游厕所和城乡厕所建设取得明显成效。

（云南网记者　朱　海）

旅游合作备忘录签署

2017年11月20日，为加强中国云南省与冈比亚的旅游合作与交流，省旅发委党组成员、副主任文淑琼在昆明会见冈比亚共和国旅游和文化部官员苏特·

贾沃一行，双方就如何推动旅游合作深入友好交流，并签署旅游合作备忘录。冈比亚政府非常支持旅游业的发展，希望双方的旅游管理部门能够进一步加强合作，进一步推动双方旅游人才的培养和旅游院校的合作。双方将在加强双方旅游管理部门间的交往、相互推介中国云南和冈比亚的旅游线路和旅游产品、加强双方旅游人才合作建设等深入开展合作。

（云南旅游政务网讯）

旅行社创新应用研究基地揭牌

2017年11月13日下午，经云南省旅游发展委员会批准，云南省旅游规划研究院“旅行社创新应用研究基地”在昆明风光旅游集团揭牌，标志着全省首家旅行社创新应用研究机构正式成立。中国旅游规划研究院昆明分院暨云南省旅游规划研究院副院长蒙睿、云南省旅游发展委员会行业管理处调研员程晓云、云南旅游职业学院李莉叶教授、昆明风光旅游投资有限公司董事长彭少希、昆明风光旅游集团总经理朱伯威以及有关单位领导参加活动。

“云南省旅游规划研究院旅行社创新应用研究基地”成立后，将致力于南亚、东南亚旅游客源市场拓展、新形势下旅行社作为龙头企业的发展方向、云南省旅游市场当前存在问题和矛盾、云南旅游资源特质等方面的研究。

（云南旅游政务网讯）

石林获“中国天然氧吧”称号

2017年9月26日，全国“中国天然氧吧”创建活动发布会暨首届中国天然氧吧论坛在浙江省衢州市开化县召开。云南省石林县在2017年度参与“中国天然氧吧”创建活动中，历经层层严格的评审，终获殊荣。在2017年被授予“中国天然氧吧”称号的地区中，全国仅有19个，石林县是截至目前云南省唯一一个获评该称号的地区。石林空气清新、环境优美，据监测：环境空气质量指数（AQI）年均值为48，环境空气质量优良率为100%。从负氧离子监测数据统计：石林年平均负氧离子含量在3 280个/cm^3，远远大于世界卫生组织规定清新空气的负氧离子浓度1 200–1 800个/cm^{3}的标准。

（石林县新闻办　雷　蕴　范建荣）

保山打造“东方黄石公园”旅游品牌

2017年9月21日，在保山市举办的“‘砥砺奋进的五年’系列新闻发布会·保山专场”上，保山市提出把高黎贡山国家公园打造成“东方黄石公园”，以作为保山最大的一个旅游品牌，全力助推保山旅游品牌化再升级。

打造“东方黄石公园”是保山市争当生态文明建设排头兵的具体行动，是实现保山旅游品牌化的迫切需要，是为全球生物多样性保护作出贡献的现实举措。

保山市已编制完成《高黎贡山生态旅游区总体规划》等多部规划，潞江坝服务区保山市游客服务中心建成投入使用，高黎贡山国家公园游客服务中心（百花岭）项目已立项并完成征地工作，投资18亿元的梦幻水上乐园旅游开发项目、投资1亿元的市政道路及配套设施建设项目开工建设，实施百花岭、丙闷旅游富民工程和赧浒、新寨、芒岗、丙闷旅游特色村项目，启动咖啡农业庄园和滨江大道项目，并成功举办首届“中国鸟类与环境”国际摄影艺术节、首届高黎贡山国际观鸟节、高黎贡山超级越野赛、潞江坝咖啡节、木棉花节。

“东方黄石公园”既是品牌打造，也是产品制造：一是成立强有力的领导班子，成立书记、市长为双组长的推进机构；二是设立30至50亿元的旅游发展基金；三是重点策划一批项目。重点策划高黎贡山旅游度假区、怒江大峡谷景区、腾冲火山热海风景区、大竹坝野生动物园、界头高黎贡山下的伊甸园五大片区的重点项目。

（保山市旅游宣传信息　杨佳辉　范建荣）

云南省旅游景区品质联盟成立

2017年8月31日，云南省旅游景区品质联盟成立大会在昆明召开。云南省旅游景区品质联盟成立旨在贯彻落实云南省委省政府“加快云南旅游产业转型升级步伐，着力培育云南跨越发展新动能，顺利实现云南旅游强省建设目标”的决策部署，加快将旅游业发展成战略性支柱产业和人民群众更加满意的现代服务业，树立云南旅游景区健康新形象，打造“舒心云游”品牌，推进云南旅游产业又好又快发展。

云南省旅游景区品质联盟，是在云南省人民政府、中共云南省委宣传部和云南省旅游发展委员会的指导下，由华侨城旅游投资管理有限公司、云南省机场集团、云南省城市建设投资集团、华侨城（云南）投资有限公司、云南世博旅游集团、云南文化产业投资控股集团、云南省旅游投资公司、石林风景区管理局、玉龙雪山省级旅游开发区管理委员会、中国科学院西双版纳热带植物园共同发起，由云南省50余家AAAA级以上且近三年内无省级以上新闻媒体负面报道、无潜在服务品质问题的景区及企业共同参与，根据“资源共享、互利共赢、追求品质、共同发展”的原则建立起来的。未来联盟将着力打造好“两平台”，即云南省旅游景区整合营销平台和云南省旅游景区智慧旅游平台，实现联盟成员共赢发展和游客在云南旅游体验的全面提升。

（云南旅游政务网　范建荣）

旅游警察成云南新名片

截至 2017 年底，云南全省成立旅游警察支队（大队）14 支，在旅游景区设立警务亭 70 多个，共有专业旅游警察 148 人，专业旅游警察辅警 413 人。这是云南省整顿旅游市场秩序、提高旅游服务质量、不断加强旅游警察队伍建设的重要成果、有效净化旅游市场环境。旅游警察，正成为云南旅游的一张亮丽名片。

昆明、大理、丽江、迪庆、西双版纳等 5 个市州设立旅游警察支队，腾冲、瑞丽、古城、玉龙、宁蒗、景洪、勐海、勐腊、元谋等 14 个县（市、区）成立旅游警察大队，11 个县（市、区）公安局在治安大队或派出所成立旅游警察中队。云南省公安厅治安管理总队出台《云南省公安机关旅游警察执法指南》《云南省公安机关涉旅警情接处警工作规范》等，进一步规范了旅游警察执法。

在全域旅游和大众旅游的背景下，云南旅游积极探索建立旅游市场综合监管“1+3+N+1”新模式。云南各州、市均建立旅游综合监管调度指挥部及指挥中心，全省共挂牌旅游警察支队（大队）14 支、旅游工商分局机构 3 个、旅游案件巡回审判机构 143 个。云南省纪委监察厅还印发《关于加强旅游市场秩序整治工作监督执纪问责的通知》，前移监督关口，加强协调督促。

（《中国旅游报》刘　栗　崔艳红　范建荣）

2017 年中国国际旅游交易会在昆明开幕

2017 年 11 月 17 日，由中国国家旅游局、中国民用航空局、云南省人民政府共同主办的 2017 中国国际旅游交易会在昆明开幕。云南省委书记、省人大常委会主任陈豪出席开馆仪式，省长阮成发、国家旅游局副局长魏洪涛致词，省委副书记李秀领等出席。

中国国际旅游交易会经过近 20 年的发展，是亚洲地区规模最大、最具影响力的综合性旅游展会之一，是各国、各地区展示旅游资源、交易旅游产品的重要平台。2017 中国国际旅游交易会展馆面积超过 7 万平方米，设立 3 700 多个标准展位，吸引 70 多个国家和地区参展，来自俄罗斯、美国、欧洲及中国港澳台地区的 527 家海外境外旅行商参会。

（云南旅游政务网　胡　俊）

中医药文化体验路线推出

在昆明举行的 2017 中国国际旅游交易会健康旅游馆共设置高端医疗服务区、中医药健康旅游区、民族医药旅游区、养生养老展示区、温泉养生旅游区、健康产品设备展示区、康体保健展示区、旅游小镇展示区 8 个展示区。共设置 37 个特装展位、64 个标准展位的组展任务，共有北京、上海、广州、成都、香港五个外省市及云南省 8 个州市 100 余家健康旅游企业参展。

云南省中医院、云南省第二人民医院、玉溪市中医院、文山州中医院、砚山中医院、宾川县中医院、建水中医院、博亚医院等十多家医院作为高端医疗服务机构进驻旅交会，展出医疗旅游产品及健康服务。其中，云南省中医院建立中医药健康服务国际合作基地——协作基地，形成覆盖全云南省旅游资源富集地区的协作网络，制定出三条串联云南中医药、民族医药资源的中医药文化体验路线——西北线：昆明—丽江；西线：昆明—大理—腾冲；西南线：昆明—建水—普洱，在新时期以新的体验方式代替传统的单一诊疗模式呈现中医药文化。

杏林大观园、惠滇医疗等中医药示范基地，中医药健康服务与旅游深度有机融合，形成以提供中医药健康服务为主题的健康旅游文化园或基地，丰富健康旅游的内容，既构建健康旅游的服务基地，又促进健康旅游的新发展。具有民族特色的西双版纳傣医院参与国际旅游交易会，傣医院的非物质文化遗产睡药疗法及拖擦疗法亮相中国国际旅游交易会，也成为“健康旅游馆”亮点之一。

（全媒体记者　李　亚）

云南旅游全国推广计划启动

在 2017 年中国国际旅游交易会上，云南省旅发委与中国电视旅游联盟签订《云南省旅游全国推广战略合作协议》，意味着云南旅游全国推广计划正式启动。

2017 年是云南旅游转型升级的重要一年，云南省推出“魅力云南 · 世界共享”的宣传口号，以“云南只有一个景区，这个景区就叫云南”为核心大力推进全域旅游。中国电视旅游联盟则由全国近 30 家省级电视台组成，其中部分还是旅游定位专业频道的“电视 + 旅游”新平台。在媒体整合的背景下，省旅发委与中国电视旅游联盟签订合作协议，能有效促进媒体和旅游行业的协作，整合资源打造优质旅游产品，开启云南旅游产业发展的新篇章。

根据协议，双方将在新闻报道、旅游产品开发、旅游节目等方面形成合作机制与稳定渠道，进一步加大对云南旅游的宣传力度，向全国旅游者展示云南旅游“转型升级”所取得的进步与成就，精准地传播云南旅游新内容、新线路，从而拉动客源的增长。

（云南旅游政务网　刘　栗）

云南特色旅游文化商品评选揭晓

2017年7月19日下午，“云南特色旅游文化商品评选及提升活动”颁奖典礼在昆明金鼎科技园隆重举行。经过长达半年的选拔，通过专家初评、产品设计提升、大众网评、综合评定的方式，从云南各地报名的280余件参赛产品中决出六大品类的第一名。其中，建水传承紫陶壶、十木草茶褐素系列、摩梭红软米、啊嫃手工包包系列、肌理干泡茶具系列、云U宝民族卡通U盘系列分别获得文化艺术品、茶品、特色食品、丝织品、旅游装备品、旅游纪念品6大品类的“最云品”奖。

（云南网实习记者　张　彤）

2017年民族赛装文化节全省服装决赛楚雄

2017年7月16日，七彩云南2017民族赛装文化节全省服装决赛在美丽的鹿城楚雄市举办。由云南省委宣传部主导，省文产办、省民宗委、省文化厅、省旅发委、楚雄州政府共同主办的本届赛装节，以“七彩云裳、世界共享”为主题，经过认真筹划和精心组织，从“火把红、赛装美、乡情浓”三个方面，通过26个民族展示的800多套或浓墨重彩，或清新淡雅，或艳丽奢华的服饰，展现每个民族的历史，每个民族的文化。

本届赛装节自2017年2月在楚雄永仁县启动以来，历时半年，经过16个州市自行组织的预赛、复赛后，于7月14至15日在楚雄进行角逐，最终评出30名金奖、50名银奖、75名铜奖及6个优秀组织奖、10个组织奖。充分展示各州市和云南25个世居少数民族服装服饰风采，充分体现云南少数民族服装服饰文化“各美其美、美人之美、美美与共”的文化理念。“各美其美”即云南25个世居少数民族服装都很美；“美人之美”即各民族之间的服饰要互相欣赏；“美美与共”即要相互推进，努力把七彩云南民族赛装文化节打造成“国内一流、世界知名”的民族赛装文化品牌。

（云南旅游政务网　刘　栗）

生态古村落

宝秀村

宝秀村隶属红河哈尼族彝族自治州石屏县宝秀镇，地处东经102° 23′ 29.34″ ~102° 24′ 0.28″、北纬23° 46′ 2.58″ ~23° 45′ 42.42″之间，东邻异龙镇，南邻许刘营村委会，西邻凤山村委会，北邻朱洼子村委会。村落外部交通方便快捷，鸡石高速在宝秀镇有出入口，宝秀环路凤山段贯穿全村，乡道073紧靠村落北侧而过并于东侧接323国道。村落距宝秀镇政府2.7千米。宝秀镇距离石屏10千米，距红河州政府所在地蒙自市160千米，距昆明220千米。

宝秀村坐落于奇峰秀岭之间的平坝区域，背靠大马山，南面赤瑞湖，最高处海拔1 460.3米，最低处海拔1 433.4米，气候温暖湿润，适宜农作物生长。村落北侧的大马山森林茂盛，绿意盎然，宝山公园景致秀美，林茂竹修，南面的赤瑞湖湖面广阔，水天一色。

据有关史料记载，元末明初，宝秀为土著僰人所居，以彝族、傣族为主要民族，著名的十二营盘以前是湖泊和沼泽地，多数人主要居住在山脚或半山腰，居住的房屋是用泥土筑成的土掌房。明洪武十六

宝秀村全景　（李哲文　摄）

年（1383 年），黔宁王沐氏英公帅明军平滇，洪武十七年（1384 年），大将傅友德、蓝玉率征南大军班师回朝，沐英军奉命镇守云南，择地屯田垦荒。至石屏的军队来到宝秀坝时，惊喜地发现这里山岗并列，流水相间，坝区地势平坦，水田旱地兼有，粮食多样，农、林、牧皆宜。这只明军于是在赤瑞湖畔安营扎寨，大兴屯田，垦荒种粮，劝课农桑，礼贤兴学，传播中原文化，形成了宝秀著名的十二营盘。宝秀村即为当时的中营屯，此时已通用汉语，为发展农业，明军率当地村民立即疏浚河道，兴修水利，引水灌溉，广种水稻、蔬菜，饲养牛、羊、猪、鸡、鸭等家畜。洪武至永乐年间，明王朝又从安徽、江浙一带移来大批汉人充实云南。这些外来的汉人与当地土著彝民相融互敬，繁衍生息。清康熙三十一年（1692 年），清廷废除屯田制，兵田并为民田，兵营改名为营村，中营屯将村内宝山、南面秀山各择一字，更名为宝秀村。1949 年 12 月，石屏县人民政府成立，设 13 个乡镇，继后改为区，宝秀村隶属宝秀区。1954 年，宝秀区改为宝秀区公所宝秀乡，1958 年，改为宝秀公社宝秀大队，下设农会改为宝秀公社民府管理区，1961 年，管理区改为宝秀大队，下属小公社。1984 年，宝秀大队改为宝秀区宝秀镇，下设小公社改为村委会。1988 年 6 月，改为宝秀镇宝秀办事处，下设小公社改为自然村（大组）。2000 年 11 月，改为宝秀镇宝秀村委会至今，四牌村、中截村、宝山村（中营）、仓前村为其下的自然村。

宝秀村是汉、彝、回、哈尼、拉祜族混居地，以汉族为主，现有农户 1 930 户，有人口 6 052 人。2015 年，宝秀村农村经济总收入 4 128.29 万元，其中：种植业收入 380.3 万元，主要种植水稻、玉米、甘蔗、慈姑、蔬菜等；畜牧业收入 145.3 万元，主要养殖猪、鸡、鸭；林业收入 124.4 万元，以葡萄、杨梅种植为主；第二、三产业收入 2 063.1 万元，工资性收入 601.89 万元，外出务工收入 813.3 万元。农民收入以第二、三产业为主，人均纯收入 4 600 元。

松村

位于异龙镇西北部，隶属异龙镇松村村委会，是村委会所在地，东连白夷龙井村，南邻张家村，西至高坡村，北通白坡村。松村距石屏县城 4 千米，国道 G323 从村落穿过，东至石屏县县城，西达宝秀镇，交通便利，区位优势较好。

松村属于坝区，最高海拔 1 483 米，最低海拔 1 427 米。村寨土地肥沃，气候终年温暖，干湿分明，雨热同季，干凉同步，降水集中。年平均气温 24.00℃，年平均降雨量 1 000.00 毫米。松村后山森林茂密，森林覆盖率达 45% 以上。主要树种有松树、柏树、柑橘、杨梅、葡萄等。林间动植物丰富，野生菌种类多。

据史料记载，明洪武十四年（1381 年），傅友德、沐英等奉明太祖朱元璋旨，征讨云南元朝残余势力。洪武十五年（1382 年），沐英分兵，横扫元朝势力，平定各州县，改石坪州为石屏州，并夺元世袭石屏知州马黑奴之职，结束了石屏州元朝统治。洪武十六年（1383 年）傅友德等班师回京，沐英受命带兵镇守云南，屯兵垦耕，择地而居，自供给养。沐军在勘察石屏地理环境之后，选择分别在石屏三湖边屯兵，而这三湖中有一湖便是位于松村南部的鉴湖。自此时起，松村这片美丽富饶的土地上才开始形成较大规模的居民点。明洪武十八年（公元 1385 年），明军士兵解甲归田留此垦荒，建古城，戍军屯田，松村逐渐形成村落并发展壮大。洪武至永乐年间，明王朝又从安徽、江浙、四川一带移来大批汉人充实云南。这些外来的汉人被秀丽的鉴湖自然风光与宜人的气候环境所吸引，从此在松村繁衍生息，与当地土著居民相融互敬，给当地带来汉族先进的耕作技艺和筑屋技巧，促进松

宝秀村传统民居 （李哲文 摄）

松村周围山水环境 （樊 琪 摄）

村的发展。

松村原名叫大松树，村东一马平川的上百亩田野旧名叫跑马箭，是州城驻军和习武武生跑马练箭之地。至于村子的得名，是联通东、西、南茶马古道的路人所赐。那时松村古树成林，村东古道两边双人难以合抱的古松比比皆是，天热可歇凉，天阴可避雨。树下还设有供行路人饮水的石缸，来往行人多在此休息。久而久之，大松树便成为村名。那时大松树村有五道寨门楼，有石林寺、观音阁、龙王殿、龙潭、两个来爽庭，还有九姓宗祠、杨氏宗祠和余姓宗祠，可惜观音阁、龙王殿、来爽亭等今已不存。直至后来，松村才由“大松树”更名为“松村”。

松村是以汉族、彝族等为主的多民族聚居地，汉族人口居多，多源自沐英留军屯田时所留人口。全村共有650户农户，1 960人，常住人口1 500人。2015年，松村农村经济总收入1 721.53万元，村民人均纯收入8 768元。从事第一产业的人口为797人，从事第二产业的人口为180人，从事第三产业的人口为95人。种植以稻谷、包谷等粮食作物，慈姑等蔬菜及柑橘、葡萄、杨梅等水果为主，养殖以牛、猪、鸡等家畜和家禽为主。实有耕地面积为931.7亩，其中水田553.7亩，旱地313.6亩，水浇地64.4亩，人均占有耕地0.48亩。

（西南林业大学　张卓亚、杨文初）

松村传统民居　（樊　琪　摄）

冒合村

属异龙镇冒合村民委员会下辖的自然村，地处东经102°29′45″~102°30′8″，北纬23°41′46″~23°41′8″之间，东临异龙湖、西靠冒合山、北邻吴家营村、南与小水村接壤。村落北部临近石屏县主干道湖滨路，东面紧邻县城次干道凤凰路，南部连接汇源路延长线，距石屏县城0.5千米，距异龙镇政府1.00千米，交通便利，区位优势良好。

冒合村属于坝区，村落最高海拔1 454米，为三官庙，最低海拔1 413米。村寨土地肥沃，气候终年温暖，干湿分明，雨热同季，干凉同步，降水集中。村落西有文化名山冒合山，东有波光粼粼异龙湖，依山傍水，绿树环抱，山明水秀。冒合山上拥有较为丰富的森林资源，主要树种有桉树、小叶榕树、香樟等。林间动植物丰富，野生菌种类多。

据史料记载，明洪武十四年（1381年），傅友德、沐英等奉明太祖朱元璋旨，征讨云南元朝残余势力。洪武十五年（1382年），沐英分兵，横扫元朝势力，平定各州县，改石坪州为石屏州，并夺元世袭石屏知州马黑奴之职，结束了石屏州元朝统治。洪武十六年（1383年）傅友德等班师回京，沐英受命带兵镇守云南，屯兵垦耕，择地而居，自供给养。沐军在勘察石屏地理环境之后，选择分别在石屏三湖边屯兵，而这三湖中有一湖便是冒合村东南部的异龙湖。当时奉命在异龙湖畔屯垦的是被誉为“龙湖屯垦之神，屏州开化之祖”的安徽籍孙德成将军（万户侯）。自此时起，冒合村这片美丽富饶的土地上才开始形成较大规模的居民点。明洪武十八年（公元1385年），明军士兵解甲归田留此垦荒，建古城，戍军屯田，冒合村逐渐形成村落并发展壮大。洪武至永乐年间，明王朝又从安徽、江浙一带移来大批汉人充实云南。这些外来的汉人被秀丽的异龙湖自然风光与宜人的气候环境所吸引，从此在冒合村繁衍生息，与当地土著居民相融互敬，给当地带来汉族先进的耕作技艺和筑屋技巧，促进冒合村的发展。冒合山是冒合村的后山，形态极似古代装官帽的盒子，因此古时路过这里的人都称此山帽盒山，后在长期的口语演变中改为为冒合山，而坐落在风景秀丽的冒合山脚下的冒合村也是由此山得名。

建国初期，冒合村属中砚乡；1958年人民公社化时，属冒合人民公社冒合管理区；1961年5月，管理

冒合村民居（县级文物保护单位）　（侯学韬　摄）

区改建公社，属冒合人民公社；1984年5月，撤社设乡，属冒合乡人民政府冒合村公所；2000年10月，村改委，属冒合乡人民政府冒合村委会；2005年5月，三乡镇合并，属异龙镇冒合村委会至今。

2015年末，村内共有农户407户、1 304人，主要为汉族、彝族，从事第一产业的人口为454人，从事第二产业的人口为197人，从事第三产业的人口为39人。全村年收入795万元，人均纯收入达5 948元。种植主要以稻谷、洋芋、包谷、蔬菜为主，养殖以牛、猪、鸡等家畜和家禽为主。实有耕地面积为518亩，其中水田492亩，水浇地26亩，人均占有耕地0.4亩。

张本寨

位于石屏县宝秀坝西南部，隶属宝秀镇郑营村委会，国土面积1.84平方千米。西与郑营村相邻，东与小何家寨隔至郑营的乡村公路相连，南背靠弯子山余脉张家山，北面良田百亩。村落有东西2个主要出入口，西连国道G323，可通往石屏县城和宝秀镇2个方向，东接宝秀路，可通向郑营村村委会。张本寨村距郑营村委会1.00千米，距宝秀镇镇政府2.00千米，距石屏县城11.2千米，距红河州政府驻地150千米，距昆明市区220千米。

张本寨村坐落弯子山余脉张家山山麓，地势起伏和缓，村落西南端最高处海拔1 500米，东北端最低处赤瑞湖畔海拔1 200米。村域属亚热带高原型季风气候，冬暖夏凉，干湿季分明，雨热同季，年平均气温18.20℃，年降水量898.40毫米。村落北面有海河流过，西北面有赤瑞湖，水资源丰富。

村落依山面坝，土地类型多样，山地、平地、水面都有分布，其中耕地面积为50.6公顷，林地面积130公顷，水面面积2公顷。

张本寨是一个有600余年悠久历史的古老村落，原是彝族居住的村子，原来叫倮倮寨，是明朝洪武年间明太祖军队征云南时的屯兵之地。据《石屏县志》记载，明洪武十四年（1381年）明太祖朱元璋命傅友德、蓝玉、沐英率大兵征云南。作为沐英下属的张钧德随军入滇，十五年（1382年），元代石屏世袭土知州马黑奴被夺职，次年七月，沐英大败马黑奴于异龙湖北岸杨家庄。同年，明军平滇，留沐英镇守云南。沐英念地远兵多，军饷难继，奏请屯田。遂在石屏置有宝秀屯十八伍，分田给从征将卒，垦荒屯田，以世为业，成为石屏军籍汉民始祖，张钧德亦是其中之一。十七年，明王朝移安徽、江浙等地汉族居民充实云南各地。自此，大量汉族迁入石屏，成为民籍的始祖。从中原到石屏的汉人中，有个叫张敏的人，看到张本寨依山傍水适合人类生存居住，就买地建房落脚于张本寨，张敏有四子：张普、张鲁、张增、张勋，到第三代有一个很有头脑的孙子叫张本，他用张本寨后山冲里的泉水酿酒，并做大酿酒事业，对地方上影响力很大，寨名也改成张本寨。汉人与地方土著通婚，习同土俗，衍变为夷族；原土著居民，有的因联姻关系，习俗渐融合于汉族，自此，形成汉、彝两族和平共处的局面。

张本寨　（王艳歌　摄）

建筑格局完整的张氏宗祠　（王艳歌　摄）

张本寨村共有203户农户、有乡村人口656人。2015年，全村经济总收入377.62万元，农民人均纯收入2 594.00元。

吴营村

隶属石屏县宝秀镇吴营村委会，是村委会所在地，位于宝秀镇南部，距镇政府所在地6千米。东望张向寨村委会，南邻石灰塘村委会，西至兰梓营村委会，北通宝秀村委会。村落临近078乡道，宝秀环线大杨营段穿过村落，并于北侧与078乡道、075乡道相连。

吴营村油菜花田　　（杨文初　摄）

吴营村坐落于秀山、大脑冲、老王坡三山环绕的坝区，地势起伏和缓，由北向南逐渐抬高，最高处海拔 1 542 米，最低处海拔 1450 米，气候温暖湿润，适宜农作物生长。村落南侧的山体森林茂盛，景致秀美。

1949 年 12 月，石屏县人民政府成立，设 13 乡镇，继后改为区，吴营村隶属宝秀区；1958 年，建立人民公社，下设生产大队，生产大队下设生产队，吴营村改为吴营生产队；1984 年 5 月，设区（公所）、镇（人民政府）、乡（人民政府）建制，乡下设村民委员会，吴营即下设小公社；1988 年 6 月，吴营小公社改为自然村（大组），后改为吴营村村委会至今，下辖吴营、小陈营两个自然村。

吴营村是以汉族、彝族、哈尼族等为主的多民

清朝建筑土祖庙　　（杨文初　摄）

族聚居地，但以汉族人口居多。主要姓氏为：唐、刘、李、许、郑、张、王，7 个姓氏多源自沐英留军屯田时所留人口。全村共有 437 户农户，1 587 人，常住人口 1 130 人。2015 年，吴营村农村经济总收入 405 万元，其中，种植业收入 160 万元，主要种植水稻、玉米、小麦、油菜、葡萄；畜牧业收入 91 万元，主要养殖猪、鸭、鸡；经济林果收入 4.5 万元，以杨梅种植为主。2015 年村民农民人均纯收入 2 810 元。

大水村

位于云南省红河州石屏县异龙镇东部，隶属大水村委会，属于坝区，国土面积 8.64 平方千米。村庄东邻赵家寨，西邻左所村，北靠莱玉山，南朝异龙湖。大水村距离石屏县城 5 千米，距离红河州政府 109 千米，距离昆明 255 千米。

大水村有东西 2 个主要出入口连接村落北面的 G323 国道，向西可连接石屏县县城、宝秀镇、大桥乡以及 G213 国道，亦可进入玉元高速公路(昆曼大通道)，向东可连通建水县、红河县。位于村落北部 G323 国道南部的“石坝公路”和南部正在建设的环湖景观道，将大水村与宝秀镇、石屏县城、坝心镇相连接。未来村落交通还可以借助位于村落北部的米轨，打造铁路旅游专线，修复个碧石铁路宝秀至建水段，与石屏县城、宝秀镇以及建水县等具有重要旅游资源的地区相连接，将大水村融入滇越铁路旅游带，通过玉蒙铁路建水站与玉蒙铁路连结，经国家级口岸河口可到达越南。

大水村地处异龙湖北岸坝区，地形平坦，海拔 1 417.00 米。属中亚热带高原型季风气候，夏季温暖多雨，冬季干燥凉爽，干湿季分明，雨热同期。大水村地下水资源丰富，在村落东北有龙潭出露，大水河是规划区内的主要河流。大水村光照充足、雨量充沛、土壤肥沃、物产丰富，适宜种植蔬菜等农作物，田园风光秀丽。

据传，元朝中后期镇守西北的不答失里三个儿子经巴蜀南下到蒙古人的另一大本营协助云南梁王。里食达（兀鲁）大将军受派驻南滇，因喜爱石屏的山水，选择定居在依山傍水、农林牧副渔皆宜的大水村，发展农业，引水灌溉，广种良田、饲养家畜，在该地形成村落。大水村已有近 500 年的历史。大水村内的李氏宗祠根系蒙古大草原，是自元朝以来石屏蒙汉礼仪

大水村龙潭　　（张妍妍　摄）

文化的历史见证。

大水村还是革命的红色摇篮，解放战争期间，大水村是地下党领导的游击队根据地，李氏宗祠（原大水小学）则是地下党秘密的机关所在地，这里曾经为党培养一批批革命骨干，并多次执行革命任务，出色完成党交给的革命工作。大水村作为革命根据地，为云南的解放做出了突出的贡献，在石屏堪称典范，被称为石屏的“小延安”。

大水村经济收入以第一产业为主，主要为水稻、蔬菜，韭菜苔种植连片有一定规模。其他经济来源为商业及外出务工。2015 年全村经济总收入 2768.00 万元，其中：种植业收入 857.00 万元，畜牧业收入 607.00 万元；第二、三产业收入 963.00 万元，农民人均纯收入 7700.00 元左右大水村辖 11 个村民小组，有农户 850 户，有乡村人口 2802 人，其中农业人口 2 796 人，劳动力 1587 人。从事第一产业人数 1 478 人；常年外出务工人数 300 人左右

李氏宗祠（张妍妍 摄）

豆地湾村

隶属云南省红河州石屏县异龙镇，是异龙镇豆地湾村委会所管辖的一个自然村，位于异龙镇东边，异龙湖东南面。村落地处东经 102° 31′ 25″、北纬 23° 40′ 05″，海拔 1 420 米，为坝区，东面通过青龙山与罗色湾村接壤，南面与仁福村、狮子湾村相连，北接毛木咀。村落临近 G323 国道，距离异龙镇政府所在地 7 千米，道路为整齐块弹石路。距离最近的车站 1.5 千米，距离最近的集贸市场 7 千米，村落距离异龙湖直线距离 1.5 千米。地理区位、交通优势明显。

豆地湾村坐落于高原明珠的异龙湖畔，其境内地貌始于喜马拉雅造山运动，形成山间断陷盆地，地势以山多地少、高低悬殊、垂直明显为特点。其内部地势东南高，西北低，中部较为平坦，为坝区。豆地湾东面及东北面环山，依山而建；北面临湖，地理环境优势明显。

豆地湾村属于亚热带高原季风气候，年平均气温 25℃，年降水量 1 000 毫米，雨量充沛。年均气温 18℃，最冷月（1 月）月均气温 11.6℃，最热月（6 月）月均气温 22.2℃，冬无严寒，夏无酷暑，气候温和。无霜期 317d，初霜期 12 月 14 日左右，终霜期 1 月 30 日左右。年平均日照 2 308.4 小时，年均相对湿度 75%。

豆地湾村的北面临近异龙湖，在云南湖泊中排名第五位。异龙湖春季湖水碧波荡漾，夏季荷池飘香，秋冬季节西伯利亚红嘴鸥远道而来，景区内人鸥游趣，氛围和谐，湖光山水，风景甚是优美。

豆地湾村的地带性土壤为红壤，适于植被的生长。东北面山地主要种植农产品杨梅，东面的青龙山为生态林，山地植物资源丰富，原始生态保护较为完整。林中植被类型属于季风常绿阔叶林植物，主要植被群落有云南松、油杉、壳斗科、小叶榕、樟科、桉树等构成，此外还有一些竹类、藤本、蕨类植物。在山体的低山浅丘多稀树灌丛及禾本科草类，少量为马尾松、杉木和云南松组成的次生林。植物资源丰富，但是植被群落缺乏层次，总体景观缺乏美观性。山林间的动物种类繁多，有各种鸟类、松鼠，同时位于村落北面的异龙湖的鱼类资源丰富，主要盛产鲤鱼、鲫鱼、乌鱼、鲢鱼等多种鱼类，其中尤以乌鱼肉质细腻最为出名。同时冬季的异龙湖也是海鸥栖息的场所。

明洪武十八年（公元 1385 年），明军士兵解甲归田留此垦荒，建古城，戍军屯田，豆地湾村逐渐形成。

2015 年，豆地湾全村经济总收入为 2 103 万元，比 2014 年增加 2 132 万元，增长 11.8%，占全镇总产值的 0.88%。农民人均纯收入 5 800 元。比 2014 年增加 687 元，增长 12%。豆地湾村主要种植土豆、杨梅等。

豆地湾村委会辖豆地湾村、毛木咀村、罗色湾村等 8 个自然村。现有农户 747 户，有乡村人口 2 775 人，

豆地湾传统风貌（胡乾峰 摄）

全村国土面积 12.18 平方千米，其中耕地面积 3 313.5 亩，人均耕地 1.2 亩，林地 3 753 亩。豆地湾村主要是以彭姓家族为主的彝族聚居地，现有户数 166 户，人口总数 602 人，占全村人口的 21.7%。

（西南林业大学　张卓亚、杨文初）

李家寨村

隶属石屏县异龙镇李家寨村委会，位于异龙镇西北部，村落地处东经 102° 25′ 24.62″ ~102° 25′ 36.34″ 、北纬 23° 44′ 42.81″ ~23° 44′ 11.16″ 之间，东与高家寨、徐家寨相连，南与徐杨寨相望、西北临小河家寨和李家寨、北石红高速，东北向有高冲水库。村落临近 323 国道和石红高速。李家寨村距异龙镇镇政府 7 千米，距石屏县城 7.5 千米，距红河州政府驻地蒙自 85 千米，距昆明 262.1 千米。

李家寨村地势南高北低、西高东低，地处依苴黑水系流经的山峦，属于坝区。村落西北端最高处海拔 1 450 米，东南端最低处海拔 1 447 米，高差 3 米，无地质灾害。村落周边地貌始于喜马拉雅造山运动，形成山间断陷盆地。水系发育，沟谷深切，溯源侵蚀，有大面积的流水侵蚀地貌、溶蚀地貌以及现代水文网。村域面积 1.17 平方千米，村落占地面积 732 亩，耕地面积 659 亩。土地平坦、土壤肥沃。

李家寨村属于亚热带高原季风气候，年平均气温 18.5℃，年降水量 786~1 116 毫米左右，冬暖夏凉，干湿分明，雨热同季。村域北部有赤瑞海河流过。

李家寨村是异龙镇境内保存较为完整的村落之一，据李氏家谱记载，李家寨村的祖先是兀鲁大将军，来自陇西郡，明朝宏武年间经西蜀巴县抵石屏，袭居大水（漆树田），从祖传的原家谱序列的之，李氏祖上为蒙古族。云南省族谱、云南蒙古族研究会、云南大学、云南师范大学、云南民族大学的多位元蒙历史专家确认：云南开远、陆良、石屏的伍姓、他姓、李姓三个姓氏同宗同祖，其直接的共祖是元朝的宣德王不答失里，是成吉思汗、托雷、忽必烈的嫡系子孙，而宣德王不答失里的儿子兀普不答失里（又名侣食达）就是石屏李家寨村李氏的祖先兀鲁，因为“侣”和“李”谐音，随着历史的演化就成李姓。

李家寨宗祠入口大门　（易世樱　摄）

明代至清康熙年间，李家寨村隶属于石屏州交能里。清乾隆年间，李家寨村隶属于石屏州西门外约保。民国十九年（1930 年），李家寨村隶属附城区西乡。中华人民共和国成立后，1949 年 12 月 12 日，石屏县人民政府成立，李家寨村隶属于瑞溪区。1950 年 3 月 31 日，钟砚区、瑞溪区合并为钟瑞区，李家寨村隶属于钟瑞区。1959 年冬，全县七个公社划分为十五个公社，公社下属生产大队改为管理区。李家寨村隶属于李家寨村公社李家寨村管理区。1970 年撤销区建制，将区改为人民公社。将原来的公社改为生产大队。李家寨村生产队隶属于陶村公社李家寨村大队。1984 年 5 月，废除人民公社、生产大队、生产队名称，恢复区（公所）乡（政府）建制。李家寨村民委员会（李家寨村农业合作社）隶属于陶村区李家寨村乡。1988 年撤区建乡，撤陶村区公所建陶村乡人民政府，下设村公所。李家寨村民委员会隶属于陶村乡李家寨村公所。2000 年 12 月，村级体制改革结束，实行村民自治。李家寨村公所改名为李家寨村民委员会，下设村民小组，李家寨村民小组隶属于李家寨村民委员会。2003 年 3 月 29 日，撤销陶古村落异龙镇冒合镇设异龙镇。李家寨村民小组隶属于异龙镇李家寨村民委员会。

李氏宗祠大殿　（易世樱　摄）】

全村有 11 个村民小组，有农户 453 户，有乡村人口 1 374 人，其中农业人口 1 316 人，劳动力 809 人，其中从事第一产业人数 594 人。老寨片区有 1 065 人。李家寨村是以李姓居民为主的多民族聚居地，有汉、彝等少数民族，以汉族人口居多。农民收入主要以种植业和外出务工为主。常年外出务工人数 80 人。2015 年全村农村经济总收入 1 267.00 万元。

（西南林业大学　张卓亚　杨文初）

理论研究

论文选载

以习近平总书记新时代中国特色社会主义思想为指引加快推进云南环保产业的发展

习近平总书记在党的十九大报告指出："人与自然是生命共同体，人类必须尊重自然、顺应自然、保护自然"。习近平总书记将"坚持人与自然和谐共生"。作为新时代坚持和发展中国特色社会主义的14条基本方略之一，要求推动形成人与自然和谐发展的现代化建设新格局。古今中外的历史都证明了人类必须尊重自然、顺应自然、保护自然，人类对大自然的伤害和破坏，最终必然会伤及人类自身。这是无法抗拒的客观规律，人类只有遵循自然规律才能有效防止在开发利用自然上走弯路。人与自然是不可分割的共同体，充分体现新时代社会主义生态文明建设的新境界。报告在党的十八大提出的"富强民主文明和谐"的基础上加上"美丽"二字，整个报告共有8处"美丽"，12处"生态文明"，15处"绿色"，43处"生态"，堪称史上最美丽、最生态文明、最绿色、最生态的党代会报告；报告首次把美丽中国与中国梦紧密结合起来提出社会主义现代化强国的目标，明确提出"走向生态文明新时代，建设美丽中国，是实现中华民族伟大复兴的中国梦的重要内容"。"美丽中国"将成为全党、全国人民的共同追求。报告中有关生态文明建设的内容高屋建瓴、内涵丰富，自始至终贯穿着社会主义生态文明观，字字充满中国智慧，句句符合中国国情，处处体现中国特色，为中国特色社会主义新时代树立起了生态文明建设的里程碑。突出一个"美丽"，充分体现坚持以人民为中心、坚持人民当家做主的党的宗旨。报告全面阐述加快生态文明体制改革、推进绿色发展、建设美丽中国的战略部署，为未来中国推进生态文明建设和绿色发展指明路线图。

中国人口众多、资源相对不足、生态环境脆弱，发展方式比较粗放，资源环境对发展的约束越来越明显，标志着国内产业结构调整与应对资源环境危机的工业绿色发展面临一系列严峻的挑战，集中表现在环境容量接近极限、发展理念认识落后、增长方式转变滞后、技术创新支撑不足、结构性矛盾突出和体制机制不完善等方面。与此同时，中国工业绿色发展也面临着一系列难得的战略机遇。一是资源消耗和污染物排放总量接近拐点。随着中国经济进入新常态，重化工产业增速明显放缓。2015年上半年，全国粗钢产量同比下降1.3%，是近20年来首次下降。重化工产业进入平台期意味着资源消耗和主要污染物排放逐步接近峰值，这将为工业绿色转型赢得宝贵空间。二是产业深度变革蕴含赶超机遇。新一轮工业革命将有可能从根本上改变长期以来经济发展与碳排放同时增长、与环境破坏同步的传统发展模式，开始出现经济增长与碳排放和污染累积的脱钩，进而使碳排放与污染物排放下降。当前，全球正处于以绿色发展为主题的新一轮工业革命孕育期，同时也是中国赶超发展的历史机遇。三是制度变革日益深化。党的十八届五中全会提出要推进中国经济发展的供给侧结构性改革。现行的"十三五"期间，随着多项改革措施的落地，中国的要素市场体系、资源价格形成机制、行政管理体制、区域生态补偿机制和财税金融体制将不断完善，有助于破解绿色发展中的体制机制壁垒，加快产业经济绿色转型步伐。党的十九大报告又进一步提出，建设现代化经济体系，必须把提高供给体系质量作为主攻方向，显著增强中国经济质量优势。由此可见，中国经济已由高速增长阶段转向高质量发展阶段，必须坚持质量第一、效益优先。提高供给体系质量，需要加快建设制造强国，支持传统产业优化升级，加快发展现代新兴绿色产业，加强基础设施及信息网络建设。今后中国深化供给侧结构性改革：把提高供给体系质量作为主攻方向。

一、绿色、创新为主题的新一轮科技革命和产业变革的特征和影响

科学认识以绿色、创新为主题的新一轮科技革命和产业变革的特征和影响，努力把握历史性新机遇，通过深化改革加快培育供给侧新动能，对推进新时代中国环保产业经济发展和现代化进程至关重要。

当今世界正处于以绿色、创新为主题的新一轮

科技革命和产业变革孕育期，随着颠覆性技术不断涌现及互联网＋和大数据产业化进程加速推进，新的产业组织形态和商业模式层出不穷。与此同时，中国已成为世界第一制造业大国，“中国制造”加速走向全球。然而，长期以来，中国工业发展主要依靠资源要素投入，强调产量规模扩张，高投入、高消耗、高排放、低产出、少循环、不可持续的特征明显。在这种传统增长模式主导下，工业发展对生态系统造成严重破坏，环境污染问题日益突出。因此，“十三五”时期是中国经济结构调整和制造强国建设的重要战略机遇期。一方面，随着新型工业化、信息化、城镇化、农业现代化同步推进，超大规模内需潜力不断释放，中国工业仍有着广阔发展空间；另一方面，工业领域的资源和环境约束空前紧张。党的十八届五中全会提出绿色发展理念，这是指导中国“十三五”时期发展甚至是更为长远发展的科学发展理念和发展方式。面对国际国内形势变化，如何加快转变中国工业发展方式，实现工业绿色转型，是一个具有重大现实意义的课题。由此可见，进入工业化中后期的当今中国，经济增长新旧动能加快转换，经济发展进入速度在大数据、互联网+等信息技术革命的强势推动下转向中高速、产业迈向中高端的新常态。科学认识以绿色、创新为主题的新一轮科技革命和产业变革的特征和影响，努力把握历史性新机遇，通过深化改革加快培育供给侧新动能，对推进中国环保产业经济发展和现代化进程至关重要。

（一）新一轮科技革命和产业变革的基本特征表明：新时代中国特色社会主义现代化建设的工业绿色发展，以大数据和云计算为主要标志的信息技术的突破性应用为主导驱动社会生产力变革在基于互联网平台的共享经济和个体创新创业将获得巨大发展空间。

从历史上看，科技和产业发展的一个重要表现形式是“革命”。人类历史上曾经发生过多次科技和产业革命，学术界大体上有两到三次科学革命、三到六次技术和产业革命等不同分类。1983 年，英国经济学家佩蕾丝按照技术经济范式的转变，将 1771 年以来的技术和产业革命划分为五次，即早期机械时代、蒸汽机与铁路时代、钢铁与电力时代、石油与汽车时代和信息与通信时代。2008 年国际金融危机以后，在发达国家纷纷推进“再工业化”背景下，越来越多的人认为世界在经历第一次工业革命带来的蒸汽时代、第二次工业革命带来的电力时代后，进入了第三次工业革命带来的信息时代。德国则从工业化阶段入手，将信息时代细分为基于信息技术的自动化阶段和基于物理信息系统的智能化阶段，形成从工业 1.0 到工业 4.0 的四次工业革命分类。无论如何划分，学界达成的基本共识是：20 世纪下半叶以来，以信息化和工业化融合为基本特征的新一轮科技革命和产业变革一直在孕育发展。从技术经济范式角度分析，这一轮科技革命和产业变革至少已显现出以下特征：

一是以信息技术的突破性应用为主导驱动社会生产力变革。20 世纪 90 年代以来，计算机芯片处理技术、数据存储技术、网络通信技术和分析计算技术获得重大突破，以计算机、互联网、移动通信和大数据为主要标志的信息技术、信息产品和信息获取处理方法呈指数级增长，并在社会经济中广泛运用，与现实生活深度融合，由此带来诸如电子商务、智能制造、工业互联网等生产生活方式的革命性变革。与此同时，能源技术、材料技术和生物技术等创新也取得程度不同的突破性进展，以信息技术为核心共同构成新一代高新技术群，为社会生产力革命性发展奠定了技术基础。

二是以信息（数据）为核心投入要素提高社会经济运行效率。人类的社会活动与信息（数据）的产生、采集、传输、分析、利用直接相关。随着信息技术的突破发展，云计算、大数据、互联网、物联网、个人电脑、移动终端、可穿戴设备、传感器及各种形式的软件等信息基础设施不断完善，在“云（云计算）＋网（互联网）＋端（智能终端）”的信息传导模式下，信息（数据）逐步成为社会生产活动的独立投入产出要素，而且可以借助信息物理系统等大幅提高边际效率，成为决定社会经济运行效率、促进可持续发展以及提升现代化水平的关键因素。信息基础设施的重要价值正日益凸显。

三是以智能制造为先导构造现代产业体系。现代产业体系创新发展的主要驱动力来自制造业发展，而制造业发展又可以为其他领域提供通用技术手段，推动技术创新。伴随芯片技术的突破发展、互联网设施的发展完善、传感器价廉量大的供给和先进制造技术的日臻完善，智能制造产业作为新一轮科技革命和产业变革的先导迅速发展，支持和带动了智慧农业、智慧城市、智能交通、智能电网、智能物流和智能家居等各个领域的发展。智能制造依靠数据、软件等核心要素投入，以工业互联网为支撑，以电子商务为平台，促进信息技术与实体经

济的融合，加快对传统产业的改造，推动三次产业在融合发展中逐步转型升级，形成具有更高生产率的现代产业体系。

四是以追求范围经济为导向不断创新社会分工形态。以专业化分工为基础的传统分工强调的是规模经济，大规模流水线生产将规模经济效应发挥到极致。由于数据要素具有更好的资产通用性，以数据为核心要素、以“云、网”为基础设施的新一轮科技革命和产业变革更能发挥范围经济的作用，即同时生产两种以上产品的成本比分别生产每种产品所需成本的总和要低。于是，生产组织和社会分工方式更倾向于网络化、扁平化，大规模定制生产和个性化定制生产将成为主流制造范式，以消费者为中心的商业模式不断涌现，企业组织边界将日益模糊，基于互联网平台的共享经济和个体创新创业将获得巨大发展空间。

（二）新一轮科技革命和产业变革意味着工业化和信息化加速融合，迫切需要通过供给侧结构性改革提高创新能力、培育新的发展动能给新时代中国特色社会主义现代化工业绿色发展带来一次重大的历史性机遇与挑战。

新一轮科技革命和产业变革意味着工业化和信息化加速融合，中国工业化迎来一次重大历史性机遇。中国已步入工业化中后期，正处于经济结构转型升级的关键时期。新一轮科技革命和产业变革催生了大量新技术、新产业、新业态、新模式，为中国产业从中低端走向中高端奠定了技术经济基础、指明了发展方向，为中国科学制定产业发展战略、加快转型升级、增强发展主动权提供重要机遇。中国综合国力位居世界前列，已形成完备的产业体系和庞大的制造基础，具有规模超大、需求多样的国内市场，具有抓住这次科技革命和产业变革机遇的产业基础条件和广阔需求空间，有能力抢抓机遇、乘势而上，推进工业化和信息化深度融合，实现跨越式发展。

新一轮科技革命和产业变革对中国也是一次前所未有的挑战，迫切需要通过供给侧结构性改革提高创新能力、培育新的发展动能。从国际看，国际产业分工体系和竞争格局加快重塑，发达国家积极推进“再工业化”，利用先发优势不断强化其全球竞争优势和价值链高端位置，对中国产业转型升级、向全球价值链高端攀升形成压力。从国内看，供给侧与需求侧的结构性矛盾加剧，基于低成本的数量扩张型工业化路径越来越难以适应消费转型升级的需要，亟待通过创新培育新的供给能力。新一轮科技革命和产业变革强调以消费者为中心，信息化带来的消费革命已率先发生。中国模仿型、排浪式消费阶段基本结束，主流消费更加注重个性化、安全性、品质、品牌和服务。而中国自主创新能力还不够强，与新一轮科技革命和产业变革所催生的新技术、新产业、新模式、新业态的发展需要相比还有差距，如传统产业的许多关键装备、核心零部件和基础软件严重依赖进口和外资企业；尚未登上新兴技术和产业领域全球竞争的制高点，支撑产业升级的技术储备明显不足；创新资源协同运作不畅，技术创新链条还存在断裂脱节问题等等。应对这些挑战，迫切需要通过供给侧结构性改革提高创新能力、培育新的发展动能。

（三）新一轮科技革命和产业变革，在完善技术创新生态、提高技术创新能力，加强制度创新和人力资本培育、加大“云、网、端”基础设施投资，构建科学的政策机制、大力落实“中国制造 2025”和“互联网 +”战略等方面为新时代中国特色社会主义现代化建设的深化改革培育供给侧提供新动能和着力点。

在新一轮科技革命和产业变革孕育突破的形势下，随着中国人口红利趋于消失、企业制造成本不断上升、资本边际回报率逐步下降，中国供给侧旧的经济增长动能日渐式微。培育新动能必须依靠技术创新，而供给侧结构性改革的要义之一正是提高技术创新能力。因此，培育供给侧新动能的关键在于推进供给侧结构性改革。

完善技术创新生态，提高技术创新能力。一国提升技术创新能力，不仅需要研发资金和人才投入等要素数量的增加，更重要的是创新要素之间、创新要素与系统、系统与环境之间动态关系的优化，即整个创新生态系统的改善。当务之急是深化供给侧结构性改革，打破体制机制束缚，顺应新一轮科技革命和产业变革趋势，构建新型创新平台，提高创新生态系统的开放协同性，形成开放合作的创新网络和形式多样的创新共同体，进一步优化创业创新环境。

构建科学的政策机制，大力落实“中国制造 2025”和“互联网 +”战略。为迎接新一轮科技革命和产业变革，中国提出“中国制造 2025”和“互联网 +”战略，规划中国制造的“五大工程”“十大领域”和“互联网 +”的“11 项行动计划”。当前，应构建科学的政策机制并积极贯彻落实这些战略。应注意正确处理产业政策和竞争政策的关系，切实把握好产业政策实施力度，既发挥产业政策的扶持、引导和推动作用，又避免落入政府大包大揽、急功近利的强选择性产业政策窠臼。在推进方向上，既应重视智能制造、绿色制造、高端制造等新技术、新产业和新商业模式本身的发展，又应重视新技术、新业态和新商业模式在传统产业领域的推广应用。

加强制度创新和人力资本培育，加大“云、网、端”基础设施投资。新一轮科技革命和产业变革的孕育突破带来日新月异的变化，要求我们的思想观念、人才结构、管理制度、基础设施等方方面面都要与之相适应。为此，一方面要深化教育、科技和行政管理体制改革，提倡“工匠精神”，完善人才激励制度，优化人才结构，大力实施知识产权和标准战略，强化无形资产保护，提升中国顺应新一轮科技革命和产业变革、培育经济增长新动能的“软实力”；另一方面要加快推进大数据、云技术、超级宽带、能源互联网、智能电网、工业互联网等信息基础设施的投资建设，补齐智能基础设施短板，提升中国顺应新一轮科技革命和产业变革、培育经济增长新动能的“硬实力”。

（四）新一轮科技革命和产业变革已从蓄势待发进入到群体迸发的关键时期。信息革命进程持续快速演进，物联网、云计算、大数据、人工智能等技术广泛渗透于经济社会各个领域，信息经济繁荣程度成为国家实力的重要标志。

“十二五”期间，根据中共中央《决定》和战略性新兴产业的特征，立足中国国情、科技和产业基础，重点培育和发展节能环保、新一代信息技术、生物、高端装备制造、新能源、新材料、新能源汽车等产业。至此中国节能环保、新一代信息技术、生物、高端装备制造、新能源、新材料和新能源汽车等战略性新兴产业快速发展。2015 年，战略性新兴产业增加值占国内生产总值比重达到 8% 左右，产业创新能力和盈利能力明显提升。新一代信息技术、生物、新能源等领域一批企业的竞争力进入国际市场第一方阵，高铁、通信、航天装备、核电设备等国际化发展实现突破，一批产值规模千亿元以上的新兴产业集群有力支撑了区域经济转型升级。大众创业、万众创新蓬勃兴起，战略性新兴产业广泛融合，加快推动了传统产业转型升级，涌现了大批新技术、新产品、新业态、新模式，创造了大量就业岗位，成为稳增长、促改革、调结构、惠民生的有力支撑。由此可见，战略性新兴产业已经成为中国在经济下行压力下实现逆势增长的一股重要力量。据中国工程院 2015 年 15 日在深圳发布的《2017 中国战略性新兴产业发展报告》指出，“十二五”期间，战略性新兴产业相对于其他工业行业呈现出快速发展态势，发展总量明显增加，占全部工业和经济总量的比重逐年上升。截至“十二五”末，战略性新兴产业增加值占国内生产总值的比重达到 8 %左右，较 2010 年接近翻番，实现规划目标。报告披露，“十二五”期间，战略性新兴产业快速发展，特别是在近几年中国经济增速变缓的大背景下，为调结构、稳增长以及提高国际竞争力发挥了重要作用。2015 年，战略性新兴产业涉及的 27 个重点行业规模以上企业收入达 16.9 万亿元，占工业总体收入的比重达 15.3 %，较 2010 年提升 3.4 个百分点。2010 年 –2015 年，战略性新兴产业重点行业规模以上企业收入年均增长 17.8%。特别是从上市公司情况看，战略性新兴产业已成为资本市场的重要组成部分，已经培育并发展成为支撑中国上市公司总体业绩稳定增长的重要力量。2015 年，战略性新兴产业上市公司营收总额达 2.6 万亿元，占全部上市公司总体收入的 8.9%，2010 年 –2015 年年均增速达到 15.6%。2010 年，A 股上市公司中有 674 家战略性新兴产业企业，占 A 股上市公司总数的 33.3%。截至 2015 年年末，A 股上市公司中的 1 031 家战略性新兴产业企业占总数的 36.6%，比重增加 3.3 个百分点。2017 年上半年，战略性新兴产业 27 个重点行业规模以上企业主营收入达 8.6 万亿元，同比增长 11.6%，增速高于全国工业企业总体 8.5 个百分点，高于 2015 年同期 0.6 个百分点。软件和信息技术服务业、通讯设备制造、医药制造业、信息化学品制造、锂离子电池制造以及光伏设备及元器件制造业主营业务收入均实现两位数增长。初步预测，今年中国新兴产业仍然保持较高增长速度，增速将保持两位数的增长水平。报告认为，“十三五”期间的战略性新兴产业将划分为网络经济、生物经济、高端制造（包括高端设备制造与新材料）、绿色低碳（包括新能源、新能源汽车、节能环保）、数字创意五大领域及其八大产业。而据测算，预计“十三五”期间战略性新兴产业增加值增速将达到 20%左右，约 3 倍于同期 GDP 增长。“十三五”期间的战略性新兴产业发展，要坚持实施创新驱动发展战略，瞄准技术前沿，把握产业变革方向，围绕重点领域，优化政策组合，抢占未来竞争制高点，使战略性新兴产业增加值占 GDP 的比重达 15%，也就是力争实现比重五年内接近翻番的战略目标。

二、环保产业是新时代中国特色社会主义现代化建设的新兴重点产业

全球正处于以绿色、创新为主题的新一轮科技革命和产业变革孕育期，环保产业作为中国经济与环境相协调可持续发展的绿色经济转型升级的引擎，理所当然是新时代中国特色社会主义现代化建设的新兴重点产业。

可以预见未来 5 到 10 年，是全球新一轮科技革命和产业变革从蓄势待发到群体迸发的关键时期。信息革命进程持续快速演进，物联网、云计算、大数据、人工智能等技术广泛渗透于经济社会各个领域，信息经济繁荣程度成为国家实力的重要标志。增材制造（3D 打印）、机器人（20.880,0.08,?0.38%）与智能制造、超材料与纳米材料等领域技术不断取得重大突破，推动传统工业体系分化变革，将重塑制造业国际分工格局。基因组学及其关联技术迅猛发展，精准医学、生物合成、工业化育种等新模式加快演进推广，生物新经济有望引领人类生产生活迈入新天地。应对全球气候变化助推绿色低碳发展大潮，清洁生产技术应用规模持续拓展，新能源革命正在改变现有国际资源能源版图。数字技术与文化创意、设计服务深度融合，数字创意产业逐渐成为促进优质产品和服务有效供给的智力密集型产业，创意经济作为一种新的发展模式正在兴起。创新驱动的新兴产业逐渐成为推动全球经济复苏和增长的主要动力，引发国际分工和国际贸易格局重构，全球创新经济发展进入新时代。

“十三五”时期是中国全面建成小康社会的决胜阶段，也是战略性新兴产业大有可为的战略机遇期。中国创新驱动所需的体制机制环境更加完善，人才、技术、资本等要素配置持续优化，新兴消费升级加快，新兴产业投资需求旺盛，部分领域国际化拓展加速，产业体系渐趋完备，市场空间日益广阔。但也要看到，中国战略性新兴产业整体创新水平还不高，一些领域核心技术受制于人的情况仍然存在，一些改革举措和政策措施落实不到位，新兴产业监管方式创新和法规体系建设相对滞后，还不适应经济发展新旧动能加快转换、产业结构加速升级的要求，迫切需要加强统筹规划和政策扶持，全面营造有利于新兴产业蓬勃发展的生态环境，创新发展思路，提升发展质量，加快发展壮大一批新兴支柱产业，推动战略性新兴产业成为促进经济社会发展的强大动力。

21 世纪是人类关注环境保护和绿色发展的崭新世纪。环保产业作为以防治环境污染、改善生态环境、保护自然资源为目的进行技术开发、产品生产、商业流通、资源利用等一系列活动的战略性新兴产业，随着人们环境意识的增强和对环境质量要求的提高，发展环保产业的绿色经济已成为席卷世界的热潮，越来越多的国家正在抛弃传统的产业发展模式，取而代之的是以经济与环境相协调的可持续的绿色产业经济发展模式。在这种宏观背景下，全球环保产业的商品及服务市场迅速成长，世界各国也迅速掀起了绿色革命的浪潮，以推动本国经济的可持续发展。越来越多的国家力求在环保领域获得优势，环保产业已成为当前国际竞争新热点。随着全球经济一体化、环境保护和可持续发展的呼声日盛，世界环保市场也出现迅速发展的势头，发达国家和地区在技术水平和市场份额上占有绝对的优势，世界环保装备产业的重点知名企业有：美国通用电气公司、东芝、三菱重工、川崎重工、西门子 AG 发电公司、弗洛特威务环保有限公司等。2015 年全球环保产业市场规模将达到 7 998.43 亿英镑。

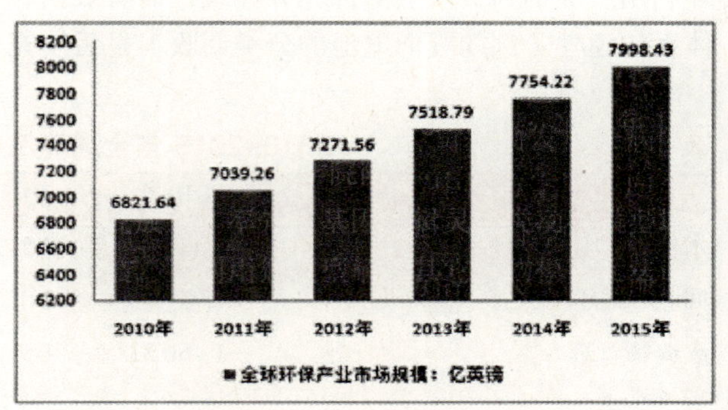

图 1　2010–2015 年全球环保产业市场规模
（引自 Low Carbon Environmental Goodsand Services Report）

水供应 / 废水处理、回收 / 循环和废弃物管理市场规模不断扩大。2015 年全球环保产业中水供应 / 废水处理领域市场规模最大，达到 2 841.55 亿英镑；其次是回收 / 循环领域，市场规模达到 2 294.1 亿英镑；废物管理领域的市场规模位居第三位，达到 1 714.1 亿英镑。

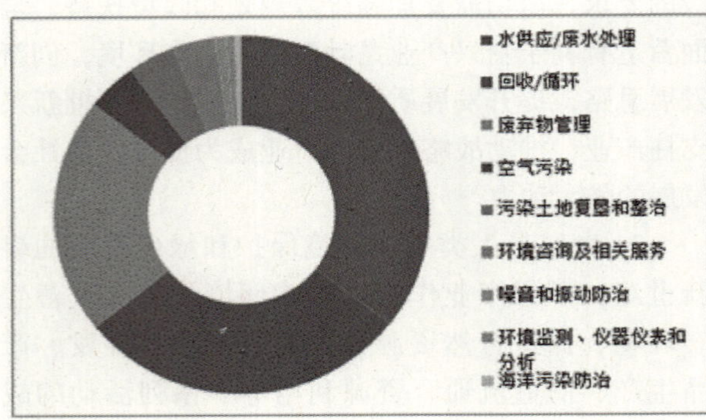

图 2　2015 年全球环保产业市场结构（引自 Low Carbon Environmental Goodsand Services Report）

当今世界经济发展历程表明，伴随着经济转型或结构调整的往往是环保投资的大幅增加及环保产业的起步。在宏观经济调整的过程中，环保投资力度反而会加大，经济发展和环境保护逐步形成良性互动，甚至一些发达国家环保产业在进入成熟期之后，环保产业又进入新一轮增长期。日本在 20 世纪高速经济增长期，曾经暴露出严重的环境问题，政府和企业采取积极的环保政策和改善措施。高标准高投入是日本环保产业的特点，由于高度重视，循环经济理念在日本深入人心，大到静脉园（静脉园是指建立以静脉产业为主导的生态工业园，通过静脉产业尽可能地把传统的“资源—产品—废弃物”的线性经济模式，改造为“资源—产品—再生资源”闭环经济模式，实现生活和工业垃圾变废为宝、循环利用。）小到节水卫浴都充分体现，而有效回收体系的建立（例如废旧电池的分类回收）是后续充分资源化的前提；在土壤修复、垃圾焚烧、污泥资源化等环保产业建立高标准、实现高投入是日本发展环保产业的显著特点，在治理公害过程中积累的兼具先进性与稳定性的环保技术值得借鉴，解决环保问题没有捷径，抛开标准和效果谈成本是片面的。经过几十年努力，日本环保产业有了突飞猛进的发展，部分环保项目已超过一直处于领先地位的美国。据统计，近年日本环保产业产值占 GDP 比重达到 8% 以上，在日本整体经济低迷的情况下，环保产业的成长对经济增长起了较大拉动作用。当前，日本正在实施环境立国战略，环保产业与整体经济形成良性互动，以资源循环产业为中心的环保产业正在日本蓬勃发展。发达国家环保产业进入了新的阶段，资源循环和可再生能源成为重要领域，环保产业伴随着经济起步至经济发达的各个阶段。根据德国环保部资料，德国仅可再生能源行业创造的就业岗位 2004 年为 16 万，2008 年上升至 28 万，预计 2020 年可攀升至 32 万。2030 年德国环保产业产值将达到 1 万亿欧元，届时将超过机械、汽车等成为德国第一大行业，环保产业作为新的“经济增长点”和“就业发动机”作用日渐突出。

美国的环保产业一直是世界强国的领头羊，美国在环保设备领域领先地位稳固，尤其在水和空气污染控制设备领域。从具体区域来看，自 20 世纪末，美国的加利福尼亚、德克萨斯、纽约、宾夕法尼亚等地区，已拥有实力较强的环保产业。加利福尼亚、宾夕法尼亚、德克萨斯、伊利诺伊、纽约、新泽西、马萨诸塞等州是环保业产值名列前茅的州。美国环

表 1　2010–2015 年全球环保行业市场结构分析（亿英镑）

指标	2010 年	2011 年	2012 年	2013 年	2014 年	2015 年
水供应 / 废水处理	2 447.31	2 517.72	2 600.8	2 689.23	2 763.52	2 841.55
回收 / 循环	1 947.08	2 016.13	2 082.66	2 153.47	2 225.24	2 294.1
废弃物管理	1 466.33	1 512.75	1 562.67	1 615.8	1 660.41	1 714.1
空气污染	289.01	295.79	305.55	315.94	331.4	346.2
污染土地复垦和整治	278.45	288.19	297.7	307.82	319.92	328.24
环境咨询及相关服务	245.18	254.46	262.86	271.79	281.44	293.36
噪音和振动防治	66.19	68.88	71.15	73.57	76.34	79.58
环境监测、仪器仪表和分析	45.36	47.18	48.74	50.39	53.22	56.71
海洋污染防治	36.73	38.16	39.42	40.76	42.73	44.59
总计	6 821.64	7 039.26	7 271.56	7 518.79	7 754.22	7 998.43

注：引自 Low Carbon Environmental Goodsand Services Report

保产业分为环保服务、环保设备和环境资源三大类。

此外，美国再生资源产业规模庞大。2015 年美国环保产业市场规模为 1 543.7 亿英镑。

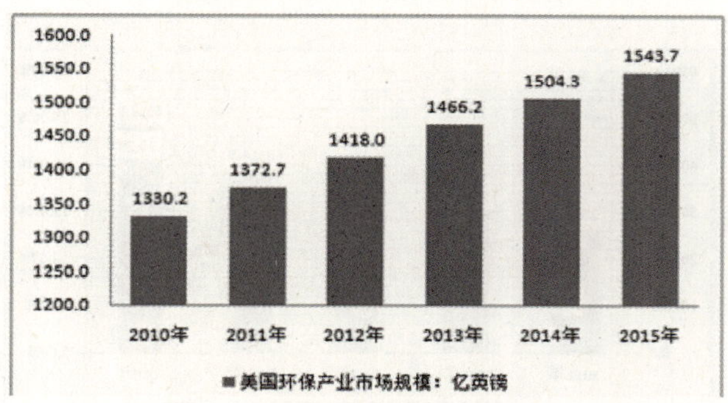

图 3　美国环保产业市场规模（引自 Low Carbon Environmental Goodsand Services Report）

环保服务市场是美国环保行业最大的细分市场，2015 年环保服务市场占环保市场的 56.4%，环保设备占 22.3%，环境资源站 21.3%。

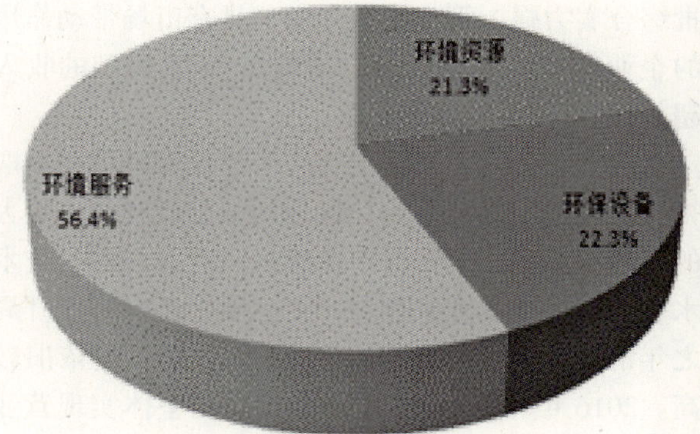

图 4　2015 年美国环保市场格局（%）

表 2　美国环保产业的分类及其内容

分类	内容
第一类：环保服务	
环境测试与分析服务	提供“环境样品”（如土壤、水、空气和生物样品）的分析测试服务
废水处理工程	建造收集和处理生活污水、商业和工业废水的公共设施，即 POTW 设施
固体废物管理	收集、处理和处置固体废物
危险废物管理	管理危险废物流、医药废物、核废料等
修复服务	受污染迪庆、建筑物理清扫、运转设施的环境保洁
咨询与设计	方案设计、工程设计、咨询、评估、认证、项目管理、营运管理、监测等
第二类：环保设备	
水处理设备与药剂	为水和废水处理提供设备服务，包括生产、供货和维修
仪器与信息系统	生产环境分析仪器，以及信息系统和软件
大气污染控制设备	为大气污染控制（包括汽车尾气控制）
废物管理设备	为危险废物处理、贮存和运输提供设备，包括回收和治理设备
清洁生产和污染预防技术	为生产工艺中的污染预防和废物处理 / 回收，提供设备和技术
第三类：环境资源	
水资源使用	向用户售水
资源回收	出售自工业副产品或废旧物品回收或转化的材料
清洁能源	出售能源，提供太阳能、风能、地热、小规模水力发电系统，以及提高能源利用率的服务

因此，发展中国的环保产业问题应该放在全球战略的高度来考虑。环保产业已成为经济的一个新的增长点，并被誉为“朝阳产业”。环保产业在中国起步较晚，进入 20 世纪 90 年代，中国环保产业才迅速进入快速发展时期，其从业领域、市场规模及容量不断扩大，服务质量与水平有了较大幅度的提高。随着“九五”环境保护计划的实施，到 20 世纪 90 年代后期以来，环保产业增长速度明显加快，处于快速扩张及产业结构不断调整的阶段，进入 21 世纪，中国环保产业经过二十多年发展，已经在污水、大气、固废处理处置以及环境服务等重点领域，形成涵盖环境咨询、环保设备、工程设计、设施运营维护的多元化产业格局。“十一五”以来，环保产业年均增速超过 15%，进入快速发展阶段。

“十二五”期间，国家出台节能环保产业规划，2013 年国务院专门印发节能环保产业的意见，中国环保产业在城镇污水及工业废水处理、垃圾填埋与烧发电、大气脱硫脱硝除尘等方面，已具备依靠自有技术进行工程建设与设备配套的综合能力；根据国家发改委统计，截至 2015 年底，环保产业产值达到 4.5 万亿元，增加值占 GDP 的 2.1%。从业人数达到 3 000 多万，技术装备水平大幅提升。环保产业过去多而乱、小而散的状态正在快速改变，一批综合实力强、管理水平先进，具有市场带动作用的企业和产业脱颖而出，涌现出 71 家典型的收入超 10 亿元的节能环保企业。

“十三五”期间是生态文明建设和环境保护取得实质性进展的重要窗口机遇期，已经释放出更大的环境市场空间，环保产业规模、产业结构、技术水平和市场化程度，作为“十三五”环保行业开局之年的 2016 年业绩稳步增长，行业景气度依旧较高。2016 年环保行业 53 家上市公司整体实现营业收入 1 219.92 亿元，同比增长 24.07%，增速提升 4.25 个百分点；实现净利润 168.51 亿元，同比增长 21.02%，增速提升 2.13 个百分点，环保行业业绩保持稳步增长的动力主要是政策利好和监管趋严下订单的加速释放。

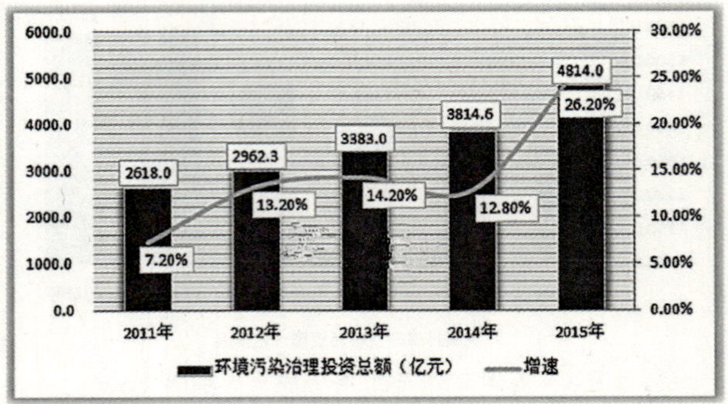

图 5　2011–2015 年中国环保产业中环境污染治理投资同比增速

表 3　中国环保产业 2016 营业收入与“十二五”期间同比增速

	同比增速					净利润（亿元）
	2012	2013	2014	2015	2016	2016
供水	–0.30%	14.46%	19.04%	12.92%	13.19%	265.47
污水处理	34.50%	30.18%	18.59%	21.72%	41.46%	228.18
大气治理	15.59%	6.21%	16.84%	22.04%	10.38%	212.00
固废处理	43.84%	35.75%	41.30%	22.39%	19.56%	276.51
环境监测	17.58%	12.25%	14.47%	27.03%	21.39%	99.44
土壤修复	36.73%	102.25%	31.39%	17.34%	68.37%	138.32

表 4　中国环保产业 2016 年净利润与“十二五”期间同比增速

	同比增速					净利润（亿元）
	2012	2013	2014	2015	2016	2016
供水	–0.22%	44.39%	–16.91%	9.65%	2.38%	47.20
污水处理	37.08%	33.61%	22.92%	13.03%	36.51%	36.45
大气治理	27.52%	41.39%	8.63%	38.08%	9.79%	18.46
固废处理	–21.32%	219.95%	–13.52%	18.70%	23.99%	35.83
环境监测	–5.07%	10.00%	8.67%	38.13%	35.39%	13.72
土壤修复	35.10%	74.52%	5.53%	39.47%	58.97%	16.86

从营收规模上看，固废处理板块首次超过供水板块跃居首位，2016 年实现营收 276.51 亿元，而受市场空间限制，环境 99.44 亿元营收连续三年居于末位；监测从净利润规模上看，供水板块以 47.20 亿元继续稳居首席，环境监测板块 13.72 亿元继续垫底。但是从增速上看，营收和净利润增速排名前三的均分别是土壤修复、污水处理和环境监测。不同子行业间业绩分化加剧。从净利润增速变化上看，供水、大气治理和环境监测板块增速分别下滑 7.27、28.29 和 2.74 个百分点，大气治理板块业绩增速下滑最为明显；而污水处理、固废处理和土壤修复板块增速分别提升 23.48、5.28 和 19.50 个百分点，其中污水处理板块业绩提升最为显著。我们认为，在电力领域超低排放接近尾声、非电领域市场尚未释放的情况下，虽然政策上对大气治理重视度高企，但末端治理企业业绩增速下滑已成定局，大气治理板块业绩将向产业链前端的能源净化和清洁能源利用领域扩展；污水处理领域受益 PPP 模式推广，业绩加速释放，且随着农村污水治理市场逐步打开和“河长制”下流域治理的稳步推进，污水处理板块的高增速仍将持续。

中国经济今天取得了举世瞩目的成就，同时环境污染也日益严峻，环境污染已成为制约中国经济进一步发展的重要因素之一，因此环境治理和可持续性发展越来越受到重视。尽管近年“气十条”“水十条”等政策扶持力度加大，引导环保产业市场化、规模化扩容，但环保产业作为战略性新兴产业之一，仍处于发展初期，要成为国民经济的支柱性产业还有较大差距，有待行业的共同努力，在挑战中实现飞跃。在中国经济进入转型期背景下，相比其他行业而言，环保行业增长空间巨大，存在中长期较好的投资价值。从大气、水和土壤三大环保行动计划到环境污染第三方治理 PPP 模式，再到中央经济工作会议提出必须推动形成绿色低碳循环发展新方式，所有这些都为环保产业的发展提供了不竭的动力；当前环保产业中七大热点：污水处理、大气污染防治、土壤修复、环境监测、海绵城市、危废处理、汽车拆解，显示出该领域未来若干年仍然具有很大的市场发展潜力。西方发达国家环保产业经过多年发展，已形成较为成熟的产业体系，产值占国内生产总值的 10%~20%，在国民经济中所占份额不断上升；而中国环保产业起步较晚，企业规模普遍较小，市场化机制还有待发展完善，产值占 GDP 比例低于 5%，未来增长空间巨大。“十三五”期间，特别党的十九大以后，随着新时代中国特色社会主义现代化生态文明建设的推进以及“美丽中国”战略的实施，预计 2017-2020 年中国节能环保产业将保持 18% 左右的增速，到 2020 年前后，环保产业规模将接近 10 万亿；届时，中国环保产业占 GDP 的比重将从现在的 7% 提升到超过 10%。

三、云南以自身的优势进一步加快发展环保产业

面对国内产业结构调整与应对资源环境危机的双重压力及机遇，云南站在新时代中国特色社会主义现代化建设新的历史起点上，应当以自身的优势进一步加快发展环保产业，在建设生态文明这一关乎中华民族永续发展的新征程上迈出坚实的步伐。

当前，世界经济增长步入新常态，呈现出向更长历史时段的中低速增长回归的趋势。据国际货币基金组织（IMF）2017 年 4 月发布的《世界经济展望》报告中预计未来五年世界经济平均增速为 3.7%，比 2008 年国际金融危机前五年平均增速低 1.4 个百分点。在影响世界经济增长的技术进步与扩散、人力资本、市场规模、制度条件、资源环境约束等中长期因素中，积极与消极因素并存，但总体趋于稳定。一方面，技术进步与扩散将对劳动生产率的提高产生正向作用，全球经济一体化和区域深度一体化的持续推进将为全球市场规模的扩大带来积极影响，国际经济制度变迁进展缓慢，一些经济体内部制度改革的效应正逐渐显现；另一方面，人口老龄化导致的劳动力供给数量下降，世界各国尤其是曾经历长期高速增长的新兴市场国家的资源环境约束不断加大。在未来较长的一段时期，金融危机前世界经济的高速增长态势已难再现，外需低迷也将成为包括中国在内的各经济体面临的新常态。中国经济的新常态受外部和内部两个方面因素变化的影响：

（一）面临新风险、迎接新挑战，这是中国经济发展外部环境的新变化。

具体表现：一是经济全球化进程受阻。金融危机后，国际贸易增长一直处于低迷状态，国际投资活动增长乏力，世界主要经济体政策的内顾倾向和保护主义思潮日益盛行，很多外向型经济体遭受沉重打击。世界贸易组织（WTO）数据显示，2016 年全球货物贸易实际增长率仅为 1.7%，已连续五年增速低于世界经济增长率，并且速差有所扩大。联合国贸易和发展会议数据，2015 年全球直接投资增速大幅反弹，但仍未恢复到金融危机前水平，并

在2016年再度出现负增长，增速下降13%以上。时至今日，全球新的贸易保护主义措施与日俱增，贸易保护主义的上升势头仍未得到扭转。英国经济政策研究中心发布的《全球贸易预警》报告显示，2015年11月至2016年10月二十国集团19个成员国新增保护主义措施401项，而新增自由化措施仅118项。并且，自2008年11月以来这些全球主要经济体累计出台保护主义措施5 560项，自由化措施仅1 734项。由于全球化进程受阻，中国推进国际经贸合作的难度日益增大。

二是开放型经济遭遇双重竞争。当前，中国经济的转型升级已进入新的历史阶段，开放型经济建设面临新的历史环境和条件。一方面，发达国家推出的“再工业化”政策可能使某些制造业回流，从而带来全球国际分工格局的局部调整，并对中国的制造业大国地位带来挑战。全球金融危机后，美、欧、日等传统发达国家经济严重受损，产业“空心化”的弊病日益凸显。为了调整经济、产业、社会结构，摆脱面临的诸多经济困境以及维护在经济和技术方面的强大影响力，一些发达经济体纷纷出台政策，采取重振制造业的一系列措施，并试图通过打开国外市场为制造业产品创造更大规模的需求。另一方面，由于企业生产成本上升，中国吸引外资的一些优势正逐步丧失，而其他发展中国家得益于相对低廉的劳动力成本和不断提高的劳动者素质，在吸引外资方面对中国的竞争优势日益凸显。中国境内企业高成本涉及土地、房价、原材料、能源、环保、人才和普通劳动力、资金、知识产权、物流、税费和交易等多个方面。中国面临的生产成本上升和创新能力不足带来的挑战，使得中国处于发达国家和发展中国家的“夹心层”。

三是深度融入全球经济体系。在近40年的改革开放进程中，中国与外部世界的联系日趋紧密。由于中国经济同世界经济的高度融合，由此带来的中国经济的波动和风险大大增加。在国际经济合作方面，中国已深度融入全球经济体系，与外部世界存在很强的相互依赖关系。近年来，中国作为世界上绝大多数国家的最大贸易伙伴的地位得到进一步巩固。根据美联社数据，2006年中国仅是全球70个国家的最大贸易伙伴，美国的这一数字为127个；2015年中国已成为130个国家的最大贸易伙伴，而美国则降至约70个。继2015年中国超过加拿大首次成为美国第一大货物贸易伙伴之后，2016年中国超越美国和法国首次成为德国第一大货物贸易伙伴。目前，中国是世界上最大货物出口国、第二大对外直接投资国、最大外汇储备国、最大旅游市场。这表明，中国在全球体系中占据十分重要的地位，但也从侧面反映出，中国经济更容易受到外部世界尤其是发达国家经济的影响和冲击，外部经济波动与政策调整的溢出效应往往会给中国经济的稳定发展带来风险和挑战。

（二）中国经济发展从高速增长期进入中高速增长的新常态，技术进步与扩散、人力资本、资源环境约束、制度条件等掣肘经济发展的长期性内生因素日益凸显。

经过几年的持续放缓，中国经济进入一个新的增长通道。IMF数据显示，2016年中国经济增速为6.7%，低于2015年的6.9%，经济增速创25年来新低；预计未来五年的经济增速还将下降为6.0%左右。因此中国经济发展内生因素的新挑战具体表现为：

一是技术进步与扩散的效应减弱。在实行改革开放政策后的很长一段时间里，由于在科学技术方面中国与发达国家存在较大差距，即便是利用发达国家落后或淘汰的技术，也能够推动中国经济实现快速增长。在经济发展到一定阶段后，那种单纯依靠技术模仿和学习的老路已经走不通了。一方面，低端技术的流入与扩散对经济的提升效应明显下降；另一方面，发达国家对新技术的扩散控制更加严格。为此，经济的高速增长和持续发展的动力必须转到依托自主研发和科技创新的路子上来。但由于中国科技创新基础薄弱、研发人员相对较少和资金投入不足等问题的长期存在，自主创新能力不强和缺乏核心技术已成为很多行业和企业的通病。技术进步与扩散对经济发展的促进作用逐渐减弱将是未来中国经济面临的主要挑战之一。

二是劳动力供给面临新的压力。随着劳动力人口下降、“刘易斯拐点”（劳动力过剩向短缺的转折点）加速到来以及老龄人口比例持续上升，长期以来支撑中国经济高增长的人口红利开始衰减。国家统计局数据显示，2016年中国65岁及以上人口占总人口的比例为10.8%，较十年前上升了2.9个百分点；0至14岁人口占总人口的比例为16.6%，较十年前下降了3.2个百分点。同时，由于城镇化速度放缓，农村劳动力向城镇转移的速度也随之放慢，从而导致劳动力成本不断上升。与人口结构的不利变化相伴而生的，还有人力资本形成步伐放缓。当前，中国经济的重心正从制造业向服务业、从中低端制造业向高端制造业转型升级，但高新科技人

才匮乏状况的改善步伐不能满足国家对人力资本和知识资本的需求，人力资本的积累非常缓慢。

三是能源资源与环境的制约加大。长期以来，能源资源是支撑中国经济高速增长的物质基础。随着对外部能源资源的需求日益上升，能源资源瓶颈已成为中国经济发展的“软肋”，中国经济也由此与国际市场的能源资源供应风险密切联动。这其中，能源资源的可获得风险与价格风险尤其值得注意。能源资源的持续可获得，既要拥有较强的支付能力，也要保持供应来源的稳定性和能源资源的运输安全。并且，保持国际市场上能源资源价格的稳定更非易事。因此，能源资源瓶颈将是中国经济必须面临的长期问题，在未来相当长的一段时间内都难以得到彻底破解。与此同时，过去许多地区和领域以能源资源的粗放利用和环境污染为代价换取经济发展，导致生态环境问题日益突出，环境质量恶化的趋势仍未得到根本扭转。控制环境污染的存量和增量的持续上升，必须在未来的经济发展中加以统筹解决。四是产业结构的调整进入“阵痛期”。随着经济发展与资源环境的矛盾日趋尖锐，加快转变经济发展方式和调整经济结构刻不容缓。

十八大以来，中国经济结构转型大致包括以下四个方面：以主要依靠内需来替代原来的主要依靠外需；以主要依靠消费替代原来主要依靠投资；以主要依靠社会投资为主替代主要依靠政府投资；以主要依靠高级要素投资替代主要依靠普通要素投入。但结构转型不得不付出相应的代价。化解过剩产能和优化产业结构必然会对一些行业和企业带来较大冲击，那些依然沿用传统生产和经营策略的企业将不得不面临被淘汰的命运。对全社会而言，结构转型还将导致劳动生产率降低。在工业化初期，劳动力从农业部门向制造业部门的大规模转移，意味着全社会劳动生产率的提升，因此支撑了经济的高速增长。产业结构的进一步升级将要求劳动力从制造业部门向生产率相对较低的服务部门转移，由此导致劳动生产率的提升速度放缓。五是经济发展的制度性障碍凸显。中国经济的腾飞与破除束缚经济发展的制度性障碍的改革密不可分。改革开放以来，中国多次推动各领域进行非常深入的改革，由此实现经济上的快速发展。在经济发展的过程中，发展方式粗放，发展不平衡、不协调、不可持续等问题日益突出，一些不能适应新的发展阶段需要的旧体制和制度对经济发展的阻碍作用不断加大，一些深层次的社会矛盾也在不断累积。为了破除一切不利于科学发展的体制机制障碍，为发展提供持续动力，必须坚定不移地全面深化改革。基于此，党的十八届三中全会通过《中共中央关于全面深化改革若干重大问题的决定》，并展现出新的历史时期党和国家空前的改革勇气和决心。但是，全面深化改革将触及深层次的社会关系和利益调整，统筹兼顾各方利益的任务艰巨，凝聚改革共识形成共同行动准则的难度加大，从而在很大程度上影响着促进技术和机制创新的新一轮改革的成效。综上所述，技术进步与扩散的效应减弱、劳动力供给面临新的压力、能源资源与环境的制约加大、产业结构的调整进入“阵痛期”，以及经济发展的制度性障碍凸显，成为中国经济发展内生因素的新挑战。

（三）准确把握经济发展阶段、培育技术竞争新优势、系统推进深化结构改革、完善社会主义市场经济机制和深度参与全球经济治理，是新时代中国经济发展的新思路。

为了顺应时代潮流和适应经济发展面临的新环境，党的十八大提出了“创新、协调、绿色、开放、共享”的五大发展理念，创造性地规划未来中国的发展道路和增长方式。党的十九大报告进一步指出，中国经济已由高速增长阶段转向高质量发展阶段，正处在转变发展方式、优化经济结构、转换增长动力的攻关期，建设现代化经济体系是跨越关口的迫切要求和中国发展的战略目标。以新发展理念引领新时代中国特色社会主义现代化经济体系建设，以新发展理念为引领推进中国经济平稳健康可持续发展。十九大新的发展理念为解决中国经济面临的问题与挑战、塑造中国经济发展的新动力提供了新的思路。结合中国经济发展内外环境与因素的新变化，新形势下推动中国经济发展还需重点把握以下五个方面：一是准确把握新时代中国经济发展的脉搏，提前布局创造新的经济增长点。经过30年的经济高速增长后，从大的历史阶段看，中国仍处在社会主义初级阶段；但从当前世界各国经济发展水平看，中国已经进入中等偏上的发展阶段。相比改革开放初期，中国经济面临的国内国际环境发生了巨大变化。一方面，经济发展方式正从注重规模和速度的粗放型增长向注重质量和效率的集约型增长转型，经济结构正从以增量扩能为主转向化解过剩存量、提质增量并重调整，经济发展动力正从依托能源资源和劳动的传统增长点向以创新为支撑的新的增长点转变；另一方面，发达经济体对中国经济崛起的防范力度不断加大，在出口、技术转让、规则等方面对中国严加限制。因此，准确分析判断新时代中国特色社会主义的经济发展阶段性特征，提前布局创造新的经济增长点，尽早规避“中等收入陷阱”。党的十九大报告进一步提出必须把发展经济的着力点放在实体经济上，加快完善社会主义市场经济体制，实现产权有效激励、要素自由流动、价格反应灵活、竞争公平有序、企业优胜劣汰。把提高供给体系质量作为主攻方向，显著增强中国经济质量优势。

二是培育技术竞争新优势，满足人民日益增长的美好生活需要，大力提升新时代中国经济发展质量和效益。建设现代化经济体系，要坚持一个方针，即“质量第一、效益优先”；坚持一条主线，即“供给侧结构性改革”；推动三大变革，即“经济发展质量变革、效率变革、动力变革，提高全要素生产率”；建设一个产业体系，即“实体经济、科技创新、现代金融、人力资源协同发展的产业体系”；建设“三个有”的经济体制，即“市场机制有效、微观主体有活力、宏观调控有度”。十九大报告提出，加强应用基础研究，拓展实施国家重大科技项目，突出关键共性技术、前沿引领技术、现代工程技术、颠覆性技术创新，为建设科技强国、质量强国、航天强国、网络强国、交通强国、数字中国、智慧社会提供有力支撑。在传统技术领域，先进技术主要集中在欧美等发达国家；在新兴技术领域，发达国家同样拥有技术开发与创新的优势。要为经济崛起提供持续的技术支持，必须打破这种技术分配格局，跨越“技术鸿沟”，并在部分领域占据优势地位。为此，要从以下五个方面入手加快技术的研发与运用进程：加大对基础性研究的支持，鼓励普遍性的技术改进，为全社会的科技创新夯实牢固基础；为科研项目创造良好的融资环境，在进一步加大政府投入的基础上鼓励和引导社会资本参与科技创新活动；高度重视高精尖人才的培养和引进，健全人才培养、引进、使用和保护机制，激发科技人才的持久创新动力；推动企业与高等院校、科研机构的技术研发合作，推进产学研一体化发展，促进科技成果快速转化为现实生产力；推动在节能环保、新一代信息技术、高端装备制造、新能源、新材料等新兴领域的技术开发，力争取得突破性进展，创造相对于发达国家的优势地位。此外，还要创造机遇和条件继续加强同欧美等发达国家之间的高新技术合作。

三是系统推进深化结构改革，进一步促进新时代中国特色社会主义现代化新型经济的持续发展。在结构性因素持续压制需求的情况下，仅靠短期政策刺激不仅难以持续维持较高经济增速，而且还可能导致更为严重的经济问题。因此，解决经济问题的根本出路在于深化结构改革。在人口结构上，不断提高高素质人口的比例，加快人力资本积累。这包括加强职业技能培训和高精尖人才的培养，促进更多人口更高质量的就业；推动劳动力市场改革，在提高劳动力市场弹性和加强社会保障之间寻找更好的平衡；持续增加研发投入，在保护知识产权的原则下促进知识扩散和技术转移，将创新作为推动经济持续增长的关键动力。在需求结构上，一方面优化投资结构，提高投资效率；另一方面逐步实现更多依靠内需特别是消费需求拉动经济增长。在产业结构上，一方面逐步实现更多依靠服务业和战略新兴产业带动经济发展；另一方面大力推进新型工业化、新型城镇化和农业现代化，促进经济的转型升级。

四是完善新时代中国特色社会主义市场经济机制，充分发挥市场在资源配置中的决定性作用，提高资源配置效率。破除不合时宜的旧体制机制的束缚，创造新的经济增长活力和动力，需要充分发挥市场在资源配置中的决定性作用，不断完善市场机制，提高资源配置效率。具体包括以下三个方面的内容：反垄断，促竞争。逐步打破部门分工的传统格局，反对行业垄断，促进各行业的自由竞争；松管制，促搞活。在加强监管的基础上放松管制，不断完善现有宏观经济治理规则的设计，促进全社会要素的自由流动；扩开放，推拓展。在加强宏观审慎的基础上循序渐进地扩大对内对外开放，推动开放不断向广度拓展和深度延伸。

五是深度融入世界经济体系，参与全球经济治理，给经济发展营造良好的外部环境，在国际经济规则的制定方面发挥更加重要的作用，构建世界经济发展命运共同体。为了给经济发展营造良好的外部环境，充分利用国际国内两个市场、两种资源，中国必须更加积极地参与全球经济治理，深度融入世界经济体系，并在国际经济规则的制定方面发挥更加重要的作用。在理念上，中国形成了“共商共建共享”的国际合作和全球治理基本理念，彰显了中国参与全球治理的开放性和包容性，得到了很多国家和地区的认同。在行动上，中国需要重点做好以下三点：以“一带一路”倡议为依托，加强国际产能合作，根据需要促进产能“走出去”和“引进来”

的双向流动；加强同发展中国家的经济合作和政策协调，推动建立反映新兴经济体发展利益的国际规则；积极参与全球经济治理，积极应对发达经济体追求自身利益优先的政策调整，引领经济全球化朝着符合时代潮流的方向继续前行。

云南在成功跻身GDP万亿俱乐部之后，就着力培育和发展经济新增长点。在国家深化供给侧改革政策指导下，为了紧跟全国战略性新兴产业的蓬勃发展形势，云南结合自身实际，锁定6大战略性新兴产业，将现代生物、光电子、节能环保、新材料、新能源、高端装备制造等六大产业确定为重点发展的战略性新兴产业。其实，发展新兴产业，云南早已有了准备和底气。早在2012年初，云南省就专门编制印发《云南省战略性新兴产业发展“十二五”规划》，分析云南省发展战略性新兴产业面临的形势、意义和挑战，提出把加快培育和发展战略性新兴产业放在推进产业结构升级和经济发展方式转变的突出位置，现阶段选择现代生物、光电子、高端装备制造、新材料、节能环保、新能源等产业作为战略性新兴产业重点培育和发展的总体思路，明确发展的重点领域、方向和产业布局，制订强有力的保障措施。云南6大战略性新兴产业的发展的目标：到2015年，力争战略性新兴产业销售收入超5000亿元，新兴产业增加值占GDP的比重达到10%，战略性新兴产业发展成为全省经济社会全面协调可持续发展的重要支撑力量。到2020年，战略性新兴产业局部领域达到国际领先水平，增加值占GDP的比重力争达到15%，6大战略性新兴产业成为支柱或先导产业，建成在东南亚、南亚有影响力和辐射作用的战略性新兴产业基地。同时进一步大力发展现代生物产业，加快培育和壮大光电子产业，依托石油炼化基地、城市轨道交通、机场建设等重大工程，建设一批重点产业基地，壮大产业集群；并做大做强节能环保产业，大力推进太阳能光伏、风能开发利用，做强太阳能光热利用产业，加快培育生物质能产业，初步建立比较完善的新能源产业体系。

云南融入国家“一带一路”发展战略，建设面向南亚、东南亚辐射中心，核心在促进绿色经济发展，重点在培育战略性新兴产业。围绕打造产业辐射中心、加快重点产业培育的目标任务，云南省将现代生物、光电子、节能环保、新材料、新能源、高端装备制造等六大产业确定为重点发展的战略性新兴产业。力争打造一批产业小巨人，形成一批产业链群，加快培育一批特色产业基地，构建一批产业集群，努力聚合形成新兴产业后发优势。围绕上述6个战略性新兴产业发展，在“十二五”期间云南重点实施产业链打造、重大应用示范、区域创新体系、特色产业基地建设等五大工程。为顺利保障六大战略性新兴产业的发展，确保五大重点工程实施。从2012起，省财政每年将新增3亿元省级战略性新兴产业发展专项资金，集中支持战略性新兴产业重点领域的重大产业关键技术研发、创新成果产业化、重大项目、产业链、产业基地、创新能力建设。针对战略性新兴产业的特点，在中央赋予地方的税收管理权限内，云南结合省情，研究制定了具有地方特色和可操作性的税收支持政策。建立生物、新材料、节能环保等专业性创业投资基金和股权投资基金，引导省内已建立的产业股权投资基金向战略性新兴产业领域倾斜。以滇中地区为重点，云南发挥昆明、玉溪、楚雄、曲靖等中心城市知识技术密集和国际国内合作优势，支持区域性中心城市围绕特定战略性新兴产业专业化发展，促进人才技术资金等资源集聚，建设一批战略性新兴产业科技研发中心和产业化示范工程，培育一批具有自主知识产权的产品和品牌，形成产业链整体优势和竞争优势，全面推动全省产业结构优化升级。作为国家和云南培育发展战略性新兴产业的第一个5年，“十二五”期间，云南战略性新兴产业培育已经初具规模，并初见成效。统计显示，2011–2015年战略性新兴产业增加值年均增速超过19%，2015年增加值达到1 117亿元，占GDP比重达到8%，比2011年提升1.3个百分点，成功突破千亿大关。

云南发展环保产业具有自身的地域优势。云南是中国面向南亚东南亚的辐射中心，是中国–东盟自由贸易区建设和大湄公河次区域合作的前沿，在构筑面向东南亚和谐的国际合作环境和保障国家生态安全中具有重要的战略地位。开拓大湄公河次区域、孟中印缅地区环保市场，云南省具有距离近、信息灵、产品实用对路且价格低廉等优势条件，可以优先考虑由云南环保企业进入次区域国家环保市场，支持企业“走出去”，来共同促进云南环保对外贸易的发展，扩大云南与周边国家经贸关系。同时，云南多年来实施绿色经济强省建设、新型工业化、“七彩云南保护行动”以及生态文明建设等重大战略，为发展环保产业奠定坚实的基础。

当前，云南环保产业发展正进入新阶段。在这个阶段，环保产业作为治理污染的重要支撑和科技创新的重要领域，不仅承担改善环境质量的重任，更是逐渐发展成为云南战略新兴产业经济新的增长点。“绿水青山就是金山银山”。党的十八大以来，绿色发展观念日渐深入人心，利好政策出台、执法力度加大、市场需求释放，推动了云南环保产业发展高速发展。环保产业已经在污水、大气、固废处理处置以及环境服务等重点领域，以省会城市昆明为轴心形成了全省范围的涵盖环境咨询、环保设备、工程设计、设施运营维护的多元化产业格局。过去，云南环保产业主要为环境保护提供物质和技术支撑，现在，环保产业是推动经济发展的新动能，成为云南国民经济新的经济增长点，在稳增长、调结构、惠民生过程中的作用日益突显。如果说，环保产业的技术创新解决怎么办的问题，那么，模式创新则对环保产业发展产生更为根本性的影响。近两年来，PPP 模式席卷环保产业领域，包括 PPP 在内的模式创新，一定程度上解决了地方政府资金不足的问题，撬动社会资本参与环境治理，也为环保产业发展打开更广阔的市场。云南省自 2013 年启动 PPP 工作以来，一直走在全国前列；截至 2017 年 1 月，共有 440 个项目进入财政部 PPP 项目库，总投资额 10 610 亿元。仅 2017 年推介的 106 个列入国家财政部的 PPP 示范项目、省级 PPP 示范项目、全省范围内的 PPP 重点项目，总投资额达 3 996 亿元，其中属于环保产业的水环境循环综合建设和生态环境建设和保护项目就有 10 个，投资规模达 117 亿元。在生态文明理念指引下，云南省人民政府出台《关于加快发展节能环保产业的意见》标志着云南环保产业迎来发展新纪元。

云南《关于加快发展节能环保产业的意见》明确，自 2016 年起，全省节能环保产业产值年均增长 15% 以上，到 2020 年，总产值达到 1 000 亿元。建设 1~3 个技术先进、配套健全、发展规范的节能环保产业示范基地，打造一批拥有知识产权和竞争力的装备和产品，形成以骨干企业为龙头、广大中小企业为配套，研发、生产、推广、运营、服务等上下游协同推进、配套健全的产业发展格局，使节能环保产业成为云南省新的经济增长点。《意见》提出，牢固树立生态文明理念，坚持生态立省、环境优先，把加快发展节能环保产业作为推动产业转型升级增效、促进经济平稳持续发展的一项重要任务，围绕做实产业基础、做大产业总量、提高技术水平和产业竞争力，以企业为主体、以市场为导向、以工程为载体，利用内外资源，发挥自身优势，释放市场潜在需求，形成新的增长点，为实现节能减排目标，争当全国生态文明建设排头兵做出贡献。《意见》要求，要充分发挥云南省区位条件、资源禀赋、特色产业等优势，抓住当前国内外产业融合、共同发展的机遇，突出抓好一批重点工程，积极培育一批知名品牌，进一步夯实产业发展基础。加大人才培养力度、加快技术创新步伐，重点研发和引进一批节能环保关键技术和装备，推广节能环保产品，推行市场化新型节能环保服务业；凝聚产业优势，打造节能环保产业特色园区，发挥龙头企业的辐射带动作用，加快产业集聚发展。充分发挥市场在资源配置中的决定性作用，以市场需求为导向，建立健全支撑体系，提供良好的政策环境和公共服务，积极培育市场主体，释放节能环保产品、设备、服务的消费和投资需求，调动企业、社会力量和公共机构参与的积极性，推动节能环保产业发展。只有在发展中解决好环境问题，才能实现真正的可持续发展。而在新时代中国特色社会主义现代化建设中人民对更高生活品质的追求，都是倒逼参与转型升级、促进环境改善的动力。我们相信环保产业将在云南的社会经济的可持续发展中扮演越来越重要的角色，承载越来越多的期望。

（西南林业大学　吴　松　郎南军　张卓亚　陈国兰　刘云根　王家强）

云南努力争当建设美丽中国排头兵

在中国共产党第十九次全国代表大会上，习近平总书记代表中国共产党第十八届中央委员会向大会作报告。习近平总书记的报告对中国所处历史方位作出了判断。“加快生态文明体制改革，建设美丽中国”在十九大报告中单独成篇，表明党对新时代中国特色社会主义建设规律从认识到实践达到崭新的水平。中国要“强起来”，体现在以绿色引领发展。党的十八大以来，中国坚持“保护生态环境就是保护生产力，改善生态环境就是发展生产力”的绿色发展理念，生态环境明显改善，党的十九大胜利召开标志着“生态文明”“绿色发展”和“美丽中国”的三大理念必将对未来新时代中国特色社会主义现代化建设的政治社会经济可持续发展产生重大影响。

一、十九大报告勾画的“绿色路线图”

十九大报告全面阐述加快生态文明体制改革、推进绿色发展、建设美丽中国的战略部署，中国开启生态文明建设新时代。

习近平总书记在十九大报告用相当大的篇幅对加快生态文明体制改革、建设美丽中国作出部署。一是推进绿色发展。构建市场导向的绿色技术创新体系，壮大节能环保产业、清洁生产产业、清洁能源产业。推进能源生产和消费革命，构建清洁低碳、安全高效的能源体系。推进资源全面节约和循环利用。二是着力解决突出环境问题。加快水污染防治，实施流域环境和近岸海域综合治理。强化土壤污染管控和修复，加强农业面源污染防治。三是加大生态系统保护力度。完成生态保护红线、永久基本农田、城镇开发边界三条控制线划定工作。开展国土绿化行动，推进荒漠化、石漠化、水土流失综合治理，强化湿地保护和恢复，加强地质灾害防治。完善天然林保护制度，扩大退耕还林还草。严格保护耕地，扩大轮作休耕试点，健全耕地草原森林河流湖泊休养生息制度，建立市场化、多元化生态补偿机制。四是改革生态环境监管体制。加强对生态文明建设的总体设计和组织领导，设立国有自然资源资产管理和自然生态监管机构，完善生态环境管理制度，统一行使全民所有自然资源资产所有者职责，统一行使所有国土空间用途管制和生态保护修复职责，统一行使监管城乡各类污染排放和行政执法职责。五是构建国土空间开发保护制度。完善国土主体功能区配套政策，建立以国家公园为主体的自然保护地体系。实施区域协调发展战略，支持资源型地区经济转型发展。坚持陆海统筹，加快建设海洋强国。最后习近平总书记代表党中央庄严承诺“我们要牢固树立社会主义生态文明观，推动形成人与自然和谐发展现代化建设新格局，为保护生态环境作出我们这代人的努力！”

“人民对美好生活的向往就是我们的奋斗目标。”十九大报告提出：“把我国建成富强民主文明和谐美丽的社会主义现代化强国”。比十八大提出的“富强民主文明和谐”有了进一步拓展。“美丽中国”一词，在习近平总书记的报告中三次出现，这意味着生态文明建设已经上升为新时代中国特色社会主义的重要组成部分。当前中国“最突出的不平衡之一”，就是经济发展和生态环境保护的不平衡，人口经济和资源环境的不平衡，以及人与自然的不平衡。如今，美好生活的目标中，“美丽”分量越来越重。强调“美丽”，正是针对这一痛点，继“生态文明建设”写入十八大党章后，大量明晰、可操作的生态环境保护细节，首次出现在十九大报告中；“绿水青山就是金山银山”的发展理念，被细化为多方面的具体部署；对这一目标的实现路径，十九大报告亦有更具体、可落实的安排。中国正在形成不同于西方的、基于东方智慧的生态环境系统治理方案，对解决全球环境问题的作用日益突出。预计未来五年，中国生态文明建设的能量将充分释放，整个世界生态文明亦将因此发生重大变化。在实现中华民族伟大复兴中国梦的新征程中，务必以更大的责任和担当，为强盛中国注入更多“美丽”的力量。在向着新时代中国特色社会主义现代化强国目标迈进的新征程上，一幅天蓝地绿水净空气清新的生态文明建设的美丽画卷正在徐徐展开。

二、新时代中国特色社会主义现代化建设的绿色发展将迎来新的战略机遇

生态文明建设功在当代、利在千秋，建设生态文明是中华民族永续发展的千年大计。十九大报告对于生态文明建设和绿色发展的高度重视，表明中国生态文明建设和绿色发展将迎来新的战略机遇。十九大报告对生态文明建设进行多方面的深刻论述，其中颇具新意的论述如下：一是将建设生态文明提升为“千年大计”。报告明确指出，“建设生态文明是中华民族永续发展的千年大计”。之所以将其上升为千年大计，其中一个重要原因是报告认为，虽然过去五年来生态文明建设成效显著：不仅国内生态环境状况得到改善，而且中国已成为全球生态文明建设的重要参与者、贡献者、引领者，但是中国“生态环境保护任重道远”。三十多年的经济持续高速增长，带来了很大的资源环境压力，缓解这一压力非短期之功，需要进行持续不断的努力，而且资源节约和生态环境改善无止境，故升为千年大计。二是将“美丽”纳入国家现代化目标之中。报告明确，到本世纪

中叶，“把中国建成富强民主文明和谐美丽的社会主义现代化强国”，只有将生态文明建设目标纳入国家现代化目标，才能督促各方持续重视生态文明建设。三是将提供更多“优质生态产品”纳入民生范畴。报告提出，“我们要建设的现代化是人与自然和谐共生的现代化，既要创造更多物质财富和精神财富以满足人民日益增长的美好生活需要，也要提供更多优质生态产品以满足人民日益增长的优美生态环境需要”。“优质生态产品”这个很有新意的概念开始进入人们的视野。习近平同志说过，“环境就是民生”，因此，从民生角度看，不仅要创造更多的物质和精神产品，而且要提供更多的优质生态产品，来满足人民日益增长的对美好生活、特别是对美丽环境的需求。四是提出要牢固树立“社会主义生态文明观”。报告从多方面提出了针对生态文明建设的价值观，如“生态文明建设功在当代、利在千秋。我们要牢固树立社会主义生态文明观”“必须树立和践行绿水青山就是金山银山的理念，坚持节约资源和保护环境的基本国策，像对待生命一样对待生态环境”“人与自然是生命共同体，人类必须尊重自然、顺应自然、保护自然”。特别是首次提出了“社会主义生态文明观”，这就从价值、理念层面对生态文明建设提供了支撑。观念引导行动，有什么样的观念就会有什么样的行动。若全社会都树立了良好的生态文明观，则会引导大家都采取有利于生态文明建设的行动，则生态文明建设就会顺利推进。五是构建多种体系，统筹“山水林田湖草”系统治理。报告提到要建立多个方面的体系，对生态环境进行系统治理。如“建立健全绿色低碳循环发展的经济体系”“构建市场导向的绿色技术创新体系”“构建清洁低碳、安全高效的能源体系”“实现生产系统和生活系统循环链接”“优化生态安全屏障体系，构建生态廊道和生物多样性保护网络”“构建政府为主导、企业为主体、社会组织和公众共同参与的环境治理体系”等。在这些体系行动下，对生态系统的各个领域和环节进行系统治理，特别是统筹“山水林田湖草”系统治理。在报告关于新时代中国特色社会主义基本方略中，提出要“统筹山水林田湖草系统治理”。在原来的“山水林田湖”后加了一个“草”字，变成“山水林田湖草”，这就更符合生态系统的实际了。在生态系统循环中，草发挥着重要的作用。湖南林业科技大学雷学军教授发明的速生草还能发挥大规模吸收二氧化碳的作用。六是明确“控制线”和制度规范，强力推进生态文明建设。由于生态环境保护具有外部性，需要发挥政府的作用，需要采取必要的行政手段，需要通过制度规范来引导人们的行为。因此，报告提出，“生态文明建设完成生态保护红线、永久基本农田、城镇开发边界三条控制线划定工作”“提高污染排放标准，强化排污者责任，健全环保信用评价、信息强制性披露、严惩重罚等制度”“健全耕地草原森林河流湖泊休养生息制度，建立市场化、多元化生态补偿机制”“构建国土空间开发保护制度，完善主体功能区配套政策，建立以国家公园为主体的自然保护地体系”等。其中，“城镇开发边界”控制线划定、“严惩重罚”制度、“市场化、多元化生态补偿机制”“以国家公园为主体的自然保护地体系”都是新提法。实施这些制度、采取这些措施，将有力推进生态文明建设工作。七是采取各种“行动”，切实推进生态文明建设。生态文明建设重在行动。为此，报告提出，要“开展创建节约型机关、绿色家庭、绿色学校、绿色社区和绿色出行等行动”“持续实施大气污染防治行动，打赢蓝天保卫战”“加强农业面源污染防治，开展农村人居环境整治行动”“实施重要生态系统保护和修复重大工程，开展国土绿化行动”等。关于生态文明建设的大政方针已定，方向已明确，颁布的法律法规已不少，制定的政策也有很多，现在更需要的是行动，将法律法规和政策等落到实处，通过全社会的行动实实在在地推进生态文明建设。八是设立“国有自然资源资产管理和自然生态监管机构”。报告非常明确地提出，要“加强对生态文明建设的总体设计和组织领导，设立国有自然资源资产管理和自然生态监管机构，完善生态环境管理制度，统一行使全民所有自然资源资产所有者职责，统一行使所有国土空间用途管制和生态保护修复职责，统一行使监管城乡各类污染排放和行政执法职责”。生态文明建设是一个非常复杂的系统工程，需要强有力的组织领导。现有的自然资产管理和自然生态监管涉及多个部委，机构多元、职责交叉、监管重叠，内耗较多，合力不够，效率偏低，因此有必要加快设立国有自然资源资产管理和自然生态监管机构，实现“三个统一行使”，为生态文明建设提供坚实的组织保障。

三、生态文明建设和绿色发展付诸现实

提高生态福祉、构建人与自然生命共同体的人与自然和谐共生的现代化理念已经深入人心，生态文明建设和绿色发展在祖国大地上开花结果、付诸现实。

“人与自然是生命共同体，人类必须尊重自然、顺应自然、保护自然。”十九大报告明确指出，要建设的现代化是人与自然和谐共生的现代化，既要创造更多物质财富和精神财富以满足人民日益增长的美好生活需要，也要提供更多优质生态产品以满足人民日益增长的优美生态环境需要。十九大报告为未来中国推进生态文明建设和绿色发展指明今后前进的道路：

（一）必须加大环境治理力度。一方面，过去五年来生态文明建设成效显著，另一方面，生态环境保护依然任重道远。据环保部通报，2017 年 4 月 7 日至 8 月 31 日环保部派出的京津冀及周边地区大气污染防治强化督查组已完成 10 轮次督查工作，28 个督查组共检查 41 928 家企业（单位），发现 22 832 家企业（单位）存在环境问题，约占检查总数的 54.5%。在问题企业中，涉气“散乱污”问题企业 7 180 家，超标排放的 67 个，未安装污染治理设施的 2 480 个，治污设施不正常运行的 2 016 个，涉嫌自动监测弄虚作假的 4 个，挥发性有机物（VOCs）治理问题的 3 310 个。可见企业的环境违法行为仍然不在少数。习近平总书记告诫，“不能以牺牲生态环境为代价换取经济的一时发展。我们宁可要绿水青山，不要金山银山”。因此，必须加大环境治理力度，着力解决突出环境问题。环保督察和强化督查就是在绿水青山和金山银山发生冲突的时候，保障绿水青山所采取的必要措施。对于环保督察对经济带来的冲击，应当一分为二地看待。一方面，对于涉及污染的企业来说，过去的经济利益是以牺牲生态环境为代价的，在环保督察的压力下，企业增加污染治理投入，包括停产整改，其实质是对环境欠账的偿还。一些企业习惯了以牺牲生态环境为代价换取经济发展的传统模式，所谓环保冲击经济的言论，实际上是惯性思维的体现。如果换一种视角，认识到现在的整改及其带来的效应是在偿还环境欠账，环保冲击经济的说法便不成立。另一方面，有的地方政府为了应对环保督察，采取简单、粗暴的一刀切做法。有的地方不论企业是否环保达标，一律实行错峰停产。有的地方对涉及污染的企业一关了之，而不是通过整治，引导推动企业淘汰落后工艺和产能，实现清洁生产、达标排放。这些扩大化、一刀切的滥作为，不仅影响民生，也会使公众对环保督察的严肃性产生误导。因此，应当肯定环保督察和强化督查的必要性，同时明确反对地方政府在应对环保督查的滥作为。

（二）加快构建环境管控的长效机制。习近平总书记指出，“既要金山银山，又要绿水青山。”绿水青山需要绿色发展，而不是不要发展。常保绿水青山，更需要科学的经济发展方式。十九大报告明确指出，构建政府为主导、企业为主体、社会组织和公众共同参与的环境治理体系，提高污染排放标准，强化排污者责任，健全环保信用评价、信息强制性披露、严惩重罚等制度。当前迫切需要建立环境管控的长效机制，让环境管控发挥绿色发展的导向作用，有效引导企业转型升级，推进技术创新，走向绿色生产，同时鼓励发展绿色产业，壮大节能环保产业、清洁生产产业、清洁能源产业，使绿色产业成为替代产业，接力经济增长。环境经济学理论的波特假说认为，适当的环境规制可以促使企业进行更多的创新活动，技术创新将提高企业生产力，抵消由环境规制带来的成本上升，提高产品质量，增强企业竞争力。大量实证分析证明，现实中确实观察到波特假说的现象，表明适当的环境规制将刺激技术革新，但也有的研究发现波特假说不能得到验证。波特假说的检验结果差异的原因，可能来自企业异质性、行业异质性、空间异质性和政策工具异质性对企业行为响应带来的影响。不同的企业属性对于环境规制的行为响应存在差异，有的企业会通过技术创新提升企业的生产力，增强竞争力，有的企业则难以通过技术创新实现提升企业生产力和竞争力的目标。此外，空间异质性的作用也不容忽视。在不同的区域，污染型企业对环境规制会做出不同的行为响应。在区位条件有利、市场潜力大、盈利机会多的区域，企业面对环境规制会想方设法在当地留下来，因而会诱发技术创新，努力适应环境规制对企业经营带来的影响。在区位条件不利的区域，企业面对严厉的环境规制时，往往采用搬迁或关门停产等办法，而不是通过技术创新去适应环境规制。因此，环境管控需要针对不同的企业、不同的行业、不同的区域类型，采取不同的环境管控手段，才能兼顾经济增长及企业竞争力，达到兼顾绿水青山和金山银山的发展目标。

（三）全面深化绿色发展的制度创新。十九大报告指出，必须树立和践行绿水青山就是金山银山的理念。绿水青山既要求优良的环境质量，也需要生态健康的保障。要实现绿水青山就是金山银山，必须推动绿色产品和生态服务的资产化，让绿色产品、生态产品成为生产力，使生态优势能够转化成为经济优势。当前，应当全面深化绿色发展的制度创新。一是完善绿色产业的制度设计，构建市场导向的绿色技术创新体系，通过环境外部性的内部化，强化绿色技术创新、绿色生产的经济激励，促进绿色技术、绿色生产的推广应用，使之成为新的经济增长点。二是完善绿色消费的制度设计，加快建立绿色消费的法律制度和政策导向，要让绿色、生态成为生活消费的新导向，使优质生态产品成为附加价值的组成部分，从而使得绿水青山真正成为促进经济增长的自然生产力。三是完善绿色金融的制度设计，使金融系统成为经济系统绿色转型的支撑平台。四是改革生态环境监管体制，完善生态环境管理制度。十九大报告明确要求，设立国有自然资源资产管理和自然生态监管机构，统一行使所有国土空间用途管制和生态保护修复职责，统一行使监管城乡各类污染排放和行政执法职责。

四、云南勇当中国生态文明建设排头兵

树立和践行绿水青山就是金山银山的理念，像对待生命一样对待生态环境，努力建设新时代中国特色社会主义现代化美丽中国，云南是当仁不让的排头兵。

改革开放以来，云南历届省委、省政府根据自身特点和优势都高度重视绿色发展，坚持生态优先、从绿色经济强省到七彩云南建设无不彰显着云南人民走绿色发展之路的大智慧。特别是党的十八大以来，云南以把七彩云南建设成为祖国西南的美丽花园为目标，以生态环境安全为底线，以环境监管执法为抓手，扎实推进环境保护各项重点工作任务，在环境质量改善呈现出许多亮点，取得了明显成效。云南的社会经济发展以社会主义生态文明观为指导，以人与自然和谐发展现代化建设新格局为方向，把“绿水青山就是金山银山”落到实处。党的十九大报告把“坚持人与自然和谐共生”列入新时代坚持和发展中国特色社会主义的基本方略，明确提出“必须树立和践行绿水青山就是金山银山的理念”“像对待生命一样对待生态环境”“建设美丽中国，为人民创造良好生产生活环境，为全球生态安全作出贡献”……。由此可见，树立和践行绿水青山就是金山银山的理念，像对待生命一样对待生态环境，努力建设新时代中国特色社会主义现代化美丽中国是作为生物生态资源富集大省的云南当仁不让的选择。

党的十八大以来，云南牢固树立“绿水青山就是金山银山”的绿色发展意识和“生态环境质量只能提升不能下降”的大局底线思维，按照“保护优先、发展优良、监测有效、监管有力”的思路，做到“八个坚持”，即坚持“两山”思想、坚持保护优先、坚持环境标准、坚持环境监测、坚持法规建设、坚持最严制度、坚持污染防治、坚持党政同责。一是在深化生态文明体制改革方面，云南始终贯彻落实国家生态文明体制重点改革事项，结合自身特点有针对性地推动一批改革事项，建立反映市场供求和资源稀缺程度、体现生态价值的资源有偿使用和生态补偿制度等。划定并严守生态保护红线，完善《云南省生态保护红线划定方案》，划定完成全省生态保护红线，出台生态保护红线考核及管控办法。二是在突出优势加强自然生态保护方面，持续推进森林云南建设、石漠化治理、自然保护区建设与监管等，筑牢生态安全屏障。持续推进“三创”，加快推进生态文明先行示范区建设。突出重点强化污染防治。持续加强大气、水和土壤污染防治。突出抓好大气污染防治、土壤污染治理修复、县城以上集中式饮用水水源地保护治理等，尤其要突出抓好以九湖为重点的水污染防治。三是在加快形成绿色生产方式和生活方式方面，坚持发展与保护并重，走“两型三化”的产业发展路子，推动经济绿色、循环、低碳发展，提升绿色发展水平，构建绿色产业体系。抓好环境信息公开，不断完善政务信息公开制度，拓宽舆论监督渠道，切实保障公众环境权益。四是在抓好环境保护督察和监察方面，持续推进中央环保督察反馈意见问题整改，今后对16州市党委、政府开展一轮省级环保督察，全面推动各级党委、政府及有关部门环境保护工作责任规定落实，对严重恶意环境违法行为持续保持“零容忍”态度。完善审判机关、检察机关、公安机关和环境资源保护行政执法机关之间的环境资源执法协调机制，形成打击环境违法行为的合力。

在党的十九大以后的新时代发展蓝图上，在中国特色社会主义生态文明观的指引下，哪里生态环境资源优良，哪里生物多样性富集，哪里拥有绿水青山，哪里就是未来的绿色发展的高地。云南正在利用自己的优势，努力加快推进生态文明排头兵建

设，为建设美丽中国作出贡献。早在党的十八大期间的2015年新春伊始，习近平总书记到云南考察时，就明确要求云南把自己良好的生态环境保护放在更加突出的位置，努力成为生态文明建设排头兵。习近平总书记的这个要求深刻揭示了生态文明建设对于云南发展的极端重要性，为云南进一步找准目标定位、突出优势特色、推动跨越发展具有重要指导意义。一是云南努力成为生态文明建设的排头兵，就要像保护眼睛一样保护好生态环境。良好的生态环境和富集的生物多样性始终是云南的宝贵财富和优势资源，彩云之南素有“植物王国”“动物王国”的美誉，多样性的气候与地貌特征蕴藏着巨大的发展潜力。云南应着眼于长远利益和可持续发展，像保护眼睛一样保护生态环境，像对待生命一样对待生态环境，保护好中国重要的生物多样性宝库和西南生态安全屏障，为子孙后代留下可持续发展的“绿色银行”，努力成为新时代美丽中国生态文明建设的排头兵。二是云南努力成为生态文明建设的排头兵，就要更新发展思路，进一步强化生态环境建设。作为经济欠发达的边疆多民族省份，同时也是中国生态环境最好的省区之一，云南担负的生态环境建设任务比较重，承担着保护与发展的双重责任。在生态环境保护和资源开发利用上，云南一定要算大账、算长远账、算整体账、算综合账，不能因小失大、顾此失彼、寅吃卯粮、急功近利，要始终坚持“生态立省、环境优先”的战略不动摇，把保护好生态环境作为我们的生存之基、发展之本，加快国家生态文明先行示范区建设。三是云南努力成为生态文明建设的排头兵，就要转变发展方式，强化绿色发展。绿水青山就是金山银山，在产业发展过程中，一定要紧绷生态环保这根弦不放松，坚持把节能减排的绿色发展作为加快产业转型升级的重要抓手，通过规划引导、制度保障、政策激励等多种手段，进一步加强新兴产业——节能环保产业经济的发展壮大，不断提高生态文明建设的水平，深入推进低碳排放试点省、国家循环经济试点、国家绿色经济试验示范区建设等工作，统筹处理好稳增长与节能减排的关系，推动绿色可持续发展。四是云南努力成为生态文明建设的排头兵，就要打牢发展基础，强化环境保护，坚守生态保护红线。保护好生态环境需要点面结合全覆盖，城市、乡村，空气、水体、山林、土壤等一样都不能少。要进一步推进退耕还林还草工程，加大天然林保护、防护林建设、低效林改造和陡坡地生态治理力度，加强自然保护区、国家公园和生物多样性保护，实施好森林生态效益补偿和公益林管护；加强河流水污染防治，推进九大高原湖泊水环境综合治理，提高环境突发事件应急处置能力；要继续深入推进农村生态环境综合治理，强化环境监管，对违法排污、破坏生态的行为要严厉查处。五是云南努力成为生态文明建设的排头兵，就要着眼新的目标定位，坚持永续发展理念。云南要以习近平总书记考察云南重要讲话精神为引领，以对国家、对人民、对子孙后代高度负责的态度，在十九大精神的光辉指引下，以新时代中国特色社会主义现代化建设者的主人翁姿态倍加珍惜云南良好的生态环境，坚持建设生态文明是中华民族永续发展的千年大计，坚持人与自然和谐共生，坚定不移推进生态文明建设、坚定不移加大环境保护力度，坚定不移发展节能环保产业，用绿色发展的理念构建系统完整的生态文明体制机制，以更加坚定的决心、更加明晰的规划、更加务实的举措，使彩云之南的天更蓝、地更绿、水更清。始终保护好云南的绿水青山、蓝天白云。

云南面对资源约束趋紧、环境污染严重、生态系统退化的严峻形势，将继续走推进绿色发展、着力解决突出环境问题、加大生态系统保护力度、改革生态环境监管体制这一十九大报告提出的生态文明发展道路。一是深化生态文明体制改革。制定云南省生态文明体制改革总体方案和实施意见，将改革任务划分为 8 类 126 项（建设类、保护类、治理类、管控类、执法类、责任类、产权类、补偿类），实施分类指导、分类推动。累计完成了近 86 项改革事项，一批先行先试、实践创新的改革成效逐步凸现，一批具有标志性引领性的重点改革不断突破。二是抓好重点领域污染防治。持续落实大气污染防治行动实施方案，2016 年全省环境空气质量总体保持优良，16 个州（市）政府所在城市平均优良天数比例达 98.3%，较 2015 年提高 1 个百分点；认真贯彻国家水污染防治行动计划，坚持“一湖一策”保护治理九大高原湖泊，2016 年九湖水质总体保持稳定、稳中趋好， 2017 年上半年地表水水质优良率为 78%，与 2014 年（基准年）相比优良率提高了 10%；加强土壤及重金属污染防治，划定土壤环境保护优先区、污染重点治理区，开展土壤污染详查，加快土壤污染治理与修复。三是加快《云南省生物多样性保护条例》立法和生态保护红线划定。在全国省级层面率先发布《云南省生物物种名录（2016 版）》《云南省生物物种红色名录（2017 版）》，率先编撰第一部地区性百科全书《云南大百科全书

·生态编》；加强自然保护区建设和管理。四是云南省全力推进环境保护督察。按时办结中央第七环境保护督察组交办的1234件环境投诉问题。云南省反馈“52+4”项问题和11个要求追责的问题。按照要求，省委、省政府及时制定整改方案和追责方案，建立云南省中央环境保护督察反馈意见整改落实工作联席会议制度，并认真组织整改和追责。五是贯彻新《环境保护法》，加大环境监管力度。加强环保联动执法努力形成打击环境违法犯罪行为的合力。实施网格化监管，持续开展环保专项行动，重点开展全省涉重金属、钢铁、水泥、平板玻璃制造业和污水处理厂专项监察等，及时解决民众环境诉求，依法维护群众的环境权益。加强环境保护国际交流合作，严格落实云南省环境保护行政问责办法、党政领导干部生态环境损害责任追究实施细则（试行）等，压实环境保护责任。六是把环保产业列入云南优先发展的六大新兴战略产业之一，出台“云南省人民政府关于加快发展节能环保产业的意见”，着力加快环保产业的重点培育。把加快发展节能环保产业作为推动产业转型升级增效、促进经济平稳持续发展的一项重要任务，围绕做实产业基础、做大产业总量、提高技术水平和产业竞争力，以企业为主体、以市场为导向、以工程为载体，利用内外资源，发挥自身优势，释放市场潜在需求，形成新的增长点。提出自2016年起，全省节能环保产业产值年均增长15%以上，到2020年，总产值达到1 000亿元的发展目标。七是启动了水环境循环综合建设和生态环境建设和保护PPP项目。云南省自2013年启动PPP工作以来，走在全国前列；截至2017年1月，共有440个项目进入财政部PPP项目库，总投资额10 610亿元。仅2017年推介的106个列入国家财政部的PPP示范项目、省级PPP示范项目、全省范围内的PPP重点项目，总投资额达3 996亿元，其中水环境循环综合建设和生态环境建设和保护项目就有10个，投资规模达117亿元。

（西南林业大学　郎南军　张卓亚　刘云根　王家强　陈国兰　云南省林业科学院　李甜江）

习近平新时代中国特色社会主义生态文明观的哲学本源基本原理和实践拓展

摘要：习近平新时代中国特色社会主义生态文明观是当代中国共产党人运用马克思主义哲学的基本原理，把握当今人类文明发展趋势，着眼于中国社会主义现代文明建设的基本实践，在总结人类生态环境建设历史经验的基础上提出的。科学认识和解析习近平新时代中国特色社会主义生态文明观，聚焦其哲学本源的精髓，探索其基本原理的蕴含，关注其实践拓展的实质，对于深化对习近平新时代中国特色社会主义理论思想的学习研究、牢固树立习近平新时代中国特色社会主义生态文明观有重要意义。
关键词：生态文明观　哲学本源　基本原理　实践拓展

当今世界，人类对自然毫无节制的索取、自然对人类毫无休止的报复前所未有，人类与自然的对立交锋日趋激烈。在中国现代化进程中，人与自然关系的对立演化历程被浓缩在改革开放短短的几十年里，由传统农业化社会向工业化社会转化，付出的自然生态环境代价是惨重的。在今天构建新时代中国特色社会主义和谐社会的语境下，人与自然矛盾的冲突激化，给当下建设富强民主文明和谐美丽的社会主义现代化强国造成了很大的障碍，为了实现人与自然的和谐发展和中华民族的有序进步，以习近平为代表的中国共产党人面对以资本主义为主导的工业文明在解决全球生态问题上无力的状态、全球经济一体化崩溃所导致的世界现行经济乏力下行的压力、全球人口增长过快和自然资源枯竭匮乏而导致的生存环境恶化的困境，站在“宇宙只有一个地球、人类共有一个家园”和与世界“构建人类命运共同体，实现共赢共享。”的高度，用马克思主义哲学联系的、辩证的和发展的观点看问题，对人与自然之间的发展规律进行了深入的哲学思考，认真思考人与自然的关系问题，从马克思主义人与自然和谐发展观的角度强调人与自然的统一性，反对把人与自然对立起来，进而将理论上的觉醒转变为行动上的自觉，找到一条人与自然和谐相处的路径——正确认识人与自然的关系：人与自然是生命共同体。从理论上构建习近平新时代中国特色社会主义生态文明观，提出“建设生态文明是中华民族永续发展的千年大计”，促进生态文明建设是新时代中国特色社会主义现代化发展进程中必须解决好的根本现实问题。习近平新时代中国特色社会主义生态文明观正是运用马克思主义人与自然和谐发展的基本原理，科学分析人类社会发展共同关心的人与自然的关系问题，把握当今人类文明发展趋势，着眼于中国社会主义现代文明建设的基本实践，在总结人类生态环境建设历史经验的基础之上对如何建设社会主义生态文明所作出的中国式的回答。

一、在马克思主义哲学诞生之前，传统哲学对人与自然关系问题哲学本源解答和基本原理探索的困顿

人与自然的关系问题是人类发展史一个古老而又常新的问题，同时也是人类永恒不变的哲学主题，在人类的不同发展时期，东西方秉承不同文化传统的历代哲学家都一直对此问题重点关注，在马克思主义哲学诞生之前的几千年哲学史中各门各派对这一问题都有自己的解答。哲学从萌芽时代起，就十分注重研究人（主体）与自然（客体）的关系。古人敬畏自然是一种原始崇拜，从“敬天”的宗教情感和“法天”的神权尊崇出发，古人对自然产生了一种不可违抗的崇敬心理和神圣感。随着人类社会和生产力的发展，以人（主体）为中心的哲学思想逐渐代替自然（客体）为中心的命定论或宿命论。这种哲学思想强调主客二元对立，人类的自我意识开始出现独立存在的形式，从而使人类首次以主体的身份与自然对立。人与自然的二元对立在哲学思想上的表现，在东方是中国春秋战国末期荀子的“制天命而用之”的人定胜天思想，在西方是英国哲学家笛卡尔的“我思故我在”的人之为人命题。

“制天命而用之”是荀子关于天人关系的思想精髓，见于《荀子·天论》。荀子把“天命”理解为具有必然性的自然法则，认为“从天而颂之，孰与制天命而用之”，即不能消极地顺从自然，而要主动地控制和利用它。荀子“制天命而用之”的思想是从先秦时期关于天人关系问题的哲学争论中总结出来的。当时道家的老子、庄子夸大了自然规律的必然性，完全排斥人的主观能动性，从而导致消极无为的结论。儒家的孔子、孟子肯定天有意志，可以主宰社会人事。为了克服这两种错误倾向，荀子第一次提出“明于天人之分”的辩证观点，明确划分“天职”与“人治”，即自然与人为之间的界限。他指出“天行有常”，天地万物运动变化的规律既不具有目的性，也不以任何人的主观意志为转移。他又认为：“天有其时，地有其财，人有其治”，人类能够根据对于天时、地利的认识来利用自然、役使万物，这就叫做“能参”。人类能够参与世界变革的这种自觉的能动性，使人们在实际活动中从“畏天命”转化为“制天命”，成为自然界的主人。荀子的“制天命而用之”的思想，对人的主观能动性问题作出了可贵的理论贡献，为中国哲学史上源远流长的天人之辩奠定了唯物论的思想基础。

笛卡尔是西方近代理性主义哲学的开创者，他作为唯理论的开创者用“我思故我在”确立思维对于存在的决定性原则，把人从宗教神学的枷锁中解放出来，促进理性的解放。“我思故我在”要表达的内涵就是：人本质或本性就是人的头脑之中先天地存在着某些思维规定，“我存在着先天的认识形式，才决定我的本质存在”。笛卡尔第一个将人的理性抬到至高无上的地位。在他看来，理性既是获得真理的知识的出发点，也是检验知识的真理性的标准。以笛卡尔为代表的法国思想家进一步将理性主义发扬光大，开启“理性独立”的文化发展时代，由培根和洛克将之推向高峰；培根认为“知识就是力量”，洛克也将人的主体性原则上升为最高原则。康德发动的哥白尼式革命，从根本上颠倒了以往对人与自然关系的认识，人不再是自然的臣服者，而是“人为自然立法”。

黑格尔的思辨哲学和费尔巴哈的人本哲学代表了马克思主义哲学产生之前人类哲学的最高成果。其中对人与自然关系的认识和论述，也是马克思主义哲学变革的思想源泉。但是黑格尔强调，绝对精神是世间万物的本原，它不仅是客体，而且是主体，在绝对精神的辩证发展中产生人与自然界，而人与自然的发展又最终复归于绝对精神。尽管黑格尔哲学的合理内核：是关于发展及其发展普遍性、规律性的辩证法的思想。但是绝对精神作为人与自然关系的基础又使他的辩证法带有神秘的外壳，从而陷入唯心主义的泥沼。费尔巴哈哲学的基本内核：重申了物质第一性，意识第二性。他的哲学功绩是恢复了唯物主义的权威。但是费尔巴哈所说的人是生物学意义的，抽象的人，自然只是人感性直观到的自然，从而人与自然的关系是一种机械的、庸俗的利己主义关系。

由此可见，传统哲学对人与自然关系的哲学本源解答和基本原理探索虽然伴随着人类思维能力的提高而不断深化，但由于他们离开人的实践活动去解释人和人性，并从抽象的人和抽象的人性出发去解释人与自然的关系，并没有找到人与自然之间辩证关系的现实基础，从而也最终没有正确说明人与自然关系的辩证的、历史的和运动的，更没有揭示出现实人与自然和谐发展的基本原理。因此尽管马克思主义哲学诞生前的哲学史上各种学说对人与自然关系的解答和探索五花八门，但在研究人与自然主客体关系的思维方法上有一个共同的特点：总是

企图从自然及某种自然现象、特征，或者从人的精神及人的精神的某一方面特性，去说明千差万别、纷繁复杂的人与自然的主客体关系，这是一种非此即彼的单向式的思维方法。其原因就在于他们看不到思维与存在、主体与客体的关系本质上是一种矛盾关系、对立统一关系。这与当时矛盾理论的不完善有直接联系。哲学史上主张自然客观性原则的哲学家在认识人与自然主客体关系的错误不在于把这一原则内容归结为自然的客观性，而在于以自然的客观性绝对排斥人的主体性，看不到自然客观性对人主体性的依赖和转化关系。同样，主张人主体性原则的哲学家在认识人与自然主客体关系的错误也不在于把这一原则归结为人的主观能动性，而在于他们只看到人的主观能动性而排斥自然的客观物质性，看不到人主观性对自然客观性的依赖关系。

二、马克思主义人与自然和谐发展观是习近平新时代中国特色社会主义生态文明观的哲学本源

随着世界工业革命的到来，人与自然矛盾的日趋激化，人与自然的主客体关系这个问题再次成为当代哲学关注的焦点，马克思批判性地继承发展了前人哲学的基本内核和合理内核，对人与自然的关系进行全方位的研究，科学地界定人、自然的哲学概念，辩证地阐述人与自然的关系。马克思关于人与自然关系的精辟论述对中国共产党人在今天新时代的背景下把握人类文明发展趋势，了解人与自然关系的本质，解决今天现代社会构建人与自然生命共同体、提出习近平新时代中国特色社会主义生态文明观，实现人与自然和谐发展打下坚实的哲学理论基础。

（一）马克思主义人与自然和谐发展观对人与自然关系在哲学理论上革命性的贡献首先是对“人”的概念进行科学界定和说明，以人为本建立了完整的人本主义思想体系。马克思从人的自然属性的角度提出“自然界是人无机的身体”“人是自然界的一部分”的科学结论，他指出：“人直接地是自然存在物，人作为自然存在物，而且作为有生命的自然存在物，一方面具有自然力、生命力，是能动的自然存在物，这些力量作为天赋和才能、作为欲望存在于人身上；另一方面，人作为自然的、肉体的、感性的、对象性的存在物，和动植物一样，是受动的、受制约的和受限制的存在物。”由此可见，人既是自然存在物，但又不同于其他的自然存在物。因此，马克思明确指出：“人不仅仅是自然存在物，而且是人的自然存在物，也就是说，是为自身而存在着的存在物，因而是类存在物。”人作为“有意识的类存在物”，不仅具有自然属性，更具有社会属性和自我意识，这是人不同于其他自然物的重要区别。

马克思认为，人是具体的。人既有自然属性的一面，也有社会属性的一面。马克思说：“人的本质不是单个人所固有的抽象物，在现实上，它是一切社会关系的总和。”马克思又说：“人永远是一切社会组织的本质”“是一切人所共有的”。马克思所讲的人是具体的，从现实的、有生命的个人本身出发、从物质实践出发。这些具体的人，包括他们的活动和他们的物质生活条件。在马克思看来，人是活生生的；从事实践活动的人，从劳动这种人的生命活动来说明人的本质。马克思在人的问题上反对主体主义，但强调发挥人的主体性，特别是弘扬人的能动性，强调对客观世界的改造，并从这一改造的过程中改造主观世界。人是行为人，是因为人具有其他动物所不能做到的认识世界、改造世界的主体性与理性思维的能力。马克思对人的本质研究的伟大贡献，就在于他对人的本质研究方法论的重大突破。他认为人是一种极为特殊的动物，有一种特殊的能动性，能够使其本质外化、物化和对象化，使人的本质对象化的唯一途径就是人的实践活动，并借助于一定的工具（技术）作为中介。

青年时期马克思的人本主义思想就已经形成一个体系。马克思的人本主义超越费尔巴哈的人本主义，建立一个脱胎于费尔巴哈又不同于费尔巴哈的独立的人本主义体系，这是马克思对费尔巴哈的人本主义进行革命性改造的最伟大的首次尝试。这个体系始于《1844年经济学哲学手稿》，完成于《德意志意识形态》《共产党宣言》《资本论》等著作；在《1844年经济学哲学手稿》中马克思写道：“社会是人同自然完成了本质的统一，是自然界真正的复活，是人的实现人的自然主义和自然界实现了的人本主义。”在《资本论》中马克思称共产主义是“以每个人的全面而自由发展为基本原则的社会形式”。马克思的人本主义思想超越主要表现在：首先，马克思的人本主义与人类解放直接联系，他把无产阶级的历史使命及无产阶级的解放与人类解放联系在一起，即无产阶级只有解放全人类，才能最终解放自己。这些论断在《德意志意识形态》《共产党宣言》《资本论》等著作中，作了充分而科学的阐释。其次，马克思的人本主义是辩证的人本主义，尽管马

克思也运用了“人的本质——人的本质的异化——人的本质的复归”这个模式，但把它具体运用于说明历史的发展、人的本质的丰富、社会进步等诸方面。再次，马克思的人本主义从强调主客观的统一、强调个人与社会统一出发，显示了马克思人本主义的崇高理想，要求自然与社会的和谐统一、存在与本质的统一。正是这一崇高的理想，展现出未来共产主义的美景。最后，马克思的人本主义关注实践，重视革命实践和物质生产对历史发展的巨大推动作用，指出人本主义不是幻想，而在于人的实践或实践中的人努力的结果。

（二）马克思主义人与自然和谐发展观的自然概念由自在自然和人化自然两部分组成，在哲学理论上他强调自在自然的历史优先性，也强调人化自然的物质基础性。自在自然是指人类历史之前的自然，包括存在于人类认识或者实践之外的自然；人化自然则是指与人类的认识和实践活动紧密相连的自然，也就是作为人类认识和实践对象的自然。马克思强调人化自然，同时也承认存在于人类历史之前以及存在于人类认识和实践之外的自在自然。而且，马克思在强调人化自然的过程中始终承认自在自然的优先性。马克思不仅强调自在自然对人化自然的优先性，而且指出自在自然在人类认识和实践的基础上向人化自然的转化，强调人化自然对人类认识和实践的优先性和基础性。马克思的自然概念强调自然的优先地位，这种自然既包括自在自然的历史优先性，也包括人化自然的物质基础性。

（三）马克思的自然概念凸现人类中心主义反对自然中心主义的鲜明特征，它清楚地回答人类所要保护的自然是人化自然而不是自在自然。自在自然处于人类认识和实践之外，没有人类生产生活活动的干扰影响根本谈不上保护和如何保护的问题。马克思强调人化自然对人类的实践意义，马克思关注的是“现实的自然”，也就是“人化的自然”。因为，离开以人类劳动为中介的人类与自然的实践关系，任何自然的存在也就失去了以人类生活为判断尺度的存在意义，所以也就不会存在人类如何保护自然环境这个问题。在批判黑格尔抽象的自然观的时候，马克思直接断言：“被抽象地孤立地理解的、被固定为与人分离的自然界，对人说来也是无。不言而喻，这位决心进入直观的抽象思维者是抽象地直观自然界的。”马克思进一步指出，在人化自然当中，人类属于主体，而自然属于客体。人类认识自然、改造自然以及保护自然的目的就是使自然界更好地并且更有效地为人类服务，他在评价“资本的伟大的文明作用”的时候写道：“以前的一切社会阶段都只表现为人类的地方性发展和对自然的崇拜。只有在资本主义制度下自然界才不过是人的对象，不过是有用物；它不再被认为是自卫的力量；而对自然界的独立规律的理论认识本身不过表现为狡猾，其目的是使自然界（不管是作为消费品，还是作为生产资料）服从于人的需要。”马克思的人化自然观因此而克服了人类早期对自然的神化和崇拜思想，恢复了人类对自然的主体地位，也就恢复了自然对人类的有用性和价值。但是，马克思并没有因为资本使自然服从于人的需求而支持资本对自然的征服和掠夺，相反，马克思明确地批判了资本主义生产方式对自然环境所造成的破坏。

综上所述，马克思主义人与自然和谐发展观以人为本、从辩证唯物主义和历史唯物主义的角度深刻揭示了人与自然之间的辩证关系：即人是自然界长期发展的产物，自然对于人具有优先地位，人化自然是人类社会发展的产物，在人化自然当中，人类属于主体、自然属于客体；人化自然与人类的认识和实践活动紧密相连，人类认识自然、改造自然以及保护自然的目的就是使自然界更好地并且更有效地为人类服务，通过人类社会发展的实践实现人与自然的和谐发展。

中国共产党的根本宗旨是全心全意为人民服务，始终坚持以人民为中心、坚持人民当家做主，始终把人民对美好生活的向往作为奋斗目标。“生态兴则文明兴，生态衰则文明衰。”“良好生态环境是最公平的公共产品，是最普惠的民生福祉。”“要把生态环境保护放在更加突出位置，环境就是民生，青山就是美丽，蓝天也是幸福。”“山水林田湖是一个生命共同体，人的命脉在田，田的命脉在水，水的命脉在山，山的命脉在土，土的命脉在树。”“我们追求人与自然的和谐，经济与社会的和谐，通俗地讲，就是既要绿水青山，又要金山银山。”“绿水青山可带来金山银山，但金山银山却买不到绿水青山。绿水青山与金山银山既会产生矛盾，又可辩证统一。在鱼和熊掌不可兼得的情况下，我们必须懂得机会成本，善于选择，学会扬弃，做到有所为、有所不为，坚定不移地落实科学发展观，建设人与自然和谐相处的资源节约型、环境友好型社会。在选择之中，找准方向，创造条件，让绿水青山源源不断地带来金山银山。”“在生态环境保护建设上，一定要树立大局观、长远观、整体观，坚持保护优先，坚持节约资源和保护环境的基本国策，像保护眼睛一样保护生态环境，像对待生命一样对待生态环境，推动形成绿色发展方式和生活方式。”习近平新时代中国特色社会主义生态文明观继承发展了马克思主义人与自然和谐发展观的哲学思想，并在中国特色社会主义现代化建设的伟大实践中发扬光大。

新时代中国共产党的神圣责任与使命是：树立习近平新时代中国特色社会主义生态文明观，着力解决好社会经济发展和生态环境保护、经济增长下行和资源环境恶化等一系列世界性难题，以人为本“既要创造更多物质财富和精神财富以满足人民日益增长的美好生活需要，也要提供更多优质生态产品以满足人民日益增长的优美生态环境需要”。把建设美丽中国与实现中国梦紧密结合起来，让人民充分享受物质和精神美好生活的同时尽享自然的宁静、和谐与美丽，这与马克思人与自然和谐发展观关于人作为“有意识的类存在物”，不仅具有自然属性，更具有社会属性、认识世界、改造世界的主体性与理性思维的能力，追求人与自然的和谐统一、自然与社会的和谐统一、存在与本质的统一的人本主义崇高理想是一脉相承的。

三、习近平新时代中国特色社会主义生态文明观遵循了马克思主义人与自然和谐发展观的基本原理

马克思把人与自然的关系摆在哲学的首位，认为它是哲学研究其它一切问题的出发点和基础。他指出人与自然的关系实质就是人与自然和谐发展。马克思主义人与自然和谐发展观系统而科学地回答了如何实现人与自然和谐发展及当今人类社会可持续发展所要认识的马克思主义哲学理论包含的基本原理。

（一）马克思主义人与自然和谐发展观的基本原理既强调人的主体性，也强调人与自然的统一性，而正是人的主体性和人与自然的统一性要求人类必须保护“人化的自然”。在《资本论》第一卷当中，马克思发现：“资本主义生产使它汇集在各大中心的城市人口越来越占优势，这样一来，它一方面聚集着社会的历史动力，另一方面又破坏着人和土地之间的物质变换，也就是使人以衣食形式消费掉的土地的组成部分不能回到土地，从而破坏土地持久肥力的永恒的自然条件。”马克思以资本主义农业为例，进一步批判了资本主义对自然环境的破坏性作用：“资本主义农业的任何进步，都不仅是掠夺劳动者的技巧的进步，而且是掠夺土地的技巧的进步，在一定时期内提高土地肥力的任何进步，同时也是破坏土地肥力持久源泉的进步。”马克思虽然强调人类对自然的主体性和自然对人类的有用性，但是，他的人化自然观既不支持对自然的征服也不赞同对自然的破坏，而是追求人类与自然的和谐与统一。一方面，人类自身就是自然界的产物，人类自身的一切都具有自然属性；另一方面，自然又是人类的无机身体，人类依赖自然而生存。马克思在分析资本主义条件下的异化劳动时，清楚地表达上述观点：“自然界，就它本身不是人的身体而言，是人的无机的身体。”

（二）马克思主义的人与自然和谐发展观的基本原理创造性地分析人与自然之间冲突现象，从总体上回答了自然生态环境危机之所以产生的根本原因。既然人类与自然具有统一性，那么人类又是如何自觉不自觉地破坏了自然生态环境或者自己的无机身体呢？首先，马克思使用“物质变换”概念揭示了资本主义农业对土壤养分的掠夺，在《资本论》第三卷分析“资本主义地租的产生”时论述道：“大土地所有制使农业人口减少到不断下降的最低限度，而在他们的对面，则造成不断增长的拥挤在大城市中的工业人口。由此产生了各种条件，这些条件在社会的以及由生活的自然规律决定的物质变换的过程中造成了一个无法弥补的裂缝，于是就造成了地力的浪费，并且这种浪费通过商业而远及国外”“大工业和按工业方式经营的大农业一起发生作用。如果说它们原来的区别在于，前者更多地滥用和破坏劳动力，即人类的自然力，而后者更直接地滥用和破坏土地的自然力”。他继续指出：“资本主义农业的任何进步，都不仅是掠夺劳动者的技巧的进步，而且是掠夺土地的技巧的进步，在一定时期内提高土地肥力的任何进步，同时也是破坏土地肥力持久源泉的进步”。因而，马克思第一次明确地用物质变换发生断裂是造成农业生态环境遭受破坏的直接原因。

其次，马克思使用物质变换这一概念的社会属性分析揭示资本主义社会基本矛盾所造成的社会危机是人与自然之间的有机统一性遭到破坏的根本原因。马克思创造性地将人与自然的有机整体关系具体化为物质变换关系，而劳动则是这种物质变换关系得以正常进行的动力和载体。因此，“劳动作为使用价值的创造者，作为有用劳动，是不以一切社会形式为转移的人类生存条件，是人和自然之间的

物质变换即人类生活得以实现的永恒的自然必然性”。马克思首先把商品作为社会物质变换的媒介，“交换过程使商品从把它们当作非使用价值的人手里转到把它们当作使用价值的人手里，就这一点说，这个过程是一种社会的物质变换”。接着，马克思阐明这种以商品为媒介的社会物质变换不仅发展了“劳动的物质变换”，而且使整个人类社会的联系不断发展起来，为分析资本主义社会的基本矛盾奠定了基础：“一方面，我们看到，商品交换怎样打破了直接的产品交换的个人的和地方的限制，发展人类劳动的物质变换。另一方面，又有整整一系列不受当事人控制的天然的社会联系发展起来”。

再次，马克思明确指出资本积累和资本主义生产方式导致了资本家与工人的对立，揭示资本主义社会产生物质变换断裂的根本原因。“社会的财富即执行职能的资本越大，它的增长的规模和能力越大，从而无产阶级的绝对数量和他们的劳动生产力越大，产业后备军也就越大……这就是资本主义积累的绝对的、一般的规律”。正是资本积累的这种“绝对的、一般的”规律使资本主义社会逐渐产生了两大根本对立的阶级，这两大阶级无论在自然科学的属性上还是社会科学的属性上都因为资本循环受阻而无法进行正常的物质变换。并且，“资本主义生产在破坏这种物质变换的纯粹自发形成的状况的同时，又强制地把这种物质变换作为调节社会生产的规律”。资本家和工人阶级对立的根本原因就是马克思所揭示的资本主义社会的基本矛盾，亦即资本主义生产的社会化与生产资料的资本主义私人占有之间的矛盾，这种矛盾导致资本主义生产的不断扩大和无产阶级的购买力不断缩小，使资本主义社会中的劳动、价值、货币和商品等物质变换活动产生停滞或终止，最终使资本主义社会的物质变换断产生断裂，资本主义经济危机和社会危机因而全面爆发。

总之，马克思的物质变换观念贯穿其对资本主义分析的整个过程和几乎每一个领域：物质变换的断裂导致了土地养分的流失；物质变换的断裂导致资本主义商品流通的中断；物质变换的断裂导致了资本主义社会两大基本对立的阶级；物质变换的断裂导致了资本主义经济危机和社会危机的总爆发。虽然在马克思的时代并没有发生像当今社会一样严重的生态危机，但是，马克思通过物质变换理论对资本主义社会所进行的分析，不仅揭示了生态危机得以产生的自然和社会机制，而且清楚地预示了资本主义社会从经济危机向生态危机转化的可能性。因为，资产阶级为了克服经济危机以获取更大的利润，他们一方面通过发展科学技术以提高劳动生产率；另一方面，这些科学技术也加大了对自然的征服和掠夺。“于是，就要探索整个自然界……以便发现新的有用物体和原有物体的新的使用属性……因此，要把自然科学发展到它的顶点……因此，只有资本才创造出资产阶级社会，并创造出社会成员对自然界和社会联系本身的普遍占有”。而且，马克思曾明确指出：“劳动并不是它所生产的使用价值即物质财富的唯一源泉。正像威廉·配第所说，劳动是财富之父，土地是财富之母。”在资本追求利润最大化的内在冲动下，从剥削劳动财富转到掠夺自然财富是资产阶级的必然选择，而从经济危机转向生态危机也就是资本主义社会的必然结果。“越是以大工业作为发展的基础，这个破坏过程就越迅速。”表明资本主义社会不是一个人与自然和谐发展的社会。

（三）马克思主义人与自然和谐发展观的基本原理把人与自然和谐发展的思想与人类社会形态发展的理论结合在一起，科学地提出了解决人与自然和谐统一的途径。

马克思从人与自然之间关系具有依赖性和能动性两重性的角度，将人类社会形态的发展划分为三个阶段，依次为人的依赖性社会、物的依赖性社会、人的全面而自由发展的社会（共产主义社会）。马克思认为社会发展与人的解放和自然的解放紧密相连。在原始社会自然经济状态下由于生产力十分落后，人不得不服从自然环境而生存，人对自然的依赖关系直接导致了人与人的依赖关系；随着社会分工及生产力的发展，人类进入资本主义社会，人的依赖关系被对自然和金钱的占有欲的“物的依赖性”关系所取代。在资本主义私有制社会中，由于资本主义大工业化对资本的逐利使人与自然发生异化导致自然与人之间的和谐关系走向破裂。人与自然的关系异化了，人与自然不再是以前的那种相互促进共同发展，反而是相互伤害，相互制约；人对自然的过分开采利用，出现了生态危机，导致了自然对人类无情的报复，自然与人的关系出现了一个恶循环，因此，人与自然进行和解，是人与自然关系发展的必然趋势。解决人类与自然的矛盾首先要解决人类社会内部的矛盾。在马克思的时代，正是资本主义的私有制与社会化大生产之间的矛盾导致了自然与社会之间和社会内部不同的阶级之间物质变换的断裂，马克思认为，要克服这两种矛盾首先必须消灭资本主义私有制，实现生产者联合起来的公有制社会，从而最终在人类“和解”的基础之上实现人类与自然的“和解”。因此，针对资本主义制度下人与自然关系进一步恶化所造成的“一个无法弥补的裂缝”，将“人类同自然的和解以及人类本身的和解”视为“世纪面临的大变革”。马克思把劳动者联合起来并消灭了私有制的共产主义社会作为解决“人类同自然的和解以及人类本身的和解”的最高理想：“共产主义是私有财产即人的自我异化的积极的扬弃……这种共产主义，作为完成了的自然主义，等于人道主义，而作为完成了的人道主义，等于自然主义，它是人和自然界之间、人和人之间的矛盾的真正解决”。马克思进一步指出在未来公有制基础上的人类与自然之间的关系：“社会化的人，联合起来的生产者，将合理地调节他们和自然之间的物质变换，把它置于他们的共同控制之下，而不让它作为盲目的力量来统治自己；靠消耗最小的力量，在最无愧于和最适合于他们的人类本性的条件下来进行这种物质变换。”马克思主义人与自然和谐发展观本身不仅包含着丰富的、系统的、科学的基本原理，而且创造性地通过物质变换的断裂分析了资本主义社会生态环境恶化的根本原因，指出了社会的“和解”是人类与自然之间“和解”的前提，并把自然主义和人道主义相结合的共产主义社会作为解决生态环境问题的最终答案：只有共产主义社会，才能解决人与人、人与自然的一切问题，因为这些问题的解决，需要改变社会制度。

中国共产党章程指出：“马克思列宁主义揭示了人类社会历史发展的规律，它的基本原理是正确的，具有强大的生命力。中国共产党人追求的共产主义最高理想，只有在社会主义社会充分发展和高度发达的基础上才能实现。社会主义制度的发展和完善是一个长期的历史过程。坚持马克思列宁主义的基本原理，走中国人民自愿选择的适合中国国情的道路，中国的社会主义事业必将取得最终的胜利。”习近平新时代中国特色社会主义生态文明观遵循了马克思主义人与自然和谐发展观的基本原理，它从社会发展规律的高度分析了作为共产主义的初级阶段的社会主义制度总体上是有利于人与自然和谐发展的，社会主义和谐社会应该是人与自然和谐发展的社会．是具有高度生态文明的社会，生态文明是社会主义的本质要求，生态文明是中国特色社会主义建设的经济建设、政治建设、文化建设、社会建设、生态文明建设五位一体目标之一。由于人类社会发展距离实现共产主义，还需要一个漫长的历程，在马克思主义人与自然和谐发展观中，并没有明确关于在人类文明史的社会主义阶段如何处理人与人、人与自然关系的论述。习近平新时代中国特色社会主义思想从中国社会主义初级阶段生态建设的现状出发．总结人类生态环境建设的历史经验，借鉴国际社会关于生态环境建设的先进经验，提出了新时代中国特色社会主义生态文明观和实现人与自然和谐发展的新模式和新途径．为马克思主义人与自然和谐发展思想增加了新的内容。这不但是中国共产党对马克思主义理论的新贡献，还是马克思主义理论中国化的新飞跃、新境界，更是拓宽了马克思主义中国化的新领域。

四、习近平新时代中国特色社会主义生态文明观拓展了马克思主义人与自然和谐发展观的理论实践

马克思主义认为，人与自然关系的异化是生态环境恶化的根本原因。生态文明建设与经济社会发展是有机统一的，生态文明建设的本质要求是在经济社会发展中尊重自然、顺应自然、保护自然。任何忽视生态文明建设与经济社会发展有机联系的做法都是错误的。从社会主义初级阶段的基本国情出发．认识习近平新时代中国特色社会主义生态文明观的现实出发点是中国初级阶段的国情，新时代中国特色社会主义生态文明建设必须适应中国发展的阶段性特征。中国人口多，人的生态文明素质有待提高；自然资源总量大，种类丰富，但人均占有量小，分布不平衡，且资源损耗浪费大；自然环境由于社会经济转型过程中的中国一方面要跨越农业社会进入工业社会，另一方面为了追赶世界的发展步伐，还要实现由工业社会到信息社会的迈进，供给侧改革滞后使生产方式粗放存在着严重污染和破坏；社会主义初级阶段的这些基本国情表明中国的发展承受着来自人口、资源和环境等方面的极大压力，也蕴涵着巨大的发展潜力和发展空间。

中国共产党人在认真反思全球经济一体化由于资本主义逐利的无限扩张是导致世界人与自然关系紧张对立的根源基础之上，提出生态问题归根到底是一个社会问题，强调通过新时代中国特色社会主义生态文明建设实现社会和谐来创造人与自然更高层次上的、真正的和谐。这一新理念既是对以马克思哲学关于人与自然、人与社会辩证发展的人类文

明史深刻总结，也是中国共产党多年来生态文明建设的经验总结。习近平新时代中国特色社会主义生态文明观是中国共产党对人类文明发展规律及社会主义建设规律的新探索和新认识，也是习近平新时代中国特色社会主义理论体系的重要思想内容。生态文明是与物质文明、精神文明和政治文明并列的文明形式，从物质文明、精神文明到政治文明再到生态文明的探索反映了中国共产党关于人类文明认识的思想进程。

中国共产党几代领导人基于中国国情和经济社会发展的经验教训，就人与自然关系作了大量论述，对科学认识人与自然关系、推动生态环境保护作出重要贡献。习近平关于“绿水青山就是金山银山”“保护生态环境就是保护生产力，改善生态环境就是发展生产力”“良好生态环境是最公平的公共产品，是最普惠的民生福祉”“环境就是民生，青山就是美丽，蓝天也是幸福”“生态文明建设事关中华民族永续发展和‘两个一百年’奋斗目标的实现”等重大论断更是拓展实践了马克思人与自然和谐发展的哲学思想。因此我们说新时代中国特色社会主义生态文明观凝聚了几代中国共产党人带领人民探索社会主义生态文明建设的智慧和心血，习近平新时代中国特色社会主义生态文明观建立在物质文明、精神文明、政治文明、生态文明的辩证统一关系上。习近平新时代中国特色社会主义生态文明观是由多个相互联系、相互支撑的生态价值观念构成的理论体系，涵盖四大核心理念：生态价值观、生态经济观、生态政治观、生态科技观。构建人与自然生命共同体，追求人类与生态环境的共同发展是习近平新时代中国特色社会主义生态文明观的价值取向，表达了中国人民对人类生存发展境界的一种更高的追求和向往。

协调人与自然的关系，建设生态文明并不是一个简单的自然生态环境恢复重建的问题，而是社会主义发展生产更多优美的生态产品、满足人民对美好生活向往的内在要求，也是新时代中国特色社会主义现代化建设的目标之一。中国共产党的十八大报告将生态文明建设列入“五位一体”的总体布局，提出“建设美丽中国”的要求。十八届三中全会进一步明确了要深化生态文明体制改革，加快建立生态文明制度的基本要求，充分表明中国已经把生态文明建设放在了突出地位，也意味着中国生态文明水平的提升和进步。然而生态问题仍是中国改革开放几十年农业文明超速向工业文明发展留下的一道尚未真正破解的历史性难题：社会经济与自然生态不协调的矛盾已经达到及其尖锐的程度；在人与自然的关系日渐恶化的同时，人与人、人与社会的矛盾也在不断加剧；不同地区的不同利益主体在解决生态危机问题上采取的不同立场，导致了生态正义的失衡。目前，中国正在经历着的各种生态问题要求我们从全方位的视角对习近平新时代中国特色社会主义生态文明观进行理性的思考和系统的建构，进而从更深的层次上思考中国生态文明建设的精神实质、发展道路、发展模式等一系列基本问题。中国共产党的十九大报告中进一步强调，牢固树立新时代中国特色社会主义生态文明观，必须树立和践行绿水青山就是金山银山的理念；我们要建设的现代化是人与自然和谐共生的现代化；把中国建成富强民主文明和谐美丽的社会主义现代化强国。

习近平新时代中国特色社会主义生态文明观是以中国的话语体系、中国的思维方式，探寻具有中国特色的、能够解决中国现实问题的生态文明建设的理论成果。新时代中国特色社会主义的生态文明观念从一开始就形成和西方伦理观念不同的价值取向和发展主题。它继承了马克思主义人与自然和谐发展观的哲学思想，将中国传统环境观念、西方现代环境伦理和后现代环境思想对现代的批判融合到一起，立足中国社会发展现实，凝练出中国生态文明建设所需的环境理念、价值取向、发展主题和实现方式。习近平新时代中国特色社会主义生态文明观不仅是自身生态文明的形成，更是对西方发达国家现代环境伦理的超越。习近平新时代中国特色社会主义生态文明观创造性地探索出人、自然与社会的新的关系模式：一方面，以生存和发展相结合的原则重塑人与自然的关系模式，通过人与自然和谐发展将发展与环境的矛盾有机化解，打破了西方先发展后治理的发展模式。另一方面，通过转变经济增长方式，在维护生态利益的基础上实现社会的发展和进步，通过有效的利益分配机制保证生态正义的实现，为生态文明的实现提供制度保障。

习近平新时代中国特色社会主义生态文明观是中国共产党人在新时代背景下．站在人与自然是生命共同体的高度，运用马克思主义哲学的基本原理，科学分析人类社会发展共同关心的人与自然的关系问题，总结人与人、人与自然辩证发展的人类文明史，把握当今人类文明发展趋势基础上提出的。当前，中国已经进入改革发展的重要时期，社会结构的变迁，经济体制的大变革，利益格局的不断调整，使中国正身处社会转型的关键阶段。在这种社会背景下，中国生态文明建设所面临的问题，已经远远超出了环境、经济和技术的范围。这一现状构成了中国生态文明建设及其重大政策决策不容忽视的基础。生态文明建设已经是一个十分复杂的社会问题，涉及意识形态、社会结构、社会秩序、社会关系等各种社会因素，必须通过深化改革对社会的全方位改造，重塑人和自然的关系，重整人和社会的关系、才能得以维护和实现。新时代中国特色社会主义生态文明观力求建立一个人与自然和谐共生、利益格局相对均衡、充满诚信公平正义、安定有序的和谐社会。由此可见，新时代中国特色社会主义生态文明观早已上升到实现人与自然和谐共生、全社会生态文明水平提升关系到新时代中国特色社会主义现代化美丽强国建设的高度。从中国发展的阶段性特征出发，必须树立习近平新时代中国特色社会主义生态文明观，自觉地走绿色发展道路．奋力开拓新时代中国特色社会主义现代化美丽强国建设更为广阔的发展前景。

参考文献：

[1] 马克思.1844 年经济学哲学手稿 [M]. 北京：人民出版社 ,2004.

[2] 马克思恩格斯全集 [M]. 第 20 卷 . 北京：人民出版社 ,1971.

[3] 马克思恩格斯全集 [M]. 第 1 卷 . 北京：人民出版社 ,1956.

[4] 马克思恩格斯全集 [M]. 第 3 卷 . 北京：人民出版社 ,1960.

[5] 马克思恩格斯全集 [M]. 第 42 卷 . 北京：人民出版社 ,1979.

[6] 马克思恩格斯全集 [M]. 第 46 卷 (上). 北京：人民出版社 ,1979.

[7] 马克思恩格斯全集 [M]. 第 23 卷 . 北京：人民出版社 ,1972.

[8] 马克思恩格斯全集 [M]. 第 25 卷 . 北京：人民出版社 ,1974.

[9] 马克思恩格斯全集 [M]. 第 32 卷 . 北京：人民出版社 ,1975.

（西南林业大学　郎南军）

弘扬民族生态文化推进生态文明建设

党的十八大首次把生态文明建设提升至与经济、政治、文化、社会四大建设并列的高度，纳入建设中国特色社会主义必须统筹推进的“五位一体”总体布局之中，成为全面建成小康社会任务的重要组成部分。2015 年 1 月，习近平总书记在云南考察时强调，良好的生态环境是云南、也是全国的宝贵财富，并再次明确要求云南加强生态文明建设，争当全国生态文明建设排头兵。

习近平总书记对云南生态文明建设寄予厚望，但就实际情况来看，目前云南生态文明建设工作重点及特色还不够突出、示范性效应尚未充分发挥、生态文明建设的实践以及科学研究还缺乏重大突破，还没有专业性生态文明研究团队着力研究云南生态文明建设的路径及策略，生态文明宣传与教育还相对滞后。

一、不断推进生态文明建设成为省第十次党代会的核心精神之一

云南省第十次党代会报告 11 次提到生态文明、32 次提到生态，明确把“生态文明排头兵建设成效显著”，作为更加主动服务和融入国家发展战略，奋力开创跨越式发展新局面，坚持夺取全面建成小康社会新胜利的五个主要奋斗目标之一。在突出提出实现新的奋斗目标，把宏伟蓝图变为美好现实，务必坚持的“九个必须”总体要求、指导原则中，最终一个就是强调必须坚持生态优先、绿色发展，牢固树立绿水青山就是金山银山理念，坚定走生产发展、生活富裕、生态良好的文明发展道路，筑牢国家西南生态安全屏障。因而省第十次党代会的核心精神之一，就是坚持以习近平总书记系列重要讲话和考察云南重要讲话精神为指引，切实贯彻执行党中央治国理政新理念新思想新战略，在对云南省经济建设、政治建设、文化建设、社会建设、生态文明建设作出系统部署安排时，在生态文明建设领域，强调必须加强生态环境保护和治理，大力发展绿色经济，提升城乡人居环境，实行最严格的生态环境保护制度，筑牢生态安全屏障，加快生态文明排头兵建设，把七彩云南建设成为祖国南疆的美丽花园。

同时，省第十次党代会报告也指出，云南生态环境敏感脆弱，生态建设和环境保护还存在薄弱环

节。因此，深入学习贯彻省第十次党代会精神，坚持绿色发展，不断推进生态文明建设，需要进一步理清思路，优化措施，挖掘资源，发挥优势，彰显特色，引领示范。在云南，尤其是要发挥民族文化众多、生物多样性特色鲜明这两个不可替代的优势。这两个优势早已受到重视，已有一些成绩，但还有建设与发展的空间，还有许多事情可以做，还应该有更大的成效。

二、云南极为丰富的民族生态文化有待进一步发掘利用

云南民族众多，生态文化极为丰富，各民族的生态传统及其文化在各区域的环境保护中，曾经发挥过积极的作用。目前，虽然有很多学者进行过研究，一些生态文明建设部门及人士也注意到民族生态传统及文化在生态文明建设中的积极作用，但在具体政策及实践中，民族生态传统并没有得到足够的重视，很多少数民族优秀的生态文化并没有被发掘和利用起来，使云南省生态文明建设的具体内容与其他区域等同或类似，特色尚不十分明显，优势也还不很突出。

基于云南少数民族众多，风俗习惯各异，生态文化丰富的实际，在推进生态文明建设，加快生态文明排头兵建设的进程中，云南民族传统生态文化中的很多内涵及其实践措施值得加强探索与实践。

三、重视民族生态知识，挖掘民族生态观念，融入现代生态文明建设的理念，进一步丰富云南生态文明建设的内涵

生态观是各民族适应自然环境、与自然生态和谐一体的重要体现，如在饮食起居方面还保存着许多独特的生态观念，尤其是一些与生态相关的吃、住、行的规则及方法，以及生产生活资源获取的途径及原则，是各民族在不同生存环境中，与自然及生态共处共进的行为习惯或准则，对本民族聚居区的生态环境起到保护及调节作用。如在纳西族东巴文化的传统哲学中，认为人与自然是兄弟关系；西双版纳傣族自治州的傣族和附近的其他民族大部分信仰南传佛教，强调人与自然的和谐，把各种动植物看作人类的朋友等。在生态文明建设中对这些观念及其精华进行挖掘，与今天的生态文明建设理念结合，可以更好地服务于各地生态文明建设的实践。

此外，很多民族对自然资源的适度开发与有序利用的观念，为经济社会变迁提供可持续发展的动力。要尊重这些观念，并妥善引导，挖掘其中有生态价值的理念及内涵，在实践中不断强化各民族尊重自然的理念，进而强化全球生态环境是一个相互联系、相互制约的整体，进一步强化尊重、爱护自然的理念，并提炼出具有云南特色、能够推广的生态文明建设理念，夯实生态文明排头兵建设模式的理论基础。

四、注重把尊重和敬畏自然的民族传统行为文化，转化为当代生态文明建设的意识及行为，促进生态文明建设

彝族、白族、怒族、傣族、哈尼族、瑶族等少数民族几乎都有自己的“神山、神树、神林、神泉、神井”等，它们分布在各民族村寨后方或附近，被赋予神秘、神圣色彩，或被作为宗教崇拜对象。这些神圣自然物所在区域，成为本族禁地，不仅平时不能随意进出，连里面的鸟兽树木花草都不能随意猎杀砍伐。这种对自然的崇拜和对自然物的敬畏，有效地维护着各民族生存生活的良好环境，起到了客观、积极的生态保护作用。在这些特定区域，森林茂密、物种自然繁衍，生物多样性特征极为明显。这一切对当代生态文明建设贡献良多，给生态文明排头兵建设以诸多启示。

保存或恢复云南生物多样性特点，保护生态环境，正是云南生态文明建设的目的之一。少数民族“神灵崇拜”行为，长期以来都被作为迷信或是神秘文化、民俗文化看待及研究，为了有效推进生态文明建设，当前需要进一步从生态、环境的角度去挖掘其中的内涵。云南生态文明建设中，可以将其中的生态文化精华尤其是各民族因此形成的生态传统行为文化，在保留其优良的传统及文化精华的同时，转化为当代生态文明建设的意识及行为，促进生态文明建设。

五、重视民族农耕传统及方法，妥当发掘运用各民族生态农作技术，促进云南绿色农业建设与发展

云南各民族形成各式各样的传统农耕文化，一些农耕方法，对生态环境在利用、因势改造的同时，对生态基础、环境起到较好的保护和持续利用的目的。如哈尼族、彝族的梯田和傣族稻作等，都是人们千百年在适应与创造的过程中形成的农耕文化的宝贵遗产，不仅是人地和谐共处的具有持续发展特

性的文化景观，也是较为成功的高寒山地、炎热河谷区的农业资源利用模式和适合当地生态特点的工作模式，它们保证各民族地区数千年来自然生态和人文生态的平衡和谐，推进经济社会和民族文化的持续发展。

在各民族地区的生态文明建设中，要对民族地区经济社会发展和各民族生产生活进行适当的引导和调整，优化民族地区的产业结构，妥当地发掘、运用各民族生态农作技术及传统，探索一条适合云南并可以推广的绿色农业建设与发展之路。

六、支持和推广民族优良环保理念和行为规范，促进生态环境可持续发展

各民族关于保护生态、环境的习惯法和有关的乡规民约，对妨碍、危害生态及环境发展的行为予以规范及制裁，这在客观上达到了保护生态、维持环境平衡的作用。比如，东巴文化中就有一套保护自然的习惯法，东巴经中常见禁律有：不得在水源地杀牲宰兽、不得在水源旁大小便、不得滥搞毁林开荒，立夏过后实行“封山”、禁止砍树和狩猎等，这些规矩已经成为人们共同遵守的原则与习惯。在云南生态文明法律及制度建设中，吸取民族生态法规的内容并加以改造及妥善运用，必将对云南生态文明法制建设产生积极的推进作用。

生态文明排头兵建设，并非一蹴而就的简单工程，而是一个长期、艰巨的任务，需要持之以恒地探索和实践。我们要深入学习贯彻省第十次党代会精神，积极探索云南生态文明建设的有效模式，大力弘扬优秀民族生态文化，让云南早日成为生态文明建设排头兵，把七彩云南建设成为祖国南疆的美丽花园。

（云南大学党委副书记　张昌山；云南大学“一带一路”倡议研究院　周琼）

尽快建立环保产业常态化统计制度推进云南环保产业快速健康发展

发展环保产业是推动产业转型升级增效、提升绿色竞争力的重大举措，是补齐资源环境短板、改善生态环境质量的重要支撑，是推进生态文明排头兵和建设美丽中国的客观要求。中国已将环保产业作为战略性新兴产业加以培育，出台《“十三五”节能环保产业发展规划》，环保产业将迎来快速发展时期。云南省委、省政府高度重视环保产业发展，立足经济社会发展实际和生态文明排头兵建设的战略需要，将其作为云南省战略性新兴产业加以培育。然而，与东部发达地区相比，与云南省自身经济社会发展需求相比，云南环保产业存在发展滞后，整体产业发展状况家底不清，情况不明，产业规模小，产业结构不合理、产业竞争力弱等问题。环保产业是典型的政策驱动型产业，有效的政策引导和政策扶持是环保产业持续健康发展的重要因素。

因此，亟须尽快开展云南环保产业统计调查，推进建立常态化的环保产业统计制度，在摸清云南省环保产业发展状况基础上，制定环保产业发展的政策导向，以促进云南省环保产业持续快速健康发展。

一、在国家多重政策利好下，环保产业发展迎来难得的历史机遇

环保产业是在环境保护中催生的新兴产业，政策、法规、制度是环保产业市场发展、技术进步的主要驱动力。近年来，为解决日益严重的生态环境问题，中国的环境治理理念、思路和手段都发生了重大转变，国家政策导向为环保产业发展带来新的巨大需求。改革开放以来，随着中国综合国力显著增强以及资源环境问题的日益凸显，中国环境保护投入不断增加。“九五”期间，中国环保投入达到 3 600 亿元，1999 年环保投入占 GDP 的比重首次超过 1%。“十五”期间，环保投入约占 GDP 的 1.2%。“十一五”期间，环保投入的比例进一步增大。“十二五”期间，中国节能环保产业以 15% 至 20% 的速度增长，环保投资达到 3.4 万亿元，比“十一五”期间增长了 62%，占 GDP 的比重达到了 3.5%。

党的十九大报告中首次明确将“美丽”作为建设社会主义现代化强国的目标和标志之一，开启了生态文明建设和绿色发展的新征程。报告中明确提出：“构建市场导向的绿色技术创新体系，发展绿色金融，壮大节能环保产业、清洁生产产业、清洁能源产业。”随着“十三五”期间中国生态文明建设向纵深推进，国家一系列的政策导向和制度实施将会催生大量的环保需求，中国环保产业将保持高投入、高增长的发展趋势。据环保部环规院测算，预计“十三五”期间环保投入将每年增加 2 万亿元左右，“十三五”期间社会环保总投资有望超过 17 万亿元，无疑将迎来环保产业大发展的时期。

（一）严格的环境保护政策法规拓展环保产业发展的市场空间

随着资源环境约束加剧，近年来环保政策、法规密集出台，对于环境整治的力度越来越大、越来越严。2013年、2015年、2016年，国务院分别出台《大气污染防治行动计划》《水污染防治行动计划》《土壤污染防治行动计划》，确定“地级及以上城市空气质量优良天数、细颗粒物未达标地级及以上城市浓度、地表水质量达到或好于Ⅲ类水体比例、地表水质量劣Ⅴ类水体比例”等12项约束性指标。2015年1月1日，被称为“史上最严”环保法正式实施，新修订的环保法加大对企业违法的处罚力度，也增加对行政监管部门的问责措施，对地方政府的要求也更严格，明确环保直接与干部考核挂钩。另外，相关部门从各自领域出发，出台环境保护、资源节约利用方面的法规和规章，《全国城市生态保护与建设规划（2015—2020）》《“十三五”全国城镇污水处理及再生利用设施建设规划》《节水型社会建设“十三五”规划》《建筑节能与绿色建筑发展“十三五”规划》《近岸海域污染防治方案》《国家环境保护标准“十三五”发展规划》《循环发展引领行动》以及九部委《关于加强资源环境生态红线管控的指导意见》等关于加快推进生态文明建设和节能环保产业发展的文件相继密集出台。因此，各领域“史上最严”的环境保护制度，无疑催生巨大的环保市场需求，倒逼环保产业加快发展。

就云南来说，结合贯彻落实《新环境保护法》，云南省启动修订《云南省环境保护条例》，编制《云南省生物多样性保护条例（草案）》《云南生态文明建设规划》《云南省生态保护红线划定工作方案《草案》，出台《关于加快发展节能环保产业的意见》《云南省大气污染防治行动实施方案》等，为环保产业的发展提供广阔的市场需求。

（二）生态环境破坏的重拳出击制度给环保产业发展带来良好的制度保障

为确保各项环境保护措施落实到位，达成治理目标，中国建立中央环保督查制度、领导干部生态环境保护职责制度、生态环境损害责任追究制度、省级以下环保机构垂直管理机制、生态环境保护转移支付及补偿机制、湖库河流河长制制度等一系列创新性制度体系。近几年来，云南省从顶层设计到全面部署，从最严格的制度到最严格的执法，系统完整的生态文明体制机制正在加快建立和完善。全省生态文明体制改革总体方案和实施意见、主体功能区划、河长制全面铺开、环境监测执法、生态环境损害责任追究、生态补偿、生态环境监测网络建设等具有支撑性、全局性、关键性改革的“四梁八柱”初步建立。同时，云南认真实施环境保护督察和监察制度，将在全省范围内开展省级环保督察，完善环境资源执法协调机制，对环境违法行为持续保持“零容忍”态度。生态环境破坏的重拳出击制度为云南省环保产业发展提供了坚强的制度保障，更为环保产业的发展创造良好的契机。

（三）多元化市场机制的推行提升环保产业发展空间

近年来，中国不断完善环保市场机制，建立健全PPP、政府采购服务、第三方治理、绿色金融、排污权交易、环境保护税等一系列市场化手段逐步兴起。在新的规划、政策、法规、制度推动下，污水处理、垃圾处理、脱硫脱硝等传统环保产业规模大幅扩容，海绵城市、地下管廊、综合区域治理、土壤修复、污泥处理等环保产业新兴市场快速释放，城镇黑臭水体、垃圾分类、雾霾、污泥处理、垃圾渗滤液等环境治理难点有望实现技术突破。中国有着数万亿级的环保市场，在互联网、大数据、新技术等驱动下，中国环保产业有望实现快速发展。云南省近年来环境治理的市场化手段正在逐步实施，排污权交易、绿色金融等正在兴起，启动生态环境建设和保护PPP项目，为全省的环保产业发展提升市场空间。

二、环保产业将成为中国新的经济增长点，云南环保产业发展面临强势的外部竞争

（一）各地都已将环保产业作为重点产业加以培育

进入21世纪，全球环保产业开始进入快速发展阶段，逐渐成为支撑产业经济效益增长的重要力量，并正在成为许多国家革新和调整产业结构的重要目标和关键。主要发达国家纷纷加大对环保产业和环保科技的投入、加快对环保产业发展的布局，力争通过发展新技术、培育新产业，创造新的经济增长点，并抢占新一轮经济增长的制高点。目前世界环保产业投资的新动向，一是环保产业投融资模式转变为国际性商业行为，二是环保产业市场重心逐步转向发展中国家，发达国家国内环保市场需求已逐渐趋于平衡，发展中国家的环保市场在世界的地位显著上升，世界环保市场大幅度地向发展中国家转移。随着经济全球化和区域经济一体化的深入

推进，发达国家在本国环保产业已经进入成熟期和国内市场相对饱和的情况下，逐步把目光投向中国，凭借其技术和资金优势，抢占市场份额，使本来就处于劣势的中国环保产业发展面临严峻挑战。

而从国内看，“十三五”时期，中国经济进入新常态，环保产业既是保护环境、实施可持续发展战略的重要物质基础和技术保障，也是国民经济的重要组成部分，还是未来经济发展中最具潜力的新增长点之一。作为污染治理重要平台、经济增长重要支柱和科技创新重要领域，正迎来新的难得发展机遇。《“十三五”国家战略性新兴产业发展规划》以及《“十三五”节能环保产业发展规划》已将节能环保产业列为战略性新兴产业之一。国家对环保产业发展寄予厚望，环保的地位及重要性上升到前所未有的高度。环保产业对国民经济起到的重要促进作用，甚至在未来 20 年内有望成为国民经济支柱产业。各地政府已将其作为重要的经济增长点和战略性新兴产业加以培育。江苏、山东、浙江、北京、上海等环保产业发展处于全国领先地位，并将其作为支柱产业加以发展，而且近年来保持了较强的发展势头。浙江省 2015 年节能环保产业实现总产值 5 332 亿元，占全国的 12%。“十二五”期间浙江省环保产业的发展速率远高于同期省内 GDP 增速，达 15% 左右，尤其是环保服务业飞速发展，营业收入年均增长率达到 30%。重庆、四川等兄弟省市将环保产业作为重点产业加以培育，呈现千舟竞发的态势，区域竞争压力加大。2015 年，重庆市环保产业年产值达 503.23 亿元，在全市十大战略性新兴产业总产值的占比达到 30.38%。而福建省在近几年经济增速放缓的背景下，环保产业仍以大于 20% 的增速发展。安徽省 2017 年，规模以上工业节能环保产业产值突破 1 000 亿元，实现年均 20% 以上增长。陕西为了解决环保产业发展的投融资问题，设立 150 亿元的陕西环保产业投资基金。

而相对于国内环保产业发达的省市，云南省环保产业起步较晚，经济规模偏小，目前大约 90% 的环保企业都是中小型企业，不能适应本省的环保市场需求，本省市场占有率低，更无力进行跨省竞争。云南省的环保产业在产业技术、产业规模、产业效益、市场份额等方面均处于全国中下游水平，在市场竞争中处于不利地位。

（二）云南环保产业发展滞后，不能适应自身经济发展，不能适应生态文明建设排头兵的需求

云南省环保产业总体发展滞后，无论从产业规模、技术水平、规模效益、市场规模等都处于全国下游水平。突出表现在以下几个方面：

一是产业规模小，结构不合理。2016 年全省环保产业总产值约 500 亿元，位列全国 20 多位，且结构不合理，环保装备制造业基本为零。95% 以上的环保企业为中小微企业，产业整体集中度偏低。环保产业仍主要集中在末端治理环节，为实现绿色、循环、低碳发展提供的支撑不够。

二是技术开发能力弱，产品技术含量低。环保产品和技术的标准化、系统化、配套化水平低，拥有自主知识产权的高技术产品少，技术装备落后，难以形成规模经济效益。所能生产的环保产品多数为传统产品，科技含量不高，科技成果转化率低，没有自主研发能力，缺乏发展后劲。

三是尚未形成企业集群效应。环保产业地区发展分布不均衡，云南环保产业主要分布在经济较为发达的滇中城市如昆明、玉溪、从业单位总数占全省环保及相关产业从业单位数的 50% 以上。其他地区发展缓慢且企业数量极少，未能形成立体化、协作化、配套化的本地企业集群，相互带动、共同发展的集群效应没有形成。

四是有效的投融资体制尚未形成。市场化、多元化投融资机制尚未形成，“十三五”期间，云南环保投资需求将达五千亿元，单纯依靠企业自身投入和财政资金投入无法满足环保投资需求，引入社会资本、创新制度安排、改进治理模式成为当务之急。

（三）云南环保产业亟须加强政策引导，建立起适应市场经济体制的自我发展自我生长的内在运行机制

云南省环保产业发展之所以缓慢、发展滞后，从表面上看是资金不足、投入不够，根子上是缺乏发展环保产业的创新思路，缺乏吸引人才、技术、资本投入的市场氛围和政策举措。说到底是没有建立起一个适应市场经济体制的自我发育、自我成长的内在运营机制，没有使市场成为引导环保产业发展的主导因素。

环保产业外部性强，具有较强的公共物品性的特征，是典型的政策驱动型产业。环保产业是朝阳行业，受政府政策的影响很大，政府的政策支持、制度创新是影响环保产业发展的最主要因素。构建绿色生产和消费的法律制度和政策导向，将有效地推动环保产业壮大。作为全球生物多样性热点区域和国家西南生态安全屏障，云南担负着争当全国生态文明建设排头兵的战略任务和使命，亟须通过政策、制度创新，加快环保产业发展。云南环保产业

发展的出路，就是摒弃发展环保产业发展的传统模式，通过政策引导和机制创新，摆脱一味依赖国家财政办环保的旧思路，探索一套能调动各方面积极性，通过市场融资培育产业，拓展企业的环保产业发展新路子。

三、目前云南尚未开展对于环保产业的统计调查，环保产业处于家底不清的状况，不利于环保产业发展的科学决策

（一）环保产业是一个跨行业、跨领域的产业

由于环保产业不是一个传统意义的经济产业门类，它与国民经济的39大行业纵向门类有着差异，作为一个横向体系，涉及化工、冶金（含有色）、轻工、电力、煤炭、建材、乡镇企业等部门，具有跨部门、跨行业的特点。分散在不同的部门，较难形成统一协调和管理的机制。

根据2002年国家经委组织编制的《国家环保产业发展“十五”规划》中提出的界定，环保产业包括环保产品的生产与经营、资源综合利用、环境服务三个领域。环保产品的生产与经营主要指大气污染治理设备、水污染治理设备、固体废弃物处理处置设备、节水设备、生态环境保护装备、清洁生产设备、环境监测分析仪器仪表、环保药剂和材料等的生产与经营。资源综合利用主要包括伴生矿的综合开发与利用、“三废”综合利用、废旧物资回收利用。环境服务主要包括环境咨询、信息和技术服务，环境工程及污染防治设施运营服务等。在《“十二五”节能环保产业发展规划》中提的是“节能环保产业”，是为节约能源资源、发展循环经济、保护生态环境提供物质基础和技术保障的产业，是国家加快培育和发展的7个战略性新兴产业之一。节能环保产业涉及节能环保技术装备、产品和服务等。由此可以看出，无论是“环保产业”还是“节能环保产业”，其职能分散在不同的部门，环保服务业属于环保部门分管，资源综合利用则属于发改委分管，涉及到节能部分，则隶属于工信委分管。因此，环保产业跨部门、跨行业的特点，导致其分散在不同的部门和行业，较难形成统一协调和管理的机制，也较难建立常态化的统计体系。

（二）云南省除了对环保服务业建立了经常性统计制度外，没有对环保产业开展过统计调查

中国目前尚未建立常态化的环保产业调查统计制度，获取数据主要靠间歇式的调查。到目前为止，中国共开展过四次经国家统计部门批准实施针对环保及相关产业的调查，分别是1993年、2000年、2004年和2012年。首次调查是在1993年，由原国家环保局、原国家科委、原国家统计局等五部委共同参与完成；第二次调查开始于2000年，经国家统计局批准，由原国家环保总局开展完成；第三次调查是在2004年进行的，由原国家环保总局会同国家发改委、国家统计局联合开展。“十一五”以来，中国环境保护相关产业规模、结构、布局和技术水平等都发生了较大变化。2010年，环保产业被确立为中国战略性新兴产业。为掌握环境保护相关产业的发展状况，2012年10月，环境保护部、国家发展和改革委员会、国家统计局共同组织开展了第四次全国环境保护相关产业基本情况调查，调查的基准年为2011年，调查的内容包括从业单位基本情况、环境保护产品、资源循环利用产品及环境友好产品的生产销售情况、环境保护服务业经营情况等。

这几次国家层面上的环保及相关产业调查为了解和获取不同时期环保及相关产业发展数据，制定和实施各阶段环保产业发展政策、规划都发挥了重要的基础性作用。?

就云南省来说，目前云南省仅开展了每年对环境服务业财务统计工作，由省环保厅牵头组织，统计范围为从事环保服务业活动的企、事业法人单位，内容为环保服务业从业法人单位的基本属性、财务状况和从业人员数量等，行业范围包括：环境与生态监测（国民经济行业分类代码为746）、生态保护和环境治理业（国民经济行业分类代码为77）。目前，环保服务业财务统计工作已经作为一项经常性工作来开展，这对于了解云南省环保服务业发展状况、为各级政府进行宏观管理和科学决策提供了依据，为国民经济核算提供了基础数据。但是，没有对环保产业的整体状况开展相关的调查统计。因此，整个环保产业目前处于底数不清、家底不明的状况，不利于全面了解全省环保产业发展状况，不能适应政府科学决策、更好地落实中央和国家相关政策及规划的要求。

因此，急需对云南省环保产业发展从产业规模、产业结构、产业集聚、科技支撑、技术水平等方面进行全面分析评估，并推动建立环保产业常态化调查统计制度，将重要的环保产业信息数据、如环保产业产值等纳入国民经济统计体系，为政府宏观调控和企事业单位发展环保事业提供统一、权威的数据信息，使

云南环保产业统计制度走向规范化、制度化。

（三）部分省市已启动环保产业定期统计调查制度的研究建立工作

产业统计是指导环保产业发展的重要基础性工作。为了摸清地区环保产业发展状况及为制定环保产业发展政策规划提供依据，促进环保产业发展，部分省市已逐步启动环保产业定期统计调查制度的研究建立工作。

重庆市于2016年对环保产业开展了调查，重庆市环保局、重庆经工信委、重庆城乡建设委员会、重庆统计局及重庆市环保产业协会等联合开展重庆环保产业调查，出台《重庆市环境保护产业发展报告（2016）》，为地方开展环保产业调查统计起了带头作用，也为国家开展环保产业调查起到支持作用，是中国环保产业开展常态化调查迈出的重要一步。

浙江省建立省级环保产业统计制度，浙江省环保厅建立健全浙江省环境保护及相关产业基础数据库，并建立浙江省环境保护及相关产业统计制度，为及时掌握浙江省环保产业发展状态提供技术基础。

山东省2014年在全国率先建立节能环保产业统计报表制度，开发“山东省节能环保产业统计报表系统”，有效地掌握全省节能环保产业的产值、营业收入、利税、利润和重点产品的产量等信息。山东省统计报表制度的建立有助于解决节能环保产业归类不明确、口径不统一问题，有助于省、市、县各级掌握本辖区内节能环保产业发展的基本情况，从而为制定政策提供数据支撑。

长期以来，云南环保产业数据的获取主要依赖于全国环保产业调查，但是由于该调查时间间隔不定，相邻两次调查的间隔期内又无其他统计手段，而且每次调查口径又在发生变化，导致产业数据连续性不强，实用性较差，远不能满足环保工作的需要，而且另一方面使行业投资者没有办法及时了解行业发展的状况。因此，迫切需要对云南环保产业发展状况进行全面调查分析，为各级政府科学制定和实施环保产业发展政策、规划，为企业把握行业发展状况提供重要参考和依据。

四、建议尽快开展调查，推动建立经常性的统计制度，为云南环保产业发展科学决策提供依据

环保产业是产业链长，关联度大，吸纳就业能力强，对经济增长拉动作用明显。加快发展环保产业，是调整经济结构、转变经济发展方式的内在要求，是推动节能减排，发展绿色经济和循环经济，建设资源节约型环境友好型社会，积极应对气候变化，抢占未来竞争制高点的战略选择。“十三五”期间，中国环保产业发展的顶层设计已经形成，在《关于加快推进生态文明建设的意见》和《生态文明体制改革的总体方案》的部署下，中国将迎来环保产业大发展时期。

对云南来说，要想在环保产业发展中抢占先机，赢得主动，就必须全面认清自身情况，把握全局，找准问题，看准趋势。只有把握机遇，抓住时机，才能顺势而为，事半功倍，相反则会错失良机，造成全方位的落后。行业调查是全面掌握行业发展状况的重要手段。全面摸清产业现状，有利于准确把握环保产业发展趋势、科学制定环保产业发展的政策和规划；有利于有效实施环境保护规划，切实改善环境质量；有利于加强和改善宏观调控，促进经济结构调整，推进资源节约型、环境友好型社会建设，提高生态文明水平。

因此，完善环保产业调查体系，建立好常态化的调查机制，定期把握环保产业发展状况，持续获取产业相关数据，可以为评估产业对环保事业的支撑情况，同时为各级政府制定和实施环境政策及规划提供依据。因此，急需建立和完善云南省环保产业的调查、统计报表、增加值核算、信息发布等制度，建立健全统计调查单位名录库的更新维护制度。通过统计制度的建立和逐步完善，使云南环保产业统计制度走向规范化、制度化，为政府宏观调控和企事业单位发展环保事业提供统一、权威的数据信息。一是通过调查全面获得云南省环境保护及相关产业发展状况数据，能系统地掌握云南省环境保护及相关产业的行业经营状况、产业机构、规模、布局和技术情况等相关信息，建立全省环境保护及相关产业发展情况基础数据库。二是通过深入分析调查数据，为制定云南省今后中（长）期和实施环境保护及相关产业的政策和规划、进行宏观管理和决策提供依据。

（西南林业大学　陈国兰）

争做生态文明建设先行者

生态文明是人类为保护和建设美好生态环境而取得的物质成果、精神成果和制度成果的总和，是

贯穿于经济建设、政治建设、文化建设、社会建设全过程和各方面的系统工程，综合反映一个社会的文明进步状态。生态文明是人类经历了原始文明、农业文明、工业文明，发展到一定阶段的产物，是实现人与自然和谐发展的新要求，是人类迄今最高的文明形态，也是更加综合的文明形态。

一、把生态文明建设作为一项重要政治任务，努力开创社会主义生态文明新时代

生态兴则文明兴，生态衰则文明衰。面对环境污染严重、生态系统退化、资源约束趋紧的严峻形势，以习近平同志为核心的党中央遵循发展规律，顺应人民期待，彰显执政担当，将建设生态文明、推进绿色发展视为关系人民福祉、关乎民族未来的长远大计，融入治国理政宏伟蓝图。习近平总书记指出："环境就是民生，青山就是美丽，蓝天也是幸福。要像保护眼睛一样保护生态环境，像对待生命一样对待生态环境。"党的十八大和十八届三中、四中全会对生态文明建设作出顶层设计和总体部署，从中国特色社会主义事业"五位一体"总布局的战略高度，从实现中华民族伟大复兴中国梦的历史维度，强力推进生态文明建设，引领中华民族永续发展。

2015 年 1 月，习近平总书记在云南考察时，要求云南把生态环境保护放在更加突出的位置，成为生态文明建设排头兵。这是习近平总书记着眼于新的时代背景和全国战略布局，为云南确定的新坐标、明确的新定位、赋予的新使命。云南省第十次党代会报告强调，必须坚持生态优先、绿色发展，筑牢生态安全屏障，加快生态文明排头兵建设，把七彩云南建设成为祖国南疆的美丽花园。

云南区位条件独特，自然资源禀赋良好，生态环境始终是宝贵财富。彩云之南素有"植物王国""动物王国"的美誉，多样性的气候与地貌特征蕴藏着巨大的发展潜力。应着眼于长远利益，坚持永续发展理念，以对国家、对人民、对子孙后代高度负责的态度，倍加珍惜良好的生态环境，坚定不移地推进生态文明建设，坚定不移地加大环境保护力度，像保护眼睛一样保护生态环境，像对待生命一样对待生态环境，保护好中国重要的生物多样性宝库和西南生态安全屏障，弘扬民族生态文化，倡导绿色生活，加快建设美丽云南，始终呵护好云南的绿水青山、蓝天白云，为子孙后代留下可持续发展的"绿色银行"。

作为经济欠发达的边疆多民族省份，同时也是中国生态环境最好的省区之一，云南担负的生态环境建设任务比较重，承担着保护与发展的双重责任。在生态文明建设上，一定要算大账、算长远账、算整体账、算综合账，始终坚持"生态立省、环境优先"的战略不动摇，把保护好生态环境作为生存之基、发展之本，加快国家生态文明先行示范区建设。

二、高校应成为生态文明建设的探索先行者、榜样引领者和辐射带动者

在推进国家生态文明建设，弘扬绿色文化，倡导绿色消费，探索资源节约、环境友好的生产方式和消费模式过程中，高校具有理论、人才、科技、文化等诸多资源和优势，应当充分发挥辐射功能和示范作用，成为传播弘扬生态文明建设理念的高地、倡导绿色消费的高地、研究生态文明建设的高地和培养生态文明建设人才的高地，为生态文明建设作出贡献。要牢牢守住生态"绿线"，从校园做起，从身边做起，把生态文明建设贯穿到人才培养、科学研究、服务社会、传承与创新文化和国际交流与合作的各个环节，落实到决策、规划上，落实到项目上，落实到服务经济社会建设上。

首先，高校应深入开展生态文化、绿色经济、环境科学等方面的研究，构建绿色发展理论，完善和发展社会主义生态文明理论，为建设生态文明、建设美丽中国提供理论支撑。其次，高校在生态领域的基础性、前瞻性研究和高新技术研究等方面，有着巨大潜力，对推进生态文明建设有着极其重要的作用。尤其是设置农林类学科专业的高校，始终是生态科学技术研究的主力军，以人文社科为办学特色的院校和综合类院校，也应当在"公正、高效、和谐和人文发展"的生态文明核心要义、基本理念的研究上有所贡献，为生态文明建设和经济社会发展提供技术支撑。第三，在校大学生的生态观念是否建立，生态环保行为习惯是否养成，建设生态文明的责任心是否强烈，直接关系到建设美丽中国的目标能否实现。高校是开展国民生态文明教育、培养具有生态文明素养人才的主阵地，要为建设生态文明提供智力支持。第四，发展循环经济、治理环境、节能减排等促进生态文明建设的措施都离不开相关专业人才，高校应依托生态、生物、农林等学科专业，培养大量专业人才，为生态文明建设提供强有力的

人才保障。

围绕立德树人这一根本任务，高校应当将生态文明建设的基本原则、指导思想融入教育教学的全过程，用“绿色教育”思想培养人才，用“绿色科技”意识开展科学研究，用“绿色校园”示范工程熏陶人，以实施生态教育、完善生态学科、推动生态科技进步和建设生态型校园为基本内容，拓展大学教育的内涵及功能，实现高校发展理念生态化、发展方式生态化、发展实践生态化，更加注重整体性、系统性运用可持续发展原则，更加注重内涵发展、特色发展、质量发展、和谐发展，整体构建生态型教育、生态型学科、生态型创新体系以及生态型校园，使高校成为推进生态文明建设的示范区、核心区和先导区。

云南争当生态文明建设排头兵，高校应成为生态文明建设的探索先行者、榜样引领者和辐射带动者，为生态文明建设和绿色发展培养更多优秀人才，为建成全国生态安全屏障提供科技支撑，为美丽云南建设提供智力支持，为保护传承生态文明发挥重要作用。教育青年学生牢固树立尊重自然、顺应自然、保护自然的理念，争当传播生态文明的宣传员；教育青年学生勤学善思，储备知识，增长本领，争当建设生态文明的生力军；教育青年学生从我做起，从小事做起，从今天做起，争当绿色低碳生活方式的先行者；教育青年学生积极投身改革发展实践，奋发有为开拓创新，在加快建设绿色经济强省中建功立业。

三、昆明学院参与生态文明建设的特色优势

近年来，昆明学院围绕为生态文明建设提供理论支撑、人才支撑、科技支撑、文化支撑，通过不断强化科研平台，助力生态文明建设；参与绿色云南建设，服务地方事业发展；丰富绿色教育内涵，传播生态文明理念等方面的努力，全面参与生态文明建设。

在校园内引领教育风尚，推进绿色发展。高校的绿色重在学风淳朴，不尚虚荣。昆明学院强调高校不仅要办好学科和专业，更要涵养砥砺健康向上的文化风骨和人文精神。为此，昆明学院制定绿色发展战略，秉承“把校园当家园建设，把学生当孩子培养”的育人理念，切实遵循高等教育发展规律、科学与知识发展规律以及人才成长规律，按规律办学，按规律育人，突出质量、内涵和特色，推进学校可持续发展；厚植人文环境，涵养人文情怀，提升办学品质，加强现代大学制度建设，健全学术规范，营造风清气正的绿色学术生态；培育绿色发展文化，推进绿色校园文化建设，树立环境友好理念，养成环保绿色的工作、学习、生活方式；发展绿色学科，开展绿色科研，依托昆明滇池（湖泊）污染防治合作研究中心、昆明科学发展研究院等高层次研究平台，致力于滇池（湖泊）流域生态文化基础理论及应用、滇池（湖泊）流域生态修复、滇池（湖泊）流域信息数字化建设与应用研究，组织开展专题学术研讨会、学术沙龙，搭建多层次的生态文化建设交流平台，积极探索滇池（湖泊）流域生态文化建设的路径、模式，全面参与滇池流域乃至全省高原湖泊生态文化建设，合力推进区域生态修复、滇池治理、节能减排和循环经济发展；建成国内首家以生态文化为展示主题，省内首家以湖泊为展示对象的“滇池流域生态文化博物馆”等生态文明教育宣传阵地，为滇池治理与保护的宣传教育提供了有效载体，在传承滇池流域生态文化，促进区域生态文明建设方面产生了积极效益；建设绿色校园，制定校园长远建设规划，实施节能减排、环保低碳、循环利用的绿色校园升级改造工程，实现校园环境生态化、校园人车有序化、环境资源简约化、水电气资源效率化和空间资源低碳化等绿色校园建设目标。

（昆明学院党委书记　陈世波）

论文摘要

云南生态文明排头兵建设的历史动因与现实基础

作者：周琼

单位：云南大学西南环境史研究所

摘要：历史生态变迁及近代化进程使得云南的良好生态环境逐渐被破坏，加之全球化时期旅游资源及交通开发、水域生态破坏、经济作物引种、物种入侵等使得云南现当代环境危机日益凸显，生

态文明基础丧失，这些构成云南省生态文明排头兵建设的历史动因。自然环境及气候良好，民族传统生态文化丰富，是云南生态文明排头兵建设的现实基础。吸取历史经验及教训，才利于推进美丽中国建设和生态文明建设的进程。

关键词： 生态文明；排头兵建设；历史动因；现实基础

摘自：《昆明理工大学学报（社会科学版）》2017 年第 2 期

云南边疆民族地区生态文明建设可持续发展研究

作者： 聂选华

单位： 云南大学西南环境史研究所

摘要： 生态文明建设是实现人与人、人与社会、人与自然和谐共生及全面可持续发展的科学实践和重要保障。云南边疆民族地区特殊的自然、地理和文化历史条件决定各民族地区经济社会发展存在较大差异，在生态文明建设中表现为生态空间遭受严重破坏、生态文明制度建设缺失、经济发展方式制约生态和谐、缺乏对民族生态文化的弘扬等矛盾和困境。坚持从实际情况出发，积极统筹区域生态功能规划，健全生态补偿机制，有序调整产业结构，弘扬民族生态文化，开展生态教育，是有效破解生态文明建设过程中面临的诸多问题和推进云南边疆民族地区生态文明建设可持续发展的重要路径。

关键词： 边疆民族地区；生态文明建设；可持续发展

摘自：《昆明理工大学学报（社会科学版）》2017 年 第 2 期

生态文明视野下建设云南少数民族生态博物馆探析

作者： 秦文丽

单位： 云南大学历史与档案学院

摘要： 生态博物馆是以村落（社区、村寨）为单位而建立的博物馆，是在保护少数民族传统生态文化基础上促进少数民族地区经济社会发展的新路径。云南各少数民族分布的地区生态环境复杂，建设少数民族生态博物馆，有利于传承少数民族聚居区的传统文化，形成生态文明背景下发展少数民族地区经济社会的新思路、新模式，进而促进云南民族地区生态文明建设。

关键词： 云南；生态文明；少数民族；民族地区；生态博物馆

摘自：《昆明学院学报》2017 年第 2 期

生态文明建设视阈下的云南旅游强省建设研究

作者： 刘静佳[1,2]

单位： 1. 云南旅游职业学院；2. 云南大学工商管理与旅游管理学院

摘要： 生态文明建设是中国特色社会主义建设的重要战略布局，在这一背景下，各项工作都要按照生态文明建设的要求来进行。本文从云南旅游强省建设的实际出发，系统论述云南旅游强省建设与生态文明建设的融合关系及生态文明建设对云南旅游产业发展的促进作用，为云南生态文明建设及旅游强省建设的实践提供借鉴。

关键词： 旅游强省；生态文明建设

摘自：《学园》2017 年第 12 期

争当生态文明排头兵背景下云南发展绿色矿业、建设绿色矿山的成绩、问题与对策

作者： 程先锋[1]，黄茜蕊[1]，徐俊[1]，黄慧芳[2]

单位： 1. 云南国土资源职业学院；2. 云南省国土资源规划设计研究院

摘要： 矿产资源是人类社会赖以生存发展的基础，然而矿业开发又难以避免对生态环境的破坏。云南是矿业大省，发展绿色矿业，建设绿色矿山，是云南争当全国生态文明建设排头兵背景下矿业开发的必然选择。本文论述云南争当生态文明排头兵的区位优势及其与矿产资源分布的关系，分析云南发展绿色矿业、建设绿色矿山的现状与问题，提出争当生态文明排头兵背景下云南发展绿色矿业、建设绿色矿山的对策和建议，可为云南矿业转型升级提供新的

关键词： 绿色矿业；绿色矿山；生态文明排头兵；云南；矿业转型升级

摘自：《第七届云南省科协学术年会论文集——专题二：绿色经济产业发展 2017 年》

水生态文明建设体系及在云南省试点建设的实践分析

作者： 何家伟

单位： 昆明龙慧工程设计咨询有限公司

摘要： 近年来，生态环境恶化迫使水生态文明建设步伐不断加快，为加快推进云南省水生态文明建设，同时探索适宜云南地区发展的水生态文明建设体系显得尤为重要，文章就水生态文明建设体系

及在云南省试点建设的实践进行分析，并总结出水生态文明试点建设对于云南的影响。

关键词：水生态；文明；建设；体系；云南省；试点

摘自：《科技创新与应用》2017 年第 1 期

"一带一路"倡议视阈下云南生态安全屏障建设研究

作者：聂选华

单位：云南大学西南环境史研究所

摘要：云南的生物种类和生态系统类型极为丰富，是中国重要的生物多样性宝库和西南生态安全屏障。目前，云南存在国土生态安全、水资源生态安全、林业生态安全、生物多样性安全等重要生态安全问题，云南的生态环境危机直接影响到中国的生态安全屏障建设进程，并对中国在南亚东南亚国家的生态安全形象造成影响。在"一带一路"倡议背景下，推进云南生态安全和生态屏障建设，保障中国重要生态环境资源安全和西南跨境生态安全，对实现云南生态文明建设排头兵的总体目标和维系国家整体生态安全具有重大战略意义。

关键词："一带一路"；云南；生态安全屏障；生态文明；建设

摘自：《保山学院学报》2017 年第 3 期

习近平绿色发展思想及其在云南的践行路径

作者：梁爱文[1]，仝杏花[2]

单位：1. 德宏师范高等专科学校思政部；2. 文山学院思政部

摘要：习近平绿色发展思想是基于全球范围内的绿色经济发展浪潮、中国资源危机与生态环境恶化的背景下提出的，是中国共产党执政理念生态化的具体呈现，与马克思主义绿色发展观既一脉相承，又开拓创新，具有重要的理论指导性和实践操作性。习近平绿色发展思想是马克思生态环境思想的丰富和发展；是可持续发展理论的深化和推进；是中国特色社会主义生态文明理论的拓展和创新。习近平绿色发展思想蕴涵的理论内容包括批判与反思：绿水青山就是金山银山；消解与重塑：保护生态环境就是保护生产力；发展与创新：良好生态环境是最普惠的民生福祉；继承与超越：坚持绿色发展理念。习近平绿色发展思想在云南的实践路径，树立绿色财富观念，坚持生态优先绿色发展之路；大力发展绿色产业，推进绿色科技创新；建构生态文明制度体系，用制度保护绿色发展；建立健全绿色金融体系，为绿色发展提供融资支持；强化生态文明教育，倡导绿色生活方式。

关键词：习近平；绿色发展思想；云南；实践路径

摘自：《新疆社科论坛》2017 年第 1 期

对云南水利风景区开发的探索思考

作者：胡朝碧

单位：云南省水利厅

摘要：阐述水利风景资源的独特魅力及多维效益，分析生态文明视角下的云南省水利风景区发展定位及如何处理生态水利、民生水利、和谐水利的发展关系，结合省内独特的文化、自然及社会环境探索性地提出发展云南特色水利风景区的几点思考。

关键词：水利风景区；云南省；生态文明；人水和谐

摘自：《中国水利》2017 年第 2 期

云南省林业生态文明建设评价指标体系研究

作者：和月月[1]，赵俊臣[2]

单位：1. 西南林业大学经济管理学院；2. 云南省社会科学院经济研究所

摘要：为构建科学的林业生态文明建设评价指标体系，评估城市生态文明发展状态和引导其生态文明建设，该文基于层次分析法原理，构建包括生态经济、生态环境、生态文化、生态制度 4 个准则层，25 项具体指标层的林业生态文明建设评价指标体系。同时对云南省 16 个州市林业生态文明建设现状进行实证研究，结果表明：生态经济维度，全省得分最高的是昆明市（86.23），最低的是怒江傈僳族自治州（25.82）；生态环境维度，得分最高的是迪庆藏族自治州（65.13），最低的是玉溪市（39.31）；生态文化维度，得分最高的是大理白族自治州（83.45），最低的是楚雄彝族自治州（28.69）；生态制度维度，迪庆藏族自治州、玉溪市、丽江市、曲靖市和昭通等市在森林防火、林业人才队伍和环境污染治理等方面为林业生态文明建设提供较强的支撑保障。从综合评价结果看，全省林业生态文明建设指数得分前 4 位的是：昆明市、大理白族自治州、曲靖市、昭通市。

关键词：林业生态文明；评价指标体系；层次

分析法；云南省

摘自：《西南林业大学学报（社会科学版）》2017 年第 1 期

云南林业产业集聚与区域经济增长研究

作者：刘洵，马贵珍，麦强盛

单位：西南林业大学经济管理学院

摘要：在运用区位熵的方法上测算 1997~2014 年云南省林业产业集聚水平，以柯布－道格拉斯生产函数为基础，通过建立计量经济模型，实证研究林业产业集聚与区域经济增长之间的关系。结果表明：林业产业集聚的弹性系数为 0.167 987，表明林业产业集聚对区域经济增长有显著的正相关关系，林业产业集聚水平每上升 1%，经济增长将上升 0.17%。在控制变量中，实物资本投资与经济增长呈正相关，实物投资每增长 1%，经济增长 0.16%；人力资本投资的弹性系数最高，表明人力资本投资每提高 1%，经济增长将提高 0.55%，人力资本投资是经济增长的主要的因素。在实证基础上提出相关政策建议，以此推动云南省林业产业的持续健康发展。

关键词：林业；产业集聚；区域经济；实证研究；生产函数

摘自：《西南林业大学学报》2017 年第 1 期

云南少数民族地区林下经济发展模式研究

作者：窦亚权，李娅

单位：西南林业大学经济管理学院

摘要：通过对云南省 4 个林下经济典型发展区的案例点和 6 个林下经济潜在发展区进行农户问卷调查，以及与相关负责人进行访谈，对云南少数民族地区农户关于林下经济发展意愿进行分析，在对云南少数民族地区林下经济发展的优势、劣势、机遇和威胁进行全面深入分析的基础上，提出云南省 29 个少数民族自治县选择林下经济发展主要模式的建议，并从因地制宜发展林下经济、扩大资金投入、成立农民合作社、完善评价体系 4 方面探索林下经济发展的有效路径。

关键词：林下经济；发展模式；云南；少数民族

摘自：《林业经济问题》2017 年第 4 期

基于绿色供应链视角的云南省林下经济发展探讨

作者：窦亚权，李娅

单位：西南林业大学经济管理学院

摘要：林下经济是在生态保护的前提下，充分利用林下自然环境和借助林地生态环境发展的一种新型经济模式。依据林下经济及绿色供应链的内涵，按照绿色供应链模式对林下经济发展提出的要求，分析云南省林下经济发展存在的问题，提出在绿色供应链视角下云南省林下经济发展建议，为林下经济的发展，打造绿色产业，提升林产品市场竞争力，创新林下经济发展模式，实现林下经济可持续发展提供参考依据。

关键词：林下经济；绿色供应链；发展模式；云南

摘自：《西南林业大学学报（社会科学版）》2017 年第 3 期

云南省耕地经济等生态环境空间分布特征

作者：曾维军[1,2,3]，付朝书[4]，张耿杰[2,3]，张川[2,3]，廖丽君[2,3]，刘淑霞[1,3]，陈镜宇[1,3]，樊凯[1,3]，余建新[1,2,3]

单位：1. 云南农业大学国土资源科学技术工程研究中心；2. 云南省土地资源利用与保护工程实验室；3. 云南农业大学水利学院；4. 昆明理工大学建筑工程学院

摘要：合理利用耕地资源的首要问题是明确耕地利用现状，掌握其数量、质量和空间分布。以云南省 129 个县的农用地分等省级数据为基础，结合该省生态环境现状分区成果，分析全省耕地经济等在空间上的分布特征。结果表明：（1）云南省耕地经济等呈典型偏正态分布，以 1~5 等为主，占比高达 92.39%；优区内耕地面积分布随经济等的提高呈现逐渐下降的趋势，其他生态环境分区耕地经济等均呈偏正态分布。（2）云南省耕地经济等总体水平偏低，其平均等为 2.9 等。中区耕地平均经济等最高，为 3.2 等；劣区最低，为 2.2 等；优等地平均经济等最高，为 10.7 等；低等地最低，为 2.0 等。各生态环境分区耕地质量等级平均等发展趋势与全省平均等一致。（3）云南省耕地以中、低等地为主，所占比例高达 95.96%。其中劣区主要分布低等地，占比高达 92.66%；优等地、高等地主要分布在中区及良区，占比分别为 71.2% 和 74.9%；中等地在生态环境分区分布相对均匀。研究成果对优化耕地布局、提升耕地质量和保护耕地生态具有重要意义。

关键词：耕地；经济；生态环境；云南省

摘自：《水土保持研究》2017 年第 2 期

2016 年西双版纳生态系统最终服务价值评价

作者：张卓亚[1]，杨宏艳[1]，杨欣[2]

单位：1. 西南林业大学生态旅游学院；2. 西南林业大学团委

摘要：随着经济社会的不断发展，生态系统服务功能逐渐被人们所重视，对生态系统服务功能的研究也在不断地深入。通过对西双版纳生态系统服务功能的研究，对西双版纳生态系统最终服务功能进行了评价。研究表明：在西双版纳最终服务价值中，调节服务和文化服务价值远高于供给服务价值。

关键词：西双版纳；生态系统；最终服务价值

摘自：《云南地理环境研究》2017 年第 1 期

云南森林生态功能区农户生态补偿支付意愿（WTP）影响因素及差异性分析

作者：文清，尹宁，吕明，张皓东，王雨濛

单位：1. 华中农业大学经济管理学院；2. 昆明理工大学环境科学与工程学院；3. 中国人民大学农业与农村发展学院

摘要：生态补偿是协调经济与资源环境和谐发展，化解生态环境与经济增长矛盾的有效手段，对推进生态文明建设意义深远。基于云南省 5 个州市农户调查数据，运用二元 Probit 模型，分析云南森林生态功能区农户生态补偿支付意愿的关键影响因素及其差异性。研究表明：大部分农户愿意为生态补偿付费，影响其支付意愿的主要因素是性别、年龄、是否兼业、家庭人口数、非农收入比重、生态补偿重要性认知、森林经济效益是否比生态效益重要、生态环境满意度、政府是否对生态环境保护宣传、政策执行信任度以及信息获取难易程度；其中年龄、家庭农业劳动力人数和信息获取难易程度对专业户支付意愿有重要影响，而家庭人口数、非农收入比重以及获得政府补偿的情况对兼业户支付意愿有重要影响；是否兼业、非农收入比重、对生态补偿了解程度以及信息获取难易程度对传统散户支付意愿影响较大；对政策执行的信任程度和产业发展程度对种植大户支付意愿有重要影响。基于此，提出完善政府农村就业服务职能，鼓励农户非农就业、创业；完善生态功能区环境教育体系和宣传制度建设，强化农户环保意识；强化政府职责及其政策推广、执行力度，构建综合、完善的生态补偿宣传媒介。

关键词：云南森林生态功能区；农户；生态补偿；支付意愿（WTP）；影响因素；差异性

摘自：《长江流域资源与环境》2017 年第 8 期

云南边疆民族地区的非传统安全问题及治理对策

作者：马毓彤，杨云

单位：云南农业大学马克思主义学院

摘要：边疆安全是中华民族几千年发展史中领土完整的标志，也是一代代中国人不懈追求的共识。不断凸显的非传统安全问题引发了对边疆安全治理的重新思考。多民族、多文化的云南边疆地区历来是安全问题的多发地，安全问题为什么会由传统向非传统转变，云南存在哪些棘手的非传统安全问题，如何治理，是本文要解决的主要问题。

关键词：非传统安全；云南边疆；安全治理

摘自：《云南农业大学学报（自然科学）》2017 年第 2 期

云南省农村饮水安全现状分析

作者：赵明宪，饶碧玉，李盼，王登辉，崔芳芳，王静

单位：云南农业大学建筑工程学院

摘要：在云南省农村饮水安全项目实施过程中，从 16 个州市选取一部分具有典型代表性的农村饮水安全工程，通过对这部分工程的实地调查与走访，归结出目前云南省农村饮水安全工程在建设、运营和管理过程中普遍存在的一些问题，并就存在的共性问题提出针对性的建议与对策，以期为下一步云南省农村饮水安全水质达标与提升工作的开展实施提供参考。

关键词：山区；农村饮水安全；对策建议

摘自：《云南农业大学学报（社会科学版）》2017 年第 3 期

云南省传统村落的空间分布及其影响因素

作者：李皙雯，唐雪琼

单位：西南林业大学园林学院

摘要：保护传统村落，形成独特、魅力的景观，呼应全社会遗产保护、文化多样性保护的主流话语，是建设美丽中国、美丽云南的时代要求。文章以云南省入选中国传统村落名录的 502 个村落为研究对象，运用百度地图的 API 功能和 Arc GIS10.2 空间

分析工具，对云南省传统村落的空间分布进行分析。研究发现，自然地理环境、少数民族分布、城镇化发展水平、道路交通发展、申报材料准备与评选标准细则等是形成传统村落空间分布特征的重要影响因素。研究能够为云南传统村落保护发展提供基础支撑。

关键词：云南；传统村落；影响因素；分布

摘自：《红河学院学报》2017 年第 1 期

云南景迈山传统村落的保护与修缮

作者：崔芳芳李靖王登辉李盼赵明宪

单位：云南农业大学

摘要：传统村落是少数民族历史文化的见证，是民族文化传承的载体。从少数民族文化传承与村落发展层面上看，应对传统村落、民居进行保护；从现代居住舒适性层面上看，需要对传统民居进行保护和修缮。只有对传统村落民居进行更新保护和发展，才能使历史民族文化得到保护和传承。对景迈山传统村落进行现场调查，摸清传统村落所面临的现状，对存在的问题进行分析，从空间格局的保护与利用以及传统民居建筑的修缮与利用两方面提出可提高居住舒适性的修缮保护措施，并提出做好整体保护规划和旅游规划等村落保护建议。

关键词：传统村落；保护价值；传统民居建筑；空间格局；居住舒适性；保护与修缮；景迈山

摘自：《林业调查规划》2017 年第 5 期

云南省生态旅游发展问题研究

作者：尹国宇，胡方方

单位：云南农业大学

摘要：云南省十三五规划纲要中明确提出要把生态文明建设作为云南省发展的重要一步。要把经济发展跟生态建设相结合起来，使云南省经济向生态化发展。本文主要围绕着云南省优越的旅游资源，着力打造生态型旅游经济，促使云南省经济发展向可持续发展迈进。

关键词：生态文明；云南省；可持续发展

摘自：《农村经济与科技》2017 年第 18 期

云南省边境旅游可持续发展研究

作者：陶基磊，成海

单位：西南林业大学生态旅游学院

摘要：云南省作为中国西南边疆省份，边境旅游是全省旅游产业不可缺少的一部分，在“一带一路”建设的背景下，云南省边境旅游迎来历史性的发展机遇。本文通过文献资料研究和数据分析，运用 SWOT 分析法和相关利益者理论对云南省边境旅游的发展情况做分析，并从可持续发展的角度提出云南省边境旅游的发展对策。

关键词：边境旅游；可持续发展；一带一路

摘自：西南林业大学学报（社会科学版）2017 年第 2 期

云南高原特色农业发展思路——基于全方位管理思想理论

作者：金磊

单位：云南农业大学

摘要：依托资源优势，云南省高原特色农业发展取得可喜的成绩，但是在发展过程中仍然存在缺乏龙头企业带动、品牌效应弱、组织化程度低、农业从业人员素质偏低等问题。根据云南省高原特色农业发展存在的问题，基于全方位管理的思想理论，对高原特色农业的未来发展提出初步探讨。

关键词：云南省；高原特色农业；发展思路

摘自：《农村经济与科技》2017 年第 3 期

云南高原特色农产品结构优化分析——基于生态保护视角

作者：昂朝刚[1]，余佳祥[2]，唐建文[1]

单位：1. 云南农业大学经济管理学院；2. 云南农业大学研究生处

摘要：运用生态足迹法构建 30 种云南高原特色农产品生态足迹的结构模型，通过对其生态足迹和产值足迹的实证分析，得出高原特色农产品的结构优化的结论。结论显示生态经济综合效益最高的农产品如薯类、蔬菜、瓜类、葡萄、菠萝、香蕉、苹果、梨、柑橘、糖料、香料作物、板栗、核桃、禽肉、水产品需要优先发展。按照产值足迹排序的结果，其他农产品优先发展级依次降低。最后提出云南高原特色农产品结构优化的对策建议。

关键词：高原特色；农产品；生态足迹

摘自：《云南农业大学学报（社会科学版）》2017 年第 1 期

云南食用花卉概述

作者：赵娟秀，李彦莹，包媛媛，杨明，田雨，

林奇

单位：云南农业大学食品科技学院

摘要：云南省的天然资源丰富而且拥有相对较低的出厂成本是家喻户晓的事情，因此，开发食用花卉产品是推动当地花卉产业成长的主要措施之一。本文主要探讨云南食用花卉的发展状况和存在的问题，并以三种主要食用花卉为例，阐述它们的营养功效、开发现状和应用前景，最后提出云南食用花卉产业化发展应重视的问题。

关键词：云南省；食用花卉；玫瑰；菊花；茉莉；产业化发展

摘自：《食品与发酵科技》2017 年第 2 期

云南高原特色茶产业竞争力分析

作者：刘冰露

单位：云南农业大学

摘要：云南茶产业是云南高原特色农业重要组成部分，对云南高原特色产业发展起着重要推动作用。本文运用 GEM 模型分析云南高原特色茶产业竞争力发展现状，提出提高云南省高原特色茶产业竞争力的对策建议，可为云南茶产业在以后的市场竞争中取得优势提供决策参考。

关键词：云南高原；GEM 模型；茶产业；产业竞争力

摘自：《当代经济》2017 年第 3 期

云南省咖啡产业的发展现状研究

作者：胡方方，尹国宇

单位：云南农业大学

摘要：云南省咖啡产业具有地区特色的产业，近年来发展较为迅速。本文介绍云南省咖啡产业发展的基本状况，并阐述云南省咖啡产业所拥有的多方面优势，例如自然气候、地域、经验等因素以及目前发展该产业将遇到的机遇与条件，分析云南省咖啡产业发展中所存在的品种单一、技术落后和加工落后等问题，针对性地提出在新形势下发展云南省咖啡产业的建议与对策。

关键词：云南；咖啡产业；现状；产业分析；发展对策

摘自：《当代经济》2017 年第 20 期

云花产业现状分析

作者：李文思谢萍王静

单位：云南农业大学

摘要：云南花卉经过近三十年的发展，已经发展成国内外有一定影响力的新兴产业。“云花”是云南面对外界的一张名片，是云南发展综合形象的象征。面对这一形势分析其现状，找出不足，立足根本，提出意见，推动云花产业繁荣发展。

关键词：云花；花卉产业；云南

摘自：《现代商贸工业》2017 年第 11 期

云南高原芳香植物精油在化妆品中的应用

作者：马永鹏[1,2]，张红霞[1,3]，杜芝芝[1,2]

单位：1. 中国科学院昆明植物研究所资源植物与生物技术重点实验室（云南省野生资源植物研发重点实验室）；2. 中国科学院大学；3. 中国科学院昆明植物研究所植物医生研发中心

摘要：芳香植物是经济植物的重要组成部分，其富含的精油成分具有多种生物活性。云南高原拥有丰富的芳香植物资源，本文介绍其地理分布、资源概况和精油的生物活性，并从赋香、保湿、美白、防治痤疮、防晒、抗衰老等方面综述高原芳香植物精油的应用进展，说明云南高原芳香植物精油在化妆品领域有巨大的应用潜力。通过分析云南芳香产业发展的优势及存在的问题，展望云南芳香植物及精油的基础研究和开发应用的方向。

关键词：云南高原；芳香植物；精油；生物活性；化妆品

摘自：《天然产物开发与开发》2017 年第 11 期

云南省梅花鹿产业现状调查及发展建议

作者：靳莉，李旭，杨东

单位：云南省林业调查规划院西南林业大学

摘要：梅花鹿是中国特产的珍贵药用动物，作为野生动物已属濒危，但在中国已经形成规模的人工养殖，梅花鹿全身是宝，其产茸质量佳，具有极高的食用价值和药用价值；云南省大部分地区是饲养梅花鹿的适宜区，还具有品质高、劳动成本低及面向东南亚的区位优势，具有广阔的产业发展前景。为更好地发展云南省梅花鹿产业，在调查问卷及实地调查的基础上概述云南省梅花鹿产业现状、产业优势及存在的问题，从产业培育、制品加工、建立市场体系和构建科技支撑体系等方面提出发展建议。

关键词：梅花鹿；产业现状；云南

摘自：《贵州农业科学》2017 年第 5 期

云南怒江草果产业现状及可持续发展对策

作者：熊建秀[1]，杨志清[2]

单位：1. 云南农业大学农学与生物技术学院；2. 云南怒江州福贡县上帕镇农业综合服务中心；

摘要：实地考察了怒江州草果产业的现状，并结合对草果茎、叶、果和果穗中挥发油含量的研究，发现怒江州草果种植存在品种混杂、种植管理粗放、坐果率低、加工方式和销售渠道简单、草果茎叶和果穗未开发利用等问题。建议规范草果种质来源和质量；进一步对农户进行规范化栽培的田间管理、采收、加工的培训；积极探索新型发展模式，形成规范化的草果种植加工生产链条；同时加强对草果全株的综合开发利用。

关键词：草果产业；生产现状；存在问题；发展对策；怒江

摘自：《安徽农业科学》2017 年第 10 期

云南块菌出口现状及对策研究

作者：王小婷，苏建兰，王柳

单位：西南林业大学经济管理学院

摘要：云南是块菌的重要产地，随着块菌市场发展，国外市场对块菌的需求逐渐加大，云南块菌出口贸易也不断扩大。为促进云南块菌出口贸易的可持续发展，通过研究总结出云南块菌出口存在的问题：供给量下降、产业化发展不足、与进口国贸易摩擦大和出口企业的国际竞争力低等，并针对存在的问题提出相应的对策。

关键词：块菌；出口；现状；问题；对策；云南

摘自：《西南林业大学学报（社会科学版）》2017 年第 3 期

云南省主栽核桃与美国山核桃品种营养成分分析

作者：耿树香[1,2]，宁德鲁[1,2]，李勇杰[1,2]，陈海云[1,2]，肖良俊[1,2]

单位：1. 云南省林业科学；2. 云南省木本油料工程技术研究中心

摘要：为了探究云南主栽核桃与美国山核桃不同品种之间的品质差异，为核桃深加工奠定理论基础，选择 40 个有代表性的云南核桃与美国山核桃品种进行核仁的 16 种营养成分的分析与评价，采用索氏提取仪、凯氏定氮仪、气－质联用仪及原子吸收光谱仪对所采核桃样品进行分析。研究结果表明：基于 16 种营养成分的品种相似性分析，将 40 个品种分为 4 组。在粗脂肪含量方面，云南主栽核桃与美国山核桃粗脂肪质量分数在 52.11%~71.77% 之间，最高为 38 号美国山核桃中的‘密西西比 10 号’；Ⅰ组和Ⅱ组具有较大优势；在蛋白质含量方面，质量分数在 4.66%~15.9% 之间，其中最高为 40 号‘大麻二号’，Ⅱ组和Ⅲ组具有较大优势；在微量元素方面，锌的含量在 0.004 8~0.109 0mg/g 之间；铁含量在 0.009 8~0.192 8mg/g 之间；钙含量在 0.254 8~0.651 7mg/g 之间。Ⅰ组在 Zn 和 Fe 指标上占较大优势，而Ⅱ组在 Ca 指标上占有较大优势；脂肪酸含量方面，Ⅰ组在豆蔻酸、油酸、花生酸指标上占优势，Ⅱ组在月桂酸、棕榈－烯酸、亚油酸、亚麻酸及花生－烯酸指标上占优势，Ⅲ组在棕榈酸、硬脂酸指标上占优势。

关键词：核桃；美国山核桃；品种；粗脂肪；蛋白质；微量元素；脂肪酸；云南

摘自：《南京林业大学学报（自然科学版）》2017 年第 6 期

促进三台核桃中幼树生长结实技术措施研究

作者：李俊南[1]，刘金凤[2]，熊新武[1]，董静[2]，李孙玲[1]，刘恒鹏[1]，刁学良[1]，苏为耿[2]

单位：1. 云南省林业科学院漾濞核桃研究院；2. 云南省林业技术推广总站；3. 云南省大姚县林业局

摘要：为了探寻能促进云南三台核桃中幼树生长结实的技术措施，从而为云南核桃的提质增效提供理论依据，以树龄为 10~15 年的三台核桃中幼树为研究对象，采用修剪、螺旋环剥、花前灌水这 3 种技术处理进行为期 2 年的试验研究，调查和综合比较分析不同处理的新梢发枝力、果枝率、新梢生长量、单株产量。结果表明：螺旋环剥处理，能增加母枝抽发的新梢数量，但对新梢的营养生长却有一定的抑制作用，能使其果枝率和单株产量均有提高，其平均单株结果数可达 508.3 个，增产效果明显；修剪处理，增强中幼树的发枝力，增加母枝抽发的新梢数量，增产效果也较明显；花前灌水处理，促进新梢的长度生长和粗度生长，促进其营养生长，对其果枝率和单株结果数均一定的促进作用，但增产效果不很显著。

关键词：三台核桃；中幼树；螺旋环剥；修剪；花前灌水；发枝力；果枝率

摘自：《经济林研究》2017 年第 3 期

昆明市城市森林常见树种对大气氟化物的净化作用动态研究

作者：刘佩琪，邓志华，陈奇伯，杨媛媛

单位：西南林业大学环境科学与工程学院

摘要：为研究昆明市城市森林常见树种对大气氟化物的吸收净化作用的年内季节性动态变化，应用直接采样和统计分析方法，对选定的树种蓝桉、云南松、华山松、圆柏在4个季节中对大气氟化物的吸收作用进行对比分析。结果表明：（1）植物叶片中的氟化物主要来自于大气中，并且与大气氟化物含量有明显的相关性，相关系数在0.970~0.999（$P<0.05$）之间。大气中氟化物含量的季节性变化由高到低依次是：冬季（58μg/dm^2）>春季（47μg/dm^2）>秋季（31μg/dm^2）>夏季（26μg/dm^2），出现的最高浓度值是最低浓度值的2.23倍。（2）春季、夏季、冬季植物叶片中氟化物含量由高到低依次均为：蓝桉>圆柏>华山松>云南松；而秋季植物叶片中氟化物含量由高到低依次为：蓝桉>云南松>华山松>圆柏。

关键词：城市森林；常见树种；氟化物；净化作用；

摘自：《中南林业科技大学学报》2017年第8期

昆明市常见植物对大气中氟化物的净化效应

作者：聂蕾，陈奇伯，邓志华

单位：西南林业大学环境科学与工程学院

摘要：为研究昆明市常见绿化植物对大气中氟化物的吸收积累作用，研究了昆明市东三环边坡上的常见绿化树种对大气中氟化物的净化效应。分别于一年中的1月，3月，7月，10月对植物的叶片、干和根进行采样。结果表明：（1）植物对大气中的氟化物具有一定的净化作用；并且植物叶片中的氟化物浓度与污染源之间的距离呈负相关；（2）根据单向污染指数分析得到昆明市东三环的大气氟化物污染，IPC为1.72；（3）植物不同器官的含氟量不相同，在污染区叶片上氟化物的含量是干上氟化物含量的2.66~5.02倍，是根上氟化物含量的28.40~28.55倍；在相对清洁区叶片上氟化物的含量是干上氟化物含量的2.98~8.76倍，是根上氟化物含量的18.40~23.78倍；其中无论在污染区还是在相对清洁区，中华常春藤、香樟、石楠、新樟，以及小叶榕、对大气中的氟化物的净化效益较高。

关键词：大气氟化物；常见绿化植物；净化效益；植物叶片含氟量

摘自：《中南林业科技大学学报》2017年第3期

高原城市昆明PM2.5中碳组分污染特征及来源分析

作者：杨健[1, 2]，丁祥[1]，刘寅[1]，米雪峰[1]，毕丽玫[1, 3]，施择[3]，史建武[1]，韩新宇[1]，宁平[1]

单位：1. 昆明理工大学环境科学与工程学院；2. 昆明市环境监测中心；3. 云南省环境监测中心站

摘要：为研究昆明市大气细颗粒物（PM2.5）中碳组分特征，于2014年7月21–27日、2014年10月27–11月2日、2014年1月9–15日、2015年4月14–20日采集昆明中心城区3个采样点的大气PM2.5四季样品，采用IMPROVE热光分析法准确地测量样品的有机碳（OC），元素碳（EC）及其中的8个碳组分含量，分析OC和EC的时空变化特征、相关性关系及其比值特征，并采用因子分析方法研究主要排放来源对总碳的贡献。结果显示：昆明城区的OC和EC年平均浓度分别为17.83±9.57μg/m^3、5.11±4.29μg/m^3，OC浓度显示冬季≈春季>秋季>夏季的变化趋势，EC浓度显示冬季>春季≈秋季>夏季的变化趋势，OC与EC浓度季节分布的不一致反映两种不同性质碳组分排放源之间可能存在差异。从空间分布上来说，OC和EC均呈现金鼎山（工业区）>东风东路（交通密集区）>西山森林公园（清洁对照区）的特点，与PM2.5的空间分布规律保持一致。

关键词：PM2.5；有机碳；元素碳；二次有机碳；来源

摘自：《环境化学》2017年第2期

高原地区高速路—森林接触带光化学臭氧形成机制研究

作者：史建武[1]，米雪峰[1]，邓昊[1]，刘寅[1]，宁平[1]，周越[1]，韩新宇[2]

单位：1. 昆明理工大学环境科学与工程学院；2. 昆明理工大学建筑工程学院

摘要：基于大气氮氧化物（NO和NO_2）和总挥发性有机化合物（TVOCs）在太阳辐射条件下生成大气臭氧（O_3）这一反应原理，选取云贵高原地区高速路—森林接触带生态系统开展大气臭氧污染特征及生成机制研究，并以昆明城区大气臭氧污染

特征为对照，采集大气臭氧、氮氧化物及挥发性有机物样品，分析高速路—森林接触带大气污染物浓度时空分布特征及受气象条件的影响。结果表明：在夏季高速路—森林接触带存在强烈的大气光化学反应，臭氧质量浓度为91.83μg/m^3，高于其他季节，气温及太阳紫外指数与其浓度变化显著正相关；高速路－森林接触带大气O_3生成对周边NO_2浓度变化最为敏感，说明减少机动车尾气中NOx排放将有利于此区域臭氧污染的控制。

关键词：高原地区；高速路；森林；臭氧；敏感性；昆明

摘自：《云南大学学报（自然科学版）》2017年第3期

昆明地铁环境空气质量检测分析

作者：韩新宇，陈缘奇，邓昊，史建武，卢秀青，杜桂鑫

单位：1、昆明理工大学建筑工程学院，2、昆明理工大学环境科学与工程学院

摘要：2014年7月，利用便携监测设备检测昆明31个地铁站台及车厢内环境空气质量，对空气中砷化氢（AsH_3）、氨（NH_3）、总挥发性有机物（TVOCs）、一氧化氮（NO）、二氧化氮（NO_2）进行检测分析。结果表明：在高架站台（斗南站）与地下站台（东风广场站）气态污染物浓度的对比中，高架站台中AsH_2、NH_3、NO、NO_2的质量浓度分别为（117.25±1.94）、（53.93±7.30）、（395.66±5.13）、（89.77±17.82）μg/m3，且TVOCs体积分数为（63.59±3.61）×10−9，而地下站台5种气态污染物质量浓度分别为（112.21±1.94）、（119.63±3.06）、（398.20±4.62）、（54.23±2.54）μg/m^{3}和（103.39±3.88）×10^{-9}（体积分数），高架站台中AsH_3、NH_3质量浓度和TVOCs体积分数比地下站台高，而NOx质量浓度高架站台比地下站台低。

关键词：地铁；空气质量；砷化氢；氨；总挥发性有机物；氮氧化物；车厢内；站台

摘自：《云南大学学报（自然科学版）》2017年第6期

滇池疏浚底泥中重金属对蔬菜种植生态安全的影响

作者：宋昱璇，普红平，李强，林澎，孟祥琪，马晓冬，潘学军

单位：昆明理工大学环境科学与工程学院

摘要：滇池疏浚底泥富含蔬菜需求的营养成分，农用可提高土壤保水肥能力，改良土壤的适耕性，有利于植物的生长发育，有一定的增产效果，但可能存在重金属污染问题。通过底泥试验及加入石灰钝化试验，对生菜、白菜、棒菜和萝卜4种蔬菜施用疏浚底泥作为有机肥进行种植，分析底泥农用后其重金属对蔬菜的影响，并进行风险评价。结果表明：盆栽试验中，底泥施用量控制在5%（0.05kg/kg）内且加入石灰改良后，蔬菜中Cu和Cd含量显著降低，但对Pb、Zn效果不明显。叶菜类蔬菜（生菜、白菜、棒菜）重金属富集能力（BCF）从大到小均表现为Cd、Pb、Zn、Cu，而块茎类萝卜BCF表现为Cd、Zn、Pb、Cu。研究表明，化学致癌物Cd与非化学致癌物Pb、Zn、Cu引起的健康风险均在终身可接受风险水平。

关键词：环境工程学；滇池；底泥；农用；重金属；风险评价

摘自：《安全与环境学报》2017年第1期

滇池水体不同形态磷负荷时空分布特征

作者：余佑金[1,2,3,4]，方向京[2]，王圣瑞[3,4]，张蕊[3,4]，焦立新[3,4]，李乐[3,4]，汪学华[1]

单位：1. 西南林业大学环境科学与工程学院；2. 云南省林业科学院；3. 中国环境科学研究院环境基准与风险评估国家重点实验室；4. 中国环境科学研究院国家环境保护湖泊污染控制重点实验室湖泊生态环境创新基地

摘要：利用Arc GIS空间插值的方法，通过2013年逐月监测（12个月）36个站点水量及不同形态磷浓度，揭示滇池水体磷浓度和磷负荷的时空变化，并探讨不同形态磷负荷的组成贡献，旨在为进一步实施滇池水污染治理及污染负荷控制提供依据，结果表明：滇池水体总磷（TP）浓度在0.13~0.46mg/L之间，其中颗粒态磷（PP）浓度占TP浓度的72.6%，溶解性活性磷（SRP）浓度占TP浓度的12.8%，溶解性有机磷（DOP）浓度占TP浓度的14%；2013年水体TP负荷为251t/a，其中PP负荷为190t/a，SRP负荷为26t/a，DOP负荷为34t/a；滇池水体PP负荷对TP负荷的贡献最大，为76%，其次为DOP和SRP，贡献分别为13%和10%；TP及不同形态磷浓度与其负荷在季节分布上差异显著，负荷随季节变化呈现秋、冬季较高，春、夏季较低，而浓度呈现夏、秋季较高，

冬、春季相对较低的趋势．定量评估滇池水体不同形态磷负荷及其组成贡献，对进一步揭示滇池藻源和泥源内负荷对水污染的贡献具有重要意义。

关键词：滇池；磷负荷；时空变化；贡献

摘自：《湖泊科学》2017 年第 1 期

阳宗海湖滨湿地表层沉积物重金属污染特征及生态风险评估

作者：张慧娟[1,2]，刘云根[1,2]，齐丹卉[1,2]，王妍[1,2]，侯磊[1,2]

单位：西南林业大学环境科学与工程学院；西南林业大学农村污水处理研究所

摘要：以阳宗海湖滨湿地表层沉积物为研究对象，分析不同湖岸沉积物中 8 种重金属（As、Zn、Cu、Cr、Ni、Pb、Co、Mn）的含量水平。采用内梅罗污染指数法评价湖滨湿地沉积物中重金属的污染特征，甄别主要污染物，同时采用基于总量的潜在生态风险指数法和基于形态的风险评估指数法来评价沉积物中重金属总量及不同形态的生态风险．研究结果表明：（1）阳宗海湖滨湿地表层沉积物中不同重金属元素在 4 个湖岸空间分布上存在差异，其中 Cu、Ni 和 Co 的最高值出现在北岸，Zn、Mn、Pb、Cr 和 As 的最高值出现在东岸；（2）阳宗海不同湖岸湖滨湿地表层沉积物中重金属污染程度大致呈现东岸湖滨湿地受重金属重度污染，南岸和北岸湖滨湿地受重金属轻度污染；西岸湖滨湿地重金属污染程度处于警戒水平，且不同重金属在不同湖岸的污染程度存在差异；（3）阳宗海湖滨湿地表层沉积物中重金属总体呈现低生态风险，不同湖岸 RI 值呈东岸 > 北岸 > 南岸 > 西岸，其中 As、Co 和 Cu 为主要的风险污染物；（4）阳宗海湖滨湿地沉积物中不同重金属主要赋存形态存在差异，主要以还原态和残余态为主，RAC 风险评估指数法表明 8 种重金属具有中等程度以下的生态风。

关键词：阳宗海；重金属；沉积物；污染特征；生态风险

摘自：《云南大学学报（自然科学版）》?2017 年第 3 期

阳宗海流域冬季典型农村污水污染特征及水质评价

作者：梅涵一[1]，刘云根[1,2]，梁启斌[1,2]，王妍[1,2]，侯磊[1,2]，郑寒[1]

单位：西南林业大学环境科学与工程学院西南林业大学农村污水处理研究所

摘要：为揭示阳宗海流域不同类型农村污水各污染指标的影响因素和分布特征，选取云南省的海晏村（传统型）和大营村（集镇型）的污水进行水样采集，通过方差分析研究其不同污染指标的浓度变化以及不同类型农村污水水质的差异性，并运用主成分分析法对污水进行水质评价。结果表明：阳宗海流域海晏村污水中的 TN、COD 均明显超过城镇污水处理厂污染物排放二级标准，大营村的 TP、TN、COD 均明显超过二级标准；pH 值与氧化还原电位都是农村污水中污染物浓度的重要影响因子；两村的水质具有显著的差异性；传统型农村的水质比集镇型农村的要好，说明对阳宗海流域造成污染风险更大的是集镇型农村污水。

关键词：农村污水；污染特征；水质评价；阳宗海流域

摘自：《水资源保护》2017 年第 2 期

洱海流域入湖河口湿地沉积物氮、磷、有机质分布及污染风险评价

作者：王书锦[1]，刘云根[1,2]，张超[3]，侯磊[1,2]，王妍[1,2]

单位：1. 西南林业大学环境科学与工程学院；2. 西南林业大学农村污水处理研究所；3. 西南林业大学林学院

摘要：以云南洱海罗时江河口湿地为典型对象，利用柱状底泥分层采样器采集罗时江河口湿地表层（0~10cm）沉积物样品，研究分析总氮（TN）、总磷（TP）、有机质（OM）的空间分布特征，并对沉积物进行污染风险评价。结果表明：表层沉积物 TP 含量在 0.04~1.28g/kg 之间，空间分布特征为：Ⅱ区 > Ⅰ区，水道Ⅰ > 水道Ⅱ；TN 含量在 0.33~2.96g/kg 之间，空间分布特征为：Ⅰ区 > Ⅱ区，水道Ⅰ > 水道Ⅱ，OM 含量在 32.43~233.03g/kg 之间，空间分布表现为Ⅰ区 < Ⅱ区，水道Ⅰ < 水道Ⅱ。结合综合污染指数与有机指数评价法可知，罗时江河口湿地表层沉积物氮、磷污染：Ⅰ区和水道Ⅰ属于中度污染，Ⅱ区和水道Ⅱ属于轻度污染；有机污染：水道Ⅰ和水道Ⅱ属于重度污染，Ⅰ区和Ⅱ区属于中度污染。罗时江河口湿地表层沉积物空间分布受外源污染物、养殖活动和湿地水生植物的影响，氮、磷外源输入以水道Ⅰ为主，有机质输入以水道Ⅱ为主．

关键词：洱海流域；罗时江河口湿地；高原河口湿地；沉积物；氮；磷；有机质；空间分布；风

险评价

摘自：《湖泊科学》2017 年第 1 期

洱海流域土地利用变化及其对景观生态风险的影响

作者：王涛，张超，于晓童，曹小汪

单位：西南林业大学林学院

摘要：为探析高原湖泊所集成的小尺度自然流域景观空间变化及其对景观生态风险的影响，以云南洱海流域 3 期（1995 年、2005 年和 2015 年）Landsat 遥感影像解译数据为基础，利用 GIS 空间分析技术和 Fragstats 软件计算景观格局指数，并在此基础上构建了景观生态风险指数，对洱海流域生态风险时空变化及其演化机制进行了分析。结果表明：1995–2015 年，流域土地景观类型面积变化表现为林、草地和水体面积减少，耕地和湿地面积先减少后增加，建设用地面积显著增加的变化特点；景观指数定量分析表明，流域景观空间异质性下降，景观类型分布趋于从集中向分散转变，林地对流域景观的控制作用减弱；20 年来，流域生态趋于恶化，生态风险指数均值由 1995 年的 0.499 8 上升到 2015 年的 0.589 6，高生态风险面积所占的比重由 1995 年的 34.0% 上升到 2015 年的 47.8%，生态风险空间分布由主要沿流域外沿分布转变为以环洱海地带为重心的多极分布；流域生态风险时空变化与土地利用类型的演变及人类活动关系密切，大规模旅游开发和城乡发展机制上的差异是导致该区域高生态风险等级区域增多和转移的重要原因。

关键词：土地利用；景观格局；生态风险；洱海流域

摘自：《生态学杂志》2017 年第 7 期

植被恢复对昆阳磷矿土壤有机碳储量的影响

作者：赵川，和丽萍，李贵祥，邵金平，柴勇

单位：云南省林业科学院

摘要：植被恢复是既能保持磷矿开采同时又能有效扼制矿区生态环境的退化，并逐步恢复已退化的矿区生态系统最有效的生物措施。为揭示植被恢复对昆阳磷矿土壤有机碳和碳素积累的影响，研究探讨昆阳磷矿不同恢复林地的土壤有机碳储量变化。结果表明：（1）不同恢复林地的土壤有机碳含量存在显著差异（$p<0.05$），7 种不同植被恢复人工林土壤平均有机碳含量分别是废弃地的 14.29 倍、11.83 倍、11.40 倍、5.89 倍、15.48 倍、15.59 倍、18.53 倍。（2）土壤有机碳在剖面的含量表现出明显的"表聚作用"，均以表土层（0~20cm）最大，且随土层厚度的增加，呈下降趋势。（3）不同恢复林地的土壤有机碳密度差别较大，变化趋势和土壤有机碳含量的变化趋势一致，且在同一林分土壤中，单位深度土壤各土层平均有机碳密度均以表层最大，随土层的增加而降低。（4）土壤有机碳主要存储于 0~20cm 土层中，平均含量为 53.60%，随着土层的加深，土壤有机碳所占比重急剧下降，经过植被恢复，7 种人工林土壤有机碳储量较废弃地 0~20cm 土壤有机碳储量提高 26.53%、20.39%、34.48%、10.81%、28.62% 等。

关键词：土壤有机碳储量；植被恢复；林分类型；昆阳磷矿

摘自：《水土保持研究》2017 年第 5 期

云南省森林火源特点分析

作者：龙腾腾，高仲亮，王秋华

单位：西南林业大学消防学院云南省森林灾害预警与控制重点实验室

摘要：探讨云南省森林火源特点。对 2004~2014 年云南省产生的森林火灾次数及火源特点进行了研究。云南省生产性火源和非生产性火源都是森林火灾的主要原因，但非生产性火源所占比重更大。生产性火源中烧荒烧炭影响最大；非生产性火源中，野外吸烟、小孩玩火、上坟烧纸、取暖做饭和智障弄火是主要火源。其中，非生产性火源具有明显的季节性特点和时段性特点，季节主要集中在 3~5 月，时段主要集中在 09:00~13:00 和 15:00~20:00。该研究可为云南省森林防火的火源管理提供参考。

关键词：森林火灾；火源特点；生产性火源；非生产性火源

摘自：《安徽农业科学》2017 年第 32 期

西双版纳自然保护区社区管理实践与思考

作者：王永成，黄晓园，宋子亮

单位：西南林业大学生态旅游学院

摘要：指出了西双版纳自然保护区开展多项具有实效性的措施，在促进保护区建设与社区发展和谐方面取得具有建设性意义的成果，成为保护区社区管理和建设典型的成功案例。为了促进保护区社区建设的发展，探讨西双版纳国家级自然保护区社区管理存在的问题及采取的解决措施，得到具体的、

符合大多数保护区社区管理实践需要的可行性经验，并在此基础上提出相应的建议。

关键词：西双版纳；自然保护区；社区管理；措施

摘自：《绿色科技》2017 年第 9 期

自然保护区周边社区生态文明建设绩效评价研究——以轿子山保护区社区为例

作者：黄晓园[1]，王永成[1]，罗辉[2]，余鑫[1]，宋子亮[1]

单位：西南林业大学生态旅游学院云南省林业厅科技教育处

摘要：构建自然保护区周边社区生态文明建设绩效评价体系，对引导该区域生态文明建设具有重要的作用。研究从生态环境、生态经济、生态社会、生态文化、生态意识及保护区关系 6 个维度，构建评价体系框架；采用层次分析法、要素聚集度和系统耦合度，构造生态文明建设协调发展绩效评价模型；并对云南轿子山国家级保护区周边 6 个社区生态文明建设绩效进行实证研究。结果表明：调查所涉及的各社区的生态文明建设综合发展水平得分介于 0.45~0.68 之间，系统协调度得分介于 0.69~0.93 之间，各社区的生态文明建设协调发展绩效评价得分在 0.55~0.79 之间，评价等级均不高；这说明轿子山自然保护区周边社区生态文明建设力度不足，尤其是在经济和社会建设方面需要进一步加强。?

关键词：自然保护区；生态文明；绩效评价；协调发展；系统耦合度

摘自：《生态经济》2017 年第 5 期

云南松球果延迟开放及其植冠种子库

作者：苏文华[1]，崔凤涛[1]，赵元蛟[1]，周睿[1]，张光飞[1]，曹建新[2]

单位：1. 云南大学生态学与地植物学研究所；2. 云南省林业科学院

摘要：植物果实成熟后在植冠中宿存延迟鳞片开放释放出种子，是易火生境中植物的一种常见适应性状。以分布于昆明西郊的云南松为研究对象，调查了云南松植冠中保存球果的数量、鳞片开闭状况、球果年龄分布和球果内种子的萌发率，以及宿存闭合球果鳞片开放对高温和火烧的响应。结果显示：云南松植冠中除有当年成熟球果外，还有 1 年到 7 年前成熟的鳞片闭合球果，以及 1 年到 8 年前成熟的鳞片开放球果。宿存闭合球果中有可萌发的种子，种子的萌发率随球果宿存时间的延长而下降，宿存 9 年球果中的种子平均萌发率仅为 2.9%。每 $100m^2$ 林地的植冠中储存有大约 105 粒有活力的种子是近 3 年平均种子产量的 2 倍。宿存的各年球果在宿存期间每年会有一些球果的鳞开放释放出种子，一般在成熟后的 8 年内所有球果逐渐开放释放出种子。40℃以上的温度可诱导球果鳞片开放球果开放时间随着烘烤温度的升高而缩短。过火后云南松释放种子的数量约为非过火地段年均释放种子量的 2.6 倍，过火地段云南松释放种子的萌发率为（69.8±22.8）%。研究结果表明，云南松具有非严格植冠种子库，地面火可诱导植冠中的闭合球果鳞片开放释放种子，球果在植冠中最长宿存和延迟开放的时间与种子存活的时间基本一致；每年自然释放和过火后释放的种子都由多年成熟的种子组成；云南松球果延迟开放可能与生境易发生林火有关。

关键词：云南松；球果；延迟开放；植冠子库；火生态

摘自：《生态学报》2017 年第 2 期

牛樟芝发酵液提取物抗菌活性研究

作者：赵能[1,2,3]，原晓龙[1,2]，陈剑[1,2]，陈中华[1,2]，王娟[1,2]，杨宇明[1,2]，王毅[1,2]

单位：1. 云南省林业科学院 云南省森林植物培育与开发利用重点实验室；2. 云南省林业科学院 国家林业局云南珍稀濒特森林植物保护和繁育重点实验室；3. 西南林业大学

摘要：牛樟芝作为一种珍稀食用和药用菌，具有极大的开发潜力。该研究以麦芽浸粉肉汤液体培养基（BD，美国 BD 公司）对牛樟芝菌丝体进行摇床培养 60 天后，收获发酵液并用乙酸乙酯对其进行萃取，浓缩至干获得提取物；同时，采用抑菌圈法评价培养物对 13 种致病细菌抗菌活性（蜡样芽孢杆菌、缓慢芽孢杆菌、无乳链球菌、短小芽孢杆菌、福氏志贺氏菌、枯草芽孢杆菌、金黄色葡萄球菌、藤黄微球菌、副溶血性弧菌、溶血性葡萄球菌、铜绿假单胞菌、乙型副伤寒沙门氏菌、大肠埃希菌），并检测相应致病细菌的最低抑制浓度（MIC）。结果表明：牛樟芝麦芽浸粉肉汤发酵液提取物对供试的 13 种致病菌均有抑菌活性；在供试的 13 种致病菌中，提取物对缓慢芽孢杆菌、短小芽孢杆菌、枯草芽孢杆菌、副溶血性弧菌、藤黄微球菌 5 种致病菌的最低抑制浓度值均小于 80μg/mL，其中对藤黄微球菌的最低抑制浓度最低为 66.5μg/mL；随着培养时间的增加，提取物的抗菌活性也增加。这说明牛樟芝菌丝体在液体培养条件下，能够产生广谱高效抑菌活性的次生代谢产物。该研究结果为牛樟芝进一步的有效利用开发奠定理论基础。

关键词： 牛樟芝菌丝体；珍稀食药用菌；抑菌圈法；最低抑制浓度；致病细菌

摘自：《广西植物》2017 年第 8 期

高黎贡山自然保护区长蕊木兰遗传多样性的 ISSR 分析

作者： 柴勇[1,2]，吴涛[1]，邵金平[1]，和丽萍[1,2]，方波[1,2]，李贵祥[1,2]

单位： 1. 云南省林业科学院；2. 云南高黎贡山森林生态系统国家定位观测研究站

摘要： 长蕊木兰是具有重要分类和观赏价值的国家一级保护植物。采用 ISSR 分子标记技术，对云南省高黎贡山自然保护区长蕊木兰 3 个居群 62 株个体的遗传多样性进行了研究。结果表明 :15 个引物共检测到 187 个有效位点，其中多样性位点 171 条，在物种水平上多态位点百分率（PPB）为 91.44%，居群水平上整顶(ZD)居群 PPB 最高(66.30%)，大蒿坪(DHP)居群 PPB 最低（21.93%）；居群间的基因分化系数（Gst=0.2294）、Shannon 居群分化系数（0.27）和分子遗传变异分析（AMOVA）的变异百分率（居群间的变异百分率为 27%，居群内的变异百分率为 73%）均表明，长蕊木兰遗传变异主要存在于居群内部；聚类结果显示，最大的一类中涵盖 3 个居群的绝大多数个体；Mantel 检测遗传距离与地理距离之间不存在明显相关性（r=-0.519，P=0.323）。这些结果表明，长蕊木兰具有较大的遗传多样性，但居群间有较大的遗传分化。文章分析了长蕊木兰的濒危原因并提出保护策略，即通过加强已建自然保护区的管理，实施就地保护是最佳选择。

关键词： 长蕊木兰；高黎贡山；ISSR；遗传多样性；遗传结构；保护策略

摘自：《生态学杂志》2017 年第 7 期

滇西北剑湖湿地海菜花群落物种组成及种群分布格局

作者： 李宁云[1,2]，陈玉惠[3]，胡金明[1]，刘朝蓬[4]，李靖[3]，敖新宇[3]，雷然[3]

单位： 1. 云南大学；2. 云南省林业科学院；3. 西南林业大学；4. 国家高原湿地研究中心

摘要： 群落物种组成及种群分布格局特征是揭示种群发展趋势及与环境相互关系的基础。以滇西北剑湖湿地海菜花群落为对象，采用样方法与扩散系数法对其物种组成与种群分布格局进行研究。结果表明：群落共有物种 18 种，分属 12 科、14 属，包括沉水、漂浮、浮叶及湿生 4 类生活型；海菜花、豆瓣菜、马来眼子菜和草茨藻呈集群分布，其余种群呈随机分布；海菜花种群个体间拥挤效应最大，种内竞争最为激烈。保育海菜花种源、开展流域和生境治理以减缓湖泊沼泽化进程，是目前剑湖海菜花群落保护的当务之急 .

关键词： 物种组成；种群分布格局；海菜花群落；湖泊沼泽化；剑湖湿地

摘自：《湖泊科学》2017 年第 3 期

元阳梯田传统稻种保护的影响因素研究

作者： 王红崧[1]，王云月[2]

单位： 1. 云南农业大学 农业生物多样性应用技术国家工程中心；2. 西南林业大学

摘要： 云南元阳梯田的传统稻种作为重要的物质基础千余年来维持着当地人民的繁衍和生存，是当地农业长期稳定发展和粮食安全的根本，其独特性和不可替代性赋予梯田应有的农业物种价值。针对当地传统稻种资源的逐渐流失，深入了解传统稻种丧失和保护的影响因素有利于保护维持政策的制定。本文主要调查当地传统稻种种植和保护现状，分析影响传统稻种多样性保护和丧失的因素，构建传统稻种保护影响指标体系。通过分析，进一步识别对地方稻种维持和管理有特殊解释意义的可控因素，并对当地传统稻种保护和维持提出相应策略。

关键词： 元阳梯田；传统稻种；保护；影响模型

摘自：《资源与生态学报（英文版）》2017 年第 3 期

云南景迈山布朗族古茶园生态系统群落结构研究

作者： 苏凯文[1,2]，潘瑶[3]，巩合德[1]，王庆华[4]，Kallaya Suntornvongsagul[2]，沈立新[3]

单位： 1. 西南林业大学生态旅游学院；2. 朱拉隆功大学环境研究所；3. 西南林业大学亚太森林组织昆明培训中心；4. 云南省林业科学院

摘要： 2016 年 8 月通过对云南景迈布朗族古茶园进行调查，分析古茶园生态系统的物种组成、径级水平结构和垂直结构，为深入了解古茶园生态系统的多样性维持机制和科学评价古茶园的植被状况提供参考。结果表明：群落中共有植物39种，全都为被子植物，隶属20科33属，未发现裸子植物；物种多样性丰富，区系地理成分热带性质明显。群落更新稳定，茶树在荫蔽条件下完成自我更新，数量上占绝对优势。群落垂直空间分层明显，乔木层平均胸径为24.29cm，崖摩胸径最大，为24.39cm；主要优势树种为西南木荷、云南移和蒲桃，高度差异极显著，分为乔木层与灌木及乔木更新层2个大层，每个大层中又可细分为上下2个亚层；乔木层个体数量少，但对下层植物有较大影响。

关键词：物种组成；群落结构；大叶茶；古茶园；生态系统

摘自：《西南林业大学学报》2017年第3期

云南哀牢山常绿阔叶林的空间分异及其影响因素

作者：徐远杰[1]，林敦梅[2]，石明[3]，谢妍洁[3]，王逸之[1]，管振华[1]，向建英[1]

单位：1.西南林业大学云南生物多样性研究院；2.重庆大学三峡库区生态环境教育部重点实验室；3.西南林业大学林学院

摘要：理解物种丰富度在空间上的变化，阐明植物群落组成对生境异质性的响应是群落生态学研究的核心议题之一。与生境异质性有关的生态位分化对植物群落的多样性格局和物种分布具有重要影响。本文以分布在云南哀牢山的4种常绿阔叶林为研究对象，通过对42个森林样地的调查取样，探讨常绿阔叶林的群落分布和树种丰富度在地形和土壤环境梯度上的变异。结果表明：4种常绿阔叶林的树种组成有显著的差异。季风常绿阔叶林的树种丰富度极显著地高于其他3种类型；中山湿性常绿阔叶林极显著地高于半湿润常绿阔叶林；其他类型之间的差异不显著。非度量多维尺度分析显示，海拔、坡度、土壤含水率及有机质等9个环境梯度是控制森林群落结构和树种分布的主要因素。土壤有效硼、海拔、全钾和凹凸度为树种丰富度的最佳预测变量，累积解释了树种丰富度63.2%的变异。地形和土壤因子一起能够解释哀牢山常绿阔叶林的群落组成和树种丰富度的大部分变异。

关键词：生境异质性；群落组成；树种丰富度；常绿阔叶林；哀牢山

摘自：《生物多样性》2017年第1期

中国木兰科植物的省区分布新记录

作者：司马永康[1,2,3]，陆树刚[4]，郝佳波[1,2,3]，徐涛[4]，付玉嫔[1,2,3]，韩明跃[5]，马惠芬[1,2,3]，李丹[1]，陈少瑜[1]

单位：1.云南省林业科学院；2.云南省森林植物培育与开发利用重点实验室；3.国家林业局重点开放性实验室 云南珍稀濒特森林植物保护和繁育实验室；4.云南大学生命科学学院；5.西南林业大学

摘要：报道了木兰科植物共6种2变种在中国4个省区的分布新记录。其中广西分布新记录的有绢毛木兰、倒卵叶木莲、狭叶含笑和绢毛含笑；贵州分布新记录的有四川木莲和灰岩含笑；湖南分布新记录的有苍背木莲；云南分布新记录的有绢毛木兰和粗壮秃木兰。

关键词：木兰科；省区分布；新记录；中国

摘自：《西南林业大学学报（自然科学版）》?2017年第4期

云南省榕属植物资源分布研究

作者：余潇[1,2]，邓莉兰[1,2]

单位：1.西南林业大学园林学院；2.西南林业大学林学院 西南山地森林资源保育与利用教育部重点实验室

摘要：通过对云南省自然保护区榕属植物资源的调查以及相关资料的查阅整理，统计出云南省自然分布的榕属植物共有73种32变种，比《云南植物志》《云南种子植物名录》记载的增加2种3变种。发现其水平分布以滇南区域分布种类最为集中，榕属植物的分布数量随着纬度升高而数量减少呈现负相关的一致性。在垂直分布上以海拔500~1 500m的山地、沟谷等地榕属植物种类分布最广，资源最为丰富。

关键词：榕属植物；种质资源；云南省；资源分布

摘自：《湖北民族学院学报（自然科学版）》2017年第2期

云南省野生滇牡丹生境调查及结实能力探究

作者：孙金金，李苏雨

单位：西南林业大学

摘要：滇牡丹是中国西南地区的特有种，在药用、观赏和栽培等方面具有重要价值。基于此，研究滇牡丹5个野生居群的结实能力，并讨论生境对滇牡丹结实特征的影响，为滇牡丹新品种选育和栽培技术的制定奠定基础。

关键词：滇牡丹；生境；结实能力

摘自：《南方农业》2017年第1期

云南省葡萄属野生资源调查研究

作者： 周小明，王焕冲，宫霞，杨勇，宁进，张汉波，杨明挚

单位： 云南大学生命科学学院植物科学研究所

摘要： 为研究云南省葡萄属野生资源的分布情况，根据文献记载、标本查询以及通过对云南省15个州市的50多个县的葡萄属野生资源进行实地考察和样品收集鉴定，用Arc GIS软件绘制了云南野生葡萄分布图。标本与文献资料记载，葡萄属野生资源几乎在云南全省各个州市均有分布，其中毛葡萄分布最广；桦叶葡萄、葛藟葡萄、刺葡萄、蘡薁次之；小叶葡萄、网脉葡萄、美丽葡萄分布相对狭小；云南葡萄、勐海葡萄、蒙自葡萄、凤庆葡萄则呈孤点分布。实地调查共收集到6个种的葡萄属野生资源，分别是：毛葡萄、蘡薁、刺葡萄、云南葡萄、美丽葡萄和桦叶葡萄，其中毛葡萄也分布最广，其他种的葡萄属野生资源除蘡薁葡萄外均属于零星分布。部分文献记载和标本采集地点的葡萄属野生资源在此次调查中未发现，但发现一些新的葡萄属野生资源分布点。结合文献记载和本次调查结果表明，云南省葡萄属野生资源丰富，且分布较广。对云南野生葡萄资源的调查和鉴定需进一步完善，同时加大力度实现现有资源的有效保护及合理开发利用。

关键词： 葡萄属野生资源；资源调查；资源现状；资源保护与利用

摘自：《中国南方果树》2017年第2期

哈尼梯田社区种质库水稻种质资源表型多样性研究

作者： 黄玲，郑健雄，单祖朋，张立阳，王红崧，王云月

单位： 云南农业大学植物保护学院

摘要： 为保护哈尼梯田水稻资源，在国际农业发展基金资助下，广泛收集哈尼梯田水稻资源并帮助当地农民建立社区水稻种质库，对种质库保存的72份水稻种质资源表型性状进行测定分析，并基于表型性状数据进行聚类分析以揭示它们之间的亲缘关系。结果表明：供试水稻种质资源株高、茎秆直径、有效穗、第一剑叶长宽比变异较大，穗长、结实率、谷粒性状和千粒重变异较小。通过聚类分析，当欧式距离为11时，72份材料可聚为4个组群，各组群性状差异明显。

关键词： 水稻；种质资源；社区种质库；表型性状；聚类分析；哈尼梯田

摘自：《湖北农业科学》2017年第5期

云南高山杜鹃花种质资源与开发利用

作者： 解玮佳，李世峰

单位： 云南省农业科学院花卉研究所

摘要： 概况杜鹃花属是世界著名的园林观赏植物，云南八大名花之一。常绿杜鹃亚属是杜鹃花属中的四大亚属之一。中国西南部及毗邻的东喜马拉雅地区为常绿杜鹃亚属的分布中心和分化中心。近年来，一些从欧洲引进的由常绿杜鹃亚属种质资源育成的杜鹃花即“高山杜鹃”成为中国年宵花和高档园林绿化的新秀。由于高山杜鹃育种工作的滞后，导致中国高山杜鹃种质利用率低下，产业发展受制于人的问题日益凸显。

摘自：《园林》2017年第4期

云南姜科一新记录属——大苞姜属

作者： 蔡磊，喻智勇，梁宗利，孙卫邦

单位： 中国科学院昆明植物研究所 昆明植物园 中国科学院东亚植物多样性与生物地理学重点实验室金平分水岭国家级自然保护区管理局

摘要： 报道了云南姜科一新记录属——大苞姜属。该属在中国仅分布有黄花大苞姜一种，其原记录为华南特有种，分布在广东和广西。该属（种）在云南的新分布，对深入研究其植物区系、资源的保护与利用具有重要意义。

关键词： 黄花大苞姜；大苞姜属；姜科；新记录；云南

摘自：《生物学杂志》2017年第1期

中国极小种群物种萼翅藤在瑞丽市新发现

作者： 侯昭强，马晨晨，侯淑娜，肖之强，代俊，喻丁香，杜凡

单位： 西南林业大学

摘要： 萼翅藤在中国发现较晚，因其数量极少，分布区狭小，被列为国家Ⅰ级重点保护野生植物，“IUCN极危种”（CR），极小种群物种。2015年11月，在德宏州第二次重点保护野生植物调查中发现瑞丽市有萼翅藤新分布点。萼翅藤的发现不仅扩大了萼翅藤在云南的自然分布区域，还为研究萼翅藤群落属于山地雨林还是季节雨林提供科学的

探究条件。

关键词：萼翅藤；新发现；中国极小种群物种；重点保护野生植物；瑞丽市

摘自：《林业调查规划》2017 年第 4 期

云南紫溪山自然保护区近十年冬季鸟类记录

作者：冯莹莹，李奇生，梁丹，蒋德梦，吴新然，高歌，王小祎，罗旭

单位：西南林业大学生物多样性保护与利用学院

摘要：滇中紫溪山气候温和湿润且植被类型特殊，而该地鸟类资料却相对缺乏。作者采用样线、样点、至高点和红外相机等 6 种方法，在冬季对不同习性的鸟类进行全面调查，记录并统计近十年的鸟类多样性数据。结果显示：野外共记录到鸟类 171 种，分属 12 目 43 科，占云南省鸟类 903 种的 18.94%，其中 8 种为楚雄州首次记录。留鸟 139 种，占 81.98%；冬候鸟 29 种，占 16.95%；另有迷鸟 2 种和旅鸟 1 种。

摘自：四川动物论文集 2017 年 10 月

云南副鳅属鱼类一新种（鲤形目：条鳅科）

作者：杨洪福[1]，李春青[2]，刘涛[3]，李维贤[3]

单位：1. 云南省丘北县渔业工作站；2. 云南大学生命科学学院；3. 云南省石林县黑龙潭水库管理处

摘要：描记采于云南省文山州文山市喜古乡采到的副鳅属鱼类一新种，以其采集地县名命名文山副鳅。新种与异斑副鳅相似，但有下列特征可明显区别：（1）新种尾鳍叉形 Vs 略凹；（2）尾柄长为体长的 19.67%~24.44%（22.06%）Vs 15.80%~20.50%（17.70%）；（3）尾柄高为体长的 5.74%~7.76%（6.91%）Vs 8.80%~10.80%（9.90%）（4）尾柄高为尾柄长的 27.27%~35.00%（31.37%）Vs 47.00%~62.00%（55.90%）；（5）脊椎骨 4+47~48Vs4+39~40。

关键词：副鳅；新种；文山；云南

摘自：《云南农业大学学报（自然科学版）》2017 年第 10 期

云南金线鲃属鱼类一新种——文山金线鲃

作者：杨洪福[1]，李春青[2]，陈艳艳[2]，李维贤[3]

单位：1. 云南省丘北县渔业工作站；2. 云南大学生命科学学院；3. 云南省石林县黑龙潭水库

摘要：描记采于云南省文山市的金线鲃属鱼类一新种，以采集地市名命名文山金线鲃新种体侧分布有 3 行纵列圆斑，口亚下位，与分布于相邻的砚山县体侧布满不成纵列行的斑点，口亚上位的麻花金线鲃可明显区别；新种体侧有 3 行黑色圆斑，侧线鳞 67~72，背鳍起点在腹鳍起点之后，背鳍前长为体长的 55.65%~59.50%，与体中有 6~8 个黑色圆斑，侧线鳞 74~88，背鳍前长为体长的 47.10%~53.70%，同为红河水系的西畴金线鲃亦可明显区别。

关键词：金线鲃；新种；云南；文山；

摘自：云南大学学报（自然科学版）2017 年第 3 期

中国尾凤蝶属昆虫（鳞翅目：凤蝶科）系统发育

作者：易传辉[1]，赵健[2]，胡劭骥[3]，和菊[1]，冯志伟[1]，杨建华[1]，陈鹏[1]

单位：1. 云南省林业科学院；2. 西南林业大学；3. 云南大学

摘要：为探讨中国尾凤蝶属昆虫的系统发生关系，采用线粒体 DNA COI 和 ND1 分子标记，对基因序列进行分析，基于分子特征，采用 NJ 和贝叶斯法构建系统发育树。对 3 种尾凤蝶 658 bp 的 COI 基因序列的分析表明，三尾凤蝶、二尾凤蝶和多尾凤蝶 T、C、A、G 4 种核苷酸的平均含量分别为 41.5%、40.0%、41.9%，15.2%、15.8%、14.3%，29.3%、30.7%、29.8%，14.0%、13.5%、14.0%；共发现突变位点 131 个，约占全长的 19.91%，简约信息位点 56 个，约占全长的 8.51%。对 480bp 的 NDI 基因序列的分析表明，三尾凤蝶、二尾凤蝶和多尾凤蝶的 NDI 基因序列 T、C、A、G 的平均含量依次为 34.4%、33.3%、32.1%，11.3%、11.9%、12.1%，45.6%、46.7%、47.1%，8.7%、8.1%、8.8%；共有 63 个变异位点，占全长的 13.13%，简约信息位点 39 个，约占全长的 8.13%。二者均表现为明显的 A+T 碱基偏向。

关键词：尾凤蝶；线粒体 DNA COI 基因；线粒体 DNA ND1 基因；系统发育；遗传多样性

摘自：《东北林业大学学报》2017 年第 3 期

云南泸水高黎贡山高山生境的鸟兽多样性

作者：高歌[1]，王斌[2]，何臣相[2]，罗旭[1]

单位：1. 西南林业大学西南地区生物多样性保育国家林业局重点实验室；2. 云南高黎贡山国家级自然保护区泸水管理局

摘要：高黎贡山位于印缅生物多样性保护热点地区，但由于地形复杂、交通不便等客观原因的限制，以往对高黎贡山高山生境的鸟兽多样性调查数

据较为缺乏。2014年10月至2016年6月，利用红外相机在高黎贡山高山环境开展鸟类和兽类物种多样性调查，以期对鸟兽多样性数据进行补充。调查期间，于泸水辖区内选取北（金满）、中（听命湖）、南（片马垭口）3个样区，每个样区布设20台红外相机。累计布设红外相机10 400台日，拍摄到1 342张有效照片。共记录到18种兽类和44种鸟类，分属9目28科，包括3种国家一级、8种国家二级重点保护动物，IUCN濒危（EN）物种3种、易危（VU）物种3种、近危（NT）物种2种。相对丰富度较高的物种包括金色林鸲、血雉、光背地鸫、灰颈鼠兔、小熊猫等。记录到高黎贡山鸟类新记录1种：黑胸歌鸲。

关键词：高黎贡山；高山生境；红外相机；物种丰富度

摘自：《生物多样性》2017年第3期

云南兽类鼩鼱科一新纪录——台湾灰麝鼩

作者：程峰[1,2]，万韬[1]，陈中正[1]，Narayan Prasad Koju[1]，何锴[1]，蒋学龙[1]

单位：1. 中国科学院昆明动物研究所；2. 遗传资源与进化国家重点实验室安徽大学健康科学研究院

摘要：于2006年10月及2015年8月在中国云南省采集到台湾灰麝鼩3号成体标本。1号雄性与1号雌性的标本来自屏边县大围山自然保护区（22° 53′ 59″ N，103° 41′ 23″ E，2 088米），另1号雌性标本采自富宁县里达镇半边箐（23° 28′ 11"N，105° 35′ 59″ E，1 442米）。其尾毛长而稀疏，尾长变异大，后足宽大，后足足底和掌外侧垫突出、聚集且呈圆形，这些特征与模式产地的标本吻合。其线粒体Cyt b与地模标本的遗传距离为1.6%。采集地生境为原生林与次生林交界处和落叶季雨林。

关键词：台湾灰麝鼩；新纪录；云南省；动物地理

摘自：《动物学杂志》2017年第5期

中国绿孔雀的种群现状与保护

作者：杨晓君，孔德军，吴飞，单鹏飞

单位：中国科学院昆明动物研究所昆明学院

摘要：绿孔雀为中国国家Ⅰ级重点保护鸟类，由于分布区减少，种群数量急剧下降，2009年被IUCN从易危种提升为濒危。而绿孔雀在中国的分布与种群状况自文贤继等（1994）调查之后就再没有报道。2014年4月至2017年6月采用问卷、访问和路线法对中国的绿孔雀资源进行调查，同时应用标图、鸣声、红外相机等方法进行补充，并通过查阅文献分析其变化。结果显示，中国有52个县曾经记录有绿孔雀，但目前仅23个。

会议名称：第十三届全国野生动物生态与资源保护学术研讨会暨第六届中国西部动物学学术研讨会

摘自：会议论文集2017年10月

获奖成果

云南六项目获2017年度国家科学技术奖

2017年度国家科学技术奖在北京揭晓，271个项目和9名科技专家获奖。其中，云南省有6个项目获得国家科学技术进步奖二等奖。

2017年国家科技奖获奖成果既有面向国家战略需求的重大项目，也有致力于改善民生的科技创新。其中特高压直流输电技术，实现中国创造和中国引领；重大新发传染病防治的“中国方案”，向全球提供“中国经验”；水污染防治、大气污染预报及固体废物处理领域成果显著，为打造绿水青山提供科技手段。

云南省获国家科学技术进步奖项目分别是：

作物多样性控制病虫害关键技术及应用，获2017年度国家科学技术进步奖二等奖。第一完成单位：云南农业大学。

食用菌种质资源鉴定评价技术与广适性品种选育，获2017年度国家科学技术进步奖二等奖。参与完成单位：云南省农业科学院生物技术与种质资源研究所。

全国农田氮磷面源污染监测技术体系创建与应用，获 2017 年度国家科学技术进步奖二等奖。参与完成单位：云南省农业科学院农业环境资源研究所。

中药大品种三七综合开发的关键技术创建与产业化应用，获2017年度国家科学技术进步奖二等奖。参与完成单位：中国科学院昆明植物研究所、文山苗乡三七股份有限公司、昆明圣火药业（集团）有限公司、昆药集团股份有限公司。

中国野生稻种质资源保护与创新利用，获 2017 年度国家科学技术进步奖二等奖。参与完成单位：云南省农业科学院生物技术与种质资源研究所。

艾滋病诊断、治疗和预防产品的评价关键技术建立与推广应用，获 2017 年度国家科学技术进步奖二等奖。参与完成单位：中国科学院昆明动物研究所。

2017 年度云南省科学技术奖拟奖励项目（人、单位）和奖励等级名单（节选）

杰出贡献奖

姓名	工作单位	推荐单位
张克勤	云南大学	云南省教育厅

自然科学奖

一等奖

序号	项目名称	主要完成人员	推荐单位
1	藏鸡、藏獒和藏猪低氧适应的生理与遗传机制	苟潇（云南农业大学），张浩（中国农业大学），杨舒黎（云南农业大学），毛华明（云南农业大学），严达伟（云南农业大学），鲁绍雄（云南农业大学），鲍海港（中国农业大学）	云南省教育厅
2	非人灵长类基因编辑与神经系统疾病模型研究	季维智（昆明理工大学），牛昱宇（昆明理工大学），陈永昌（昆明理工大学），司维（昆明理工大学），王宏（云南中科灵长类生物医学重点实验室），康宇（云南中科灵长类生物医学重点实验室），司晨洋（云南中科灵长类生物医学重点实验室）	云南省教育厅

二等奖

序号	项目名称	主要完成人员	推荐单位
1	中国西部高温、高盐极端微生物系统学及生态学研究	李文均（中山大学），蒋宏忱（中国地质大学（武汉）），职晓阳（云南大学），唐蜀昆（云南大学），周恩民（中山大学）	云南省教育厅
2	水稻适应进化的基因组变异机制研究	胡凤益（云南大学），王文（中国科学院昆明动物研究所），张石来（云南大学），徐讯（中国科学院昆明动物研究所），吕俊（中国科学院昆明动物研究所）	其它
3	重要野生蘑菇的系统亲缘、多样性与新资源研究	杨祝良（中国科学院昆明植物研究所），吴刚（中国科学院昆明植物研究所），李艳春（中国科学院昆明植物研究所），葛再伟（中国科学院昆明植物研究所），戴玉成（北京林业大学）	中科院昆明分院
4	中国植物 DNA 条形码研究	李德铢（中国科学院昆明植物研究所），杨俊波（中国科学院昆明植物研究所），李洪涛（中国科学院昆明植物研究所），高连明（中国科学院昆明植物研究所），葛学军（中国科学院华南植物园）	中科院昆明分院
5	云南地方猪肉品特性形成及营养调控机理	葛长荣（云南农业大学），贾俊静（云南农业大学），赵素梅（云南农业大学），陶琳丽（云南农业大学），潘洪彬（云南农业大学）	云南省教育厅

序号	项目名称	主要完成人员	推荐单位
6	家蚕等鳞翅目昆虫茧丝进化机制及基因资源挖掘	王文（中国科学院昆明动物研究所），相辉（华南师范大学），李昕（中国科学院昆明动物研究所），陈垒（中国科学院昆明动物研究所），董扬（云南农业大学）	中科院昆明分院
7	52种云南民族药用植物及内生真菌活性成分研究	胡秋芬（云南民族大学），周敏（云南民族大学），高雪梅（云南民族大学），江志勇（云南民族大学），李干鹏（云南民族大学）	云南省教育厅
8	滇池典型环境内分泌干扰物的污染特征与生物效应研究	潘学军（昆明理工大学），黄斌（昆明理工大学），刘晶靓（云南省能源投资集团有限公司），王彬（西南科技大学），万幸（昆明理工大学）	云南省教育厅
9	云南有毒动物新型肽类毒素发现与功能解析	张云（中国科学院昆明动物研究所），李文辉（中国科学院昆明动物研究所），向阳（中国科学院昆明动物研究所），李盛安（中国科学院昆明动物研究所），张勇（中国科学院昆明动物研究所）	中科院昆明分院

三等奖

序号	项目名称	主要完成人员	推荐单位
1	WRKY转录因子等蛋白调控植物激素信号转导及抗逆性状建成的分子机制	余迪求（中国科学院西双版纳热带植物园），胡彦如（中国科学院西双版纳热带植物园），陈利钢（中国科学院西双版纳热带植物园）	中国科学院昆明分院
2	辣椒种质资源部分重要性状的机理研究	邓明华（云南农业大学），文锦芬（昆明理工大学），邹学校（湖南省农业科学院）	云南省教育厅
3	西南新近纪环境演变及植物多样性演化	周浙昆（中国科学院西双版纳热带植物园），苏涛（中国科学院西双版纳热带植物园），黄永江（中国科学院昆明植物研究所）	中科院昆明分院
4	粗叶木属植物分类学研究	朱华（中国科学院西双版纳热带植物园）	中科院昆明分院
5	DNA分子光谱及其在茶花等植物物种及品种鉴定中的应用	邱璐（楚雄师范学院），杨海艳（楚雄师范学院），刘鹏（楚雄师范学院）	楚雄州科学技术局
6	基于高效、绿色的合成方法学在构建有机含氮及含氧化合物中的应用	谷利军（云南民族大学），李干鹏（云南民族大学），黄相中（云南民族大学）	云南省教育厅
7	液液微萃取技术在食品环境安全检测中研究及应用	杨亚玲（昆明理工大学），李小兰（广西中烟工业有限责任公司），孟冬玲（广西中烟工业有限责任公司）	云南省教育厅

技术发明奖

一等奖

序号	项目名称	主要完成人员	推荐单位
1	元江普通野生稻渗入系创制及其应用	程在全（云南省农业科学院生物技术与种质资源研究所），黄兴奇（云南省农业科学院生物技术与种质资源研究所），殷富有（云南省农业科学院生物技术与种质资源研究所），肖素勤（云南省农业科学院生物技术与种质资源研究所），钟巧芳（云南省农业科学院生物技术与种质资源研究所），蒋聪（云南省农业科学院生物技术与种质资源研究所），杨久（云南省农业科学院粮食作物研究所），付坚（云南省农业科学院生物技术与种质资源研究所），余腾琼（云南省农业科学院生物技术与种质资源研究所）	云南省农业科学院

二等奖

序号	项目名称	主要完成人员	推荐单位
1	大型沸腾氯化法钛白粉产业化关键技术研发	刘建良（云南冶金新立钛业有限公司），马翔（云南冶金集团股份有限公司），李建军（云南冶金新立钛业有限公司），王洪江（云南冶金集团股份有限公司退休），江书安（云南冶金新立钛业有限公司），杨光灿（云南驰宏资源综合利用有限公司），杨易邦（云南冶金新立钛业有限公司）	云南冶金集团股份有限公司

三等奖

序号	项目名称	主要完成人员	推荐单位
1	腾冲有机高山乌龙茶生产方法	杨明彦（云南腾冲极边茶业股份有限公司），康耀昌（腾冲市茶桑技术推广工作站），张月强（腾冲市明光镇农业技术推广站），周新孝（腾冲市茶桑技术推广工作站），孙存芬（腾冲市农产品质量安全中心）	保山市科学技术局
2	新型烟草制品产业化关键技术开发及应用	缪明明（云南中烟工业有限责任公司），陈永宽（云南中烟工业有限责任公司），朱东来（云南中烟工业有限责任公司），汤建国（云南中烟工业有限责任公司），杨柳（云南中烟工业有限责任公司）	云南中烟工业有限责任公司
3	狭窄河谷地区水电工程缆机布置创新研究与实践	薛宝臣（中国电建集团北京勘测设计研究院有限公司），郑爱武（华能澜沧江水电股份有限公司），范建章（中国电建集团北京勘测设计研究院有限公司），陈江（华能澜沧江水电股份有限公司），代振峰（中国电建集团北京勘测设计研究院有限公司）	华能澜沧江水电股份有限公司
4	氟利昂无害化及资源化利用技术	刘天成（云南民族大学），贾丽娟（云南民族大学），宁平（昆明理工大学），高红（昆明理工大学），殷梁涛（昆明理工大学）	云南省教育厅

科技进步奖

特等奖

序号	项目名称	主要完成人员	主要完成单位	推荐单位
1	普洱茶产业关键技术创新与应用	盛军，周红杰，闫希军，龚加顺，王宣军，严亮，赵明，方崇业，吕才有，郝淑美，罗朝光，张勇，李亚莉，王兴华，黄业伟，彭春秀，秦向东，李姝谚，高应敏，刘俊辉，贾黎辉，高峻，崔廷宏，周安凡，杨瑞娟，王天权，董祖祥，杨军，田稳荣，王乐观	云南农业大学，普洱茶研究院，云南大学，天士力帝泊洱生物茶集团有限公司，普洱茶树良种场，普洱市茶产业发展科技服务中心，云南东方不老生物技术有限公司，普洱祖祥高山茶园有限公司，云南柏联普洱茶庄园有限公司，云南滇红集团股份有限公司，保山昌宁红茶业集团有限公司，云南南涧凤凰沱茶厂，西双版纳勐海国艳茶厂	云南省教育厅
2	阳宗海湖泊水体原位除砷技术及工程应用	陈景，张曙，杨项军，黄章杰，王世雄，王茏，韦群燕，肖军，张艮林，常军，向星，王娟，蒋峰芝	云南大学	云南省教育厅

一等奖

序号	项目名称	主要完成人员	主要完成单位	推荐单位
1	切花月季新品种选育与产业化关键技术集成示范	唐开学，张颢，王其刚，蹇洪英，邱显钦，晏慧君，李淑斌，陈敏，周宁宁，张婷，李慧敏	云南省农业科学院花卉研究所，云南云秀花卉有限公司，云南锦苑花卉产业股份有限公司，云南尚美嘉花卉有限公司，云南鑫海汇花业有限公司，云南丽都花卉发展有限公司，云南云科花卉有限公司	云南省农业科学院
2	十字花科蔬菜根肿病生物防控技术研究与示范	何月秋，姬广海，吴毅歆，李兴玉，岳艳玲，何鹏飞，胡靖锋，罗树荣，蒋仕波，赵志国，王树明	云南农业大学，云南省农业科学院园艺作物研究所，云南星耀生物制品有限公司，云南省微生物发酵工程研究中心有限公司	云南省教育厅
3	观赏蝴蝶规模化人工养殖及彩蝶飞舞景观构建关键技术	陈晓鸣，周成理，史军义，石雷，姚俊，丁伟峰，冯颖，唐宇翀，易传辉，胡劭骥，李承哲	中国林业科学研究院资源昆虫研究所，云南中林生物资源科技有限公司，大理旅游集团有限责任公司蝴蝶泉公园分公司，昆明中林观赏昆虫科技开发有限公司，云南省林业科学院，云南大学	中国林科院资源昆虫研究所
4	三七标准化与产业发展关键技术研究及应用	崔秀明，魏均娴，苏豹，黄璐琦，官会林，杨兆祥，刘大会，郝南明，饶高雄，宋流东，张铁	昆明理工大学，云南白药集团股份有限公司，昆明医科大学，昆药集团股份有限公司，文山学院，中国中医科学院中药资源中心，云南师范大学，云南中医学院，云南七丹药业股份有限公司	云南省教育厅
5	生物材料植入感染研究及临床医用	雷玉洁，陈颖，赵光强，杨堃，徐玉善，林兴，叶联华，王小燕，汤琦，丁晓洁，王曦	昆明医科大学第三附属医院（云南省肿瘤医院），昆明医科大学第一附属医院，福建省立医院	云南省人口和计划生育委员会
6	复杂山区公路边坡灾害全过程防控新技术及应用	张玉芳，刘永才，廖小平，房锐，魏少伟，李果，谢忠，万军利，李春晓，李健，郭彪	云南省交通规划设计研究院，中国铁道科学研究院，中铁西北科学研究院有限公司，云南省公路开发投资有限责任公司	云南省交通运输厅

科学技术进步奖科技创业类（一等奖）

序号	姓名	工作单位	推荐单位
1	芮茂能	丽江三川实业集团有限公司	丽江市科技局

科学技术进步奖创新团队类（一等奖）

序号	团队名称	所属单位	推荐单位
1	云南省花卉研究创新团队	云南省农业科学院花卉研究所	云南省科学技术厅

二等奖

序号	项目名称	主要完成人员	主要完成单位	推荐单位
1	云瑞甘蔗亲本创制及其杂交花穗规模化生产关键技术研发应用	经艳芬，董立华，桃联安，朱建荣，安汝东，边芯，周清明，张永港，郎荣斌	云南省农业科学院甘蔗研究所，德宏傣族景颇族自治州甘蔗科学研究所	云南省农业科学院

序号	项目名称	主要完成人员	主要完成单位	推荐单位
2	云南蔬菜小菜蛾可持续绿色防控关键技术研发与集成应用	谌爱东，李向永，李永川，尹艳琼，赵雪晴，李振宇，杨明文，黄春芬，马永翠	云南省农业科学院农业环境资源研究所，广东省农业科学院植物保护研究所，云南省植保植检站，中国农业科学院蔬菜花卉研究所，浙江省农业科学院植物保护与微生物研究所，临沧市农业技术推广站，通海县植保植检站	云南省农业科学院
3	豌豆种质资源收集评价创新与新品种选育及应用	何玉华，包世英，吕梅媛，宗绪晓，朱振东，王丽萍，杨峰，于海天，孙素丽	云南省农业科学院粮食作物研究所，中国农业科学院作物科学研究所，保山市农业科学研究所，曲靖市农业科学院，玉溪市农业科学院，丽江市古城区农技推广中心，昭通市农业科学院	云南省农业科学院
4	云南藏区优质酿酒葡萄产业化关键技术研发与应用	舒世平，崔可栩，曹建宏，王家逵，张艳，培布	香格里拉酒业股份有限公司	迪庆州科学技术局
5	橡胶树抗寒高产品种云研77-2和云研77-4的选育与应用	和丽岗，梁国平，肖再云，刘忠亮，张长寿，宁连云，李明谦，孙小龙，胡永华	云南省热带作物科学研究所	云南农垦总局
6	金沙江下游梯级水库地震监测分析系统研究与应用	樊启祥，孙柏涛，胡斌，吴海斌，常廷改，毛先进，苏立，雷红富，尚红	中国三峡建设管理有限公司，中国地震局工程力学研究所，中国水利水电科学研究院，云南省地震局，中国地震应急搜救中心	三峡金沙江云川水电开发有限公司
7	云南省中低产田治理关键技术及应用	余建新，刘淑霞，曾维军，张耿杰，李成学，郭晓飞，葛兴燕，龚涛，陈飞林	云南农业大学，云南远科土地整治规划设计有限公司	云南省教育厅

三等奖

序号	项目名称	主要完成人员	主要完成单位	推荐单位
1	山地玉米抗逆简化栽培技术研究与应用	黄吉美，王朝武，倪留双，蒋先林，王明义，法庆元，浦军	曲靖市农业科学院	曲靖市科学技术局
2	高海拔粳稻新品种“凤稻25号”“凤稻26号”选育与推广	宋天庆，赵慧珠，何张伟，梁燕，郑金龙，张洁，段江华	大理白族自治州农业科学推广研究院	大理州科学技术局
3	云南高原水稻高产高效栽培技术创新与应用	杨从党，李贵勇，李刚华，吴叔康，王勤，何清兰，龙瑞平	云南省农业科学院粮食作物研究所，南京农业大学，云南省农业技术推广总站，保山市隆阳区农业技术推广所，永胜县农业局农业技术推广中心	云南省农业科学院
4	优质抗病烤烟品种云烟100和云烟105的选育及示范推广	李永平，焦芳婵，吴立著，吴兴富，曾建敏，张谊寒，肖志新	云南省烟草农业科学研究院，云南省烟草公司曲靖市公司，云南省烟草公司保山市公司	云南省烟草专卖局
5	云南芒果优势产业支撑技术体系研究与示范	尼章光，罗心平，解德宏，陈于福，张翠仙，张发明，柏天琦	云南省农业科学研究所热带亚热带经济作物研究所，云南金坑果业科技有限公司	云南省农业科学院

序号	项目名称	主要完成人员	主要完成单位	推荐单位
6	云南小粒咖啡产业化关键技术研发与应用	刘光华，闫林，黄家雄，程金焕，李锦红，文志华，李亚男	云南省农业科学院热带亚热带经济作物研究所，中国热带农业科学院香料饮料研究所，云南省德宏热带农业科学研究所，云南省农业机械研究所，保山锦庆热作科技有限公司	云南省农业科学院
7	云南甘蔗高产高效养分管理技术与应用	刘少春，郭家文，刀静梅，代光伟，高欣欣，杨云忠，黄丕忠	云南省农业科学院甘蔗研究所，临沧南华糖业有限公司，大理州大维肥业有限责任公司，云南省昌宁恒盛糖业有限责任公司	云南省农业科学院
8	魔芋新品种选育及良种高效繁育技术创新与应用	王玲，马继琼，孙道旺，尹桂芳，杨奕，李勇军，孙涛	云南省农业科学院生物技术与种质资源研究所，西双版纳傣族自治州农业科学研究所，云南省农科院富源魔芋研究所，曲靖富力发展有限责任公司	云南省农业科学院
9	干制加工型专用萝卜新品种云萝卜1号、2号选育与应用	李石开，陶婧，汪骞，袁艺，李桂红，毛荣波，张振林	云南省农业科学院园艺作物研究所，禄丰县经济作物工作站，石屏县园艺技术推广站	云南省农业科学院
10	云南旱地绿肥养地与化肥减施技术集成研究及应用	郭云周，刘建香，杜东英，曹卫东，解燕，闫辉，官会林	云南省农业科学院农业环境资源研究所，中国农业科学院农业资源与农业区划研究所，曲靖市土壤肥料工作站，云南省烟草公司曲靖市公司，云南师范大学	云南省农业科学院
11	玉米新品种华兴单7号选育及应用	董云武，代同兴，施德林，秦婧，侯贵琼，周阿文，梁万华	玉溪市种子管理站，云南盛衍种业有限公司	玉溪市科学技术局
12	云南桑园主要病虫害综合防控关键技术研发与集成应用	罗雁婕，柴建萍，杨振国，黄平，谢道燕，江秀均，倪婧	云南省农业科学院蚕桑蜜蜂研究所，鹤庆县茶桑果药站，陆良县蚕桑站，祥云县茶桑工作站，曲靖市沾益区经济作物技术推广站	云南省农业科学院
13	普洱烤烟绿色生产技术集成与示范	赵正雄，杨明，王学坚，刘剑金，张俊，刘子仪，卢振辉	云南省烟草公司普洱市公司，云南农业大学，云南大学，杭州万泰认证有限公司	云南省烟草专卖局
14	蚕豆新品种“彝豆1号”选育及应用	孙永海，善从锐，张中平，赵德胜，周丕才，张文明，何劲	楚雄彝族自治州农业科学研究推广所	楚雄州科学技术局
15	山地油菜避灾高效栽培技术研究与集成应用	杨进成，瞿观，张钟，封军华，刘坚坚，陈向东，张云明	玉溪市农业科学院，元江哈尼族彝族傣族自治县农业技术推广站，玉溪市红塔区农业技术推广站，峨山彝族自治县农业技术推广站，易门县农业技术推广站	玉溪市科学技术局
16	多抗高产优质小麦品种云麦52号选育及应用	李绍祥，段其忠，李宏生，丁明亮，张翼亮，刘琨，顾坚	云南省农业科学院粮食作物研究所，保山市种子管理站，云南省镇雄县植保植检站，临沧市种子管理站，楚雄彝族自治州种子管理站	云南省农业科学院

序号	项目名称	主要完成人员	主要完成单位	推荐单位
17	高产广适苦荞麦国审新品种云荞2号选育与应用	王莉花，卢文洁，王艳青，李春花，孙道旺，尹桂芳，何成兴	云南省农业科学院生物技术与种质资源研究所，昭通市农业科学院，富源县农业技术推广中心，贵州师范大学	云南省农业科学院
18	早熟高产多用途油菜品种云花油9号选育与应用	李根泽，符明联，张晓兰，袁琼芬，俎峰，周丕才，铁朝良	云南省农业科学院经济作物研究所，保山市隆阳区农业技术推广所，云南农业职业技术学院，楚雄彝族自治州农业科学研究推广所，寻甸回族彝族自治县农业局农业技术推广工作站	云南省农业科学院
19	多功能生防菌剂与生物多样性协同控制烟草真菌病害的研究与示范应用	张立猛，田泽华，计思贵，焦永鸽，朱书生，陈德鑫，赵进龙	云南省烟草公司玉溪市公司，云南农业大学，中国农业科学院烟草研究所	玉溪市科学技术局
20	基于生物炭的植烟土壤改良技术研究与推广应用	计思贵，张立猛，李江舟，乔志新，代快，卜令铎，黄智华	云南省烟草公司玉溪市公司，沈阳农业大学生物炭工程技术研究中心，中国农业科学院农业环境与可持续发展研究所	玉溪市科学技术局
21	早熟油菜品种保油7、8号选育及栽培技术集成创新与应用	杨和团，符明联，杨家贵，牛文武，杜新雄，陶加进，杨兆春	保山市农业科学研究所，云南省农业科学院经济作物研究所，腾冲市农业技术推广所，保山市隆阳区农业技术推广所	保山市科学技术局
22	高黎贡山优质烟叶开发与生态保护关键技术研究及应用	周锋，胡志明，刘芮，李家瑞，马二登，孙加利，蔺忠龙	云南省烟草公司保山市公司，云南省农业科学院农业环境资源研究所，云南省烟草农业科学研究院	保山市科学技术局
23	云南矿山损毁地植被恢复技术研究与示范	方向京，李贵祥，邵金平，周金星，和丽萍，柴勇，张正海	云南省林业科学院，北京林业大学	云南省林业厅
24	DpwCPV制剂研发及松毛虫可持续控制技术集成与应用	陈鹏，槐可跃，袁瑞玲，王艺璇，冯丹，杜春花，梁文君	云南省林业科学院	云南省林业厅
25	云南热区珍贵树种无土育苗技术研究与应用	李娅，景跃波，赵永红，庞静，卯吉华，常恩福，暴江山	云南省林业科学院	云南省林业厅
26	曲靖市生猪提质增效关键技术集成与应用	高春国，尤如华，陈克开，沈元春，卢建富，张建林，余宗寿	曲靖市畜禽改良工作站，陆良县畜禽改良工作站，麒麟区畜禽改良工作站，宣威市畜禽改良工作站，富源县大河种猪场	曲靖市科学技术局
27	小反刍兽疫、非洲猪瘟和蓝舌病三种重要动物疫病检测技术与应用	周晓黎，花群义，李华春，艾军，杨云庆，杨俊兴，曹琛福	云南出入境检验检疫局检验检疫技术中心，深圳出入境检验检疫局动植物检验检疫技术中心，云南省畜牧兽医科学院	云南出入境检验检疫局
28	云南奶山羊生产关键技术研究与示范推广	胡钟仁，洪琼花，赵彦光，李卫娟，栾建启，倖华林，戴宏	云南省畜牧兽医科学院，陆良县草山饲料站，石林县畜牧兽医总站，泸西县农业和科学技术局，昆明龙腾生物乳业有限公司	云南省农业厅

序号	项目名称	主要完成人员	主要完成单位	推荐单位
29	红土型镍矿勘查集成技术与找矿重大突破	何灿，郭远生，罗玉福，谭木昌，崔银亮，王凯，高俊	云南省有色地质局三〇八队，西南有色昆明勘测设计（院）股份有限公司，印度尼西亚富域（伟丰）有限公司	云南省有色地质局
30	西南地震应急对策新模式与关键技术研究	李永强，曹彦波，方盛举，胡斌，赵春盛，李敏，张方浩	云南省地震局	云南省地震局
31	青花椒精深加工技术研究及产品开发	赵孔发，孙晓明，张锋伦，马世宏，张卫明，单承莺，荀仕坤	昭通市大成农业开发有限责任公司，中华全国供销合作总社南京野生植物综合利用研究院	昭通市科学技术局
32	背压式热风干燥咖啡豆关键技术研发与应用	陈治华，罗映山，匡正鹏，李学俊，宋国敏，周艳飞，杜华波	云南农业大学，临沧凌丰咖啡产业发展有限公司	云南省教育厅
33	植物－微生物联合去除农田退水硝态氮技术及工程化应用	李昆志，吴文卫，陈丽梅，赵磊，李转寿，徐慧妮，武孔焕	昆明理工大学，云南省环境科学研究院，通海县环境保护局	云南省教育厅
34	滇池流域农村面源污染系统研究与防控技术集成创新及示范	段昌群，和树庄，刘嫦娥，支国强，张国盛，陆轶峰，李元	云南大学，昆明市环境科学研究院，云南省环境科学研究院（中国昆明高原湖泊国际研究中心），云南省农业科学院农业环境资源研究所，中国农业科学院农业资源与农业区划研究所	云南省教育厅
35	云南省地质灾害气象风险精细化预警技术研究及应用	李华宏，胡娟，许迎杰，闵颖，杨竹云，杨素雨，李磊	云南省气象台	云南省气象局
36	灾害心理援助的系统研究与应用	冯江平，叶存春，陈虹，樊倞，张月，张晓燕，罗国忠	云南师范大学	云南省教育厅
37	云南省居民食用盐碘含量新标准研究及推广应用	黄文丽，叶枫，王安伟，张海涛，李加国，郭玉熹，吴鹤松	云南省地方病防治所	云南省卫生和计划生育委员会
38	云南特色中药民族药饮片标准研究示范及应用	周志宏，马晓霞，刘宝，谭文红，杨竹雅，刘佩华，杨天亮	云南中医学院，普洱淞茂滇草六味制药股份有限公司，云南云河药业股份有限公司，云南省陇川县章凤制药厂	云南省教育厅
39	云南西南边境少数民族 HBV 进化动力学及感染人群的遗传异质性研究	沈涛，高建梅，严新民，赵倩，贺军栋，王金丽，李丽	云南省第一人民医院	云南省卫生和计划生育委员会
40	七彩云南智慧出行云服务平台	梅国新，张璐，杨临涧，刘华，王治辉，李贵文，王雅宁	云南省交通科学研究所，云南省道路运输管理局	云南省交通运输厅

2017年云南省哲学社会科学优秀成果奖（节选）

一等奖

《云南省建立国家生态文明试验示范区战略研究》

一、成果内容概要

《云南省建立国家生态文明试验示范区战略研究报告》在课题设置的经济、环境、生态三个专题研究成果基础上形成。《战略研究报告》包括国内外生态文明建设的经验、云南省建立生态文明试验示范区的重要性和必要性、基础和条件、困难和问题、总体思路、主要建设内容、主要政策与措施、向国家争取的政策建议八个部分。

该报告通过对国内外生态文明建设经验借鉴，认为云南省在国际国内生态安全格局中具有重要地位，省委省政府高度重视生态文明建设，取得明显成效，具备较好基础条件，建立国家生态文明试验示范区对于西部地区具有代表性和示范意义。报告建议云南省坚持主体功能区划、优化国土开发空间，调整优化产业经济结构、强化资源能源节约，发挥生态优势、促进绿色发展，严控环境污染、减少生态损害、保障人民健康，加大生态保护修复、扩大生态空间、保障生态安全。报告提出深化生态文明制度改革、优先重点政策措施和实施生态文明建设工程。报告建议国家批准云南省建立国家西部地区生态文明试验示范区，并对云南生态文明建设给与政策和项目支持。报告在吸纳省级和国家层面院士专家意见基础上形成的给国务院的院士专家建议书，获得国务院领导批示支持，并作为重点专题报告在2014年中国科协年会交流。

二、主要创新

1、首次系统、全面分析论述云南开展生态文明建设的重要性、必要性、基础条件、问题与困难，提出云南省建立生态文明试验示范区的总体思路、建设内容、政策措施和向国家争取的政策和建议。

2、从经济发展、环境保护、生态建设、生态补偿、考核评价五方面提出云南省生态文明建设的优先重点政策措施。

3、经研究论证，首次提出热带雨林保护、原始林保护、干热河谷生态修复等云南省的重大生态保护与建设工程。

三、贡献与意义

云南在国家生态安全战略格局和国际生态安全格局中具有重要的地位，是中国重要的生物多样性宝库和西南生态安全屏障。本研究是贯彻落实党的十八大和十八届三中全会有关生态文明建设要求的重要探索。研究报告在分析阐述国内外经验及云南建设生态文明试验示范区的重要性、必要性基础上，对云南建设生态文明试验示范区的基础条件、困难和问题进行全面、系统分析，有针对性地提出试验示范区建设的总体思路、建设内容、政策措施和向国家争取的政策和建议，对于当前云南转变发展思路，探索有效的途径，将生态优势转化为经济优势和发展优势，促进全省社会、经济、生态协调发展，构建以绿色、循环、低碳为基本途径的可持续发展方式，实施经济和产业的生态化改造，切实调结构转方式，完善相应的体制、机制，丰富云南发展内涵、拓展发展空间、提升发展质量、加快发展步伐、增强发展后劲等方面，具有重要促进作用。成果对推动云南省列入全国生态文明建设先行示范区，促进云南省的生态文明建设发挥积极作用。

四、课题组名单

课题总顾问：许智宏 北京大学原校长、中国科学院院士

课题负责人：唐兵 云南省科协党组书记，郭辉军 云南省林业厅党组成员，戴陆园 云南省科协党组成员、副主席、研究员

生态专题负责人：温庆忠 云南省林业调查规划院总工程师、正高级工程师

经济专题负责人：施本植 云南大学经济学院院长、教授

环境专题负责人：张星梓 云南省环境科学研究院主任、高级工程师

课题组成员：华朝朗、余昌元、邓喜庆、郑进烜、宋劲忻、杨东、张绍辉、徐吉洪、张正华 、蔡葵、陆亚琴、齐美虎、汤海斌、吴文春、刘丽萍、任静、陈远翔、王瑞波

二等奖

《传统文化旅游资源产权界定的困境研究》

一、内容摘要

旅游产业由单纯观光型向深度体验游方向转型，少数民族传统文化体验旅游逐渐成为热点，民族传统文化也成为宝贵的旅游资源，但由于传统文化资源产权不明晰，导致利益分配问题比较突出。通过对少数民族传统文化旅游进行产权界定，明确

各利益主体的权利，才能实现民族地区的旅游业可持续发展。但目前少数民族文化旅游资源产权的界定，存在着一系列的障碍，需通过一系列的创新模式解决目前的利益分配困境。

二、主要创新、贡献

人文景观中文化旅游资源开发所引发的利益分配问题，在旅游业发展中越来越突出。在旅游资源富集的云南、贵州、四川、宁夏等省区，少数民族传统文化旅游资源开发，都存在着非常严重的“搭便车”现象，文化旅游资源的承载者——当地少数民族群众则被排除在利益主体之外。模糊的旅游资源产权边界，不仅破坏了旅游市场，亦使当地少数民族群众传统文化利益和经济利益受到损害，引发严重的利益分配矛盾。目前，解决此类问题的方法主要是短期的利益协调或是各利益主体间短暂的利益博弈平衡，无法从根本上解决此类问题。《传统文化旅游资源产权界定的困境研究》成果则提出通过对少数民族文化旅游资源的产权界定，明细资源开发和利用的权益关系，来实现具有法理依据和长期稳定的利益分配机制。但少数民族文化旅游资源的产权界定需要解决目前所存在的诸多障碍。一是法律障碍的解决；二是制度性障碍的解决；三是参与性障碍的解决；四是价值评估障碍的解决；五是保护政策障碍的解决。

文化旅游产业如何实现转型才能保持其可持续发展？产权明晰前提下的利益分配模式与资源保护机制是最根本的保障。《传统文化旅游资源产权界定的困境研究》及其前期一系列成果研究，为西部民族地区的旅游业发展提供算了有益的参考。以此为研究基础的国家社会科学基金课题《少数民族文化旅游资源产权界定及利益分配模式研究》（立项号：12BMZ055，结项号：20151508）的成功立项和结题，表明该成果已得到了社会的认可。

三、获奖者简介

马鑫：云南民族大学副教授，长期从事民族地区旅游资源产权研究，对文化类旅游资源产权界定、产权明晰有深入研究，提出了通过搭建文化旅游资源产权交易平台，实现利益分配和资源保护的创新观点。主持完成国家社会科学基金课题 1 项（12BMZ055），参与完成国家社会科学基金课题 1 项，著有学术专著《边界与利益——少数民族文化旅游资源产权研究》，发表学术论文多篇。

三等奖

1.《云南省生态足迹与生态承载力评价报告》云南省林业调查规划院 杨东 华朝朗；云南省林业厅 张一群 郭辉军等

2.《云南省高原特色农业发展路径研究》中共云南省委党校 谭鑫

3.《云南省三江并流地区生态环境建设对扶贫开发的影响》云南农业大学 李永前

4.《西南少数民族地区村寨生态文明建设研究》云南师范大学 肖青

5.《三江源生态移民研究》云南农业大学 杜发春

6.《加快云南高原特色农业发展研究》云南省农业科学院 课题组

7.《推进生态文明建设的环境司法保障》云南省高级人民法院 况继明

8.《西部生态旅游发展的法律困境与对策 ----以丝绸之路经济带的构建为背景和切入点》昆明理工大学 李婉琳

9.《非物质文化遗产旅游开发系统的动态仿真研究》 云南民族大学 张魏

10.《云南省乌蒙山系散杂居少数民族非物质文化遗产保护与传承研究报告》 曲靖师范学院 张宏伟等

云南省第二十次哲学社会科学优秀成果奖励（节选）

荣誉奖

序号	获奖成果	完成单位	获奖者
1	《东南亚历史重大问题研究——东南亚历史和文化：从原始社会到19世纪初》	云南省社会科学院	贺圣达

一等奖

序号	获奖成果	完成单位	获奖者
1	中国西南民族通史	云南大学	王文光、朱映占、赵永忠
2	民国时期云南土司及其边疆治理研究	云南民族大学	王明东、李普者、陈乐平
3	云南藏书文化研究	云南省图书馆	王水乔
4	边地风景体验与西南联大诗歌	云南师范大学	马绍玺
5	带状发展：“十三五”中国文化产业发展新趋势	云南省社会科学界联合会	范建华
6	少数民族医药古籍文献分类体系构建研究	云南中医学院 云南省食品药品检验所	罗艳秋、徐士奎 郑进
7	经济走廊的理论溯源及其对孟中印缅经济走廊建设的启示	云南大学	卢光盛、邓涵
8	云南省集中打造重点优势产业研究	云南省人民政府研究室	“云南省集中打造重点优势产业研究”课题组

二等奖

序号	获奖成果	完成单位	获奖者
1	区域经济一体化视角下滇中城市群发展研究	云南省社会科学院	郑继承
2	云南省食品安全管理体制及运行机制研究	昆明理工大学 云南省人民政府食品安全委	段万春 杨杰
3	跨境民族乡村社会安全问题和转变维稳方式研究	云南民族大学 云南师范大学	张金鹏 保跃平
4	中国西部民族文化通志教育卷	云南师范大学	黄海涛、王天玉、田莉
5	20世纪云南高等教育研究	云南中医学院 云南大学	王翠岗、张丽 张磊
6	民族认同与价值观建设	云南大学	蒋红
7	从城乡结合部取得突破的大理白族基督教信仰	云南民族大学	张睿
8	云南大学的中国边疆学———基于学科建构的回顾与展望	云南大学	林文勋、罗群、潘先林
9	边疆多民族地区政治文化的失谐与治理	云南师范大学	杨顺清
10	城镇化进程中云南民族传统文化知识产权保护研究	昆明理工大学	高燕梅、王景
11	滇川藏毗连藏区多民族族际共生关系的演变及其调适———一个演化博弈的视角	云南师范大学	李灿松、景鹏、周智生
12	西方人类学领域的喜马拉雅研究学术史	云南民族大学	沈海梅
13	彝族海菜腔社会教育传承现状调查分析	云南民族大学	普丽春等
14	把云南建成我国面向南亚东南亚辐射中心的重要内容重大项目重大政策研究	云南省人民政府研究室	吴从虎等

序号	获奖成果	完成单位	获奖者
15	实现云南省农村基层干部与乡村教师职业互通的建议	云南师范大学	“实现云南省农村基层干部与乡村教师职业互通的建议”课题组
16	云南省国防科技工业军民融合深度发展研究	政协云南省委员会办公厅、云南省特色产业促进会、云南省国防科技工业局	“云南省国防科技工业军民融合深度发展研究”课题组

三等奖

序号	获奖成果	完成单位	获奖者
1	云南省学习型党组织建设丛书	中共云南省委宣传部	《云南省学习型党组织建设丛书》编委会
2	彝族撒尼人仪式文学研究	云南民族大学	昂自明
3	傣族传统灌溉制度的现代变迁	云南农业大学	秦莹、李伯川
4	生态文明视角下流域生态—经济系统耦合模式研究	云南师范大学	曹洪华
5	信息服务与社会学习研究———基于滇黔桂农村的实证分析	云南民族大学	高梦滔
6	农村家庭投资理财指南	云南农业大学	李永前、李雄平
7	云南农村干旱治理研究	云南省社会科学院	崔江红
8	云南发展高原特色农业与构建新型农业经营体系研究	云南省社会科学院	云南高原特色农业理论与实践研究创新团队
9	云南食品安全县市区创建研究与实践	云南省人民政府食品安全委员会办公室	杨杰
10	多民族聚居地区贫困治理的社会政策视角———以布朗山布朗族为例	中共西双版纳州委党校	张志远
11	“原生态”的幻象———作为国家非物质文化遗产的剑川石宝山歌会研究	云南民族大学	田素庆
12	多彩时空的交融———云南边境侨乡文化	云南民族大学 红河学院	陈斌、辛利波 何作庆、杨芳
13	迪庆州民族文化生态保护与旅游发展研究	云南省社会科学院	郭家骥、边明社
14	古老神秘的白族甲马	大理州白族文化研究院	丁达贤
15	佤族木鼓文化的起源与传承	滇西科技师范学院	梅英
16	区域文化导论	云南大学	林艺等
17	丽江民族文化产业集群式发展研究	云南财经大学	晏雄
18	教育信息化促进教学改革的保障体系研究	云南师范大学 楚雄师范学院	解继丽 邓小华、王清泉等
19	面向东盟的云南高等教育国际化发展战略研究	云南师范大学	徐天伟
20	高等教育区域化发展研究———以桥头堡战略下的云南省为例	普洱学院	成文章
21	云南职业教育与城乡一体化发展	云南农业大学	刘福军
22	乡村地理学	玉溪师范学院	王声跃、王葵
23	黑井古镇拾遗	禄丰县恐龙博物馆	刘建荣、彭兴国、何丕坤等
24	彝族农业生物多样性智慧研究	云南农业大学	赖毅、严火其

序号	获奖成果	完成单位	获奖者
25	德宏世居少数民族文化研究系列丛书	德宏师范高等专科学校	刘建平
26	云南跨境民族母语文学研究	云南民族大学	李瑛
27	环境史视域中的生态边疆研究	云南大学	周琼
28	对口支援边疆民族地区中的府际利益冲突与协调	云南大学	丁忠毅
29	文化遗产地原住居民及其社群的现代化转型问题研究——基于丽江古城的调查分析	云南民族大学	墨绍山
30	云南县域经济跨越式发展下的城镇化时空效应分析	云南大学 云南财经大学	王婷 缪小林、高跃光
31	媒介生态视野下少数民族村寨生态文明建设研究	云南师范大学	邱昊
32	从村寨祭祀仪式到民族法定节日：云南耿马佤族青苗节的变迁与重构	云南民族大学	黄彩文
33	民族环境史建构——以基诺山环境变迁为例	昆明学院	董学荣
34	去“边界”化与再“边界”化：空间建构视域下的跨境种植研究——以河口县坪坝村为个案	云南大学	王越平
35	云南省边疆少数民族档案应急保护机制构建探析	云南大学	胡莹
36	云南省边疆民族地区贫困大学生就业思想的现状与对策	大理大学	辉进宇、褚远辉
37	云南省临沧市 2005-2014 年佤族儿童青少年营养不良情况分析	云南省疾病预防控制中心云南省教育厅	杨云娟、常利涛 陈露、魏熙晶
38	乡村社区参与景区利益分配的法理逻辑及实现路径——基于现行法律制度框架视角	云南师范大学	王维艳
39	恪守承诺 守护文明——关于哈尼梯田申遗成功后保护利用的调研报告	政协云南省委员会	“恪守承诺 守护文明——关于哈尼梯田申遗成功后保护利用的调研”课题组
40	“一带一路”背景下的云南物流发展现状与对策	云南财经大学	李严锋等
41	基于桥头堡战略背景下云南经济转型升级的财税理论与政策研究	云南师范大学	陈新等
42	科技智力助推孟中印缅经济走廊建设	云南省科学技术发展研究院	李德轩等
43	云南新型民族关系形成及发展对策研究	中共云南省委党史研究室	杨林兴等

人 物

孙汉董

男，云南保山人，1939 年出生。药学博士，植物资源和植物化学家，中国科学院院士。曾任中国科学院昆明植物研究所所长，现任该所研究员、植物化学国家重点实验室学术委员会副主任。

1983 年，进入中国科学院昆明植物研究所工作。曾任中国科学院昆明植物研究所，所长兼党委书记，中国科学院昆明植物研究所，植物化学与西部植物资源持续利用国家重点实验室学术委员会副主任。2003 年 11 月，中国科学院院士，中国科学院昆明植物研究所学术委员会主任。

研究成果：系统研究中国唇形科香茶菜属、红豆杉科、五味子科、伞形科、樟科及地衣类等科属的 200 余种植物的资源和次生代谢成分，分离鉴定 1 500 余个单体化合物，阐明这些植物的化学物质基础，发掘一些新的资源，发现新化合物 500 余个，有开发应用价值的 20 余个，发展萜类化学研究，丰富天然化合物的内容。率先发现并阐明冬凌草活性成分冬凌草甲素、乙素的结构，揭示了冬凌草的化学成分和生物多样性，推动冬凌草作为抗癌药物的开发应用。还开发中国橡苔香料、新型昆虫驱避剂、咽康舒等药物，治疗脑血管病二类新药灯盏细辛酚注射液。近 10 年来国内外出版的二萜天然产物的综述文章和著作中，60% 以上的对映 – 贝壳杉烷类二萜化合物引自他的研究组的发现。对三种国内红豆杉属植物的化学成分研究中，发现新化合物 70 个，为该类植物资源的合理开发利用提供有价值的资料；对 31 种伞形科药用植物的香豆素类化学成分进行系统研究，为这些植物的利用和质控标准提供科学依据；对 50 余种香科植物的资源和化学成分进行了系统研究，是中国天然香料化学的主要学术带头人之一。

所获荣誉：有 20 余项科研成果分获国家、科学院和省部级奖励。1987 年“云南省首届有突出贡献的优秀专业技术人才”；1995 年，“西南地区资源开发与发展战略研究”获国家科技进步奖，国家科技部二等奖；1998 年，“中国樟属植物资源及芳香成分”获中国科学院三等奖；2002 年，“香茶菜属植物二萜成分及生物活性的研究”获云南省自然科学奖一等奖；2003 年获“全国五一劳动奖章”；2009 年荣获“2008 年度云南省科学技术突出贡献奖”，并获得云南省政府部门颁发的三百万人民币奖金；2012 年，受聘为广西壮族自治区主席院士顾问；并多次荣获“中国科学院优秀研究生指导教师”。

张亚平

男，云南省昭通人，1965 年 5 月出生，中共党员。博士，中国科学院院士，第三世界科学院院士，分子进化生物学和保护遗传学家。现任中国科学院副院长、中国科学院昆明动物研究所研究员、博士生导师、所长，兼任华东师范大学生命科学学院院长、云南省科协主席、云南大学教授，中国遗传学会副理事长，中国动物学会副理事长，云南省遗传学会理事长，云南省细胞生物学学会理事长。

研究成果：在《自然科学进展》《Cell Research》《科学通报》《遗传学报》《动物学报》《生物多样性》《动物学研究》等刊物任编委。在《Nature》《Science》《Nature Genetics》《Proc. Natl. Acad. Sci. USA》《Am J Hum Genet》《Mol Biol Evol》等 SCI 刊物发表论文 200 多篇。

所获荣誉：1994 年，国家自然科学基金委员国家杰出青年科学基金第二届获得者；1996 年，被评为云南省十大杰出青年；2001 年，入选国家创新研究群体；2002 年，荣获第三届国际“生物多样性领导奖”，是获此殊荣的第一位亚洲学者；2005 年度云南省科学技术突出贡献奖获得者。还荣获中国青年科学家奖、中国青年科技奖、香港求是科技基金会“杰出青年学者奖”、何梁何利基金科学与技术进步奖等奖项。

朱有勇

男，1955 年 11 月生，中共党员。博士，中国工程院院士。

1996 年澳大利亚悉尼大学留学回国，任云南省重点实验室主任，教授；2000 年获中国农业大学博士学位；2002 年任教育部重点实验室主任；2003 年任国家农业生物多样性工程中心主任，博导，并兼任英国 Wolverhampton 大学和荷兰 Wageningen 大学博导；2004 年任云南农业大学名誉校长；2006 年任国家 973 计划项目首席科学家；2011 年评为中国工程院院士；2013 年评选为河南农业大学双聘院士。

研究成果：主持 973 项目 1 项，主持完成 863、国家攻关、国家自然科学基金、联合国粮农组织、亚洲发展银行及省部级项目 20 余项，研发技术累计推广面积 1 亿余亩，为利用生物多样性促进粮食安全提供了成功范例。标志该成果的学术论文“Genetic Diversity and Disease Control in Rice”2000 年在英国的《自然》杂志全文发表，得到国内和国际科学界的高度评价和普遍认可。在国内外发表学术论文 100 余篇，专著 5 部；获国家专利 5 项。任云南农业大学首席教授，英国 Wolverhampton 大学、荷兰 Wageningen 大学博士研究生导师，培养硕士研究生 41 人、博士研究生 8 人、留学生 5 人、本专科学生 400 余人。

所获荣誉：2001 年获得何梁何利科学技术进步奖；2005 年度十大三农人物奖获得者；2004 年获得联合国粮农组织国际稻米年科学研究一等奖；2005 年获得国家技术发明二等奖，2005 年度全国十佳三农人物获奖人之一。获得云南省科学技术进步一等奖 3 项，二等奖 2 项，三等奖 4 项。获得国际农业磋商组织（CGIAR）优秀成果奖、云南省自然科学研究一等奖等国际、国家和省部级科技奖励 14 项。曾被授予全国优秀共产党员、全国杰出专业技术人才、全国高校名师奖、全国模范教师、全国农业科技先进工作者、全国农业推广标兵、全国优秀留学回国人员、兴滇人才奖等荣誉。

韩占文

男，1965 年 10 月出生。博士，中国科学院院士，中国天文学会副理事长、中科院天体结构与演化重点实验室主任、中科院知识创新工程大样本恒星演化研究团组首席研究员、博士生导师，国际天文联合会会员、英国皇家天文学会会员、欧洲 Ia 型超新星计划的剑桥大学 – 牛津大学节点成员、云南天文台学术委员会主任、国家天文台学术委员会副主任。

1995 年在英国剑桥大学（天文研究所 & 圣体学院）获博士学位；1998 年中国科学技术大学博士后；2012 年，任云南天文台台长（任期 5 年）；2018 年 1 月，入选为 2017 年中国科学院院士。

研究成果：（1）恒星演化晚期外壳抛射判据：提出恒星演化晚期外壳抛射的判据和恒星的初始 – 终止质量关系。算出单星演化产生的碳氧白矮星最大质量为 1.1M ⊙，这个结果影响宇宙中重元素丰度的计算值。第一次从理论上证实已有的行星状星云测距方法是可靠的。给出白矮星质量分布与星族年龄和化学丰度之间的关系。（2）百万颗双星同时演化 – 行星状星云：系统地研究行星状星云的形成、双星演化与行星状星云形成之间的关系，研究白矮星双星（如激变星，双简并星，Ia 型超新星的原星等）的形成机制。（3）百万颗双星同时演化 – 钡星、CH 星：系统地研究钡星和 CH 星及相关天体的形成，提出四种形成机制，成功地解释钡星的轨道周期分布、质量函数分布和钡星的数量，指出钡星的化学丰度与其轨道周期强烈相关，并预测它们之间的关系。（4）百万颗双星同时演化 – 简并双星：系统地研究简并双星及相关天体的形成，提出简并双星形成的三种形成机制。（5）射电脉冲星：研究射电脉冲星的轨道周期和白矮子星质量之间的关系。（6）主序恒星：根据最新的恒星演化模型，给出零龄主序恒星的光度和半径的解析表达式，为恒星、星团和星系的研究提供一个方便的工具。（7）核质量 – 恒星光度关系：根据最新的恒星演化模型网格，系统地研究并给出最新 AGB/FGB 星核质量 – 恒星光度唯一关系以及星族 I 和星族 II AGB/FGB 星核质量 – 恒星半径关系。

所获荣誉：国家杰出青年基金获得者；首批新世纪百千万人才工程国家级人选；2016 年何梁何利基金奖科学与技术进步奖获得者。

季维智

男，汉族，1950 年出生，安徽合肥人，中共党员，中国科学院院士，研究员，博士生导师。中国细胞生物学会干细胞分会副理事长，国家干细胞研究指导协调委员会专家，国家重大科学研究计划生殖与发育专家组成员，国家实验动物研究委员会专家组成员，973 项目首席科学家。

1987 年 6 月至 1989 年 1 月在美国俄勒冈国家灵长类研究中心做访问学者；1995 年 10 月至 1997 年 6 月在美国威斯康星麦迪逊大学做访问教授；1982 年至 2012 年，在中科院昆明动物研究所工作，历任助理研究员、副研究员、研究员、所长助理、所长；2011 年 12 月至今任云南中科灵长类生物医学重点实验室理事长；2014 年 12 月至今任昆明理工大学特聘教授，昆明理工大学灵长类转化医学研究院院长；2018 年 1 月，入选为 2017 年中国科学院院士。

研究成果：率先在基因编辑灵长类动物模型取得重大突破，并利用猴模型解决其它动物模型无法回答的问题，在国际上首次实现猴胚胎干细胞嵌合体，证明灵长类胚胎干细胞的多能性，其系列研究成果为中国灵长类研究的国际化并跻身于世界先进行列发挥重要作用。在《Cell》《Cell Stem Cell》《PNAS》《Stem Cells》《JBC》《Biology of Reproduction》《Human Reproduction》等杂志上发表论文 150 余篇。

所获荣誉：中国细胞生物学会终身成就奖，中国细胞生物学会干细胞分会干细胞创新研究奖，云南省科技成果奖一等奖 1 项，云南省科技成果奖二等奖 1 项，云南省科技技术奖二等奖 1 项。

冯耀宗

男，1932 年出生，云南大理人，生态学家。

1955 年毕业于西南农学院，分配在中科院昆明植物研究所，师从吴征镒、蔡希陶等老一辈著名科学家；1959 年选址并参与创建中国科学院西双版纳热带植物园，并随园搬迁至小勐仑，任群落研究室主任；1986年，调任中国科学院昆明生态研究所所长、研究员。

2014 年初冯耀宗教授带领团队创建国际生态群落研究中心这一汇集世界科学家群体的研究平台，集结生态学、细胞生物学、分子生物学、农业的多位知名科学家、教授，致力于将广义群落学应用于人与自然和谐的各个方面。

研究成果：发现并人工驯化降压药物萝芙木；其次在全国首创人工种植香叶天竺葵技术，为香料工业立下大功；第三是出版了世界上第一部“山茶花图志”。获得藤冠石漠化治理技术、生态协同保活技术等专利，解决多项跨领域和学科的世界性难题，著有《人工群落》等专著及有关实验生态及人工群落的论文40余篇。

所获荣誉：中科院科技进步一等奖、瑞士国际雄才大略奖、全国五一劳动奖章、国家突出贡献专家、全国优秀科技工作者、中科院先进工作者。

王卫斌

男，1968 年 8 月出生，博士。二级研究员。现任云南省林业科学院院长。

2009 年 3 月至 2015 年 11 月，云南省林业厅工作，先后担任造林绿化处处长、资源林政处处长；2015 年 11 月至今，云南省林业科学院工作，担任院长、党委书记。

研究成果：先后主持国际木材组织、国家林业局、省发改委、省科技厅、省林业厅等科技计划项目 20 余项，参与各类科技计划 30 余项，在热区珍贵用材林树种引种与选育、热带阔叶树种造林技术开发与示范、热区林木良种繁育基地建设及相关产业技术研究等方面取得了多项技术成果。主持国际木材组织“中国云南省热带阔叶树种造林技术开发与示范”项目，解决乡土阔叶树种的综合育苗及混交、复层经营、混农林业等技术，开创云南阔叶树种菌根菌接种育苗研究先例，开发出珍贵乡土阔叶树种容器育苗营养基质。该项目获 2006 年度云南省科技进步二等奖。

主持省发改委、省林业厅“云南省热区林木良种繁育基地建设项目”，引进了芬兰育苗基质生产线及其相关设施，借鉴、吸收和组装国内外热带林木良种繁育新技术、新材料在热区林木良种、木本花卉、药用植物产业以及珍贵用材林等方面取得了重要进展。

先后组织实施了《云南热区珍贵用材林基地建设》《云南珍贵乡土园林绿化树种培育与产业化》《云南红豆杉药用人工原料林高效培育技术示范与产业化》等项目，并开展了相关技术成果的集成、成果转化与产业化开发，为云南省珍贵用材树种的保护与开发提供了有力的技术支撑，并取得了显著的社会经济效益。

发表论文 20 余篇，包括“Comparative Study of Plant Diversity Between Betula alnoides Plantation and Adjacent Natural Forest”、《西南桦生物学特性及发展前景》《云南省红豆杉资源保护与可持续发展对策研究》《西南桦人工群落特征研究》《云南热区 4 种乡土阔叶树种人工林营建技术研究》等。出版书籍 4 部：《西南桦人工林培育技术实用手册》《山桂花造林技术手册》《云南红豆杉》《西南桦人工群落特征研究。

所获荣誉：云南省科技进步二等奖 2 项（排名第 1）、云南省有突出贡献优秀专业技术人才（三等奖）、科技兴林二等奖 1 项（排名第 2）、云南省自然科学一等奖 1 项（排名第 6）、云南省科技进步三等奖 1 项（排名第 3）。

张克勤

男，汉族，1958 年 12 月出生，贵州省黔西县人。博士，二级教授、博士生导师，现任云南大学副校长、党委委员。省部共建国家重点实验室培育基地——云南省生物资源保护与利用重点实验室主任、云南大学省工业微生物发酵工程重点实验室主任；教育部微生物资源研究与应用重点实验室学术委员会主任；香港大学、南开大学兼职教授；教育部第四届科学技术委员会学部委员、国家自然科学基金第八、九届评审委员；SCI 源刊《Fungal Diversity》执行副主编、《菌物系统》《菌物研究》编委；中国菌物学会副理事长，中国微生物学会、遗传学会理事。

1989 年获真菌学硕士，1995 年破格晋升教授，1998 年晋升博士生导师，1998 年在中国农业大学获博士学位，1989 年和 1992 年在英国大学做访问学者，1998 年作为云南省跨世纪一层次人才引进到云南大学。

研究成果：先后在《Mycological Research》《Mycologia》《Fungal Diversity》《Nova Hedwigia》《Cryptogamie Mycologie》《Mycosystema》《真菌学报》《植物病理学报》等刊物上发表论文 150 多篇，其中 SCI 论文 65 篇；申请发明专利 10 项；出版《食线虫菌物研究》《食线虫菌物分类学》《食线虫菌物生物学》等 4 部专著。

所获荣誉：先后被评为全国青年科技标兵，全国优秀教师，2002年获第五届“中国优秀青年科技创新奖”，1994年获贵州省科技进步一等奖（排名第一），2001年获云南省科技进步一等奖（排名第一），主持完成的“根结线虫生防真菌资源的研究与应用”项目于2004年被授予国家科技进步二等奖。2006年11月获何梁何利基金“科学与技术创新奖”。

杨宇明

男，1955年7月出生，中共党员。博士，二级教授，博士生导师，曾任云南省林业科学院院长。现任云南省科协委员、云南省自然科学基金委委员、云南省自然保护区评审委员会委员、云南省林业厅专家咨询委员会委员、云南省竹藤产业协会会长、云南省植物学会副理事长、西南地区森林经济研究会副会长等社会兼职，是云南省中青年学术和技术带头人。

1988年取得西南林学院森林植物专业硕士学位并留校任教；先后于1995年3月、2002年2月公派前往菲律宾大学、新西兰皇家科学院园艺与食品研究所做访问学者；2003年获清华大学环境科学与工程专业博士学位；2011年7月至2015年10月任云南省林业科学院院长。

研究成果：主持和参与高黎贡山、西双版纳等20余个自然保护区的综合科考和总体规划工作，同时主持参与森林培育与利用科研生产以及扶贫开发项目数十项，在生物多样性与自然保护的考察研究中有较多重要发现和研究成果。近10年来，在国内核心期刊上发表论文40余篇，在国外发表论文20余篇，主编或参编学术专著16部，获国家奖一项，国家专利3项。

所获荣誉：获省部级自然科学一等奖1项，科技进步奖二等奖6项、三等奖9项。1993年享受国务院特殊津贴；1996年被评为林业部有突出贡献的中青年专家；1998年被评为云南省省级重点学科“野生动植物资源保护与利用”学科带头人；1999年获台湾著名林学家刘业经教授奖励基金；2000年被选为云南省中青年学术和科技带头人（第一层次）；2001年被云南省人民政府授予“云南省农业科技先进工作者”荣誉称号。2004年获得美国费尔德博物馆“Park Jantry环境保护杰出创新奖”，为该奖项全球第九和亚洲第一人；同年获国家林业局工程咨询一等奖；2005年获全国优秀工程咨询一等奖一项，自然科学和科技进步二等奖各1项；2006年获全国优秀林业科技工作者，云南省自然科学一等奖、科技进步二等奖和三等奖各1项；2012年被评为第五届全国优秀科技工作者。

叶　文

男，1958年12月出生，江苏省南京市人。博士，二级教授、博导。云南省政府参事。现任西南林业大学地理学院院长、云南省保护地生态文明建设工程中心主任、国家公园发展研究所所长（曾任生态旅游学院院长、国家高原湿地研究中心副主任等职），云南省优秀教师。社会主要兼职：中国生态文明研究与促进会生态旅游分会副会长兼专家组组长，中国地理学会旅游地理专业委员会副主任、中国林学会森林公园分会常务理事、云南省归国人员联谊会常务理事、云南省风景名胜区协会常务理事、云南生态红线划定专家委员会委员、云南国家公园建设专家委员会委员等。

2004年获澳大利亚悉尼科技大学国际关系学院哲学博士学位；1999年至2003年任云南师范大学旅游与地理科学学院副院长和云南师范大学旅游规划研究中心主任。九三学社云南师范大学基层委员会主委。2003年调入西南林学院生态旅游系任系主任。2006年1月西南林学院生态旅游学院成立，任院长。

研究成果：主持国家级项目3项，省部级和国际合作项目20余项，保护地和旅游规划项目90余项，出版专著14部，发表论文80余篇。代表性著作有《云南省志．地理志》（云南人民出版社，1998）、《云南山水景观论》（云南科技出版社，1997）、《旅游规划的价值维度》（中国环境科学出版社，2006）、《生态旅游本土化》（中国环境科学出版社，2006）、《城市休闲旅游》（南开大学出版社，2006）、《香格里拉的眼镜—普达措国家公园规划和建设》（中国环境科学出版社，2008）、《生态文明：民族社区生态文化与生态旅游》（中国社会科学出版社，2013）、《旅游发展与乡村建设》（中国环境科学出版社，2017）、《云南风景地理学》（科学出版社，2017）、《中国生态旅游发展报告》（科学出版社，2018）。

所获荣誉：2006年被云南大学聘为《旅游管理》专业博士生指导教师；2009年获得“云南省优秀教师”称号；2010年，主持的“香格里拉普达措国家公园规划技术”项目，获得云南省科学技术进步奖三等奖。

政策法规

云南省人民政府关于加强节能降耗与资源综合利用工作推进生态文明建设的实施意见

各州、市人民政府，省直各委、办、厅、局：

为深入贯彻落实《中共中央国务院关于加快推进生态文明建设的意见》（中发〔2015〕12号）、《中共云南省委关于深入贯彻落实习近平总书记考察云南重要讲话精神闯出跨越式发展路子的决定》（云发〔2015〕9号）和《中共云南省委云南省人民政府关于努力成为生态文明建设排头兵的实施意见》（云发〔2015〕23号）等文件精神，进一步加强节能降耗及资源综合利用工作，发挥节能降耗及资源综合利用工作的重要支撑和抓手作用，促进产业结构转型升级，推动党中央、国务院和省委、省政府关于努力成为生态文明建设排头兵重大决策部署取得实效，结合云南省实际，现提出以下意见：

一、总体要求及主要目标

（一）总体要求

深入贯彻落实党的十八大和十八届三中、四中、五中、六中全会精神，全面贯彻落实习近平总书记考察云南重要讲话及省第十次党代会精神，坚持节约资源的基本国策，牢固树立和践行创新、协调、绿色、开放、共享的发展理念，统筹处理好资源节约与经济社会发展的关系，综合运用市场、法律、经济、标准等手段，强化目标责任落实，全面加强各领域节能降耗与资源综合利用工作，不断提高能源资源利用效率和效益，确保实现“十三五”节能、节水、资源综合利用等各项目标任务，加快建设资源节约型、环境友好型社会，争当全国生态文明建设排头兵。

（二）主要目标

1. 节能“双控”：到2020年，全省能源消费总量控制在12 297万吨标准煤以内，年均增长3.5%左右；全省万元GDP能耗比2015年下降14%左右。

2. 资源综合利用：到2020年，工业固体废弃物综合利用率力争达到56%，万元工业增加值用水量下降到60立方米；新型墙体材料占墙体材料总产量比重提高到80%。

二、全面推进重点领域节能降耗

（三）工业领域。全面推进企业能源管理体系建设，完善指标体系和评价方法，支持年综合能耗5000吨标准煤以上企业（以下简称重点用能企业）建立健全能源管理体系。全面实施能效“领跑者”行动，逐年发布主要工业产品能效“领跑者”，全面推进能效达标活动，逐步提高终端用能产品能效标准和重点行业单位产品能耗限额标准。进一步完善企业能源计量、统计管理体系。推进企业能源管控中心建设，不断提升企业能源管理信息化水平。推动广大中小企业开展节能管理规范化、制度化、信息化建设。大力实施工业能量系统优化、区域能源优化、锅炉（窑炉）节能综合改造、电机系统及变压器能效提升、机电设备再制造、清洁能源替代、“互联网＋节能”工程。到2020年，完成节能项目投资90亿元，实现节能量200万吨标准煤，全省万元工业增加值能耗比2015年下降16%。（省工业和信息化委牵头；省质监局、统计局等部门配合）

（四）建筑领域。提高新建建筑节能水平。严格执行云南省民用建筑节能设计审查信息告知性备案制度，进一步提高节能强制性标准执行力度，适时修编节能设计标准，发布实施更高水平的节能标准。建立建筑节能闭合管理体系，狠抓设计、施工、验收、运营等各个环节，切实提高建筑节能水平。大力发展低能耗 建筑。合理规划建筑布局，精心优化建筑设计，推广应用天然采光、自然通风等被动式节能技术，探索建立温和地区被动式低能耗建筑技术体系。完成节能监管体系建设。完成4个建筑能耗数据中心建设，并与住房城乡建设部实现稳定的数据传输；进一步扩大能耗统计范围，提高统计数据准确性；启动实施能源审计和能效公示工作；完成不少于200栋终端楼宇的能耗在线监测。以能耗数据为基础，以节能降耗为目标，制定分类型的建筑能耗限额体系，并适时制定超定额加价制度。开展既有建筑节能改造。实施公共建筑节能改造和居住建筑节能宜居改造工程。以国家机关办公建筑和大型公共建筑为重点，通过合同能源管理、能效交易、政府和社会资本合作（PPP）等市场机制，推进国家机关办公建筑和公共建筑节能改造；在城市老旧小区开展以节能改造为重点，以助老设施改造、环境综合整治等其他改造为补充的节能宜居综合改造试点，探索建立可复制、可推广的运作模式和组织机制。全面执行能效测评制度。充分发挥告知性备案系统功效，严格执行全能耗能效测评制度，未进行能效测评或能效测评结果不符合要求的，不予以审查备案。通过实施能效测评制度，不断优化建筑设计方案，全面提升节能设计水平，引导采取综合节能措施，切实降低建筑实际能耗。加大可再生能源建筑应用。结合可再生能源资源禀赋和利用条件，编制可再生能源应用专项规划，城镇新建住宅建筑和酒店、学校等有稳定热水需求的公共建筑，要进一步加大太阳能热水系统推广力度；农房建设要按照民居通用图要求，推广使用太阳能热水系统；无热水需求的公共建筑，要推广使用分布式光伏发电技术；因地制宜推进地热能、生物质能等可再生能源建筑应用。大力发展绿色建筑。强化绿色建筑标识引领作用，加大评价标识推进力度，强化对绿色建筑高星级设计标识和运行标识的引导，加强对标识项目建设情况的跟踪管理；加大绿色建筑强制推广力度，确定一批省级重点城市，全面执行绿色建筑标准，所有新建建筑必须执行绿色建筑标准。将绿色建筑标准纳入设计、审查、施工、验收、运营等全寿命周期，建立闭合管理体系。推广应用绿色建材。推广钢结构、新型玻璃和节能门窗，革新新型墙体和节能保温材料、升级陶瓷和化学建材消费、组织开展绿色建材评价标识、构建绿色建材信息平台、不断推进绿色建材应用范围，选择典型城市和工程项目，开展绿色建材试点示范。（省住房城乡建设厅牵头；省发展改革委、工业和信息化委，省政府机关事务管理局等部门配合）

（五）交通运输领域。继续加快完善交通基础设施网络建设，推广应用以现代信息网络为基础的绿色智能交通系统，逐步提高运输系统效率。构建合理公交线网，发挥公交运能优势，建立公众出行信息服务平台，缓解城市道路拥堵，减少能源浪费。在公路、桥梁、隧道及沿线设施中应用LED、风光互补等节能照明技术，推广应用隧道智能通风控制技术，推进电子不停车收费（ETC）普及应用；加快公路建、管、养、运各环节清洁能源与新能源开发应用。坚持“政府主导、政策引导”，在城市公交车、出租车和城市物流配送领域推广应用纯电动、混合动力等新能源汽车，加强配套充电、加气基础设施建设，统筹推进能源应用与 配套基础设施工程建设。到2020年，营运车辆单位运输周转量能耗在2015年基础上下降4.5%，营运船舶单位运输周转量能耗下降5.5%。（省交通运输厅牵头；省发展改革委、科技厅等部门配合）

（六）商业领域。组织实施宾馆、饭店和大型商场等能耗调查，开展能源审计、节能诊断、节能改造。鼓励支持节能服务公司通过合同能源管理模式参与商贸行业节能改造项目。积极采用先进节电、节水技术，鼓励使用高效照明灯具、节能空调、智能控制系统等节能设备，组织实施厨房燃气节能、洗涤用水节约等改造工程，减少一次性消费品使用，引导顾客实行绿色消费，实现行业可持续发展。深化“绿色饭店”“绿色商场”“绿色旅游”等创建活动，实现良好的社会效益和经济效益。到2020年，全省国家级“绿色饭店”数量达到180家，“绿色商场”数量达到5个。（省商务厅牵头；省工业和信息化委等部门配合）

（七）农业和农村。改变和优化农村用能结构，提升用能方式，加大“以电代煤（柴）”“以气代煤（柴）”节能技术产品的推广和利用。继续推广太阳能热水器、省柴节煤炉灶等节能家用设备。努力扩大太阳能烘干和光伏发电设备在农产品加工中的运用。开展农村户用沼气病池修复工程，进一步稳定农村户用沼气池保有量，提高使用率。加强养殖小区和联户沼气工程建设，进一步改善养殖区域内生态状况和环境质量。加强推进规模化养殖场大型沼气工程建设，到2020年，力争使全省90%的规模化养殖场建成具有粪污处理和能源化利用功能的沼气工程。利用农业有机废弃物试点建设规模化生物天然气工程项目，择优发展农作物秸秆和林业加工废弃物固化成型、机制炭生产和生物发酵技术，到2020年，力争全省秸秆利用率达到85%以上。继续实施农网改造，减少用电线损，降低农业用电成本。加快淘汰老旧农机具，降低燃油消耗。（省农业厅牵头；省发展改革委、林业厅、能源局等部门配合）

（八）公共机构。完善公共机构能源管理体系建设国家标准，加快出台能源审计、监督考核和能耗定额等制度标准。推进公共机构能源资源消费定额管理，制定能耗定额管理实施指导意见和完善建立能耗定额财政支付机制。加大节能产品政府采购力度。实施公共机构能效“领跑者”制度。加快实施公共机构能源资源消费公示制度，增强公共机构节能意识，有效落实节能措施。逐步淘汰高能耗空调、计算机、打印机等设备，优先采购高效节能环保产品。统筹安排专项资金用于推动公共机构实施燃煤锅炉节能环保综合提升、可再生能源应用、节地节水、节能计量统计基础、试点示范、管理能力提升等六大节能工程和以国家机关、医院、学校为重点广泛开展绿色建筑、绿色办公、绿色出行、绿色食堂、绿色信息、绿色文化等六大绿色行动。到 2020 年，创建 150 个省级节约型公共机构，择优推荐 100 个公共机构参加国家创建及评审，优中评选 25 个省级公共机构能效“领跑者”。创建 10 个省级节约型公共机构示范县；公共机构能源资源消费以 2015 年为基数，人均综合能耗下降 10%、单位建筑面积能耗下降 10%、人均用水量下降 15%。（省政府机关事务管理局牵头；省工业和信息化委、财政厅等部门配合）

三、加快产业绿色转型升级

（九）控制高耗能行业过快增长。发挥节能、减排、土地等指标的综合约束效应，进一步提高能效指标和资源消耗指标的行业准入门槛，依法严格实行节能评估审查、环境影响评价，严把高耗能项目源头关，对未完成年度节能目标任务地区新建高耗能项目实行区域能评限批；对能源消耗指标达不到竣工验收要求的项目，不得通过竣工验收，切实有效控制高耗能行业过快增长。科学承接产业转移，将资源承载能力、生态环境容量作为承接产业转移的重要依据，防止落后生产能力转入。（省发展改革委、工业和信息化委、国土资源厅、环境保护厅等部门负责）

（十）提高清洁能源消费比重。加强煤炭清洁高效利用，制定煤炭消费减量化方案，减少散煤使用，推进“以电代煤”“以气代煤”。发挥电力市场化交易机制作用，进一步完善节能环保发电调度机制，尽可能减少弃水、弃风。加快推进工业领域天然气利用，支持重点地区、园区、企业的燃煤、燃油工业锅炉置换为燃气锅炉，促进工业大用户利用天然气，在天然气通达的重点地区特别是州、市城市建成区新建、改扩建的非发电业项目原则上应使用天然气作为燃料，全面推进在用民用锅炉煤改气、油改气。积极推进太阳能、生物质能在工业领域应用。到 2020 年，非化石能源消费量占能源消费总量比重达到 50% 左右。（省工业和信息化委、能源局牵头；省环境保护厅、煤炭工业局等部门配合）

（十一）加快淘汰落后过剩产能。建立落实企业承担淘汰落后和过剩产能主体责任、各级政府对本行政区域内淘汰落后和过剩产能工作负总责的工作机制，扎实推动落后和过剩产能淘汰退出。逐步建立云南省主要产业节能、环保、安全及质量等标准体系，及时制定和修订有关重要标准及产业政策，强化标准执行和政策落实。加大执法检查力度，强化日常执法和协同执法，严肃查处违法违规行为。制定完善限制落后和过剩产能生产、激励落后和过剩产能退出、促进落后和过剩产能改造升级等配套政策措施，强化政策措施落实和执行情况督查，不断优化政策环境，引导和推动企业淘汰落后和过剩产能。（省发展改革委、工业和信息化委牵头；省环境保护厅、质监局、安全监管局等部门配合）

（十二）加快传统产业绿色改造。落实《中国制造 2025》，制定《云南省绿色制造工程实施方案（2016~2020 年）》，实施绿色制造工程，建立健全法律法规和技术标准相结合的绿色监管模式，创建绿色制造试点，大力实施传统制造业绿色化改造及示范推广、资源循环利用绿色发展示范应用、绿色制造技术创新及产业化示范应用、绿色制造体系构建等重点工程，推动构建绿色制造体系，建设绿色制造服务平台，积极推动绿色产品、绿色工程、绿色园区和绿色供应链全面发展。到 2020 年，建成 5 个绿色园区、25 个绿色工厂，认定 50 种绿色产品。加大支持力度，加快节能环保新技术、新产品、新工艺推广应用。（省工业和信息化委牵头；省发展改革委、环境保护厅、质监局、统计局等部门配合）

四、加快推进资源综合利用和清洁生产

（十三）深化资源综合利用。促进大宗废物利用，推进共伴生矿、低品位矿、尾矿和工业“三废”综合利用，重点推进尾矿、磷石膏、冶炼渣等大宗固体废物综合利用。以推进磷石膏资源化利用为核心，促进磷石膏制酸中试生产线建设，拓宽磷石膏资源化利用领域。（省工业和信息化委牵头；省发展改革委、环境保护厅等部门配合）

（十四）加强工业节水。抓好标准贯彻工作，力促电力、钢铁、造纸、化工、食品发酵、建材、有色等重点行业用水达到先进定额标准。加强节水技术改造，推广节水新工艺、技术和装备，加快淘汰高耗水

工艺、技术和装备。认真落实节水型社会建设和最严格水资源管理制度要求，不断加强节水型企业建设，培育一批工业节水标杆企业和开展水效“领跑者”引领行动。（省工业和信息化委牵头；省发展改革委、水利厅等部门配合）

（十五）深入推进工业循环经济发展。突出抓好省级工业园区循环化改造，逐步实现园区土地集约利用、能源梯级利用、废物交换利用、废水循环利用。探索建立促进资源高效利用考核指标体系，推进传统产业转型升级，积极开展工业产品生态（绿色）设计示范企业创建工作，总结推广示范企业推进模式和成功经验，引导工业走绿色低碳循环发展道路。（省工业和信息化委牵头；省发展改革委、环境保护厅等部门配合）

（十六）加强重点行业领域清洁生产。重点对有色金属冶炼行业企业、涉汞涉铅企业以及九大高原湖泊、牛栏江、沘江流域企业依法开展清洁生产审核；启动对超过单位产品能源消耗标准、构成高耗能的行业企业依法开展清洁生产审核。重点围绕主要污染物减排和重金属污染治理，全面推进农业、工业、建筑、商贸服务等领域清洁生产示范，从源头和全过程控制污染物产生和排放，降低资源消耗。发布《清洁生产审核方案》，公布清洁生产强制审核企业名单。实施清洁生产示范工程，推广应用清洁生产技术。积极支持企业实施清洁生产技术方案，积极培育一批清洁生产示范企业，加强清洁生产专家库建设，加强清洁生产咨 询机构等级证书评定和监督管理。（省工业和信息化委牵头；省发展改革委、环境保护厅等部门配合）

（十七）深入推进墙体材料革新。全面落实“禁实”（禁止使用实心粘土砖）、“限粘”（禁止生产和限制使用粘土制品）政策，结合城乡一体化、新农村建设、农村危房改造等，积极开展新型墙材在乡镇和农村的推广应用。加强新型墙材专项基金政策落实情况检查，严肃专项基金征管纪律，进一步提高基金征收率，对未征收新型墙材专项基金的州、市限期整改，整改不力的实施问责。培育一批适应新型建筑工业化发展的行业龙头企业，鼓励有条件的新型墙材企业积极转型，走制品化、板材化、集成化、部品化发展道路。积极发展各类建筑部品，寻求与开发商和建筑企业合作，参与产业链分工，不断提高建筑工业化水平。（省工业和信息化委牵头；省住房城乡建设厅等部门配合）

五、依法加强行业监管

（十八）健全法规制度和标准体系。要按照生态文明建设总体要求，建立完善政策法规制度和标准体系。修订完善《云南省节约能源条例》《云南省节能监察办法》《云南省节能目标责任评价考核办法》《云南省节能奖励办法》《云南省省级财政节能降耗专项资金管理办法》等，健全节能指标计量、统计、监测、考核、奖励等管理办法，进一步理顺和强化固定资产节能评估审查，依法开展约束性指标管理。适时修订云南省清洁生产有关管理办法，编制行业清洁生产评价指标体系操作指南。深入推进工业产品能耗限额标准体系建设，修订完善工业行业取水定额。围绕建筑、交通、公共机构等重点领域，制定一批节能地方标准。（省工业和信息化委、住房城乡建设厅、交通运输厅，省政府机关事务管理局牵头；省发展改革委、财政厅、质监局、统计局、法制办等部门配合）

（十九）加强能力建设。各州、市、县、区要切实加强节能监察能力建设，尽快落实节能监察机构、编制和人员，建立健全节能执法队伍。要加强节能和资源综合利用基础工作建设，保障必要的技术装备和执法设备。要定期组织执法人员和技术人员专业培训，打造一批业务精湛、素质过硬的执法团队，提升监管能力。（各州、市人民政府，省工业和信息化委牵头；省法制办等部门配合）

（二十）加强节能执法监察工作。加强节能监察机制建设，开展单位部门联合执法，实行工业、建筑、交通、商务及公共机 构等领域节能监察全覆盖。完善日常监察与专项监察相结合的工作制度，集中开展项目能评、淘汰落后产能、能源计量、能效标识和限额标准专项执法监察，严肃查处违法违规行为。开设节能违法行为和事件举报电话和网站，充分发挥社会公众监督作用。（省工业和信息化委牵头；省住房城乡建设厅、交通运输厅、商务厅、质监局，省政府机关事务管理局等部门配合）

六、加大工作支持力度

（二十一）切实发挥财政资金保障作用。省直有关部门和各级政府要统筹既有预算资金，保障节能技术改造、资源综合利用、工业循环经济、绿色示范创建等领域的投入，做好财政资金支持用能设备改造提升、节能产品推广和能效“领跑者”等工作。发挥财政资金撬动功能，设立节能产业发展投资基金，积极

运用中国清洁发展机制基金，采用政府和社会资本合作（PPP）模式，助力企业进行节能技术改造。开展节能资金支持节能技改项目融资业务，有效提升节能技改投资项目融资能力。（省财政厅牵头；省发展改革委、工业和信息化委等部门配合）

（二十二）强化税收政策支持。认真落实国家对节能环保项目减免企业所得税及节能环保专用设备投资抵免企业所得税，合同能源管理项目所得税减免等优惠政策，大力支持节能环保产业发展。（省地税局，省国税局牵头；省发展改革委、工业和信息化委、财政厅、环境保护厅等部门配合）

（二十三）加大金融政策支持。积极开展金融创新，建立节能重点项目信贷推荐工作机制，支持符合条件的节能环保企业上市或进入“新三板”挂牌交易。鼓励银行、保险等金融机构通过债券、股权基金等方式投资节能环保企业。支持节能环保企业利用资本市场进行并购重组，进行产业整合。加大合同能源管理扶持力度，鼓励金融机构为节能服务公司提供项目融资、保险等金融服务，探索节能产业投资基金对合同能源管理项目进行股权投资及贷款担保。（省金融办，人民银行昆明中心支行、云南银监局、云南证监局、云南保监局牵头；省发展改革委、工业和信息化委、财政厅等部门配合）

（二十四）建立健全节能市场化调节机制。健全落实节能量交易机制，适时扩大节能量交易试点范围，开展地区间、企业间节能量交易，积极参与全国节能量交易工作，用活用好节能量交易制度，努力争取最大限度、最优结构支持经济社会发展的用能需求。逐步推行用能分配差别化政策，制定用能优先行业、企业名单，优先保障能源经济效益高的行业和能源利用效率高的企业用能。强化电力需求侧管理，加大差别电价和惩罚性电价实施力度。（省工业和信息化委牵头；省发展改革委、财政厅、统计局、能源局、物价局等部门配合）

（二十五）提升节能服务能力。加大节能服务公司扶持力度，发展壮大一批节能技术服务公司，培育一批专业化节能咨询机构，培育节能装备产业集群。建立节能技改项目供求信息发布平台。引导节能服务机构通过合同能源管理、节能设备租赁等方式积极参与企业节能项目建设。支持节能中介机构开展节能诊断、节能审计、节能融资等节能服务工作。有序开展节能服务行业信用评价公示制度，跟踪节能服务公司项目效果，实行负面清单管理，规范提升节能服务市场秩序。（省工业和信息化委牵头；省工商局等部门配合）

七、强化目标责任落实

（二十六）明确责任目标。将全省单位 GDP 能耗降低率、能源消费总量、万元工业增加值用水量等指标分解落实到各州、市，签订节约能源资源目标责任状。各州、市要将有关指标层层分解落实，明确各级政府、有关部门、重点企业（单位）责任。（省工业和信息化委牵头；省发展改革委、水利厅、统计局、能源局，各州、市人民政府等部门和单位配合）

（二十七）加强统计监测。建立适应绿色发展新要求的能源资源统计制度，以及规模以上工业企业主要资源消耗及综合利用、用水等指标统计监测制度。加强煤炭、电力、油气等能源生产、流通环节统计核算。建立可再生能源生产、消费统计核算制度。进一步完善工业能耗逐月统计监测、全社会能耗逐季统计核 算机制。加强数据分析，提高能源资源指标统计数据的准确性、及时性和指导性。（省统计局牵头；省工业和信息化委、水利厅、能源局、煤炭工业局，云南电网公司等部门和单位配合）

（二十八）强化约束性指标管理。实行用能、用水总量和强度“双控”行动，制定科学合理的节能、节水预警调控方案，加强形势、趋势分析研判，及时分析有关指标运行变化情况，适时采取有效调控措施和手段，限制煤炭消费，鼓励水电、天然气、生物质能消费，限制高耗能、高耗水、低产出企业生产。（省工业和信息化委、水利厅、能源局牵头；省发展改革委、统计局、煤炭工业局等部门配合）

（二十九）强化责任落实。落实《云南省节能目标责任评价考核办法》，严格考核评价，考核结果要按照要求向社会公布。加强日常和专项督促检查，确保各年度和“十三五”各项指标如期完成。各级政府要切实加强对资源节约工作的组织领导，把资源节约工作纳入重要议事日程，制定本地节能、节水、资源综合利用、清洁生产等资源节约专项行动计划或工作方案，明确各级政府、有关部门、重点用能单位和重点企业责任。各行业主管部门要加强组织协调，密切部门配合，健全联动机制，强化分工协作，形成齐抓共管的工作机制。有关行业协会、中介组织要充分发挥桥梁纽带作用，及时收集行业信息，协助管理部门做好技术推广、宣传培训、信息发布、标准制定、执法检查和行业统计等工作，为企业、单位和个人用户做好咨询服务。（省直有关部门，各州、市人民政府负责）

八、进一步营造良好社会氛围

（三十）加大宣传教育力度。利用各类媒体广泛开展节能宣传活动，不断提高全民资源忧患意识和节约意识。通过微信、微博等新媒体，搭建节能宣传公共平台。组织开展全国节能宣传周、专场大型户外节能宣传等活动，调动社会公众参与节能的积极性。开展中小学、高校节能知识教育和节能实践体验活动。继续开展能源管理师教育，推行在线教育与现场教育结合新模式。（省发展改革委、工业和信息化委、环境保护厅牵头；省教育厅、新闻出版广电局等部门配合）

（三十一）发挥公共机构节能示范带头作用。各级、各类公共机构要将节能降耗和资源综合利用作为一项重要任务来抓，带头健全规章制度，落实岗位责任，细化管理措施，树立节约意识，践行节约行动，为全社会节能做好表率示范。（省政府机关事务管理局，省直有关部门，各州、市人民政府负责）

云南省人民政府
2017 年 1 月 3 日

（此件公开发布）

云南省人民政府关于印发云南省土壤污染防治工作方案的通知

各州、市人民政府，省直各委、办、厅、局：

现将《云南省土壤污染防治工作方案》印发给你们，请认真贯彻执行。

云南省人民政府
2017 年 2 月 19 日

（此件公开发布）

云南省土壤污染防治工作方案

土壤是构成生态环境的基本要素，土壤环境质量直接影响农产品质量、人居环境安全和经济社会发展。保护好土壤环境是推进生态文明排头兵建设和构筑西南生态安全屏障的重要内容。当前，云南省土壤环境质量总体状况不容乐观，部分地区污染较为严重，成为全面建成小康社会的短板之一。为切实保护土壤环境，防治和减轻土壤污染，改善土壤环境质量，保障土壤安全，促进土壤资源合理利用，根据《国务院关于印发土壤污染防治行动计划的通知》（国发〔2016〕31 号）要求，结合云南省实际，制定本方案。

一、总体要求

（一）基本原则

夯实基础，设定目标。根据土壤污染具有隐蔽性，土壤污染防治工作起步较晚、基础薄弱、欠账较多的现状，优先开展全省土壤污染状况详查、严控新增土壤污染、实施重点区域修复治理、建立责任体系等方面工作。围绕重点工作任务，合理设定有限目标。同题导向，突出重点。针对当前有损群众健康的土壤环境问题，立足云南省实际，以农用地和建设用地为重点，明确监管的重点污染物、行业和区域，提出严格的管控措施，坚决守住影响农产品质量和人居环境安全的土壤环境质量底线。分类管控，综合施策。按照农用地、建设用地、未利用地等3种类型及土壤污染程度，综合采取法律、行政、经济、技术等手段和措施。农用地按照污染程度实施分类管理，建设用地按照不同用途实施准入管理，未利用地重点提出污染预防措施。提高治理与修复的针对性和有效性，严格控制新增污染，逐步减少已有污染土壤存量。细化要求，明确任务。按照国家统一部署，结合云南省实际，细化国发〔2016〕31号文件各项任务措施的目标要求、定量指标、建设内容和实施安排，将土壤污染防治目标指标逐级分解，将任务落实到具体部门、各级政府和有关企业。

（二）工作目标

到2020年，全省土壤污染加重趋势得到初步控制，土壤环境质量总体保持稳定，农用地和建设用地土壤环境安全得到基本保障，土壤环境风险得到基本控制。到2030年，全省土壤环境质量稳中向好，农用地和建设用地土壤环境安全得到有效保障，土壤环境风险得到有效控制。

（三）主要指标

到2020年，完成国家下达的受污染耕地安全利用率指标，污染地块安全利用率不低于90%。到2030年，受污染耕地安全利用率和污染地块安全利用率均达到95%以上。

二、主要任务及分工

（一）进一步查清土壤环境质量状况

1. 开展土壤污染状况详查。以农用地和重点行业企业用地为重点，利用既有调查成果，开展全省土壤污染状况详查。按照国家土壤污染状况详查总体方案和有关技术规定，编制全省土壤污染状况详查实施方案，开展技术培训、监督检查和成果汇总审核。2018年底前，查明农用地土壤污染面积、分布及其对农产品质量的影响，在重金属高背景区及重金属污染区，分别选择2~3个典型区域开展耕地土壤和农产品协同监测与评价。2020年底前，掌握有色金属矿采选、有色金属冶炼、石油加工、化工、农药、焦化、电镀、制革、印染、危险废物处置等重点行业企业用地中的污染地块分布，评价其环境风险情况。建立土壤环境质量状况定期调查制度，每10年开展1次全省土壤环境质量状况调查。（省环境保护厅牵头；省工业和信息化委、财政厅、国土资源厅、农业厅、卫生计生委、粮食局等配合，各级政府负责落实。以下均需各级政府落实，不再列出）

2. 建设土壤环境质量监测网络。统一规划、整合优化土壤环境质量监测点位，2017年底前，完成土壤环境质量国控监测点位设置，充分发挥行业监测网作用，基本形成土壤环境监测能力。在全省土壤环境质量国控监测点位设置基础上，进一步完善省控监测点位设置。2020年底前，建成全省土壤环境质量监测网络，实现全省各县、市、区土壤环境质量监测点位全覆盖。各州、市可根据行政区域内主要污染行业或重点区域，补充增设监测点位，增加特征污染物监测项目，提高监测频次。（省环境保护厅牵头；省发展改革委、工业和信息化委、财政厅、国土资源厅、农业厅等配合）

3. 提升土壤环境信息化管理水平。依托云南省环境保护信息化“十三五”规划重点工程建设，整合环境保护、国土资源、农业、工业和信息化、住房城乡建设等部门有关数据，建立土壤环境基础数据库，力争2018年底前建成全省土壤环境信息化管理平台。借助移动互联网、物联网等技术，拓宽各部门数据获取渠道，定期更新平台数据。建立数据共享机制，编制资源共享目录，明确共享权限和方式，发挥土壤环境大数据在污染防治、城乡规划、土地利用、农业生产中的作用。（省环境保护厅牵头；省发展改革委、工业和信息化委、教育厅、科技厅、国土资源厅、住房城乡建设厅、农业厅、林业厅、卫生计生委等配合）

（二）加强农用地保护与安全利用

4. 划定农用地土壤环境质量类别。根据现有土壤环境质量调查数据，以耕地、园地、饮用水水源地保护区为重点，划定“云南省土壤环境保护优先区”。2020年底前，按照国家制定的农用地土壤环境质量类别划分技术指南，依据土壤污染状况详查结果，将农用地划分为3个类别，未污染和轻微污染的为优先保护类，轻度和中度污染的为安全利用类，重度污染的为严格管控类。以耕地为重点，建立分类管理清单分别采取相应管理措施，保障农产品质量安全。划定结果经省人民政府审定后，数据纳入全省土壤环境信息化管理平台并上传全国土壤环境信息化管理平台。根据土地利用变更和土壤环境质量变化情况，定期对各类别耕地面积、分布等信息进行更新。逐步开展林地、草地、园地等其他农用地土壤环境质量类别划定等工作。（省环境保护厅、农业厅牵头；省国土资源厅、林业厅等配合）

5. 加大保护力度。将符合条件的优先保护类耕地划为永久基本农田并实行特殊保护，确保其面积不减少，土壤环境质量不降低。永久基本农田一经划定，其他任何建设不得擅自占用，国家和省重点建设项目选址确实无法避让的，依法依规按照程序报批。产粮（油）大县、蔬菜产业重点县、特色种植业基地所在县、市、区要制定土壤环境保护方案。在优先保护类耕地集中的地区开展高标准农田建设。积极推行秸秆还田、增施有机肥、少耕免耕、轮作间作、农膜减量与回收利用等措施。农村土地流转的受让方要履行土壤保护责任，避免因过度施肥、滥用农药等掠夺式农业生产方式造成土壤环境质量下降。对本行政区域内优先保护类耕地面积减少或土壤环境质量下降的县、市、区，进行预警提醒并依法采取有关环评限批等限制性措施。（省国土资源厅、农业厅牵头；省发展改革委、环境保护厅、水利厅等配合）防控企业污染。严格控制在优先保护类耕地集中区域新建有色金属矿采选、有色金属冶炼、石油加工、化工、农药、焦化、电镀、制革、印染、危险废物处置等行业企业。加强现有有关行业企业的环境监管，鼓励企业采用新技术、新工艺，提高生产技术和污染治理水平，加快提标升级改造和深度治理，确保稳定达到排放标准。（省环境保护厅、发展改革委牵头；省工业和信息化委配合）

6. 推进安全利用。强化农产品质量检测。安全利用类耕地集中区域，要开展土壤污染相关因子的监测分析，加强农产品质量检测。根据土壤污染状况和农产品超标情况，按照国家有关受污染耕地安全利用技术指南，结合当地主要作物品种和种植习惯，制定实施受污染耕地安全利用方案，采取农艺调控、结构调整、替代种植等措施，最大限度降低农产品超标风险。加强对农民、农民合作社的技术指导和培训。到 2020 年，完成国家下达的轻度和中度污染耕地安全利用指标。（省农业厅牵头；省国土资源厅等配合）

7. 落实严格管控。加强对严格管控类耕地的用途管理，依法划定特定农产品禁止生产区域，严禁种植食用农产品；对威胁地下水、饮用水水源安全的，所在县、市、区要制定环境风险管控方案，并落实有关措施。制定实施重度污染耕地种植结构调整或退耕还林还草计划，将严格管控类耕地纳入退耕还林还草实施范围，开展耕地轮作休耕制度试点。到 2020 年，完成国家下达的重度污染耕地种植结构调整或退耕还林还草面积指标。（省农业厅牵头；省发展改革委、财政厅、国土资源厅、环境保护厅、林业厅、水利厅、粮食局配合）

8. 加强林地草地园地土壤环境管理。严格控制林地、草地、园地的农药使用量，禁用高毒、高残留农药。采取鼓励措施，加大生物农药、引诱剂使用推广力度。开展对重度污染林地、园地产出食用林（农）产品质量检测，对产品质量超标的区域采取种植结构调整等措施。（省农业厅、林业厅负责）

（三）严格建设用地风险管控

9. 明确管理要求。建立调查评估制度。自 2017 年起，对拟收回土地使用权的有色金属矿采选、有色金属冶炼、石油加工、化工、农药、焦化、电镀、制革、印染、危险废物处置等行业企业用地，以及用途拟变更为居住和商业、学校、医疗、养老机构等公共设施的上述企业用地，由土地使用权人按照国家建设用地土壤环境调查评估技术规定，开展土壤环境状况调查评估；已经收回的，由所在地的州市、县级政府负责开展调查评估。自 2018 年起，重度污染农用地转为城镇建设用地的，由所在地的州市、县级政府负责组织开展调查评估，调查评估结果向所在地环境保护、城乡规划、国土资源部门备案。（省环境保护厅牵头；省工业和信息化委、国土资源厅、住房城乡建设厅配合）分用途明确管理措施。自 2017 年起，各县、市、区要结合土壤污染状况详查情况、建设用地土壤环境调查评估结果，逐步建立污染地块名录及其开发利用的负面清单，纳入土壤环境信息化管理平台，合理确定土地用途。符合相应规划用地土壤环境质量要求的地块，可进入用地程序。暂不开发利用或现阶段不具备治理修复条件的污染地块，由所在地县级政府组织划定管控区域，设立标识，发布公告，开展土壤、地表水、地下水、空气环境监测；发现污染扩散的，有关责任主体要及时清理残留污染 物，实施环境风险管控，封闭污染区域，采取污染物隔离、阻断等措施，防止污染进一步扩散。（省国土资源厅牵头；省环境保 护厅、住房城乡建设厅、水利厅等配合）

10. 落实监管责任。各级城乡规划部门要结合土壤环境质量状况，加强城乡规划论证和审批管理。各级国土资源部门在土地征收、收回、收购以及转让、改变用途等环节中，要依据土地利用总体规划、城乡规划和地块土壤环境质量状况，加强监管。各级环境保护部门要加强对建设用地土壤环境状况调查、风险评估和污染地块治理与修复活动的监管。建立城乡规划、国土资源、环境保护等部门间的信息沟通机制，实行联动监管。（省国土资源厅、环境保护厅、住房城乡建设厅负责）

11. 严格用地准入。将建设用地土壤环境管理要求纳入城市规划和供地管理，土地开发利用必须符合土壤环境质量要求。各级国土资源、城乡规划等部门在编制土地利用总体规划、城市总体规划、控制性详细规划等有关规划时，应充分考虑污染地块的环境风险，合理确定土地用途。（省国土资源厅、住房城乡建设厅牵头；省环境保护厅配合）

（四）严格控制新增土壤污染

12. 强化空间布局管控。加强规划区划和建设项目布局论证，根据土壤的环境承载能力，合理确定区域功能定位、空间布局。鼓励工业企业集聚发展，提高土地节约集约利用水平，减少土壤污染。严格执行有关行业企业布局选址要求，禁止在居民区、学校、医疗和养老机构等周边新建有色金属冶炼、焦化等行业企业；结合推进新型城镇化、产业结构调整和化解过剩产能等，有序搬迁或依法关闭对土壤造成严重污染的现有企业。结合区域功能定位和土壤污染防治需要，科学布局生活垃圾处理、危险废物处置、废旧资源再生利用等设施和场所，合理确定畜禽养殖布局和规模。（省发展改革委牵头；省工业和信息化委、国土资源厅、环境保护厅、住房城乡建设厅、农业厅、林业厅、水利厅等配合）

13. 加强未利用地环境管理。按照科学有序原则开发利用未利用地，防止造成土壤污染。拟开发为农用地的，有关县、市、区人民政府要组织开展土壤环境质量状况评估；不符合相应标准的，不得种植食用农产品。各地要加强纳入耕地后备资源的未利用地保护，定期开展巡查，将耕地后备资源未利用地信息纳入土壤环境信息化管理平台。依法严查向滩涂、沼泽地、荒山、箐沟、石漠化地等非法排污、倾倒有毒有害物质的环境违法行为。加强对矿产资源开采活动影响区域内未利用地的环境监管，发现土壤污染问题的，要及时督促有关企业采取防治措施。（省环境保护厅、国土资源厅牵头；省发展改革委、公安厅、农业厅、林业厅、水利厅等配合）

14. 防范建设用地新增污染。严格环境准入，防止新建项目对土壤造成污染。排放重点污染物（镉、汞、砷、铅、铬等重金属和多环芳烃、石油烃等有机污染物）的建设项目，在开展环境影响评价时，要增加对土壤环境影响的评价内容，并提出防范土壤污染的具体措施；需要建设的土壤污染防治设施，要与主体工程同时设计、同时施工、同时投产使用；有关环境保护部门要做好风险管控、污染防治等措施落实情况的监督管理工作。自2017年起，各级政府应与有关重点行业企业签订土壤污染防治责任书，明确措施和责任。（省环境保护厅负责）

（五）强化污染源管控

15. 严控工矿污染。加强环境监管，2017年底前，根据工矿企业分布和污染排放情况，确定全省土壤环境重点监管企业名单，并向社会公布，实行动态更新。自2018年起，列入名单的在产企业，每年要自行对其用地进行土壤环境监测，结果向社会公开。有关环境保护部门要定期对重点监管企业及工业园区周边开展监测，数据及时上传省土壤环境信息化管理平台，由省环境保护厅汇总后上传国家土壤环境信息化管理平台，结果作为环境执法和风险预警的重要依据。加强电器电子、汽车等工业产品中有害物质控制。按照企业拆除活动污染防治技术规定，有色金属矿采选、有色金属冶炼、石油加工、化工、农药、焦化、电镀、制革、印染、危险废物处置等行业企业拆除生产设施设备、构筑物和污染治理设施，要事先制定残留污染物清理和安全处置方案，并报所在地县级环境保护、工业和信息化部门备案；要严格按照有关规定实施安全处理处置，防范拆除活动污染土壤。（省环境保护厅、工业和信息化委负责）严防矿产资源开发污染土壤。在个旧、会泽、兰坪等污染较为严重的县、市、区，以有色金属矿采选、有色金属冶炼、石油加工、化工、农药、焦化、电镀、制革、印染、危险废物处置等重点行业企业和工业园区周边，以及历史污染区域和周边为重点，划定“云南省土壤污染重点治理区”。自2017年起，在会泽县、马关县执行重点污染物特别排放限值。（省环境保护厅牵头；省工业和信息化委、国土资源厅配合）全面整治历史遗留尾矿库，完善覆膜、压土、排洪、堤坝加固等隐患治理和闭库措施。有重点监管尾矿库的企业要开展环境风险评估，完善污染治理设施，储备应急物资。（省安全监管局牵头；省工业和信息化委、国土资源厅、环境保护厅配合）加强对矿产资源开发利用活动的辐射安全监管，开展全省伴 生放射性矿调查，根据调查结果，有关企业每年要对本矿区土壤进行辐射环境监测。（省环境保护厅、国土资源厅牵头；省工业和信息化委、安全监管局配合）加强对涉重金属行业污染的防控。全省涉重金属污染物排放企业要严格执行污染物排放标准，并落实有关总量控制要求。各级环境保护部门要加大监督检查力度，对整改后仍不达标的企业，依法责令其停产、关闭，并将企业名单向社会公开。按照国家有关产能政策规定，继续加大淘汰涉重金属重点行业落后产能力度，严格执行涉重金属行业企业有关准入条件，禁止新建落后产能或产能严重过剩行业的建设项目。按计划逐步淘汰普通照明白炽灯。提高铅酸蓄电池等行业落后产能淘汰标准，逐步退出落后产能。研究制定涉重金属重点工业行业清洁生产技术推行方案，鼓励企业采用先进适用的生产工艺和技术。到2020年，完成国家下达的重点行业重点重金属排放指标。（省环境保护厅、工业和信息化委牵头；省发展改革委配合）加强工业废物处理处置。制定工业固体废物堆存场所整治方案，全面整治尾矿、煤矸石、工业副产石膏、粉煤灰、赤泥、冶炼渣、电石渣、铬渣、砷渣以及脱硫、脱硝、除尘产生固体废物的堆存场所，完善防扬散、防流失、防渗漏等设施。推进历史遗留危险废物的处理处置。加强工业固体废物综合利用。对电子废物、废轮胎、废塑料等再生利用活动进行清理整顿，引导有关企业采用先进适用加工工艺、集聚发展，集中建设和运营污染治理设施，防止污染土壤和地下水。（省环境保护厅、发展改革委牵头；省工业和信息化委、国土资源厅配合）

16. 控制农业污染。合理使用化肥农药农膜。鼓励农民增施有机肥，减少化肥使用量。科学施用农药，推行农作物病虫害专业化统防统治和绿色防控，禁止使用高毒、高残留农药，推广高效低毒低残留农药和现代植保机械。严格化肥农药农膜生产和销售办证准入条件，加重对不法销售商的处罚力度，建立化肥农药农膜行业监管制度。优先在九大高原湖泊流域及集中式饮用水水源地推广先进农业生产方式和种植技术，减少大棚种植，防治土壤污染。到2020年，按照国家下达任务，在部分产粮（油）大县和所有蔬菜产业重点县开展农药包装废弃物回收处理。推行农业清洁生产，开展农业废弃物资源化利用，推广农业面源污染防治技术。严禁将城镇生活垃圾、污泥、工业废物直接用作肥料。到2020年，全省主要农作物化肥、农药使用量实现零增长，利用率提高到40%以上，测土配方施肥技术推广覆盖率提高到90%以上。（省农业厅牵头；省发展改革委、环境保护厅、住房城乡建设厅、工商局、供销合作社联合社等配合）加强废弃农膜回收利用。严厉打击违法生产和销售不合格农膜行为。建立健全废弃农膜回收贮运和综合利用网络，选取部分产粮（油）大县和蔬菜产业重点县开展废弃农膜回收利用试点。（省农业厅牵头；省发展改革委、工业和信息化委、公安厅、工商局、供销合作社联合社等配合）强化畜禽养殖污染防治。严格规范兽药、饲料添加剂的生产和使用，防止过量使用，促进源头减量。加强畜禽粪便综合利用，在部分生猪养殖大县开展种养业有机结合、循环发展试点。鼓励支持畜禽粪便处理利用设施建设，到2020年，完成国家下达的全省规模化养殖场、养殖小区配套建设废弃物处理设施指标。（省农业厅牵头；省发展改革委、环境保护厅配合）加强灌溉水水质管理。开展全省灌溉用水情况调查和重点灌区灌溉水水质监测，灌溉用水应当符合农田灌溉水水质标准。对长期使用污水灌溉的农田开展土壤环境质量调查评估，土壤污染严重且威胁农产品质量安全的，要及时调整种植结构。（省水利厅牵头；省农业厅配合）

17. 减少生活污染。建立政府、社区、企业和居民协调机制，通过分类投放收集、综合循环利用，促进垃圾减量化、资源化、无害化。深入实施“以奖促治”政策，扩大农村环境连片整治范围，推进农村生活垃圾和污水治理，建立村庄保洁制度。全面排查垃圾填埋场所，针对存在问题制定综合整治方案，整治非正规垃圾填埋场。开展水泥窑协同处置生活垃圾试点。鼓励将处理达标后的污泥用于园林绿化。推进利用建筑垃圾生产建材产品等资源化利用示范。强化废氧化汞电池、镍镉电池、铅酸蓄电池和含汞荧光灯管、温度计等含重金属废物的安全处置。减少过度包装，鼓励使用环境标志产品。（省住房城乡建设厅牵头；省发展改革委、工业和信息化委、财政厅、环境保护厅配合）

（六）开展土壤污染治理与修复

18. 明确治理与修复主体。按照“谁污染、谁治理”的原则，造成土壤污染的单位或个人要承担治理与修复的主体责任。责任主体发生变更的，由变更后继承其债权、债务的单位或个人承担有关责任；土地使用权依法转让的，由土地使用权受让人或双方约定的责任人承担有关责任。责任主体灭失或责任主体不明确的，由所在地县级政府依法承担有关责任。（省环境保护厅牵头；省财政厅、国土资源厅、住房城乡建设厅配合）

19. 制定治理与修复规划。以影响农产品质量和人居环境安全的突出土壤污染问题为导向，以“云南省土壤污染重点治理区”为重点，2017年底前制定《云南省土壤污染治理与修复规划》，明确重点任务、责任单位和分年度实施计划，建立项目储备库。（省环境保护厅牵头；省国土资源厅、住房城乡建设厅、农业厅等配合）

20. 开展治理与修复。确定治理与修复重点。结合城市环境质量提升和发展布局调整，以拟开发建设居住、商业、学校、医疗和养老机构等项目的污染地块为重点，开展治理与修复。结合“云南省土壤污染重点治理区”划定成果，以受污染的耕地为重点，根据污染程度、环境风险及其影响范围，确定治理与修复重点区域。

到2020年，完成国家下达的受污染耕地治理与修复面积指标。（省国土资源厅、农业厅、环境保护厅牵头；省住房城乡建设厅配合）强化治理与修复工程监管。治理与修复责任单位应在开展治理与修复工程前，编制项目实施方案，并报环境保护部门备案。治理与修复工程原则上在原址进行，并采取必要措施防止污染土壤挖掘、堆存等造成二次污染；需要转运污染土壤的，有关责任单位要将运输时间、方式、线路和污染土壤数量、去向、最终处置措施等，提前向所在地和接收地环境保护部门报告。工程施工期间，责任单位要设立公告牌，公开工程基本情况、环境影响及其防范措施；所在地环境保护部门要对各项环境保护措施落实情况进行检查。工程完工后，责任单位要委托第三方机构对治理与修复效果进行评估，结果向社会公开。实行土壤污染治理与修复终身责任制。（省环境保护厅牵头；省国土资源厅、住房城乡建设厅、农业厅配合）

21. 确保目标任务落实。各州、市环境保护部门要定期向省环境保护厅报告土壤污染治理与修复工作进展情况；省环境保护厅要会同有关部门进行督导检查。省环境保护厅要按照国家《土壤污染治理与修复成效评估办法》，组织对各县、市、区土壤污染治理与修复成效进行综合评估，结果向社会公开。（省环境保护厅牵头；省国土资源厅、住房城乡建设厅、农业厅配合）

22. 探索建设综合防治先行区试点。在土壤污染重点治理区探索开展土壤污染综合防治先行区建设试点，重点在土壤污染源头预防、风险管控、治理与修复、监管能力建设等方面进行探索。开展试点建设的有关州、市、县、区人民政府要编制先行区建设方案，报省环境保护厅、财政厅备案。（省环境保护厅、财政厅牵头；省发展改革委、国土资源厅、住房城乡建设厅、农业厅、林业厅等配合）

三、制度保障及措施

（一）构建土壤环境治理体系

23. 完善管理体制。强化政府主导，按照“国家统筹、省负总责、市县落实”的原则，完善土壤环境管理体制，全面落实土壤污染防治属地责任。探索建立跨行政区域土壤污染防治联动协作机制和土壤污染损害赔偿制度。（省环境保护厅牵头；省发展改革委、工业和信息化委、科技厅、财政厅、国土资源厅、住房城乡建设厅、农业厅等配合）

24. 加大财政投入。省财政整合资金，加大对土壤污染防治工作的支持力度。各级要统筹有关财政资金，通过现有政策和资 金渠道加大支持力度，将农业综合开发、高标准农田建设、农田水利建设、耕地保护与质量提升、测土配方施肥等涉农资金，更多用于优先保护类耕地集中的县、市、区。统筹安排专项建设基金，支持企业对涉重金属落后生产工艺和设备进行技术改造。（省财政厅牵头；省发展改革委、工业和信息化委、国土资源厅、环境保护厅、农业厅、水利厅等配合）完善激励政策。采取有效措施，激励有关企业参与土壤污染 治理与修复。研究制定扶持有机肥生产、废弃农膜综合利用、农药包装废弃物回收处理等企业的激励政策。（省财政厅牵头；省发展改革委、工业和信息化委、国土资源厅、环境保护厅、住房城乡建设厅、农业厅、地税局、供销合作社联合社等配合）

25. 发挥市场作用。通过政府和社会资本合作（PPP）模式，发挥财政资金撬动功能，带动更多社会资本参与土壤污染防治。积极开展土壤环境污染损害赔偿试点。加大政府购买服务力度，推动受污染耕地和以政府为责任主体的污染地块治理与修复。积极发展绿色金融，发挥政策性和开发性金融机构引导作用，鼓励银行业金融机构加大对重大土壤污染防治项目的信贷支持力度。（省发展改革委、财政厅、环境保护厅牵头；人民银行昆明中心支行、云南银监局、云南证监局、云南保监局等配合）加快推进有色金属矿采选、有色金属冶炼、石油加工、化工、农药、焦化、电镀、制革、印染、危险废物处置等重点行业企业环境污染强制责任保险试点。（省环境保护厅，云南保监局牵头；省财政厅，云南银监局等配合）

26. 加强社会监督。推进信息公开。根据土壤环境质量监测和调查结果，适时发布全省土壤环境状况。重点行业企业要根据有关规定，向社会公开其产生的污染物名称、排放方式、排放浓度、排放总量，以及污染防治设施建设和运行情况。（省环境保护厅牵头；省国土资源厅、住房城乡建设厅、农业厅等配合）引导公众参与。鼓励公众通过“12369”环保举报热线、信函、电子邮件、政府网站、微信平台等途径，对乱排废水、废气，乱倒废渣、污泥、危险废物等污染土壤的环境违法行为进行监督。有条件的地区可根据需要聘请环境保护义务监督员，参与现场环境执法、土壤污染事件调查处理等。鼓励种粮大户、家庭农场、农民合作社以及民间环境保护机构参与土壤污染防治。（省环境保护厅牵头；省国土资源厅、住房城乡建设厅、农业厅等配合）推动公益诉讼。鼓励依法对污染土壤等环境违法行为提起公益诉讼。检察机关可以公益诉讼人的身份，对污染土壤等损害社会公共利益的行为提起民事公益诉讼；也可对负有土壤污染防治职责的行政机关，因违法行使职权或者不作为造成国家和社会公共利益受到侵害的行为提起行政公益诉讼。各级政府和有关部门应当积极配合司法机关的有关案件办理工作和检察机关的监督工作。按照国家要求和统一部署，开展土壤环境损害赔偿试点有关工作。（省检察院，省法院牵头；省国土资源厅、环境保护厅、住房城乡建设厅、农业厅、林业厅、水利厅等配合）

27. 开展宣传教育。加强全省土壤环境保护宣传教育，制定土壤环境保护宣传教育方案。制作挂图、视频，出版科普读物，利用互联网、新兴媒体等多种手段，结合世界地球日、世界环境日、世界土壤日、世界粮食日、全国土地日等主题宣传活动，普及土壤污染防治有关知识，加强法律法规政策宣传解读，营造保护土壤环境的良好社会氛围，推动形成绿色生产方式和生活方式。把土壤环境保护宣传教育融入党政机关、学校、工厂、社区、农村等环境保护宣传和培训工作中。（省环境保护厅牵头；省委宣传部、网信办，省教育厅、国土资源厅、住房城乡建设厅、农业厅、新闻出版广电局、粮食局，省科协等配合）

（二）加强土壤环境法治建设

28. 完善制度政策。深入贯彻落实国家关于土壤污染防治、农药管理等有关法律法规，严格执行国家发布的污染地块土壤环境管理、农用地土壤环境管理以及农药包装废弃物回收处理、工矿用地土壤使用、废弃农膜回收利用等制度。结合云南省实际，研究制定有关土壤污染防治、农药管理等方面的制度和政策。（省环境保护厅、法制办牵头；省工业和信息化委、国土资源厅、住房城乡建设厅、农业厅、林业厅等配合）

29. 健全技术规范。执行国家发布的土壤污染防治有关标准和技术规范。根据实际需要，适时启动云南省有关技术标准和规范制定工作。研究制定土壤环境损害鉴定、土壤环境监测、调查评估、风险管控、治理与修复等技术指导文件。（省环境保护厅牵头；省工业和信息化委、国土资源厅、住房城乡建设厅、农业厅、林业厅、水利厅、质监局等配合）

30. 明确监管重点。重点监测土壤中镉、汞、砷、铅、铬等重金属和多环芳烃、石油烃等有机污染物。重点监管有色金属矿采选、有色金属冶炼、石油加工、化工、农药、焦化、电镀、制革、印染、危险废物处置等重点行业。加强产粮（油）大县、州市政府所在地城市建成区、土壤环境保护优先区和土壤污染重点治理区的土壤污染监测预警。（省环境保护厅牵头；省工业和信息化委、国土资源厅、住房城乡建设厅、农业厅、安全监管局等配合）

31. 加大执法力度。将土壤污染防治作为环境执法的重要内容，充分利用环境监管网格，加强土壤环境日常监管执法，建立环境保护、公安等多部门联合执法机制，严厉打击非法排放有毒有害污染物、违法违规存放危险化学品、非法处置和转移危险废物、不正常使用污染治理设施、监测数据弄虚作假等环境违法行为。开展重点行业企业专项环境执法，对严重污染土壤环境、群众反映强烈的企业，实行挂牌督办。（省环境保护厅牵头；省工业和信息化委、公安厅、国土资源厅、住房城乡建设厅、农业厅、林业厅、安全监管局等配合）

32. 提升监管水平。提高土壤环境监管能力，加强环境监测、执法队伍建设，按照国家统一部署，落实省以下环保机构监测监察执法垂直管理制度。实施州市级监测站以及重点县级监测站的土壤环境监测能力提升工程，提高人员素质，按照国家有关标准配备土壤环境质量监测所需仪器设备。改善基层执法条件，配备必要的土壤污染快速检测等执法装备。加强土壤环境监测监察执法和应急处置等专业技术培训，严格落实执法、监测等人员持证上岗制度，对全省环境执法人员开展土壤污染防治专业技术培训。每年至少开展1次全省土壤环境监测技术人员培训。提高突发环境事件应急处置能力，完善环境污染事件应急预案，加强环境应急管理、技术支撑、处置救援能力建设。（省环境保护厅牵头；省工业和信息化委、国土资源厅、住房城乡建设厅、农业厅、林业厅、安全监管局等配合）

（三）加大科技支撑力度

33. 开展土壤污染防治研究。依托省内外有关高等院校、科研院所、企业等科研资源，围绕云南省土壤环境容量与承载能力、污染物迁移转化规律、污染生态效应、重金属低积累作物和修复植物筛选，以及高背景值土壤、土壤污染与农产品质量、人体健康关系等方面开展基础研究和协同创新，为全省土壤污染防治提供技术支持。推进土壤污染诊断、风险管控、治理与修复等共性关键技术研究，研发先进适用装备和高效低成本功能材料（药剂），强化卫星遥感技术应用。优化整合科技计划（专项、基金等），支持土壤污染防治研究。（省科技厅牵头；省发展改革委、工业和信息化委、教育厅、国土资源厅、环境保护厅、住房城乡建设厅、农业厅、林业厅、卫生计生委、粮食局等配合）

34. 加强适用技术推广。建立健全技术体系。2020

年底前，综合土壤污染类型、程度和区域代表性，针对典型受污染农用地和污染地块，开展土壤污染治理与修复技术应用试点项目。根据试点情况，比选形成一批易推广、成本低、效果好的适用技术。（省环境保护厅、财政厅牵头；省科技厅、国土资源厅、住房城乡建设厅、农业厅、安全监管局等配合）加快成果转化应用。建设以环保为主导产业的高新技术、适用技术等成果转化平台，完善科技成果转化机制，加大推广土壤污染防治领域先进成熟技术成果转化和应用力度。围绕云南省土壤污染防治技术需求，组织实施科技计划项目。进一步加强全省重金属污染控制工程技术和土壤污染监测重点实验机构建设。积极开展合作研究与技术交流，引进消化吸收并集成创新土壤污染风险识别、土壤污染物快速检测、土壤及地下水污染阻隔等先进技术和管理经验。（省科技厅牵头；省发展改革委、工业和信息化委、教育厅、国土资源厅、环境保护厅、住房城乡建设厅、农业厅、安全监管局等配合）

35. 推动治理与修复产业发展。推动土壤污染防治和环保产业发展。鼓励社会机构参与土壤环境监测评估和土壤污染治理修复等活动。通过政策推动，加快完善涵盖土壤环境调查、分析测试、风险评估、治理与修复工程设计和施工等环节的成熟产业链。规范土壤污染治理与修复从业单位和人员管理，建立健全监督机制，对技术服务能力弱、运营管理水平低、综合信用差的从业单位实行负面清单管理。（省发展改革委牵头；省工业和信息化委、科技厅、国土资源厅、环境保护厅、住房城乡建设厅、农业厅、商务厅、工商局等配合）

（四）落实目标考核及责任追究

36. 明确各级政府责任。县级以上各级政府是实施土壤污染防治工作的责任主体，要切实履行“党政同责”“一岗双责”制度。2017 年 6 月底前，各州、市人民政府要制定并公布土壤污染防治工作方案，确定工作目标和重点任务，加强组织领导，完善政策措施，加大资金投入，创新投融资方式，强化监督管理，抓好工作落实。各州、市工作方案报省人民政府备案。（省环境保护厅牵头；省发展改革委、财政厅、国土资源厅、住房城乡建设厅、农业厅等配合）

37. 加强部门协调联动。建立全省土壤污染防治工作协调机制，组织、指导、协调、督促、检查全省土壤污染防治工作，定期研究解决重大问题。省直有关部门要各负其责、各司其职、协同配合，共同推进土壤污染防治有关工作。省环境保护厅要做好统筹协调、督促检查，每年 1 月底前向省人民政府报告上年度工作进展情况。成立省土壤污染防治专家委员会，充分发挥各部门各行业专家优势，对土壤污染防治工作开展技术指导。各牵头部门要编制具体工作实施方案，进一步细化年度工作计划，明确年度工作目标，落实工作任务。（省环境保护厅牵头；省发展改革委、工业和信息化委、科技厅、财政厅、国土资源厅、住房城乡建设厅、农业厅、林业厅、水利厅、安全监管局等配合）

38. 落实企业责任。督促企业加强内部管理，将企业环境违法行为纳入社会信用体系，确保环境管理到位。企业应按照环保规范要求，采用先进生产工艺和治理技术，严格依法依规建设和运营污染治理设施，确保重点污染物稳定达标排放。将土壤污染防治纳入企业环境风险评估、环境安全隐患排查和风险防控体系建设内容。造成土壤污染的，应承担损害评估、治理与修复的法律责任。逐步建立土壤污染治理与修复企业行业自律机制。国有企业要带头落实。（省环境保护厅牵头；省工业和信息化委、国资委等配合）

39. 严格评估考核。建立目标责任制。在国务院与省人民政府签订土壤污染防治目标责任书后，省人民政府与各州、市人民政府签订土壤污染防治目标责任书，分解落实目标任务，加强督促考核，确保完成目标任务。分年度对各州、市重点工作进展情况进行评估，2020 年对各州、市工作方案实施情况进行考核，评估和考核结果作为党政领导干部自然资源资产离任审计的重要内容，作为对党政领导及有关主管部门主要负责人综合考评的重要依据。（省环境保护厅牵头；省委组织部，省审计厅配合）评估和考核结果同时作为省财政资金分配的重要参考依据。（省财政厅牵头；省环境保护厅配合）严格责任追究。对年度评估结果较差或未通过考核的州、市，要提出限期整改意见，整改完成前，对问题严重的地区实施 有关建设项目环评限批；整改不到位的，要约谈有关州、市人民 政府及有关主管部门负责人。对土壤环境问题突出、区域土壤环境质量明显下降、防治工作不力、群众反映强烈的地区，要约谈有关县、市、区人民政府和州、市人民政府有关部门主要负责人。对失职渎职、弄虚作假的，视情节轻重，予以诫勉、责令公开道歉、组织处理或党纪政纪处分；对构成犯罪的，要依法追究刑事责任。已经调离、提拔或者退休的，按照有关规定，终身追究责任。（省环境保护厅牵头；省委组织部，省监察厅配合）

云南省人民政府2017年森林防火命令

各州、市、县、区人民政府，省直各委、办、厅、局：

2017年1月以来，全省气温回升，森林火险等级不断攀升，高火险区域不断扩大。今后3个月是云南省森林火险最高、火患最多和防扑火任务最艰巨的攻坚阶段，为有效预防和控制森林火灾的发生，确保人民群众生命财产和国土生态安全，根据《云南省森林防火条例》规定，特发布命令如下：

一、提高森林防火认识。做好森林防火工作，事关生态文明建设和国土生态安全大局，各级政府和有关部门要充分认清持续高火险天气对森林防火工作带来的严峻挑战，务必把森林防火工作作为当前维护林区和谐稳定的首要任务抓紧抓好，牢固树立"防字当头""无火是功"的责任意识，采取过硬措施做好森林防火工作。

二、严格野外火源管控。森林高火险期内，林区严禁一切野外用火。进入林区人员要接受森林防火宣传检查，禁止携带火种入山，林区农户禁止在林地边、林区内进行烧灰积肥，烧地（田）埂、甘蔗地、牧草地、秸秆，烧荒烧炭、燃放烟花爆竹、焚烧垃圾等生产、生活用火，凡违反规定的，一律从严查处，并依法追究森林火灾肇事者责任。各级政府要充实巡护力量，增设检查站点，对重点防火区域实行封山管理，对涉林旅游景区实行禁火管理。农业部门要加强农事用火监管，民政部门要做好公墓 祭祀管理，公检法机关要依法严厉打击纵火犯罪，部队、工矿企业等林区单位要落实防火措施，及时清除周边危险可燃物。

三、强化公众宣传普及。县级以上政府要及时向社会发布森林高火险期公告、禁火令，进行森林防火全民动员。各级教育、住房城乡建设、民族宗教、交通运输、新闻、环境保护等部门要按照职责分工，积极开展全民森林防火宣传教育。各级电视台、广播电台、通信公司、报刊和网站要及时免费播报和发送森林防火信息，努力营造全社会关心、支持、参与森林防火的浓厚氛围。

四、做好应急处置准备。州市、县两级政府要按照标准落实财政配套经费，组建森林火灾专业扑火队，严格执行24小时值班带班、有火必报、卫星热点零报告和火情信息归口逐级上报等制度，全面做好人员、物资等各项保障。林区毗邻单位要进一步完善应急联动机制，切实落实联防责任。武警森林部队、森林航空消防、地方专业和应急扑火队要保持战备状态，驻军、武警、公安、消防、人武等部门和单位要按照当地政府的统一部署执行扑火任务。

五、科学处置森林火灾。坚持"以人为本、安全第一"和"打早、打小、打了"的扑救方针，一旦发生火情，各级政府要及时依规启动预案，调集武警森林部队、森林航空消防、地方专业和应急扑火队等专业力量重兵快速扑救，领导靠前指挥，科学制定扑救方案，严禁未经安全培训、没有扑火经验的干部群众直接扑打明火，严防人员伤亡事故和死灰复燃，坚决把森林火灾损失降到最低限度。

六、全面落实防火责任。森林防火工作实行各级政府行政首长负责制，政府主要负责同志为第一责任人，分管负责同志为主要责任人。各级政府要将森林防火工作纳入政府督办内容，组成督查组，深入开展督查检查，对因责任制不落实、野外火源管控不到位、整改措施不到位、组织扑火不得力等导致森林火灾频发的，要依法依规追究有关领导和人员的责任。

云南省人民政府

2017年3月4日

（此件公开发布）

云南省人民政府关于印发云南省“十三五”控制温室气体排放工作方案的通知

各州、市人民政府，省直各委、办、厅、局：

现将《云南省“十三五”控制温室气体排放工作方案》印发给你们，请认真贯彻执行。

云南省人民政府
2017 年 3 月 20 日

（此件公开发布）

云南省“十三五”控制温室气体排放工作方案

按照《国务院关于印发“十三五”控制温室气体排放工作方案的通知》（国发〔2016〕61 号）要求，为加快推进全省绿色低碳发展，确保完成国家下达云南省“十三五”碳排放强度下降 18% 的约束性目标任务，推动全省碳排放 2025 年左右达到峰值，结合云南省实际，制定本方案。

一、总体要求

（一）指导思想

全面贯彻党的十八大和十八届三中、四中、五中、六中全会精神，以邓小平理论、“三个代表”重要思想、科学发展观为指导，深入贯彻习近平总书记系列重要讲话和考察云南重要讲话精神，紧紧围绕统筹推进“五位一体”总体布局和协调推进“四个全面”战略布局，牢固树立创新、协调、绿色、开放、共享的发 展理念，按照党中央、国务院决策部署，顺应绿色低碳发展潮流，把低碳发展作为全省经济社会发展的重大战略和生态文明排头兵建设的重要途径，综合运用调整经济结构、优化能源结构、提高能源利用效率、增加森林碳汇等多种措施，推动全省低碳发展，有效控制温室气体排放；加快科技创新和制度创新，健全激励和约束机制，发挥市场配置资源的决定性作用和更好发挥政府作用，加强碳排放和大气污染物排放协同控制，强化低碳引领，推动低碳发展试点示范建设，为主动服务中国碳排放达峰战略作出新贡献。

（二）主要目标

到 2020 年，全省单位地区生产总值碳排放比 2015 年下降 18%，碳排放总量得到有效控制。氢氟碳化物、甲烷、氧化亚氮、全氟化碳、六氟化硫等温室气体控排力度进一步加大。碳汇能力显著加强。全国低碳试点省建设深入推进，低碳试点示范不断深化，支持优化开发区域开展碳排放达峰先行先试。统计核算、评价考核和责任追究制度得到健全，碳排放权交易工作有序推进。减污降碳协同作用进一步加强，公众低碳意识明显提升。

二、引领能源体系低碳转型

（一）实施能源消费总量和强度指标双控

着力推进能源生产利用方式转变，优化能源供给结构，提高能源利用效率，努力构建清洁低碳安全高效的现代能源体系，基本形成以低碳能源满足新增能源需求的能源发展格局。到 2020 年，能源消费总量控制在国家下达指标内，单位地区生产总值能源消费比 2015 年下降 14%，非化石能源消费比重达到 42% 左右，大型发电集团单位供电碳排放控制在国家要求的 550 克二氧化碳 / 千瓦时以内。（责任单位：省能源局、工业和信息化委，各州、市人民政府）

（二）推进能源节约

坚持节约优先的能源战略，合理引导能源需求，进一步推动节能降耗。严格执行节能评估审查制度，强化节能监察，加快省、州市、县三级节能监察体系建设。全面加强工业、建筑、交通运输、公共机构、商业和农业等重点领域节能降耗。实施全民节能行动计划和工业能效引领行动，组织开展传统产业能量系统优化、重点耗能行业企业节能改造工程、节能产品惠民工程、合同能源管理推广工程、节能技术产业化示范工程等重点工程。到 2020 年，在工业、建筑、交通、公共机构等重点领域组织实施 150 个合同能源管理项目。（责任单位：省工业和信息化委，各州、市人民政府，省发展改革委、财政厅、住房城乡建设厅、交通运输厅、商务厅、质监局，省政府机关事务管理局）

（三）加快非化石能源发展

优化开发绿色能源，建成国家清洁能源基地，继续推进澜沧江、金沙江等水电建设；控制和规范风电及光伏发电发展，深入研究生物质供热和发电，合理开发利用地热能。优化提升能源消费水平，加强智慧能源体系建设，推行节能低碳电力调度，积极拓展非化石能源电力消费市场。到 2020 年，清洁电力发电能力 3 000 亿千瓦时左右，实现以水电为主的清洁电力在一次能源生产的比重提高至 50% 以上，水电装机力争达到 7 000 万千瓦。（责任单位：省能源局、工业和信息化委，各州、市人民政府，省住房城乡建设厅、农业厅、林业厅，云南电网公司）

（四）优化利用化石能源

降低煤炭消费比重，推进煤炭深加工和洁净化利用。优化煤炭洗选加工，加强褐煤提质技术的研发和示范，完善煤炭产品质量和利用技术装备标准。积极推进工业窑炉“煤改气”“煤改电”。大力推进天然气利用，扩大居民生活用气和公共服务设施用气，积极发展天然气汽车和内河船舶。积极发展天然气发电及分布式能源，开展新能源微电网试点和推广。在煤基行业开展碳捕集、利用和封存研究，控制煤化工等行业碳排放。积极开发利用煤层气、页岩气。到 2020 年，煤炭、石油、天然气占能源消费的比重分别达到 38. 4 %、15.1%、2.8%。（责任单位：省能源局、交通运输厅、工业和信息化委、煤炭工业局，各州、市人民政府）

三、构建低碳产业体系

（一）加快产业结构调整

将低碳发展作为新常态下经济提质增效的重要动力，推动产业结构转型升级。依法依规淘汰落后产能和过剩产能，重点化解钢铁、煤炭、水泥等高耗能过剩产能，强化行业规范和准入管理，积极推进国际产能合作。培育壮大新兴产业，努力融入国家新兴产业发展体系。运用高新技术和先进适用技术改造提升传统产业，延伸产业链、提高附加值，提升企业低碳竞争力。加快承接产业转移，禁止引进环境污染大、资源消耗高、技术落后的生产能力。着力发展生物医药和大健康、旅游文化、信息、现代物流、高原特色现代农业、新材料、先进装备制造业、食品与消费品制造业等 8 大重点产业，打造绿色低碳供应链。到 2020 年，战略性新兴产业增加值占地区生产总值比重达到 15%，服务业增加值占地区生产总值比重达到 50%。（责任单位：省工业和信息化委、发展改革委，各州、市人民政府）

（二）控制工业领域排放

有效控制能源、钢铁、有色金属、化工、建材等重点行业碳排放总量，2020 年钢铁、水泥行业碳排放总量基本稳定在“十二五”末的水平。积极推广低碳新工艺、新技术，加强企业能源和碳排放管理体系建设，强化企业碳排放管理，大幅降低主要高耗能产品碳排放水平。实施低碳标杆引领计划，推动重点行业企业开展碳排放达标活动。积极控制工业生产过程温室气体排放，实施国家控制氢氟碳化物排放行动方案。到 2020 年，单位工业增加值碳排放比 2015 年下降 22% 左右。（责任单位：省工业和信息化委、发展改革委，各州、市人民政府）

（三）控制农业领域排放

坚持减缓与适应协同，降低农业领域温室气体排放。发展节约农业，鼓励节水、节地、节材，推进农业废弃物资源化利用。推广测土配方施肥，减少农田氧化亚氮排放，实施化肥和农药零增长行动。控制农田甲烷排放，选育高产低排放良种，改善水分和肥料管理。实施耕地质量保护与提升行动，推广秸秆还田，增施有机肥，加强高标准农田建设。加大农业残膜回收与利用。推广建设畜禽养殖场大中型沼气工程，控制畜禽温室气体排放，推进标准化规模养殖，推进畜禽废弃物综合利用。到2020年，规模化养殖场、养殖小区配套建设废弃物处理设施比例达到75%以上。（责任单位：省农业厅，各州、市人民政府）

（四）增加生态系统碳汇

加强森林资源管护和森林经营，加快造林绿化步伐，推进国土绿化行动，继续实施天然林保护、退耕还林还草、石漠化综合治理等重点生态工程，着力增加森林碳汇。强化森林资源保护和灾害防控，减少森林碳排放。加强湿地保护与修复，增强湿地固碳能力。推进退牧还草等草原生态保护工程，禁牧、休牧、轮牧和草畜平衡制度，加强草原灾害防治，积极增加草原碳汇。推进“身边增绿”和城市园林绿化，提高城市绿化覆盖率，增加城市绿地碳汇。到2020年，全省森林覆盖率（含一般灌木林）达到60%以上，森林蓄积量达到19.01亿立方米。（责任单位：省林业厅、住房城乡建设厅，各州、市人民政府）

四、推动低碳城镇化建设进程

（一）加强城乡低碳化建设和管理

在城乡规划中践行低碳理念，优化城市功能和空间布局，科学划定城市开发边界，探索集约、智能、绿色、低碳的新型城镇化模式。开展城市碳排放精细化管理，鼓励编制城市低碳发展规划。加强建筑全寿命周期管理，推进既有建筑节能改造，强化新建建筑节能，推广低能耗和绿色建筑，严格执行云南省民用建筑节能设计审查备案制度。在农村地区推动建筑节能，引导生活用能方式向清洁低碳转变，建设绿色低碳村镇。推广屋顶和墙体绿化，采用先进的节能减碳技术和建筑材料，因地制宜推动太阳能、地热能、浅层地温能等可再生能源与建筑一体化应用。通过合同能源管理、政府和社会资本合作等市场机制，推进国家机关办公建筑和公共建筑节能改造。推广绿色施工和住宅产业化建设模式。积极开展绿色生态城区试点示范，探索零碳排放建筑示范。到2020年，城镇绿色建筑占新建建筑比重达到50%。（责任单位：省住房城乡建设厅，各州、市人民政府）

（二）建设低碳交通运输体系

推进现代综合交通运输体系建设，加快发展铁路，推进航空和公路运输低碳发展，发展绿色低碳物流。完善公交优先的城市交通运输体系，加快城市轨道交通、城市慢行系统、城市绿道等公共交通基础设施建设。积极推进车用替代能源的应用，鼓励使用节能、清洁能源和新能源运输工具。继续开展天然气、电动或混合动力等节能与新能源汽车推广试点示范，完善配套基础设施建设。严格控制交通运输车辆燃料消耗量和碳排放量。与2015年相比，营运车辆单位运输周转量碳排放下降5%，营运船舶单位运输周转量碳排放下降6%，节能与新能源城市公交车辆占全省城市公交车辆比例达到30%。（责任单位：省交通运输厅、能源局，各州、市人民政府）

（三）加强废弃物资源化利用和低碳化处置

创新城乡社区生活垃圾处理理念，健全生活垃圾分类回收、资源化利用、无害化处理相衔接的收运和处理体系，科学配置社区垃圾收集系统，在有条件的社区设立智能型自动回收机，鼓励资源回收利用企业在社区建立分支机构，加大生活垃圾无害化处理设施和生活污水处理设施建设，保障处理设施正常稳定运行。推进餐厨垃圾无害化处理和资源化利用，鼓励残渣无害化处理后制作肥料。在曲靖、红河、玉溪、文山等地区鼓励发展垃圾焚烧发电，有效减少全社会的物耗和碳排放。开展垃圾填埋场、污水处理厂甲烷回收利用。（责任单位：省住房城乡建设厅、发展改革委、环境保护厅，各州、市人民政府）

（四）倡导低碳生活方式

树立绿色低碳的价值观和消费观，弘扬以低碳为荣的社会新风尚。积极践行低碳理念，鼓励使用节能低碳节水产品，推行政府低碳采购，鼓励建立节能低碳节水产品信息发布和查询平台，反对过度包装。提倡低碳餐饮，推行“光盘行动”，推进公务接待简约化，遏制食品浪费。制定合理的住房消费标准。积极倡导“135”绿色低碳出行方式（1千米以内步行，3千米以内骑自行车，5千米左右乘坐公共交通工具），鼓励购买小排量汽车、节能与新能源汽车，鼓励共乘交通和低碳旅游。（责任单位：省发展改革委、商务厅，各州、市人民政府）

五、加快区域低碳发展

（一）制定全省碳排放强度控制指标分解方案

综合考虑各州、市经济发展水平、资源禀赋、产业结构和节能降碳潜力等因素，将全省“十三五”碳排放强度下降18%的目标分解到各州、市。“十三五”期间，昆明市碳排放强度下降23%，曲靖市、红河州碳排放强度分别下降22%，玉溪市碳排放强度下降

20%，丽江市、楚雄州碳排放强度分别下降 19%，大理州、文山州、临沧市碳排放强度分别下降 18%，昭通市、保山市、普洱市、德宏州碳排放强度分别下降 16%，西双版纳州、怒江州、迪庆州碳排放强度分别下降 10%。（责任单位：省发展改革委，各州、市人民政府）

（二）推进低碳发展试点示范

深化国家低碳省、城市和城镇试点建设。开展碳排放峰值研究，制定减排路线，争取成为率先达到碳排放峰值的省份。编制州、市低碳发展“十三五”规划。选择条件成熟的限制开发区域和禁止开发区域、生态功能区、工矿区、城镇等开展近零碳排放区示范工程，到 2020 年争取建设 3 个示范项目。持续推动昆明市国家低碳城市试点、呈贡国家低碳城镇试点建设，争取玉溪市、普洱市思茅区列入国家低碳城市试点。继续组织开展低碳产业园区、低碳社区、低碳旅游区、低碳交通、低碳建筑、低碳学校、低碳商业、低碳机关、低碳医院等试点示范项目建设，到 2020 年推动开展 5 个低碳产业园区试点、50 个低碳社区试点，争取创建 1 个国家低碳产业园区试点、5 个国家低碳示范社区。以投资政策引导、强化金融支持为重点，探索开展低碳投融资试点工作。鼓励体制机制创新，做好各类试点经验总结和推广，形成一批各具特色的绿色低碳发展模式。（责任单位：省发展改革委、工业和信息化委、住房城乡建设厅、交通运输厅、商务厅、旅游发展委、教育厅，省政府机关事务管理局，各州、市人民政府）

（三）支持贫困地区低碳发展

根据区域主体功能，确立不同地区扶贫开发思路。探索将低碳发展纳入扶贫开发目标任务体系，制定支持贫困地区低碳发展的差别化扶持政策和评价指标体系，形成适合不同地区的差异化低碳发展模式。分片区制定贫困地区产业政策，加快特色产业发展，避免盲目接收高耗能、高污染产业转移。建立扶贫与低碳发展联动工作机制，推动发达地区与贫困地区开展低碳产业和技术协作。推进“低碳扶贫”，倡导企业与贫困村结对开展低碳扶贫活动。鼓励并帮助指导贫困地区碳减排项目进入国内外碳排放权交易市场。（责任单位：省扶贫办、发展改革委，各州、市人民政府）

六、建立碳排放权交易制度

（一）落实全国碳排放权交易市场建设

制定云南省落实全国碳排放权交易市场建设实施方案。待国家出台《碳排放权交易管理条例》及有关实施细则后，制定有关配套管理办法。建立碳排放权交易市场分级管理体制，将有关工作责任落实到各州、市人民政府，完善部门协作机制，各州、市制定具体工作实施方案，明确责任目标，建立专职工作队伍，完善工作体系。研究国内国际碳交易规则，积极参与国家碳排放权交易规则制定。确定云南省参与全国碳排放权交易主体，建立健全重点企（事）业单位年度碳排放监测、报告和第三方核查制度，建立碳排放权交易总量设定与配额分配方案，鼓励开展自愿减排交易，建设碳排放权交易数据信息管理平台。（责任单位：省发展改革委，各州、市人民政府）

（二）运行和完善碳排放权交易市场

根据国家确定的配额分配方案，对全省范围内重点碳排放企业开展配额分配。建设运行碳排放权交易市场，建立碳排放权交易咨询、碳资产委托管理等有关制度。适时增加交易品种，加强碳金融体系建设，研究有序开展碳信托、碳基金、碳债券等碳金融产品创新。建立碳排放权交易市场风险预警与防控机制，建立必要的市场调节机制和配额抵消机制，推动碳排放权交易市场稳定、健康发展。2017 年，完成碳排放权交易市场建设基础准备工作，实现与全国碳排放权交易市场的对接，确保云南省顺利参与全国碳排放权交易。2018~2020 年，完善体制机制，建立相对成熟的碳排放权交易市场体系。（责任单位：省发展改革委、财政厅、环境保护厅、商务厅、金融办，云南银监局、云南证监局、云南保监局、人民银行昆明中心支行，各州、市人民政府）

（三）强化碳排放权交易基础支撑能力

深入开展碳排放权交易能力建设，针对不同对象，制定系统的培训计划，组织开展分层次的培训。对行政管理部门，着重加强碳排放权交易运行管理、注册登记系统应用与管理、市场监管等方面的培训；对重点企（事）业单位，着重开展碳排放权交易基础知识、碳排放核算与报告、注册登记系统使用、市场交易、碳资产管理等方面培训；对第三方核查机构，重点开展数据报告与核查方面的培训。开展形式多样的碳排放权交易宣传教育活动，提高全社会的参与程度，营造良好的舆论氛围。持续开展碳排放权交易重大问题跟踪研究。（责任单位：省发展改革委、工业和信息化委、林业厅，各州、市人民政府）

七、加强低碳科技创新

（一）加强气候变化基础研究

加强云南省气候变化背景下的气象要素变化监测和预测研究，对滇中水资源紧缺经济发达地区、滇东北高寒贫困地区开展区别化专题研究，提高对气候变化敏感性、脆弱性和预报性的研究水平。着力推进气候变化对水资源、农业、林业、生态系统、防灾减灾等关键领域的影响研究。加强大数据、云计算等互联网技术与低碳发展融合研究。加强生产消费全过程碳排放计算、核算体系及控排政策研究。开展低碳发展与经济社会、资源环境的耦合效应研究。（责任单位：省气象局，省科技厅，各州、市人民政府）

（二）加快低碳技术研发与示范

在能源、工业、交通、建筑、农业、林业等重点领域，加大低碳技术研发力度。依托重大工程开展科技创新，集中力量攻克关键性和前瞻性技术难题。鼓励企业进行碳足迹及碳资产管理示范应用研究。依托科研院所、高校和企业建立低碳技术孵化器，鼓励利用现有政府投资基金，引导创业投资基金等市场基金，加快推动低碳技术进步。（责任单位：省科技厅、发展改革委、工业和信息化委、住房城乡建设厅，各州、市人民政府）

（三）加大低碳技术推广应用

及时转发国家重点节能低碳技术推广目录、节能减排与低碳技术成果转化推广清单，组织省内有条件的企（事）业单位把减排效果好、应用前景广阔的技术和产品申请进入国家推广目录。加快建立政产学研用有效结合机制，引导企业、高校、科研院所建立低碳技术创新联盟，形成技术研发、示范应用和产业化联动机制，推动建立云南省技术开发创新平台，提升节能减排降碳领域科技整体水平。（责任单位：省科技厅、发展改革委、工业和信息化委，各州、市人民政府）

八、强化基础能力支撑

（一）健全应对气候变化地方法规和标准体系

执行国家应对气候变化有关法律法规，开展应对气候变化地方法规前期研究。切实发挥能源、节能、可再生能源、循环经济、环保、农业、林业等有关领域法律法规对推动应对气候变化工作的保障作用。鼓励开展重点工业行业低碳技术、温室气体管理等标准化探索。加强碳排放认证能力建设，着力推进全省低碳产品标准、标识和认证工作。进一步扩大在硅酸盐水泥、平板玻璃、中小型三相异步电动机、铝合金建筑型材等行业的重点企业开展低碳产品认证工作，扶持引导有关企业获得低碳产品认证，探索建立高原特色优势农产品低碳标准、标识。（责任单位：省法制办、发展改革委、工业和信息化委、质监局，各州、市人民政府）

（二）加强温室气体排放统计与核算

加强应对气候变化统计工作，完善应对气候变化统计指标体系和温室气体排放统计制度，强化能源、工业、农业、林业、废弃物处理等有关统计，加强统计基础工作和能力建设。定期编制省级温室气体排放清单，规范清单编制方法和数据来源，实行企（事）业单位温室气体排放数据报告制度，建立健全云南省温室气体排放数据信息系统。完善温室气体排放计量和监测体系，推动重点排放单位健全能源消费和温室气体排放台账记录。逐步建立完善省、州市两级能源碳排放年度核算方法和报告制度，提高数据质量。逐步建立温室气体排放信息披露制度。（责任单位：省发展改革委、统计局，各州、市人民政府）

（三）完善低碳发展配套政策

加大财政投入对低碳发展的支持力度。各地各部门积极争取中央支持，统筹整合各类降低碳排放资金，完善气候投融资机制，积极运用政府和社会资本合作（PPP）模式及绿色债券等手段，完善多元化资金投入机制，探索建立支持低碳发展的政策性投融资机构，支持应对气候变化和低碳发展工作。发挥政府引导作用，完善涵盖节能、环保、低碳等要求的政府绿色采购制度。依法落实国家支持节能、环保、新能源、生态建设等税收优惠政策。加快推进能源资源价格改革，建立和完善反映资源稀缺程度、市场供求关系和环境成本的价格形成机制。（责任单位：省金融办、财政厅，人民银行昆明中心支行，省发展改革委，各州、市人民政府）

（四）加强机构和人才队伍建设

编制应对气候变化能力建设方案，加快培养技术研发、政策研究等各类专业人才，积极培育第三方服务机构和市场中介组织，发展低碳产业联盟和社会团体，加强气候变化研究后备队伍建设。加强人员技术对外交流，实施高层次人才培养和引进计划。建立规范化、制度化的低碳人才培养、技能认定机制。鼓励低碳资质管理和培训机构、金融、检测、评级、审查、技术成果转化等专业服务机构发展。（责任单位：省发展改革委、教育厅，各州、市人民政府）

九、强化保障落实

（一）加强组织领导

省低碳节能减排及应对气候变化工作领导小组统筹领导全省应对气候变化工作，协调解决应对气候变化工作中的重大问题，研究制定全省应对气候变化的重大战略、方针及政策。领导小组各成员单位要按照职责分工，加强协作，加强与国家部委及云南省有关部门的沟通协调，研究分领域、分阶段响应支持政策，建立信息共享机制，做好本方案与部门有关领域专项规划之间的衔接，确保有关规划目标一致、各有侧重、协调互补，共同推动各项任务落实。各州、市要将降低碳强度纳入本地区经济社会发展规划、年度计划和政府工作报告，建立完善工作机制，逐步健全控制温室气体排放的监督和管理体制，切实抓好落实。建立碳排放控制目标预测预警机制，推动各地各部门落实低碳发展工作任务。（责任单位：省低碳节能减排及应对气候变化工作领导小组各成员单位，各州、市人民政府）

（二）强化目标责任考核

继续开展年度州、市低碳发展目标责任考核工作，对各州、市完成碳强度下降等约束性指标、有关任务与措施落实情况和基础工作与能力建设落实情况、试点示范进展情况实行考核。考核结果向社会公开，接受舆论监督。（责任单位：省考评办，省发展改革委，各州、市人民政府）

（三）加大资金投入

各地各部门要围绕实现“十三五”控制温室气体排放目标，统筹各种资金来源，切实加大资金投入，确保本方案各项任务的落实。（责任单位：省财政厅，各州、市人民政府）

（四）广泛开展对外合作

加强省内外有关机构合作，提高全省应对气候变化管理、技术水平和创新能力。深化与政府间组织、国际行业组织及世行、亚行等多边机构的合作，建立长期性、机制性的气候变化合作关系。继续推进与发达地区的合作交流，积极借鉴和引进发达地区先进低碳技术和成功经验。利用贷款、赠款和创新融资等多渠道实现对外合作，为全省应对气候变化工作提供支撑。配合推进“一带一路”倡议和国际产能合作，鼓励和引导省内企业、科研机构、行业协会等“走出去”，积极参与周边国家新能源和可再生能源的开发利用，支持周边国家开展低碳示范区建设，实施适应气候变化项目。（责任单位：省发展改革委、科技厅、外办，各州、市人民政府）

（五）做好宣传引导

加强应对气候变化宣传和科普教育，充分利用新闻媒体、自媒体和其他宣教平台，以世界环境日、全国低碳日、全国节能宣传周等为契机，创新形式和渠道，广泛开展丰富多样的宣传活动，大力宣传低碳发展先进典型及成功经验，提升全民低碳意识。鼓励社会公众广泛参与，拓展公众参与渠道，创新参与方式，营造低碳发展的良好社会氛围。（责任单位：省低碳节能减 排及应对气候变化工作领导小组各成员单位，各州、市人民政府）

附件：

各州、市碳排放强度下降目标表

地区	“十三五”下降目标（%）	年度下降目标（%）
全省	18	3.89
昆明市	23	5.09
昭通市	16	3.43
曲靖市	22	4.85
玉溪市	20	4.36
保山市	16	3.43
楚雄州	19	4.13
红河州	22	4.85
文山州	18	3.89
普洱市	16	3.43
西双版纳州	10	2.09
大理州	18	3.89
德宏州	16	3.43
丽江市	19	4.13
怒江州	10	2.09
迪庆州	10	2.09
临沧市	18	3.89

云南省人民政府关于加快特色小镇发展的意见

各州、市人民政府，省直各委、办、厅、局：

为认真贯彻落实省第十次党代会和省十二届人大五次会议精神，加快推进全省特色小镇发展，现提出以下意见：

一、重要意义

特色小镇是指聚焦特色产业和新兴产业，具有鲜明的产业特色、浓厚的人文底蕴、完善的服务设施、优美的生态环境，集产业链、投资链、创新链、人才链和服务链于一体，产业、城镇、人口、文化等功能有机融合的空间发展载体和平台。加快特色小镇发展是省委、省政府贯彻落实新发展理念、适应经济发展新常态、深化供给侧结构性改革，从统领全局的高度作出的一项重大决策部署。发展特色小镇有利于推动全省经济转型升级和发展动能转换，有利于推进新型城镇化建设，有利于精准扶贫、精准脱贫，有利于推动大众创业、万众创新，有利于形成新的经济增长点，有利于引领人们生产生活方式转变和促进社会文明进步。

二、总体要求

（一）工作目标。按照“一年初见成效、两年基本完成、三年全面完成”的总体要求，突出重点、突出产业、突出特色，坚持因地制宜、分类指导，2017年启动全省特色小镇创建工作，鼓励在原有基础上进行提升改造，鼓励州、市、县、区结合本地实际积极培育发展特色小镇，力争通过3年的努力，到2019年，全省建成20个左右全国一流的特色小镇，建成80个左右全省一流的特色小镇，力争全省25个世居少数民族各建成1个以上特色小镇。

（二）规划引领。坚持规划先行，突出规划引领，以人为核心，以产业为支撑，高起点、高标准、宽视野，科学编制特色小镇发展总体规划、修建详细规划，明确特色小镇的选址、投资建设运营主体、特色内涵、产业定位、建设目标、用地布局、空间组织、风貌控制、项目支撑、建设时序、资金筹措、政策措施、环境影响评价等，确保规划的科学性、前瞻性、操作性。统筹特色小镇生产、生活、生态空间布局，推动特色小镇“多规合一”。

（三）产业定位。按照“错位竞争、差异发展”的要求，瞄准产业发展新前沿，顺应消费升级新变化，紧跟科技进步新趋势，细分产业领域，明确主导产业。每个特色小镇要选择1个特色鲜明、能够引领带动产业转型升级的主导产业，培育在全国具有核心竞争力的特色产业和品牌，实现产业立镇、产业富镇、产业强镇。聚焦生命健康、信息技术、旅游休闲、文化创意、现代物流、高原特色现代农业、制造加工业等重点产业，推进重点产业加快发展；聚焦茶叶、咖啡、中药、木雕、扎染、紫陶、银器、玉石、刺绣、花卉等传统特色产业优势，推动传统特色产业焕发生机。

（四）创业创新。充分发挥特色小镇创业创新成本低、进入门槛低、发展障碍少、生态环境好的优势，打造大众创业、万众创新的有效平台和载体。营造吸引各类人才、激发企业家活力的创新环境，为初创期、中小微企业和创业者提供便利、完善的“双创”服务。全面推进众创众包众扶众筹，大力发展服务经济，集聚创业者、风投资本、孵化器等高端要素，推动新技术、新产业、新业态、新经济蓬勃发展。

（五）彰显风貌。按照“多样性、独特性、差异性”的要求，加强风貌形象设计，打造特色小镇的独特魅力。运用地方优秀传统建筑元素，营造具有地域差异的建筑风貌特色，避免盲目模仿、千镇一面。深入挖掘历史文化资源，加大历史遗迹遗存文化保护传承力度，突显文化特色。充分发挥民族风情多样的独特优势，将民族特色打造成为特色小镇的亮丽名片。坚持人与自然和谐共生，突显生态特色，实现特色小镇发展与生态文明建设协调统一。

（六）人口集聚。围绕人的城镇化，完善城镇功能，补齐特色小镇在道路、通信、供水、供电、公厕、污水垃圾处理等公共基础设施和教育医疗、商业娱乐、文化体育等公共服务设施方面的短板，完善防火、防汛、防涝、抗震等安防设施，提升特色小镇的综合配套服务能力，打造宜居宜业生态环境，营造便捷高效的营商环境，促进人口在特色小镇集聚。

（七）投资建设。 坚持“政府引导、企业主体、群众参与、市场化运作”的原则，充分发挥市场在资源配置中的决定性作用，强化政府在规划编制、基础设施配套、公共服务提供、生态环境保护等方面的作用，吸引和撬动民间资本参与特色小镇建设。引入战略投资者，每个特色小镇必须有与投资规模相匹配的、有实力的投资建设主体。创建全国一流特色小镇的，原则上要引入世界500强、中国500强或在某一产业领域公认的领军型、旗舰型企业。

（八）运营管理。 按照“小政府、大服务”工作思路，推进体制机制创新，建立以市场化为主的运营模式。通过投资建设主体自身参与运营、实行政企合作和引入理念新、实力强、专业化的运营商等多种模式，推动特色小镇建成后的高效运营和可持续发展。

三、创建标准

（一）用地标准。 每个特色小镇规划面积原则上控制在3平方千米左右，建设面积原则上控制在1平方千米左右。根据产业特点和规模，旅游休闲类、高原特色现代农业类、生态园林类特色小镇可适当规划一定面积的辐射带动区域。

（二）投入标准。 2017~2019年，创建全国一流特色小镇的，每个累计新增投资总额须完成30亿元以上；创建全省一流特色小镇的，每个累计新增投资总额须完成10亿元以上。2017、2018、2019年，每个特色小镇须分别完成投资总额的20%、50%、30%。建成验收时，每个特色小镇产业类投资占总投资比重、社会投资占总投资比重均须达到50%以上。

（三）基础设施标准。 创建全国一流旅游休闲类特色小镇的，须按照国家4A级及以上旅游景区标准建设；创建全省一流旅游休闲类特色小镇的，须按照国家3A级及以上旅游景区标准建设。每个特色小镇建成验收时，集中供水普及率、污水处理率和生活垃圾无害 化处理率均须达到100%；均须建成公共服务APP，实现100M宽带接入和公共WIFI全覆盖；均须配套公共基础设施、安防设施和与人口规模相适应的公共服务设施；至少建成1个以上公共停车场，有条件的尽可能建设地下停车场。

（四）产出效益标准。 2017~2019年，创建全国一流特色小镇的，每个特色小镇的企业主营业务收入（含个体工商户）年均增长25%以上，税收年均增长15%以上，就业人数年均增长15%以上；创建全省一流特色小镇的，每个特色小镇的企业主营业务收入（含个体工商户）年均增长20%以上，税收年均增长10%以上，就业人数年均增长10%以上。州、市、县、区培育发展特色小镇，达到省级创建标准的，纳入省级支持范围。

四、创建程序

采取“自愿申报、宽进严定、动态管理、验收命名”的创建方式，推进特色小镇建设。

（一）自愿申报。 分为创建全国一流和全省一流特色小镇2个类型，由各州、市人民政府向省特色小镇发展领导小组办公室（以下简称领导小组办公室）统一报送特色小镇创建方案，明确每个特色小镇的特色内涵、四旁范围、产业选择、投资建设运营主体、投资规模、资金来源、建设进度、综合效益及与大型企业主体合作的思路等。

（二）方案审查。 由领导小组办公室牵头，会同省直有关部门和专家，对各州、市报送的特色小镇创建方案进行审查，提出创建特色小镇建议名单报省特色小镇发展领导小组 （以下简称领导小组）审定。对各地创建特色小镇的名额，不搞平均分配。

（三）名单公布。 创建特色小镇建议名单经领导小组审定后，由领导小组办公室公布。

（四）规划审查。 进入创建名单的特色小镇，由所在地的县（市、区）人民政府组织编制特色小镇发展总体规划、修建详细规划。各州、市人民政府认真组织审查后，将本地编制完成的特色小镇规划报送领导小组办公室，领导小组办公室会同省直有关部门和专家进行审查，审查结果报领导小组审定。没有编制规划或未通过省级规划审查的特色小镇，不享受有关支持政策，不予审批项目，不安排项目资金。

（五）项目建设。 特色小镇所在地的县、市、区人民政府，要以产业发展和特色小镇功能提升为重点，按照审查通过的规划，加快推进特色小镇项目建设。

（六）考核评价。 由领导小组办公室制定考核办法，按照“自查自评、第三方评估、随机抽查、综合考核、结果报审”的程序组织年度和验收考核，形成年度和验收考核结果报领导小组审定。年度考核合格的兑现年度扶持政策，考核不合格的停止扶持政策支持，退出创建名单。年度考核或验收考核不合格的，通过扣减特色小镇所在地的州、市、县、区一般性财政转移支付，收回相应阶段的省财政支持资金。

（七）验收命名。由领导小组办公室牵头，于2019年底进行验收，提出特色小镇命名建议名单报领导小组审定后命名。

五、支持政策

（一）保障建设用地。坚持节约集约用地的原则，充分利用存量建设用地，鼓励利用低丘缓坡土地，鼓励低效用地再开发，盘活闲置建设用地。2017~2019年，省级单列下达特色小镇建设用地3万亩。在符合有关规划的前提下，经县、市、区人民政府批准，利用现有房屋和土地兴办文化创意、健康养老、众创空间、“互联网+”等新业态的，可实行继续按原用途和土地权利类型使用土地的过渡期政策，过渡期为5年，过渡期满后需按新用途办理用地手续，符合划拨用地目录的可依法划拨供地。在符合有关规划和不改变现有工业用地用途的前提下，对工矿厂房、仓储用房进行改建及利用地下空间，提高容积率的，可不再补缴土地价款差额。在符合有关规划和用途管制前提下，在特色小镇规划区范围内，探索集体经营性建设用地入市，允许以出租、合作等方式盘活利用宅基地，允许通过村民自愿整合、采取一事一议，在现有宅基地基础上进行统一集中规划建设。

（二）加大财税支持。凡纳入创建名单的特色小镇，2017年，省财政每个安排1 000万元启动资金，重点用于规划编制和项目前期工作。2018年底考核合格，创建全国一流、全省一流特色小镇的，省财政每个分别给予1亿元、500万元奖励资金，重点用于项目贷款贴息。2019年底验收合格，创建全国一流、全省一流特色小镇的，省财政每个分别给予9 000万元、500万元奖励资金，重点用于项目贷款贴息。特色小镇规划建设区域内的新建企业，从项目实施之日起，其缴纳的各种新增税收省、州市分享收入，前3年全额返还、后2年减半返还给特色小镇所在地的县、市、区人民政府，专项用于特色小镇产业培育和扶持企业发展支出。

（三）拓宽融资渠道。健全政府和社会资本合作机制，大力吸引民间资本参与特色小镇建设。通过财政资金引导、企业和社会资本投入、政策性银行和保险资金项目贷款以及特色小镇居民参与等多种渠道筹措项目建设资金。2017~2019年，由省发展改革委每年从省重点项目投资基金中筹集不低于300亿元作为资本金专项支持特色小镇建设，实现资本金全覆盖，并向贫困地区、边境地区、世居少数民族地区和投资规模大的特色小镇倾斜。积极支持具备条件的特色小镇建设开发企业发行企业债进融资。支持各州、市利用财政资金和社会资金设立特色小镇发展基金。

（四）优先给予项目支持。特色小镇申报符合条件的项目，省发展改革委、财政厅、住房城乡建设厅等省直有关部门在审核批准、投资补助等方面加大倾斜支持力度，优先支持申请中央预算内投资和国家专项建设基金，优先列入省级统筹推进的重点项目计划和省“十、百、千”项目投资计划以及有关基金支持，优先安排城镇供排水、“两污”、市政道路等城镇基础设施建设专项补助资金。

六、保障措施

（一）加强组织领导。成立由省人民政府主要领导任组长，分管住房城乡建设工作的副省长任副组长，省直有关部门主要负责同志为成员的省特色小镇发展领导小组，主要负责特色小镇建设重大事项的统筹协调、政策制定、创建和奖惩名单审定等。领导小组下设办公室在省发展改革委，具体牵头负责特色小镇建设的综合协调、审查创建方案和规划、动态管理、考核评价、监督检查等工作。

（二）落实主体责任。各县、市、区人民政府是特色小镇建设的责任主体。各州、市人民政府要出台扶持政策、建立工作机制、强化工作措施、倒排时间节点，督促指导所属县、市、区做好特色小镇建设工作，避免另起炉灶、重复建设、大拆大建和搞房地产开发，确保工作实效。

（三）强化分工协作。省发展改革委具体承担领导小组办公室的日常工作，做好协调推进特色小镇发展有关工作；省住房城乡建设厅负责特色小镇的建设监管，制定建设导则，与省发展改革委共同做好规划审查、考核评价等有关工作，积极申报国家级特色小镇；省财政厅负责财税支持政策的兑现落实，配合做好考核评价工作；省工业和信息化委负责指导做好工业转型升级工作；省科技厅负责指导做好科技创新工作；省人力资源社会保障厅负责做好就业指导和培训工作；省国土资源厅负责做好用地支持政策的兑现落实工作；省农业厅负责指导做好高原特色现代农业类特色小镇建设工作；省商务厅负责指导做好电子商务发展及口岸类特色小镇建设工作；省民族宗教委、文化厅负责指导做好民族文化挖掘、传承和保护工作；省旅游发展委负责指导做好旅游休闲类特色小镇景区标准建设工作；省招商合作局负责指导做好招商引资工作。领导小组其他成员单位要按照职能职责，加强协调配合，积极支持特色小镇发展。

（四）抓实招商引资。创新招商方式，搭建合作平台，完善激励机制，围绕特色小镇发展方向和产业定位，盯大引强，采取项目推介、整体包装营销、委托招商、以商招商、专业招商等方式，提高招商引资针对性和成功率。各州、市、县、区要在特色小镇申报创建的前期阶段，加大招商引资力度，促进以企业为主体推进特色小镇的项目建设。

（五）强化项目支撑。按照"论证储备一批、申报审核一批、开工建设一批、投产运营一批"的要求，建立全省特色小镇发展重大项目库，创新项目管理模式，以项目为载体引导各类政策、资金、要素向特色小镇集聚。

（六）加强督查监测。由省政府督查室牵头，加大对特色小镇建设工作的督查检查力度。省重点项目稽查特派员办公室要将特色小镇创建纳入稽查工作范围，加强对特色小镇建设项目的稽察。由省统计局会同省直有关部门，于2017年上半年前建立全省特色小镇发展统计监测指标体系。各州、市人民政府要按季度报送特色小镇建设进展情况，由领导小组办公室汇总后向全省通报。

（七）加大宣传力度。充分发挥舆论引导作用，通过新闻发布、专题报道、项目推介、经验交流等，大力宣传特色小镇建设的重要意义、政策措施及成功经验，营造有利于加快推进特色小镇建设的良好社会环境和舆论氛围。

附件：云南省特色小镇发展领导小组组成人员名单

云南省人民政府
2017年3月30日

（此件公开发布）

附件

云南省特色小镇发展领导小组组成人员名单

组　长：阮成发　省长
副组长：刘慧晏　副省长
成　员：黄云波　省政府副秘书长、省扶贫办主任
李　微　省政府办公厅副主任、督查室主任
马文亮　省政府副秘书长
杨礼华　省委农办主任
杨洪波　省发展改革委主任
杨福生　省工业和信息化委主任
周　荣　省教育厅厅长
徐　彬　省科技厅厅长
李四明　省民族宗教委主任
段丽元　省民政厅厅长
陈建国　省财政厅厅长
崔茂虎　省人力资源社会保障厅厅长
黄文武　省国土资源厅厅长
张纪华　省环境保护厅厅长
李文冰　省住房城乡建设厅厅长
何　波　省交通运输厅厅长
王敏正　省农业厅厅长
冷　华　省林业厅厅长
刘　刚　省水利厅党组书记
和良辉　省商务厅厅长
李　涛　省文化厅厅长
李玛琳　省卫生计生委主任
余　繁　省旅游发展委主任
唐新民　省地税局局长
张荣明　省工商局局长
何池康　省体育局局长
汤忠明　省安全监管局副局长
张云松　省统计局局长

李春晖　省金融办主任
李　茜　省新闻办主任
杜　勇　省招商合作局局长
张树学　省国税局局长
向　剑　省通信管理局局长
洪正华　国家开发银行云南省分行行长
江卫国　农业发展银行云南省分行党委书记
薛　武　云南电网公司总经理

领导小组下设办公室在省发展改革委，由杨洪波兼任办公室主任。领导小组成员如有变动，由成员单位相应职务人员自行递补并报领导小组办公室备案，不再另行发文。

云南省人民政府关于印发云南省“十三五”节能减排综合工作方案的通知

各州、市人民政府，省直各委、办、厅、局：

现将《云南省“十三五”节能减排综合工作方案》印发给你们，请认真贯彻执行。

云南省人民政府
2017年5月30日

（此件公开发布）

云南省“十三五”节能减排综合工作方案（节选）

一、总体要求和主要目标

（一）总体要求。全面贯彻党中央、国务院和省委、省政府的决策部署，紧紧围绕“五位一体”总体布局和“四个全面”战略布局，牢固树立和贯彻落实新发展理念，落实节约资源和保护环境基本国策，以提高能源利用效率和改善生态环境质量为目标，以推进供给侧结构性改革和实施创新驱动发展战略为动力，坚持政府主导、企业主体、市场驱动、社会参与，加快建设资源节约型、环境友好型社会，确保完成“十三五”节能减排约束性目标，保障人民群众健康和经济社会可持续发展，促进经济转型升级，实现经济发展与环境改善双赢，努力建设天更蓝、地更绿、水更净、空气更清新的美丽云南，为努力成为中国生态文明建设排头兵提供有力支撑。

（二）主要目标。到2020年，全省万元地区生产总值能耗比2015年下降14%，能源消费总量控制在12 297万吨标准煤以内，非化石能源消费占能源消费总量比重达到42%。全省化学需氧量、氨氮、二氧化硫、氮氧化物排放总量分别控制在43.80万吨、4.79万吨、57.80万吨、44.45万吨以内，比2015年分别下降14.1%、12.9%、1.0%、1.0%。

二、优化产业和能源结构

（三）加快传统产业转型升级。全面落实“中国制造2025”云南省实施意见，深化制造业与互联网融合发展，加快构建开放型、创新型和高端化、信息化、绿色化制造体系。推行绿色低碳生产方式，推进产品全生命周期绿色管理，不断优化工业产品结构。注重用新技术新业态全面改造提升传统产业，支持重点行业改造升级，鼓励企业瞄准国际、国内同行业标杆全面提高产品技术、工艺装备、能效环保等水平。将资源承载能力、生态环境容量作为承接产业转移的基础和前提，合理确定承接产业转移重点，禁止引进环境污染大、资源消耗高、技术落后的生产能力。严禁以任何名义、任何方式核准或备案产能严重过剩行业的增加产能项目。有效落实去产能工作任务，依法依规淘汰落后产能和化解过剩产能。强化节能环保标准约束，严格行业规范、准入管理和节能审查，对电力、钢铁、建材、有色、化工、煤炭、印染、造纸、制革、染料、焦化、电镀等行业中，环保、能耗、安全等不达标或生产、使用淘汰类产品的企业和产能，要依法依规有序退出。（省工业和信息化委、发展改革委、环境保护厅、能源局、安全监管局牵头；省科技厅、财政厅、国资委、质监局等部门参加）

（四）优化现代产业体系。紧盯全球科技革命和产业变革大趋势，以生命健康、信息技术和智能制造等领域为重点，谋划布局战略性新兴产业。发挥推进机制和产业基金作用，着力发展生物医药和大健康等重点产业。加快推进云计算、大数据应用，提升传统数据中心和新建数据中心能源利用效率，新建大型云计算数据中心能源利用效率（PUE）值优于1.5。支持技术装备和服务模式创新。加快发展节能环保产业，鼓励发展节能环保技术咨询、系统设计、设备制造、工程施工、运营管理、计量检测认证、工程技术设计和建设等社会化、专业化服务，大力发展环境法律政策、战略规划、工程咨询、清洁生产审核、环境核查、评估认证等咨询服务业，积极发展环境教育普及与培训、环境污染责任保险、绿色信贷等新兴环境服务业。开展节能环保产业常规调查统计。打造节能环保产业示范基地，培育一批具有市场竞争力的节能环保企业。到2020年，战略性新兴产业增加值和服务业增加值占地区生产总值比重分别提高到15%和50%，节能环保、新能源装备、新能源汽车等绿色低碳产业总产值突破1 000亿元，成为重要产业。（省发展改革委、工业和信息化委、环境保护厅、科技厅、商务厅、农业厅、旅游发展委牵头；省质监局、统计局、能源局等部门参加）

（五）持续优化能源结构。组织实施煤电节能减排与升级改造，发展煤炭深加工和洁净化利用，稳步推进在建煤矸石综合利用项目。推进以气代煤、以气代炭、以气代油、以水电代火电进程。发挥风电在电源结构中与水电的互补作用，推进太阳能的多元化利用。鼓励利用天然气、电力等优质能源替代燃煤使用，生物质能源替代化石能源使用，优化用能向清洁化方向转变。增加清洁低碳电力供应，加快清洁电力消纳。对超出规划部分可再生能源消费量，不纳入能耗总量和强度目标考核。在城乡居民生活、工业与农业生产、港口码头等领域推进天然气、电能替代，减少散烧煤和燃油消费。（省工业和信息化委、环境保护厅、能源局牵头；省发展改革委、住房城乡建设厅、交通运输厅、水利厅、质监局、统计局，省政府机关事务管理局等部门参加）

三、加强重点领域节能

（六）加强工业节能。实施工业能效赶超行动，加强高能耗行业能耗管控，在重点耗能行业全面推行能效达标，推进工业企业能源管控中心建设，推广工业智能化用能监测和诊断技术。到2020年，工业能源利用效率和清洁化水平显著提高，规模以上工业企业单位增加值能耗比2015年降低16%以上，有色、建材、化工、钢铁、电力等重点耗能行业能源利用效率达到或接近全国先进水平。推进新一代信息技术与制造技术融合发展，提升工业生产效率和能耗效率。开展工业领域电力需求侧管理专项行动，推动可再生能源在工业园区的应用，将可再生能源占比指标纳入工业园区考核体系。（省工业和信息化委牵头；省发展改革委、科技厅、环境保护厅、质监局等部门参加）

（七）强化建筑节能。实施建筑节能先进标准领跑行动，开展超低能耗及近零能耗建筑建设试点，推广建筑屋顶分布式光伏发电，强化太阳能热水系统建筑应用，因地制宜推进地热能、生物质能等可再生能源建筑应用。开展公共建筑节能改造和居住建筑节能宜居改造工程。在城市老旧小区开展以节能改造为重点的节能宜居综合改造试点。实行绿色建筑推广目标考核制度，加大绿色建筑强制推广力度。确定一批省级重点城市，全面执行绿色建筑标准，重点城市新建建筑全面执行绿色建筑标准。推进绿色生态城区、绿色建筑集中示范区、绿色建筑产业示范园区建设。到2020年，全省城镇绿色建筑面积占新建建筑面积比重提高到50%。推进绿色建筑全产业链发展，推广节能绿色建材、装配式和钢结构建筑，推广应用绿色建筑新技术、新产品，推广应用绿色施工技术和绿色建材，推广绿色运营模式，发展绿色物业。（省住房城乡建设厅牵头；省发展改革委、工业和信息化委、林业厅，省政府机关事务管理局等部门参加）

（八）促进交通运输节能。加快推进综合交通运输体系建设，发挥不同运输方式的比较优势和组合效率，推广甩挂运输等先进组织模式，提高多式联运比重。大力发展公共交通，推进“公交都市”创建活动，到2020年，昆明市公共交通分担率达到30%。促进交通用能清洁化，大力推广节能环保汽车、新能源汽车、天然气（CNG/LNG）清洁能源汽车、液化天然气动力船舶等，并支持有关配套设施建设。切实提高新增或更新的出租车、城市公交车中新能源汽车比例。“十三五”期间，昆明市新增或更新的出租车、城市公交车中新能源汽车比例每年不低于30%，丽江、玉溪、大理、曲靖、红河、楚雄等州、市5年分别达到10%、15%、20%、25%、30%，保山、德宏、普洱、昭通、文山、西双版纳等州、市5年分别达到5%、10%、15%、20%、25%，其余州、市结合当地充电基础设施情况自行确定。推进飞机辅助动力装置（APU）替代、机场地面车辆“油改电”、新能源应用等绿色民航项目实施。推动交通运输智能化，建立公众出行和物流平台信息服务系统，引导培育“共享型”交通运输模式。（省交通运输厅、工业和信息化委、能源局牵头；省科技厅、发展改革委、环境保护厅、民航发展管理局，省政府机关事务管理局，昆明铁路局等部门参加）

（九）推动商贸流通领域节能。推动零售、批发、餐饮、住宿、物流等行业企业建设能源管理体系，建立绿色节能低碳运营管理流程和机制，加快淘汰落后用能设备，推动照明、制冷和供热系统节能改造。贯彻绿色商场标准，开展绿色商场示范，鼓励商贸流通企业设置绿色产品专柜，推动大型商贸企业实施绿色供应链管理。完善绿色饭店标准体系，推进绿色饭店建设。加快绿色仓储建设，支持仓储设施利用太阳能等清洁能源，鼓励建设绿色物流园区。（省商务厅牵头；省发展改革委、工业和信息化委、住房城乡建设厅、旅游发展委、质监局等部门参加）

（十）推进农业农村节能。优化农村用能结构，完善全省农村能源管理、技术服务及质量监测体系。到2020年，全省农村清洁能源综合入户率达到50%以上。加大农村生产生活领域节能技术推广力度。加快淘汰老旧农业机械，推广农用节能机械、设备和渔船，发展节能农业大棚。大力推广高效低排放省柴节煤炉灶，减少森林资源低价值消耗。充分发挥太阳能资源优势，大力发展太阳能利用项目。因地制宜发展规模化生物天然气工程、规模化大型沼气工程、中小型沼气工程和户用沼气。综合高效利用生物质能源，选择林业特色鲜明、资源条件好、示范作用显著的县，开展生物质成型燃料试点项目。鼓励使用生物质可再生能源，推广液化石油气等商品能源。到2020年，全省农村地区基本实现稳定可靠的供电服务全覆盖，鼓励农村居民使用高效节能电器。（省农业厅、林业厅、工业和信息化委、能源局牵头；省科技厅、住房城乡建设厅、发展改革委等部门参加）

（十一）加强公共机构节能。公共机构率先执行绿色建筑标准，新建建筑全面执行《云南省绿色建筑评价标准》。通过合同能源管理、能效交易、政府与社会资本合作（PPP）等市场机制，推进省级国家机关办公建筑节能改造。2020年公共机构单位建筑面积能耗和人均能耗比2015年降低10%。加强公共机构节约能源统计工作，建立健全公共机构节约能源资源的信息通报和公开制度。继续开展节约型公共机构示范单位创建。到2020年，创建150个省级节约型公共机构，择优推荐100个机构参加国家创建及评审。遴选25个省级能效领跑者，创建10个省级节约型公共机构示范县。公共机构率先淘汰老旧车，率先采购使用节能和新能源汽车，全省公共机构新建和既有停车场规划建设配备充电设施或预留充电设施安装条件（包括电力管线预埋和电力容量预留）。公共机构加快整治小型燃煤锅炉，实施以电代煤、以气代煤，加大推广太阳能光伏、光热等可再生能源应用，推广热泵技术。（省政府机关事务管理局牵头；省发展改革委、工业和信息化委、环境保护厅、住房城乡建设厅、交通运输厅、能源局等部门参加）

（十二）强化重点用能单位节能管理。开展重点用能单位“百千万”行动，按照属地管理和分级管理相结合的原则，分级对重点用能单位进行目标责任评价考核。重点用能单位要围绕能耗总量控制和能效目标，对用能实行年度预算管理。推动重点用能单位建设能源管理体系并开展效果评价，健全能源消费台账。按照标准要求配备能源计量器具，进一步完善能源计量体系。依法开展能源审计，组织实施能源绩效评价，开展达标对标和节能自愿活动，采取企业节能自愿承诺和政府适当引导相结合的方式，大力提升重点用能单位能效水平。严格执行能源统计、能源利用状况报告、能源管理岗位和能源管理负责人等制度。（省工业和信息化委牵头；省教育厅、卫生计生委、交通运

输厅、商务厅、能源局、质监局、统计局，省政府机关事务管理局等部门参加）

（十三）强化重点用能设备节能管理。积极构建锅炉安全、节能、环保“三位一体”的监管体系，加强高耗能特种设备节能标准执行情况监督检查，实施燃煤锅炉节能环保综合提升工程。“十三五”期间，燃煤工业锅炉实际运行效率提高5个百分点，到2020年，新生产燃煤锅炉效率不低于80%，燃气锅炉效率不低于92%。普及锅炉能效和环保测试，强化锅炉运行及管理人员节能环保专项培训。开展锅炉节能环保普查整治，建设覆盖安全、节能、环保信息的数据平台，开展节能环保在线监测试点并实现信息共享。开展电梯能效测试与评价，在确保安全的前提下，鼓励永磁同步电机、变频调速、能量反馈等节能技术的集成应用，开展老旧电梯安全节能改造工程试点。推广高效换热器，提升热交换系统能效水平。加快高效电机、配电变压器等用能设备开发和推广应用，淘汰低效电机、变压器、风机、水泵、压缩机等用能设备，全面提升重点用能设备能效水平。（省质监局、工业和信息化委、环境保护厅牵头；省住房城乡建设厅，省政府机关事务管理局等部门参加）

四、强化主要污染物减排

（十四）控制重点区域流域排放。推进新增耗煤项目实行煤炭消耗等量或减量替代。实施行业、区域、流域重点污染物总量减排，对重点行业的重点重金属排放实施总量控制。加强重点跨国河流水污染防治。严格控制长江、珠江、元江、澜沧江、怒江、伊洛瓦底江等6大重点流域干流沿岸的石油加工、化学原料和化学制品制造、医药制造、化学纤维制造、有色金属冶炼、纺织印染等项目。实施重点区域、重点流域清洁生产水平提升行动。城市建成区内的现有钢铁、建材、有色、造纸、印染、原料 药制造、化工等污染较重的企业应有序搬迁改造或依法关闭。（省环境保护厅、工业和信息化委、质监局、煤炭工业局牵头；省财政厅、住房城乡建设厅、发展改革委，省政府机关事务管理局等部门参加）

（十五）推进工业污染物减排。实施工业污染源全面达标排放计划。加强工业企业无组织排放管理。严格执行环境影响评价制度。实行建设项目主要污染物排放总量指标等量或减量替代。继续推行重点行业主要污染物总量减排制度，逐步扩大总量减排行业范围。以削减持久性有机物、重金属等污染物为重点，实施重点行业、重点领域工业特征污染物削减计划。全面实施燃煤电厂超低排放改造，积极支持电厂向周边用户集中供热。加快燃煤锅炉综合整治，推进石化、化工、印刷、工业涂装、电子信息等行业挥发性有机物综合治理。全面推进现有企业达标排放，推动有关企业实施原料替代和清洁生产技术改造。强化经济技术开发区、高新技术产业开发区、出口加工区等工业聚集区规划环境影响评价及污染治理。加强工业企业环境信息公开，推动企业环境信用评价。建立企业排放红黄牌制度。（省环境保护厅、工业和信息化委牵头；省发展改革委、财政厅、质监局、能源局等部门参加）

（十六）促进移动源污染物减排。实施清洁柴油机行动，全面推进移动源排放控制。加速淘汰黄标车、老旧机动车、船舶以及高排放工程机械、农业机械。逐步淘汰高油耗、高排放民航特种车辆与设备。2017年全省范围内基本淘汰黄标车。加快油品质量升级，从2017年1月1日起，全省范围内全面供应符合国V标准的车用汽油（含E10乙醇汽油）、车用柴油（含B5生物柴油），同时停止销售低于国V标准的车用汽、柴油；从2018年1月1日起，全省供应与国V标准车用柴油相同含硫量的普通柴油，停止省内销售低于国V标准的普通柴油。推进储油储气库、加油加气站、原油成品油码头、原油成品油运输船舶和油 罐车、气罐车等油气回收治理工作。加强机动车、非道路移动机械环保达标监管，严厉打击违法行为。（省环境保护厅、公安厅、交通运输厅、农业厅、质监局、能源局牵头；省财政厅、工商局等部门参加）

（十七）强化生活源污染综合整治。对城镇污水处理设施建设发展进行填平补齐、升级改造，完善配套管网，提升污水收集处理能力。加强运行监管，实现污水处理厂全面达标排放。加大对雨污合流、清污混流管网的改造力度，优先推进城中村、老旧城区和城乡结合部污水截流、收集、纳管。促进再生水利用，完善再生水利用设施。注重污水处理厂污泥安全处理处置，杜绝二次污染。到2020年，全省所有县城和重点镇具备污水处理能力，州市级及以上城市建成区污水基本实现全收集、全处理，城市、县城污水处理率分别达95%、85%左右。加强生活垃圾回收处理设施建设，强化对生活垃圾分类、收运、处理的管理和督导，提升城市生活垃圾回收处理水平。加快推进农村生活垃圾、重点村庄污水治理工作。到2020年，基本实现乡镇污水处理和生活垃圾处理设施全覆盖，95%以上的村庄垃圾得到有效治理。 加大民用散煤清洁化治理力度，推进以电代煤、以气代煤，推广使用洁净煤、先进民用炉具，加强民用散煤管理。加快治理公共机构食堂、餐饮服务企业油烟污染，推进餐厨废弃物资源化利用。家具、印刷、汽车维修等政府定点招标采购企业要使用低挥发性原辅材料。严格执行有机溶剂产品有害物质限量标准，推进建筑装饰、汽修、干洗、餐饮等行业挥发性有机物治理。（省环境保护厅、发展改革委、住房城乡建设厅牵头；省工业和信息化委、财政厅、农业厅、质监局、能源局，省政府机关事务管理局等部门参加）

（十八）重视农业污染排放治理。大力推广节约型农业技术，推进农业清洁生产。促进畜禽养殖场粪便收集处理和资源化利用，建设秸秆、粪便等有机废弃物处理设施，加强分区分类管理，依法关闭或搬迁禁养区内的畜禽养殖场（小区）和养殖专业户。深入推广测土配方施肥技术，提倡增施有机肥，推广高效低毒低残留农药使用。建立逐级监督落实机制，疏堵结合、以疏为主，加强重点区域和重点时段秸秆禁烧。（省农业厅、环境保护厅牵头；省发展改革委、财政厅、住房城乡建设厅、质监局等部门参加）

五、大力发展循环经济

（十九）全面推动园区循环化改造。按照“空间布局合理化、产业结构最优化、产业链接循环化、资源利用高效化、污染治理集中化、基础设施绿色化、运行管理规范化”的要求，结合不同园区环境承载力，不断调整和优化园区产业结构，加快对现有园区的循环化改造升级。通过引入补链和增链项目，延伸产业链，提高产业关联度，建设公共服务平台，实现土地集约利用、资源能源高效利用、废弃物资源化利用。对综合性开发区、重化工产业开发区、高新技术产业开发区等不同性质的园区，加强分类指导，强化效果评估和工作考核。到2020年，75%的国家级园区和50%的省级园区实施循环化改造，超过90%的省级以上（含省级）重化工园区实施循环化改造。（省发展改革委、财政厅、工业和信息化委牵头；省科技厅、环境保护厅、商务厅等部门参加）

（二十）加强城市废弃物规范有序处理。推动餐厨废弃物、建筑垃圾、园林废弃物、城市污泥和废旧纺织品等城市典型废弃物集中处理和资源化利用，探索燃煤耦合污泥等城市废弃物发电，提升城市可持续发展。在有条件的州市级城市探索规划布局低值废弃物协同处理基地，完善城市废弃物回收利用体系，到2020年，餐厨废弃物资源化率达30%。（省发展改革委、住房城乡建设厅牵头；省环境保护厅、农业厅，省政府机关事务管理局等部门参加）

（二十一）促进资源循环利用产业提质升级。促进资源再生利用企业集聚化、园区化、区域协同化布局，提升再生资源利用行业清洁化、高值化水平。实行生产者责任延伸制度。进一步强化废弃电子产品、报废机动车、废铅酸电池等再生资源回收利用。推动太阳能光伏组件、碳纤维材料、生物基纤维、复合材料和节能灯等新品种废弃物的回收利用，推进动力蓄电池梯级利用和规范回收处理。加强再生资源规范管理，分类建立不同回收体系。鼓励发展再制造产业，建立旧件逆向回收体系，抓好矿山设备、机电、工程机械、机动车零部件等再制造产业。规范再制造服务体系，建立健全再生产品、再制造产品的推广应用机制。鼓励专业化再制造服务公司与钢铁、冶金、化工、机械等生产制造企业合作，开展设备寿命评估与检测、清洗与强化延寿等再制造专业技术服务。（省发展改革委、工业和信息化委牵头；省科技厅、环境保护厅、住房城乡建设厅、商务厅等部门参加）

（二十二）统筹推进大宗固体废弃物综合利用。加强共伴生矿、低品位矿、尾矿和工业“三废”综合利用，重点推进尾矿、磷石膏、粉煤灰、冶炼和化工废渣等大宗固体废弃物综合利用，培育一批大宗固体废弃物综合利用示范基地和骨干企业。按照国家部署开展水泥窑协同处置城市生活垃圾试点示范。大力推动农作物秸秆、林业“三剩物”（采伐、造材和加工剩余物）、规模化养殖场粪便的资源化利用。到2020年，工业固体废弃物综合利用率达到56%以上，农作物秸秆综合利用率达到85%。（省发展改革委、工业和信息化委、农业厅牵头；省国土资源厅、环境保护厅、住房城乡建设厅、林业厅、能源局等部门参加）

（二十三）加快互联网与资源循环利用融合发展。支持再生资源企业利用云计算、大数据等技术优化逆向物流网点布局，建立线上线下融合的回收网络，在州市级城市逐步建设废弃物在线回收、交易等平台，推广“互联网+”回收新模式。建立重点品种的全生命周期追溯机制。探索在开展循环化改造的园区建设产业共生平台。鼓励有关行业协会、企业逐步参与构建行业性、区域性、全国性的产业废弃物和再生资源在线交易系统，发布交易价格指数。支持汽车维修、汽车保险、旧件回收、再制造、报废拆解等汽车产品售后全生命周期信息的互通共享。到2020年，初步形成废弃电器电子产品等高值废弃物在线回收利用体系。（省发展改革委牵头；省科技厅、工业和信息化

委、环境保护厅、交通运输厅、商务厅，云南保监局等部门参加）

六、实施节能减排工程

（二十四）节能重点工程。组织实施工业能量系统优化、区域能源优化、锅炉（窑炉）节能环保综合改造、电机系统及变压器能效提升、机电设备再制造、清洁能源替代、“互联网＋节能”、绿色照明、合同能源管理推进等节能重点工程，推进能源综合梯级利用，形成200万吨标准煤左右的节能能力，到2020年，节能服务产业产值比2015年翻一番。（省工业和信息化委牵头；省发展改革委、科技厅、财政厅、住房城乡建设厅、能源局，省政府机关事务管理局等部门参加）

（二十五）主要大气污染物重点减排工程。实施燃煤电厂超低排放改造工程，限期淘汰落后产能和不符合有关强制性标准要求的机组。实施电力、钢铁、水泥、工业硅、石化、平板玻璃、焦化、有色等重点行业全面达标排放治理工程。到2020年，力争完成4户火电企业14台燃煤火电机组420万千瓦超低排放改造任务；14户钢铁企业25台（套）钢铁烧结机、球团综合脱硫率达到70%以上；110条水泥熟料新型干法窑综合脱硝率达到55%以上；6户平板玻璃企业平板玻璃烟气脱硫工程综合脱硝率达到70%以上；实施工业硅冶炼烟气脱硫工程。扩大城市禁煤区范围，建设完善区域天然气输送管道、城市燃气管网、农村配套电网。实施石化、化工、工业涂装、包装印刷等重点行业挥发性有机物治理工程。（省环境保护厅、能源局牵头；省发展改革委、工业和信息化委、财政厅、国资委、质监局等部门参加）

（二十六）主要水污染物重点减排工程。274户化学需氧量超标排放、67户氨氮超标排放重点工业企业实现达标排放。加强城市、县城和其他建制镇生活污染减排设施建设。加快污水收集管网建设，实施城镇污水、工业园区废水、污泥处理设施建设与提标改造工程，推进再生水回用设施建设。九大高原湖泊、重点水源地等敏感区域内的城镇污水处理厂达到一级A标排放标准。加快畜禽规模养殖场（小区）污染治理，75%以上的养殖场（小区）配套建设固体废弃物和污水贮存处理设施。（省环境保护厅、发展改革委、住房城乡建设厅、农业厅牵头；省工业和信息化委、财政厅等部门参加）

（二十七）循环经济重点工程。组织实施国家级园区循环化改造、资源循环利用产业示范基地建设、工农复合型循环经济示范区建设、“互联网＋”资源循环、再生产品与再制造产品推广等专项行动，推进循环经济示范城市（县）建设、餐厨废弃物资源化利用和无害化处理示范、海绵城市试点示范等项目，推进生 产和生活系统循环链接，构建绿色低碳循环的产业体系。（省发展改革委、财政厅牵头；省科技厅、工业和信息化委、环境保护厅、住房城乡建设厅、农业厅、商务厅等部门参加）

七、强化技术支撑和服务体系建设

（二十八）加快节能减排共性关键技术研发示范推广。组织实施节能减排重大科技产业化工程。推广高效烟气除尘和余热回收一体化、高效热泵、半导体照明、废弃物循环利用等成熟适用技术。加快煤炭清洁高效利用、细颗粒物治理、挥发性有机物治理、汽车尾气净化、原油和成品油码头油气回收、垃圾渗滤液处理、多污染协同处理等新型技术装备研发和产业化。遴选一批节能减排协同效益突出、产业化前景好的先进技术，推广系统性技术解决方案。（省科技厅、发展改革委牵头；省工业和信息化委、环境保护厅、住房城乡建设厅、交通运输厅、煤炭工业局、能源局等部门参加）

（二十九）推进节能减排技术系统集成应用。推进区域、园区、用能单位等系统用能和节能。选择具有供需互补性的园区，推进区域热电联产、园区能源梯级利用。大力发展“互联网＋”智慧能源，支持基于互联网的能源创新，推动建立城市智慧能源系统，鼓励发展智能家居、智能楼宇、智能小区和智能工厂，推动智能电网、储能设施、分布式能源、智能用电终端协同发展。综合采取节能减排系统集成技术，推动锅炉系统、供热/制冷系统、电机系统、照明系统等优化升级。（省发展改革委、工业和 信息化委、能源局牵头；省科技厅、财政厅、住房城乡建设厅、质监局等部门参加）

（三十）完善节能减排创新平台和服务体系。建立完善节能减排技术评估体系和科技创新创业综合服务平台，建设绿色技术务平台，推动建立节能减排技术和产品的检测认证服务机制。培育一批具有核心竞争力的节能减排科技企业和服务基地，建立省级节能科技成果转移促进中心和交流转化平台，组建节能减排产业技术创新战略联盟、研究基地（平台）等。落实国家重点节能低碳技术推广目录，建立节能减排技术遴选、评定及推广机制。积极引进国内外节能环保新技术、新装备，推动本地节能减 排先进技术装备“走出去”。（省科技厅、发展改革委、工业和信息化委、环境保护厅牵头；省住房城乡建设厅、交通运输厅、质监局等部门参加）

（三十一）推动互联网与节能减排技术深度融合。开展生态大数据挖掘，利用物联网技术实现生态环境和污染源的自动实时监测，提升生态文明建设的智能化水平，强化生态环境协同监管和服务能力，构建市场化绿色生态服务体系。到 2018 年，全省智能化生态环境保护监管体系初具雏形，覆盖主要生态要素的资源环境承载能力动态监测网络基本形成，全省重点污染物排放在线监测率达到 100%。加快互联网技术在能源生产、能源供应和能源消费等领域的应用，促进能源大数据平台建设及应用，构建智慧能源体系，提高能源系统的安全性、可靠性。（省发展改革委、工业和信息化委牵头；省环境保护厅、科技厅等部门参加）

八、完善节能减排支持政策

（三十二）完善价格及收费政策。严格落实水泥、钢铁、电解铝等行业差别电价、阶梯电价政策，清理违规出台的高耗能企业优惠电价政策，促进节能降耗。落实脱硫、脱硝、除尘和超低排放环保电价政策，加强运行监管，严肃查处不执行环保电价政策的行为。探索实施超定额（计划）用水累进加价制度，落实污水处理费政策。研究完善天然气价格政策，促进能源消费结构转型升级。完善居民阶梯电价制度，全面推行居民阶梯气价（煤改气除外）、水价制度。鼓励各地制定差别化排污收费政策。贯彻执行国家挥发性有机物排放行业排污费政策。做好环境保护税开征的前期准备工作。完善排污权交易价格体系。加大垃圾处理费收缴力度，提高收缴率。（省物价局、财政厅牵头；省工业和信息化委、环境保护厅、住房城乡建设厅、水利厅、地税局、能源局等部门参加）

（三十三）完善财政税收激励政策。加大对节能减排工作的资金支持力度，统筹安排有关专项资金，支持节能减排重点工程、能力建设和公益宣传。创新财政资金支持节能减排重点工程、项目的方式，发挥财政资金的杠杆作用。推广节能环保服务政府采购，推行政府绿色采购，完善节能环保产品政府强制采购和优先采购制度。对节能减排工作任务完成较好的州、市和企业予以奖励。落实支持节能减排的企业所得税、增值税等优惠政策。按照国家部署，进一步深化资源税改革，逐步扩大征收范围。落实资源综合利用税收优惠政策。从事国家鼓励类项目的企业进口自用节能减排技术装备且符合政策规定的，免征进口关税。（省财政厅、地税局，省国税局牵头；省发展改革委、工业和信息化委、环境保护厅，省政府机关事务管理局等部门参加）

（三十四）健全绿色金融体系。鼓励银行业金融机构对污染减排重点工程给予多元化融资支持。健全市场化绿色信贷担保机制，对于使用绿色信贷的项目单位，可按照规定申请财政贴息支持。研究设立绿色发展基金，鼓励社会资本按照市场化原则设立环保产业投资基金。支持符合条件的减排项目通过资本市场融资，鼓励绿色信贷资产、减排项目应收账款证券化。在环境高风险领域建立环境污染强制责任保险制度。（人民银行昆明中心支行，省财政厅、发展改革委、环境保护厅，云南银监局、云南证监局、云南保监局牵头负责）

九、建立和完善节能减排市场化机制

（三十五）建立市场化交易机制。健全用能权、排污权、碳排放权交易机制，创新有偿使用、预算管理、投融资等机制，培育和发展交易市场。推进碳排放权交易，积极组织省内企事业单位参与全国碳排放权交易市场。开展用能权有偿使用和交易制度研究，时机成熟时开展用能权交易试点。加快实施排污许可制，建立企事业单位污染物排放总量控制制度，继续推进排污权交易试点研究。（省发展改革委、财政厅、环境保护厅、工业和信息化委牵头；省统计局等部门参加）

（三十六）推行合同能源管理模式。实施合同能源管理推广工程，鼓励节能服务公司创新服务模式，为用户提供节能咨询、诊断、设计、融资、改造、托管等“一站式”合同能源管理综合服务。取消节能服务公司审核备案制度，任何地区和单位不得以是否具备节能服务公司审核备案资格限制企业开展业务。建立节能服务公司、用能单位、第三方机构失信黑名单制度，将失信行为纳入全国、全省信用信息共享平台。落实节能服务公司税收优惠政策，鼓励各级政府加大对合同能源管理的支持力度。政府机构按照合同能源管理合同支付给节能服务公司的支出，视同能源费用支出。培育以合同能源管理资产交易为特色的资产交易平台。鼓励社会资本建立节能服务产业投资基金，鼓励投资基金投资合同能源管理项目。支持节能服务公司发行绿色债券。创新投债贷结合促进合同能源管理业务发展。（省发展改革委、工业和信息化委、财政厅、地税局，省国税局牵头；省住房城乡建设厅，省政府机关事务管理局，人民银行昆明中心支行、云南银监局、云南证监局等部门参加）

（三十七）推行节能减排认证制度。强化能效标识管理制度，扩大实施范围。完善绿色建筑、绿色建材标识和认证制度，建立可追溯的绿色建材评价和信息管理系统。推进能源管理体系认证。制修订绿色商场、绿色宾馆、绿色饭店、绿色景区等绿色服务评价办法，积极开展第三方认证评价。贯彻实施国家统一的绿色产品标准、认证、标识体系。加强认证标识监督检查，依法查处虚标企业。开展能效、水效、环保领跑者引领行动。（省质监局牵头；省发展改革委、工业和信息化委、环境保护厅、财政厅、住房城乡建设厅、水利厅、商务厅等部门参加）

（三十八）推进环境污染第三方治理。鼓励在环境监测与风险评估、环境公用设施建设与运行、重点区域和重点行业污染防治、生态环境综合整治等领域推行第三方治理，加大财政对第三方治理项目的补助和奖励力度。鼓励各地积极设立第三方治理项目引导基金，解决第三方治理企业融资难、融资贵问题。引导各级政府开展第三方治理试点，建立按效付费机制，提升环境服务供给水平与质量。到2020年，环境公用设施建设与运营、工业园区第三方治理取得显著进展，污染治理效率和专业化水平明显提高，环境公用设施投资运营体制改革基本完成，涌现出一批技术能力强、运营管理水平高、综合信用好的环境服务公司。（省环境保护厅牵头；省发展改革委、工业和信息化委、财政厅、住房城乡建设厅等部门参加）

（三十九）加强电力需求侧管理。推行节能低碳、环保电力调度，依托国家电力需求侧管理平台，推广电能服务，总结电力需求侧管理城市综合试点经验，实施工业领域电力需求侧管理专项行动，引导电网企业支持和配合平台建设及试点工作，鼓励电力用户积极采用节电技术产品，优化用电方式。深化电力体制改革，完善丰枯峰谷分时电价政策。加强储能和智能电网建设，增强电网调峰和需求侧响应能力。（省工业和信息化委、能源局、物价局牵头；省发展改革委、财政厅等部门参加）

十、落实节能减排目标责任

（四十）健全节能减排计量、统计、监测和预警体系。健全能源计量体系和消费统计指标体系，完善企业联网直报系统，加大统计数据审核与执法力度，强化统计数据质量管理，确保统计数据基本衔接。完善环境统计体系，补充调整工业、城镇生活、农业等重要污染源调查范围。建立健全污染源自动在线监测系统，强化企业污染物排放自行监测和环境信息公开，到2020年，污染源自动监控数据有效传输率、企业自行监测结果公布率保持在90%以上，污染源监督性监测结果公布率保持在95%以上。定期公布各州、市和主要行业、重点单位节能减排目标完成情况，发布预警信息，及时提醒高预警等级地区和单位的有关负责人，强化督导和帮扶。完善生态环境质量监测评价，建立州市报告、省级核查、国家审查的减排管理机制，鼓励引入第三方评估；加强重点减排工程调度管理，对环境质量改善达不到进度要求、重点减排工程建设滞后或运行不稳定、政策措施落实不到位的地区及时预警。（省工业和信息化委、环境保护厅、统计局牵头；省发展改革委、住房城乡建设厅、交通运输厅、国资委、质监局，省政府机关事务管理局等部门参加）

（四十一）合理分解节能减排指标。实施能耗总量和强度“双控”行动。强化约束性指标管理，健全目标责任分解机制，将全省能耗总量控制和节能目标分解到各州、市和主要行业、重点用能单位。各州、市要根据省下达的任务明确年度工作目标，明确本级政府、有关部门、重点用能单位的责任，逐步建立省、州市、县三级用能预算管理体系，编制用能预算管理方案。以改善环境质量为核心，突出重点工程减排，实行分区分类差别化管理，科学确定减排指标，环境质量改善任务重的州、市承担更多减排任务。（省发展改革委、工业和信息化委、环境保护厅、能源局牵头；省住房城乡建设厅、交通运输厅、统计局，省政府机关事务管理局等部门参加）

（四十二）加强目标责任评价考核。强化节能减排约束性指标考核，坚持总量减排和环境质量考核相结合，建立以环境质量考核为导向的减排考核制度。省人民政府每年组织开展州、市人民政府节能减排目标责任评价考核，将考核结果作为环境质量考核的重要内容纳入领导班子和领导干部综合考核评价体系，继续深入开展领导干部自然资源资产离任审计试点。对未完成能耗强度降低目标的州、市人民政府实行问责，对未完成省人民政府下达能耗总量控制目标任务的予以通报批评和约谈，实行高耗能项目缓批限批。对环境质量改善、总量减排目标均未完成的州、市，暂停新增排放重点污染物建设项目的环评审批，暂停或减少省级财政资金支持，必要时列入环境保护督查范围。对重点单位节能减排考核结果进行公告并纳入社会信用记录系统，对未完成目标任务的暂停审批或核准新建扩建高耗能项目。落实国有企业节能减排目标责任制，将节能减排指标完成情况作为企业绩效和负责人业绩考核的重要内容。对节能减排贡献突出的地区、单位和个人以适当方式给予表彰奖励。（省委组织部，省统计局、发展改革委、工业和信息化委、环境保护厅、能源局牵头；省财政厅、住房城乡建设厅、交通运输厅、国资委、质监局，省政府机关事务管理局等部门参加）

十一、强化节能减排监督检查

（四十三）健全节能环保法律法规标准。修订完善节能环保方面的法规规章和其他制度，推动制修订节能监察办法、重点用能单位节能管理办法、固定资产投资项目节能审查办法、节能服务机构管理办法等。健全节能标准体系，提高建筑节能标准，实现重点行业、设备节能标准全覆盖。开展节能标准化和循环经济标准化试点示范建设。依法制定地方节能环保标准，鼓励制定节能减排团体标准。（省工业和信息化委、环境保护厅、质监局、法制办牵头；省发展改革委、住房城乡建设厅、交通运输厅、商务厅、统计局、能源局，省政府机关事务管理局等部门参加）

（四十四）严格节能减排监督检查。组织开展节能减排专项检查，督促各项措施落实。强化节能环保执法监察，加强节能审查，强化事中事后监管，加大对重点用能单位和重点污染源的执法检查力度，严厉查处各类违法违规用能和环境违法违规行为，依法公布违法单位名单，发布重点企业污染物排放信息，对严重违法违规行为进行公开通报或挂牌督办，确保节能环保法律、法规、规章和强制性标准有效落实。强化执法问责，对行政不作为、执法不严等行为，严肃追究有关主管部门和执法机构负责人的责任。（省政府督查室，省工业和信息化委、环境保护厅牵头；省发展改革委、住房城乡建设厅、统计局、质监局等部门参加）

（四十五）提高节能减排管理服务水平。建立健全节能管理、监察、服务“三位一体”的节能管理体系。建立节能服务和监管平台，加强各级政府管理和服务能力建设。继续推进能源统计能力建设，加强基层和企业工作力量。加强节能监察能力建设，进一步完善省、州市、县三级节能监察体系。健全环保监管体制，开展省以下环保机构监测监察执法垂直管理制度试点，推进环境监察机构标准化建设。进一步健全能源计量体系，深入推进城市能源计量建设示范，开展计量检测、能效计量比对等节能服务活动，加强能源计量技术服务和能源计量审查。建立能源消耗数据核查机制，建立健全统一的用能量和节能量审核方法、标准、操作规范和流程，加强核查机构管理，依法严厉打击核查工作中的弄虚作假行为。推动大数据在节能减排领域的应用。创新节能管理和服务模式，开展能效服务网络体系建设试点，促进用能单位经验分享。制定节能减排培训纲要，实施培训计划，依托专业技术人才知识更新工程等国家重大人才工程项目，加强对各级领导干部和政府节能管理部门、节能监察机构、用能单位有关人员的培训。（省工业和信息化委、环境保护厅、质监局牵头；省发展改革委、财政厅、人力资源社会保障厅、住房城乡建设厅、统计局，省政府机关事务管理局等部门参加）

十二、动员全社会参与节能减排

（四十六）推行绿色消费。倡导绿色生活，推动全民在衣、食、住、行等方面更加勤俭节约、绿色低碳、文明健康，坚决抵制和反对各种形式的奢侈浪费。开展旧衣“零抛弃”活动，方便闲置旧物交换。积极引导绿色金融支持绿色消费，积极引导消费者购买节能与新能源汽车、高效家电、节水型器具等节能环保低碳产品，减少一次性用品的使用，限制过度包装，尽可能选用低挥发性水性涂料和环境友好型材料。加快畅通绿色产品流通渠道，鼓励建立绿色批发市场、节能超市等绿色流通主体。大力推广绿色低碳出行，倡导绿色生活和休闲模式。到 2020 年，能效标识 2 级以上的空调、冰箱、热水器等节能家电市场占有率达到 50% 以上。（省发展改革委、环境保护厅、工业和信息化委牵头；省财政厅、住房城乡建设厅、交通运输厅、商务厅，省政府机关事务管理局，省总工会、团省委、省妇联，云南省军区后勤保障部等部门和单位参加）

（四十七）倡导全民参与。推动全社会树立节能是第一能源、节约就是增加资源的理念，深入开展全民节约行动和节能进机关、进单位、进企业、进商超、进宾馆、进学校、进家庭、进社区、进农村等活动。探索创建一批节能减排宣传教育示范基地，形成人人、事事、时时参与节能减排的良好社会氛围。发展节能减排公益事业，鼓励公众参与节能减排公益活动。（省委宣传部，省工业和信息化委、环境保护厅牵头；省发展改革委、教育厅、财政厅、住房城乡建设厅、农业厅、商务厅、国资委、质监局、新闻出版广电局，省政府机关事务管理局，省总工会、团省委、省妇联等部门和单位参加）

（四十八）强化社会监督。充分发挥各种媒体作用，报道先进典型、经验和做法，曝光违规用能和各种浪费行为。完善公众参与制度，及时准确披露各类环境信息，扩大公开范围，保障公众知情权，维护公众环境权益。依法实施环境公益诉讼制度，对污染环境、破坏生态的行为可依法提起公益诉讼。（省委宣传部，省工业和信息化委、环境保护厅牵头；省发展改革委，省总工会、团省委、省妇联等部门和单位参加）

云南省人民政府关于印发云南省加快推进旅游产业转型升级重点任务的通知

各州、市人民政府，省直各委、办、厅、局：

现将《云南省加快推进旅游产业转型升级重点任务》（以下简称重点任务）印发给你们，请认真贯彻落实。各州、市人民政府和各牵头负责单位，要根据重点任务和《云南省加快推进旅游产业转型升级项目表》，完善规划，明确任务，细化措施，确定工作进度，制定实施方案，于2017年7月30日前报省旅游产业发展领导小组办公室（省旅游发展委）。省政府督查室要加强督查，明确督查重点，列出督查清单，确保重点任务落到实处。省旅游产业发展领导小组办公室要根据各地各部门工作方案，制定全省旅游产业转型升级工作时间表及进度考核办法，建立定期督查机制，严格监督考核问责。

云南省人民政府

2017年6月30日

（此件公开发布）

云南省加快推进旅游产业转型升级重点任务

为加快实施云南省旅游产业“十三五”发展规划，按照国际化、高端化、特色化、数字化要求，现提出旅游产业转型升级重点任务。

一、推进旅游目的地转型升级

以全域旅游理念为引领，以大项目建设为抓手，推进单一景区景点建设管理向综合旅游目的地统筹发展转变，着力打造高品质旅游目的地。

（一）加快建设一批全域旅游示范区。推动大理州、丽江市、腾冲市、建水县等20个州、市、县、区创建国家全域旅游示范区，推动瑞丽市、水富县等45个县、市、区创建省级全域旅游示范区。到2020年，力争有60个以上州、市、县、区创建成国家级、省

级全域旅游示范区。（有关州、市人民政府牵头负责；省旅游发展委配合）

（二）加快建设一批生态旅游区。 发挥云南独特生态优势，依托国家公园、森林公园、湿地公园、地质公园、自然保护区、风景名胜区，加快建设迪庆普达措、楚雄哀牢山、怒江独龙江等15个生态旅游区，积极争创国家生态旅游示范区，加强生态保护，合理有效利用资源，努力把云南省打造成高品质生态旅游目的地。（有关州、市人民政府牵头负责；省国土资源厅、环境保护厅、住房城乡建设厅、林业厅、旅游发展委等配合）

（三）加快建设一批旅游度假区。 巩固提升昆明滇池、昆明阳宗海、西双版纳3个国家级旅游度假区。重点支持大理、玉溪抚仙湖等7个省级旅游度假区和西双版纳告庄西双景等条件成熟旅游区创建国家级旅游度假区；推进红河弥勒、安宁温泉、普洱景迈山等有条件的旅游区创建省级旅游度假区。到2020年，力争国家级旅游度假区达到6个以上，省级旅游度假区达到20个以上。（有关州、市人民政府牵头负责；省国土资源厅、旅游发展委等配合）

（四）加快建设一批国家高A级景区。 以创建国家5A、4A级景区为目标，加快推进迪庆松赞林寺、大理古城、红河元阳梯田等7个景区创建国家5A级景区，积极推进盐津豆沙关、禄丰黑井古镇、西双版纳勐景来等25个景区创建国家4A级景区。到2020年，力争国家4A级以上景区数量达到100个以上，其中国家5A级景区达到15个以上。（各州、市人民政府牵头负责；省旅游发展委配合）

（五）加快建设一批旅游城市综合体。 推动旅游产业与城市建设融合发展，因地制宜打造一批休闲度假型、会展会议型、文化娱乐型等不同主题的城市旅游业态集聚区，加快建设完善滇池国际会展中心、古滇文化旅游名城、滇池草海万达城等20个旅游型城市综合体，形成旅游新亮点，提升城市品位和竞争力。（有关州、市人民政府牵头负责；省发展改革委、国土资源厅、环境保护厅、住房城乡建设厅、旅游发展委等配合）

（六）加快建设一批云南旅游名镇。 在100个特色小镇创建工作中，要注重旅游功能和配套设施建设。加快旅游小镇建设，积极开展云南旅游名镇创建，到2020年，力争旅游名镇达到60个以上。（有关州、市人民政府牵头负责；省发展改革委、国土资源厅、住房城乡建设厅、旅游发展委等配合）

（七）加快建设一批旅游特色村。 巩固提升350个已建成的旅游特色村，再打造650个以上旅游特色村，其中，民族特色旅游村300个以上，旅游古村落250个以上，旅游扶贫重点村100个以上。到2020年，力争形成1 000个左右宜居、宜业、宜游的旅游特色村和美丽乡村。（各州、市人民政府牵头负责；省民族宗教委、国土资源厅、住房城乡建设厅、旅游发展委、扶贫办等配合）

二、推进旅游产品转型升级

改造提升传统产品，淘汰低端落后产品，扩大中高端旅游产品供给，推动旅游产品从观光型为主向观光、休闲、度假、专项旅游并重的复合型产品转变，更好满足多样化、个性化、品质化旅游消费需求。

（八）大力发展边境跨境旅游产品。 充分发挥云南省沿边开放的区位优势，有效利用好周边国家丰富的旅游资源和产品，加快跨境旅游合作区、边境旅游试验区建设，通过资源整合、规划设计、联合营销等方式开发提升一批连接南亚东南亚的边境跨境旅游产品和线路。到2020年，初步建成德宏瑞丽、红河河口、临沧耿马和西双版纳州等边境旅游试验区，中老、中缅、中越跨境旅游合作区取得实质性进展，把云南省建成面向南亚东南亚的区域性国际旅游集散中心。（省旅游发展委牵头；有关州、市人民政府负责；省公安厅、商务厅，昆明海关、云南出入境检验检疫局，省公安边防总队等配合）

（九）大力发展自驾露营旅游产品。 大力推进露营地建设，支持发展落地自驾、异地租还车、分时租赁车等新业态。不断完善自驾游信息管理服务系统、自驾游服务网点体系、应急救援体系、旅游指示标识系统，高标准建设一批自驾游线路。到2020年，完成100个自驾车、房车露营地建设，培育5个连锁型、网络化租赁车公司，将10条省内自驾旅游线路、5条跨省自驾旅游线路、5条出境自驾旅游线路打造成国际知名的品牌自驾线路，把云南省建成一流自驾旅游目的地。（省交通运输厅、旅游发展委、体育局按照职责分工牵头；各州、市人民政府负责；省公安厅、国土资源厅，昆明海关、云南出入境检验检疫局，省公安边防总队等配合）

（十）大力发展航空运动旅游产品。 围绕全省通用机场布局，在旅游市场基础较好的地区优先发展航空旅游；优选生态旅游区、旅游度假区和国家高A级景区建设一批航空运动旅游基地；规范发展直升机、运动机、热气球、三角翼、滑翔伞、翼装飞行等航空运动旅游产品，开通点对点低空旅游航线；支持临沧、弥勒、江川等地发展通用航空装备制造新业态，鼓励航空运动装备制造园区建设。到2020年，力争建成航空运动旅游基地20个，形成省内低空旅游航线50条，建成5个以上航空运动装备、户外运动装备生产加工特色园区。（有关州、市人民政府牵头负责；省工业和信息化委、公安厅、国土资源厅、旅游发展委、体育局、民航发展管理局等配合）

（十一）大力发展体育旅游产品。重点依托滇西北横断山系、滇中拱王山系建设山地运动旅游基地；重点依托怒江、金沙江、澜沧江等水系和滇池、阳宗海、星云湖等高原湖泊及非水源地大中型水库建设水上运动旅游基地；重点依托滇东南、滇东北喀斯特地形建设洞穴探险体育旅游基地。规范发展徒步、穿越、攀岩、漂流、帆船、潜水、航模、皮划艇、定向运动、洞穴探险等产品业态，推出一批精品路线和品牌赛事。到2020年，力争建成30个山地运动、水上运动和洞穴探险体育旅游基地，建设5个国家级体育旅游示范基地；形成高黎贡山、虎跳峡、梅里雪山等10条国际著名的徒步精品线路；打造格兰芬多国际自行车赛、昆明马拉松、曲靖铁人三项等20个国际性品牌赛事。（有关州、市人民政府牵头负责；省公安厅、国土资源厅、交通运输厅、水利厅、旅游发展委、体育局等配合）

（十二）大力发展养生养老旅游产品。充分利用云南省温泉资源数量多、分布广、类型全、品质高的优势，积极推广“温泉+”模式，大力发展系列化、高品质的温泉水疗和养生养老旅游产品，形成系列温泉旅游品牌。重点支持旅游、体检、康疗、度假等为一体的养生养老旅游项目，大力发展持续照料退养社区、城市养老旅游综合体、主题养生养老社区、分时度假养生养老酒店等中高端产品业态。到2020年，力争建成20个高水平温泉养生养老旅游度假项目，建成30个不同类型养生养老旅游示范项目，把云南省建成具有国际影响力的“温泉之都”和养生养老旅游胜地。（有关州、市人民政府牵头负责；省发展改革委、民政厅、国土资源厅、住房城乡建设厅、商务厅、卫生计生委、旅游发展委等配合）

（十三）大力发展健康医疗旅游产品。引进国际国内前沿医疗技术和机构，以滇中5湖地区为重点进行规划布局，逐步发展干细胞工程、抗衰老疗法、基因疗法等医疗旅游产品。积极推动民族医药与旅游开发结合，在西双版纳、德宏、楚雄、迪庆、丽江、文山、红河等地建立一批民族医药旅游机构，发展傣医傣药、藏医藏药、彝医彝药、苗医苗药健康旅游产品业态。大力拓展健康管理产业链条，引进国际大型健康管理机构，支持省内大型医疗机构做大做强，加快开发健康管理产品业态。到2020年，力争建成高端医疗项目10个，建成30个中医药健康旅游示范区，引进和培育健康管理旅游项目10个，把云南省建成中国健康医疗旅游的高地。（有关州、市人民政府牵头负责；省发展改革委、科技厅、民族宗教委、国土资源厅、卫生计生委、旅游发展委、食品药品监管局、招商合作局等配合）

（十四）大力发展主题游乐产品。结合家庭化消费趋势和场景化体验需求，从硬件设施和软件服务方面入手，巩固提升已建成的城市型、山地型、冰雪型、动物观赏型游乐产品。在强化与国内知名主题游乐企业合作基础上，积极引进一批国际著名主题游乐旅游品牌。到2020年，力争完成10个大型游乐园提升改造，5个新兴游乐园基本建成并投入运营。（有关州、市人民政府牵头负责；省发展改革委、国土资源厅、住房城乡建设厅、林业厅、文化厅、旅游发展委、质监局、招商合作局等配合）

（十五）大力发展节庆、演艺、会展旅游产品。深化旅游与文化产业融合发展，在全省范围内重点提升打造5个民族文化节庆旅游精品和15个特色文化节庆旅游产品。鼓励传统演艺产品延伸产业链，创新旅游演艺产品表现形式、传播载体和盈利模式，打造10个精品演艺品牌。加快昆明滇池国际会展中心建设，完善会议、会展要素设施配套，建成面向南亚东南亚的会展旅游中心。支持西双版纳、德宏、红河、保山等沿边州、市面向周边国家发展会展旅游产品，支持重点旅游城市发展商务会议旅游产品。（有关州、市人民政府牵头负责；省文产办、民族宗教委、商务厅、文化厅、旅游发展委，云南国际博览事务局等配合）

三、推进旅游公共基础设施转型升级

以解决旅游公共基础设施短板为重点，进一步加强旅游交通基础设施、公共服务设施建设，创造环境舒适、配套齐全、服务优质的旅游便利化条件，推动全省旅游公共基础设施迈上新台阶。

（十六）加快推进旅游公路建设。抓紧实施云南省“十三五”旅游基础设施专项建设规划，多渠道筹集资金，加快建设165个旅游公路项目，重点建设干线公路与旅游度假区、旅游景区、旅游名镇、旅游特色村的连接道路，打通旅游环线“断头路”。到2020年，力争实现干线公路与国家5A级景区、国家级旅游度假区之间有一级以上公路连接，与国家4A级旅游景区、省级旅游度假区之间有二级以上公路连接，与旅游名镇之间有三级以上公路连接，与旅游特色村寨之间有满足旅游大客车双向通行的四级以上公路连接。加快六库—丙中洛旅游公路建设，并形成经验示范逐步在全省推广实施。（省交通运输厅，各州、市人民政府牵头负责；省发展改革委、财政厅、国土资源厅、旅游发展委等配合）

（十七）提升建设游客休息站点。按照游客休息站点的标准和要求，全面改造提升高速公路、干线公路和旅游公路服务区，增强旅游车辆和游客服务功能，增加游客咨询查询服务，完善商务服务、地方特色餐饮、旅游商品销售、医疗急救、旅游厕所、免费无线局域网等设施。到2020年，力争实现游客服务休息站点布点、规模、设施、服务、管理全达标，接待服务和经营管理处于国内先进水平。（省交通运输厅，各州、市人民政府牵头负责；省发展改革委、国土资源厅、住房城乡建设厅、商务厅、旅游发展委等配合）

（十八）加快推进游客服务中心建设。在中心城市和重点旅游城市建设25个一级游客服务中心，在重点旅游城镇建设88个二级游客服务中心，引导旅游景区提升改造游客服务中心，推进有条件的旅游特色村建设配套的游客服务点。到2020年，形成以昆明为中心，延伸至各州、市、县、区主要旅游集散地的游客公共服务中心网络，旅游景区游客服务中心达到国家标准。（各州、市人民政府牵头负责；省国土资源厅、住房城乡建设厅、商务厅、旅游发展委等配合）

（十九）加快推进旅游厕所建设。深入推进“厕所革命”，按照旅游城市、高速公路沿线厕所达到3A级标准，干线公路、旅游公路沿线厕所达到2A级以上标准，旅游小镇和旅游特色村厕所达到A级以上标准的要求，提升改造和新建一批旅游厕所，全面提升乡村旅游点和旅游特色村的厕所品质。积极引进推广新型生态旅游厕所，鼓励社会资本参与旅游厕所建设，提升旅游厕所建管养水平。到2020年，旅游交通沿线、旅游城镇、旅游特色村和主要旅游目的地等区域，要实现旅游厕所全覆盖、全达标。（各州、市人民政府牵头负责；省国土资源厅、住房城乡建设厅、交通运输厅、商务厅、旅游发展委，云南机场集团有限责任公司，昆明铁路局等配合）

（二十）加快推进旅游公共标识建设。按照导览标识系统设置要求，在全省主要出入境口岸、机场、车站、码头、游客服务中心、游客休息站点、旅游景区、旅游度假区、旅游城镇、乡村旅游点、高速公路、干线公路、旅游公路、市政道路等场所，科学规范设置多语种旅游导向标识牌、距离方向标识牌、车行标识牌、人行标识牌、公厕标识牌、说明标识牌、景区（点）介绍牌和导游图等旅游公共标识系统。到2020年，力争构建起与国际接轨的旅游公共标识系统，并达到国内先进水平。（各州、市人民政府牵头负责；省住房城乡建设厅、交通运输厅、旅游发展委、质监局、民航发展管理局等配合）

（二十一）积极推进公共休闲设施建设。鼓励中心城市和旅游城市规划建设环城市游憩带、休闲街区、城市绿道、慢行系统、休闲广场等。推动主要旅游目的地规划建设符合国际标准的旅游绿道、骑行专线、登山步道、慢行步道、观景平台等。鼓励支持全省各地免费开放城市公园、博物馆、文化馆、图书馆、科技馆、纪念馆、体育场馆、红色旅游景区和爱国主义基地。到2020年，力争形成“居民休闲、游客分享”的公共休闲设施体系，公共休闲设施的规模数量和管理服务达到全国先进水平。（各州、市人民政府牵头负责；省发展改革委、科技厅、国土资源厅、住房城乡建设厅、文化厅、旅游发展委、体育局等配合）

四、推进旅游管理服务转型升级

适应国内外旅游消费升级和变化，建立健全云南省旅游服务标准体系，切实强化行业自律，全面提升旅游标准化管理服务水平。

（二十二）建立健全旅游服务“云南标准”。牢固树立“游客为本”理念，不断创新服务意识和服务方式，进一步突出地方特色和文化品位，努力打造具有自主知识产权和较高附加值的系列旅游服务标准化品牌。加强地方旅游标准的制定和修订工作，抓紧建立健全并实施涵盖旅游产品业态、旅游要素设施、旅游公共服务、产业运营管理、涉旅安全生产、市场监督管理等领域的旅游服务云南标准体系。鼓励支持行业协会、商会、旅游企业、研究机构积极创造条件参与国际标准化活动，主动承担更多国际旅游标准制定修订项目，争取以云南省旅游标准为基础制定国际旅游标准；及时推动将各类行之有效的云南旅游标准上升为国家标准和行业标准，提升云南省旅游产业发展的话语权和影响力。（省旅游发展委牵头负责；各州、市人民政府，省质监局等配合）

（二十三）强化旅游行业自律。充分发挥行业协会、商会、旅游企业、研究机构在旅游标准制定、推广和实施中的重要作用，建立健全旅游市场主体、从业人员信用等级评定制度，引入第三方评估，加强舆论监督，逐步构建包括旅游诚信服务记录、评价、激励、惩戒的信用体系和标准化管理手段，推动形成约束性的行业自律机制，不断提升旅游服务质量和水平。（省旅游发展委牵头负责；各州、市人民政府，省民政厅、工商局、质监局，各级旅游行业协会等配合）

（二十四）提升标准化管理水平。以创建国家级、省级旅游标准化试点单位为突破口，加快建立旅游标准的宣传推广与监督机制，通过旅游标准化的实施，推动旅游景区创A、旅游服务设施评星和旅游企业创品牌，形成不同地域层次和不同领域的旅游品牌体系。参照国际旅游市场的通行规则和服务标准体系，重点推行旅游饭店、旅游景区、旅游交通、旅行社等有关行业的国际服务标准、国际质量认证、国家标准和行业标准等，规范公共服务设施、公共标识系统和外语环境建设，促进旅游经营管理、服务设施和服务技能与国际标准接轨。（省旅游发展委牵头负责；各州、市人民政府，省质监局等配合）

五、推进旅游数字化转型升级

推动云南旅游智慧云建设，形成“一中心两平台”功能布局，打造智慧旅游“云南版”，全面提升云南旅游数字化服务能力和水平。

（二十五）建设云南旅游大数据中心。加快推进云南旅游大数据中心建设，实现游客信息、消费信息、景区酒店等旅游要素信息，电信运营商、互联网、OTA等旅游信息，公安、交通运输、商务、卫生计生、气象、边防等部门和单位旅游关联领域信息的汇集。制定旅游大数据中心标准体系，完善信息资源库，开发应用、安全、备份等系统，实现数据的统一采集、集中存储、快速处理和应用共享，为政府部门、旅游企业和游客提供大数据应用服务，推动旅游产业创新发展。（省旅游发展委、工业和信息化委按照职责分工牵头负责；各州、市人民政府，省公安厅、交通运输厅、商务厅、卫生计生委，省通信管理局、省气象局、中国电信云南分公司、中国联通云南省分公司、中国移动云南公司等配合）

（二十六）建设游客综合服务平台。注重游客旅游需求，开发系列旅游类APP、小程序、AR、VR等服务产品，为游客提供游前资讯查询获取和产品预定购买，游中导览导游导航和安全应急疏导，游后投诉评价分享等信息服务，提升游客的体验质量，实现“一部手机游云南”。做好云南旅游官方网站和官方微信服务号运营和建设，强化信息发布和推送；充分利用互联网开展旅游品牌形象推广和营销，激发市场消费需求；鼓励支持各州、市、县、区人民政府通过电信运营商为游客发送旅游欢迎短信和提示短信。（省旅游发展委牵头负责；各州、市人民政府，省工业和信息化委，省通信管理局、中国电信云南分公司、中国联通云南省分公司、中国移动云南公司等配合）

（二十七）建设旅游综合管理平台。建立健全省、州市、重点旅游县三级旅游行业监管平台和应急指挥平台，完善产业运行分析、旅游数据统计、旅游安全监管、旅游应急指挥、旅游投诉管理、导游执业管理、景区客流监测和分流、旅游车辆运行监管等系统平台开发建设，实现对旅游产业各业态信息进行监管。运用互联网，建立诚信服务信息交流平台，加强对旅游企业、旅游执业人员的信用监管，接受游客、企业和有关方面对旅游服务质量的信息反馈。（省旅游发展委牵头；各州、市人民政府负责；省工业和信息化委、公安厅、工商局、统计局，省通信管理局等配合）

（二十八）夯实旅游数字化发展基础。推动旅游区域互联网基础设施和物联网设施建设，推进机场、车站、宾馆饭店、景区（点）、主要乡村旅游点等旅游区域无线网络、4G信号等基础设施的覆盖，加大触控屏幕、平板等旅游信息互动终端的布放，全面提升旅游公共信息服务硬件能力。到2018年，将全省所有5A级景区建设成为智慧旅游景区；到2020年，力争所有4A级以上景区实现免费WIFI、智能导游、电子讲解、在线预订、信息推送等功能全覆盖。（省工业和信息化委、旅游发展委，省通信管理局按照职责分工牵头；各州、市人民政府负责）

六、保障措施

落实旅游产业转型升级重点任务，必须进一步明确责任，加大改革创新力度，加强统筹协作，确保各项重点工作顺利推进。

（二十九）明确责任，细化安排。各州、市、县、区人民政府要按照属地责任制的要求，切实抓好本地旅游产业转型升级推进工作，党政主要领导是统筹推进旅游产业转型升级的第一责任人。各地、有关部门按照旅游产业转型升级重点任务，细化工作措施，明确工作时间，制定工作方案。省旅游产业发展领导小组办公室依据各地、有关部门的工作时间表，形成全省旅游产业转型升级工作时间表，制定考核办法，对各地、有关部门推进旅游产业转型升级工作进行进度考核。省旅游产业发展领导小组对完成工作情况好的部门和地区给予表彰，对推进不力的部门和地区进行通报。旅游产业转型升级考核结果纳入全省年度综合考核内容。（省旅游产业发展领导小组办公室牵头；各州、市人民政府，省直有关部门负责）

（三十）改革创新，优化环境。各地有关部门应根据转型升级重点任务，按照“放管服”改革要求，及时清理、修订不适应旅游产业转型升级的地方性法规、规章和规范性文件。要将旅游项目建设用地纳入土地利用总体规划和年度计划合理安排，优先确保旅游产业转型升级重大项目的用地供给，探索建立旅游用地分类供给方式，采取点状供地、零星供地、单独选址、弹性年期出让和长期租赁、先租后让、租让结合的灵活政策；对立项 2 年仍未开发，以及投入强度明显低于协议约定的项目，依法依规收回资源使用权。创新财政资金使用方式，重点支持旅游项目前期工作、旅游公共服务设施建设和旅游宣传推介，综合运用投资补助、以奖代补、贷款贴息、基金注资、购买服务等多种方式，促进旅游产业转型升级。要发挥好旅游文化发展基金的作用，积极采取政府和社会资本合作（PPP）模式，在撬动社会资本投向转型升级重点项目的同时，优先投向旅游公共服务和旅游公共设施项目。对符合国家产业政策的重点招商引资旅游项目，实行企业投资项目承诺制和审批服务代办制。各州、市、县、区要鼓励社会资本进入旅游业，着力培育大型龙头旅游企业，打造品牌旅游企业，推动支持旅游企业上市，采取以奖代补方式奖励为全省旅游产业转型升级作出重要贡献的旅游企业。对省级重大旅游项目、重点旅游州市、全域旅游示范区，探索推广旅游投资项目审批“四个一”改革（一表申请、一口受理、并联审查、一章审批）。（省政府督查室，省发展改革委、财政厅、国土资源厅、旅游发展委、国资委等按照职责分工牵头；各州、市人民政府负责）

（三十一）统筹推进，加强协调。省人民政府常务会议每半年听取 1 次旅游产业转型升级重点任务推进情况汇报。省旅游产业发展领导小组每季度召开 1 次重点工作调度会议，及时协调解决旅游产业转型升级中的有关问题；及时召开现场办公会议和专题工作会议，协调解决旅游重大项目、重点工作和旅游企业遇到的困难和问题。（省旅游产业发展领导小组办公室牵头负责）

云南省人民政府关于做好第二次全国污染源普查工作的通知

各州、市人民政府，省直各委、办、厅、局：

为贯彻落实《国务院关于开展第二次全国污染源普查的通知》（国发〔2016〕59 号）精神，做好云南省第二次全国污染源普查工作，现将有关事项通知如下：

一、目的和意义

全国污染源普查是重大的国情调查，是环境保护的基础性工作。开展污染源普查，全面掌握云南省各类污染源的数量、行业和地区分布情况，了解主要污染物产生、排放和处理情况，建立健全重点污染源档案、污染源信息数据库和环境统计平台，对于准确判断当前云南省环境形势，制定实施有针对性的经济社会发展和环境保护政策、规划，不断改善环境质量，加快推进生态文明排头兵建设步伐，坚决保护好云南的绿水青山、蓝天白云、原野沃土具有重要意义。

二、对象和内容

普查对象是云南省境内有污染源的单位和个体经营户。范围包括：工业污染源，农业污染源，生活污染源，集中式污染治理设施，移动源及其他产生、排放污染物的设施。

普查内容包括普查对象的基本信息、污染物种类和来源、污染物产生和排放情况、污染治理设施建设和运行情况等。

本次普查的具体范围和内容，根据国务院批准的普查方案确定。

三、时间安排

本次普查标准时点为 2017 年 12 月 31 日，时期资料为 2017 年度资料。2016 年第 4 季度至 2017 年底为普查前期准备阶段，各地各部门重点做好普查方案编制、普查工作试点以及宣传培训等工作。2018 年为全面普查阶段，各地各部门组织开展普查，通过逐级审核汇总形成普查数据库，年底完成普查工作。2019 年为总结发布阶段，重点做好普查工作验收、数据汇总和结果发布等工作。

四、组织和实施

污染源普查工作涉及范围广、参与部门多、普查任务重、技术要求高、工作难度大。各地各部门要按照“全省统一领导、部门分工协作、各地分级负责、各方共同参与”的原则组织实施普查工作。同时，按照信息共享和厉行节约的要求，充分利用有关部门现有统计、监测和各专项调查等有关资料，借鉴和采纳有关经济普查、农业普查等成果。

为加强组织领导，省人民政府决定成立云南省第二次全国污染源普查领导小组（以下简称领导小组，名单见附件），负责领导和协调全省污染源普查工作。领导小组下设办公室在省环境保护厅，负责普查的日常工作。领导小组成员单位要按照各自职责协调落实有关工作。

各地要建立相应的污染源普查领导工作机制，按照领导小组的统一部署要求，做好本行政区域内的污染源普查工作。要充分利用报刊、广播、电视、网络等各种媒体，广泛深入宣传污染源普查的重要意义和有关要求，为普查工作的顺利实施营造良好的社会氛围。对普查工作中遇到的各种困难和问题，要及时采取措施，切实予以解决。

五、经费保障

云南省第二次全国污染源普查工作经费，按照分级保障原则，由同级财政予以保障。省财政负担部分，由有关部门按要求列入部门预算。省以下财政负担部分，由同级财政根据工作需要统筹安排。

六、工作要求

污染源普查对象有义务接受领导小组办公室、普查人员依法进行的调查，并如实反映情况，提供有关资料，按要求填报污染源普查表。任何地区、部门、单位和个人都不得迟报、虚报、瞒报和拒报普查数据，不得伪造、篡改普查资料。

各级普查机构及其工作人员，对普查对象的技术和商业秘密，必须履行保密义务。

附件：云南省第二次全国污染源普查领导小组组成人员名单

云南省人民政府

2017 年 7 月 28 日

（此件公开发布）

附件：

云南省第二次全国污染源普查领导小组组成人员名单

组　长：宗国英　常务副省长
副组长：马文亮　省政府副秘书长
　　　　张纪华　省环境保护厅厅长
　　　　张云松　省统计局局长
成　员：刘　颖　省发展改革委副主任
　　　　唐文祥　省工业和信息化委副主任
　　　　黄政红　省公安厅副厅长
　　　　王卫昆　省财政厅副厅长
　　　　李连举　省国土资源厅副厅长
　　　　杨春明　省环境保护厅副厅长
　　　　赵志勇　省住房城乡建设厅副厅长
　　　　杨　延　省交通运输厅副厅长
　　　　左荣贵　省农业厅副厅长
　　　　王仕宗　省水利厅副厅长
　　　　周　权　省地税局副局长
　　　　曹　阳　省工商局副局长
　　　　刘光宇　省质监局副局长
　　　　田虎青　省新闻办专职副主任
　　　　刘卫民　省国税局副局长

领导小组办公室主任由杨春明兼任。

领导小组成员如有变动，由成员单位自行递补，报领导小组备案，不再另行发文。

云南省人民政府关于授予夏爱克等10名外国专家2017年云南省外国专家“彩云奖”的决定

各州、市人民政府，省直各委、办、厅、局：

近年来，云南省大力实施人才强省战略，坚持“聚天下英才而用之”，聘请一大批外国专家来云南省创新创业，促进云南省经济、文化、教育等方面的对外交流与合作，为全省经济社会发展作出特殊贡献。为更好地营造引才聚才环境，构建合理人才激励机制，表彰在云南省经济社会发展中作出突出贡献外国专家，鼓励更多外国专家投身到云南省经济社会发展中来，省人民政府决定授予夏爱克等10名外国专家2017年云南省外国专家 “彩云奖”。各地各部门要深入学习贯彻习近平总书记系列重要讲话精神和治国理政新理念新思想新战略以及考察云南重要讲话精神，充分认识新形势下加强外国人才引进工作的重要意义，实施更积极、更开放、更有效的人才引进政策，吸引更多海外高层次人才来云南省施展才华，为推动云南省跨越式发展提供人才支持和智力支撑。

附件：2017年云南省外国专家“彩云奖”获奖人员名单。

云南省人民政府

2017年10月16日

（此件公开发布）

附件：

2017 年云南省外国专家“彩云奖”获奖人员名单

序号	姓名	国籍	聘用单位	类别
1	Eckehard Scharfschwerdt 夏爱克	德国	国际专业服务机构有限公司（香港）云南代表处	文教专家
2	BrianDaleLinden 布莱恩·林登	美国	大理喜林苑客栈有限公司	经技专家
3	JanDeanMiller 简·迪安·米勒	美国	昆明理工大学	文教专家
4	KyleWarwick Tomlinson 唐力森	爱尔兰	中国科学院西双版纳热带植物园	文教专家
5	JiHuaXia 季华夏	澳大利亚	云南北方奥雷德光电科技股份有限公司	经技专家
6	MichaelAugustine Fullen 米歇尔·福林	英国	云南农业大学	文教专家
7	CaesarBenedikt Schmidlin 史凯撒	瑞士	昆药集团股份有限公司	经技专家
8	KornkarnPromdewet 郭恩甘	泰国	曲靖师范学院	文教专家
9	Myoung — KiKim 金明起	韩国	云南省农业科学院粮食作物 研究所	经技专家
10	AyeNgwe @ myatThuzar 棉都沙	缅甸	德宏职业学院	文教专家

云南省人民政府关于命名第八批省级园林城市园林县城和第一批省级园林城镇的通知

各州、市人民政府，省直各委、办、厅、局：

经评审，省人民政府决定命名楚雄市为第八批省级园林城市，水富县、双柏县、永仁县、禄丰县、建水县、宁洱县、祥云县、洱源县、剑川县、华坪县、沧源县、双江县为第八批省级园林县城，师宗县五龙乡、罗平县板桥镇为第一批省级园林城镇，现予公布。各地、有关部门要按照加快生态文明建设和推进新型城镇化的要求，认真总结经验，进一步加快园林绿化建设步伐，着力改善城乡人居环境，推动全省园林城市、县城和城镇创建工作再上新台阶。

云南省人民政府

2017 年 1 月 25 日

（此件公开发布）

云南省人民政府关于同意小湾电站库区生态环境保护总体实施方案（2016~2019 年）的批复

临沧市、大理州、保山市人民政府：

《临沧市人民政府大理白族自治州人民政府保山市人民政府关于请予批准《小湾电站库区生态环境保护总体实施方案（2016~2019 年）的请示》（临政发〔2016〕214 号）收悉。经研究，现批复如下：

一、同意《小湾电站库区生态环境保护总体实施方案（2016~2019 年）》（以下简称方案），请认真组织实施。

二、方案实施时间为 2016~2019 年。绩效目标为：到 2019 年底，小湾电站库区水质稳定保持地表水Ⅲ类标准；入库河流澜沧江干流、黑惠江、银江河保持地表水Ⅲ类标准，澜沧江干流一级支流瓦窑河、倒流河和黑惠江二级支流歪角河保持地表水Ⅳ类标准；库区流域内总磷排放总量削减 78.4 吨；新增水源涵养林 65000 亩，森林覆盖率达到 70%，水土流失率减少 2%，县城生活垃圾、污水处置率分别达到 95%、85%，农村生活垃圾、污水收集处置率分别达到 70%、60%，人畜粪便综合利用率达到 90%；实现水库水质安全监控和规范化管理。

三、方案主要实施污染源治理、流域生态环境状况调查与评估、生态修复与保护、环境监管能力建设等 4 大类项目。污染源治理类项目包括库区移民安置点环境综合治理工程、库区农村环境连片综合整治工程、瓦窑河流域重金属污染综合治理工程、银江河流域重金属污染综合治理工程、库区农村集中式饮用水水源地保护工程、澜沧江干流昌宁段流域污染治理工程、库区入库河流综合整治工程。流域生态环境状况调查与评估类项目包括生态安全基线调查与评估、重金属污染土壤调查及监测评估。生态修复与保护类项目包括生物多样性保护工程、库区野生古茶树群落保护项目。环境监管能力建设类项目包括流域内环境监管能力建设。

四、方案是小湾电站库区流域水污染综合防治工作的重要依据，应纳入临沧市、大理州、保山市经济社会发展总体规划。小湾电站库区流域的经济建设活动必须符合方案要求。临沧市、大理州、保山市人民政府是方案实施的责任主体，主要负责人是小湾电站库区流域水污染综合防治工作的第一责任人。

五、临沧市、大理州、保山市人民政府要将方案确定的各项工作任务分解落实到行政区域内各级政府和有关部门，明确具体责任单位和责任人，逐项落实。省直有关部门要按照职能分工，加强对方案实施工作的指导和支持，确保各项目标顺利实现。在积极争取国家支持和加大政府投入的同时，临沧市、大理州、保山市要按照国家和省的要求，抓紧建立市场融资平台，建立多元化投入机制，积极拓展融资渠道，多方筹措资金，进一步推进环保基础设施建设运营市场化工作，争取更多资金投入到小湾电站库区流域水污染综合防治工作。

云南省人民政府
2017 年 1 月 26 日

（此件公开发布）

云南省人民政府关于沾益海峰省级自然保护区功能区划调整的批复

曲靖市人民政府：

《曲靖市人民政府关于调整沾益海峰省级自然保护区功能区的请示》（曲政请〔2016〕69号）收悉。经研究，现批复如下：

一、原则同意对沾益海峰省级自然保护区功能区划进行调整。调整后自然保护区核心区面积不变，缓冲区面积由1 823.9公顷调整为1 835.1公顷，实验区面积由22 091.0公顷调整为22 079.8公顷。

二、请督促当地行政主管部门和自然保护区管理机构根据批准调整的功能区划，尽快开展确界定桩工作，并予以通告。

三、请尽快按照有关规定和技术标准组织修编《沾益海峰省级自然保护区总体规划》，并按照程序上报审批。

四、请妥善处理自然保护区与周边社区的关系，进一步加强自然保护区管理机构能力建设，强化自然保护区规范管理，严守生态红线，加大资金投入，科学处理好生态保护与当地经济社会协调发展的关系。

云南省人民政府

2017年3月7日

（此件公开发布）

云南省人民政府关于滇中引水工程受退水区水污染防治规划的批复

省滇中引水办、环境保护厅：

《云南省滇中引水办云南省环境保护厅关于审批并印发<滇中引水工程受退水区水污染防治规划>的请示》（云引办技术〔2017〕17号）收悉。经研究，现批复如下：

一、原则同意《滇中引水工程受退水区水污染防治规划（2013~2040年）》（以下简称规划），请认真组织实施。

二、规划实施要紧紧围绕“先节水后调水、先治污后通水、先环保后用水”的原则，以水环境质量稳定达标为核心，按照“增产不增污”的要求，确保滇中引水工程受退水区主要控制断面水质目标达到或优于水环境功能要求，工业、城镇、农业农村污染收集处理能力明显增强，清洁生产水平、节水率和水资源重复利用率显著提高，主要污染物排放量不超过水环境容量，实现受退水区经济社会与环境协调发展。

三、昆明市、玉溪市、楚雄州、红河州、大理州、丽江市人民政府是规划实施的责任主体，要加强滇中引水工程受退水区水污染防治工作的组织领导，层层分解规划任务，确保规划目标落 到实处。

四、省发展改革委、财政厅、国土资源厅、环境保护厅、住房城乡建设厅、农业厅、林业厅、水利厅、移民局等部门要按照职能分工，加强工作支持和指导协调，确保规划顺利实施。

云南省人民政府

2017年5月12日

（此件公开发布）

云南省人民政府关于云南寻甸黑颈鹤省级自然保护区总体规划的批复

昆明市人民政府：

《昆明市人民政府关于批准云南寻甸黑颈鹤省级自然保护区总体规划（2015~2025）的请示》（昆政请〔2016〕1号）收悉。经研究，现批复如下：

一、原则同意《云南寻甸黑颈鹤省级自然保护区总体规划》（以下简称总体规划），规划期调整为2016~2025年。请加快健全和完善自然保护区管理机构，将自然保护区建设纳入经济社会发展规划，科学处理好生态保护与当地经济社会协调发展的关系。

二、请督促当地行政主管部门和自然保护区管理机构根据总体规划认真做好标桩定界、资源保护、科研监测、科普教育等工作，不断提升自然保护区管理规范化、科学化水平。要依法严守 生态红线，科学开展湿地生态恢复，确保清水海调水保护区域生态系统正向演替。

三、要进一步加强自然保护区管理机构能力建设，多渠道加大自然保护区建设和管理投入，切实解决自然保护区管护设施设备不适应管理需求的矛盾。

云南省人民政府

2017年5月19日

（此件公开发布）

云南省人民政府办公厅关于印发云南省公共照明和旅游景观亮化工程实施方案的通知

各州、市人民政府，省直各委、办、厅、局：

《云南省公共照明和旅游景观亮化工程实施方案》已经省人民政府同意，现印发给你们，请认真贯彻执行。

云南省人民政府办公厅

2017年1月4日

（此件公开发布）

云南省公共照明和旅游景观亮化工程实施方案

为全面推进云南省亮化工程建设，制定本方案。

一、总体思路

认真贯彻落实党的十八大和十八届三中、四中、五中、六中全会精神，牢固树立创新、协调、绿色、开放、共享的发展理念，进一步加强云南省公共照明和旅游景观亮化工程的规划、建设和管理，按照电力市场化改革要求，充分发挥云南省水电资源优势，推进云南省亮化工程全面实施，提升云南省旅游形象和城乡人居环境，加快推进具有云南特色的新型城镇化建设。

二、实施范围

（一）全省公共照明和城市规划区域内的公路；

（二）列入云南省旅游产业转型升级三年（2016~2018年）行动计划全域旅游创建名录的60个旅游强县（详见附件1）；

（三）列入云南省旅游产业转型升级三年（2016~2018年）行动计划全域旅游创建名录的60个旅游名镇（详见附件2）；

（四）云南省25个对外开放口岸（详见附件3）。

三、实施对象

实施范围内的道路公共照明、旅游景观、地标性建筑、高层楼宇、重点商业街区及其临街橱窗。

四、工作任务

（一）政府主导，明确责任。各州、市、县、区人民政府作为亮化工程的责任主体。由2016年底确定的行政区域内公共照明和旅游景观亮化工程实施主管责任单位（以下简称亮化工程责任单位），统一负责公共照明和旅游景观亮化工程规划、建设、管理。

（二）科学规划，统一建设。2017年1月底前，各州、市、县、区结合当地历史文化底蕴，民族特色，加快制定和完善当地亮化工程专项规划和技术标准，确定不少于3个公益性亮化景观示范区域进行集中打造。2017年3月底前，省直有关部门制定公共照明和旅游景观亮化工程总体规划及建设规范和要求，指导各地高水平做好规划、建设和管理工作。2017年6月底前，各州、市、县、区公益性亮化景观示范区完成竣工验收，并在此基础上进一步总结经验，扩大亮化工程范围。

（三）规范管理，集中控制。各州、市、县、区应制定出台相应的实施细则和管理办法，确保亮化设施管理规范有序。本方案实施范围内的亮化工程用电设施由各州、市、县、区亮化工程责任单位牵头，当地供电部门配合，进行统一报装、统一验收、分表计量，实现集中控制与运行管理。

五、配套政策

（一）本方案实施范围内的公共性、公益性亮化工程用电由云南电网公司纳入弃水电量采购范围，输配电价按照国家批复标准执行，结算电价不超过每千瓦时0.4元。

（二）本方案实施范围内的旅游企业生产经营用电执行一般工商业用电价格政策，鼓励支持有条件的用户与发电企业开展直接交易，或由当地供电企业打捆用电电量参与电力市场交易，降低用电成本。

（三）本方案实施范围内承担公共性、公益性亮化功能的有关企业亮化工程用电，由各州、市、县、区人民政府给予适当补贴。

六、组织实施

（一）建立省级公共照明和旅游景观亮化工程工作机制，成立省公共照明和旅游景观亮化工程实施推进领导小组，由省人民政府分管城乡建设工作的领导担任组长，下设办公室在省住房城乡建设厅，成员单位为省旅游发展委、交通运输厅、商务厅、能源局、物价局和云南电网公司，负责进一步加强组织领导，抓好各项工作落实，加快推进亮化工程组织实施。实施过程中，特别要注意做好群众工作，积极争取支持和理解。

（二）从省级层面研究提出公共照明和旅游景观亮化工程总体规划指导意见（省住房城乡建设厅牵头，省旅游发展委、交通运输厅配合）；研究提出云南省楼宇亮化专项规划指导意见（省住房城乡建设厅牵头）；研究提出商业街区临街橱窗亮化专项规划指导意见（省商务厅牵头）。

（三）落实云南省公共照明和旅游景观亮化工程电价政策（省物价局牵头，省能源局和云南电网公司配合）。

（四）完善城乡供电基础设施，提出云南省确保亮化工程实施及用电安全运行的措施，逐步实现公共照明和旅游景观亮化工程用电分表计量（云南电网公司牵头，省能源局配合）。

附件：

1. 列入云南省旅游产业转型升级三年（2016~2018年）行动计划全域旅游创建名录的60个旅游强县名单

2. 列入云南省旅游产业转型升级三年（2016~2018年）行动计划全域旅游创建名录的60个旅游名镇名单

3. 云南省25个对外开放口岸

附件1

列入云南省旅游产业转型升级三年（2016~2018年）行动计划全域旅游创建名录的60个旅游强县名单

五华区、盘龙区、官渡区、西山区、安宁市、呈贡区、石林县、晋宁区、昭阳区、水富县、盐津县、麒麟区、马龙县、罗平县、会泽县、师宗县、红塔区、江川区、澄江县、新平县、通海县、隆阳区、腾冲市、龙陵县、楚雄市、元谋县、武定县、禄丰县、蒙自市、建水县、弥勒市、河口县、元阳县、泸西县、石屏县、丘北县、广南县、思茅区、西盟县、澜沧县、景洪市、勐海县、勐腊县、大理市、宾川县、剑川县、巍山县、洱源县、芒市、瑞丽市、盈江县、古城区、玉龙县、宁蒗县、泸水市、贡山县、香格里拉市、德钦县、临翔区、沧源县

附件2

列入云南省旅游产业转型升级三年（2016~2018年）行动计划全域旅游创建名录的60个旅游名镇名单

一类旅游小镇（7个）

昆明市安宁市温泉街道、昆明市阳宗海风景名胜区汤池街道、昆明市石林县鹿阜街道、大理州大理市大理古镇、丽江市古城区大研古镇、丽江市古城区束河古镇、迪庆州香格里拉市建塘镇

二类旅游小镇（19个）

昆明市倘甸工业园区和轿子山旅游开发区转龙镇、昆明市倘甸工业园区和轿子山旅游开发区红土地镇、保山市腾冲市和顺镇、楚雄州姚安县光禄镇、楚雄州禄丰县黑井镇、红河州建水县西庄镇、红河州元阳县新街镇、西双版纳州景洪市勐罕镇、西双版纳州勐腊县勐仑镇、大理州大理市喜洲镇、大理州祥云县云南驿镇、大理州鹤庆县草海镇、大理州洱源县右所镇、大理州剑川县沙溪镇、德宏州瑞丽

市畹町镇、怒江州贡山县丙中洛镇、怒江州贡山县独龙江乡、迪庆州香格里拉市三坝乡、迪庆州维西县塔城镇。

三类旅游小镇（34个）

昭通市昭阳区永丰镇、昭通市彝良县小草坝镇、昭通市盐津县豆沙镇、曲靖市宣威市杨柳乡、曲靖市马龙县旧县街道、曲靖市师宗县五龙乡、曲靖市罗平县鲁布革乡、玉溪市通海县河西镇、玉溪市澄江县龙街街道、玉溪市澄江县右所镇、保山市施甸县姚关镇、楚雄州大姚县石羊镇、楚雄州禄丰县金山镇、红河州蒙自市新安所镇、红河州金平县马鞍底乡、文山州丘北县双龙营镇、文山州丘北县八道哨乡、文山州广南县八宝镇、文山州广南坝美镇、普洱市宁洱县磨黑镇、普洱市镇沅县者东镇、普洱市西盟县勐卡镇、普洱市澜沧县惠民镇（景迈）、西双版纳州景洪市大渡岗乡、西双版纳州勐腊县易武镇、大理州弥渡县密祉镇、大理州云龙县诺邓镇、德宏州瑞丽市姐相乡、丽江市古城区大东乡、丽江市宁蒗县永宁乡、丽江市玉龙县石鼓镇、丽江市玉龙县拉市镇、临沧市凤庆县鲁史镇、临沧市沧源县勐来乡。

附件3

云南省25个对外开放口岸

思茅港口岸、景洪港口岸、昆明机场航空口岸、西双版纳航空口岸、丽江航空口岸、德宏航空口岸、河口口岸、磨憨口岸、瑞丽口岸、畹町口岸、天保口岸、金水河口岸、猴桥口岸、清水河口岸、打洛口岸、河口公路口岸、江城勐康口岸、都龙口岸、盈江口岸、章凤口岸、南伞口岸、孟连口岸、沧源口岸、片马口岸、田蓬口岸。

云南省人民政府办公厅关于健全生态保护补偿机制的实施意见

各州、市人民政府，省直各委、办、厅、局：

为贯彻落实《国务院办公厅关于健全生态保护补偿机制的意见》（国办发〔2016〕31号）精神，加快推进生态文明建设排头兵进程，经省人民政府同意，现提出以下意见：

一、充分认识健全生态保护补偿机制的重大意义

云南省地处中国长江上游（金沙江）、珠江源头（南盘江）和红河、澜沧江、怒江、伊洛瓦底江等4条国际河流的发源地和上游地区，是世界10大生物多样性热点地区之一——东喜马拉雅地区的核心区域，拥有良好的生态环境和自然资源禀赋，同时又是生态环境比较脆弱敏感的地区。作为中国西南生态安全屏障和生物多样性宝库，云南省承担着维护区域、国家乃至国际生态安全的战略任务。近年来，云南省在森林、湿地、生物多样性保护和水环境保护等领域探索实施生态保护补偿机制，取得阶段性进展。但总体看，全省生态保护补偿的范围仍然偏小，补偿资金来源渠道和补偿方式仍然单一，补偿配套制度和技术服务支撑仍然不足，保护者和受益者良性互动的体制机制不完善，经济发展与环境保护矛盾日益凸显。抓住国家健全生态保护补偿

机制的机遇，建立完善云南省公平合理、积极有效的生态保护补偿机制，有利于调动全社会保护生态环境的积极性，有利于促进生态保护补偿制度化、规范化，有利于推动实施主体功能区战略，促进重点生态功能区贫困人口尽快脱贫、共享改革发展成果，对云南省争当全国生态文明建设排头兵具有十分重要的意义。

二、准确把握健全生态保护补偿机制的总体要求

（一）指导思想。全面贯彻党的十八大和十八届三中、四中、五中、六中全会精神，深入贯彻习近平总书记系列重要讲话精神，坚持“四个全面”战略布局，牢固树立创新、协调、绿色、开放、共享的发展理念，以体制创新、政策创新、科技创新和管理创新为动力，不断完善转移支付制度，探索建立多元化生态保护补偿机制，逐步扩大补偿范围，有效调动全社会参与生态环境保护的积极性，促进云南省生态文明排头兵建设迈上新台阶。

（二）基本原则。权责统一，合理补偿。谁受益、谁补偿。科学界定保护者与受益者权利义务，推进生态保护补偿标准体系和沟通协调平台建设，加快形成受益者付费、保护者得到合理补偿的运行机制。统筹协调，共同发展。将生态保护补偿与实施主体功能区规划、脱贫攻坚规划、易地扶贫搬迁等有机结合，多渠道多形式支持江河水系源头地区、重要生态功能区和贫困地区经济社会发展，确保实现经济社会发展与生态环境保护双赢。循序渐进，先易后难。立足现实，着眼于解决实际问题，因地制宜选择生态保护补偿模式，不断完善现有各项政策措施，积极推广已有的成功经验，逐步加大补偿力度，由点到线到面，实现生态保护补偿的制度化、规范化。多方并举，合力推进。既要坚持政府主导，增加公共财政对生态保护补偿的投入，又要积极引导社会各方参与，探索多渠道多形式的生态保护补偿方式，拓宽生态保护补偿市场化、社会化运作的路子。

（三）目标任务。到2020年，全省森林、湿地、草原、水流、耕地等重点领域和禁止开发区域、重点生态功能区、生态环境敏感区/脆弱区及其他重要区域生态保护补偿全覆盖，生态保护补偿试点示范取得明显进展，跨区域、多元化补偿机制初步建立，基本建立起符合省情、与经济社会发展状况相适应的生态保护补偿制度体系，促进形成绿色生产生活方式。

三、突出生态保护补偿的重点领域和任务

（四）森林。进一步完善森林分类经营，逐步提高省财政对省级公益林的生态保护补偿标准，实现国家级、省级公益林补偿和管护同标准、全覆盖。建立统一管护体系，切实加强公益林资源保护管理，鼓励公益林区在保持生态系统完整性和不影响生态功能的前提下，发展林下经济和开展非木质资源的开发利用，积极开展碳汇造林项目试点，探索与天然林保护工程、森林生态效益补偿等制度相协调的生态保护补偿方式，鼓励供水、水力发电、生态旅游景点等单位作为森林生态效益的直接受益者，创新“水补林”“电补林”“票补林”等补偿方式。全面停止天然林商业性采伐。（省林业厅、财政厅、发展改革委负责）

（五）草原。落实草原生态保护补助奖励政策，扩大天然草原退牧还草工程和岩溶地区草地治理工程实施范围，推动农牧交错带已垦草原治理、牧区草原畜牧业转型示范、南方现代草地畜牧业建设，改善人工饲草地、舍饲棚圈、青贮窖和储草棚等草原基础设施，充实草原管护公益岗位。（省农业厅、财政厅、发展改革委负责）

（六）湿地。在稳步推进大山包、纳帕海国际重要湿地退耕还湿试点建设基础上，适时扩大试点范围，对退化湿地生态系统进行科学修复。探索湿地资源开发利用制度，建立鼓励公民、法人和其他组织参与或者开展湿地保护和恢复活动的机制，建立九大高原湖泊等重要湿地退耕还湿占用基本农田的动态调整机制。积极申报国家湿地公园，争取国家在云南省国家级湿地自然保护区、国际重要湿地、国家重要湿地率先开展补偿试点。（省林业厅、农业厅、水利厅、环境保护厅、住房城乡建设厅、财政厅、发展改革委负责）

（七）水流。以六大水系、九大高原湖泊、具有重要生态功能的大型水库以及集中式饮用水水源地为重点，全面开展生态保护补偿，加大水土保持生态效益补偿资金筹集力度。加速推进以保持水土、护坡护岸、涵养水源为主的生态保护，加大生态清洁型小流域建设，实施河道生态治理，建立抚仙湖、洱海、泸沽湖和符合条件的大中型电站库区等良好水质湖泊生态环境保护长效机制，因地制宜实施地下水开发利用和保护修复措施。支持纳入国家和省级规划、具有重要饮用水源和重要生态功能的湖泊制定生态保护补偿办法。加大乡镇供水、污水和生活垃圾设施建设投入，支持在珍稀濒危水生野生动植物物种集中分布区建设自然保护区和水产种质资源保护区，在重点渔业水域

建设水生野生动物增殖、保护、救护站。（省水利厅、环境保护厅、住房城乡建设厅、农业厅、财政厅、发展改革委负责）

（八）耕地。建立以绿色生态为导向的农业支持保护补贴制度，对拥有耕地承包权的种地农民给予资金补助。开展生态严重退化的石漠化地区耕地轮作休耕试点。严格执行占用耕地补偿制度，积极开展耕地开垦费调整更新。加大退化、污染、损毁农田改良和修复力度，推行土壤环境保护试点示范和“以奖促保”试点。将全省 25 度以上坡耕地、重要水源地和石漠化地区 15~25 度非基本农田坡耕地、严重污染耕地纳入国家退耕还林还草和云南省陡坡地综合治理范围。（省国土资源厅、农业厅、环境保护厅、水利厅、林业厅、住房城乡建设厅、财政厅、发展改革委负责）

四、着力抓好体制机制创新

（九）建立生态保护补偿资金投入机制。省财政根据全省经济社会发展和财力增长状况，在健全公共财政体制、调整优化财政支出结构，加大财政转移支付中生态保护补偿的预算安排。积极争取中央预算内投资对云南省重点生态功能区内的基础设施和基本公共服务设施建设予以倾斜。进一步完善各种资源费的征收使用管理办法，做好云南省逐步扩大资源税征收范围实施工作，加大各项资源费使用中用于生态保护补偿的比重，多渠道加大生态保 护补偿力度。归并和规范现有生态保护补偿渠道，推动以“竞争性分配”为核心的分配管理体制改革，切块下达资金，实行环境保护责任、权力、资金、任务主体一致，完善“一横一纵”的生态建设资金预算绩效考评机制和生态保护成效与资金分配挂钩的激励约束机制。各州、市人民政府也要建立州、市生态保护补偿资金投入机制，加大对生态保护补偿和生态环境保护的支持力度，州、市、县、区财政环境保护投入情况将纳入资金分配因素，作为省级生态保护有关资金分配的重要因素。（省财政厅、发展改革委会同省国土资源厅、环境保护厅、住房城乡建设厅、农业厅、林业厅、水利厅、地税局、国税局负责）

（十）完善生态功能区转移支付制度。按年度动态计算全省 16 个州市、129 个县市区的生态价值，据此公平分配省级生态保 护补偿资金。对生态环境变好的县、市、区，适当增加生态价值补助资金作为奖励；对因非不可控因素导致生态环境恶化的县、市、区，扣减生态价值补助资金。其中，对年度间生态环境“明显变差”“一般变差”“轻微变差”的县、市、区，分别按照当年测算生态价值补助资金量的 100%、70%、40% 扣减转移支付。形成以生态价值补偿为主体、生态质量考核奖惩为辅助的生态功能区转移支付制度体系。完善重点生态区域补偿机制，落实生态保护红线区、国家级自然保护区、世界文化自然遗产、国家级风景名胜区、国家森林公园和国家地质公园等各类禁止开发区域的生态保护补偿政策；在统一根据生态价值分配生态保护补偿资金的基础上，对按照统一方法计算难以充分体现而又确实具有较重要生态价值，生态保护支出责任较大的以滇西北三江并流生态屏障、哀牢山 – 无量山生态屏障、南部边境生态屏障、滇东 – 滇东南喀斯特地带、干热河谷地带、高原湖泊区和其他点块状分布的重要生态区域为核心的“三屏两带一区多点”生态安全屏障地区，给予政策性补助；适当提高省级支持的重点生态功能区建设项目财政补贴标准，将生态保护补偿作为生态保护红线管控政策的重要内容。（省财政厅、环境保护厅会同省发展改革委、国土资源厅、住房城乡建设厅、农业厅、林业厅、水利厅、扶贫办负责）

（十一）创新重点流域横向生态保护补偿机制。在有条件的区域开展建立跨省横向生态保护补偿机制工作。在全省范围内具有重要生态功能、重要水源地水资源供需矛盾突出、受各种污染危害或威胁严重的典型流域开展横向生态保护补偿试点，采取省里支持一块，州、市、县、区集中一块的办法建立全省重点流域 生态保护补偿金，流域范围内的州、市、县、区财政均按照省财政确定的上缴依据和标准上缴流域生态保护补偿金。将水质指标作为补偿资金分配的主要因素，同时考虑森林生态和用水总量控制因素，对水质状况较好、优良水体（达到或优于Ⅲ类）比例提升、水环境和生态保护贡献大、节约用水多的州、市、县、区加大补偿力度，反之则少予或不予补偿。分配到各州、市、县、区的流域生态保护补偿资金由各州、市、县、区人民政府统筹安排，主要用于饮用水水源地保护、城乡污水垃圾处理设施建设、农业面源污染治理、畜禽养殖业污染整治、禁养区限养区划定、企业环保搬迁改造、水生态修复、水土保持、造林防护等流域生态保护和污染防治工作。（省财政厅、环境保护厅会同省发展改革委、国土资源厅、住房城乡建设厅、农业厅、林业厅、水利厅负责）

（十二）探索市场化、社会化生态保护补偿新模式。加快资源资本化、生态资本化，建立水资源取用权出让、转让和租赁的交易机制，探索资源使（取）用权、排

污权交易和水权交易、生态产品服务标志等市场化的补偿模式，完善支持政策，搭建协商平台，引导鼓励重大资源开发、主要城市水源地、重点自然旅游景区等受益地区与保护生态地区采取资金补偿、对口协作、产业转移、人才培训、共建园区等方式实施横向生态保护补偿。推进建立跨省流域生态保护补偿的民主协商机制。在南盘江昆明市和曲靖市横向生态保护补偿试点的基础上，探索开展州市跨界河流上下游、牛栏江引水和滇中引水等重大跨流域工程调水区和受水区、重要水源地上下游等开展水权交易试点。以滇池流域、牛栏江流域、普渡河流域、南盘江流域企业为先行试点，构建排污权交易管理平台；推进金沙江和珠江重点流域、九湖流域、滇中、滇东南等重点区域间和区域内部排污权交易。对率先达成协议、具备突出生态价值的重点补偿项目省财政给予资金支持，积极探索与企业、非政府组织以及个人之间的生态保护补偿合作，鼓励通过PPP模式或者政府购买服务参与生态建设、环境污染整治的投资、建设和运营。形成补偿主体多元化、补偿方式多样化的资金筹集和投入体系。（省直各行业主管部门对口负责，省财政厅配合）

（十三）创新生态保护补偿推进精准脱贫机制。重点生态功能区转移支付向贫困地区倾斜。开展贫困地区生态综合补偿试点，优先支持贫困地区开展碳汇交易。国家实施的退耕还林还草、天然林保护、防护林建设、石漠化治理、坡耕地综合整治、退牧还草、水生态治理等重大生态工程和森林湿地管护补助、沙化石漠化土地封禁补助、退耕还林还草补助、营造林投资补助等补贴向贫困地区和建档立卡贫困人口倾斜，把生态保护工程实施与易地扶贫搬迁安置、培育后续产业、增加农民收入结合起来，创新项目资金使用方式，利用生态保护补偿和生态保护工程资金引导当地有劳动能力的部分贫困人口转化为生态保护人员，支持贫困地区发展特色农业，提高贫困人口参与度和受益水平。对在贫困地区开发能源资源的新建设项目，采取资金、资产折价量化为集体股权方式进行补偿。（省扶贫办、财政厅、发展改革委会同省国土资源厅、环境保护厅、农业厅、林业厅、水利厅、能源局、移民局负责）

（十四）健全配套制度体系。根据云南省主体功能区规划、生态功能区划，开展生态系统保护的投入成本与机会成本、生态受益者的收益、生态系统破坏后恢复成本与生态系统服务价值评估，作为生态保护补偿标准的基础；建立健全鉴定生态环境受损程度的技术标准，将保护生态环境投入的人力、物力、财力和丧失发展权的机会成本纳入生态保护补偿标准计算中；对生态环境的保护或者环境友好型生产经营方式所产生的水土保持、水源涵养、气候调节、生物多样性保护等生态服务价值进行综合评估与核算，作为生态保护补偿标准的参考和理论上限值，推进自然资源资产负债表核算试点。进一步完善县域生态价值指标计算体系和生态环境质量评价考核体系，大力推动全省环境监测能力标准化建设，完善重点生态功能区、重要湖泊水功能区、跨地区流域断面水量水质重点监控点位布局和自动监测网络，加强生态资源环境质量功能动态监测与过程性监测，定期对生态环境变化状况、生态系统结构、生态功能以及生态恢复修复效果等进行综合分析评估，加快推进生态保护补偿价值评价及监测评估技术信息化和生态保护补偿标准化。建立生态保护补偿信息发布机制，规范发布内容、流程、权限、渠道等，及时准确发布全省生态保护补偿的标准、方式、资金使用、成效等方面的信息。实现对州、市、县、区全覆盖的生态环境质量年度动态监测、评价。加强生态保护补偿效益评估，积极培育生态服务价值评估机构。健全自然资源资产产权制度，对全省范围的水流、森林、山岭、草原、荒地、滩涂等自然资源的所有权统一进行确权登记，建立自然资源资产交易平台，为生态保护补偿机制建设提供必要的技术支撑。（省发展改革委、财政厅、环境保护厅会同省国土资源厅、住房城乡建设厅、农业厅、林业厅、水利厅、统计局负责）

（十五）创新政策协同机制。落实国家关于生态环境损害赔偿、生态产品市场交易与生态保护补偿协同推进生态环境保护的新机制。开展生态环境损害赔偿制度改革试点工作，健全生态保护市场体系，完善生态产品价格形成机制，推行居民生活用水、电、气阶梯价格制度，完善污水、垃圾处理及排污收费政策，继续落实完善差别电价政策，落实超定额用水加价制度等惩罚性价格政策。实施用水权、排污权、碳排放权初始分配制度，完善有偿使用、预算管理、投融资机制，培育和发展交易平台。按照“先建机制、后建工程”，继续推进澄江、陆良、元谋“三试点”工作，推进水权水市场改革。逐步建立碳排放权交易制度。建立统一的绿色产品标准、认证、标识等体系，完善落实对绿色产品研发生产、运输配送、购买使用的财税金融支持和政府采购政策。（省环境保护厅、发展改革委、财政厅、水利厅会同省国土资源厅、住房城乡建设厅、农业厅、林业厅、能源局、物价局、地税局、国税局负责）

（十六）推进生态保护补偿制度化和法制化。进一步完善有关地方立法中关于生态保护补偿的条款。鼓励各州、市出台相关法规、规章或者规范性文件，明确生态保护补偿的基本原则、主要领域、补偿范围、补偿对象、资金来源、补偿标准、有关利益主体的权利义务、考核评估办法、责任追究等。建立生态保护者权益保护制度、生态保护补偿协商响应机制，做好税收征管服务，为生态保护补偿机制的规范化运作提供法制保障。（省发展改革委、财政厅会同省国土资源厅、环境保护厅、住房城乡建设厅、农业厅、林业厅、水利厅、地税局、统计局、能源局、国税局、法制办等负责）

五、狠抓落实，确保生态保护补偿机制建设取得实效

（十七）加强组织领导。各级政府要把健全生态保护补偿机制作为生态文明建设的重要抓手，列入重要议事日程，明确责任和目标任务。省人民政府主要负责省级重要生态区域的生态保护补偿，建立由省发展改革委、财政厅、环境保护厅、林业厅等有关部门组成的省级协调机制，负责全省生态保护补偿工作的指导、协调和监督，研究解决生态保护补偿机制建设工作中的重大问题，协调跨行政区域以及产业间环境问题的监督管理。省直有关部门要各负其责，密切配合，共同推进生态保护补偿机制的建立和完善。各州、市、县、区人民政府主要负责本行政区域内重要生态区域的生态保护补偿，要成立相应协调机制，确保生态保 护补偿机制建设各项工作部署落到实处。

（十八）加强督促问效。各级政府要加强对生态保护补偿资金使用和权责落实的监督管理，确保补偿资金及时足额发放；引导企业、社会团体、非政府组织等各类受益主体履行生态保护补偿义务，督促生态损害者履行治理修复责任，督促受偿者履行生态保护建设责任。将生态保护补偿机制建设工作成效纳入地方政府的绩效考核，省发展改革委、财政厅、环境保护厅、林业厅会同有关部门对落实本意见情况进行监督检查和跟踪分析，每年向省人民政府报告。各级审计、监察部门要依法加强审计和监察，对领导干部实行自然资源资产离任审计，按照有关规定要求，严肃查处生态环境破坏和生态保护补偿资金不当使用等行为并追究有关责任人的责任。

（十九）加强舆论宣传。进一步加大生态保护补偿宣传教育力度，使各级领导干部确立提供生态公共产品也是发展的理念，使生态保护者和生态受益者以履行义务为荣、以逃避责任为耻，自觉抵制不良行为。引导全社会树立生态产品有价、保护生态人人有责的思想，使谁开发谁保护、谁受益谁补偿原则和意识深入人心。加强生态保护补偿政策解读，及时回应社会关切，依法公开生态保护补偿资金来源及去向、有关利益主体的权利义务和生态保护补偿成效等信息，营造珍惜环境、保护生态和建立生态保护补偿机制的良好社会氛围。

云南省人民政府办公厅
2017 年 1 月 6 日

（此件公开发布）

云南省人民政府办公厅关于印发云南省生态环境监测网络建设工作方案的通知

各州、市人民政府，省直各委、办、厅、局：

《云南省生态环境监测网络建设工作方案》已经省人民政府同意，现印发给你们，请认真贯彻执行。

云南省人民政府办公厅
2017 年 1 月 26 日

（此件公开发布）

云南省生态环境监测网络建设工作方案

生态环境监测是生态环境保护的基础，加快推进生态环境监测网络建设，是云南省成为全国生态文明建设排头兵的重要支撑。为贯彻落实《国务院办公厅关于印发生态环境监测网络建设方案的通知》（国办发〔2015〕56号）和《中共云南省委云南省人民政府关于努力成为生态文明建设排头兵的实施意见》（云发〔2015〕23号）精神，结合云南省实际，制定本方案。

一、总体要求

（一）基本原则

优化完善，全面设点。建成覆盖全省国土空间，全面涵盖环境质量、重点污染源和生态环境状况各要素，布局合理、功能完善的生态环境监测网络。全省联网，统一发布。构建生态环境监测大数据平台，实现全省各级各类生态环境监测数据互联共享，完善生态环境监测信息统一发布机制。创新驱动，综合集成。依靠科技创新与技术进步，加强生态环境监测数据资源开发与应用，开展大数据关联分析，提高生态环境监测立体化、自动化、智能化水平。明晰事权，落实责任。依法明确各级各部门生态环境监测事权，理清政府、企业、社会的责任，推进部门分工合作，构建上下畅通、横向到边的生态环境监测机制。测管联动，依法追责。建立生态环境监测与监管有效联动机制，强化监测数据运用，加强环境监管，严厉打击环境违法违规行为，依法追究有关机构和人员责任。开放市场，形成合力。开放服务性监测市场，发挥社会监测力量作用，形成行政主管部门所属生态环境监测机构和社会环境监测力量共同服务于生态文明建设的新格局。

（二）工作目标

到2018年，初步建成覆盖全省国土空间，全面涵盖环境质量、重点污染源和生态环境状况各要素的生态环境监测网络，构建生态环境监测数据网络和质量管理体系，实现各级各类监测数据互联共享，统一发布生态环境监测信息，监测监管有效协同联动。到2020年，基本建成全省生态环境监测网络和生态环境监测大数据平台，生态环境监测立体化、自动化、智能化水平明显提升，生态环境监测数据得到充分运用，生态环境预报预警能力显著加强，各级各部门监测事权明晰，监测市场体系健全，各项保障机制与生态环境监测网络职责、功能和作用相适应，全面建成各环境要素统筹、信息共享、统一发布、上下协同的全省生态环境监测网络。

二、主要任务及分工

（一）全面构建生态环境监测网络

1. 优化完善环境质量监测网络。建设涵盖全省大气、水、土壤、噪声、辐射等环境要素，统一规划、布局合理、功能完善的全省环境质量监测网络。建设覆盖全部县级以上政府所在城市的环境空气质量自动监测网络；建设覆盖重点水域、县级以上集中式饮用水水源地、跨界水体的水质自动监测网络；建设覆盖污染行业企业（含工业园区）及周边、社会关注热点重点区域的土壤环境质量监测网络；建设覆盖全部县级以上政府所在城市区域、道路交通及功能区的声环境监测网络，重点提升噪声敏感区环境噪声自动监测能力；完善全省辐射环境监测网络体系，推进边境及重点州、市辐射环境监测自动站建设。建立完善水资源质量、地下水环境质量、农业环境质量等监测网络。（省环境保护厅牵头负责全省大气、地表水、土壤、噪声、辐射环境质量监测网络建设，省水利厅牵头负责水资源质量监测网络建设，省国土资源厅牵头负责地下水环境质量监测网络建设，省农业厅牵头负责农业环境质量监测网络建设；省发展改革委、财政厅、住房城乡建设厅、交通运输厅、卫生计生委、质监局，省气象局等配合）

2. 建立完善生态环境状况监测网络。以卫星、无人机遥感监测和地面生态监测等为主要技术手段，建设完善自然保护区、森林生态区、石漠化区、生物多样性保护优先区等重点保护区域的生态环境状况监测网络。加强森林、湿地、草地、干热河谷等生态系统的定位观测和野外监测站点建设。建设覆盖全部州市、重要江河湖泊水功能区、水土流失防治区的水土流失监测网络。（省林业厅牵头负责重点保护区域的生态环境状况监测网络、定位观测和野外监测站点建设，省水利厅牵头负责水土流失监测网络建设；省发展改革委、财政厅、国土资源厅、环境保护厅、农业厅，中科院昆明分院等配合）

3. 健全完善污染源监测网络。国家、省级重点监控排污单位必须建设稳定运行的污染物排放在线监测系统，州、市和县级重点监控排污单位要积极建设稳定运行的污染物排放在线监测系统。省级以上工业园区要建设特征污染物在线监测系统，密切关注特征污染物的变化情况。污染物排放在线监测系统要实现全省联网。（省环境保护厅牵头；省发展改革委、工业和信息化委、住房城乡建设厅等配合）

（二）建立生态环境监测信息互联共享和统一发布机制

4. 建立生态环境监测数据互联共享机制。优化完善生态环境监测数据采集、传输及共享等机制，建设全省生态环境监测数据传输网络和大数据平台，实现各级各类环境监测数据的有效集成、互联共享。加强生态环境监测数据资源开发与应用，开展大数据关联分析，为生态环境保护决策、管理和执法提供数据支撑。（省环境保护厅牵头；省发展改革委、工业和信息化委、公安厅、财政厅、国土资源厅、住房城乡建设厅、交通运输厅、农业厅、林业厅、水利厅、卫生计生委、统计局，省气象局等配合）

5. 完善生态环境监测信息统一发布机制。规范生态环境监测信息发布内容、流程、权限和渠道。省环境保护厅统一发布全省环境质量、重点污染源等监测信息。有关部门按照有关规定要求，依职责向公众发布监测信息，确保发布的权威性，保障公众知情权。（省环境保护厅牵头；省发展改革委、工业和信息化委、科技厅、公安厅、国土资源厅、住房城乡建设厅、交通运输厅、农业厅、林业厅、水利厅、卫生计生委、统计局，省气象局等配合）

（三）加强环境管理与风险防范

6. 强化环境质量监测预报预警能力。提高全省空气质量预报和污染预警水平，开展重点城市大气污染源排放清单与来源解析，形成完善的全省环境空气质量预报预警体系。开展重点流域、重要湖库、水源涵养区等水环境质量预警研究，初步建立水质监测预报预警体系。提升土壤环境风险评估能力，掌握土壤重点污染区、风险区特征污染物动态变化情况。（省环境保护厅牵头；省发展改革委、工业和信息化委、科技厅、公安厅、国土资源厅、住房城乡建设厅、农业厅、水利厅、卫生计生委、统计局，省气象局等配合）

7. 推进生态环境风险评估和预警体系建设。定期开展全省生态环境状况调查和评估，积极推进生态保护红线监管平台建设，开展生态保护红线等动态监控和综合评估，建立生态环境承载力评估机制，提升生态环境风险防控和预警能力。（省林业厅牵头负责生态环境状况调查和评估，省环境保护厅牵头负责生态保护红线动态监控和综合评估，省发展改革委牵头负责生态环境承载力评估；省住房城乡建设厅、国土资源厅、农业厅、水利厅、卫生计生委、安全监管局、统计局等配合）

8. 建立重点监控污染源监测自动预警体系。建立重点监控污染源自动监测与异常报警机制，提高污染物超标排放、在线监测设备运行异常等信息追踪、捕获与报警能力，以及企业排污状况自动化智能化监控水平。（省环境保护厅牵头；省发展改革委、工业和信息化委、住房城乡建设厅、农业厅、水利厅等配合）

9. 健全各级环境应急监测体系。开展环境应急监测能力建设，重点完善省级及重点州、市环境应急监测能力建设，提升环境应急监测快速反应装备水平，完善环境风险源数据库，储备应急监测物资，切实提高突发环境事件的应急监测能力。（省环境保护厅牵头；省发展改革委、财政厅、国土资源厅、林业厅、水利厅、安全监管局，省气象局等配合）

（四）构建生态环境监测与监管联动机制

10. 推进生态环境监测数据运用。加强对各级各类生态环境监测结果运用管理，完善生态环境质量监测评估和考核体系，充分发挥生态环境监测数据在生态环境评价和考核中的作用，依据监测数据密切监控各区域生态环境质量状况及变化趋势，为各级政府落实生态环境保护责任考核、环境督察巡察、环境保护目标考核、领导干部离任审计、生态补偿、生态环境损害赔偿等提供技术支撑。（省环境保护厅牵头；省监察厅、工业和信息化委、财政厅、国土资源厅、住房城乡建设厅、农业厅、林业厅、水利厅、统计局、审计厅、扶贫办等配合）

11. 生态环境监测与执法联动。有关部门要建立生态环境监测与监管联合执法机制，强化执法监测，严格依法查处违法行为。建立监测监管联动快速响应机制，加大对生态环境监测数据异常区域的监测与执法，根据异常监测数据和自动报警信息，开展现场同

步监测与执法。（省环境保护厅牵头；省国土资源厅、农业厅、林业厅、水利厅、卫生计生委等配合）

12. 加强生态环境监测质量管理。生态环境监测机构要严格执行国家有关法律法规、环境监测标准、技术规范和有关要求，健全并落实监测数据质量控制与管理制度。生态环境监测机构、环境监控设备运行维护机构及其负责人对监测数据的真实性、准确性、有效性、合法性负责。对生态环境监测活动中的违法违规行为，有关部门按照各自职责依法依规严肃查处。党政领导干部、国家机关工作人员篡改、伪造或指使篡改、伪造监测数据的，依法予以处理。（省环境保护厅、质监局牵头；省监察厅、公安厅、国土资源厅、住房城乡建设厅、农业厅、林业厅、水利厅、卫生计生委，省气象局等配合）

（五）健全生态环境监测管理制度与保障体系

13. 加快推进环境监测体制改革。划分政府、企业、社会的监测事权。贯彻落实省以下环保机构监测监察执法垂直管理制度，建立与生态环境网络功能、作用相适应的监测机构、人员编制、运行经费保障机制，确保全省生态环境监测网络有效运行。（省编办、环境保护厅牵头；省发展改革委、财政厅、人力资源社会保障厅等配合）

14. 积极培育生态环境监测市场。稳步推进环境监测市场化，逐步完善环境监测市场化政策措施，鼓励社会环境监测力量积极参与排污单位污染源自行监测、环境影响评价现状监测、建设项目施工期环境监测以及环境监控设备运行维护等环境监测活动。探索政府向社会购买环境监测服务，建立政府对社会环境监测机构监管和向社会购买环境监测服务的长效机制。（省环境保护厅、质监局牵头；省发展改革委、工业和信息化委、财政厅等配合）

15. 强化监测科技创新。积极推广先进、适用的环境监测新技术、新方法及新工艺的应用。鼓励高校及科研院所进行监测技术方法和仪器设备的研究开发，开展生态环境监测合作。（省科技厅、教育厅按照各自职责分别牵头；省发展改革委、工业和信息化委、财政厅、国土资源厅、环境保护厅、住房城乡建设厅、交通运输厅、农业厅、林业厅、水利厅等配合）

16. 加强生态环境监测能力建设。加强各级各类生态环境监测机构基础设施（业务用房、仪器设备、监测车辆等）建设，重点加强环境质量与污染源监测、生态环境状况监测、环境应急监测、核与辐射监测、预报预警和监测数据平台等能力建设。加强生态环境监测技术队伍建设和人才培养。（省财政厅、人力资源社会保障厅、发展改革委、环境保护厅按照各自职责分别牵头；省工业和信息化委、国土资源厅、农业厅、林业厅、水利厅、统计局、卫生计生委，省气象局等配合）

17. 建立生态环境监测投融资和预算保障机制。按照政府主导、社会参与的原则，积极筹措资金，拓宽融资渠道，采取预算保障、政府购买社会服务、政府与社会资本合作（PPP）、委托运营等方式，建立与生态环境监测网络建设和运行任务相适应的投融资机制。根据生态环境监测事权的划分和生态环境监测体制改革，将生态环境监测机构所需人员和运行经费等纳入财政预算重点给予保障，建立与生态环境监测网络运行相适应的运行经费保障机制。（省财政厅、发展改革委、环境保护厅按照各自职责分别牵头；省编办、工业和信息化委、国土资源厅、住房城乡建设厅、农业厅、林业厅、水利厅、卫生计生委，省气象局等配合）

三、工作要求

（一）加强组织领导

有关部门要高度重视，切实把生态环境监测网络建设作为生态文明建设的重要支撑，列入重要议事日程，加强组织领导，保障工作条件，确保工作方案各项任务的全面落实。各州、市人民政府要加强对生态环境监测网络建设的组织领导，按照建设目标要求，结合实际，明确任务和分工，落实好各项建设任务。省环境保护厅要加强与有关部门的协调，及时向省人民政府、省委生态文明体制改革专项小组及其办公室报告工作进展情况。

（二）狠抓工作落实

各牵头部门要会同有关配合部门，按照国家有关规范和本方案要求，对照任务分工，尽快组织开展本系统生态环境监测网络现状调查，梳理现有监测点位、指标、技术标准规范等，编制实施方案，明确具体任务、工作责任和时间进度，并在本方案印发后 3 个月内报省人民政府备案。有关部门要互相支持配合，通力协作，实现监测资源优化整合，充分发挥生态环境监测在经济社会和生态文明建设中的支撑作用。

（三）强化督促检查

省委生态文明体制改革专项小组及其办公室根据工作进展情况，适时开展专项监督检查，确保生态环境监测网络建设工作各项目标任务顺利完成。

云南省人民政府办公厅关于印发云南省高原特色农业现代化建设总体规划（2016~2020 年）的通知

各州、市人民政府，省直各委、办、厅、局：

《云南省高原特色农业现代化建设总体规划（2016~2020 年）》已经省人民政府同意，现印发给你们，请认真贯彻执行。

云南省人民政府办公厅

2017 年 3 月 31 日

（此件公开发布）

云南省高原特色农业现代化建设总体规划（2016~2020 年）

前言

“十二五”期间，云南省立足区位优势和资源禀赋，创新发展思路，突出高原粮仓、特色经作、山地牧业、淡水渔业、高效林业和开放农业 6 大建设重点，打造“丰富多样、生态环保、安全优质、四季飘香”4 张靓丽名片，高原特色农业取得丰硕成果，成为全国现代农业发展的 4 种模式之一。“十三五”时期，省委、省政府又将高原特色现代农业产业列为 8 大产业之一重点推进建设，必将为农业农村经济发展注入新的强劲活力。为深入贯彻落实《中共云南省委关于制定国民经济和社会发展第十三个五年规划的建议》和《云南省国民经济和社会发展第十三个五年规划纲要》部署，统筹加快全省高原特色农业现代化建设，特编制《云南省高原特色农业现代化建设总体规划（2016~2020 年）》（以下简称规划）。规划在综合分析云南省高原特色农业现代化建设发展环境的基础上，按照优质、高效、生态、安全的要求，提出高原特色农业现代化建设的总体思路、发展原则、发展重点、主要任务和保障措施，是指导全省高原特色农业现代化建设的纲领性文件。规划期为 2016~2020 年。

第一章　认清发展环境

“十三五”时期是云南省全面建成小康社会的决胜阶段。坚持在新型工业化、信息化、城镇化深入发展中同步推进高原特色农业现代化，既是云南省全面建成小康社会的基础，也是实现跨越式发展的必然要求。

一、发展基础

“十二五”以来，在省委、省政府的坚强领导下，全省上下明确高原特色农业发展方向，闯出了一条发挥优势、彰显特色的农业现代化发展道路，全省农业农村经济呈现出快速、健康、可持续发展的良好态势，农业农村面貌发生新变化。“十二五”时期，是全省农业发展最好、农村变化最大、农民得实惠最多的时期之一，为“十三五”加快推进高原特色农业现代化建设奠定了坚实基础。经济总量及农民收入快速增长。2015 年，全省农业总产值达 3 383.1 亿元，比 2010 年增加 1 918 亿元，连续跨越 2 000 亿元、3 000 亿元两个大台阶。农业增加值达 2 098.2 亿元，农产品加工产值达 2 198 亿元。农村常住居民人均可支配收入 8 242 元，比2010年增加4 290元，年均增长13.7%，增幅连续5年高于城镇常住居民人均可支配收入。粮食生产再上台阶。2015年，全省粮食播种面积达6 731万亩，连续5年稳定在6 500万亩以上。粮食总产量1 876.4万吨，连续5年保持增产。粮食亩产278.8千克，比2010年提高48.8千克，增幅达21.2%。特色产业稳健发展。2015年，蔬菜、花卉、茶叶、水果、甘蔗、油料、咖啡、马铃薯、橡胶、蚕桑10大类特色经作种植面积6 088.7万亩。其中，茶叶、蔬菜、花卉、水果4个产业的产值过百亿元，分别为623亿元、608亿元、400亿元和230亿元，甘蔗、马铃薯产业产值均接近百亿元。畜牧业产值1 031亿元。渔业总产值81.7亿元，水产养殖面积213.33万亩，产量93.7万吨，居西部省区第三。林业总产值317亿元，同比增长9.7%。农业利用外资达2 825万美元，农产品出口到116个国家和地区，出口额达40.55亿美元，水果、蔬菜成为第一和第二大宗出口农产品。基础条件显著改善。截至2015年，累计建成高标准农田1287万亩，农田有效灌溉面积占比、农业科技进步贡献率、主要农作物耕种收综合机械化率分别达45%、55%和44.5%，良种覆盖率超过95%，仓储物流设施配套率达25%，畜禽规模养殖比重达40%。现代设施条件和技术支撑农业发展的格局基本形成。新型主体逐步壮大。截至2015年，全省农业产业化龙头企业达3 279户，实现销售收入1 967亿元。销售收入亿元以上农业龙头企业310户，比2010年增加193户。农民专业合作社37 382个，合作社成员75万户。家庭农场9 094个。多种形式土地适度规模经营占比达18%。品牌效应及质量安全水平明显提高。截至2015年，全省累计有效认证“无公害、绿色、有机农产品”850个，地理标志登记保护农产品70个，“云南名牌农产品”达80个。累计制修订农业地方标准1 250项，生产技术规程和技术要求5 000个。全省农产品质量安全综合抽检合格率达97%，位居全国前列。

二、发展机遇

——云南省在国家“一带一路”和长江经济带建设等战略中具有独特的区位优势。开展农林牧渔业、农机及农产品加工等领域深度合作是推进“一带一路”建设的重点，是建设利益共同体和命运共同体的最佳结合点。

——习近平总书记考察云南时要求云南省立足多样性资源这个独特基础，打好高原特色农业这张牌，走产出高效、产品安全、资源节约、环境友好的现代农业发展道路。中央对农业农村改革作出一系列新的重大部署，将有效盘活农村资产，拓展农村经济发展空间，形成以工促农的良好局面。省委、省政府始终坚持把解决“三农”问题作为工作的重中之重，连续出台一系列加快推进高原特色农业发展的重要文件。党中央的高度重视，总书记的殷切期望，省委、省政府的全力推进，为云南高原特色现代农业发展营造良好的政策环境，为加快高原特色农业现代化建设注入了新的动力。

——随着路网、航空网、能源保障网、水网和互联网5大基础网络建设的加快推进，云南省与南亚东南亚市场将随之连为一体，成为辐射南亚东南亚、中东、欧美等地的高原特色农产品集散交易中心基础条件日臻完善。同时农业基础设施不断改善，有利于降低农产品物流成本，提升农产品竞争力，为高原特色农产品“走出去”创造更加便利的条件。

——云南省高原特色优质农产品参与国际国内市场竞争潜力巨大、前景广阔。云南省农业与南亚东南亚国家有极强的互补性，云南省生产的温带农产品销往这些国家，而这些国家生产的热带农产品也正通过云南省供应到全国市场。伴随人们收入水平的提高，市场对农产品的需求已由普通农产品逐渐升级为无公害、绿色、有机农产品，尤其是对具有地方特色、原生态、高品质农产品的需求巨大。优越的生态环境为云南省提供高品质农产品创造了其他地区难以复制的产地优势。

三、面临挑战

面临实施精准扶贫和全面小康的双重任务。一方面，中央提出以脱贫攻坚统揽经济社会发展全局，把脱贫攻坚作为发展头等大事和第一民生工程。贫困人口的主体是农民，主要地区是边远农村，发展农业生产是脱贫的重要支撑。另一方面，“小康不小康关键看老乡，中国要强农业必须强，中国要美农村必须美，中国要富农民必须富 ”。在全面建成小康社会的发展战略中，通过农业现代化建设实现农业增效、农民增收、农村繁荣的任务尤为艰巨。

面临国际国内市场的双重竞争。一方面，随着经济全球化，国际农产品贸易格局正在发生深刻变化，全球经贸主导权竞争日益激烈，世界贸易保护主义抬头，中国在国际农业贸易竞争中面临的竞争环境越来越严峻。另一方面，国内其他省（区、市）通 过发展设施农业开发特色优质农产品，对云南省利用独特的自然资源优势发展高原特色现代农业形成一定的冲击，如何将云南省的自然资源优势转化为产业优势和市场优势，推进高原特色农业现代化建设的难度明显加大。

面临资源和环境的双重约束。一方面，云南省国土面积中山区面积占94%，是典型的山地农业。水资源在空间和时间上分布不均，水利化程度不高，对大宗农作物和特色经作种植影响大。低温、雪灾、干旱、大风、冰雹、洪涝等自然灾害及次生衍生灾害，各种病虫害等危害频繁发生，应对的压力不断增大。长期粗放的农业生产方式，导致土壤肥力下降，产出率降低。另一方面，农业开发周期长、见效慢，土地、资金和劳动力大量流向城市，工业对农业、城市对农村资源要素“虹吸”效应更加凸显，农业发展要素在工农和城乡之间的均衡配置面临很大挑战。工业化和城镇化的快速发展，导致部分高产稳产农用地被占用，规模化、标准化产业基地建设空间被压缩。

面临“保饭碗”和“保生态”的双重要求。一方面，全省人口总量增加和旅游业快速发展带来了食品消费量增加，粮食等主要农产品需求刚性增长的态势不可逆转。提高口粮生产和保障能力，是经济社会发展对农业的基本要求。另一方面，农业资源过度开发、农业投入品过量施用、农业环境污染日益突出，保护农业生态环境，推进绿色发展成为新的更高要求。

面临补贴见顶和成本抬升的双重压力。一方面，新世纪以来，中国采取的粮食最低收购价、良种补贴、农资综合补贴与农机具购置补贴等支持农业发展的“黄箱”政策已经见顶。另一方面，农业开发“门槛”低，大量工商资本投入农业，引发租地和用工成本上升，抬升了农业生产成本。农业发展在补贴见顶和成本抬升的双重挤压下，开发市场需求旺盛的生态安全、优质特色农产品，保护好高原特色农产品金字招牌的难度越来越大。

面临基础设施薄弱和产业发展粗放的双重制约。一方面，云南省农田水利基础设施差，耕地有效灌溉面积仅占耕地面积的40%左右，高稳产农田占耕地面积不到1/3。畜牧生产设施设备落后，规模养殖比例小。农机装备水平低，农机耕种收综合机械化水平低于全国平均水平20个百分点。另一方面，产业链短、附加值低、经营主体弱、市场竞争力不强，散、小、弱短板突出。农产品加工业产值与农业总产值比为0.65 ： 1，低于全国2.2 ： 1的平均水平。实用技术示范、推广滞后，良种良法推广应用率和科技成果转化率低。新型经营主体培育滞后，国家级龙头企业仅占全国总数的2 %，经工商登记的农民合作社仅占全国总数的3%，经农业部门认定的家庭农场仅3 500个，仅占全国总数的1%。

第二章 明确发展目标

一、总体目标

到2020年，高原特色农业现代化建设取得明显进展，高原特色现代农业产业体系、生产体系和经营体系不断完善，供给效率明显提升，物质技术装备条件显著改善，产业结构逐步优化，产业发展有机融合，资源利用和生态环境保护水平不断提高，农业质量、效益和竞争力明显提升。把云南省打造成为在全国乃至世界有影响的高原特色农产品生产加工基地。

二、具体目标

（一）经济总量持续增加

到2020年，农业总产值达4 800亿元，农业增加值达3 000亿元，农产品加工产值3 300亿元。农村常住居民人均可支配收入达13 000元以上。

（二）生产及供给水平全面提升

——高原粮仓进一步夯实。粮食播种面积稳定在6 500万亩以上，粮食产量稳定在1 800万吨左右。

——特色经作快速发展。以蔬菜、花卉、茶叶、水果、甘蔗、油料、咖啡、马铃薯、橡胶、蚕桑10大类为主的特色经作面积发展到7 000万亩。

——山地牧业快速增长。以“云岭牛”“小耳朵猪”“黑山羊”“武定壮鸡”等云南地方特色优势品种为重点的山地畜牧业得到大发展，肉类总产量达900万吨；禽蛋产量达100万吨；奶类产量达100万吨。

——淡水渔业持续增长。高原淡水鱼健康养殖面积超过300万亩，总产量达120万吨。

——高效林业稳步推进。生态承载力明显增强，森林覆盖率达60%以上；以核桃、油茶、澳洲坚果、油橄榄等为主的木本油料种植面积达5 200万亩，林下经营面积发展到1亿亩。

——开放农业加快发展。国际国内两大资源和市场得到充分利用，农产品年出口额超过55亿美元。

（三）质量效益水平全面提升

高原特色农产品加工转换比例进一步提高，质量安全监管和动植物疫病风险防控能力显著增强，现代农业产业体系基本构建，基本形成粮食与特色农产品协调发展，农林牧副渔结合、种养加一体、一二三产融合的发展格局，规模经营主体基本实现标准化生产、品牌化经营。

（四）可持续发展水平全面提升

农业资源保护永续利用水平明显提高，基本实现农业灌溉用水总量不增加，化肥、农药使用量零增长，畜禽粪便、农作物秸秆、农膜资源化利用率不断提高，生态文明建设取得明显进展，有利于生产高原特色农产品的良好生态环境得到较好保护，农村人居环境显著改善。到2020年，农作物秸秆综合利用率超过85%，规模畜禽养殖场（区）废弃物综合利用率达75%，当季农膜回收率达80%。

（五）技术装备水平全面提升

农业科技创新能力达到全国平均水平，良种化、机械化、信息化水平大幅度提高，农林牧副渔的生产、

专栏1

主　要　指　标

类别	指标	单位	2015年	2020年	年均增长(%)	属性
经济总量	农业总产值	亿元	3 383	≥ 4 800	[8.3]	预测性
	农业增加值	亿元	2 098	3 000	6	预测性
	农产品加工产值	亿元	2 188	3 300	—	预测性
	农村常住居民人均可支配收入	元	8 242	13 000	≥ 10	预测性
生产及供给水平	粮食生产面积	万亩	6 500	6 500	—	预测性
	产量	亿元	1876.4	1 800	—	预测性
	特色经作					预测性
	面积	万亩	6 088.7**	7 000	3.0	预测性
	产值	亿元	2 200**	4 000	7.3	预测性
	山地牧业					预测性
	肉类产量	万吨	730**	900	4.3	预测性
	禽蛋产量	万吨	64.8**	100	8.6	预测性
	奶类产量	万吨	72.4**	100	6.7	预测性
	淡水渔业					预测性
	养殖面积	万亩	212**	300	8.4	预测性
	产量	万吨	93**	120	5.2	预测性
	高效林业					预测性
	木本油料面积	万亩	4 900**	5 200	1.2	预测性
	林下经营面积	万亩	6 500**	10 000	10.8	预测性
	开放农业					预测性
	出口额	亿美元	40.6**	55	7.3	预测性
质量效益水平	农村常住居民人均可支配收入来自农业收入占比	%	50**	70	—	预测性
	农产品加工产值与农业总产值比		0.65	0.71	—	预测性
	每亩耕地产值	元/亩	2 045.5**	3 500	—	预测性
	城乡居民可支配收入比		3.1:1	2.7:1	—	预测性
	农产品质量安全监测总体合格	%	97	99		预测性
可持续发展水平	耕地保有量	亿亩	—	控制在国家下达指标内	预测性	
	森林覆盖率	%	55.7	≥ 60	0.86	约束性
	主要农作物化肥利用率	%	40	60	4	约束性
	主要农作物农药利用率	%	40	60	4	约束性
	农膜回收率	%	50*	80	6	约束性
	养殖废弃物综合利用率	%	45*	75	6	约束性
	农作物秸秆综合利用率	%	45*	85	8	约束性
技术装备水平	农业科技进步贡献率	%	55	60	1	预测性
	主要农作物耕种收综合机械化水平	%	44.5*	50	1	预测性
	耕地有效灌溉率	%	45	55	2	预测性
	农业信息化发展水平	%	25*	45	4	预测性
	农产品仓储物流设施配套率	%	25*	35	2	预测性
	新型职业农民	万人	3.86	30	35.4	预测性
	多种形式土地适度规模经营占比	%	18	30	2.4	预测性
	畜禽养殖规模化率	%	40*	65	5	预测性
	水产健康养殖面积比重	%	20*	40	4	预测性
	年销售收入10亿元以上小巨人	个	31	100	—	预测性
	县级以上农业龙头企业	个	3 250	3 700	—	预测性
	农民专业合作组织	万个	3.7	4	—	预测性
	家庭农场	万个	0.9	1.5	—	预测性

备注：代表按现值计算的预测数，* 代表2015年预测数，** 代表2015年行业数。

加工和仓储物流设施装备条件明显改善。到2020年，主要农作物耕种收综合机械化水平、农产品仓储物流设施配套率和农业科技进步贡献率分别达50%、35%和60%以上。

（六）适度规模经营水平全面提升

高原特色现代农业经营体系基本构建，新型农业经营主体和新型农业服务主体成为推进农业现代化建设的骨干力量，新型职业农民数量大幅增加。适度规模经营面积比重达30%以上。

第三章　做强重点产业

坚持市场导向，优化农业产业结构，建设大基地、打造大品牌、开拓大市场、培育大产业。立足资源优势，积极发展高原粮仓、特色经作、山地牧业、淡水渔业、高效林业和开放农业，重点做强生猪、牛羊、蔬菜、中药材、茶叶、花卉、核桃、水果、咖啡和食用菌等特色产业。

一、优化产业布局

“十三五”期间，围绕高原特色农业现代化建设的目标任务，构建“一个核心发展区域，五大重点产业板块，一批优势农产品产业带，一批现代农业示范园区，一批特色产业专业村镇”的“15111”产业空间布局，加快形成布局合理、产业集中、优势突出的重点特色产业发展新格局。

——一个核心发展区域：滇中地区各州、市政府所在地现代农业建设区。要充分发挥滇中城市经济圈的核心和龙头作用，按照农业现代化的基本要求，充分挖掘资金、技术、人才、信息和市场优势，聚合生产要素，全产业链打造蔬果、花卉等重点产业。发挥昆明北部黑龙潭片区农业科研机构集中的优势，整合建设高原特色农业生物谷，为打造昆明“高原特色农业总部经济”提供科技创新支撑，并带动全省优势农业产业提质增效。到2020年，在全省率先实现农业现代化。

——五大重点产业板块。根据高原特色现代农业发展现状和发展潜力，结合工业化、城镇化和生态环境保护需要，以产业化整体开发、优化配置各种资源要素为基本要求，以调结构转方式为抓手，建设产业重点县，推进农产品向优势产区集聚，打造区域特征鲜明的高原特色现代农业产业。滇东北重点发展中药材、水果、生猪、牛羊、蔬菜、花卉等产业。滇东南重点发展中药材、蔬菜、水果、生猪、牛羊、茶叶等产业。滇西重点发展核桃、牛羊、生猪、蔬菜、中药材、水果、食用菌等产业。滇西北重点发展牛羊、生猪、中药材、蔬菜、核桃、水果、食用菌等产业。滇西南重点发展茶叶、咖啡、热带水果、核桃、中药材、食用菌等产业。

专栏2　产业重点县

生猪：宣威、会泽、富源、陆良、广南、隆阳、罗平、麒麟、弥勒、沾益、腾冲、建水、镇雄、昌宁、泸西、石屏、师宗、施甸、丘北、巧家、蒙自、凤庆、云县、禄丰、寻甸、禄劝、祥云、昭阳、永德、玉龙等县市区。

牛羊：会泽、宣威、富源、师宗、陆良、马龙、广南、丘北、隆阳、昌宁、腾冲、龙陵、禄劝、寻甸、弥勒、泸西、建水、云县、永胜、玉龙、云龙、巍山、南涧、剑川、楚雄、双柏、大姚、芒市、兰坪、香格里拉等县市区。

蔬菜：元谋、建水、隆阳、施甸、盈江、景谷、石屏、宾川、华宁、泸西、昭阳、陆良、会泽、师宗、罗平、宣威、麒麟、弥渡、祥云、晋宁、嵩明、禄丰、宜良、通海、江川、澄江、富源、丘北、砚山、马关等县市区。

花卉：呈贡、宜良、嵩明、石林、晋宁、罗平、麒麟、宣威、师宗、沾益、元江、通海、江川、红塔、泸西、弥勒、开远、大理、鹤庆、剑川、永胜、玉龙、古城、楚雄、禄丰、腾冲、隆阳、昌宁、龙陵、丘北等县市区。

中药材：昆明高新技术产业开发区和东川、寻甸、禄劝、彝良、镇雄、沾益、师宗、新平、华宁、腾冲、昌宁、武定、双柏、泸西、金平、文山、砚山、思茅、景谷、景洪、云龙、剑川、鹤庆、芒市、玉龙、兰坪、维西、永德、双江等县市区。

茶叶：腾冲、龙陵、昌宁、绿春、广南、思茅、宁洱、墨江、景东、景谷、镇沅、江城、澜沧、孟连、西盟、景洪、勐海、勐腊、南涧、芒市、梁河、盈江、临翔、云县、凤庆、永德、镇康、耿马、沧源、双江等县市区。

核桃：永平、云龙、漾濞、巍山、鹤庆、洱源、宾川、剑川、南涧、祥云、弥渡、凤庆、云县、永德、临翔、大姚、南华、楚雄、双柏、弥勒、鲁甸、永胜、兰坪、会泽、新平、景东、香格里拉、隆阳、昌宁、腾冲等县市区。

水果：宜良、昭阳、鲁甸、绥江、麒麟、会泽、陆良、华宁、新平、元江、隆阳、元谋、蒙自、建水、河口、泸西、石屏、弥勒、金平、开远、马关、景谷、江城、景洪、勐腊、祥云、宾川、大理、洱源、瑞丽、玉龙、华坪、古城、永德、耿马等县市区。

咖啡：隆阳、思茅、宁洱、墨江、孟连、澜沧、芒市、盈江、镇康、耿马、云县、景谷、江城、景洪、临翔、双江、永德、沧源、宾川、泸水、勐海、河口、麻栗坡、凤庆、陇川、瑞丽、龙陵等县市区。

食用菌：禄劝、会泽、沾益、麒麟、马龙、陆良、易门、新平、隆阳、施甸、昭阳、玉龙、永胜、景东、思茅、宁洱、双江、凤庆、楚雄、牟定、南华、姚安、大姚、禄丰、石屏、建水、丘北、砚山、景洪、祥云、南涧、巍山、永平、云龙、剑川、梁河、兰坪、香格里拉、德钦、维西等县市区。

——一批优势农产品产业带。充分发挥对内对外开放经济走廊、沿边开放经济带、澜沧江开放经济带和金沙江对内开放合作 经济带的辐射带动作用，充分挖掘资源、区位和特色优势，紧紧围绕精准产业扶贫的要求，补齐短板、跨越发展、促农增收，重点建设沿边高原特色现代农业对外开放示范带、昭龙绿色产业示范带和澜沧江、金沙江、怒江、红河流域绿色产业示范带等一批优势农产品产业带，通过推进标准化生产基地建设，打造产业化经营龙头企业，打响品牌，培育一批参与国际国内市场竞争的拳头产品。一批现代农业示范园区。以云南红河百万亩高原特色农业示范区、洱海流域100万亩高效生态农业示范区、石林台湾农民创业园、砚山现代农业科技示范园等为重点，加快建设一批配套设施完善、产业集聚发展、一二三产融合的现代农业示范园区，促进要素整合、产业集聚、企业孵化。

——一批特色产业专业村镇。以蔬菜、花卉、中药材、畜牧养殖等为主业，建立一批特色明显、类型多样、竞争力强，生产区域化、专业化和集群化发展的特色优势产业专业村镇。

二、稳定粮食生产

认真落实粮食安全行政首长负责制和各项补贴政策，稳定粮食生产，增强粮食自我平衡能力。严守耕地保护红线，实施藏粮于地、藏粮于技战略，推进农田水利、土地整治、中低产田地改造和高标准农田建设，推进70个粮食产能县、市、区基地建设。积极开展粮食绿色高产高效创建和耕地质量保护与提升行动，继续实施百亿斤粮食增产计划，以提高单产和复种指数为主攻方向，加快推进测土配方施肥，大力推广高产优质高效生产技术。突出稻谷、玉米、马铃薯等主要品种，实施种子工程、科技增粮工程、沃土工程、植保工程和农机化工程，建立完善科技创新、粮食安全预警监测和防灾减灾体系。推动建设境外粮食生产和边境粮食贸易及转运基地。确保每年粮食播种面积保持在6 500万亩以上，粮食总产量稳定在1 800万吨左右。

三、做强特色经作

充分发挥区域比较优势,优化配置各种资源要素，推进优势农产品和产业集群发展，提质增效。在不断扩大规范化、标准化和规模化特色经作种植基地的同时，延伸产业链，以精深加工为突破口，做大做强市场前景广阔的特色经作产业。启动高原特色现代农业产业强县创建行动,重点推进蔬菜、花卉、中药材、茶叶、水果、咖啡和食用菌等特色优势产业发展，加大野生植物培育利用。打好生态和气候两张牌，积极开发绿色无公害农产品，大力发展冬季农业，错季开发一批具有云南特色的秋冬季农产品。深入开展标准化生产，加快新品种、新技术、新模式、新机制的普及推广应用。到2020年，建成标准化种植基地4 000万亩，实现蔬菜、花卉、茶叶和中药材产业产值均达1 000亿元以上，水果、咖啡、食用菌（野生食用菌）产业产值分别达400亿元、300亿元、200亿元以上。

四、壮大山地牧业

以打造全国重要的南方常绿草地畜牧业基地、生猪生产基地和畜禽产品加工基地为目标，推进云南省山地牧业快速发展。依托云南省“名猪”“名羊”“名牛”“名鸡”等优势资源和品牌特色，加快畜禽良种繁育体系建设，加大地方优良奶水牛、奶山羊等资源的保护和开发利用力度。发展畜禽标准化适度规模养殖，扶持规模养殖场建设，提高饲养水平。健全现代饲草料产业体系，推广牛羊舍饲、补料、青贮、氨化、种草养畜以及畜禽养殖废弃物资源化利用等标准化养殖综合配套技术，努力提高标准化饲养管理水平。强化动物防疫体系建设，提升边境与澜沧江沿线动物疫病防控能力和动物卫生监督执法能力，加快开展跨境动物区域化管理及产业发展试点工作，推动建设境外动物疫病防控区，深化跨境动物疫病防控合作，提高兽医公共服务和社会化服务水平。实施草原生态奖补等10大工程，健全草原科技推广、草原科技支撑、草原监测预警、草原执法监督、草原信息化管理等5大体系，以挖掘饲草料资源潜力为重点，大力推进草原保护建设及草料业发展。到2020年，生猪和牛羊产业综合产值分别达1 300亿元和1 000亿元以上，建成100个万亩高原生态牧场、200个肉牛规模养殖场、200个肉羊规模养殖场、10个奶牛规模养殖场、300个年出栏1万头以上和5 000个年出栏500头以上的生猪规模养殖场、200个年出栏10万羽以上的肉鸡蛋鸡养殖示范场。

五、做大淡水渔业

坚持“生态优先、养捕结合、以养为主、种养协调”方针，提高渔业标准化、集约化、规模化、产业化程度，加快形成养殖、捕捞、加工、物流、商贸、旅游业相互融合的一体化发展格局。引进和推广罗非鱼、鲟鱼、鳟鱼、大宗淡水鱼类等良种，做好丝尾鳠、滇池高背鲫、大头鲤、滇池金线鲃、白鱼、云南裂腹鱼“六大名鱼”为主的土著鱼类的保护性研究与开发利用。充分利用大型电站库区，推进健康养殖，发展标准化网箱养殖。建立产品质量追溯体系，稳步提升池塘精养水平。以“增殖放流”为重点，推进生态渔业建设。以稻田养鱼为重点，促进稳粮增效。以鱼片、鱼籽酱等加工出口为突破口，延伸产业链。到2020年，水产养殖规模达300万亩以上，稻田养鱼面积达400万亩以上，建成160万亩湖泊天然渔场、200万亩库区生态渔场、100万亩库区网箱标准化生产基地，渔业产值达300亿元。

六、提升高效林业

按照“生态建设产业化、产业发展生态化”的发展思路，全面深化林业改革，推进林业产业转型升级、提质增效。完善林下经济发展规划，因地制宜，突出特色，统筹考虑，合理确定发展规模和方向，稳步推进林下种植、林下养殖和野生食用菌等产业发展，加快林下经济和绿色特色产业示范基地建设。扎实推进以核桃、澳洲坚果、油茶、油橄榄等为重点的木本油料产业发展。推进国家储备林基地建设，加快短周期工业原料林、速生丰产用材林、珍贵林木、观赏苗木等产业发展。改善基础设施建设，培育一批龙头企业，推动集约化经营、集群式发展，提高林业资源综合利用率。以国家公园、自然保护区、森林公园、湿地公园、动植物园、国有林场、林区特色乡村等为主要载体，大力发展生态休闲服务业。到2020年，木本油料面积达5 200万亩，产值达1 000亿元；林下经济经营面积达1亿亩，实现综合产值1 200亿元。

第四章　夯实农业基础

基础设施是现代农业发展的重要保障。云南省农业基础设施薄弱，难以满足重点特色产业发展需要，需着力夯实，为高原特色农业现代化建设提供强有力的支撑和保障。

一、强化高标准农田建设

以保障主要农产品有效供给为目标，以提升农业综合生产能力为主线，以粮食主产区和高原特色现代农业发展优势区域为重点，按照“集中连片、旱涝保收、稳产高产、生态友好”的要求，在畅通骨干排灌渠系的基础上，实行水、电、路、渠、林等综合治理，重点实施土地平整、排灌沟渠、机耕路、农田林网等配套建设。协调推进、紧密衔接骨干排灌水工程、田间工程、输配电设施等建设。强化土壤改良和地力培肥。树立可持续发展理念，积极改善农田生态系统环境。按照“统一规划、统一布局、统一标准、统一进度、统一上图入库、统一考核”的要求，“十三五”时期，规划新建高标准农田1200万亩，力争达到1 500万亩。

二、强化水利基础设施建设

集中建设一批大中型水利骨干工程，积极做好农田水利重点项目建设工作，优先发展 “五小水利”工程，打通农田水利“最后一千米”。加快大中型灌区续建配套与节水改造，结合水利扶贫新建一批大中型灌区，突出抓好粮食主产区、生态环境脆弱区、水资源开发过渡区等重点地区高效节水灌溉工程建设，以节水减排为重点，因地制宜大力发展低压管道输水、喷灌和滴灌。深化农业水价综合改革和灌区管理机制创新。大幅提高有效灌溉面积。到2020年，全省新增有效灌溉面积500万亩，有效灌溉率达55%以上。

三、强化技术装备能力建设

围绕提高农业机械化水平目标，根据多样性农业发展需要，优化农机装备结构，合理确定农机具补贴目录，推进农业生产效率提升。研发和推广适宜山区半山区的先进适用、安全可靠、节能减排、生产急需的农机设备和高效节水农业设备，突破山区半山区机械化制约瓶颈，大力开展机械化节本增效工程建设，加快农机化主推技术示范应用。深入开展主要农作物关键生产环节机械化推进行动，提升水稻、小麦、玉米和马铃薯机械化水平，推进特色经作、畜牧业、林业、渔业等优势特色产业的机械化发展。推广精量播种、保护性耕作、复式作业等农机农艺融合技术，提升设施农业、病虫防治、粮食烘干、农产品精深加工、冷链物流等装备水平。到2020年，全省农机装备总量力争达4 000万千瓦以上，主要农作物耕种收综合机械化水平达50%以上。

四、强化科技创新能力建设

以促进高原特色现代农业提质增效为目标，高标准搭建农业关键共性技术研发平台和创新服务平台，集聚研发机构、创新创业人才、创业投资资本、重大创新成果等创新要素，打造区域创新中心，力争在良种培育、产品标准化、高标准农田、低效林改造、森林可持续经营、节水灌溉、农机装备、加工储运、疫病防治、节能降耗、循环农业、资源综合利用、面源污染治理、防灾减灾、生态农业等重点领域和核心技术上实现突破。着力加强新品种、新技术、新模式、新机制“四新”协调和良种、良法、良壤、良灌、良制、良机“六良”配套，强化先进适用技术的组装、集成与示范推广，提高主推品种、主推技术的覆盖率和应用水平。加大地方优势特色种质资源的收集、保存和利用研究，完善种质资源数据库，着力培育一批具有自主知识产权的优良品种。建立农业科技创新激励机制，完善科研院所、高校科研人员与企业人才流动和兼职制度，推进科研成果使用、处置、收益管理和科技人员股权激励改革试点。强化新型农业经营主体在技术创新和推广应用中的主体地位，建立优化整合农业科技资源协调机制，鼓励社会资本和工商资本投入农业科技的开发、使用和推广。到2020年，全省水稻、玉米、马铃薯、麦类、豆类、油菜等主要农作物良种覆盖率达96%以上，生猪、肉牛（水牛）、肉羊良种覆盖率分别达90%、55%和32%，造林良种使用率达75%；种猪、种牛、种羊、禽苗和水产苗种自给率分别达90%、60%、80%、70%和85%以上。

五、强化市场体系建设

加快农产品市场体系转型升级，构建跨区域、覆盖全国大中城市、向国际市场拓展的现代农产品交易流通体系和营销网络。完善优势特色农产品的区域性市场网络，优化市场结构和布局，在流通骨干通道规划建设各具特色的区域性农产品交易中心和农产品产地市场。创新市场建设机制，提升市场技术、装备和管理水平。积极培育农产品批发商联合体，提高市场组织化程度。继续推进农超、农校、农企、农餐等多种形式的产销对接，大力推行农产品直供直销、电子商务等新型流通业态。加快电子商务进农村综合示范。促进农产品供应链、物联网、互联网的协同发展。到2020年，基本建成布局合理、设施先进、功能完善、交易规范的农产品和农资流通网络体系。

六、强化信息体系建设

制定和实施“互联网+”现代农业行动计划，推进物联网、大数据、云计算、移动互联网等现代信息技术和农业智能装备在农业全产业链应用，提高农业智能化和精准化水平。推进全省农业云计算中心建设，建立共享化农业信息综合数据库和网络化信息服务支持系统。构建高原特色现代农业大数据中心，健全农业自然资源、生态环境和农业农村经济基础信息、动植物疫病和有害生物信息以及农业管理服务等数据库体系。建立农业数据共享和交换平台，开展农业大数据应用试点，加强数据安全管理，提升农业生产要素、资源环境、市场变化、突发重大疫病等的监测预警水平。加快推进设施园艺、畜禽水产养殖、质量安全追溯等领域物联网示范应用。深入推进信息进村入户工程，提升农民信息化应用能力和水平。到2020年，基本建成覆盖农业全产业链，集数据监测、分析、发布和服务于一体的云南数据云平台。

七、强化质量安全体系建设

进一步健全省、州市、县、乡四级农产品质量安全检测检验体系和监管体系，加强产地环境、农业投入品、农产品监督检测力度，全面推行农产品质量强制性例行检测和省、州市、县交叉抽检制度，对农产品及农资生产、经营、使用实行全过程监管。完善质量安全可追溯制度，构建从农田到餐桌全程质量可追溯、信息可共享的农产品质量和食品安全信息平台，力争实现大部分龙头企业、农民合作社（协会）和主要获证农产品、农资产品可追溯。探索建立村级监管员制度，加强农业执法监管能力建设，强化属地管理责任。建立健全监测结果通报制度、质量诚信体系和农产品质量安全风险评估机制。推进出口农产品质量安全示范区和国家级、省级农产品质量安全县建设。实施“三品一标”特色产品证明商标和原产地标识认证，开展农产品质量认证和企业质量管理体系认证。完善农业地方标准，加快制定符合高原特色农产品生产实际的技术规范和操作规程，强化农产品加工和流通标准体系建设。强化动植物疫病防控体系建设，规范口岸动植物检疫，提升动植物疫病疫情监测预警能力。到2020年，全省农产品综合抽检合格率达99%以上。

八、强化社会服务体系建设

健全完善现代农业科技创新推广和服务体系。探索建设集农技推广、动植物疫病防控、农产品质量监管、农村经营管理、农村信息服务、农业基础设施维护等为一体的乡镇农业公共服务中心，力争实现基层农技推广服务体系全覆盖，乡镇或区域农技推广服务机构条件建设全达标。进一步完善林权交易平台建设、加快建立林业调查规划设计、森林资源资产评估、林业融资担保、林权收储等中介服务机构。鼓励社会资本参与农业公共服务体系建设，建立主体多元化、运行市场化、服务专业化的新型农业服务主体，开展代耕代种、联耕联种等专业化服务。创新服务供需对接机制，开展政府购买公益性服务试点。构建以公共服务机构为依托、农业合作经济组织为基础、龙头企业为骨干、其他社会力量为补充，公益性服务和经营性服务相结合、专项服务和综合服务相协调的新型农业社会化服务体系。到2020年，实现公益性服务在农业产前、产中、产后的农资供应、农产品流通、农村服务等重点领域和环节的全覆盖。

九、强化防灾减灾体系建设

完善灾害监测网站，划定灾害重点防范区，增强灾害预警评估和风险防范管理能力。加强农业防灾减灾骨干工程建设和基础设施、乡村等规划过程中的工程地质勘查，提高重特大灾害的工程防御能力。加大空中云水资源利用工作，开展重点流域、大型水库、干旱地区和粮食生产、生态建设等重点区域增雨（雪）作业，提高人工影响天气和农业减灾防灾能力。加强农业防灾减灾科技支撑能力建设。建立健全监测预警、应变防灾、灾后恢复等防灾减灾体系，提高灾害防范、处置能力。加强森林防火和有害生物防治，保护农林生产安全。加强群测群防与专业防治相结合的灾害应急处置能力建设。

专栏3　基础设施建设工程

高标准农田建设工程。在全省129个县、市、区实施土地平整、农田水利、土壤改良、灌溉与排水、田间道路、农田防护与生态环境 保持、农田输配电及其他工程建设，全面提升农田质量。

水利基础设施保障工程。以节水减排为重点，发展低压管道输水、喷灌和滴灌等高效节水灌溉500万亩。加快实施12个大型灌区和90个重点中型灌区续建配套与节水改造。新建柴石滩、麻栗坝、耿马3个大型和33个中型灌区；实施滇西边境山区水利灌溉扶贫工程，建设洱海、潞江坝、腾冲、保山坝、石屏大型灌区。开展灌区现代化改造试点。继续开展小型农田水利工程重点县和“五小水利”工程建设。新增有效灌溉面积500万亩。

农业科技创新工程。以中科院昆明植物研究所、省农科院、云南农业大学、西南林业大学、省畜牧兽医科学院、省草地动物研究院和省林科院为依托，建设云南高原特色现代农业“科技谷”。推进农业领域重点实验室、工程（技术）研究中心、企业技术中心、成果转化（示范）基地等创新平台建设。

现代种业建设工程。培育一批具有重大应用前景和自主知识产权的突破性优良品种，完善地方优势特色农作物、畜禽水产和林木种质资源数据库，构建现代种业体系。建设一批良种繁育基地，打造一批现代种业集团。

现代物流体系建设工程。构筑连接内地，辐射南亚东南亚，连通泛珠合作区域的快捷、安全、高效的跨区域和跨境现代化农产品冷链物流体系。在主要农产品产地和交通节点建设集散地市场或者冷链流集散中心，每个主要农产品建立3~10个烘干、预冷、加工、储存、检验检测、运输、配送等设施配套相对完善的物流集散中心。

农业防灾减灾建设工程。建立多部门联动的农业防灾减灾体系，完善防灾减灾和预警监测机制，强化农业灾害风险管理。依托农业灾害信息管理系统，建立常态化的农业灾害信息收集共享发布平台。

农业气象观测网建设工程。针对高原特色现代农业的总体布局与需求，优化农业气象观测网布局。建立和完善高原特色现代农业优势产业的专业观测网，开发高原特色现代农业省级气象服务系统。

农产品质量安全保障能力提升工程。实施县乡农产品质量安全公共服务机构建设、农产品质量安全县创建、农产品质量安全检验检测机构资质能力建设项目，实施标准引进转化工程，开展专项整治行动，加强例行监测工作，完善风险监测结果运用，建立产地准出制度，强化应急处置。

第五章　壮大经营主体

围绕市场化、组织化、专业化目标，培育壮大以家庭农场为基础、专业合作组织为主体、龙头企业为骨干的各类新型经营主体。

一、发展家庭农场

坚持以户为单位的家庭经营的基础性地位。建立家庭农场认定制度，健全家庭农场档案，实行动态管理。按照“生产标准化、经营品牌化、产品生态化、成员知识化、管理规范化”的要求，开展示范创建工作。着力培育一批产业特色鲜明、经营管理规范、综合效益好、示范带动强的家庭农场。以农户为主体开展农业生产经营活动。鼓励各地发挥比较优势，发展具有地方特色的种植类、养殖类、休闲类、联合经营类等各种类型的家庭农场。鼓励家庭农场采用种养结合的循环生产模式，减少环境污染，实行标准化生产、规范化管理，开展农产品质量安全认证，推行品牌化销售。

二、规范合作组织

充分发挥农民专业合作社带动农户、组织大户、对接企业、联结市场的作用。开展农民专业合作社示范社创建行动，从登记管理、章程制度、组织机构、产权关系、经营服务、财务管理、盈余分配、信用合作、社务公开、档案管理等10个方面进行规范管理，推进农民专业合作社有效运转、服务能力提升、带动效应增强、成员权益有保障。鼓励采取“公司＋基地＋合作社＋农户”“合作社＋基地＋农户”“合作社＋农户”等多种经营模式，大力发展种养专业合作社。鼓励农民专业合作社之间的合作与联合，以产业链、产品、品牌等为纽带，推进股份合作和联合社等多元化、多类型合作社发展，形成团结协作、互助生产、合力打造品牌、共同承担风险、共同分享利益的合作方式，增强市场竞争力。到2020年，全省农户入社率达30%以上、县级以上农民专业合作示范社1万个以上。

三、打造小巨人

深入实施“农业龙头带动”战略。按照“扶优、扶强、扶特、扶大”的原则，鼓励农业龙头企业利用资产重组、控股、参股、兼并、收购、租赁等多种方式开展资本运作，推动跨区域、跨行业、跨所有制的联合与合作，着力培育壮大农业小巨人。以增强原料保障、推进技改扩能、加快市场拓展、鼓励创新融资、完善科技支撑、推动产业聚集为重点，不断扩大农业小巨人的基地建设规模，提升加工技术水平，完善市场营销体系。建立龙头企业联农带农激励机制，推进农业龙头企业转型升级，引导龙头企业集群和集聚发展，增强促进农民就业增收作用，成为高原特色农业现代化建设的领军力量。到2020年，培育年销售收入10亿元以上的农业小巨人100户。

四、培育职业农民

实施现代青年农场主精准培育计划、“乡土专家工程”和“阳光工程”，推进农村青年创业富民行动，加快培养一批有文化、懂技术、会经营的生产经营型、专业技能型和社会服务型新型职业农民。广泛开展以农业实用技术和田间地头手把手为重点的普及性培训；以种养大户、家庭农场主、专业合作社负责人、大学生村干部、农村经纪人、农机手、创业大学生、返乡农民工和退伍军人为重点的职业农民培训；以青年农民和有志于农村创业的大学生为主的农民创业培训；依托高等教育、中等职业教育资源，实施农民继续教育工程。加强农民教育培训体系条件能力建设，深化产教融合、校企合作和集团化办学，促进学历、技能和创业培训相互衔接。依托现有各类农业农村科技人才培训项目，开展基层农机人员培训，加大新型农村人才培养。

五、增强农垦实力

以保障天然橡胶战略地位和重要农产品有效供给为核心，以推进垦区集团化、农场企业化改革发展为主线，创新管理体制和经营机制，加快转变农垦发展方式，推进资源资产整合和产业优化升级，加快垦区高原特色农业现代化建设。认真组织实施国家《天然橡胶生产能力建设规划》，支持农垦集团加快天然橡胶产业整合，推进全省初加工产能整合和技术改造，构建天然橡胶电子商务和仓储物流体系，打造橡胶全产业链发展平台，建设国内一流、有国际竞争力的“大胶商”。积极支持农垦承接国家农业援外项目，支持农垦企业加大与周边国家农业资源互利合作开发，努力把农垦发展成为高原特色农业现代化建设的示范力量、国家天然橡胶生产基地和加工的骨干力量、农业“走出去”的先行力量、促进边疆和谐稳定的重要力量。

专栏 4　　壮大经营主体重点工程

农业小巨人打造工程。培育年销售收入 10 亿元以上的农业小巨人 100 户，农业小巨人销售收入年均增幅达 15% 以上。新型经营主体培育工程。培育农业龙头企业 3 700 户、家庭农场 1.5 万个、专业合作社 4 万个和 30 万新型职业农民。农村实用人才培训工程。实施现代青年农场主计划、农民创业创新行动计划、大学生返乡创业行动计划和农村实用人才培养计划。

第六章　转变发展方式

推进适度规模经营，促进加工转型升级，强化品牌打造，加快一二三产融合发展，不断推进传统农业向现代农业转变，为高原特色农业现代化建设提供有力支撑。

一、推进适度规模经营

采取财政奖补、信贷支持等扶持措施，引导农户在稳定承包经营权的基础上，依法以转包、出租、互换、转让、入股、托管等方式，向新型农业经营主体流转承包地，发展多种形式的农业适度规模经营。在确保土地公有制性质不改变、耕地红线不突破、农民利益不受损的前提下，鼓励工商资本参与农业经营活动。严格工商资本租赁农地的准入门槛，加强监管和风险防范。实行分级备案、资格审查、项目审核和风险保障金制度，防止耕地“非农化”、撂荒和破坏农业生态环境。依托农业产业化示范区、现代农业示范区和国家现代农业产业园等平台，引导龙头企业集群集聚发展。到 2020 年，国家级农业产业化示范基地达 20 个，省级农业产业化示范区达 100 个。

二、推进加工转型升级

加强规划引领和政策引导，支持粮食主产区发展粮食深加工。支持重要农产品主产区的农户和专业合作社建设储藏、保鲜、烘干等初加工设施，组织开展产地初加工。发展农产品精深加工和综合利用加工，使农民分享农产品加工环节的增值收益。加大对加工型龙头企业扶持力度，把发展农产品加工业与发展农业产业化结合起来，提升农产品加工转化率，逐步构建布局合理，大、中、小企业并举，初、深、精加工搭配，优质农产品基地建设、科研开发、生产加工、营销服务一体化的农产品加工体系。按照“扶大、扶强、扶优”的原则，加大对农产品加工龙头企业扶持和农业招商力度，建设一批销售收入 5 亿元以上的以农产品加工为支撑的农业产业化集群。支持农产品加工企业参与农产品原料基地建设，与农民建立长期稳定紧密的农产品购销关系，实现种养加、产供销、贸工农一体化。“十三五”期间，打造一批在全国同行业有竞争力的农产品加工龙头企业、一批销售收入超过 50 亿元的农产品加工园区、一批农产品加工销售收入超过 100 亿元的县、市、区。

三、推进品牌建设

以发展壮大特色优势产业、延伸农业产业链、提升农产品附加值为重点，以科技进步和健全农产品质量安全体系为支撑，建立和完善政府推动、企业为主、部门协作、社会参与的品牌培育工作格局。加强农产品宣传营销，提高产品的知名度和美誉度，大力发展无公害农产品、绿色食品、有机食品，扶持龙头企业、农民专业合作社争创中国驰名商标、中国知名品牌和农产品地理标识产品，加快推进品牌农业发展，增强农产品市场竞争力，推动农业产业转型升级，带动农业增效、农民增收，促进高原特色现代农业迈上新台阶。继续开展云南名牌农产品、一村一品示范村镇、全国百个合作社百个农产品品牌的评选认定活动，开展农产品品牌创建示范区建设，启动实施有机农业示范县建设，开展农产品气候品质认证工作，支持地理标志农产品登记保护工作，着力打造一批知名区域品牌和产品品牌，培育一批在全国乃至国际上有优势、有影响、有竞争力的云南区域公用品牌和企业产品品牌，形成云茶、云菜、云菌、云花、云果、云薯、云鱼、云畜、云咖、云药等“云系”品牌。特别是围绕茶叶、烟叶、花卉、核桃、咖啡、蔬果、三七等特色品种，在规模、标准、品牌、龙头企业、物流、市场等方面顺势而为、全域发力，提高附加值、提升影响力，用 3~5 年的时间，全力打造几个在全国乃至全世界有影响力的优质特色农产品，推动形成产业链长、品牌价值高、规模效益大的产业体系、生产体系、经营体系，把云南高原特色现代农业打造成为具有全国乃至世界影响力的大产业。

四、推进三产融合发展

协同推进高原特色农产品开发与加工业发展。充分利用云南省现有和未来的旅游大市场，开发原生态云南地方特色优质农产品，提升农业附加值。开展农产品加工副产物综合利用行动，推动循环、全值、梯次利用。依托农村绿水青山、田园风光、民族文化、民俗文化、乡土文化等资源，大力发展休闲农业、观光农业、体验农业、养生农业、乡村旅游和生态农业，实施休闲农业和乡村旅游提升工程。加强重要农业文化遗产发掘、保护、传承和利用，推进农业与旅游、教育、文化、健康等产业深度融合。实施一批农村产业融合试点示范工程，建设一批农村三产融合示范区。探索农村产业融合发展与新型城镇化建设有机结合的有效途径，引导农村二、三产业向县域重点乡镇及产业园区集中。创新三产融合机制，让农民分享产业链增值收益。到2020年，基本建成农村一二三产融合的现代农业产业体系，形成产业链完整、功能多样、业态丰富、利益联结紧密、产城融合协调、城乡一体发展的新格局，建成一批类型多样的农村产业融合发展示范县、示范乡、示范村。

专栏5　转变发展方式重点工程

现代农业重点县建设工程。建设30个现代农业重点县、30个现代畜牧业重点县和20个高效林业重点县。

农产品加工工程。鼓励农民、专业合作社、龙头企业等对农产品进行贮藏、保鲜、烘干、精选分级、包装等初级加工，实现农产品产地初加工100%全覆盖。实施一批农产品精深加工关键项目，引进高端技术，打造粮油、果蔬、畜禽、奶业、水产、花卉、中药材等7大领域重点精深加工产业集群。

农村一二三产融合发展示范工程。围绕产业融合模式、主体培育、政策创新和投融资机制，组织开展陆良、澄江、祥云、腾冲、弥勒等5个县市国家三产融合发展试点示范。每年选择10个县市区100个乡镇，开展省级农村产业融合发展试点示范，形成一批融合发展模式和业态，打造一批农村产业融合领军企业，推进试点示范县乡农村产业融合提质增效升级。知名农产品品牌打造工程。启动闻“名”行动，推进农业品牌宣传；提“能”行动，加强农业品牌知识培训；创“新”行动，完善农业品牌培育制度；护“牌”行动，督导检查农业品牌市场；促“销”行动，拓展名企名品市场推介。

第七章　推进绿色发展

深入贯彻绿色发展理念，坚持农业可持续发展，加快形成资源利用高效、生态系统稳定、产地环境良好、产品质量安全的农业发展新格局。

一、严格保护耕地

落实国家最严格的耕地保护制度，坚守耕地红线，严控新增建设用地占用耕地，坚持占补平衡耕地数量与质量并重，确保耕地数量不减少，基本农田控制在国家规定的指标内。实施耕地质量保护与提升行动，因地制宜改良土壤、培肥地力、控污修复、保水保肥，全面推进建设占用耕地复垦利用，力争到“十三五”末全省耕地质量平均提高0.5个等级（别）。

二、发展节水农业

全面推进节水农业建设，推广田间节水设施设备，积极推广抗旱节水品种和喷灌滴灌、水肥一体化、深耕深松、循环水养殖等技术，解决大水漫灌，提升精准灌溉水平。优化调整种养业结构，积极引进和推广节水灌溉技术。实施旱作节水农业示范，在粮食作物集中的山区、半山区，采取工程、生物、农艺措施相结合，推广集水蓄水节灌、生物篱固土节水、秸秆还田覆盖等节水技术模式。推进大中型灌区续建配套与节水改造工程，大力发展农业高效节水灌溉。逐步建立农业灌溉用水量控制和定额管理制度。到2020年，力争全省节水灌溉面积达2 000万亩。

三、发展循环农业

因地制宜积极发展生态型复合种植，科学合理利用耕地资源、山地资源、林地资源，促进种地养地、种养加、林养加结合。推广玉米、大豆间作套作，发展冬季农业。推动种养业废弃物资源化利用无害化处理，支持规模化养殖场（区）开展畜禽粪污综合利用，推进实施生物质能和大中型沼气工程。开展优质饲草料种植推广补贴试点，引导发展青贮玉米、苜蓿、黑麦草等优质饲草料，提高种植比较效益。加大对粮食作物改种饲草料作物的扶持力度。积极开展种养结合循环农业试点示范。开展稻田综合种养技术示范，推广稻鱼共生、鱼菜共生等综合种养技术新模式。大力发展林下蔬菜种植、林下中草药种植、林下养殖等多种立体种养新模式。

四、加强环境保护

严格落实农业资源保护法律法规，依法严惩农业资源环境违法行为。加强农业生态资源保护，推动农业可持续发展。维护生物多样性，加强农业野生植物资源和畜禽遗传资源保护，建立一批野生动植物保护区。完善野生动植物资源监测和保存体系，开展濒危动植物物种专项救护，遏制生物多样性减退速度。强化外来物种入侵和出口生物遗传资源丧失防控，健全监测预警体系和边境一线生物安全屏障。统筹推进流域水生态保护与治理，切实做好重点流域农业面源污染综合防治示范工作。开展化肥农药使用量零增长行动，集成推广水肥一体化、机械深施等施肥模式，集成应用全程农药减量增效技术，发展装备精良、专业高效的病虫害防治专业化服务组织。实施草原生态保护补助奖励政策，加强万亩生态牧场建设。加大水生生物增殖放流力度。

专栏6　　绿色发展重点工程

农业环境和生态保护工程。抓好农业环境保护监测体系建设、农业外源污染防控和面源污染治理，实施农药化肥零增长行动，大力发展高效节水农业。推进生态农业工程建设，推广节地、节肥、节水、节能技术和生态循环农业模式。保护、开发和利用好古茶树、土著鱼、特有畜禽品种等优质种质资源。启动砚山、石林耕地轮作休耕试点。

退耕还林还草工程。积极争取国家加大对云南省新一轮退耕还林还草工程支持力度，将云南省25度以上坡耕地全部纳入国家新一轮退耕还林还草工程实施范围，力争完成新一轮退耕还林还草工程1 000万亩，实施陡坡地治理100万亩。

森林经营工程。建设国家储备林1 950万亩，森林抚育1 500万亩，低效林改造500万亩；碳汇林示范林10万亩，碳汇林示范基地10个。

第八章　环境影响分析

本规划实施过程中和实施后，将对农业生产环境和生态环境造成一定影响。经过采取一系列的消除和减轻及环境保护措施，不利影响可以得到规避和有效减轻。本规划实施基本不存在重大制约性环境因素。

一、有利环境因素分析

云南省复杂的地理环境及独特的气候造就了极其丰富的生物资源，是中国乃至世界著名的资源富集区，是举世瞩目的“生物基因宝库”和“生物资源王国”，并且具有物种高度丰富、生物特有性高、生物区系起源古老、经济物种种质资源异常丰富、生态系统复杂多样、空间格局多种多样等特点，非常有利于高原特色现代农业的发展。云南省地处内陆低纬高原，属中国光辐射资源较高区域，大部分地区的光热辐射量比东部同纬度地区高出30%，有利于植物光合产物的积累和优质绿色产品的发展。地处长江、珠江、红河、怒江、澜沧江和伊洛瓦底江等6大国际国内水系的源头或上游，人均水资源占有量约为全国人均水平的2.5倍，平均每公顷耕地分摊水量2.55万立方米，约为全国平均值的3倍。水利设施的建设和完善，能改变水资源的时空分布，有利于动植物生长。气候类型多样，适宜多种生物生长，为特色农业发展提供宝贵的物种和遗传资源。云南省生态类型多样，森林覆盖率高，工业污染少，生态环境总体良好，有利于开发名特优绿色农产品。高标准农田建设、土地综合治理、退耕还林还草等重大工程实施，会改善动植物的生存环境，有利于提高单位土地面积的生物量。

二、不良环境影响分析

大水、大药、大肥、地膜覆盖等农业生产方式，会带来农业面源污染，农产品加工会产生“三废”排放，会对实施地的水质、土壤、空气产生局部污染。筑坝、排水、疏通河流、取水等水利工程以及产业公路的建设，会带来部分地区的径流减少、土壤侵蚀，造成局部地表水和地下水流量及方向变化、水土流失、水体污染等影响。水利和道路设施在建设期产生的工程占地、施工和弃渣将占用土地资源，会破坏地表植被产生水土流失，并且对自然景观产生一定影响。外来物种的引进和培育，会改变原有的动植物结构，危及珍稀动植物保护。随着全球气候变化，降雨量减少，气温升高，极端强降水增加，以及旱灾、冰冻、风灾、病虫害等自然灾害的发生，会对高原特色现代农业发展造成一定影响。随着工业化、城镇化的快速发展，大量高产稳产农用地被占用，会导致建设规模化、标准化产业基地越来越困难。

三、消除环境影响措施

坚持“宜农则农、宜林则林、宜牧则牧、宜渔则渔”的原则，发展高原特色现代农业。严格执行国家有关规划及建设项目环境影响评价和审查制度，执行配套建设的环境保护设施与主体工程同时设计、同时施工、同时投入使用的环境保护“三同时”制度。加强规划实施后可能影响的重要生态环境敏感区和重要目标的监测与保护，建立完善的监测体系，监测农田环境质量。加强规划实施的环境风险评价与管理，针对可能发生的重大环境风险问题，制定突发环境事件风险应急管理措施。产业园区和工业企业，污水必须集中处理、达标排放，对有毒有害元素、重金属和化学物质等要严格进行无害化处理。水利工程建设尽可能采用多支砌、少开挖的建设方案，开挖的土石方进行多点堆放、分散处理，尽量减少对生态的压力。营造水源涵养林和水土保持林。禁止荒坡地全垦耕地，草原放牧实行以草定畜和轮牧、休牧制度，水资源缺乏地区，不得漫灌，鼓励发展设施农业。外来物种和转基因生物环境释放前，必须进行环境影响评估。禁止在生态环境敏感区进行外来物种实验和种植放养活动。严格限制在野生生物原产地进行同类转基因环境释放。推广成熟的化肥农药施用技术，提高化肥农药的使用效率，减少和消除农残影响及环境污染。

第九章　强化政策措施

一、深化农业农村改革

稳定农村土地承包关系，完善土地所有权、承包权、经营权“三权”分置办法，稳步开展农村土地承包经营权确权登记颁证工作。依法推进农村承包土地经营权有序流转。深化集体林权制度改革，提高林权证确权到户率和发证率，建立完善农村产权流转合同登记备案制度，鼓励、引导和规范农村土地产权依法流转。建立完善统一的农村水权确权、登记、颁证制度，制定农村水权登记管理办法和工作流程。有序推进国有林场、农垦、供销社和粮食流通改革发展，为高原特色农业现代化建设提供强劲动力。

二、落实强农惠农政策

落实用地保障政策，新型农业经营主体在农业项目区域内直接用于农产品生产的设施用地和附属设施用地，按照农用地管理。支持农业龙头企业承担农业综合开发土地治理项目，建设优势农产品生产基地。对国家级、省级农业龙头企业和具有发展潜力的州市、县级农业龙头企业建设用地，符合土地利用总体规划的，优先安排、优先审批，按照规定享受土地规费有关优惠政策。对符合省重大项目用地计划的农业龙头企业建设项目，按照规定安排用地。城乡建设用地增减挂钩周转指标要优先用于加工型农业龙头企业，养殖加工企业用地按照国家规定享受税收优惠政策。支持新型农业经营主体合理利用农村集体土地，鼓励新型农业经营主体参与农村土地复垦整理开发，整理出的土地优先用于发展农业生产。落实用电优惠政策，农业龙头企业、专业合作示范社和示范家庭农场等经营主体，其农业、林木培育和种植、畜牧业、渔业生产用电、农业灌溉用电，以及农业服务业中的农产品初级加工用电，执行农业生产用电价格。规范和降低超市及集贸市场收费，全面落实鲜活农产品运输“绿色通道”政策，降低农产品物流成本。

三、加大资金投入力度

按照“总量持续增加、比例稳步提高”的要求，调整财政支出结构，优化支农资金投向，加大各级财政对“三农”投入力度。严格落实从土地出让收益中计提本级留用的农田水利建设基金用于农田水利建设、新增耕地占用税全部用于农业等各项政策。扩大财政支农项目由农民专业合作组织和家庭农场实施承接的范围。建立健全财政支农资金整合机制，探索从预算源头归并性质趋同、目标接近的财政支农资金整合办法。加大涉农项目资金整合力度，重点支持龙头企业开展科技研发、检验检测和信息网络系统建设，适当扶持农业产业化示范基地、农产品质量安全示范区、农产品出口生产基地、农产品加工集中区、仓储设施及有关公共服务平台建设，形成推进高原特色农业现代化建设合力。采取贴息、补助、参股、担保等措施，鼓励和引导社会资本投入农业农村领域。鼓励加大政银企合作力度，建立省级高原特色现代农业产业基金，持续增加对农业产业的投融资规模。

四、提升金融保险服务

进一步完善涉农信贷、小微企业、小额贷款保证保险等风险补偿奖励机制，充分发挥财政贴息作用，引导和调动金融资金， 加大对高原特色现代农业重点领域、重点产业的支持。着力实施金融支持新型农业经营主体“双百”行动，继续加大对农业产业化龙头企业专项贷款。对风险可控、综合回报较高的农业龙头企业季节性收购农产品所需贷款，在授信额度基础上适当追加贷款投放量，并适当延长贷款期限。推进农村“林权、承包地经营权、农民住房财产权”为主的农村产权抵押贷款融资试点。着力培育支持符合条件的农业龙头企业上市融资、“新三板”挂牌和债券融资。鼓励股权投资基金服务“三农”。大力发展农业保险，扩大政策性农业保险范围，增加参保品种，提高保费补助标准，扩大覆盖区域。充分发挥出口信用保险风险保障、融资促进和市场开拓功能，支持农产品生产及加工企业扩大对外投资和出口贸易。鼓励支持有意愿、有条件的地区开展相互保险创新试点，探索建立农村互助保险组织。

五、强化人才队伍建设

深入贯彻落实省委、省政府关于创新体制机制加强人才工作的有关要求，增加人力资本投入，开发人力资源，加强创新型人才、专业技术人才和团队建设，实施“云岭产业技术领军人才”“乡土专家认定及培养”“新型职业农民培训”等工程，培养和引进适应云南高原特色农业现代化建设需要的人才队伍。鼓励高层次人才开展科技创业，激励各类人才转换科研成果，建立政府科技成果转换与创业投资扶持机制，创新人才激励政策。建立人才合理流动机制，引导人才合理流动。加大与发达地区劳动力的对口输出，支持返乡农民投身农业现代化建设。推进建立专家基层工作站，放宽基层专业技术人员职称评聘条件，实施基层人才对口培养计划，建立激励专业技术人员到基层服务的机制，为高原特色农业现代化建设提供强有力的人才支撑。

六、促进农业交流合作

充分利用国际国内两个市场、两种资源，努力拓展云南省农业发展新空间，不断提高农业开放合作水平。坚持近远结合、各有侧重，优化对外交流合作布局。培育开放型农业领军企业，构建开放型企业梯队。加强人员培训，对接技术标准，强化信息沟通，提升农业对外交流合作水平。落实双边动物卫生与动物检疫合作协定、动物卫生合作谅解备忘录，加强动植物检验检疫对外合作交流，建立和完善边境动物疫病防控预警体系，建设跨境动物疫病联防联控体系。积极开展设施农业、先进技术、优良品种推广、农产品加工和营销、农业技术人才交流等领域的项目引进、交流与合作。依托“中国—缅甸农业技术培训中心”，建设“国际农业技术人员培训基地”，开展对南亚东南亚国家和地区的 农业技术人才培训、技术教学、技能实训。推进农产品出口物流体系建设，提升农产品出口保障能力。加快推进通关便利化进程，提升农产品出口服务水平。发展跨境农业电子商务，培育国际农业品牌。加强出口农产品生产基地建设，力争到2020年，完成800万亩农产品出口基地备案工作，建成500个畜产品出口外销规模养殖场、60个水产品出口外销示范基地。

第十章　保障规划实施

一、加强组织领导

在高原特色现代农业产业推进组的统一领导下，省直有关部门要按照职责分工，加强协调配合，统筹推动规划实施。要提高对加快推进高原特色农业现代化建设重要性、艰巨性的认识，把推进高原特色农业现代化作为农业农村工作的首要任务。各州、市、县、区要建立高原特色现代农业产业推进工作机制，明确工作职责，细化推进措施，加强督促检查，确保各项工作顺利推进。加强规划宣传，引导各类市场主体积极参与高原特色农业现代化建设。各地、有关部门要密切配合，整合各类农业投资资金，集中投向主要任务和主要工程，形成推进高原特色农业现代化建设的强大合力。

二、加强衔接落实

本规划是云南省“十三五”重点专项发展规划，是指导云南省“十三五”时期高原特色农业现代化建设的纲领性文件，各地、有关部门制定的“十三五”农业产业发展等专项规划要服从和服务于本规划。省直有关部门要将本规划确定的目标任务统筹纳入有关专项规划。各州、市、县、区人民政府要按照本规划提出的目标任务，抓紧制定本地高原特色农业现代化建设规划，明确年度工作安排，制定具体举措，形成上下贯通、目标一致、逐级分解的规划落实体系，确保各项规划任务落到实处。

三、加强监督考核

建立高原特色农业现代化监测评价体系，定期监测各州、市、县、区农业现代化进程，发布评价结果。建立规划实施第三方评价机制。各级政府要加强对本级高原特色农业现代化建设规划重点目标执行情况的考核，并将其纳入本级涉农部门年度考核内容。建立规划实施检查监督制度，形成人大监督、政府督查、部门检查制度，明确责任领导和责任部门。加大对规划执行不力的政府和部门的责任追究力度，增强使命感和紧迫感，确保本规划顺利实施。

云南省人民政府办公厅关于印发云南省综合防灾减灾规划（2016~2020 年）的通知

各州、市人民政府，省直各委、办、厅、局：

《云南省综合防灾减灾规划（2016~2020 年）》已经省人民政府同意，现印发给你们，请认真贯彻执行。

云南省人民政府办公厅

2017 年 4 月 6 日

（本文有删减）

云南省综合防灾减灾规划（2016~2020 年）

为进一步提高全社会抵御自然灾害的综合防范能力，切实维护人民群众生命财产安全，为全面建成小康社会提供坚实保障，依据《国务院办公厅关于印发国家综合防灾减灾规划（2016~2020 年）的通知》（国办发〔2016〕104 号）和《云南省国民经济和社会发展第十三个五年规划纲要》，以及有关法律法规，制定本规划。

第一章　现状与形势

第一节　工作成效

“十二五”时期，全省地震、地质、气象、旱涝、森林火灾等灾害频发，在省委、省政府的坚强领导下，各地、有关部门密切配合、高效联动，有力有序有效防灾减灾救灾。灾害防治成效明显。通过实施应急体系建设重点专项规划、预防和处置地震灾害能力建设 10 项重点工程、地质灾害综合防治体系建设、气象防灾减灾体系建设、“兴水十策、兴水强滇”战略、农村危房改造和抗震安居工程建设等重大措施，着力提升防灾减灾能力，有效应对了鲁甸 6.5 级地震、景谷 6.6 级地震、4 年连旱等系列重大自然灾害，完成 54.7 万户民房恢复重建。同“十一五”历年平均值相比，因灾死亡人口下降 5.6%，直接经济损失占全省生产总值比重降 24%，抵御自然灾害能力明显增强。法制体制机制不断健全。制定、修订《云南省自然灾害救助规定》《云南省防震减灾条例》等地方性法规、政府规章。各级政府成立了防灾减灾救灾综合协调管理机构，强化党委、政府统一领导和部门分工负责，工作合力显著增强。统一领导、分级负责、属地为主、社会力量广泛参与的灾害管理体制逐步健全；灾害应急响应联动、灾情会商研判、军地协同救援、专家咨询、信息共享、社会动员等协调机制逐步完善，统筹防灾减灾救灾能力进一步增强。工程防御能力稳步提升。各级财政持续加大资金投入力度，着力加强防灾减灾重大工程建设。投入 204 亿元实施农村危房改造和抗震安居工程 198 万户、改善农村民居住房 660 万户；投入 140 亿元实施 1 560 万平方米中小学校舍安全工程；投入地质灾害防治专项资金 50 多亿元，完成 3 500 多个地质灾害工程治理与搬迁项目，搬迁避让 9 万多人；通过人工增雨作业累计增加降水 101.9 亿立方米；投资 1021 亿元实施山洪灾害防治、抗旱水源等重点工程建设，防灾减灾救灾基础进一步夯实。灾害监测预报能力不断提高。初步构建覆盖地震、地质、气象、旱涝、森林火灾等领域的监测预警体系。地震监测能力达到 2.2 级，地震“三要素”速报时间缩短到 10 分钟以内；初步建成了覆盖气象灾害易发区、脆弱区的气象灾害监测系统，气象要素预报时间分辨率缩短至 1 小时；形成专群结合的地质灾害监测预警网络体系，落实 2.5 万处地质灾害隐患点群测群防监测员 3.6 万人，成功预报地质灾害 135 起，有效避免 7 507 人伤亡；初步构建县级山洪灾害防御监测预警系统及县、乡、村群测群防体系；森林火险瞭望监测覆盖率达 78%。应急处置与保障能力显著增强。基本具备处置一般破坏性地震和常态灾害的能力。军地共建 1 620 人的应对地震、地质、气象、旱涝等灾害的综合应急救援队伍，组建电力、通信、交通、水利、城市基础设施等方面的应急抢险队，建成国家突发急性传染病防控队，启动国家紧急医学救援队建设，建立 9 支省级安全生产专业应急救援队伍。建成 1 个省级、7 个省属、9 个州市级、92 个县级救灾物资储备库，达到保障 70 万人基本安置能力的需求。建成 7 个省级安全生产应急救援物资储备库。实现灾害发生 12 小时内受灾群众基本生活得到初步救助。防灾减灾宣传教育不断深入。以“防灾减灾日”等为契机，积极开展丰富多彩、形式多样的科普宣教活动，全社会防灾减灾意识和自救互救技能不断增强。

第二节　存在问题

抵御灾害的基础和能力依然薄弱。能力建设存在短板，防灾减灾基础性工程和非工程措施依然滞后，抵御灾害能力薄弱。乡村建筑设防标准普遍偏低，因灾致贫、因灾返贫、小震大灾等问题突出；城镇建筑、基础设施抗震能力与面临的灾害风险不相适应，应急避难场所不足，防灾减灾设施不完善。受地理环境条件限制，居住在地质灾害易发点群众的避让搬迁工作量大，地质灾害治理工程任务繁重。部分江河防洪能力不足，城镇洪涝问题严峻。救灾物资投送、伤员转运能力建设亟待提升，专业人才队伍建设有待加强。重救灾轻减灾思想还不同程度存在，群众防灾减灾意识、自救互救能力仍然薄弱，防灾减灾宣传教育长效机制亟待健全完善。科技水平和能力支撑不足。灾情快速评估、灾害风险评估、投入绩效评估、灾害治理、全过程灾害风险管理等能力建设滞后。信息获取能力较弱，信息技术成果转化率不高，科技装备不足。监测预警技术亟待加强，现代高新技术应用水平不高，地震台网密度和监测能力偏低，大震危险源识别与探测能力不足。地质灾害专业监测预警科技水平和手段有待提升，专业监测与群测群防融合不够。气象监测站网现代化程度不高，天气预报预警核心技术不强。统筹整合资源亟待加强。防灾减灾救灾体制机制与经济社会发展不完全适应，应对自然灾害的综合性立法和有关领域立法工作滞后。信息共享和服务能力较弱，互联互通、资源统筹与配置效率不高。政府、社会、公众协力参与的灾害现代治理机制和体系有待健全完善，引导社会力量和发挥市场机制手段参与防灾减灾救灾有待加强。

第三节　面临形势

“十三五”时期是全省与全国同步全面建成小康社会的决胜阶段，防灾减灾救灾工作既面临一些新挑战，也迎来发展新机遇。灾情形势严峻。新一轮强震活跃期还将持续 5~10 年，存在发生强震乃至大震的可能性；地质环境复杂脆弱，地质灾害隐患隐蔽性强，已排查出 2.56 万个隐患点，受自然因素变化与工程活动激发，地质灾害隐患点还将不断增加；受全球气候变化影响，全省年平均气温仍以上升为主，区域降水波动变化加大，极端天气气候事件危害加剧。总体上，全省自然灾害的突发性、异常性和复杂性有所增加。经济社会发展对防灾减灾救灾提出新的更高要求。随着云南省主动服务和融入“一带一路”、长江经济带等国家发展战略的推进，以及全省城乡一体化和新型城镇化的快速发展，对防灾减灾救灾及国际合作提出了新要求。如期实现“十三五”经济社会发展总体目标，迫切需要加快推进防灾减灾救灾体制机制改革，强化公共安全预警监管，健全公共安全体系，为人民安居乐业、社会安定有序编织全方位立体化的公共安全网。防灾减灾救灾工作迎来重大发展机遇。党中央、国务院高度重视防灾减灾救灾工作，对推进防灾减灾救灾体制机制改革工作进行全面部署；中央实施精准扶贫精准脱贫方略，继续实施西部大开发战略，对自然灾害严重的民族、边疆和贫困地区加大支持力度。省第十次党代会强调，要完善防灾减灾救灾体系，建设平安云南，努力让各族群众享有更安全和谐的社会环境。同时，全省在与自然灾害斗争的实践中积累了宝贵经验，社会各界积极主动参与防灾减灾救灾的氛围日趋浓厚，全省防灾减灾救灾工作迎来了历史性发展机遇。

第二章　总体要求

第一节　总目标

全面贯彻落实党中央、国务院和省委、省政府决策部署，围绕统筹推进"五位一体"总体布局和协调推进"四个全面"战略布局，牢固树立和贯彻落实创新、协调、绿色、开放、共享的发展理念，坚持以人民为中心的发展思想，正确处理人和自然的关系，正确处理防灾减灾救灾和经济社会发展的关系，坚持以防为主、防抗救相结合，坚持常态减灾和非常态救灾相统一，努力实现从注重灾后救助向注重灾前预防转变、从应对单一灾种向综合减灾转变、从减少灾害损失向减轻灾害风险转变，着力构建与经济社会发展新阶段相适应的防灾减灾救灾体制机制，全面提升全社会抵御自然灾害的综合防范能力，切实维护人民群众生命财产安全，为全面建成小康社会提供坚实保障。到2020年，基本建成全省防灾减灾救灾现代治理体系，综合应对地震、地质、气象、旱涝等灾害能力全面提升，大中城市及滇中城市群初步具备综合抗御6级左右地震能力，年均因灾直接经济损失占全省生产总值比例控制在1.8%以内，年均百万人口因灾死亡率控制在5.3以内，亿元全省生产总值生产安全事故死亡率控制在0.045以内，建立与全面小康社会相适应的防灾减灾救灾保障体系。

第二节　分项目标

体制机制：健全防灾减灾救灾体制机制，完善法律法规体系，初步形成资源整合、信息共享、互联互通、协调联动的防灾减灾救灾工作体制机制。防震减灾：地震监控能力达到1.0级，"三要素"速报时间达到8分钟以内。达到震后1小时灾害快速评估结果，2小时人员伤亡和房屋破坏预评估，3~5天完成地震烈度初步评定。地质灾害：实现地质灾害高发易发区应查尽查、地质灾害隐患点应防尽防。气象灾害：与全国同步基本实现气象现代化，气象预警信息公众覆盖率达到90%以上，公众气象服务满意度保持86%以上。应急救援：灾后4小时内省级专业救援队伍的机动覆盖率达到70%以上。灾害救助：达到与全面小康社会相适应的自然灾害救助水平。自然灾害发生10小时内受灾人员基本生活得到初步救助。防洪抗旱：基本建成防洪抗旱减灾安全体系，防洪保护区、重要河段防洪保障能力达到国家规定的设防标准。中小河流防洪标准提高到10~20年一遇。应急避难：满足30%的城镇人口应急避险。合作交流：推进防灾减灾救灾对外合作与援助，建立包容性、建设性的合作模式。安全生产：生产安全事故起数、生产安全事故死亡人数、工矿商贸就业人员十万人生产安全事故死亡率、煤矿百万吨死亡率、道路交通万车死亡率比"十二五"末分别下降20%、20%、20%、15%和6%以上。

第三章　主要任务与重点项目

第一节　完善法规体系，健全体制机制

完善法规体系。坚持法治思维，依法行政，提高防灾减灾救灾工作法治化、规范化、现代化水平。完善以专项法律法规为骨干、配套有关应急预案和技术标准的防灾减灾救灾法律法规标准体系，强化政府、学校、医院、部队、企业、社会组织和公众在防灾减灾救灾工作中的责任和义务。加强自然灾害监测预报预警、灾害防御、应急准备、紧急救援、转移安置、生活救助、医疗卫生救援、恢复重建等领域的立法工作，统筹推进单一灾种地方性法规的制定、修订工作，完善自然灾害应急预案体系和标准体系。加快推进城市抗震防灾规划编制，实现与城市总体规划同步实施。推进防灾减灾与土地利用规划的有效结合。

专栏1　　城市抗震防灾规划编制

分批组织全省129个县、市、区编制抗震防灾规划，强化城市抗震防灾规划与城市总体规划相互协调。（省住房城乡建设厅牵头负责）

健全体制机制。加强省、州市、县三级减灾委员会及其办公室的统筹指导和综合协调职能，切实发挥主要灾种防灾减灾救灾指挥机构的防范部署与应急指挥作用。加强省减灾委专家委、减灾中心、防灾减灾智库等机构建设，推进减灾部门间的人员交流和资源整合。按照分级负责、属地为主的要求，健全完善各级综合防灾减灾救灾工作管理体制，强化省、州市、县三级灾害管理事权划分和各级政府的主体责任。根据灾害造成的人员伤亡、财产损失和社会影响等因素，及时启动相应应急响应，省级统筹指导、协调支持；州市、县级政府分级负责，强化就近指挥协调，切实发挥救灾主体作用、承担主体责任。

专栏2　省减灾中心建设

建设省减灾中心，将其打造成省综合防灾减灾大数据中心（基础数据、遥感数据、监测数据集成中心）、省综合防灾减灾教育中心、社会组织与社工参与救灾管理与服务中心、综合防灾减灾政策研究中心、面向南亚东南亚防灾减灾服务中心。完善省减灾委专家委灾情研判、会商、应急调查、年度工作计划等机制。建设专家委工作小组，推进软件和人才建设，深化防灾减灾救灾技术、风险管理和政策研究，为完善防灾减灾救灾体制机制提供支撑。（省民政厅牵头负责）

坚持政府主导、社会参与，突出各级政府在防灾减灾救灾工作中的主导地位，充分发挥市场机制和社会力量的重要作用，加强政府与社会力量、市场机制的协同配合，形成工作合力。推进各涉灾部门间、省直部门与受灾地区间的协调配合和应急联动。健全完善军地协同联动、救援力量调配、物资储运调配等应急联动机制。完善自然灾害监测预报预警和群测群防机制，健全灾害背景数据、灾情数据和防灾减灾救灾信息资源获取、共享机制。建立风险防范、灾后救助、损失评估、恢复重建和社会动员等长效机制。完善防灾减灾基础设施建设、生活保障安排、物资装备储备等方面的财政投入以及恢复重建资金筹措机制。完善自然灾害监测预警、群测群防、工程防御、应急救援、转移安置、生活救助、医疗救治、卫生防疫、恢复重建、灾害社会治理等协调机制。制定和完善应急救援社会化有偿服务、物资装备征用补偿、救援人员人身安全保险和伤亡抚恤政策。

第二节　加强自然灾害监测预报预警与风险防范能力建设

加强自然灾害监测预报预警能力建设。加快气象、水文、地震、地质、测绘、通信、农业、林业、野生动物疫源疫病等灾害监测站（台）网和空间信息基础设施建设，建立和完善多灾种综合监测预报预警信息发布平台，推进多灾种和灾害链综合监测，提高自然灾害早期识别和立体监测能力。加强自然灾害早期预警、风险评估信息共享与发布能力建设，提高灾害预警信息发布的准确性、时效性和社会公众覆盖率。统筹规划突发事件预警信息发布系统建设，完善部门间监测预报预警的协作、共享、会商机制，强化信息来源和发布渠道的有效衔接。依托广播电视资源，完善覆盖全省城市和乡村的应急广播系统发布平台。

专栏3　自然灾害监测预报预警能力提升工程

地震监测预测预警能力提升工程建设。以地震重点危险区、重点监视防御区和重大基础设施及人口高度密集区为重点，统筹地震监测台网资源，优化地震监测台网布局，整合各类地震监测台网功能，研发GNSS全球导航卫星观测系统、气枪主动源探测、深井观测等新技术，深化地震预测新理论和新方法运用，提升地震监测预测预警能力。（1）国家地震烈度速报与预警工程云南分项目建设。建设地震烈度速报与预警数据处理和信息发布中心，建成覆盖到南北地震带南段（云南境内）所有乡镇级行政单位、平均台站间距小于40千米的地震烈度速报骨干台网，基本形成全省范围地震烈度速报能力；形成重点地震监视防御区域地震预警能力。（2）川滇地震预报实验场云南分中心建设。构建云南区域数据共享中心，实现各类地震观测数据的汇集、存储、共享和应用；在云南省重点危险区开展前兆密集观测，建设密集前兆观测台网，实现实时获取海量地震前兆观测数据。（3）形变、磁电及流体观测台网优化升级改造。对地震重点监视区和重点危险区的大地形变、地磁、地电、地下流体观测台站观测设备进行更新，提高台网观测的可靠性与抗干扰能力，丰富地震前兆观测信息，提升震前重要信息捕获和跟踪预测能力。（省地震局牵头负责）

地质灾害监测预警体系建设。健全完善群测群防制度，实现隐患点群测群防全覆盖。健全完善全省地质灾害专业监测网络，加强40个重要隐患点专业监测，布设专业监测仪器实时、自动化监测，实现与群测群防的有机融合。推进省、州市、县三级地质灾害预报预警工作，实现山地丘陵区全覆盖。（省国土资源厅牵头负责）

气象监测预测预警能力提升工程建设。构建以信息化为基础的无缝隙、精准、智慧的现代气象监测预报预警体系。建立云南省短时临近预报预警业务平台。（1）气象雷达建设。在红河等地建设4部C波段新一代天气雷达。在景东等地建设5部X波段局地警戒雷达。（2）专业气象监测网建设。建立和完善交通气象、旅游气象、环境气象、高原特色农业气象等专业气象监测网。（3）雷电灾害监测预警应急服务系统建设。编制全省雷电灾害风险区划，建设雷电监测预警闪电定位系统，开发精准雷电预警指导产品。（4）农村雷电防御示范工程。选取雷电防御措施不完善、雷电

灾害较重的农村，建设雷击灾害防护系统，建设紧急避雷场所，宣传防雷电科普知识。（省气象局牵头负责）

突发事件预警信息发布系统（州市、县级）建设。构建16个州市、129个县市区突发事件预警信息发布系统，通过多部门联动，运用广播、电视、短信、微信、微博、电子显示屏等多种渠道发布有关自然灾害、事故灾难、公共卫生和社会安全等公共事件的预警信息，实现灾害信息的自动快速权威发布。（省气象局牵头负责）

山洪灾害监测预警体系建设。完善县级山洪灾害监测预警平台及县、乡、村群测群防体系。（省水利厅牵头负责）

滇中城市群暴雨洪涝气象综合监测预警系统建设。在滇中城市群结合数值预报产品、雷达实况数据、城市空间地理信息，建立集雨量监测采集、积水仿真计算、预警信息发布为一体的城市暴雨洪涝气象综合监测预警系统，实现对城市积涝的动态监测和预报预警。（省气象局牵头负责）

加强灾害风险的调查评估。推进自然灾害综合风险评估、隐患排查治理，开展以县、市、区为单位的自然灾害风险与减灾能力排查调查，完善重特大自然灾害损失综合评估制度和技术方法体系，完善区域与基层社区自然灾害综合风险评估指标体系和技术方法，探索建立区域与基层社区综合减灾能力社会化评估机制。以“一带一路”重大基础设施规划区、新型城镇化发展人口密集区为重点，开展地震、地质、气象、洪涝等自然灾害危险源的调查、观测、探测和排查，科学评估各类自然灾害风险等级和规模，开展重大工程、区域开发和人口密集区等自然灾害综合风险评价试点工作。

专栏4　　风险隐患排查工程

滇中活断层探测与地震危险性评价工程建设。针对受小江断裂控制的嵩明盆地、受楚雄—南华断裂控制的楚雄盆地开展隐伏活动断层探测，同时对滇中新区所有活动断层开展普查。（省地震局牵头负责）

地质灾害调查评价工程建设。在重大战略经济区（带）、重大工程区、集中连片特困地区等地质灾害重点防治区，部署开展地质灾害风险调查。在受地质灾害隐患威胁达1000人以上的城镇、人口聚集区，部署开展20个重点集镇的地质灾害风险调查评价工作。（省国土资源厅牵头负责）

加强灾害风险数据库建设。建设省级自然灾害风险数据库，构建支撑自然灾害风险管理的全要素数据资源体系。加大涉灾部门灾害数据库统筹整合力度，加强灾害速评特别是地震灾害速评与信息服务能力建设，推进综合灾情和救灾信息报送与服务网络平台建设，统筹发展灾害信息员队伍，提高政府灾情信息报送与服务的全面性、及时性、准确性和规范性。

专栏5　　综合数据平台建设工程

省防灾减灾基础数据库建设。联合省减灾委有关成员单位、高校智库等，建设省防灾减灾基础数据库，实现多源、多维数据整合与标准化；建立模型方法库和减灾信息平台，实现对灾害风险快速评估、搜救、应急、响应、灾后重建等方面的全面支持。（省民政厅牵头负责）

地震应急灾情速报与协同服务平台建设。建设基于“互联网＋”的灾情速报网络平台，服务政府决策、部门协同、保险理赔、受灾群众自救等需求。（省地震局牵头负责）

第三节　加强灾害应急处置能力建设

加强应急救援体系建设。完善自然灾害救助政策，建立健全与经济社会发展水平相适应的自然灾害救助标准动态调整机制，保障受灾群众基本生活。加强救灾应急专业队伍建设，完善以军队、武警部队为突击力量，以公安消防等专业队伍为骨干力量，以基层应急救援队伍、社会应急救援队伍为辅助力量，以专家智库为决策支撑的灾害应急处置力量体系。优化区域应急救援力量配置，推进滇中、滇西、滇东南、滇东北、滇西南、滇西北区域应急救援协作。加强紧急运输保通能力建设，提升道路抢修专业化水平。加强应急通信保障能力建设，建立有线传输、无线传输、卫星传输等多种现代通信手段相结合的备用或机动应急通信网络。加强应急装备设备的储备和管理，优先为多灾易灾、灾害风险高的地区配备应急装备设备。加强环境监测应急能力、废物处置应急能力建设。

专栏6　　应急救援能力提升工程

省综合应急救援支队建设。依托消防部队建设省综合应急救援支队，加强省综合应急救援专业训练基地、高原搜救犬驯养基地、省消防装备维修中心、省危险化学品事故预防与处置模拟训练中心建设。建设昆明、玉溪、红河、大理4个消防救援区域保障中心和其12个州、市小型保障中心。改造升级省级综合应急联动专网。完善处置大型火灾和特种灾害事故应急救援装备配备，为省综合应急救援支队配备大流量远程供水系统和路轨两用消防车。（省公安消防总队牵头负责）

安全生产专业应急救援队伍建设。建设15支省级安全生产专业应急救援队伍，建设安宁草铺国家级危险化学品应急救援基地，建设曲靖市、昭通市、文山州省级安全生产应急救援基地。（省安全监管局牵头负责）

应急通信装备更新完善及通信网络加固改造工程。更新完善应急处置部门及应急保障队伍应急指挥装备、设备和其他便携通信设备，对重点危险区域通信基础设施存在安全风险进行加固改造，提升抗毁能力及突发事件现场的通信保障能力。（省通信管理局牵头负责）

森林防火通信能力提升工程建设。改造全省森林防火无线电超短波模拟转数字，配置超短波中继台800个、基地台2 000个、手持机10 000个。（省林业厅牵头负责）

加强救灾物资储备体系建设。健全省、州市、县、乡四级救灾物资储备体系，完善救灾物资储备管理制度、运行机制和储备模式，科学规划、稳步推进救灾物资储备库（点）和应急商品数据库建设，加强救灾物资储备体系与应急物流体系衔接，提升物资储备调运信息化水平。推进救灾应急装备设备研发与产业化推广，推进救灾物资装备生产能力储备建设。

专栏7　　救灾物资储备库建设

救灾物资储备库建设。改扩建民政部中央救灾物资储备库昆明分库；实施省救灾物资储备中心库区（昆明安宁）6 600平方米的自动化立体库房及附属设施设备改扩建；改扩建2个省属储备库、7个州市级储备库、53个县级储备库。（省民政厅牵头负责）

安全生产应急救援物资储备库建设。整合提升现有7个省级安全生产应急救援物资储备库，建设昆明、曲靖、文山、普洱、大理片区的7个物资类别完整、装备较为齐全、辐射保障全省范围各重点行业领域生产安全事故救援物资需求的综合储备库。推行应急物资装备实物储备、社会储备和生产能力储备相结合的储备模式，建立健全安全生产应急物资装备储备与调运机制，确保储备到位、调运顺畅、及时有效发挥作用。（省安全监管局牵头负责）

加强紧急医学救援体系建设。提升紧急医学救援能力、医疗卫生救灾备灾能力，加强紧急医学救援队建设，推进移动医院和紧急医学救援基地建设，加强省、州市、县三级卫生应急救援队伍装备、设备、培训、演练和保障能力建设，提高应急救援队伍的机动能力和快速反应水平。

专栏8　　紧急医学救援能力提升工程

医疗卫生救灾备灾中心项目建设。继续推进省医疗卫生救灾备灾中心综合项目建设，建设“两中心、两基地、一库”，全面提升省医疗卫生救灾备灾信息化指挥调度能力。卫生应急队伍建设。加强省、州市、县三级卫生应急救援队伍装备、设备、培训、演练和保障能力建设，确保及时到达突发事件现场开展紧急医学卫生救援。移动医院建设。依托省第一人民医院等医院建设1所移动医院。通过改善装备，实现车载化、集成化、轻便化和机动化，保障在现场独立开展紧急医学救治任务。紧急医学救援基地建设。建设紧急医学救援基地，实现对突发事件和灾难事故中批量伤员收治和前方技术支持；依托省级三甲医院，实施停机坪和设备、房屋等设施建设，提高紧急医疗收治能力，实现对突发事件批量伤员集中救治。核辐射事件医学救援基地建设。依托省级医疗机构改（扩）建层流病床5张和二次洗消用房100平方米，配置核辐射事故伤病员救治、辐射剂量检测、防护、放射性去污和通信指挥等设备装备，开展对核辐射事件的紧急医学救治。（省卫生计生委牵头负责）

推进应急平台体系建设。完善各部门专业指挥系统和应急平台，建设纵向与国家有关部委对接，横向与应急、民政、国土资源、地震、气象、水利、交通运输、测绘、通信、消防、住房城乡建设、卫生计生、安全监管等行业标准统一、接口配套的综合平台，统一平台建设技术规范、数据标准，实现平台间互联互通、数据共享，实现灾害数据收集、处理和跨地区、跨部门、跨救援力量之间的“同系统分析、同平台作战”，提高应急处置协同能力。建设省应急平台（二期工程）项目。依托广播电视资源，推进各级广播电视系统与防灾减灾预警信息发布平台的协同建设，完善全省城市和乡村应急广播系统发布平台。

专栏 9　应急平台体系建设工程

省应急平台（二期工程）项目建设。实现省政府应急平台与省直部门应急平台的互联互通；在县级政府部署小型普及平台，实现突发事件现场图像、音视频、灾情等电子信息的智能化快速处理。（省政府办公厅应急办牵头负责）

第四节　加强恢复重建能力建设

强化落实“省级统筹、州市负责、县抓落实、群众参与”的灾后重建工作机制。坚持科学重建、民生优先，统筹做好恢复重建规划编制、技术指导、政策支持等工作。将城乡居民住房恢复重建摆在突出和优先位置，保障受灾群众基本生活。加快恢复完善公共服务体系，大力推广绿色建筑标准和节能节材环保技术。推进恢复重建与民生改善、扶贫开发、产业发展、新型城镇化等工作的有机结合，强化城乡住房、公共服务设施、基础设施、生态环境、产业发展、商业设施等恢复重建能力的提升。开展受灾群众心理援助，完善群众广泛参与灾后重建工作机制。健全完善规划实施的监督指导、跟踪分析和综合评估，加强恢复重建质量监督和监管，完善民房工程质量四级监管体系，把灾区建设得更安全、更美好。

专栏 10　恢复重建经验总结和技术推广

总结恢复重建成功经验和模式，推广符合省情的重建经验和技术，科学开展灾后恢复重建。（省住房城乡建设厅牵头负责）

第五节　加强工程防灾减灾能力建设

加强灾害治理工程建设。加强防汛抗旱、防震减灾、野生动物疫病防控、生态环境治理、生物灾害防治等防灾减灾工程建设，提高自然灾害工程防御能力。加强江河湖泊治理、病险水库水闸除险加固等工程建设，推进堤防加固、河道治理、控制性枢纽和蓄滞洪区建设。加强城市防洪防涝与调蓄设施建设，加强农业、林业防灾减灾基础设施建设。实施地质灾害隐患点工程治理和居民搬迁避让、山洪灾害防治和抗旱水源工程建设。

专栏 11　灾害治理重大工程

防洪减灾治理工程。实施大江大河、重要江河支流、中小河流、山洪沟治理；实施水利设施除险加固，中小河流防洪标准提高到 10~20 年一遇。推进南盘江、怒江、普渡河等 9 条主要支流重点河段治理、210 条中小河流和 123 条山洪沟治理。实施 93 座中型病险水闸和新出现大病险水库除险加固。（省水利厅牵头负责）

地质灾害搬迁避让与工程治理。推进地质灾害高发易发区、地震高风险区、设防能力薄弱区和集中连片特困地区搬迁避让与工程治理工作。加快处置已发现的威胁 500 人以上的隐患点，实施受地质灾害威胁的 2.2 万户 10 万人搬迁避让、180 个大型以上隐患点的工程治理。（省国土资源厅牵头负责）

人工影响天气作业体系建设。提高人工影响天气和农业减灾防灾能力。实现人工增雨作业年增加降水 30 亿立方米以上、防雹保护面积增加到 3 万平方千米以上。建设常态化飞机人工增雨作业昆明、保山、普洱保障基地；建设昆明、曲靖等 8 个州、市和 54 个县、市、区人工影响天气作业指挥平台；建设人工影响天气固定作业站（点）155 个、流动作业点 132 个，改造固定作业点 172 个。（省气象局牵头负责）

提高城乡建筑和公共设施抗灾能力。实施公共基础设施安全加固工程，提高重大工程、生命线工程的抗灾能力和设防水平。重点提升学校、医院等人员密集公共场所设施安全水平，实现幼儿园、中小学校舍达到重点设防类抗震设防标准，有效降低学校、医院等设施因灾造成的损毁程度。建立中小学校舍安全保障长效机制，逐步实现中小学校舍安全管理的科学化、规范化、长效化。实施交通设施灾害防治工程，提升重大交通基础设施抗灾能力。开展城市既有住房抗震加固，提升住房抗震设防水平和抗灾能力。严格执行新一代地震动参数区划图的抗震设防标准，加强新建工程和建筑抗震设防，控制不良地质地带工程建设。结合扶贫开发、新农村建设、危房改造、灾后恢复重建等，推进实施自然灾害高风险区农村困难群众危房与土坯房改造，提升农村住房设防水平和抗灾能力。

专栏 12　　抗震能力提升工程

推广应用减隔震技术和房屋加固技术。运用市场化和财政补贴手段，推进减隔震关键新技术、新型减隔震装置和生产施工技术、建筑结构抗震新理论等领域的科研攻关与应用，提升技术成熟度、降低使用成本、扩大普及面。实施地震重点危险区和重点监视防御区内重要公共建筑物减隔震技术的强制推行。推广成本合理、成熟稳定的房屋加固技术。（省住房城乡建设厅牵头负责）

中小学校舍与农村住房抗灾能力提升工程。结合城镇化建设，综合运用技术、经济、法律、文化等手段，提高各类建筑尤其是中小学校舍和农房等抗震设防水平。（1）实施中小学校舍新建重建与加固改造，改善义务教育薄弱学校基本办学条件。（省教育厅牵头负责）（2）实施农村新建住房强制性设防标准和激励性导向政策，推广应用适合云南本土农村房屋特点的抗震建房技术，实施 200 万户农村整体性（D 级）危房改造与加固，重点加强设防烈度 VII 度以上农村危房的普查和改造。（省住房城乡建设厅牵头负责）

提升安全生产保障能力。实施矿山提升改造和转型升级工程、危险化学品企业整治搬迁和涉氨制冷企业隐患治理工程、县乡公路隐患整治为重点的生命安全防护工程、安全生产应急能力保障工程和基层安全监管执法能力提升工程。

专栏 13　　安全生产基础能力提升工程

矿山提升改造和转型升级工程。（1）煤炭产业转型升级及改造提升工程。严格控制新增产能，大力淘汰落后产能，有效化解过剩产能，治理不安全产能，控制超能力生产，对达不到安全、环保、质量、技术等要求的煤矿，实施停产和限期整改，引导有序退出。煤炭产能控制在 7 000 万吨以内。对恩洪矿区、脚落沼矿区、镇雄矿区等 3 个重点矿区煤矿隐蔽致灾因素开展普查，建设涵盖全省 14 个产煤州市（单位）、63 个产煤县市区、600 多个煤矿的煤矿综合信息化系统平台。（2）非煤矿山提升改造和转型升级工程。实施矿山提升改造和转型升级，建设“五化”矿山，推广先进适用技术、淘汰落后工艺和装备，非煤矿山总数控制在 4 000 座以内，中型以上矿山比例达到 20% 以上。建成 50 座以上的“五化”矿山，开展地下矿山采空区普查与治理。加强“头顶库”“三边库”综合治理，全面完成“头顶库”中的 9 座病库安全隐患治理任务，三等及以上尾矿库和部分位于高敏感区的尾矿库全部建立在线监测系统。（省安全监管局牵头负责）

危险化学品企业整治搬迁和涉氨制冷企业隐患治理工程。全面排查摸清全省危险化学品和涉氨制冷企业安全现状，整治各类安全生产隐患，全面摸清家底，通过改造提升一批、搬迁重建一批、关闭退出一批，分类制定整治搬迁方案，促进化工企业转型升级，全面提升化工企业和涉氨制冷企业本质安全水平。（省安全监管局牵头负责）

第六节　加强防灾减灾救灾科技能力建设

强化科技创新。落实创新驱动发展战略，统筹防灾减灾救灾科技资源，有效提高防灾减灾救灾科技支撑能力和水平。以科技创新驱动和人才培养为导向，加快建设省减灾中心，推进灾害监测预警与风险防范科技发展，完善专家咨询制度，充分发挥现代科技在防灾减灾救灾中的支撑作用，提升科技对防灾减灾救灾能力的贡献率。加强基础理论研究。加强防灾减灾救灾领域基础理论研究，打造若干具有云南特色、适合云南需求、具有全国乃至国际影响 力的防灾减灾救灾科技创新团队、实验室、新型智库和实体。推进防灾减灾救灾标准体系建设，提高标准化水平。推进新技术应用。加快技术和产品（装备）研发创新与推广应用，推进“互联网＋”、大数据、物联网、云计算、卫星、遥感、无人机、导航定位、地理信息、移动通信等新技术新方法的应用，提高灾害模拟仿真、分析预测、信息获取、应急通信等保障能力。加强灾害监测预报预警、风险与损失评估、社会影响评估、应急处置与恢复重建等关键技术研发。健全产学研协同创新机制，推进军民融合，加强科技平台建设，加大科技成果转化和推广应用力度，引导防灾减灾救灾新技术、新产品、新装备、新服务发展。探索手机定位应急搜救技术。

专栏 14　科技防灾减灾救灾能力提升工程

综合防灾减灾救灾辅助决策支持系统。集成综合减灾数据库、部门视频系统、指挥系统，利用无人机信息获取、数字摄影测量、模式识别，结合卫星遥感、地面救援信息、灾害动力学模型、减灾综合模型、计算机模拟、指挥调度系统对接等，实现集灾害监测、预报、预警、灾情快速评估、信息快速采集、传递、分析、评估、应急、响应、恢复重建等于一体的空天地一体化辅助决策支持。（省减灾委办公室牵头负责）

综合灾害动态监测能力提升。开展地震、灾害性天气、滑坡泥石流、森林火灾等主要自然灾害发生规律、预报预警、动态监测和风险评估技术研发。（省科技厅牵头负责）

第七节　加强区域和城乡基层防灾减灾救灾能力建设

推进区域防灾减灾救灾能力建设。围绕实施“一核一圈两廊三带六群”发展战略，推进重点城市（镇）群、重要经济带和灾害高风险区域的防灾减灾救灾能力建设。完善区域防灾减灾救灾体制机制，开展区域灾害风险调查、监测预报预警、工程防灾减灾、应急处置联动、技术标准制定等防灾减灾救灾能力建设的试点示范工作。加强城市综合应急避难场所和多灾易灾县、市、区应急避难场所建设。推进滇中城市群防灾减灾救灾一体化建设，加强与邻近省区合作交流。创建全国综合减灾示范县和示范社区。强化各级行政主体的防灾减灾救灾责任意识，提高各级领导干部的灾害风险管理和应急管理水平，推进县、市、区防灾减灾救灾工作向更深层次、更宽领域、更高水平发展。开展社区灾害风险识别与评估，编制社区灾害风险图，加强社区灾害应急预案编制与演练，加强社区救灾物资储备和志愿者队伍建设。制定家庭防灾减灾救灾与应急物资储备指南和标准，鼓励和支持以家庭为单元灾害应急物品储备，提升家庭和邻里自救互救能力。

专栏 15　区域和城乡基层防灾减灾救灾能力建设

应急避难体系建设。充分利用学校、公园、广场、体育馆、人防设施、城市绿地等公共服务设施建设应急避难场所。实现每个县、市、区至少建成 1 个 I 类应急避难场所，20 万以上人口城市至少建成 3 个 I 类应急避难场所，50 万以上人口城市至少建成 8 个 I 类应急避难场所，100 万以上人口城市至少建成 20 个 I 类应急避难场所。创建 2 个灾害高风险区全国综合减灾示范县，打造 10 个山地特色防灾减灾乡镇；建成标准化防灾减灾社区 150 个。（省民政厅牵头负责）

加强乡镇（街道）防灾减灾救灾能力建设。发挥乡镇（街道）基层组织自救互救、灾害群测群防、灾情信息统计与报送、科普宣传教育等方面的重要作用。加强基层监测预报预警信息发布能力建设和救灾装备水平。加强基层灾害监测员、信息员队伍建设，实现多灾种信息员“合一”，确保每个灾害隐患点有 1 名监测员，每个城乡基层社区有 1 名灾害信息员，并为监测及信息员配置装备。利用“互联网+”技术，建设县、乡、村三级灾害监测及应急救援指挥系统，依托全省灾害监测及信息员队伍，保证灾害监测一线信息快速汇总传送到县、州市和省级专业部门分析处理，实现省、州市、县、乡、村的音视频灾情传送及救灾实时指挥，提升防灾减灾救灾能力。推进贫困地区防灾减灾救灾能力建设。结合脱贫攻坚工作，加强贫困地区应急救援装备器材配置，改善公共安全基础设施，加快解决贫困地区应急救灾能力建设滞后问题。

第八节　发挥市场和社会力量在防灾减灾救灾中的作用

发挥市场机制作用。建立应对灾害的金融支持体系，拓宽居民住房灾害保险、农业保险覆盖面，建立健全高原特色农业保险，积极探索巨灾风险市场化分担模式，完善巨灾保险制度，充分发挥保险机制在灾害风险管理中的保障作用。积极引入社会力量参与灾害治理，培育和提高市场主体参与灾害治理的能力，发挥其在物资储备、预报预警、宣传教育、恢复重建、科技研发等领域的作用。

专栏 16　巨灾保险

总结大理州政策性农房地震保险试点经验，学习借鉴国际巨灾保险经验，优化保险方案，吸引更多保险公司加入推广巨灾保险。（省民政厅牵头负责）

培育防灾减灾产业。通过项目支持，培育发展一批具有竞争力、具有先进防灾减灾救灾科技和装备的优势特色企业，打造国内外知名的应急救援与防灾减灾救灾产品品牌。建立应急防灾减灾产业发展基金，构建防灾减灾产业技术联盟。支持社会组织参与防灾减灾救灾。引导和支持社会力量参与防灾减灾救灾工作，完善社会组织有序参与防灾减灾救灾的政策措施，健全动员协调机制，建立服务平台。强化政府购买防灾减灾救灾社会服务等有关政策措施。加强救灾捐赠管理，健全救灾需求发布与信息导向机制，开展救灾捐赠接收机构捐赠款物管理使用评估，完善救灾捐赠款物使用信息公开、效果评估和社会监督机制。

专栏 17　　社会力量参与救灾平台

建立社会组织参与救灾信息平台，完善社会组织参与救灾需求评估、信息发布、资源对接等功能。（省民政厅牵头负责）

引导社会工作参与防灾减灾救灾。将社会工作服务纳入灾害救援体系，发挥其在防灾减灾宣传教育、受灾群众危机介入、生活支持和社区关系修复服务、心理援助、情绪疏导、引导社会组织和志愿者等方面的重要作用。

第九节　加强防灾减灾宣传教育

建立防灾减灾宣传教育长效机制。将防灾减灾纳入国民教育体系，实现在校学生全面普及，加快推进灾害风险管理有关学科建设和人才培养。进一步完善政府部门、社会力量和新闻媒体等合作开展防灾减灾宣传教育的工作机制，推动全社会树立“减轻灾害风险也是发展、减少灾害损失就是增长”的理念，营造防灾减灾良好文化氛围。开发多样化宣传产品。开发针对不同社会群体、具有云南民族文化特色的防灾减灾科普读物、教材、动漫、游戏、影视剧等宣传教育产品，充分发挥微博、微信和客户端等新媒体的作用。打造各类宣传平台。加强防灾减灾科普宣传教育基地、网络虚拟教育平台、数字图书馆、灾害遗址纪念馆、主题公园等建设，提升防灾减灾科技和教育水平。推广分享各民族传统实用减灾知识和文化。充分利用“防灾减灾日”“国际减灾日”等节点，弘扬防灾减灾文化，面向全社会公众广泛开展知识宣讲、急救自救技能培训、案例解说、应急演练等多种形式的宣传教育活动，提升全民防灾减灾意识和自救互救技能，提高防灾减灾知识社会公众普及率，切实减少人员伤亡和财产损失。

专栏 18　　防灾减灾宣传教育工程

共建安全宣传教育基地或主题公园。建设防灾减灾虚拟现实（VR）体验馆及教育网络平台，对大、中、小学生开展地震、火灾、踩踏等防灾减灾 VR 体验教育和技能培训，提高学生逃生、自救与互救防灾减灾技能。（省民政厅、教育厅牵头负责）

第十节　加强国际合作交流

主动服务和融入国家“一带一路”发展战略，深化面向南亚东南亚辐射中心建设内涵，增强利益共同体、责任共同体和命运共同体意识，推进防灾减灾救灾领域国际合作与交流，重点加强与越南、老挝、缅甸、泰国等周边国家灾害监测预报预警、信息共享、风险调查评估、紧急人道主义援助和恢复重建等方面的务实合作。推进南亚东南亚“一带一路”沿线的灾害风险评估与防范工作，建立面向南亚东南亚的国际救援机制，提升境外自然灾害国际援助应对水平，提高境外影响境内灾害的风险管控能力。

专栏 19　　防灾减灾国际合作工程

南亚东南亚防灾减灾服务中心建设。以省减灾中心为依托，整合政府、企事业单位、高校资源，建设面向南亚东南亚的防灾减灾服务中心，打造面向南亚东南亚的自然灾害管理培训基地、救灾物资储备基地、灾害信息交流中心。（省民政厅牵头负责）

澜沧江—湄公河全流域气象灾害预测预警系统建设。研制流域旱涝、河流洪峰、雷电大风、地质灾害等气象影响预测预警系统；建设基础业务平台，构筑具有国际国内先进水平的流域气象业务服务能力。（省气象局牵头负责）

第四章　保障措施

第一节　组织保障

本规划由省减灾委统筹协调实施，各地、有关部门要高度重视，将防灾减灾救灾工作纳入各级国民经济和社会发展总体规划，加强组织领导，完善工作机

制，切实落实责任，细化实施方案，确保规划任务有序推进、目标任务如期实现。要注重预防为主，综合减灾，突出灾害风险管理，加强自然灾害监测预报预警、风险评估、工程防御、宣传教育等预防工作，坚持防灾减灾救灾过程有机统一，综合运用各类资源和多种手段，强化统筹协调，推进各领域、全过程的灾害管理工作。各地、有关部门在编制实施本地本部门发展规划时要加强与本规划内容的衔接与协调。

第二节　资金保障

完善防灾减灾救灾资金多元投入机制，拓宽资金投入渠道，统筹各部门既有渠道资金，积极争取中央资金，支持防灾减灾基础设施建设、重大工程建设、基层减灾能力提升、科学研究、技术开发、科普宣传和教育培训的投入。切实完善防灾减灾救灾经费保障机制，加强资金监管，提升防灾减灾救灾资金使用效益。围绕脱贫攻坚工作，加大对革命老区、民族地区、边疆地区和贫困地区防灾减灾救灾工作的支持力度。

第三节　人才保障

加强防灾减灾救灾科学研究、工程技术、抢险救灾和行政管理、高校专业等方面的人才培养，强化基层灾害监测及信息员、社会工作者和志愿者等队伍建设，扩充人才队伍数量，优化人才队伍结构，提高人才队伍素质，构建一支结构合理、素质优良、专业精湛的防灾减灾救灾人才队伍。

第四节　监督保障

省减灾委建立规划实施跟踪评估制度，加强对本规划实施的跟踪分析和监督检查。省减灾委各成员单位和各州、市、县、区人民政府要加强对规划实施情况的评估。省减灾委办公室负责制定本规划实施分工方案，明确有关部门职责，并做好规划实施情况总体评估工作，将评估结果报省人民政府。

云南省人民政府办公厅关于咖啡产业发展的指导意见

各州、市人民政府，省直各委、办、厅、局：

为深入贯彻落实省委、省政府着力推进重点产业发展的有关部署，促进全省咖啡产业健康发展，加快推进咖啡产业做大做强，经省人民政府同意，现提出以下意见：

一、总体要求

（一）指导思想

全面贯彻落实党的十八大和十八届三中、四中、五中、六中全会精神，深入学习贯彻习近平总书记系列重要讲话和考察云南重要讲话精神，牢固树立和贯彻新发展理念，主动服务和融入国家发展战略，立足云南省区位、资源优势，稳步扩大精品咖啡原料基地面积，加快改造提升咖啡加工业，强力推进咖啡品牌打造，把云南省建设成为世界优质咖啡豆原料基地、全国最大的咖啡精深加工生产基地、咖啡豆交割仓和贸易中心，构建一二三产业融合发展的现代咖啡产业体系，实现从咖啡原料大省向咖啡加工、咖啡旅游、咖啡贸易和咖啡文化强省的转变。

（二）基本原则

市场主导，政府推动。充分发挥市场在资源配置中的决定性作用，强化企业的市场主体地位，以市场需求确定咖啡产业发展方向，推进产业结构调整和生产要素整合。加强政府在咖啡产业组织领导、顶层设计、政策制定、公平竞争市场秩序维护等方面的宏观指导作用。创新驱动，协同发展。引导企业把创新摆在产业发展的核心位置，强化科技创新引领作用，推动产业转型升级，实现产业可持续发展。支持企业在高校创建咖啡产业创新创业实践基地，推动大众创业、万众创新。龙头带动，品牌引领。坚持扶优扶强，重点支持市场带动力强、发展规模大、发展前景好、效益突出的龙头企业，积极引进先进科技和管理经营人才，着力培育规模优势明显、工艺技术领先、品牌竞争力强的行业“小巨人”和企业集群。大力实施品牌战略，全面提升“云咖”品牌知名度、影响力和带动力。智能制造，“两化”融合。以绿色生态、质量安全和循环经济为导向，推进“互联网＋”与咖啡制造业深度融合，用智能化改造提升咖啡原料种植、产品设计、生产制造、管理服务和金融贸易水平。利用“物联网＋”推进咖啡产业供给侧结构性改革，推动生产方式与消费方式的创新，推动一二三产业协同发展。

（三）发展目标

1. 总量目标。到 2020 年，全省咖啡种植面积达到 200 万亩左右，咖啡干豆产量 20 万吨左右，努力实现全省咖啡产业主营业务收入 400 亿元左右。

2. 基地发展目标。在保持现有咖啡种植面积的基础上，加强原料基地建设，重点支持种植面积达到 10 万亩、产量 5 000 吨以上的生产大县。

3. 企业发展目标。支持咖啡产业龙头企业做大做强，推进本土企业与国际咖啡巨头战略合作，到 2020 年，培育产值 100 亿元 ~200 亿元的咖啡全产业上市公司 1 个、产值 50 亿元以上企业 2 户、产值 10 亿元以上企业 5 户。

4. 技术创新目标。到 2020 年，规模以上咖啡工业企业研发经费支出占主营业务收入比重达 1.5% 左右，推动咖啡行业国家级技术中心和一批省级企业技术中心建设，成立中国咖啡工程研究中心。

5. 品牌培育目标。到 2020 年，培育中国驰名商标 2 个、地理标志商标 8 个、云南省著名商标 20 个。

二、重点任务

（一）发展咖啡现代农业

进一步优化咖啡农业区域布局，按照“绿色、有机、生态”的消费趋势，运用现代工业经营管理理念，大力推进“龙头企业＋基地＋合作社＋农户”模式，建立咖啡农场（家庭）、咖啡小镇、咖啡生态旅游园等集约化经营组织，推动咖啡种植业从传统小规模经营向现代农业规模化经营转变，加快形成新的产业发展方式。以“互联网＋”为核心，在咖啡种植、采收、初加工、存储、运输、交易和管理等环节，引导鼓励龙头企业推广电子商务、线上线下融合、智能制造等应用，促进土地、人力、资金、技术、设备资源共享，有效解决咖啡豆良种培育、种植技术推广、咖啡园管护、庄园建设、标准化种植、初加工技术标准化和农业市场信息不对称等问题，实现农业生产要素优化配置，促进云南省咖啡品质逐年稳定提高，全面提升咖啡种植业价值链效益。（省农业厅牵头；省工业和信息化委、科技厅、商务厅，有关州、市人民政府配合）

（二）提升咖啡工业信息化水平

深化物联网、云计算、大数据等与咖啡产业研发、生产、服务和管理等融合发展，重点推动信息化在咖啡产品工业设计、生产流程、物流配送等关键环节深度应用和综合集成，大幅提升云南省咖啡产品智能化水平。实施传统咖啡制造工艺智能制造应用示范，实现传统产业转型升级。通过异地协同设计、个性化定制、网络众包、云制造等研发、生产新模式，引导咖啡制造企业满足消费者个性化、多样化、定制化消费需求，开发符合市场定位的咖啡产品及衍生品，催生咖啡产品消费新业态，实现咖啡产业“增品种、提品质、创品牌”。通过打造先进生产体系，推动咖啡产业向信息化、智能化、服务化、集群化发展，促进一二三产业融合发展。（省工业和信息化委牵头；省科技厅、农业厅、商务厅，有关州、市人民政府配合）

（三）推动龙头企业集聚发展

依托龙头企业，充分发挥昆明交通、区位、人才、资本、仓储、气候等优势，打造一二三产业融合发展的中国昆明国际咖啡产业园区。强化产业链招商，引入国内外具有创新能力和创新优势的企业，通过先进技术改造提升传统产业，提高附加值、延伸产业链，向产业链终端和价值链高端发展。以项目带动、技术创新、品牌建设为转型升级的重要抓手，按照“扶优、扶大、扶强”的原则，推动资金、项目、技术、土地等政策和资源向优势区域集中，鼓励 1~2 户产业基础好、带动能力强的企业在德宏、临沧、普洱、保山等咖啡主产区布局建设咖啡精深加工生产线，对现有品牌进行深度开发，扩大产品市场份额，发展成为规模优势明显、工艺技术领先、品牌竞争力强的标杆龙头企业，打造精品咖啡核心基地，促进全省咖啡产业实现集团化、集群化发展。（省工业和信息化委牵头；省质监局、招商合作局，有关州、市人民政府配合）

（四）构建咖啡产业发展平台

充分发挥云南国际咖啡交易中心作用，进一步推动云南省咖啡制造业与原料基地协同发展、与服务业耦合发展，着力将其建设成为国内连接东南亚地区最大的咖啡豆交割仓，扩大现货交割交易量，为云南省咖啡产业链参与主体提供优质便捷的信息、交易、结算、仓储物流、融资增信等服务。建立咖啡豆收储机制，稳定国内咖啡市场价格，促进全省咖啡制造业规范化、高附加值化和可持续化发展，持续推动云南省咖啡产业发展壮大。（省商务厅牵头；省工业和信息化委、

农业厅、金融办，昆明海关、云南出入境检验检疫局，有关州、市人民政府配合）

（五）建立健全咖啡标准体系

组建咖啡标准化体系建设专家委员会，适时推动其升级为国家级咖啡标准化体系建设专家委员会。借鉴国际咖啡生产技术标准，依托云南省有关咖啡地方标准，加强与国家有关部委衔接，积极参与咖啡国家标准制定工作，推动具有云南省特色的咖啡地方标准上升为国家标准。加快推进现有的省级咖啡工程研究中心升级为国家级咖啡工程研究中心。（省发展改革委、科技厅、质监局按照职责分工分别牵头；省农业厅、工业和信息化委配合）

（六）强化品牌宣传

充分利用电视、报纸、广播、新媒体等，多形式、多维度宣传云南小粒咖啡地域品牌和产品品牌，充分利用中国—南亚博览会等平台举办“云南咖啡产业峰会”。利用亚洲咖啡年会永久举办地落户云南省的契机，将咖啡工业制造、旅游观光、文化传播和品牌宣传相结合，提升云南省咖啡的国内国际影响力。支持省咖啡行业协会牵头成立中国咖啡行业协会，加强与国际咖啡组织和品牌对话。（省新闻办、民政厅、商务厅按照职责分工分别牵头；省工业和信息化委、农业厅、文化厅、旅游发展委，有关州、市人民政府配合）

（七）加大市场开拓力度

积极争取有关保税政策，优化云南省咖啡进出口贸易环境。鼓励咖啡企业进行转口贸易、加工贸易，积极参与世界咖啡贸易。支持企业拓宽终端销售渠道，积极为企业创造省内外展销条件，帮助企业开拓国内国际市场。依托高校校企创业孵化平台资源，激发高校师生将咖啡和创新创业紧密联结，培养新消费群体对云南省咖啡的品饮习惯。发挥云南省旅游资源丰富的优势，开发适应旅游消费习惯的产品，通过在旅游景区安放咖啡产品自动售卖机等方式，助推更多的消费者了解和消费云南省咖啡产品。（省商务厅牵头；省工业和信息化委、文化厅、农业厅、旅游发展委，有关州、市人民政府配合）

三、保障措施

（一）加强组织领导

食品与消费品制造业推进组要统筹全省咖啡产业发展，进一步加大部门间沟通协调力度，强化对涉及产业发展重大问题的协调解决，及时研究产业发展中出现的新情况新问题，结合云南省实际，有针对性地出台政策措施。充分发挥有关州、市人民政府对咖啡产业发展的主导作用，形成上下联动、协调推进的发展局面。（省工业和信息化委牵头；食品与消费品制造业推进组有关成员单位，有关州、市人民政府配合）

（二）优化发展支撑环境

进一步完善财税、金融等扶持政策，整合项目、资金、技术、人才等，加大对咖啡产业发展支持力度，夯实产业发展基础。突出重点，加大对一二三产业融合发展的标杆企业财政扶持力度，提高龙头企业带动产业发展能力。（省财政厅、工业和信息化委、地税局，省国税局按照职责分工分别牵头；食品与消费品制造业推进组有关成员单位，有关州、市人民政府配合）

（三）强化产业基金引导

加快推进云南省食品与消费品制造产业发展基金设立运行，充分发挥基金对咖啡产业发展的引领带动作用，优先支持咖啡产业做大做强。积极推动政策性银行、保险等金融机构加大对云南省咖啡产业支持力度，引导有关金融公司、大型国企等积极参与咖啡产业发展有关基金，从股权投入方面探索支持云南省咖啡产业发展的模式，加大对云南省咖啡产业发展的金融支持力度。（省工业和信息化委牵头；食品与消费品制造业推进组有关成员单位，有关州、市人民政府配合）

（四）强化科技创新引领

积极搭建高等院校、科研院所与咖啡企业合作平台，构建政产学研相结合的技术创新战略联盟，建设一批特色鲜明、重点突出、机制完善的咖啡产业技术创新平台。加强咖啡行业重大关键技术和设备研发，加快具有知识产权的科技成果产业化发展。（省科技厅牵头；省工业和信息化委、农业厅、商务厅，有关州、市人民政府配合）

（五）强化人才智力支撑

以高层次和高技能人才队伍建设为重点，着力引进、培育一批在关键核心技术产业化、产品开发、创新经营管理模式、市场开拓等方面具有突出贡献的领军人才和紧缺人才。加大对企业核心技术开发有突出贡献、起关键作用人才的激励力度，鼓励企业实施高薪、期权期股、技术入股等政策，提升重点企业研发岗位吸引人才、稳住人才的竞争力。支持咖啡制造企业与省内外高等院校、技工院校、科研院所合作，培养省内咖啡制造业急需的科研人员、技术技能人才和复合型人才。（省人力资源社会保障厅、工业和信息化委按照职责分工分别牵头；有关州、市人民政府配合）

云南省人民政府办公厅

2017 年 4 月 5 日

（此件公开发布）

云南省人民政府办公厅关于加强和改进农村消防工作的意见

各州、市人民政府，省直各委、办、厅、局：

长期以来，全省各地各部门认真贯彻落实党中央、国务院和省委、省政府决策部署，严格执行消防安全措施，农村消防工作取得了积极成效。但是，由于受地理条件、经济发展等因素制约，农村地区抗御火灾的能力还不强，火灾形势尚未得到根本改变。为进一步做好农村消防工作，坚决遏制农村火灾多发势头，最大限度保障人民群众生命财产安全，经省人民政府同意，现就加强和改进全省农村消防工作提出以下意见：

一、总体要求

（一）指导思想。全面贯彻落实党的十八大和十八届三中、四中、五中、六中全会精神，深入学习贯彻习近平总书记系列重要讲话和考察云南重要讲话精神，贯彻落实中央扶贫开发战略要求和省委、省政府“大扶贫”战略决策部署，进一步加大农村消防投入，夯实农村火灾防控基础，增强农村抗御火灾能力，为加快推进全省新农村建设提供可靠的消防安全保障，为与全国同步实现全面小康创造良好的消防安全环境。

（二）工作原则。坚持政府主导、综合治理，努力构建“政府统一领导、部门齐抓共管、村民群防群治”的农村消防工作格局；坚持因地制宜、整合资源，把农村消防工作纳入村庄整治、脱贫攻坚、易地扶贫搬迁和美丽宜居乡村建设等项目同步推进；坚持分类施策、分步实施，逐步改善农村消防安全条件；坚持以人为本、生命至上，切实保障人民群众生命财产安全。

（三）主要目标。力争通过3年时间，全面建立完善农村消防工作管理体系，健全消防组织机构，逐级配备消防力量，完成消防基础设施建设任务，全省农村火灾防控基础全面夯实，村民群众消防安全素质普遍增强，抗御火灾能力显著提升，火灾形势明显好转，农村火灾多发势头得到有效遏制。

二、重点任务

（一）加强农村消防基础设施建设。各地各部门要按照《农村防火规范》（GB50039 — 2010）、《村庄整治技术规范》（GB50445 — 2008）和省公安厅、住房城乡建设厅等6部门《关于加强城镇公共消防设施和基层消防组织建设的实施意见》（云公消〔2015〕224号）要求，将消防安全布局、消防车通道、消防水源、消防装备、消防组织等纳入乡镇总体规划和村庄建设规划，与村庄整治、脱贫攻坚、易地扶贫搬迁和美丽宜居乡村建设等同步规划建设。结合农村道路建设、人畜饮水工程，建设乡镇、村庄消防车通道、消防供水设施。设有自来水管网的集镇、村庄，要建设室外消火栓；使用天然水源的村庄，要修建消防水池；农村散居住户及缺水地区，要因地制宜修建消防水池、水窖等储水设施；引导发动农户进行户内电气线路改造；针对特殊困难群众，结合农村人居环境提升等精准扶贫工作一并推进。采取政府购买服务方式，在传统村落、古建筑、乡镇（街道）及农村福利机构等场所推广安装独立式感烟探测器，提高农村单位场所消防预警水平。

（二）加强农村消防组织力量建设。各地各部门要加强县级以下消防组织力量建设，乡镇（街道）全部成立消防安全委员会，由乡镇（街道）主要领导任主任、各部门负责人和村委会负责人为成员，负责统筹协调乡镇（街道）以下的消防工作。消防安全委员会下设办公室，由乡镇（街道）1名副职任办公室主任，招收配备1~2名专兼职消防安全管理员，专门负责日常工作。将政府专职消防队伍建设纳入城镇体系规划，按照《云南省专职消防队伍管理办法》（省人民政府令第184号）和《乡镇消防队标准》（GAT998-2012）要求，组建乡级政府专职消防队，配齐专职消防队员，负责灭火救援、辖区单位场所和农村居民住宅的防火巡查与消防宣传工作。继续加强派出所消防警组建设，建立完善人员招收配备和消防监督检查等机制，负责对列管单位进行监督检查，开展消防宣传教育。在条件不成熟的地区，乡级政府专职消防队与派出所消防警组可合并建设。加强微型消防站建设，行政村、30户以上的自然村依托志愿消防队建立微型消防站，队员由村干部、党员骨干、民兵等组成，主要负责所在地火灾扑救、防火巡查和走访宣传工作。明确村委会主任为本村消防工作第一责任人，依托驻村干部、村级警务助理（驻村民警）、治保员、护林员和计生宣传员等成立村委会消防安全工作小组，有条件的地区可招收1~2名专兼职消防安全管理员。明确村民小组长在消防工作中的职责，依托村民小组成立志愿消防队，设置消防协管员。村委会、村民小组两级组织力量主要负责组织开展初起火灾扑救、消防安全自检自查和消防宣传教育。

（三）加强农村消防安全环境整治。县、市、区消防安全委员会每半年召开一次乡镇（街道）消防安全委员会主任联席会议，分析研判本地消防安全形势，部署开展消防安全大检查，发动社会单位、基层组织及广大群众开展消防安全自查整改；对人员密集场所、易燃易爆场所、文物古建筑、传统村落、连片村寨、民族特色村寨，组织行业部门及基层组织加大检查力度，抓好隐患整改。乡镇（街道）消防安全委员会每季度召开一次联席会议，分析研判本地消防安全形势，定期联合公安派出所、民政所、工商所等职能部门，开展针对性的消防安全检查，特别是在火灾高发季节、农业收割季节、重大节假日和乡村宗教祭祀、庙会等民俗活动期间加强防火巡查检查。村委会消防安全工作小组每月召开会议分析研判辖区消防安全形势，通报存在问题，定期组织发动专兼职消防队员、消防安全管理员、消防协管员重点排查纠治村民违规用火用电、乱堆乱放柴草杂物等易引发火灾的突出问题。建立消防安全联防机制，实行邻里互助协防模式，落实“十户联防”措施，在村民中指定消防联防人员，以10户为单位定期轮值开展消防安全自检自查。公安消防部门、公安派出所加强对行业、单位、基层组织的消防业务指导，培训行业、单位、村消防安全明白人，督促落实消防安全主体责任。

（四）加强农村消防宣传教育。宣传部门要组织广播电视、报刊等新闻媒体开设消防宣传专栏，大力宣传消防法律法规和消防安全知识。各级文化、科技、卫生计生部门要结合“三下乡”活动广泛开展消防宣传教育，普及消防安全常识。教育部门要将消防知识纳入中小学校教学内容，加强中小学生消防宣传教育，确保每个学校“有课时、有教材、有师资”，充分发挥“小手拉大手”作用，带动提升家庭成员消防安全意识。组织部门要将消防知识作为驻村扶贫工作队、基层党组织培训内容，提高消防帮带和管理能力。农业、人力资源社会保障部门要将消防知识纳入农业生产技术培训和农民务工技能培训内容，不断提高农民工消防安全素养。公安消防部门要定期组织行业部门、乡镇（街道）主要负责人、公安派出所消防协警、村“两委”成员开展消防工作指导培训，提高基层消防人员工作水平。乡镇（街道）要充分发挥“云岭先锋信息平台”作用，适时编辑发送针对性的消防宣传提示短信，提醒广大群众注意消防安全。乡镇（街道）、村专兼职消防协管员要适时进村入户开展消防宣传教育，特别要对孤寡老人、病弱残障人士、留守儿童等重点人群进行“一对一”帮扶、“面对面”宣传。村委会要依托农村广播站、文化站设立消防宣传站，利用喇叭、广播等坚持每日播放消防安全常识和火灾事故警示案例，以专栏、橱窗、板报、标语等形式提醒群众注意用火用电安全，切实提高民众消防安全意识。可采取政府购买服务的方式，进一步加强农村消防宣传教育工作。

三、保障措施

（一）加强领导，强化统筹协调。各地要认真落实“党政同责、一岗双责、齐抓共管、失职追责”的总要求和“一把手”负责制，政府主要负责人作为农村消防工作的第一责任人，分管负责人作为主要责任人，要加强对农村消防工作的组织领导，并结合工作实际，研究制定本地农村消防工作实施方案，逐级推动工作责任落实到位。各州、市、县、区要建立健全由新农办、综治办及住房城乡建设、民政、规划、财政、水利、公安、公安消防等部门为成员单位的消防安全委员会，严格落实联席会议制度，定期组织召开联席会议，分析研判本地消防安全形势，统筹抓好农村消防工作。

（二）拓宽渠道，强化经费保障。各地各部门要将农村消防工作所需必要经费列入本级政府财政预算予以保障，逐步建立完善农村消防工作经费保障机制，推行州市、县、乡三级配套经费和政策支持模式，积极争取有关政策、项目、经费，形成工作合力，实现共治共建共管目标。在现有政策规定的资金用途范围内，对农村消防工作建设项目和所需经费给予积极支持和倾斜。引入市场化运作机制，广泛发动社会和企业等参与农村消防建设，多渠道争取农村消防投入。建立农村消防安全管理人员岗位津贴制度，按人员定期发放岗位津贴。

（三）完善机制，强化责任落实。各地各部门要建立完善考核奖惩机制，逐级签订责任状，层层分解工作任务，将农村消防工作落实情况纳入党务政务督查、“三农”发展综合考评、扶贫项目考评和安全生产综合考评内容，严格检查考评。将考评结果纳入政府年度综合考评范围，科学合理设定消防考核所占分值比重，严格落实奖惩和追责措施，年底按照考核成绩给予一定奖励。对消防工作责任不落实或考核弄虚作假的，由上级纪检监察部门对政府主要领导进行问责和约谈，督促消防工作责任落实。对发生重大以上火灾或同一区域连续发生2起及以上较大火灾、影响较大火灾的，按照规定实行消防责任“一票否决”。对发生的火灾事故，坚持“四不放过”原则，严格依法查处，严肃追究有关单位和责任人的责任。

云南省人民政府办公厅
2017年5月18日

（此件公开发布）

云南省人民政府办公厅关于印发云南省进一步扩大旅游文化体育健康养老教育培训等领域消费实施方案的通知

各州、市人民政府，省直各委、办、厅、局：

《云南省进一步扩大旅游文化体育健康养老教育培训等领域消费的实施方案》已经省人民政府同意，现印发给你们，请认真贯彻执行。

云南省人民政府办公厅
2017年5月24日

（此件公开发布）

云南省进一步扩大旅游文化体育健康养老教育培训等领域消费的实施方案

为贯彻落实《国务院办公厅关于进一步扩大旅游文化体育健康养老教育培训等领域消费的意见》（国办发〔2016〕85号）精神，深入推进云南省供给侧结构性改革，积极扩大新兴消费、稳定传统消费、挖掘潜在消费，制定本方案。

一、发挥优势

加快推进幸福产业服务消费，提质扩容，大力发展旅游、文化、体育、健康、养老、教育培训等重点领域幸福产业服务消费，引导社会资本加大投入力度，推进消费方式由生存型、传统型、物质型向发展型、现代型、服务型转变。通过提升服务品质、增加服务有效供给，打造“云南服务”品牌，不断释放消费需求，扩展服务消费新空间。

（一）创新发展旅游消费

1. 深入实施旅游开发与城镇、文化、产业、生态、乡村建设和沿边开放融合发展战略，有机整合区域资源，促进旅游业与一、二、三产业融合，深入推进全域旅游，加快旅游大数据建设。制定出台《云南省全域旅游示范创建标准》和《省级旅游度假区创建标准》，到 2020 年，建成 10 个以上国家级全域旅游示范区、25 个以上省级全域旅游示范区和 10~30 个省级旅游度假区。（省旅游发展委牵头负责）

2. 制定出台云南特色旅游城市、旅游强县、旅游名镇、旅游名村创建标准和创建管理办法，到 2020 年，60 个旅游重点县和 60 个旅游小镇创建云南旅游强县和云南旅游名镇，提升改造 350 个旅游特色村，新建 300 个民族旅游特色村寨，250 个旅游古村落，加快开发建设 200 个精品旅游农业庄园。制定出台支持民宿旅游发展意见，推动民宿旅游标准化、规范化、品牌化发展。继续深入实施旅游“厕所革命”，到 2017 年底，完成 2045 座旅游厕所建设目标任务。（省住房城乡建设厅、旅游发展委、农业厅按照职责分工负责）

3. 指导全省各地依法办理旅居车挂车登记，规范开展旅居车登记管理工作，允许具备牵引功能并安装有符合国家标准牵引装置的小型客车按照规定拖挂旅居车上路行驶。加快建设 30 个左右自驾车营地，推动设立全省自驾旅游车辆租赁平台。按照国家新出台的旅居车营地用地政策，制定云南省实施细则。（省公安厅、国土资源厅按照职责分工负责）

4. 积极开发多种交通方式的旅游，实施空中、高铁旅游等快线工程，加快开发推进一批航空旅游、高铁旅游、水上旅游等新产品。支持七彩云南通用航空公司发展航空旅游，推动开通 3 条左右通用航线省内低空旅游航线。制定云南省邮轮旅游发展规划，规范并简化邮轮通关手续；尽快启动澜沧江—湄公河、金沙江流域中小型游轮旅游项目。优选旅游线路，探索开发云南全域火车旅游新模式。（省旅游发展委、交通运输厅、商务厅，昆明海关按照职责分工负责）

5. 引导健康的旅游消费方式，积极发展医疗旅游、体育旅游、养老旅游、养生旅游、温泉旅游等，促进旅游休闲消费升级。到 2020 年，建设 30 个以上中医药健康旅游示范区、示范基地或示范项目。（省旅游发展委、卫生计生委、体育局、民政厅按照职责分工负责）

（二）大力发展文化消费

6. 支持实体书店融入文化旅游、创意设计、商贸物流等有关行业发展，建设成为集阅读学习、展示交流、聚会休闲、创新生活等功能于一体、布局合理的复合式文化场所，成为复合型城市文化名片、社区文化活动中心。支持老旧工业厂房改造转型为文化创意园区。（省新闻出版广电局牵头负责）

7. 稳步推进丽江市和昆明市引导城乡居民扩大文化消费试点工作，逐步扩大试点范围，探索切合云南省实际、可推广的促进文化消费模式。培育多元文化业态，鼓励以“文化 +”全面提升文化旅游产业及有关产业文化内涵和品质。（省文化厅、财政厅按照职责分工负责）

8. 依托文化文物单位馆藏文化文物资源，积极稳妥推进文化创意产品开发，促进优秀文化资源的传承传播与合理利用。适时将文化文物单位文化创意产品开发试点扩大至符合条件的市级博物馆、美术馆、图书馆。（省文化厅牵头负责）

9. 出台推动文化娱乐行业转型升级的意见，提升经营管理水平，推进行业健康有序发展。挖掘云南省民族文化资源，鼓励创作“云南印象”系列影视、舞台剧、实景演出等演艺作品。出台推动数字文化产业发展的指导意见，推动文化产品和服务生产、传播、消费的数字化、网络化进程。加强网络文化产品创作生产，推动网络文学、网络剧、微电影等新兴文艺有序繁荣发展。丰富数字文化内容和形式，创新数字文化技术和装备。支持旅游、文化、传媒融合，建设电子商务现代物流、广播电视州市至县光传送网，加快南亚东南亚（昆明）动漫基地等数字文化产业发展。（省文化厅、新闻出版广电局、财政厅、工业和信息化委按照职责分工负责）

（三）加快培育体育消费

10. 加快推进云南省足球协会改革，确保按时完成足协与体育部门“脱钩”，研制出台全省足球场地建设规划。完善职业足球俱乐部法人治理结构，加快现代企业制度建设。充分发挥高原训练服务优势，提升办赛层次和规模。（省体育局牵头负责）

11. 以山地户外、水上运动、汽摩自驾车营地建设、轮滑运动、航空运动为重点，编制全省体育旅游发展规划，培育体育旅游区。鼓励将体育旅游与居民休闲运动相结合，与乡村旅游和生态旅游相结合，建设一批休闲绿道、自行车道、登山步道等体育旅游公共设施。大力发展水上、山地、低空、冰雪、汽摩等体育旅游新产品、新业态。着力培育体育赛事旅游、户外运动旅游、健身休闲旅游、民族体育旅游和体育训练旅游等体育旅游产品体系，形成云南体育旅游品牌。到2020年，争取建成5个国家级体育旅游示范基地，打造20个带动体育旅游产业发展的区域性国际化品牌赛事，形成20条体育旅游精品线路。（省旅游发展委、体育局按照职责分工负责）

12. 积极运用商业运营模式多层次开发利用体育场馆，推进体育场馆管理体制和运营机制创新，探索大型体育场馆所有权与经营权分离，激发场馆运营活力。推动有条件的学校体育场馆设施在课后和节假日对本校学生和公众有序开放。完善政府购买体育场馆公益性服务的机制和标准，健全体育场馆公益性开放评估体系。增强大型体育场馆复合经营能力，拓展服务领域，延伸配套服务，打造城市体育服务综合体。（省体育局、教育厅、财政厅按照职责分工负责）

（四）提速发展健康消费

13. 在总结完善曲靖市商业健康保险个人所得税税前扣除试点经验基础上，积极探索扩大云南省商业健康保险个人所得税税前扣除试点范围。（省财政厅、地税局，云南保监局按照职责分工负责）

14. 积极推进昆明市、曲靖市、西双版纳州3个国家级和昆明市官渡区等19个省级医养结合试点工作，创新管理机制和服务模式，形成可持续、可复制的成果和经验，适时推广。鼓励医疗资源相对富余的城市二级医院转型，发展康复、老年、护理、临终关怀等服务。（省卫生计生委、民政厅按照职责分工负责）

15. 融合发展康体养生旅游，打造一批特色鲜明、规模聚集的温泉养生、健康体检、心理疏导、康体医疗、康体运动和康体养老等旅游品牌。支持旅游区开展中药饮食、康复保健、养生锻炼等传统保健服务，开设中医药文化体验馆，建设省级健康医疗旅游示范基地。（省旅游发展委、卫生计生委、发展改革委按照职责分工负责）

16. 融合发展健康领域商业保险，鼓励商业保险公司开发重大疾病保险、特定疾病商业保险以及与基本医疗保险相衔接的健康保险产品。推动商业保险公司参与分级诊疗制度建设，为基本医疗保险与商业健康保险共同参保人提供全程、连续的健康管理服务。研究制定个人医保账户适当用于康体健身的办法。（云南保监局，省人力资源社会保障厅按照职责分工负责）

（五）升级发展养老消费

17. 全面落实放开养老服务市场、提升养老服务质量的政策性文件，全面清理、取消申办养老服务机构不合理的前置审批事项，进一步降低门槛，增加优质产品，提高服务供给水平。积极发挥财政资金的引导作用，创新养老基础设施投融资体制，通过股份制、股份合作制、政府和社会资本合作（PPP）、承包、一院两制、“互联网+”等模式，带动社会资金建设养老服务设施、运营养老服务机构、提供养老服务产品，促进养老服务业优质高效发展。（省民政厅、发展改革委、财政厅、国土资源厅、环境保护厅、住房城乡建设厅、卫生计生委、地税局按照职责分工负责）

18. 支持整合改造闲置社会资源发展养老服务机构，充分挖掘闲置社会资源，引导社会力量参与，将城镇中废弃的厂房、医院等，事业单位改制后腾出的办公用房，乡镇区划调整后的办公楼，以及转型中的党政机关和国有企业单位举办的培训中心、疗养院及其他具有教育培训或疗养休养功能的各类机构等，整合改造成养老机构、社区居民养老设施用房等养老服务设施，增加服务供给，提高老年人就近就便获得养老服务的可及性。（省民政厅、发展改革委、教育厅、财政厅、国土资源厅、环境保护厅、住房城乡建设厅、卫生计生委、国资委按照职责分工负责）

19. 积极探索建立与长期护理社会保险、商业性长期护理保险、护理补贴和临时救助相互衔接、互为补充的老年人长期护理保障制度。制定出台《云南省关于开展长期护理保险试点工作的意见》，支持、鼓励商业保险公司探索开展老年人长期护理保险及研发符合云南省实际的有关保险产品，探索建立多元化的保险筹资模式。（省人力资源社会保障厅、财政厅、民政厅、卫生计生委，云南保监局按照职责分工负责）

（六）持续扩大教育培训消费

20. 深化国有企业所办教育机构改革，完善经费筹集制度，避免因企业经营困难导致优质职业培训机构等资源流失，加强有关领域人才培养。创新“双创”人才培养模式，加强教育培训与“双创”的有效衔接，坚持产教融合、校企合作、工学结合，强化专业人才培养。鼓励发展股份制、混合所有制职业院校，允许以资本、知识、技术、管理等要素参与办学，为“双创”提供更多人才支撑。加快推进教育培训信息化建设，发展远程教育和培训，促进数字资源共建共享。（省国资委、教育厅、财政厅、人力资源社会保障厅按照职责分工负责）

21. 支持、鼓励云南省院校与国外知名大学在工程技术科学、环境科学、农业科学、医学，以及国家急需的交叉前沿学科、薄弱空白学科等领域开展合作办学，探索合作办学成功经验共享机制。积极培育和发展以学历教育为主的中外合作办学机构，开展高水

平、示范性的中外合作办学。（省教育厅牵头负责）

二、提升品质

大力促进传统实物消费扩大升级提高传统实物消费的品质，加速产品升级，扩大有效供给， 通过提高产品质量、创新增加产品供给，创造消费新需求。

（七）稳定发展汽车消费

22. 贯彻落实国家新的汽车销售管理办法，积极研究在打破品牌授权单一模式，发展共享型、节约型、社会化汽车流通体系新形势下的政策措施，完善汽车购置和使用政策，进一步扩大居民汽车消费空间。（省商务厅牵头负责）

（八）培育壮大绿色消费

23. 在家用绿色净化器具能效标准出台后，积极实施家用电器能效领跑者计划，引导和支持净气、净水、净物及其监测等设备生产企业，加大研发、设施和制造的投入，进一步增加家用绿色净化器具的供给，引导消费者优先购买使用能效领跑者产品。（省工业和信息化委、商务厅按照职责分工负责）

24. 积极推广节能门窗、陶瓷薄砖、节水洁具等绿色建材评价标识，推动全省绿色建材生产和推广应用。组织开展绿色建材评价评估工作，不断拓展绿色建材应用范围，大力支持绿色建材生产消费，引导提高绿色建材消费比重。（省住房城乡建设厅、工业和信息化委按照职责分工负责）

25. 按照国家绿色产品管理有关规定，积极争取云南省特有的环保、节能、节水、循环、低碳、再生、有机等产品纳入国家绿色产品认证目录，并推动云南省更多产品开展绿色产品认证。鼓励企业采购和销售绿色产品，增加绿色产品有效供给，引导绿色生产和绿色消费。（省质监局、商务厅按照职责分工负责）

26. 协调推进玉石珠宝、咖啡、橡胶、花卉等 10 个国际交易中心的建设，提升云南特色产业的品牌竞争力。（省商务厅牵头负责）

三、加强保障

持续优化消费市场环境通过发挥比较优势，加强消费基础设施建设、畅通流通网络、健全标准规范、创新监管体系、强化线上线下消费者权益保护等措施，营造便利、安心、放心的消费环境。

（九）畅通城乡消费网络

27. 大力发展综合运输，加快建设多式联运中转设施，促进各种运输方式无缝衔接，构建以公铁联运为基础的多式联运集疏运网络体系。鼓励中心城区铁路货场转型发展为城市配送中心，以满足城市快速消费品等民生物资运输需求。（昆明铁路局，省交通运输厅按照职责分工负责）

28. 健全覆盖农产品采收、产地处理、贮藏、加工、运输、销售等环节的冷链物流体系，推动花卉、果蔬、野生菌、肉类、奶制品等高原特色农产品物流和医药物流发展。通过对冷链物流企业实施标准化试点等标准化项目建设，以及鼓励云南省物流企业参与国家、行业和地方标准制定，提高云南省冷链物流企业的管理和服务水平。（省商务厅、质监局按照职责分工负责）

29. 整合利用现有邮政、供销、交通等物流网点和渠道，推动县级仓储配送中心、农村物流快递公共取送点建设，促进快递下乡和电子商务下乡，实现“乡乡有网点、村村通快递” ，以“云上云”行动计划为统领，加快电子商务在全省农村的推广应用，培育和壮大农村电子商务市场主体。（省商务厅牵头负责）

30. 开展加快内贸流通创新推动供给侧结构性改革扩大消费专项行动，进一步加强内贸流通基础设施建设，加快推进乡村新型商业中心建设。把“互联网 +”作为农产品交易市场转型升级的重要引擎，扩大和释放农村消费，促进农村市场转型升级。（省商务厅牵头负责）

31. 大力推动建立茶叶、咖啡、核桃、油茶、澳洲坚果等云南高原特色农产品的追溯体系建设，以追溯码为载体，推动云南省农产品生产经营者参与云南省农产品质量安全追溯平台运行。支持龙头企业创立可追溯特色产品品牌，形成城乡产品信息畅通、线上线下有效衔接的全程追溯网络，提高重要产品质量安全保障能力和流通、消费安全监测监管水平。（省商务厅、农业厅按照职责分工负责）

（十）提升产品和服务标准

32. 推动“同线同标同质”工程，积极鼓励出口企业开展 4A 标准化良好行为企业确认，提高企业的管理水平和产品（服务）质量，努力降低生产成本，拓展市场空间。鼓励有关产业引入国际先进管理模式，提高国际标准转化率，促进企业转型升级。（省质监局牵头负责）

33. 通过建设标准化示范试点并推广成功经验，推进清洁生产加工；通过规模化生产基地建设，加强产业集聚效应及品牌建设，完善全过程产品质量监控手段，持续提升无公害、绿色、有机农产品和地理标志产品（“三品一标”）等产品的总量规模和水平。（省农业厅、质监局按照职责分工负责）

34. 努力提高生活性服务业标准化水平，通过制定生活性服务业领域的地方标准和规范，以及开展生活性服务业标准化试点建设，推动生活性服务行业强化质量责任意识，提高服务质量和水平。（省质监局牵头负责）

35. 积极应对智慧家庭综合标准化体系、虚拟现实和增强现实标准体系以及可穿戴设备新标准，制定云南省实施办法，推进标准应用示范。（省质监局、工业和信息化委按照职责分工负责）

36. 规范旅游市场秩序，提升旅游服务质量，优化旅游发展环境，维护“七彩云南·旅游天堂”的良好形象。（省旅游发展委、工商局、质监局按照职责分工负责）

37. 创新市场监管方式，加强部门间、区域间执法协作，建立完善线索通报、证据移转、案件协查、联合办案等机制，深入开展专项整治，严厉打击制售侵权假冒商品违法行为。严肃查处商业欺诈、侵犯知识产权和销售假冒伪劣商品行为，维护安全放心的消费环境。（省打击侵权假冒工作领导小组办公室牵头负责）

云南省人民政府办公厅关于印发云南省旅游综合监管考核评价暂行办法的通知

各州、市人民政府，省直各委、办、厅、局：

《云南省旅游综合监管考核评价暂行办法》已经省人民政府同意，现印发给你们，请认真贯彻执行。

云南省人民政府办公厅

2017 年 6 月 16 日

（此件公开发布）

云南省旅游综合监管考核评价暂行办法

为贯彻落实《云南省人民政府关于印发云南省旅游市场秩序整治工作措施的通知》（云政发〔2017〕19 号）和全省旅游市场秩序整治工作电视电话会议精神，强化各级政府旅游市场秩序监管责任，确保工作措施落到实处，制定本办法。

一、考核评价内容

（一）州、市人民政府监管效能

重点考核评价各州、市人民政府落实旅游市场监管领导责任和及时处置重大问题、创新旅游市场综合监管机制、涉旅投诉案件处置效率、舆情管控、安全事故预防以及因旅游市场监管不到位受到处理的情况。

（二）游客评价

重点考核评价团队游客在旅行社安排行程内的有效投诉情况；散客在旅游期间涉及旅游要素和社会管理等方面的有效投诉情况，以及游客对旅游市场环境、市场秩序、行业服务、投诉处理等方面的满意度情况。

二、考核评价方式

（一）考核评价方式

省旅游市场秩序整治工作领导小组（以下简称领导小组）从成员单位抽调人员组成考核评价组，采取定量和定性相结合的方式深入各州、市开展考核评价工作。游客满意度调查委托国家统计局云南调查总队开展。

（二）考核结果应用

领导小组根据考核结果，对旅游市场综合监管机制不健全、运行不畅、游客体验较差的州、市，加大督促检查力度。同时，将考核结果反馈省政府督查室和省监察厅，作为综合考核评价和问责的依据。

三、考核评价组织和程序

（一）自检自评

各州、市人民政府在对照本办法自查的基础上，进行考核项目自评打分，并将自评情况报领导小组办公室。

（二）调查评分

考核评价组通过调阅资料、采集数据、审查核实、实地查验、专项调查等方式进行评分，提出考核评价初步意见。

（三）综合考评

领导小组办公室根据考核评价组初步意见，结合各地实际情况，提出考核评价意见报领导小组审定。考核评价结果在全省范围内通报。

附件：

云南省旅游综合监管考核评价表

项目	考核评价指标	考核评价内容	计分方式	得分
州、市人民政府监管效能（50分）	落实领导责任和建立综合监管机制情况（10分）	落实领导责任，及时研究处置当地涉旅和旅游监管重大问题情况（3分）	州、市人民政府领导未及时研究处置上级交办和当地存在的涉旅和旅游监管重大问题的，发现1次扣1分	
		“1＋3＋N＋1”综合监管模式建立和运行情况（7分）	一、州、市人民政府未建立“1＋3＋N＋1”监管模式的，其中，未建立综合监管调度指挥中心的扣2分；其余5项，每缺1项扣1分 二、州、市人民政府已建立“1＋3＋N＋1”监管模式，但出现下列情况的每次扣1分：（一）工作制度不健全、运转不畅；（二）综合监管调度指挥中心和其他机构人员不到位；（三）分办、转办事项不及时落实的；（四）重大涉旅信息报送不及时、不准确或漏报的	
	投诉、案件处置效率（10分）	涉旅有效投诉办结情况（4分）	有效投诉未按时办结的，每起扣0.5分	
		涉旅有效投诉立案查处情况（3分）	漏立、错立案件的，每起扣0.5分	
		涉旅督办案件结案情况（3分）	督办案件未结案的，每起扣0.5分	
	负面舆情（10分）	发生一级、二级、三级涉旅负面舆情情况（10分）	每发生1次一级负面舆情扣10分，发生1次二级负面舆情扣5分，发生1次三级负面舆情扣2分（舆情等级由省旅游市场秩序整治工作领导小组组织有关专家分析研判）	
	安全生产（10分）	涉旅安全事故发生情况（10分）	每发生1起特大涉旅安全事故扣10分；发生1起重大涉旅安全事故扣7分；发生1起较大涉旅安全事故扣4分；发生1起一般涉旅安全事故扣1分	
	受处理情况（10分）	受到上级通报批评、问责等处理情况（10分）	因不作为、慢作为、乱作为等导致旅游市场整治不力，责任不落实，受到上级通报批评、问责等处理的，由考核评价组根据情节轻重和问责方式的类型决定扣分分值	

项目	考核评价指标	考核评价内容	计分方式	得分
游客评价（50 分）	游客有效投诉情况（30 分）	旅行社组织的团队游客投诉情况（15 分）	有效投诉率＝该州市团队游客有效投诉数 ÷ 该州市接待团队游客人次。按照州、市有效投诉率由高到低排名，从第 1 名扣 15 分开始计算，排名每递减 1 名少扣 1 分，即：排名第 1 名的扣 15 分、第 2 名 扣 14 分、第 16 名扣 0 分	
		散客对旅游各要素、各环节的投诉情况（15 分）	有效投诉率＝（该州市游客有效投诉总数—团队游客有效投诉数）÷（该州市接待游客总人次—接待 团队游客人次）。按照州、市有效投诉率由高到低排名，从第 1 名扣 15 分开始计算，排名每递减 1 名 少扣 1 分，即：排名第 1 名的扣 15 分、第 2 名扣 14 分、第 16 名扣 0	
游客评价（50 分）	游客满意度情况（20 分）	游客对旅游市场环境、市场秩序、行业服务、投诉处理等方面的满意指标（20 分）	扣分＝20—（游客满意指标 ÷100）×20	
合计	100 分			

注释：

1. 计分采取扣分制，各项目分值扣完为止，如无上述扣分情况的则得满分。

2. 督办案件：指国家旅游局和省级督办案件。

3. 旅行社组织的团队游客投诉情况包括：（1）团队游客对旅行社和导游的投诉。（2）团队游客对旅行社安排的景区（点）、交通、住宿、餐饮等方面的投诉。有效投诉数据来源："12301" 国家智慧旅游公共服务平台及省旅游执法总队受理的投诉（含人民网 "315" 平台、地方领导留言板等媒体平台上的投诉）；团队游客人次以国家旅游局旅行社统计调查管理系统数据为准。

4. 散客对旅游各要素、各环节的投诉情况包括：对景区（点）、餐饮、住宿、交通、购物和社会治安等投诉。有效投诉数据来源："12301" 国家智慧旅游公共服务平台和省旅游、工商、公安、交通运输、食品药品监管、物价等部门受理的有效投诉数总和。

5. 游客满意度指标：游客满意度总指标数为 100，通过委托第三方随机抽样、定向调查等方式，对各州、市进行调查，评价出游客满意指标。

云南省人民政府办公厅关于印发云南省核桃产业发展行动方案的通知

各州、市人民政府，省直各委、办、厅、局：

《云南省核桃产业发展行动方案》已经省人民政府同意，现印发给你们，请认真贯彻执行。

云南省人民政府办公厅

2017 年 9 月 12 日

（此件公开发布）

云南省核桃产业发展行动方案

为认真贯彻落实《中共云南省委云南省人民政府关于着力推进重点产业发展的若干意见》(云发〔2016〕11号)精神，切实推进全省核桃产业提质增效、转型升级，促进农村经济发展与林农持续稳定增收，结合《云南省高原特色现代农业产业发展规划(2016～2020年)》(云政办发〔2016〕7号)，制定本方案。

一、总体要求

深入贯彻落实习近平总书记系列重要讲话和考察云南重要讲话精神，紧紧围绕省委、省政府重点发展8大产业的决策部署，以“绿色生态、优质安全、特色健康”为主题，以深化供给侧结构性改革为主线，以提升一产、打造二产、壮大三产为核心，以市场需求为导向，稳定面积、提升品质、升级加工、培育龙头、打造品牌、开拓市场，重点建设优势突出、特色鲜明、布局合理的核桃产区，建成一批核桃产业基地，打造一批核桃产业龙头企业和新型经营组织，为全面加快推进高原特色现代农业持续平稳发展增添新动力。

二、基本原则

(一)坚持创新驱动。突出技术创新，聚焦产业发展前沿，找准产业发展脉搏，强化商业模式创新，培育行业龙头，打造产业旗舰，构建具有云南特色的核桃产业可持续综合开发、利用、经营的产业体系，打造具有国际竞争力的核桃产业创新型发展新高地。

(二)坚持融合发展。充分发挥资源和环境优势，因地制宜，突出特色，统筹规划，科学确定产业发展规模和方向，打造以“核桃产业+”模式为主导的全产业链，推动云南省核桃一二三产深度融合发展。

(三)坚持五化同步。坚持新型工业化、信息化、城镇化、农业现代化和绿色化“五化同步”引领产业发展，以市场需求为导向、企业为主体、资源为基础，优化产业结构，淘汰落后产能，提高产业集中度，开拓产能利用空间。

(四)坚持五链统筹。加快推进农业供给侧结构性改革，以产业链为引领，坚持产业链、创新链、资金链、人才链、政策链协同发展，确保相互支撑、相互促进、共同优化、突出重点，推动全省核桃产业转型升级。

三、发展目标

到2020年，全省核桃产业化水平显著提升，农民收入持续增加，基本建成具有云南省优势和特色鲜明的核桃产业体系、组织经营体系和技术服务支撑体系，实现产业发展由传统数量增长型向现代质量效益型转变。

——核桃产业综合产值达650亿元，其中，一产产值530亿元(干果产值430亿元，林下经济产值100亿元)，二产产值110亿元，三产(服务业)产值10亿元。主产区农民年人均从核桃产业中获得现金收入超过3 000元。

——核桃基地面积稳定在4 200万亩左右，投产面积3 600万亩以上；核桃干果产量170万吨以上，核桃油产量6万吨，核桃乳产量25万吨，核桃粉产量2万吨，核桃快销(旅游)食品1万吨。

——建设优质高效示范基地1 000万亩，培育核桃庄园100个，其中省级示范庄园20个。

——建成综合产值30亿元以上的核桃产业重点县5个。

——地理标志产品保护(原产地认证)、证明商标、集体商 标、农产品地理标志登记等系列申报认证数量达20件以上，覆盖全省核桃主产区和重点县。

——全省核桃果、仁初加工网络架构基本完成，标准化初加工点覆盖全省核桃主产区和重点县，标准化初加工能力达80%以上；全省每个主产区至少培育1户核桃产品精深加工企业。

——全省核桃集散交易市场布局明显优化，在核桃主产区建成大型核桃集散交易市场5个。

——新增省级龙头企业25户，培育产值5亿元以上龙头企业10户以上，产值1亿元~5亿元的龙头企业达30户以上。新增林农专业合作组织500个左右，林农专业合作组织经营面积达到1 000万亩以上；新增林农专业合作社省级示范社100个以上。

四、重点任务

（一）夯实产业发展基础

1. 加快产业数据信息系统建设。利用数据库、遥感、物联网等现代信息技术手段，建立核桃产业基础信息采集系统，全面拓宽数据采集范围，将核桃生产、加工、贸易及衍生产业各个环节纳入信息化范畴，加强产业发展与数据信息关联研究，建立云南核桃产业数据库，精确指导产业发展。2018年上半年，完成产业数据信息系统搭建并投入使用。到2020年，建成云南国际核桃产业数据中心。

2. 建立全省核桃产业发展公报制度。加强部门协调配合，统一统计方法、统计方式和统计途径，建立核桃产业发展公报制度，强化公报数据的可靠性、权威性和严肃性。每年1季度通过法定渠道向社会公开发布上一年度核桃产业发展面积、产量、产值等有关数据。2017年10月底前完成公报数据框架模块设计，2018年开始发布公报数据。到2020年，建成科学、系统、权威的核桃产业数据公报体系。

3. 实施核桃优质高效基地示范工程。转变发展理念，坚持统筹布局、突出重点、示范引领，科学控制种植面积，大力推广提质增效新技术，加强产业技能技术推广培训，强化丰产管理，打造核桃优质高效示范基地。制定全省核桃优质高效示范基地认定办法和扶持办法。2017年，出台全省核桃优质高效示范基地配套扶持政策，并完成200万亩核桃优质高效示范基地认定。2018年，优质高效示范基地认定面积达400万亩，2019年达700万亩。到2020年底，优质高效示范基地认定和扶持达1 000万亩以上。

（二）强化产业科技支撑

1. 组建云南核桃产业发展研究院。坚持“政府引导、合作共建、市场运作”，以龙头企业为主体、市场化为方向，汇聚国内外知名专家、研究团队及先进技术开发团队，按照产、学、研为一体的“科研院所＋企业＋合作社＋基地”运营模式，组建云南核桃产业发展研究院，为政府和市场提供科学、权威的产业咨询和技术保障。2017年，完成云南核桃产业发展研究院筹建工作，力争于2018年上半年正式挂牌运营。

2. 提升核桃产业综合科研能力。以云南省为基础，立足全国，面向世界，着力强化科技和人才引进，完成云南省核桃产业重大科研课题库和核桃产业发展研究专家库建设。加强核桃种植培育、加工技术、产品研发等重大科研课题研究，将最新科技研发成果应用于核桃全产业链，形成高科技集中化的科研基地、种植基地和生产加工基地。省科技厅、西南林业大学、省林科院等要加强配合，整合资源，形成合力，对云南省核桃产业发展中的重大科研课题进行集中攻关。到2020年，以核桃加工及青皮、壳、内涩皮、分心木等深度开发利用为重点的核心技术研发取得重大突破，全产业链技术应用取得明显成效，实现核桃分类利用、分类增值。

3. 加快新型实用技术推广。加大基层产业技术人才培训力度，着力抓好核桃产业重点技术运用，切实做好传统核桃种质资源评价利用与新品种研发。加强核桃产业良种推广、筑埂保土、自然集水、合理间种、树盘覆盖、科学施肥、整形修剪、病虫防控、成熟采收、无烟烘烤等10项新型实用技术推广。2017年起，结合优质高效示范基地认定工作，每年完成新型实用技术推广应用面积200万亩以上。到2020年，10项新型实用技术推广面积1 000万亩以上，覆盖全省核桃主产区和重点县。

（三）加快产业品牌推介

1. 健全云南核桃战略品牌支撑体系。统筹推进“云南核桃”品牌打造，深入挖掘云南核桃产品特色。省林业厅、农业厅、质监局、工商局、卫生计生委要整合地理标志产品保护（原产地认证）、证明商标、集体商标、农产品地理标志登记等现有渠道资源，加快推进云南省云南核桃品牌认证。开展云南核桃系列标准研究和制定工作，出台云南核桃生产、加工质量控制技术规范规程。搭建省级统筹、县域实施、社会组织协助、企业参与的云南核桃产区、产地、产品战略品牌架构体系，有效保护云南省核桃产品，打造云南核桃大品牌。2017年，启动云南核桃生产、加工质量控制技术规范规程和系列标准研究制定工作。2018年底，地理标志产品保护（原产地认证）、证明商标、集体商标、农产品地理标志登记等工作取得较大进展，系列申报认证数量累计达10件以上。2020年底，力争系列申报认证数量累计达20件以上，覆盖全省核桃主产区和重点县。

2. 抓好云南核桃产业宣传推介。统筹全省宣传资源，充分挖掘云南核桃经济、商业和文化价值，结合历史、人文、民俗、生态、健康、现代等元素，突出生态、安全、绿色、健康特点，拍摄云南核桃公益宣传片。扩大对外交流合作，加大招商引资力度，积极组织、参与国际、国内各类展销会，在全国主要消费区一线城市举办云南核桃产业产品推介会。充分利用“互联网+”手段，通过网站、微博、微信公众号、电商平台等进行宣传，不断扩大云南核桃国内外影响力，提升云南核桃知名度。2017年，完成产业宣传推介前期准备工作。2018年，全面启动有关工作。2018年8月，力争“云南核桃”公益宣传片在中央电视台播放。

3. 举办云南核桃产业发展博览会和招商引资洽谈会，组织产业发展论坛等活动。省农业厅、林业厅、招商合作局和云南国际博览事务局等部门要加强协调配合，举办云南核桃产业发展博览会，汇聚云南省及国内外优良核桃产品，鼓励引导云南省及国内外核桃主产区政府、商会协会、企业和专业合作社等市场主体积极参与，搭建核桃产业交流及产品交易平台。同时邀请国内外核桃科学研究、新产品研发等领域知名专家，参与产业发展论坛等活动。

（四）加快加工体系建设

1. 深入推进标准化初加工网点建设。以龙头企业为主体、农户为基础，加快建设标准化初加工网点，形成“龙头企业+合作社+农户”模式。将初加工设备购置纳入全省农机补贴，鼓励企业、大户积极参与核桃标准化初加工建设。依托优质高效示范基地、核桃主产区和重点县，优化标准化初加工点布局，制定核桃初加工地方标准和行业标准，建成全省核桃果、仁初加工网络。2017年，全省核桃标准化初加工能力达50%，覆盖全省核桃主产区。到2020年，全省核桃果、仁初加工网络体系基本形成，标准化初加工能力达80%以上，覆盖全省核桃主产区和重点县。

2. 建立龙头企业运行监测机制。加强龙头企业加工现状调查，摸清企业生产加工现状。建立全省核桃龙头企业监测管理系统，以加工产品类型、规模、产能、利润、税收、销售情况等为重点，开展核桃产业龙头企业动态监测。加强产品价格、类型、重点销售投放区等市场趋势预测，为市场主体提供服务指导。出台核桃加工扶持政策标准，将经营能力强、市场竞争力强、综合排名靠前的龙头企业纳入扶持范围，进一步突出扶持重点，一企一策，制定帮扶措施，切实推动市场主体做大做强。2017年，完成动态监测基础工作。2018年，建立监测指标和监测系统，全面开展监测工作。

（五）加速市场体系建设

1. 建立全国核桃贸易监测机制。以云南省为重点，鼓励引导核桃行业协会及龙头企业在全国核桃主产区建立监测站点，采集产区产量、价格、产品流向等数据；在北京新发地、锦绣大地等全国核桃主要交易市场建立监测站点，采集消费、贸易信息数据；加强与京东、天猫等专业电商平台运营商开展多方合作，获取云南省及全国各产区核桃产品销售后台数据。通过多渠道对核桃贸易数据信息进行大数据分析，准确掌握全国核桃行业贸易市场动态和产品流向。2017年，完成第1期数据采集入库并发布第1期云南及全国核桃贸易数据。

2. 建设“云南国际核桃（坚果）交易中心”。借鉴斗南花卉交易中心等成功模式，鼓励社会资本自愿参与，探索PPP等新型投融资机制建立全国性核桃（坚果）交易中心。加强与大型物流企业合作，加快标准化冷链物流建设，在云南省核桃主产区建立标准仓储库，在全国各核桃消费区建立物流仓储库，推进核桃大宗贸易和线上线下融合发展，实现产地、消费市场、金融市场有效对接。2017年，初步建成云南省核桃贸易物流仓储体系。

（六）拓宽金融支持通道

1. 建立核桃产业发展投融资机制。探索创新投融资方式，加强市场化运作，充分发挥财政资金杠杆作用，利用高原特色现代农业产业投资基金等支持核桃产业规模化深加工、资源综合利用、高新技术研发及高附加值产品生产。充分发挥政策性银行和商业银行作用，用好用活现有开发性和政策性贷款，鼓励其他银行业金融机构探索“政府+银行+公司+合作社+农户”等商业运作模式，全面拓宽核桃产业投融资渠道。鼓励有实力的企业利用兼并、联合、重组、上市等市场手段做大做强，壮大产业市场主体。

2. 完善省级林业资金支持政策。按照提升一产、打造二产、壮大三产的产业发展思路，统筹现有省级林业资金支持核桃产业贸易及市场体系建设、引进和培育深加工龙头企业、科技水平提升、建设标准化初加工网点、优质高效示范基地建设等，切实加快二产、三产发展，推动云南省核桃产业在加工领域和市场拓展上取得实效。

3. 完善林业贷款贴息政策支持核桃收储。按照国家和省现行林业贷款贴息政策，每年在核桃收储季节，对符合条件的市场主体按照现行政策给予财政贴息，充分发挥财政资金撬动功能，带动金融资本参与核桃产业发展，有效解决核桃季节性收储环节贷款难、融资成本高的问题。

五、保障措施

（一）强化组织领导

建立省统筹、州市组织协调、县抓落实的核桃产业发展工作制度。加快推进茶叶和核桃产业发展领导小组（以下简称领导小组）统筹协调和解决全省核桃产业发展重大事项和问题，研究部署全省核桃产业发展工作。各地要结合实际，加快推进本行政区域核桃产业发展。要建立核桃产业发展联席会议制度，形成政府主导、上下联动、社会参与、多方合作的工作协商机制。领导小组核桃产业发展办公室要根据领导小组部署要求，协调服务好全省核桃产业发展，涉及各成员单位目标任务的，要及时沟通，协调安排。

（二）落实目标任务

各州、市，有关县、市、区要将核桃产业发展任务纳入政府重点工作，做到主要领导亲自抓、分管领导具体抓。要进一步细化实化核桃产业发展职责分工，制定具体实施方案，明确重点工作任务和清单，确保工作落实到位。对重大核桃产业发展项目，有关部门要在立项备案、规划、审批、工商登记等重点工作环节上给予积极支持，开辟绿色通道，简化手续，提高效率。

（三）完善激励机制

建立系统全面的核桃产业发展激励机制，充分调动各级政府、企业、合作组织和广大农户参与核桃产业发展的积极性。制定《云南省核桃产业发展扶持办法》。加强核桃产业项目资金扶持力度，调整产业扶持方向，扶持重心由种植向加工、销售、科研、品牌建设上转移；鼓励企业、合作社等市场经营主体打造有影响力、高知名度的商标品牌；鼓励行业专家、团队、个人投身核桃产业科研，推动核桃产业全产业链发展。

（四）加强考核监督

各州、市，有关县、市、区要签订核桃产业发展目标责任书，明确目标任务和责任主体。建立绩效考评制度，将核桃产业发展列入领导干部政绩考核评价内容。对核桃产业发展情况实施全方位监督，鼓励社会各界积极参与，成立由领导小组、专家委员会、当地人大代表、政协委员和媒体记者等组成的督查组开展督查工作，并定期进行通报，接受社会监督。强化跟踪问效，对工作推动有力、成效显著的地区和重点企业等，在省级年度产业发展扶持资金安排上给予倾斜；对工作不作为，发展效果差，任务完不成的地区和有关单位实行责任追究；对工作推动不力、见效缓慢的地区领导进行约谈和问责；对工作组织不力、不作为、推诿的有关地区、部门和单位主要领导进行约谈、通报和问责。

云南省人民政府办公厅关于印发云南省茶产业发展行动方案的通知

各州、市人民政府，省直各委、办、厅、局：

《云南省茶产业发展行动方案》已经省人民政府同意，现印发给你们，请认真贯彻执行。

云南省人民政府办公厅
2017 年 11 月 6 日

（此件公开发布）

云南省茶产业发展行动方案

根据《中共云南省委云南省人民政府关于着力推进重点产业发展的若干意见》（云发〔2016〕11号）精神，按照《云南省高原特色现代农业产业发展规划（2016~2020年）》（云政办发〔2016〕7号）要求，为促进全省茶产业提质增效、茶农持续增收、茶区脱贫攻坚，以茶产业助力乡村振兴战略，制定本方案。

一、明确发展要求，打造大产业

充分发挥云南省茶产业物种资源、生态环境、产业基础、产品特色、民族文化等优势，着力推进基地提升、主体培育、品牌打造、质量保障、科技创新、市场开拓、消费透明、文化引领等重点工作，打造新时代千亿云茶大产业。

（一）发展思路

以习近平新时代中国特色社会主义思想为指导，全面贯彻党的十九大精神，深入贯彻创新、协调、绿色、开放、共享发展理念，紧紧抓住国家实施“一带一路”建设的战略机遇，认真落实省委、省政府重点发展8大产业的决策部署，以供给侧结构性改革为主线，以市场需求为导向，以普洱茶、滇红茶、滇绿茶为重点，以提质增效为核心，以技术创新为驱动，以茶农增收为目标，大力推进茶产业一二三产融合发展，构建茶产业、茶经济、茶生态、茶旅游和茶文化互融共进、协调发展的现代茶产业体系。

（二）目标任务

通过3~5年发展，全省茶业经营主体综合实力明显增强，产品结构不断优化，品牌带动力大幅提高，现代市场营销体系基本形成，公平、透明、放心且具有公信力的消费环境深入人心。把云南省建设成为国内外知名的茶叶生产、加工、贸易、文化和茶旅游重要基地，实现茶企、茶农、消费者多方共赢。到2020年，全省茶叶面积稳定在630万亩左右，茶叶产量达到38万吨，综合产值达到1 000亿元；茶农来自茶产业人均收入从2 900元增加到4 000元；打造综合产值5亿元以上重点县、市、区30个，其中，50亿元~100亿元2个、20亿元~50亿元10个。到2022年，全省茶叶面积稳定在630万亩左右，茶叶产量达到40万吨，茶叶综合产值达到1 200亿元以上；茶农来自茶产业人均收入达到4 500元；打造综合产值5亿元以上重点县、市、区35个，其中，100亿元1个、50亿元~100亿元2个、20亿元~50亿元15个。

二、夯实茶园建设，做优做大基地

按照“高效、优质、生态”的要求，坚持“集中连片、规模经营、重点布局、协调发展”的原则，加强茶园基础设施建设，将全省茶园建设成为国内茶叶重要基地、云南美丽乡村的载体、旅游休闲度假的重要目的地。

（一）加强茶园基础设施建设

按照“基础设施跟着产业走”的思路，以茶叶重点县、市、区为主区域，大力推进茶园水利工程建设，重点配套滴灌、喷灌、水肥一体化等高效节水设施；以改土、改形、改路、改机、改种、控药、控肥、节水“五改两控一节”为重点，加大低质低效茶园改造力度，开展化肥农药零增长行动，大力推进有机肥替代化肥示范县、绿色高产高效示范县建设。实施茶园物联网建设，实现茶园管理、茶园生态环境、产品品质等信息的综合处理和应用。到2020年，全省高效优质生态茶园面积达到300万亩左右、有机茶园70万亩左右；到2022年，全省高效优质生态茶园面积达到350万亩以上、有机茶园80万亩以上。（省农业厅牵头；省水利厅，有关州、市人民政府配合。实施期限：2018~2022年）

（二）大力推进机制模式创新

探索创新土地流转模式，提高适度规模经营水平。支持茶叶企业积极构建农户管茶园、合作社统基地、初制所初加工、龙头企业精加工和营销的产业格局。鼓励支持合作社、家庭农场采用订单生产、股权合作等方式与企业建立紧密的利益联结机制，实现小农户和现代农业发展有机衔接。到2020年，全省打造万亩连片生态、有机茶叶示范基地25个，基地订单生产比重由45%提高到50%以上；力争到2022年，全省打造万亩连片生态、有机茶叶示范基地30个，基地订单生产比重提高到55%以上。（省农业厅牵头；省供销合作社联合社，有关州、市人民政府配合。实施期限：2018~2022年）

（三）加快茶叶初制所提升改造

2018年公布《茶叶标准化初制所建设技术规范》，建立茶叶初制所备案信息化管理平台，规范初制所标准化生产管理；2018年出台《茶叶初制所改造提升扶持办法》，加大初制所厂房改建、设备更新、新技术运用的扶持力度，将茶叶初制所加工设备购置纳入全省农机购置补贴，每年改建20个标准化示范初制所，辐射带动初制所产能、技术和装备水平全面提升。（省农业厅牵头；省卫生计生委、食品药品监管局，有关州、市人民政府配合。实施期限：2018~2022年）

（四）着力打造古茶名山基地

2018年启动古茶树保护和利用立法工作，制定云南省古茶园、古茶树管理技术规范。组织开展全省具有代表性的古茶园区域划定、认定工作，对代表性古茶树植株实行挂牌保护。动员社会力量开展“古茶树保护——我们在行动”活动。突出古树茶产品的个性化、差异化特征，着力打造30个知名古茶树（园）基地，将古茶树（园）打造成为云南省高效益、有特色、竞争力强的茶产业名片。（省农业厅牵头；省林业厅、法制办，有关州、市人民政府配合。实施期限：2018~2022年）

三、培育新型经营组织，做强大主体

以做大做强龙头企业为重点，大力培育农业新型经营组织，切实提高产业集约化、专业化、组织化、社会化水平。

（一）精准施策培育壮大龙头企业

建立全省茶叶龙头企业信息化监测管理平台，制定全省茶叶企业评价分级标准体系，以普洱茶、滇红茶产品为主开展茶叶龙头企业动态监测。贯彻落实《中共云南省委云南省人民政府关于推进农业产业化发展扶持农业龙头企业的意见》（云发〔2011〕1号）和《云南省人民政府办公厅关于培育壮大农业小巨人的意见》（云政办发〔2015〕90号），对茶产业龙头企业给予倾斜；鼓励支持茶叶企业采取合资合作、兼并重组、股份制等方式，壮大龙头企业规模实力。以培育茶业大集团“小巨人”和龙头企业为重点，实施梯度培育、分级负责，省级重点扶持年产值5亿元以上茶业企业10户，州、市、县、区重点扶持年产值5000万元以上茶业企业30户。（省工业和信息化委牵头；省农业厅，有关州、市人民政府配合。实施期限：2018~2022年）

（二）大力培育农村新型经营组织

加大专业合作社、专业大户、家庭农场等培育力度，加强农村种植能手及新型职业农民培训。培育茶叶专业合作社500个，专业大户和家庭农场3 000个，每年培训茶农50 000人次。（省农业厅牵头；省人力资源社会保障厅，有关州、市人民政府配合。实施期限：2018~2022年）

（三）推动精深加工升级

大力发展茶叶深加工及茶饮料、茶保健品、茶日化品等茶叶衍生产品，延伸产业链。推进茶叶精制企业生产技术和设备升级换代，提升精深加工水平。落实茶叶加工园区土地、用电、税收等优惠政策，鼓励茶企向加工园区集中，重点打造凤庆县、勐海县、思茅区3个茶叶加工园区。到2022年，全省茶叶精深加工比重提高到80%以上，3个茶叶加工园区产值总和达到100亿元以上。（省工业和信息化委牵头；省发展改革委、农业厅，有关州、市人民政府配合。实施期限：2018~2022年）

四、紧扣优势特色，打造大品牌

坚持“政府引导、市场主导、企业主体”的原则，围绕云茶品种、品质、区域特点，着力推进原产地保护和品牌建设，全面提升产品质量、附加值和产业效益。

（一）加强普洱茶原产地保护

《地理标志产品普洱茶》（GB/T22111-2008）国家标准明确规定，普洱茶是指以地理标志保护范围内的云南大叶种晒青茶为原料，并在地理标志保护范围内采用特定的加工工艺制成，具有独特品质特征的茶叶，按其加工工艺及品质特征，普洱茶分为普洱茶生茶、普洱茶熟茶两个种类；普洱茶地理标志产品保护范围是指限于国家质量监督检验检疫行政主管部门批准的地域范围。有关州、市、县、区人民政府要加大贯彻落实《地理标志产品普洱茶》（GB/T22111-2008）国家标准和普洱茶地方标准体系的力度，严格种植、生产、加工和流通环节的管理规范，积极组织申报普洱茶地理标志产品，尤其对知名古茶名山，如班章、冰岛、景迈山等要加快地理标志产品的登记、认定和保护。加大《普洱茶地理标志保护产品茶园登记证明》推广应用，从田间到车间品种、种植、加工全过程标准化生产的管控，强化加工工艺标准的实施，支持各地、有关企业开展茶叶地理标志产品登记保护。鼓励有关协会和机构，配合政府部门规范普洱茶地理标志及商标的使用和管理，切实增强普洱茶原产地保护的公信力。（省质监局、农业厅根据职能分别牵头；省工商局、食品药品监管局，有关州、市人民政府，涉茶协会配合。实施期限：2018~2022 年）

（二）营造品牌建设环境

突出普洱茶、滇红茶、滇绿茶等云茶品牌地方特色、文化特色，加大知名品牌创建示范区建设，支持各地、有关企业积极申报云南名牌农产品认定和品牌价值评价。加强品牌维护和保护，构建企业、行业和司法相结合的品牌维护和保护机制。加大茶叶产品的无公害、绿色、有机认证力度，到2022年，力争全省“三品一标”茶叶认证面积达到 300 万亩以上。为打造品牌营造良好环境，不断提升云茶品牌溢价水平和知名度。（省质监局牵头；省工商局、农业厅配合。实施期限：2018~2022 年）

（三）实施云茶大品牌战略

统一打造“云茶大品牌”，积极构建“公共品牌＋区域品牌＋企业产品品牌”三位一体的品牌系列。加强宣传和推介普洱茶、滇红茶公共品牌，支持每个重点产茶州、市打造 1~2 个区域品牌，全省着力打造 10 个区域品牌。积极推动普洱茶生产技艺入选“世界非物质文化遗产名录”，支持和引导龙头企业开展国际可持续认证（GAP、UTZ 和 RA），围绕大型龙头企业，择优重点培育 10 个有规模、有前景、基础好、效益好的企业产品品牌，不断提升品牌价值和国际认可度。到 2022 年，品牌产品占成品茶销售量比例达到 70% 以上。（省质监局牵头；省商务厅、农业厅，有关州、市人民政府配合。实施期限：2018~2022 年）

五、加强质量监管，构建大安全

建立完善茶叶质量生产控制标准、检测检验和监管体系，严格云茶市场准入、流通、仓储各环节管控，实现云茶产品质量安全可追溯，采取最严厉措施、实施最严格监管，千方百计提高云茶质量安全的“公信力”。

（一）抓实投入品源头管控

从源头上把好茶园投入品准入关，推行茶园农资投入品的经营销售备案制度，及时向社会公布茶园专用绿色环保农药产品目录，建立可追溯机制。加大对茶园投入品销售、使用监督检查，对未取得农业投入品经营许可证、违规经营投入品、未建立购销台账的销售网点依法依规进行专项整治。加强媒体及社会公众监督。（省农业厅牵头；省供销合作社联合社配合。实施期限：2018~2022 年）

（二）加快标准体系建设

以国家发布的《地理标志产品普洱茶》（GB/T22111~2008）国家标准为大纲，开展普洱茶标准体系制（修）订，成立普洱茶标准体系建设领导小组，开展普洱茶地方标准体系的编制工作，制定普洱茶标准实物样。组织有关部门和专家开展普洱茶标准体系的编撰、初审、申报工作，并组织所发布标准的实施。（省农业厅负责。实施期限：2018~2020 年）开展《云南大叶种茶种植生产技术规范》《普洱茶原料（晒青茶）加工技术规范》《古茶树、古茶园保护及开发利用技术规范》《普洱茶冲泡技术规程》《普洱茶感官审评技术规程》等标准的编撰指导、申报列项、审定和发布工作。（省质监局负责。实施期限：2018~2020 年）开展《普洱茶产品加工技术规范》《普洱茶仓储技术规范》《普洱茶产品标准》《普洱茶产品检验检测技术规程》等标准的编撰指导、申报列项、审定和发布工作。（省卫生计生委负责。实施期限：2018~2020 年）进一步强化《地理标志产品普洱茶》（GB/T22111–2008）国家标准、《有机茶生产技术规范》（DB53/T614–2014）等地方标准的宣传和执行力度，引导和支持制定行业标准和企业标准，加大标准宣传和执行落实力度。鼓励企业开展 SC、ISO、HACCP 等质量管理体系认证，积极参与国际竞争。（省农业厅牵头；省质监局、卫生计生委，涉茶协会配合。实施期限：2018~2020 年）

（三）构建质量监管体系

实施“普洱茶质量生命线工程”，严格按照《食品生产通用卫生规范》要求，加大对茶叶企业生产环境、加工人员、设施设备等执法监管和整治力度，推进初制所配备产品质量检验员、精深加工企业配设检验室和检验员，开展日常检测。加强对茶叶基地建设的质量管控。（省农业厅负责。实施期限：2018~2022 年）加强初制所的执法监管和体系建设。（省食品药品监管局牵头；省卫生计生委、工商局配合。实施期限：2018~2022 年）加强精深加工产品及市场流通环节监管体系建设和执法监管。（省食品药品监管局牵头；

省卫生计生委、工商局、农业厅配合。实施期限：2018~2022年）实现生产、加工、销售环节质量监管体系全覆盖，严格把好茶产品市场准入关。（省食品药品监管局牵头；省卫生计生委、农业厅、工商局，有关州、市人民政府配合。实施期限：2018~2022年）

（四）建设质量安全服务平台

依托国家普洱茶产品质量监督检验中心和各级质量检测中心，积极搭建云茶质量安全检测服务平台，严格规范市场，加大普洱茶、滇红茶、滇绿茶等云茶产品质量抽查抽检监管力度，定期发布有关信息，让消费者在云南市场买到的都是质量安全、性价合理的放心云茶。鼓励支持建设云南茶叶评价检测溯源中心，服务企业、服务市场。积极构建政府监管、行业自律、企业追溯、消费者可查询的全省茶叶质量安全可追溯服务体系，提高云茶质量安全“公信力”。（省质监局牵头；省食品药品监管局，涉茶协会配合。实施期限：2018~2020年）

（五）加大市场整治力度，维护消费者权益

明晰部门职能职责，建立健全部门联合执法工作机制，强化市场监管横向协作，采取日常监管和专项整治相结合的方式，形成市场管理的强大合力。组织专项整治工作组，以茶叶生产企业、茶叶销售市场、电商营销为重点整治范围，以普洱茶制假售假、以次充好、编造年份为重点整治内容，对企业生产、市场销售、产品质量进行全方位、全过程、无死角严格监管，及时公布检查结果，从严从重查处违法违规行为，情节严重的取缔企业的生产、加工、经营资格或移交有关司法部门处理。设立举报投诉电话强化社会监督，畅通消费者权益维护渠道。完善茶叶经营者诚信体系建设，加大违法失信经营主体惩治力度，及时曝光失信经营者黑名单，塑造规则清晰、公开透明、公平合理、诚信经营的有序市场。（省食品药品监管局牵头；省卫生计生委、工商局、商务厅、质监局、农业厅，涉茶协会配合。实施期限：长期）

六、增强科技支撑，做好大服务

以增强科技研发和人才培养为重点，加速科技成果转化，培育实用技术推广应用主体，开展关键技术攻关研究，实现技术链和产业链的深度融合。

（一）加强专业人才队伍建设

整合教育、科技、农业、企业、社会等资源力量，支持通过人才进企业、科研进企业、文化进校园等措施，建立科研院校和企业人才互补的良好机制。开展“百千万”茶专业人才培养行动。着力培养100名高级职称专业技术人才、1 000名中级职称业务骨干、10 000名实用技术人才，为产业转型升级提供强有力的人才支撑。积极开展国内外交流、专场培训等活动，进一步提升企业家把握发展方向、应对市场风险、优化资源配置的能力。（省农业厅牵头；省人力资源社会保障厅，省轻纺工业行业协会，云南农业大学、西南林业大学，涉茶协会配合。实施期限：2018~2022年）

（二）加快科技成果转化

推进企业与科研院校合作共建创新技术平台，鼓励支持科研院校和茶叶企业建立院士工作站、专家工作站，加大茶树新品种选育力度，推动科学研究和新产品开发，加快推进科技成果转化。按照国家有关法律法规，落实对科技人员实施科技成果转化的激励政策。依托国家、省茶产业技术体系及试验站，加大高效节水技术、测土配方施肥技术、统防统治技术、绿色防控技术、全程机械化、发酵储存、新产品研发等茶园管理综合配套技术和深加工技术推广力度。（省农业厅牵头；省科技厅，省农科院，云南农业大学，涉茶企业等配合。实施期限：2018~2022年）

（三）推动科技服务建设

坚持协作攻关、创新联动，加强与国内科研院校合作，建立省级普洱茶、滇红茶技术研究中心。充分利用云南省农业大数据资源，为云茶产业发展提供业务指导、智力咨询和舆论支持。鼓励支持科研院校与茶叶加工园区、茶叶企业合作建立茶叶研究院，开展茶叶精深加工产品开发、关键工艺技术、基础性研究等重大项目攻关。鼓励支持龙头企业建立产品研发中心，推动信息资源、仪器设备共享，使企业、园区成为产品创新主体。（省科技厅牵头；省发展改革委，省农科院，云南农业大学配合。实施期限：2018~2022年）

七、顺应消费需求，做强大市场

抢抓全国茶叶市场从“名茶”到“民茶”向理性回归的机遇，大力实施“走出去”战略，搭建多元营销网络，构筑放心云茶体系，努力提高云茶市场竞争力。

（一）瞄准重点市场

进一步理清目标市场、细分市场以及消费群体、消费特点，有针对性地制定市场拓展对策措施，稳步提高市场占有率。巩固华南地区传统市场，开拓东北、西北、华北地区新兴市场，扩大藏茶（边销茶）市场

份额，培育华东、华中地区潜力市场，深入拓展欧美、中东、东南亚、南亚等国际市场，努力构建云茶市场新格局。（省商务厅牵头；省农业厅，涉茶协会配合。实施期限：2018~2022 年）

（二）完善营销网络

坚持线上线下市场并重，完善市场营销网络。加快云茶国际交易中心建设步伐，拓展服务功能，扩大贸易量。以一线城市为核心，以龙头企业为主体在全国省会城市择优建立 10 个云茶展示贸易中心，辐射带动二三线城市设置营销中心、分公司，大力发展经销商，开设专营店、代销店、体验店等，项目实施纳入“云品连锁（专卖）”补助范围。鼓励支持龙头企业在国际目标市场逐步构建云茶国外展销中心。鼓励支持网商、网店发展，努力构建交易中心、茶城、茶店、网店齐头并进的云茶市场网络体系。（省商务厅牵头；省农业厅，涉茶协会配合。实施期限：2018~2022 年）

（三）创新营销方式

充分借助南博会、茶博会、农博会及省外展会等重大活动平台，积极举办不同形式、不同层次、不同规模的品鉴会和品牌推介活动。持续举办“云茶中国行”活动，扩大云茶知名度。推广“茶产业＋互联网＋金融＋现代物流”的创新运营模式，推动茶产品连锁经营、直供直销、电子商务等新型流通业态和现代交易方式。大力引进培训电商人才，推广 O2O 线上线下一体化模式，开展电子商务进茶区综合示范，在全省创建 10 个茶叶“淘宝村”，提高电商覆盖范围。定期发布云茶产品产销供求信息、价格指数，提升市场话语权。（省商务厅牵头；省工业和信息化委、农业厅，涉茶协会配合。实施期限：2018~2022 年）

八、突出文化引领，促进大融合

加强对云茶文化的挖掘、研究和推广，大力推进茶文化和茶产业发展的深度融合，为茶产业发展注入新活力，提升产业竞争软实力。

（一）丰富茶文化活动

按照有关规定举办不同形式、丰富多彩、民族风情浓郁的茶文化活动，支持建设一批具有浓郁茶文化特色的茶博览园、茶博物馆、茶体验店等。以“健康云茶世界共享”为主题，开展茶文化进机关、进校园、进企业、进社区等行动。深入挖掘“茶马古道”文化价值，举办普洱茶、滇红茶文明之旅和滇茶进藏等活动。（省文化厅牵头；省农业厅，涉茶协会配合。实施期限：2018~2022 年）

（二）挖掘茶文化潜力

深度挖掘云茶文化内涵，实现世界性、民族性和时代性的有机结合。传承普洱茶传统技艺，开展制茶工艺大师评选活动。培养一批宣传云茶文化的学者和专家，作为弘扬云茶文化代言人。收集、整理与云茶有关的历史、传说、传奇故事，采取茶陈列馆建设、茶艺表演、拍摄影视剧、创作文学作品等方式，丰富云茶文化表现形式和内涵。（省文化厅牵头；省农业厅，涉茶协会配合。实施期限：2018~2022 年）

（三）推动茶旅一体化发展

加快推动茶产业与特色旅游、民族风情文化、绿色餐饮、“大健康”等第三产业融合发展，提升茶产业的生态、休闲、文化和非农价值。集聚茶产业、人文历史、休闲度假、观光体验、健康养生、文化宣传、美丽乡村建设等资源，大力发展集休闲、观光、体验等功能为一体的新业态，推进茶产业与旅游、教育、文化等产业的深度融合，积极拓展茶产业功能。到 2022 年，打造 3 个茶产业三产融合现代农业示范园（区）、5 个以茶叶为主题的休闲观光园区、10 条茶文化精品旅游线路。建设 100 个秀美茶园、美丽茶乡村。（省旅游发展委牵头；省发展改革委、文化厅、农业厅，涉茶协会配合。实施期限：2018~2022 年）

九、强化保障措施，推进大跨越

（一）加强组织领导

按照省加快推进茶叶和核桃产业发展领导小组的统一部署，加强组织领导、强化工作协调、建立目标责任制，明确责任主体。有关州、市、县、区要成立相应领导小组，将茶产业发展纳入政府重点工作任务，建立工作机制，落实工作机构和责任人，层层细化目标任务，加大行政推动力度，确保各项措施落实。引导行业组建企业联盟，发挥涉茶协会和中介组织作用，以行政、科技、市场、金融、法律等手段形成推动产业发展的强大合力。领导小组各成员单位按照职责分工，每年 6 月、12 月底向省加快推进茶叶和核桃产业发展领导小组茶叶产业发展办公室（省农业厅）报送有关工作推进落实情况。（省农业厅牵头；省加快推进茶叶和核桃产业发展领导小组各成员单位，有关州、市人民政府配合。实施期限：2018~2022 年）

（二）强化政策扶持

重点茶产区各级政府要对茶产业发展给予政策倾斜，各级财政要加大对茶产业的投入扶持力度。在省高原特色农业产业基金框架下，设立云茶产业发展基金，吸引金融机构并引进国内专业团队，为云茶产业发展提供资金支持。发挥农业担保机构的杠杆作用，推进“三权三证”抵押贷款，采用“基金＋担保”等金融组合手段，创新适合茶产业发展的金融产品和服务方式，促进金融机构对茶企业的信贷投放力度。鼓励探索开展茶叶农业保险试点，为茶产业发展提供风险保障。（省财政厅负责。实施期限：2018~2022 年）

（三）大力招商引资

优化招商引资环境，结合产业发展实际，储备包装一批好项目，积极推进以商招商、茶事活动招商，每年举办一次招商引资洽谈会，主动引入国内外大型企业的资金、人才、市场等要素投入云茶产业，实现优势互补，共赢发展。（省招商合作局牵头；省商务厅、农业厅，涉茶协会配合。实施期限：2018~2022 年）

（四）强化舆论宣传

突出普洱茶、滇红茶两大品牌，制定宣传计划，以车站、机场、宾馆、广场等重点公共场所为依托，以报刊、广播、电视、网络媒体等为平台，采取播放云茶宣传片、印制出版刊物、举办知识讲座等形式，全方位加强云茶知识普及和社会宣传，提升消费者对云茶品牌的认知度、认可度和信赖度。注重培养云茶宣传人才，建立一支既懂传媒业务又懂茶知识的专业宣传队伍。（省新闻办牵头；省农业厅，有关州、市人民政府，涉茶协会配合。实施期限：2018~2022 年）

（五）强化跟踪问效

建立云茶产业发展评估报告机制，有关州、市人民政府每季度向省加快推进茶叶和核桃产业发展领导小组茶叶产业发展办公室（省农业厅）报送一次本地茶叶产业发展情况，领导小组办公室及时汇总形成《云茶产业发展形势分析报告》报领导小组审定，为省委、省政府做大做强云茶产业提供基础性、科学性、前瞻性的决策依据。建立云茶产业发展督导机制，由领导小组成立督导组开展专项督导，及时通报督导结果。强化跟踪问效，对工作推动扎实、成效显著的地区，在省级年度茶产业发展资金上给予倾斜；对工作推动不力、成效不明显的地区和部门（单位）按照有关规定追究责任。（省农业厅牵头；有关州、市人民政府配合。实施期限：2018~2022 年）

云南省人民政府办公厅关于加强今冬明春火灾防控工作的通知

各州、市人民政府，省直各委、办、厅、局：

为认真贯彻落实党的十九大精神和习近平总书记关于加强公共安全的系列重要讲话精神，切实做好云南省今冬明春火灾防控工作，坚决预防和遏制重特大火灾事故，确保全省火灾形势持续稳定，根据公安部《关于传发〈2017 年今冬明春火灾防控工作方案〉的通知》（公传发〔2017〕826 号）精神和今冬明春火灾防控工作动员部署电视电话会议要求，经省人民政府同意，现将有关事项通知如下：

一、切实增强做好冬春火灾防控工作的责任感和紧迫感。冬春季期间，元旦、春节、元宵节等重要节日集中，各种庆祝集会和传统民俗活动较多，各行业生产、储存、销售进入旺季，用火、用电、用气、用油量剧增，消防安全隐患明显增多，防控难度加大，历来是火灾的易发多发期。从全省近 10 年火灾统计情况来看，冬春两季的火灾起数、亡人数和财产损失数均占全年总数的 2/3 左右。加之云南省公共消防基础设施欠账多、行业和单位消防安全管理基础薄弱、公众消防安全意识不高等问题尚未根本解决，影响消防安全形势稳定的不确定因素仍较多，火灾防控压力较大。各地各部门要清醒认识当前消防安全面临的严峻形势，以党的十九大精神为指引，牢固树立安全发展理念，进一步增强责任感和紧迫感，将冬春火灾防控工作纳入重要议事日程，认真分析研判消防工作存在的突出问题和薄弱环节，组织制定针对性操作性强的工作措施，全面落实消防安全责任和各项防控要求，确保我省火灾形势持续平稳，为全省经济社会发展创造良好的消防安全环境。

二、进一步提升火灾防控基础。各地各部门要认真组织实施《云南省“十三五”时期消防事业发展规划》，确保公共消防设施建设与城乡基础设施建设同步发展，尽快补足消防站、消防教育培训基地、消火栓等消防基础建设欠账，做到“快还旧账、不欠新账”。要强化农村火灾防控，认真落实《云南省人民政府办公厅关于加强和改进农村消防工作的意见》（云政办发〔2017〕53号）精神，抓好“一委一办三员”、乡镇政府专职消防队、微型消防站等基层消防组织力量建设，提升农村抵御火灾风险的能力。要深化消防安全网格化管理，全面完善消防安全组织，形成组织健全、责任明晰、力量整合、巡查有力的消防管理新机制，把消防安全责任落实到最基层、最末端。全国“两会”召开前，全省90%以上的乡镇（街道）消防安全网格实现规范化管理。要深入推进消防安全社区创建活动，按照省综治办、民政厅、住房城乡建设厅和省公安消防总队印发的《云南省创建消防安全社区活动实施方案》要求，建立健全社区居民住宅楼楼长制及消防安全巡查检查、消防安全设施维护保养、消防宣传教育、疏散逃生演练等制度，着力提升社区消防安全综合防范水平。要积极开展消防安全风险调研评估，以高层及大型综合体建筑、人员密集场所、地下空间、易燃易爆场所、文物古建筑、城市棚户区、老旧居民小区及城乡结合部、少数民族连片村寨等为重点，强化火灾风险研判，制定针对性措施。要坚持物防、技防并重，将云计算、大数据等现代化信息技术手段与消防工作紧密融合，应用物联网技术建立消防远程监控系统，扩大独立式感烟火灾探测报警器、简易喷淋应用范围，夯实火灾防控基础。

三、全力抓好火灾隐患排查整治。各地各部门要加强分析研判，掌握行政区域内公共消防安全高风险领域、行业情况，统筹兼顾、突出重点，切实加强人员密集场所、高层建筑、地下建筑、大型城市综合体、易燃易爆场所、文物古建筑、社会福利机构、学校、劳动密集型企业以及“三合一”场所、群租房的消防安全管理，紧盯“两会”、元旦、春节、元宵节等重大活动和重要节日，组织有关部门开展联合检查，全力整治消除火灾隐患，净化社会消防安全环境。各行业主管部门要依法履行消防安全管理职责，全面督促本部门本系统及下属单位落实消防安全主体责任，组织开展常态化消防安全自查自纠，及时消除火灾隐患。各地各部门对检查发现的火灾隐患要实行“零容忍”，严格规范执法，坚决督促整改。要严格落实重大隐患立案销案、专家论证、挂牌督办和公示曝光制度，已挂牌督办的，要加快整改进程，确保按期销案；对新发现的重大火灾隐患，要及时按要求挂牌督办，明确责任，综合整治；对一时难以整改的，要强化消防安全严管严控措施，防止遗患成灾。

四、切实提高灭火应急救援能力。各地要对本行政区域内的消防水源、市政消火栓、消防车通道等公共消防基础设施开展1次全面普查，落实好维护保障措施，确保设施设备完整可用。各级公安消防部队和政府、企业专职消防队要开展冬季业务大练兵，对石油化工、高层建筑、地下建筑和城市大型综合体等重要场所、重点区域制定有针对性的灭火作战预案，组织开展实地、实战熟悉演练，提高复杂恶劣环境下的实战能力。要加强对乡镇（街道）、村（社区）、单位微型消防站的业务检查指导，完善联勤联训机制，实行统一调度指挥，提高快速响应和实战灭火能力。要落实好重要节日、重大活动值班备勤和全勤指挥制度，做好“灭大火、打恶仗”各项准备，一旦发生火灾事故，做到“救人第一、科学施救”，力争打早、打小，减少火灾损失。各级政府及有关部门要重视消防技术装备建设，提供必要经费保障，配备必要防火灭火和个人防护装备器材，提高防火灭火能力和抢险救援水平。

五、广泛开展消防安全宣传教育。各地各部门要结合冬春季节火灾特点，认真开展消防宣传“进社区、进学校、进企业、进农村、进家庭、进机关、进网站”工作，进一步提高全民消防安全意识。在认真开展好“关注消防，平安你我”为主题的“119”消防宣传月活动基础上，要针对火灾易发的重点时间、重点人群、重点场所和部位，充分运用报刊、广播、电视、互联网、微信、微博等媒体，大力借助户外视频、楼宇电视、大型电子显示屏等载体，积极宣传普及安全用火、用电、用气、用油等消防安全常识，切实提高全民消防意识。要继续曝光重大火灾隐患和消防安全不良行为，剖析典型火灾案例，警示社会单位和群众，切实提高全社会消防认知水平。要加强消防安全培训，组织各级党政机关、国有企业、社会单位及乡镇（街道）、村（社区）消防安全责任人、管理人开展消防安全培训，切实培养一批消防安全管理“明白人”。

六、严格落实消防安全责任。各地各部门要认真贯彻习近平总书记关于安全生产工作的重要批示指示精神，严格落实《国务院办公厅关于印发消防安全责任制实施办法的通知》（国办发〔2017〕87号）要求，按照“党政同责、一岗双责、齐抓共管、失职追责”和“管行业必须管安全、管业务必须管安全、管生产经营必须管安全”的总体要求，严格履行属地管理、行业管理责任，健全消防工作协调机制，及时制定印发工作方案，召开会议进行部署；逐级签订责任书，建立消防工作督查机制，定期开展消防专项督查、明察暗访或交叉检查，通报责任落实、工作推进和火灾情况，统筹推进各项任务措施落地见效，全力确保今冬明春全省火灾形势持续平稳。要严格落实消防安全责任追究制度，对工作不力、火灾多发的州、市人民政府领导，将按照规定进行约谈、问责，并实行社会治安综合治理“一票否决”；对发生较大以上火灾事故的，将严肃查处，依法依规追究有关责任人的党纪政纪和刑事责任。

各地各部门工作开展情况，请于每月25日前报省消防安全委员会办公室（联系人及电话：寻伟，0871-64569517）。

云南省人民政府办公厅
2017年11月18日

（此件公开发布）

云南省人民政府办公厅关于印发云南省控制污染物排放许可制实施计划的通知

各州、市人民政府，省直各委、办、厅、局：

《云南省控制污染物排放许可制实施计划》已经省人民政府同意，现印发给你们，请认真贯彻执行。

云南省人民政府办公厅
2017年12月5日

（此件公开发布）

云南省控制污染物排放许可制实施计划

为贯彻落实《国务院办公厅关于印发控制污染物排放许可制实施方案的通知》（国办发〔2016〕81号），进一步规范控制污染物排放许可制（以下简称排污许可制）管理工作，提高环境管理效能和改善环境质量，结合云南省实际，制定本计划。

一、总体要求

（一）指导思想

全面贯彻落实党的十九大精神，坚持以习近平新时代中国特色社会主义思想为指导，紧紧围绕统筹推进“五位一体”总体布局和协调推进“四个全面”战略布局，牢固树立新发展理念和社会主义生态文明观，坚持人与自然和谐共生，加大生态文明建设和环境保护力度，将排污许可制建设成为固定污染源环境管理的核心制度，作为企业守法、部门执法、社会监督的依据，为提高环境管理效能和改善环境质量奠定坚实基础。

（二）基本原则

精简高效，衔接顺畅。排污许可制衔接环境影响评价管理制度，融合总量控制制度，为排污收费、环境统计、排污权交易等工作提供统一的污染物排放数据。将云南省在排污许可事项、审批流程、技术规范、证后监管等方面取得的经验融入新排污许可管理，丰富排污许可管理内容，实现新老排污许可证全链条无缝衔接。

公平公正，一企一证。企事业单位持证排污，按照所在区域、流域改善环境质量和保障环境安全的要求承担相应的污染治理责任，多排放多担责、少排放可获益。向企事业单位核发排污许可证，作为生产运营期排污行为的唯一行政许可，并明确其排污行为依法应当遵守的环境管理要求和承担的法律责任义务。权责清晰，强化监管。纳入排污许可管理的企事业单位依法申领排污许可证，按证排污，自证守法。环境保护部门基于企事业单位守法排污自查报告及守法承诺，依法发放排污许可证，依证强化事中事后监管，对违法排污行为实施严厉打击。

公开透明，社会共治。排污许可证申领、核发、监管流程全过程公开，企事业单位污染物排放和环境保护部门监管执法信息及时公开，为推动企业守法、部门联动、社会监督创造条件。

（三）主要目标

到2020年，完成覆盖全省所有固定污染源的排污许可证换发和核发工作，排污许可证管理信息平台有效运转，各项环境管理制度有机衔接，企事业单位环境保护主体责任有效落实，污染源属地监管职责落到实处，对固定污染源实施全过程管理和多污染物协同控制，污染物许可排放量限值消费管控取得实质性突破，实现排污许可“一证式”管理。

二、工作任务

（一）衔接整合有关环境管理制度

1. 将排污许可制实施情况纳入生态文明示范区创建工作，将排污许可证管理形成的实际排放数据作为生态文明示范区创建中考核固定污染源排污状况的基础数据。

2. 融合污染物排放总量控制制度。改变单纯以行政区域为单元分解污染物排放总量指标的方式和总量减排核算考核办法，通过实施排污许可制，落实企事业单位污染物排放总量控制要求，逐步实现由行政区域污染物排放总量控制向企事业单位污染物排放总量控制转变，控制范围逐渐统一到固定污染源。环境质量不达标地区，采取提高排放标准或收紧许可排放量等措施，对主要排放单位实施更为严格的污染物排放总量控制，推动改善环境质量。

3. 有机衔接环境影响评价制度。按照《“十三五”环境影响评价改革实施方案》积极推进环境影响评价制度改革。新改扩建项目必须在发生实际排污行为之前申领排污许可证，环境影响评价文件及批复中与污染物排放控制有关的措施及要求应在排污许可证中载明，其排污许可证执行情况应作为环境影响后评价的重要依据。

（二）规范有序发放排污许可证

1. 排污许可证核发权限。省环境保护厅负责全省排污许可制度的组织实施和监督，指导各级环境保护部门开展排污许可证审核发放。各县、市、区环境保护部门负责实施简化管理的排污许可证核发工作，其余的排污许可证原则上由州、市环境保护部门负责核发。实行省以下环保机构监测监察执法垂直管理制度改革后，按照新的规定和要求执行。

2. 排污许可证核发。企事业单位应按照有关法律法规标准和技术规定提交申请材料，申报污染排放种类、排放浓度等，测算并申报污染物排放量。有核发权限的环境保护部门受理排污单位排污许可申请材料后，应对申报材料的完整性、规范性进行审核，对存在疑问的开展现场检查，对符合要求的企事业单位应在规定时间内核发排污许可证。排污许可证申请、受理、审核、发放、变更、延续、注销、撤销、遗失补办应当在国家排污许可证管理信息平台上进行。首次发放的排污许可证有效期3年，延续换发的排污许可证有效期5年。省环境保护厅要加强监督抽查，有权依法撤销州、市、县、区环境保护部门违规作出的核发排污许可证的决定。

3. 合理确定许可内容。排污许可证由正本和副本构成，正本和副本样式由环境保护部统一规定，正本载明基本信息，副本载明基本信息、许可事项、管理要求等信息。根据污染物排放标准、总量控制指标、环境影响评价文件及批复要求等，依法合理确定许可排放的污染物种类、浓度及排放量。各级政府制定的环境质量限期达标规划、重污染天气应对措施中对排污单位污染物排放有特别要求的，应在副本中予以载明。排污单位承诺执行更加严格的排放浓度和排放量并为此享受国家或地方优惠政策的，应当将更加严格的排放浓度和排放量在副本中载明。

4. 分步实现排污许可全覆盖。排污许可证管理内容主要包括大气污染物、水污染物，积极探索将重金属污染物、持久性有机污染物等非常规污染物纳入排污许可管理。按照国家要求，结合云南省实际，按行业分步实现对固定污染源的全覆盖。未纳入环境保护部《固定污染源排污许可分类管理名录》的行业，继续按照云南省现行排污许可有关规定管理。

（三）严格落实企事业单位环境保护责任

1. 落实按证排污责任。纳入排污许可管理的企事业单位必须按期持证排污、按证排污，不得无证排污。企事业单位应及时申领排污许可证，对申请材料的真实性、准确性和完整性承担法律责任，承诺按照排污许可证的规定排污并严格执行；落实污染物排放控制措施和其他各项环境管理要求，确保污染物排放种类、浓度、排放量和去向等达到许可要求；明确单位负责人和有关人员环境保护责任，不断提高污染治理和环境管理水平，自觉接受监督检查。

2. 实行自行监测和定期报告。企事业单位应依法开展自行监测，制定并严格执行自行监测方案，规范设置排污口、监测孔，安装或使用监测设备应符合国家有关环境监测、计量认证和技术规范，保障数据合法有效，保证设备正常运行，妥善保存原始记录，建立准确完整的环境管理台账，安装在线监测设备应与环境保护部门联网。企事业单位应如实向环境保护部门报告排污许可证执行情况，依法向社会公开污染物排放数据并对数据真实性负责。因设备故障、污染防治设施不正常运行等导致排放情况与排污许可证要求不符的，应及时向环境保护部门报告。

（四）切实加强监督管理

1. 依证严格开展监管执法。依证监管是排污许可制实施的关键，各级环境保护部门要制定排污许可证监督管理实施方案，按照“谁核发、谁监管”的原则，通过“双随机、一公开”的方式，定期开展监管执法，重点检查许可事项和管理要求的落实情况，采取执法监测、核查台账等手段，核实排放数据和报告的真实性，判定是否达标排放。企事业单位在线监测数据可以作为环境保护部门监管执法的依据。首次核发排污许可证后，应及时开展检查；对有违规记录的，应提高检查频次；对污染严重的产能过剩行业企业、环境质量超标区域企事业单位及工业园区内企业应加大执法频次与处罚力度，推动去产能工作。现场检查的时间、内容、结果以及处罚决定应记入排污许可证管理信息平台

2. 严厉查处违法排污行为。根据违法情节轻重，依法采取按日连续处罚、限制生产、停产整治、停业、关闭等措施，严厉处罚无证和不按证排污行为，对构成犯罪的，依法追究刑事责任。环境保护部门检查发现实际情况与环境管理台账、排污许可证执行报告等不一致的，可以责令作出说明，对未能说明且无法提供自行监测原始记录的，依法予以处罚。

3. 综合运用市场机制政策。鼓励企事业单位采取技术创新和设施设备改造升级等措施，降低污染物排放浓度和排放量。对自愿实施严于许可排放浓度和排放量且在排污许可证中载明的企事业单位，加大电价等价格激励措施力度，符合条件的可享受有关环保、资源综合利用等方面的优惠政策。与拟开征的环境保护税有机衔接，交换共享企事业单位污染物排放数据与纳税申报数据，引导企事业单位按证排污并诚信纳税。排污许可证是排污权的确认凭证、排污交易的管理载体，企事业单位在履行法定义务的基础上，通过淘汰落后和过剩产能、清洁生产、污染治理、技术改造升级等产生的污染物排放削减量，可按规定在市场交易。

4. 强化信息公开和社会监督。通过国家排污许可证管理信息平台收集、储存、管理排污许可证信息，将云南省现有的排污许可证管理信息平台逐步接入，实现各级联网、数据集成、信息共享。及时公开企事业单位自行监测数据和环境保护部门监管执法信息，公布不按证排污的企事业单位名单，纳入企业环境行为信用评价。建立健全纳入排污许可管理的企事业单位守信激励和失信惩戒制度。与环保举报平台共享污染源信息，鼓励公众举报无证和不按证排污行为。依法推进环境公益诉讼，加强社会监督。

三、保障措施

（一）加强组织领导

各地要高度重视排污许可制实施工作，统一思想，提高认识，明确目标任务，制定具体的实施计划，确保按时限完成排污许可证核发工作。排污许可制推进期间，要做好各项环境管理制度以及新老排污许可证的衔接，避免出现管理真空。省环境保护厅要加强对全省排污许可制实施工作的指导，制定有关管理办法及技术规范，跟踪评估实施情况。将排污许可制落实情况纳入省级环境保护督察工作，对落实不力的进行问责。

（二）健全支撑体系

完善排污许可证执行和监管执法技术体系，指导企事业单位自行监测、台账记录、执行报告、信息公开等工作，规范环境保护部门台账核查、现场执法等行为。培育和规范咨询与监测服务市场，加强人才队

伍建设，采取政府购买服务等多种方式，引导社会力量参与排污许可制实施。

（三）开展宣传培训

加大对排污许可制的宣传力度，做好制度解读，及时回应社会关切。组织各级环境保护部门、企事业单位、咨询与监测机构开展专业培训。强化各级政府环境保护主体责任，树立企事业单位持证排污意识，形成政府综合管控、企业依证守法、社会共同监督的良好氛围。

云南省人民政府办公厅关于印发云南省“菜篮子”市长负责制考核办法的通知

各州、市人民政府，省直各委、办、厅、局：

《云南省“菜篮子”市长负责制考核办法》已经省人民政府同意，现印发给你们，请认真贯彻执行。

云南省人民政府办公厅

2017 年 12 月 13 日

（此件公开发布）

云南省“菜篮子”市长负责制考核办法

第一条 为强化“菜篮子”市长负责制，根据《国务院办公厅关于印发“菜篮子”市长负责制考核办法的通知》（国办发〔2017〕1 号）等规定，结合云南省实际，制定本办法。

第二条 考核工作坚持重点考核与全面考核相结合、自评自查与综合评定相结合、过程监管与结果考评相结合、定量评价与定性评估相结合的原则。

第三条 由省农业厅牵头，会同省发展改革委、财政厅、国土资源厅、环境保护厅、交通运输厅、商务厅、卫生计生委、工商局、食品药品监管局及云南银监局、云南证监局、云南保监局等部门，建立省“菜篮子”市长负责制考核工作联席会议（以下简称联席会议）制度，对除昆明市以外的 15 个州、市“菜篮子”市长负责制落实情况进行考核。昆明市考核工作按照国办发〔2017〕1 号文件有关规定及农业部要求实施，昆明市向农业部报送“菜篮子”市长负责制落实情况自查报告，同时抄送省农业厅。

第四条 考核内容包括组织制度建设、生产能力、市场流通能力、质量安全监管能力、调控保障能力和市民满意度等 6 个方面。

（一）组织制度建设方面，主要考核组织领导机构的设立、“菜篮子”工作政策措施的制度建立情况等。

（二）生产能力方面，主要考核蔬菜播种面积、产量和肉类产量等。

（三）市场流通能力方面，主要考核批发市场规划布局、建设和零售网点密度等。

（四）质量安全监管能力方面，主要考核“菜篮子”产品质量安全监管情况、质量安全水平和追溯体系建设等。

（五）调控保障能力方面，主要考核“菜篮子”工程调控政策、价格涨幅、储备制度建设、管理体系建设、信息监测预警与发布平台建设等。

（六）市民满意度方面，主要考核居民对“菜篮子”工程建设的满意程度。

第五条 考核工作每2年开展1次。考核采用评分制，满分为100分。考核结果分为4个等级，得分90分以上为优秀，75分以上90分以下为良好，60分以上75分以下为合格，60分以下为不合格（以上包含本数，以下不包含本数）。考核期内发生“菜篮子”产品质量安全突发事件的，考核结果为不合格。

第六条　考核程序

（一）安排部署。考核期次年3月底前，联席会议下发考核通知，对考核工作进行安排部署。

（二）自查自评。各州、市对考核期内“菜篮子”市长负责制落实情况进行全面总结和自评，形成自查自评报告，于考核期次年5月底前报送省农业厅。

（三）初步评定。联席会议对自查自评报告进行评估，并结合日常监督检查情况，形成初评报告。

（四）抽查考核。联席会议按照20%的比例确定抽查州、市，并组成若干考核组对考核对象实施考核。

（五）综合评定。联席会议对自查自评报告和考核情况进行审议，确定考核结果等级，形成考核报告，于考核期次年8月底前由省农业厅向省人民政府报告。

（六）结果通报。考核结果由省农业厅向各州、市人民政府反馈，并抄送省委组织部。

第七条　考核涉及的有关数据以统计部门公布的数据为准；没有统计数据的，以有关主管部门认定的数据为准。

第八条　考核结果作为政府主要负责人和领导班子政绩考核的内容之一。对考核结果为优秀的地区，给予通报表扬；考核结果为不合格的地区，要在考核结果通报后1个月内向联席会议提交书面整改报告，限期整改。

第九条　考核对象要对所提供的有关文件和资料的真实性负责。对在考核中弄虚作假的地区，经调查核实后取消考核成绩并在全省范围内通报批评，对直接责任人依法依规追究责任。

第十条　由省农业厅牵头，会同联席会议其他成员单位，依据农业部有关文件精神，制定云南省“菜篮子”市长负责制考核办法实施细则、考核任务分工方案。

第十一条　本办法自印发之日起施行。

云南省人民政府办公厅关于贯彻落实湿地保护修复制度方案的实施意见

各州、市人民政府，省直各委、办、厅、局：

为深入贯彻落实《国务院办公厅关于印发湿地保护修复制度方案的通知》（国办发〔2016〕89号）和《国家林业局国家发展改革委财政部国土资源部环境保护部水利部农业部国家海洋局关于印发〈贯彻落实《湿地保护修复制度方案》的实施意见〉的函》（林函湿字〔2017〕63号）精神，进一步建立健全云南省湿地保护修复制度，加强湿地保护和恢复，经省人民政府同意，现提出以下意见：

一、充分认识建立湿地保护修复制度的重大意义

云南省湿地具有生态区位重要、类型多样、生态功能突出、生物物种丰富、生态系统脆弱、湿地景观优美等特点，根据第二次湿地资源调查结果，全省湿地总面积845万亩，湿地动植物种数以及特有物种数居全国之首，保育全国53%的湿地植物和43%的湿地脊椎动物种数，其中湿地鸟类种数占全国的70%，是维护生态安全和保护生物多样性的关键敏感区域，为全省经济社会发展提供重要的自然资源基

础，承担着维护区域、国家和国际河流生态安全的战略任务。近年来，云南省在湿地保护、退化湿地修复及制度建设等方面开展大量工作，取得明显成效。但湿地保护意识不强、湿地资源过度利用、自然湿地面积萎缩、湿地破碎化和功能退化、局部区域外来有害生物危害严重等问题依然存在，湿地保护修复任务仍然十分艰巨。建立健全我省湿地保护修复制度，全面保护湿地，扩大湿地面积，增强湿地生态服务功能，对加快构筑我国重要的生物多样性宝库和西南生态安全屏障，争当全国生态文明建设排头兵具有十分重要的意义。

二、明确保护目标，落实保护责任制

（一）全面保护湿地。依据第二次湿地资源调查结果，对全省湿地资源实行面积总量管控，逐级分解落实，全面有效保护，确保湿地面积不减少，特别是自然湿地面积不减少。合理划定纳入生态保护红线的湿地范围，并落实到具体湿地地块，实现湿地资源管理“一张图”。到2020年，全省湿地面积不低于845万亩，其中自然湿地面积不低于588万亩，湿地保护率不低于52%。（各州、市人民政府，省发展改革委、国土资源厅、环境保护厅、住房城乡建设厅、农业厅、林业厅、水利厅等部门负责）

（二）提升湿地生态系统功能。加强自然湿地保护，通过自然恢复，因地制宜辅以污染治理、水系连通、植被恢复、栖息地恢复和外来有害生物防控等措施，全面提升湿地生态功能。到2020年，重要江河湖泊水功能区水质达标率提高到87%以上，全省湿地野生动植物种群数量保持稳定，湿地生态功能逐步恢复，维持湿地生态系统健康和稳定。（省林业厅、国土资源厅、环境保护厅、住房城乡建设厅、农业厅、水利厅等部门负责）

（三）健全湿地保护考评机制。各级政府对本行政区域内湿地保护负总责，政府主要领导承担主要责任，其他有关领导在职责范围内承担相应责任，将自然湿地面积、保护率和湿地生态状况等纳入各级生态文明建设有关考核评价内容。加强考核评价结果运用，形成责权明确、管理高效的湿地保护制度体系。对湿地资源造成破坏的，严格按照《党政领导干部生态环境损害责任追究办法（试行）》（中办发〔2015〕45号）和《云南省党政领导干部生态环境损害责任追究实施细则（试行）》（云办发〔2016〕5号）规定进行追责。（各州、市人民政府，省发展改革委、国土资源厅、环境保护厅、住房城乡建设厅、农业厅、林业厅、水利厅等部门负责）

三、加快湿地认定，健全分级管理体系

（四）加快推进湿地认定工作。加快推进省级重要湿地认定，全面推进一般湿地认定，及时公布重要湿地和一般湿地名录，实行动态管理，及时更新，到2020年基本完成省级重要湿地和一般湿地认定。省林业主管部门会同有关部门提出省级重要湿地名录，报省人民政府批准公布。州、市林业主管部门牵头制定一般湿地认定办法，报本级政府批准后，指导各县、市、区开展一般湿地认定。一般湿地名录由县级政府公布，并报省林业主管部门备案。认定后的湿地应明确湿地边界及管理主体，设立界桩界标，根据资源条件建立保护地进行分类管理，开展湿地资源保护和合理利用。按照国家部署逐步开展自然资源统一确权登记。（省林业厅，各州、市人民政府牵头；省国土资源厅、环境保护厅、住房城乡建设厅、农业厅、水利厅等部门配合）

（五）探索开展湿地管理事权划分改革。按照《国务院关于推进中央与地方财政事权和支出责任划分改革的指导意见》（国发〔2016〕49号）以及《云南省人民政府关于推进省以下财政事权和支出责任划分改革的实施意见》（云政发〔2017〕7号）精神，坚持权、责、利相统一原则，探索开展湿地管理方面的省与各地财政事权和支出责任划分改革，明晰国际重要湿地、国家重要湿地、省级重要湿地和一般湿地的事权划分，并按事权划分明确各级财政支出责任。（省财政厅、林业厅牵头负责）

（六）加强保护管理体系建设。结合全面推行河长制、湖长制和饮用水水源地保护等工作，加快建立自然保护区、湿地公园、水源保护区、风景名胜区和保护小区等保护地，提高湿地保护率。加快推进湿地公园建设，创新国家湿地公园建设和管理机制，全面提升全省国家湿地公园建设和管理水平。出台省级湿地公园建设管理办法，启动省级湿地公园建设工作。创新湿地保护管理，积极探索社会组织参与湿地保护管理模式。加强各级湿地保护管理机构能力建设，探索设立湿地管护公益岗位，利用生态功能区转移支付、国家湿地保护项目等引导当地部分剩余劳动力转化为湿地管护人员。（省林业厅，各州、市人民政府牵头；省发展改革委、财政厅、国土资源厅、环境保护厅、住房城乡建设厅、农业厅、水利厅等部门配合）

四、加强保护执法，严格湿地用途管控

（七）强化湿地保护执法。严格执行《云南省湿地保护条例》。各级湿地保护管理部门，要按照职责分工依法对湿地保护和利用进行监管，对湿地破坏严重的地区或有关部门进行约谈。不断完善以森林公安为主相对集中行使湿地行政处罚权的执法机制，依法打击和查处破坏湿地资源的违法行为，遏制各种破坏湿地生态的行为。（各州、市人民政府，省林业厅、国土资源厅、环境保护厅、住房城乡建设厅、农业厅、水利厅等部门负责）

（八）严格湿地用途管理。按照主体功能定位确定各类湿地功能，实施负面清单管理。加强土地利用总体规划、城乡总体规划、第三轮矿产资源规划和湿地保护规划等规划间的衔接，严格土地用途管制和土地规划、矿产资源规划控制。合理确定湿地有关资源利用的强度和时限，避免对湿地生态要素、生态过程、生态服务功能等方面造成破坏，为湿地休养生息留足生态空间。实行严格的湿地范围内建设项目审批制度。禁止擅自改变湿地用途，因重大基础设施、重大民生保障项目建设等需要调整的，经批准后，依法办理供地手续，用地单位要按照“先补后占、占补平衡”的原则，负责恢复或重建与所占湿地面积和质量相当的湿地。强化已有矿业权管理，积极探索已有矿业权逐步退出湿地范围的机制。在湿地范围内的已有矿业权，依法不予办理扩大勘查开采范围、扩大生产规模、变更勘查开采矿种和变更开采方式等有关变更登记手续，依法不予受理探矿权转为采矿权申请。已有矿业权到期，未征得湿地主管部门同意的，依法不予办理矿业权登记手续。（各州、市人民政府，省发展改革委、国土资源厅、环境保护厅、住房城乡建设厅、农业厅、林业厅、水利厅等部门负责）

五、强化机制探索，建立健全湿地保护修复制度

（九）明确湿地修复责任。对未经批准将湿地转为其他用途的，按照“谁破坏、谁修复”的原则实施恢复和重建。能够确认责任主体的，由其开展湿地修复或委托具备修复能力的第三方机构进行修复。对因历史原因或公共利益造成生态破坏的、因重大自然灾害受损的湿地，经科学论证确需恢复的，由各级政府承担修复责任。（各州、市人民政府，省林业厅、国土资源厅、环境保护厅、住房城乡建设厅、农业厅、水利厅等部门负责）

（十）加强退化湿地修复。县级林业主管部门要对近年来湿地退化和被侵占等情况进行认真调查摸底，并会同有关部门编制本地湿地保护修复规划。遵循自然规律，采取自然恢复为主、人工促进自然恢复相结合的方式，对破碎化严重、功能退化的自然湿地进行修复和生态综合整治，提升湿地生态质量和服务功能。采取近自然人工湿地的方式，探索乡村湿地建设。在有条件的社区、学校和厂矿，积极建设人工湿地，增加湿地面积，改善人居环境。（各州、市人民政府，省林业厅、发展改革委、国土资源厅、环境保护厅、住房城乡建设厅、农业厅、水利厅等部门负责）

（十一）完善生态用水机制。水资源利用要与湿地保护紧密结合，统筹协调区域或流域内的水资源平衡，科学核定重要江河湖泊生态流量和生态水位，建立湿地生态补水机制，维持湿地自然状态水位需求。加强水功能区分级分类管理，强化水资源用途管控，全面推进用水管理。完善重要湖泊入湖河道保护规划，实行流域综合治理，留足河道生态空间，保护和维护河道自然属性，科学开展河流湿地生态治理。优化水资源配置，兼顾生产、生活和生态用水。科学安全蓄水，水库蓄水和泄洪要充分考虑湿地生态用水和野生动植物保护需求。（省水利厅，各州、市人民政府牵头；省发展改革委、环境保护厅、住房城乡建设厅、农业厅、林业厅等部门配合）

（十二）强化湿地修复成效监督。省湿地保护管理部门组织开展湿地修复工程绩效评价。湿地修复工程实施单位要建立湿地修复专家咨询机制和技术支撑制度，由第三方机构开展湿地修复工程竣工评估和后评估，依法公开湿地修复方案、修复成效，接受公众监督。（省林业厅、国土资源厅、环境保护厅、住房城乡建设厅、农业厅、水利厅等部门负责）

六、推进湿地监测，健全监测评价体系

（十三）明确湿地监测评价主体。省林业主管部门牵头制定全省湿地资源调查和监测、重要湿地评价等规范，组织实施重要湿地监测评价和全省湿地面积变化及湿地保护率年度核查工作，按照国家安排部署定期组织开展全省湿地资源调查。州、市林业主管部门牵头组织开展本地一般湿地监测评价。（省林业厅牵头；省国土资源厅、环境保护厅、住房城乡建设厅、农业厅、水利厅等部门配合）

（十四）加快湿地生态监测体系建设。按照《云南湿地生态监测规划（2015~2025年）》布局，开展全省湿地生态监测站点建设，健全完善湿地生态监测指标体系，加强湿地生态监测能力建设，提高监测数据质量和信息化水平。加强生态风险预警，防止湿地生态系统特征发生不良变化。到2020年，初步建成全省湿地生态监测网络。（省林业厅牵头；省国土资源厅、环境保护厅、住房城乡建设厅、农业厅、水利厅等部门配合）

（十五）规范湿地监测信息发布和运用。建立健全湿地监测数据共享机制，林业、国土资源、环境保护、住房城乡建设、水利、农业等部门获取的湿地资源有关数据要互联共享。建立统一的湿地监测评价信息发布制度，规范发布内容、流程、权限和渠道等。加强湿地监测、核查数据的运用，运用大数据对湿地资源进行动态管理，为考核各地落实湿地保护责任情况等提供科学依据和数据支撑。（省林业厅牵头；省国土资源厅、环境保护厅、住房城乡建设厅、农业厅、水利厅等部门配合）

七、加强组织协调，完善保护修复保障机制

（十六）强化组织领导。各地各部门要增强抢救性保护湿地资源的紧迫感和责任感。省林业主管部门要会同有关部门建立湿地保护修复联席会议制度，协调解决全省湿地保护发展中的重大问题。省直有关部门根据工作职能职责，密切配合，全面推进全省湿地保护工作。各州、市、县、区人民政府要加强组织领导，制定工作方案，层层压实责任，切实抓好湿地保护修复制度贯彻落实，确保各项工作落到实处。（各州、市人民政府，省发展改革委、财政厅、教育厅、科技厅、国土资源厅、环境保护厅、住房城乡建设厅、农业厅、林业厅、水利厅等部门负责）

（十七）完善保护政策法规。依据国家湿地保护有关法律法规和《云南省湿地保护条例》，制定出台湿地资源有偿使用、生态效益补偿、水资源保护等政策，进一步完善湿地保护政策法规体系。（各州、市人民政府，省林业厅、国土资源厅、环境保护厅、住房城乡建设厅、农业厅、水利厅、法制办等部门负责）

（十八）健全资金投入机制。发挥政府在湿地保护修复工作中的主导作用，按照湿地管理事权与支出责任划分原则，各级政府要将湿地保护修复资金纳入同级财政预算，保障湿地保护与修复工作的开展。采取财政贴息等方式引导金融资本加大支持力度，创新湿地保护及投融资机制，积极探索政府和社会资本合作（PPP）模式，加大政策性贷款力度，鼓励社会资本参与湿地保护与资源合理利用。完善生态功能区等有关转移支付办法，拓宽融资渠道，建立多元化的湿地保护投入机制。（省林业厅、发展改革委、财政厅，各州、市人民政府牵头；省国土资源厅、环境保护厅、住房城乡建设厅、农业厅、水利厅，人民银行昆明中心支行、云南银监局等部门配合）

（十九）强化科技支撑。充分发挥“云南省湿地保护专家委员会”的咨询作用，进一步提高科学决策水平。支持有条件的高校设置与湿地保护有关的学科、专业，加快湿地科技人才培养和队伍建设。加强湿地基础和应用科学研究，提高湿地科研成果转化率，着力破解制约我省湿地保护发展的科学技术瓶颈。重点加强高原退化湿地修复、湿地生态服务功能价值评估、湿地生态补偿、湿地与气候变化、湿地生物多样性保育、水资源安全等方面的研究，开展湿地保护与修复技术示范，构建湿地保护、恢复和资源合理利用的标准体系。（省教育厅、科技厅、林业厅、环境保护厅、住房城乡建设厅、农业厅、水利厅等部门负责）

（二十）加强宣传教育。面向公众开展湿地科普宣传教育，采用互联网、移动媒体等方式，大力宣传湿地保护知识、政策、措施和成效。采取湿地知识“进社区”“进学校”“进课堂”等形式，抓好大中小学生湿地保护教育，树立湿地保护意识，形成良好的社会氛围。探索建立湿地保护志愿者制度，充分调动社会力量参与湿地保护的积极性。（省林业厅、教育厅、国土资源厅、环境保护厅、住房城乡建设厅、农业厅、水利厅等部门负责）

云南省人民政府办公厅

2017年12月18日

（此件公开发布）

云南省人民政府办公厅关于成立云南省生物多样性保护委员会的通知

各州、市人民政府，省直各委、办、厅、局：

为加强对云南省生物多样性保护工作的组织领导，省人民政府决定成立云南省生物多样性保护委员会（以下简称委员会）。现将有关事项通知如下：

一、委员会组成人员

主　任：刘慧晏　副省长

副主任：马文亮　省政府副秘书长

张纪华　省环境保护厅厅长

成　员：李　茜　省新闻办主任

刘　颖　省发展改革委副主任

朱华山　省教育厅副厅长

娄垂新　省科技厅副厅长

曹卫东　省公安厅治安管理总队总队长

李国材　省民政厅副厅长

王卫昆　省财政厅副厅长

李连举　省国土资源厅副厅长

高正文　省环境保护厅副厅长

王云昌　省住房城乡建设厅副厅长

魏　民　省农业厅副厅长

万　勇　省林业厅副厅长

王仕宗　省水利厅副厅长

张红霞　省商务厅副厅长

杨德聪　省文化厅副厅长

王　伟　省外办副主任

陈述云　省旅游发展委副主任

李　晗　省工商局副局长

符亚杰　省质监局副局长

黄　旻　省法制办巡视员

杨　李　省扶贫办副主任

方　涛　省知识产权局局长

郑　进　省中医药管理局局长

马　军　昆明海关副关长

徐自忠　云南出入境检验检疫局副局长

李德铢　中科院昆明分院院长

委员会下设办公室在省环境保护厅，办公室主任由高正文兼任。

二、委员会及办公室工作职责

委员会主要职责：贯彻落实省委、省政府关于加强生物多样性保护的决策部署，统筹协调全省生物多样性保护工作，督促和指导《云南省生物多样性保护战略与行动计划（2012–2030 年）》的实施，研究制定生物多样性保护的政策措施，协调解决工作中的重大问题。委员会办公室主要职责：负责委员会的日常工作；协调委员会成员单位的工作，督促落实委员会议定事项，及时提出工作意见建议；完成委员会安排的其他工作。委员会成员如有变动，由成员单位自行递补，报委员会备案，不再另行发文。

云南省人民政府办公厅

2017 年 3 月 17 日

（此件公开发布）

云南省人民政府办公厅关于成立云南省环境污染防治工作领导小组的通知

各州、市人民政府，省直各委、办、厅、局：

为切实加强对大气、水、土壤污染防治工作的组织领导，省人民政府决定成立云南省环境污染防治工作领导小组（以下简称领导小组）。现将有关事项通知如下：

一、领导小组组成人员

组　长：刘慧晏　副省长

副组长：马文亮　省政府副秘书长

张纪华　省环境保护厅厅长

成　员：刘　颖　省发展改革委副主任

唐文祥　省工业和信息化委副主任

娄垂新　省科技厅副厅长

黄政红　省公安厅副厅长

王卫昆　省财政厅副厅长

李连举　省国土资源厅副厅长

贺　彬　省环境保护厅副厅长

赵志勇　省住房城乡建设厅副厅长

杨　延　省交通运输厅副厅长

魏　民　省农业厅副厅长

万　勇　省林业厅副厅长

王仕宗　省水利厅副厅长

张红霞　省商务厅副厅长

陆　林　省卫生计生委副主任

符亚杰　省质监局副局长

汤忠明　省安全监管局副局长

胡利人　省统计局副局长

黄　旻　省法制办巡视员

张春红　省能源局副局长

金　梅　省物价局副局长

向　凯　省法院副院长

沈曙昆　省检察院副检察长

顾万龙　省气象局副局长

二、工作机构

领导小组下设办公室和大气污染防治、水污染防治、土壤污染防治 3 个专项小组。

（一）领导小组办公室设在省环境保护厅，办公室主任由张纪华兼任。

（二）大气污染防治专项小组设在省环境保护厅，组长由张纪华兼任。成员单位：省发展改革委、工业和信息化委、公安厅、财政厅、住房城乡建设厅、交通运输厅、商务厅、质监局、安全监管局、统计局、能源局、气象局等部门。

（三）水污染防治专项小组设在省环境保护厅，组长由张纪华兼任。成员单位：省发展改革委、工业和信息化委、科技厅、财政厅、国土资源厅、住房城乡建设厅、交通运输厅、农业厅、林业厅、水利厅、商务厅、卫生计生委、统计局等部门。

（四）土壤污染防治专项小组设在省环境保护厅，组长由张纪华兼任。成员单位：省发展改革委、工业和信息化委、科技厅、财政厅、国土资源厅、住房城乡建设厅、农业厅、林业厅、水利厅等部门。

三、工作职责

领导小组主要职责：贯彻落实省委、省政府关于环境污染防治工作的决策部署，统筹协调全省大气、水、土壤污染防治工作，研究环境污染防治重大政策措施，协调解决工作中的重大问题。

领导小组办公室主要职责：负责领导小组日常工作；协调领导小组各成员单位的工作，督促落实领导小组议定事项，及时提出工作意见建议；完成领导小组安排的其他工作。专项小组主要职责：督促检查大气、水、土壤污染防治工作开展情况，协调解决工作中存在的问题，如期完成大气、水、土壤污染防治工作任务。领导小组成员如有变动，由成员单位自行递补，报领导小组备案，不再另行发文。

云南省人民政府办公厅
2017 年 5 月 3 日

（此件公开发布）

云南省人民政府关于公布 2017 年林业检疫性有害生物疫区的通知

各州、市人民政府，省直各委、办、厅、局：

根据《植物检疫条例》和《国家林业局关于印发 < 全国林业检疫性有害生物疫区管理办法 > 的通知》（林造发〔2013〕17 号）有关规定，现将云南省 2017 年薇甘菊县级疫区公布如下：

保山市：隆阳区、施甸县、腾冲市、龙陵县

普洱市：澜沧县、孟连县、西盟县

西双版纳州：景洪市、勐腊县

德宏州：芒市、梁河县、盈江县、陇川县、瑞丽市

临沧市：镇康县、耿马县、沧源县

请各地按照疫区管理有关规定，着力抓好林业检疫性有害生物的产地检疫、调运检疫和除害处理工作，采取封锁、控制、消灭等措施，强化源头管理，严防疫情从疫区传出。非疫区要切实加强林业检疫性有害生物疫情监测、普查和复检工作，严防疫情传入。

云南省人民政府
2017 年 6 月 29 日

（此件公开发布）

云南省人民政府办公厅关于成立云南省加快推进茶叶和核桃产业发展领导小组的通知

各州、市人民政府，省直各委、办、厅、局：

为深入推进农业供给侧结构性改革，全面加快全省茶叶、核桃产业发展，省人民政府决定成立云南省加快推进茶叶和核桃产业发展领导小组（以下简称领导小组）。现将有关事项通知如下：

一、领导小组组成人员

组　长：张祖林　副省长
副组长：普建辉　省政府副秘书长
　　　　王敏正　省农业厅厅长
　　　　冷　华　省林业厅厅长
　　　　车志敏　省特色产业促进会首席专家
成　员：陶　忠　省委农办副主任
　　　　董继理　省发展改革委副主任
　　　　唐文祥　省工业和信息化委副主任
　　　　赵志武　省科技厅副厅长
　　　　赵晓静　省财政厅副厅长
　　　　和江峰　省人力资源社会保障厅副厅长
　　　　李东生　省国土资源厅副巡视员
　　　　杨　延　省交通运输厅副厅长
　　　　王平华　省农业厅副厅长
　　　　谢　晖　省林业厅副厅长
　　　　胡朝碧　省水利厅副厅长
　　　　张红霞　省商务厅副厅长
　　　　杨德聪　省文化厅副厅长
　　　　陆　林　省卫生计生委副主任
　　　　段雨澜　省地税局副局长
　　　　王绪正　省工商局副局长
　　　　陈百炼　省质监局副局长
　　　　赵卫军　省统计局副局长
　　　　陈述云　省旅游发展委副主任
　　　　赵云龙　省金融办副主任
　　　　杨　李　省扶贫办副主任
　　　　杨　柱　省食品药品监管局副局长
　　　　阮凤斌　省招商合作局副局长
　　　　田虎青　省新闻办专职副主任
　　　　李学林　省农科院院长
　　　　方　涛　省知识产权局局长
　　　　段继红　省供销合作社联合社副主任
　　　　王卫斌　省林科院院长
　　　　盛　军　云南农业大学校长
　　　　杜官本　西南林业大学副校长
　　　　马　军　昆明海关副关长
　　　　王建东　人民银行昆明中心支行副行长
　　　　杨　民　云南银监局副局长

领导小组下设茶叶产业发展办公室在省农业厅，办公室主任由王平华兼任；下设核桃产业发展办公室在省林业厅，办公室主任由谢晖兼任。

二、领导小组及办公室主要职责

领导小组主要职责：研究制定全省茶叶、核桃产业发展的重大原则、政策措施、实施方案；统筹协调和解决全省茶叶、核桃产业发展重大事项和问题，研究部署产业发展工作。办公室主要职责：贯彻落实领导小组关于茶叶、核桃产业发展的工作部署和要求，筹备领导小组有关工作会议，起草有关文件材料，搜集有关工作信息，检查、督促各项政策措施的落实，处理领导小组日常事务，完成领导小组交办的其他事项。领导小组副组长、成员如有变动，报领导小组组长审批即可，不再另行发文。

云南省人民政府办公厅
2017 年 5 月 11 日

（此件公开发布）

云南省人民政府办公厅关于2016年度各州市主要污染物总量减排目标责任制考核结果的通报

各州、市人民政府，省直各委、办、厅、局：

根据省人民政府与16个州、市人民政府签订的《云南省2016年度主要污染物总量减排目标责任书》，组织对各州、市2016年度主要污染物总量减排目标任务完成情况进行考核。经省人民政府同意，现将考核结果通报如下：

一、优秀等次 昆明市、保山市、德宏州、怒江州、西双版纳州、临沧市、曲靖市、大理州、楚雄州、普洱市、玉溪市、昭通市。

二、合格等次迪庆州、文山州、丽江市、红河州。

希望各州、市再接再厉，以改善环境质量为核心，扎实抓好2017年及“十三五”污染减排工作，为推动云南绿色发展、争当全国生态文明建设排头兵作出新的贡献。

云南省人民政府办公厅

2017年5月12日

（此件公开发布）

云南省人民政府办公厅关于“十二五”林业双增目标考核结果的通报

各州、市人民政府，省直各委、办、厅、局：

按照省人民政府与各州、市人民政府签订的《云南省2011~2015年林业双增目标责任状》确定的目标任务，省林业厅对各州、市“十二五”林业双增目标责任状执行情况进行全面考核。经省人民政府同意，现将考核结果通报如下：

保山市97.11分、大理州96.61分、红河州96.48分、临沧市96.07分、普洱市96.01分、楚雄州95.12分、昆明市94.43分、文山州93.83分、怒江州93.57分、玉溪市93.54分、昭通市93.36分、曲靖市93.17分、西双版纳州93.03分、德宏州89.86分、迪庆州89.23分、丽江市83.80分。“十二五”期间，虽然全省超额实现林业双增目标，但仍存在认识不足、重视不够、措施不力、造林设计不规范、管护不到位、种苗质量管理有待加强等问题。全省各地、有关部门要深入贯彻落实省委、省政府关于生态文明建设和林业发展的决策部署，进一步提高政治站位，坚决落实生态安全政治责任，不断完善政策措施，着力抓好问题整改，加快推进国土绿化，着力提升森林质量，为“森林云南”建设和争当全国生态文明建设排头兵作出新的更大贡献。

云南省人民政府办公厅

2017年6月28日

（此件公开发布）

云南省人民政府办公厅关于成立云南省农产品加工与流通工作协调领导小组的通知

各州、市人民政府，省直各委、办、厅、局：

为统筹推进云南高原特色农产品加工与流通工作，积极推进云南高原特色现代农业建设，加快一二三产融合发展，省人民政府决定成立云南省农产品加工与流通工作协调领导小组（以下简称领导小组）。现将有关事项通知如下：

一、领导小组组成人员

组　　长：宗国英 常务副省长
常务副组长：张祖林 副省长
陈　舜 副省长
副 组 长：尹　勇　省政府副秘书长
和丽贵　省政府副秘书长
普建辉　省政府副秘书长
杨福生　省工业和信息化委主任
王敏正　省农业厅厅长
和良辉　省商务厅厅长
成　　员：黄小荣　省发展改革委副主任
袁国书　省工业和信息化委副主任
赵志武　省科技厅副厅长
赵晓静　省财政厅副厅长
石丽康　省人力资源社会保障厅副厅长
赵乔贵　省国土资源厅副厅长
贺　彬　省环境保护厅副厅长
苏永兵　省交通运输厅副厅长
李国林　省农业厅副厅长
谢　晖　省林业厅副厅长
孙　燕　省商务厅副厅长
段雨澜　省地税局副局长
刘光宇　省工商局副局长
陈百炼　省质监局副局长
琚　健　省食品药品监管局安全总监
胡利人　省统计局副局长
龚国富　省粮食局副局长
崔　明　省金融办副主任
阮凤斌　省招商合作局副局长
陈　霖　省供销合作社联合社主任
马　军　昆明海关副关长
徐自忠　云南出入境检验检疫局副局长
王　镶　省国税局副局长

领导小组下设办公室在省农业厅，办公室主任由王敏正兼任，办公室副主任由李国林兼任。

二、领导小组及办公室主要职责

领导小组主要职责：统筹推动全省农产品加工与流通工作，研究决定农产品加工与流通工作重大政策措施，协调解决农产品加工与流通工作中的重大问题。办公室主要职责：负责领导小组日常工作，协调落实领导小组决策部署，收集、整理和报告工作推进情况，分析工作中遇到的困难和问题并提出对策建议，协调办理需提请领导小组研究审议的重要事项，协调和督促成员单位完成各项工作任务，完成领导小组交办的其他任务。领导小组副组长、成员如有变动，由副组长、成员单位自行调整，报领导小组备案，不再另行发文。

云南省人民政府办公厅
2017 年 9 月 14 日

（此件公开发布）

云南省人民政府办公厅关于2017年度森林防火目标管理责任状考核情况的通报

各州、市人民政府，省森林防火指挥部各成员单位：

去冬今春，在省委、省政府的坚强领导和国家森林防火指挥部、国家林业局的精心指导下，全省各级、有关部门、驻滇解放军、武警部队、公安消防、森林航空消防和森林防火战线广大干部职工认真贯彻落实“预防为主、防范第一”的工作要求，积极处置森林火灾，最大限度地减少森林火灾发生及损失。截至森林防火期结束，全省共发现卫星热点数369个，发生火灾次数49起，受害森林面积395.09公顷，均较2016年大幅下降，有效阻止多起境外火入境，未发生重大森林火灾和重大人员伤亡事故。按照省人民政府与各州、市人民政府签订的《云南省森林防火目标管理责任状（2016~2020年）》规定，省森林防火指挥部在各地各成员单位自检自查的基础上进行考核。经省人民政府同意，现将考核情况通报如下：

一、大理州、楚雄州、玉溪市、保山市、红河州、普洱市、昆明市、临沧市等8个州、市考核为优秀等次。

二、省政府办公厅，省发展改革委、工业和信息化委、教育厅、科技厅、民族宗教委、公安厅、民政厅、财政厅、环境保护厅、住房城乡建设厅、交通运输厅、农业厅、林业厅、外办、新闻出版广电局、旅游发展委、新闻办，省法院，省检察院，省通信管理局、省气象局，南方航空护林总站，云南省军区、31663部队、95429部队、武警云南省总队、武警云南省森林总队，省森林公安局等29个成员单位考核为优秀等次。

三、曲靖市、德宏州、文山州、西双版纳州、丽江市、怒江州、昭通市、迪庆州等8个州、市考核为合格等次。

希望各地、有关部门认真总结经验，再接再厉，进一步采取切实有力措施，全面加强灾前防控工作，科学安全处置火情火灾，为保护森林资源安全、争当生态文明建设排头兵作出新的贡献。

云南省人民政府办公厅

2017年10月24日

（此件公开发布）

年度报告

关于云南省2017年国民经济和社会发展计划执行情况与2018年国民经济和社会发展计划草案的报告（节选）

——2018年1月25日在云南省第十三届人民代表大会第一次会议上

云南省发展和改革委员会

一、2017年国民经济和社会发展计划执行情况

初步统计，2017年全省地区生产总值增长9.5%，固定资产投资（不含农户）增长18%，地方一般公共预算收入增长6.2%，社会消费品零售总额增长12.2%，外贸进出口总额增长19.9%，城镇常住居民人均可支配收入增长8.3%，农村常住居民人均可支配收入增长9.3%，城镇新增就业49万人，居民消费价格指数同比上涨0.9%，万元地区生产总值能耗下降、农村贫困人口脱贫等约束性指标均完成年度任务。

（一）经济保持平稳较快发。及时出台稳增长22条等一系列政策措施，加强经济形势研判，全年经济增长实现高开稳走、稳中向好。地区生产总值增速高于全国2.6个百分点。固定资产投资在经济增长中继续发挥主要拉动作用。消费对经济增长的基础作用不断增强。就业形势总体较好，价格总水平基本稳定，各类风险挑战得到妥善应对。

（二）供给侧结构性改革取得阶段性成效。压减生铁产能31万吨、粗钢产能50万吨，取缔“地条钢”600万吨，退出煤炭产能169万吨。商品房库存消化周期处于合理区间。国有企业市场化债转股取得积极进展。全年为企业减轻成本负担900亿元。教育卫生补短板工程项目扎实推进。新增销售收入10亿元以上的农业“小巨人”企业6户，新增认定50户省级农业龙头企业、100户规模以上农产品加工企业、80个云南名牌农产品。第一产业增加值同比增长6%。

（三）固定资产投资保持高速增长。固定资产投资增速连续3年保持全国前列。大力实施“十、百、千”项目投资计划、“四个一百”重点项目建设计划、重大前期项目投资计划，切实加快项目建设。全年争取中央预算内投资225.34亿元。投融资体制改革深入推进，企业投资主体地位进一步确立。民间投资同比增长11%。

（四）产业转型升级取得积极进展。烟草制品业增加值同比增长0.5%。油气管道建设取得重要进展，西电东送电量再创新高，电力行业增加值同比增长19.6%。出台推动水电铝材、水电硅材一体化发展实施意见。启动实施服务经济倍增计划。重拳整治各类旅游乱象。全面启动“一部手机游云南”建设。公布了15个省级首批双创示范基地，昆明经开区纳入国家第二批双创示范基地名单。新增145户高新技术企业、1 271户科技型中小企业。

（五）以综合交通为重点的五网基础设施建设成效显著。路网建设方面：启动高速公路“能通全通”工程，新增高速公路通车里程888千米、通车总里程突破5 000千米。昆明地铁6号线一期、3号线投入试运营。航空网建设方面：澜沧机场建成通航。实现东南亚国家首都航线全覆盖。水网建设方面：滇中引水工程开工建设，德厚水库等重点水利工程顺利推进，完成“五小水利”工程35万件。能源保障网建设方面：滇西北至广东 ±800千伏直流输电工程单极投产，中缅天然气干支管道沿线8个州（市）全部实现通气用气。互联网建设方面：新增4G基站2.6万个，城区光纤宽带覆盖率达100%，行政村通光缆比例达98%以上。

（六）改革开放向纵深推进。深化改革方面：取消省级部门行政许可事项101项、中介服务事项25项。国有企业混合所有制改革扎实推进。全面推开城市公立医院医疗服务价格改革，全部取消药品加成。全社会信用体系建设初见成效。开放合作方面：成功举办外交部云南全球推介会、2017南亚东南亚国家商品展

暨投资贸易洽谈会等重大活动。驻外商务代表处实现南亚东南亚国家全覆盖。中国（云南）国际贸易“单一窗口”建成运行。新引进10户世界500强企业。

（七）区域城乡发展格局进一步优化。修编滇中城市群规划，滇中新区建设和滇中城市群“六个一体化”进程加快。全省经济总量过千亿州（市）达到5个。有望新增8个地区生产总值超百亿的县。省财政投入10.5亿元推动5个创建国际水平、20个创建全国一流和80个创建全省一流的特色小镇规划建设。国家新型城镇化综合试点工作初见成效。新开工建设海绵城市61.8平方千米、城市地下综合管廊181千米。

（八）精准扶贫精准脱贫扎实推进。省级以上财政专项扶贫资金投入达117.8亿元、同比增长26%，整合195亿元涉农资金投入脱贫攻坚。全面完成2016年易地扶贫搬迁问题整改工作，2017年搬迁任务集中安置点开工率达100%。实现转移就业54万人次，围绕4类重点对象实施危房改造32万户，生态扶贫使57.9万贫困人口直接受益，精准资助贫困户学生89万人，贫困人口全部参加基本医疗保险和大病保险。全年有望实现115万贫困人口脱贫。

（九）绿色发展迈出坚实步伐。狠抓中央环境保护督察反馈意见整改落实。完成生态保护红线划定方案。实现省级环境保护督察州（市）全覆盖。全面推行河（湖）长制。昆明、保山、玉溪、大理被列为第三批国家生态修复城市修补试点城市。森林覆盖率达到59.3%。玉溪市、普洱市思茅区列入国家第三批低碳试点城市。万元地区生产总值二氧化碳排放下降完成年度任务。开展蓝天保卫、碧水青山、净土安居3个专项行动。全省主要河流国控省控监测断面水质优良率为82.6%，环境空气质量平均优良率为98.2%。

（十）民生保障持续加强。全省财政民生支出占地方一般公共预算支出比重达72.2%。就业工作不断加强，新增城镇就业人数比2016年增加4.2万人，扶持创业12.2万人。保障体系持续完善，城镇和农村居民最低生活平均保障标准分别较2016年提高12.3%、18.7%。基本建成20万套城镇保障性住房。鲁甸地震灾后恢复重建基本完成。教育事业继续加强，投入130亿元资助各级各类学生1 056万人次，投入“全面改薄”项目资金303.32亿元改善义务教育薄弱学校基本办学条件。公共卫生服务供给持续改善，所有公立医院全部取消药品加成，新增9所三甲医院，云南阜外心血管医院建成运行。文化体育事业加快发展，成功举办第十届云南省民族民间歌舞乐展演等系列活动，安宁市、腾冲市入选全国文明城市，改造17个县（市、区）、200个乡镇（街道）、380个村（社区）体育场馆（所）。全省社会治安秩序良好，安全生产形势总体平稳，食品药品安全形势良好。

二、2018年经济社会发展主要预期目标

（一）总体发展环境。综合判断，2018年云南经济社会发展具备许多有利条件和积极因素，但改革发展的任务仍然十分艰巨。从国际看，世界经济有望继续复苏。从国内看，中国经济已由高速增长阶段转向高质量发展阶段，经济发展总体平稳、稳中向好的态势在延续。从云南省看，经济长期向好的基本面没有改变，多项国家战略交汇、多项政策叠加的战略机遇期没有改变。当前，是云南各种优势和潜力集中释放的机遇期，是破解难题、补齐短板、转换动能、全面建成小康社会的决胜期，是实现云南跨越崛起的关键期。

（二）主要发展目标建议。地区生产总值增长8.5%，固定资产投资（不含农户）增长16%，地方一般公共预算收入增长5.5%，社会消费品零售总额增长11%，外贸进出口总额增长15%，居民消费价格涨幅控制在3%左右，城镇和农村常住居民人均可支配收入分别增长8%、9%，城镇新增就业45万人以上，实现145万农村贫困人口脱贫，人口自然增长率控制在7.1‰左右，完成国家下达的节能减排任务。

三、2018年经济社会发展主要任务和重点工作

（一）着力深化供给侧结构性改革。“破”“立”“降”结合，深入推进“三去一降一补”。一是坚决破除无效供给。严防“地条钢”死灰复燃，压减粗钢产能27万吨，退出煤炭产能58万吨，化解煤电过剩产能100万千瓦以上。依法限期处置“僵尸企业”。二是加快住房制度改革和长效机制建设。建立多主体供应、多渠道保障、租购并举的住房制度。新开工棚户区改造10万套以上，基本建成城镇保障性住房7万套。三是打好防范化解重大风险攻坚战。严格控制增量债务，逐步消化存量债务，积极防范化解地方政府性债务风险。积极推动市场化法治化债转股。确保不发生系统性、区域性金融风险。四是大力降低实体经济成本。抓好降低实体经济企业成本75条等政策措施落实，确保降低实体经济成本780亿元左右。五是提高补短板的综合效应。制定教育卫生补短板工程“时间表”

和“路线图”。

（二）着力促进经济平稳健康发展。第一，全力扩大有效投资。充分发挥投资对稳增长调结构优供给的关键作用。一是优化投资结构。突出抓好工业投资、民间投资和滇中5个州（市）、滇中新区的固定资产投资。二是强化项目前期工作。充实完善全省固定资产投资项目库。争取一批重大项目列入国家专项规划。提前启动实施“十三五”规划后期项目。三是推动重大工程项目建设。实施好“四个一百”重点建设项目计划。四是大力提振工业投资。推进实施新一轮企业技术改造。加大工业投资考核奖惩力度，大幅提高工业投资占固定资产投资的比重。五是多渠道筹集项目建设资金。积极争取中央预算内资金和政府债券限额，盘活存量资产，向社会集中推介一批有现金流、有稳定回报预期、吸引力较强的政府与社会合作项目。第二，积极推进消费提档升级。大力培育新的消费热点。促进电商消费和信息消费。严厉打击侵权假冒行为，优化市场消费环境。第三，着力稳政策稳预期稳市场。出台促进经济持续健康较快发展22条措施，稳定社会预期和市场信心。开展“十三五”规划纲要实施情况中期评估。

（三）着力加快现代产业体系建设步伐。一是推动传统优势工业优化升级。制定做强做优能源产业“施工图”，拓展省内外和境外电力市场，力争全年能源产业增加值突破1 000亿元。建设铝工业工程研究中心、硅工业工程研究中心，确保昭通、大理鹤庆水电铝项目年内投产，推动水电铝材、水电硅材一体化发展取得新突破。加快烟草产业转型升级步伐。二是推动重点产业和新兴产业加快发展。尽快发布实施生物医药和大健康、信息、先进装备制造、新材料4个产业发展“施工图”。加快发展新能源汽车产业。推进建设一批工业转型升级重点项目、重点技术创新项目、智能制造示范项目。推进军民融合产业基地建设。三是推动现代服务业创新发展。深入实施服务经济倍增计划。完成云南旅游大数据中心、游客综合服务平台、旅游综合管理平台建设，实现“一部手机游云南”高质量上线运行。在昆明、河口、瑞丽等地建设5个省级现代物流示范园。

（四）着力加快创新型云南建设。一是继续推进面向南亚东南亚科技创新中心建设。积极建设云南科技创新城。新建院士专家工作站60个、国家级重点实验室1个、省级重点实验室10个。二是实施一批重大科技专项。深入实施生物医药、新材料、电子信息与新一代信息技术等5个重大专项及重点研发计划。三是积极培育创新主体。新认定高新技术企业120户以上、科技型中小企业500户以上。深入实施“千人计划”“万人计划”。办好“双创活动周”。

（五）着力打好精准脱贫攻坚战。一是突出打好“十大攻坚战”。打好易地扶贫搬迁攻坚战，确保完成国家规划的15万人易地扶贫搬迁任务，启动实施新增的35万建档立卡贫困人口易地扶贫搬迁任务。打好产业就业扶贫攻坚战，转移就业85万人，扶持专业合作社6万个。打好生态扶贫攻坚战，新增生态护林员5万名，带动20万贫困人口稳定增收脱贫。打好健康扶贫攻坚战，落实好“健康扶贫30条”。打好教育扶贫攻坚战，专项资金和招生就业、教师待遇等政策优先倾斜保障深度贫困地区。打好素质提升攻坚战，对“直过民族”和人口较少民族深度贫困人口普及国家通用语言和常用规范文字，实施青壮年劳动力素质提升行动计划。打好农村危房改造攻坚战，实施4类重点对象农村危房改造40万套。打好贫困村脱贫振兴攻坚战，新改建农村公路1.5万千米，建成硬化路1万千米，实现100万农村人口饮水安全巩固提升。打好守边强基攻坚战，扎实推进第二轮改善沿边群众生产生活条件三年行动计划。打好迪庆怒江深度贫困脱贫攻坚战，推动新增资金、项目、举措进一步向两州倾斜。二是注重激发内生动力。坚持扶贫同扶志、扶智相结合，实施人才计划和科技专项计划。建立帮扶措施与贫困群众联动机制。扎实开展“自强、诚信、感恩”主题实践活动。三是巩固提升大扶贫格局。广泛动员社会力量参与脱贫攻坚，推动中央国家机关和省级部门（单位）定点扶贫、东西部扶贫协作、省内对口帮扶工作。

（六）着力实施乡村振兴战略。出台云南省乡村振兴战略规划，选择一批试点示范分类推进。一是提高农业发展质量效益。实施产业兴村强县行动。大力培育新主体，力争年销售收入超过1亿元的龙头企业新增100户以上，年销售收入超过10亿元的龙头企业新增10户以上。二是推进农村一二三产业融合发展。加快实施高原特色现代农业产业发展三年行动计划。开展现代农业园、田园综合体、农业产业化联合体示范创建。三是增强农业农村发展活力。全面完成农村土地承包经营权确权登记颁证工作。积极搭建农村创新创业平台。推进乡村文明建设。

（七）着力推进生态文明建设。一是进一步健全生态文明建设制度体系。实行生态环境损害赔偿制度。实施能源消费总量与强度“双控”行动。推进生态环境监测数据联网共享。二是打好污染防治攻坚战。深入实施蓝天保卫行动，确保全省环境空气质量优良指数稳中有升。深入落实“水十条”，认真落实河（湖）长制，确保地表水优良水体比例达到70%以上。深入实施“土十条”和净土安居行动，有序推进土壤污染治理与修复。深入实施城乡“四治三改一拆一增”和农村“七改三清”环境综合整治。深入开展“厕所革命”。三是持续加强生态保护建设。完成营造林800万亩，退耕还林和陡坡地生态治理300万亩，力争森林覆盖率提高到60%以上。

（八）着力加强现代基础设施网络建设。路网建设方面：加快建设67个高速公路项目，全面改造提升高速公路服务区，加快怒江美丽公路和“四好农村路”建设。确保昆明至大理动车开通运营，新开工建设弥蒙高铁等项目，加快推进渝昆高铁等项目前期工作。航空网建设方面：争取新开工建设元阳机场等7个项目，兰坪通用机场建成通航。力争新开辟国际航线10条。水网建设方面：继续推进滇中引水等5件重大水利工程、47件中型水库工程和132件小型水库工程，新开工50件重点水网工程。能源保障网建设方面：新开工建设±800千伏昆柳龙特高压多端直流工程等一批重点项目，投产、开工一批天然气支线建设项目。互联网建设方面：新建4G基站3.5万个、光缆1.5万千米。加快5G网络商用和物联网应用。物流基础设施建设方面：建设一批综合物流枢纽、物流示范园区和冷链物流园区。推动全省建制村通邮。建设交通运输物流大数据分析平台。城市和农村基础设施建设方面：开工建设海绵城市55平方千米、城市地下综合管廊120千米、污水配套管网500千米。实施新一轮农村电网升级改造工程。

（九）着力推动区域协调发展。一是加快推进以特色小镇为重点的新型城镇化建设步伐。建立情况通报、督查、会商和考核4个机制，力争每个特色小镇完成总投资的60%以上。有序推进农业转移人口市民化。认真总结国家新型城镇化综合试点工作。二是协调推进区域联动发展。出台云南省2018年推动长江经济带发展工作要点。深入推进滇中城市群一体化建设，推动滇中新区加快发展。积极推进玉溪市、普洱市国家产城融合示范区建设。支持资源枯竭城市转型发展。三是切实增强县域经济发展活力。鼓励和支持20个县域经济转型发展试点县先行先试、率先突破。力争全年新增10个地区生产总值超百亿元的县（市、区）。

（十）着力深化改革扩大开放。持续深化重点领域和关键环节改革。深化“放管服”改革，逐步实现政务数据统一归口管理。深化商事制度改革，加快推进“证照分离”改革。加快落实以新型核准制度为核心的投资审批制度。深化国企国资改革。全面深化电力体制改革，纵深推进输配电价改革。持续深化财税、产权保护、社会信用、收入分配等领域改革。积极构建全方位开放新格局。主动服务和融入“一带一路”建设、长江经济带发展，积极参与中国—中南半岛、孟中印缅、中老、中越、中缅经济走廊以及中国－东盟自贸区、澜湄合作机制建设，推动中柬合作机制建设。争取国家尽快出台支持云南省辐射中心建设的政策措施。办好第五届中国－南亚博览会。

（十一）着力保障和改善民生。一是优先发展教育事业。完成“全面改薄”任务，积极推进县一中标准化建设。扎实推进“控辍保学”。大力支持“双一流”建设。二是提高就业质量和居民收入水平。实施“云岭创业计划”，统筹做好重点群体就业工作。鼓励各地制定出台促进居民持续增收的政策措施。三是进一步完善社会保障体系。深入实施全民参保计划。深化全民医疗保险制度改革，统一城乡居民大病保险政策。稳步提高最低生活保障标准。四是加快推进健康云南建设。推动3个没有达标的州（市）级医院建成三甲医院、40所县级医院达到国家标准。推动中医药、民族医药高质量发展。加快发展老龄产业。五是促进文化体育事业繁荣发展。实施优秀传统文化传承发展工程、“云南文化精品工程”和“国门文化”建设工程。建设一批城市体育服务综合体。广泛开展全民健身运动。六是推进社会治理创新。强化安全生产重点领域治理，加强食品药品安全监管体系建设。继续推进民族团结进步示范区建设“十县百乡千村万户”示范创建工程。加强防灾减灾救灾工作。深化平安云南、法治云南建设，确保社会大局和谐稳定。

关于云南省2017年地方财政预算执行情况和2018年地方财政预算草案的报告（节选）

——2018年1月25日在云南省第十三届人民代表大会第一次会议上

云南省财政厅

一、2017年地方财政预算执行情况

2017年，面对国内外经济形势深刻变化的严峻现实，在省委的坚强领导下，在省人大及其常委会的监督指导下，省政府财政部门坚持以习近平新时代中国特色社会主义思想为指导,全面学习贯彻党的十八大、十九大和省第十次党代会精神，坚持稳中求进工作总基调，坚持新发展理念，以推进供给侧结构性改革为主线，统筹做好稳增长、促改革、调结构、惠民生、防风险各项工作，圆满完成省十二届人大五次会议确定的收支目标任务，全省预算执行情况总体良好。

（一）一般公共预算

全省地方一般公共预算收入1 886.2亿元，完成年初预算的102.1%，比上年同口径决算数增收110.2亿元，增长6.2%。加上中央各项补助收入3 010.8亿元，上年结余收入171.3亿元，调入资金499.4亿元，地方政府一般债务收入1 505.1亿元（其中，新增一般债券471.3亿元，置换一般债券1 033.8亿元），收入总计7 072.8亿元。全省一般公共预算支出5 713亿元，完成年初预算的110.5%，比上年决算数增支694.1亿元，增长13.8%。一般债券还本支出1 033.8亿元，上解中央支出5.2亿元，安排预算稳定调节基金192.6亿元，支出总计6944.6亿元。收支相抵，年终结转128.2亿元，比上年减少43.1亿元，下降25.2%。

省本级地方一般公共预算收入340.9亿元，完成年初预算的104.9%，比上年决算数增收2.3亿元，增长0.7%。加上中央各项补助收入3 010.8亿元，下级上解收入206.6亿元，上年结余收入76.2亿元，调入资金175.1亿元，地方政府一般债务收入1 505.1亿元（其中，新增一般债券471.3亿元，置换一般债券1033.8亿元），收入总计5 314.7亿元。省本级一般公共预算支出1 092.9亿元，完成年初预算的112.3%，比上年决算数增支262.5亿元，增长31.6%。补助下级支出2 739.1亿元，地方政府一般债券支出1 280.4亿元（其中，新增一般债券转贷支出246.6亿元，置换一般债券转贷支出502.4亿元，置换一般债券还本支出531.4亿元），上解中央支出5.2亿元，安排预算稳定调节基金143.8亿元，支出总计5 261.4亿元。收支相抵，年终结转53.3亿元，比上年减少22.2亿元，下降29.1%。

（二）政府性基金预算

全省政府性基金预算收入731.9亿元，完成年初预算的161.2%，比上年决算数增加300亿元，增长69.5%。加上中央补助收入33.6亿元，上年结余收入79.3亿元，地方政府专项债务收入424.8亿元（其中：新增专项债券36亿元，置换专项债券388.8亿元），收入总计1 269.6亿元。全省政府性基金预算支出614.5亿元，完成年初预算的132.4%，比上年决算数增加181.2亿元，增长41.8%，置换专项债务还本支出388.8亿元，调出资金180.8亿元，支出总计1184.1亿元。收支相抵后结余85.5亿元，需结转下年对应安排支出。

省本级政府性基金预算收入91.2亿元，完成年初预算的100%，比上年决算数增加24.2亿元，增长36.1%。加上中央补助收入33.6亿元，上年结余收入8.4亿元，地方政府专项债务收入424.8亿元（其中：新增专项债券36亿元，置换专项债券388.8亿元），下级上解0.9亿元，收入总计558.9亿元。省本级政府性基金预算支出53.3亿元，完成年初预算的69.7%，比上年决算数增加23.3亿元，增长77.4%。补助下级支出40.7亿元，地方政府专项债券转贷支出414.8亿元（其中：新增专项债券转贷支出26亿元，置换专项债券转贷支出388.8亿元），调出资金15.7亿元，

支出总计524.6亿元。收支相抵后结余34.4亿元。基金预算支出未完成年初预算的原因是：昆明等地土地出让收入增加，省级计提部分相应增加，用于水利建设、地质灾害防治和铁路高速公路建设的资金需结转2018年使用。此外，滇中引水工程建设所需资金受项目审批影响需结转到2018年使用。

（三）国有资本经营预算

全省国有资本经营预算收入32.5亿元，完成年初预算的203%，比上年决算数增加20.2亿元，增长165%。加上上级补助收入18.3亿元，上年结转收入0.8亿元，收入总计51.6亿元。全省国有资本经营预算支出33亿元，完成年初预算的271%，比上年决算数增加23.1亿元，增长232%。向一般公共预算调出16亿元，结转下年支出2.6亿元，收支平衡。

省本级国有资本经营预算收入14.5亿元，完成年初预算的109%，比上年决算数增加6.7亿元，增长86%。加上上级补助收入18.3亿元，上年结转收入0.7亿元，收入总计33.5亿元；省本级国有资本经营预算支出25.9亿元，完成年初预算的255%，比上年决算数增加20.3亿元，增长369%。向一般公共预算调出4.2亿元，补助下级支出2.2亿元，结转下年支出1.2亿元，收支平衡。

（四）社会保险基金预算

全省社会保险基金收入1 739.1亿元，完成年初预算的112.7%，比上年决算数增长43.6%；支出1 459.3亿元，完成年初预算的105.7%，比上年决算数增长53.9%。年末滚存结余1765.7亿元。

省本级社会保险基金收入225.2亿元，完成年初预算的95%，比上年决算数下降29.5%；支出164.1亿元，完成年初预算的92.3%，比上年决算数下降23.5%。年末滚存结余542.9亿元。收支未完成年初预算的原因是：2016年对省本级2014年以来机关事业单位基本养老保险进行了清算，2017年无此因素。

以上均为快报数，待财政部批复云南省2017年财政决算后，部分数据会有所变化，届时再向省人大常委会报告变化情况。

二、财政改革发展取得新成效

省政府财政部门认真落实省十二届人大五次会议决议、省人大财政经济委员会的审查意见，以及审计提出的意见建议，以“做大蛋糕、分好蛋糕、管好蛋糕”为目标，锐意改革创新，强化统筹协调，勇于攻坚克难，财政发展和改革均取得明显成效。

（一）培财源抓收入，财政“蛋糕”进一步做大

省政府财政部门始终坚持把做大财政“蛋糕”作为第一位的工作目标。一是支持经济转型升级，巩固壮大税源基础。认真落实中央和省出台的一系列稳增长政策，及时出台促进经济持续平稳发展实施意见。省级筹措资金42亿元，推动传统产业加快转型升级，支持战略性新兴产业、高原特色现代农业和小微企业加快发展，支持工业园区建设、民营经济发展。支持全面打响工业经济攻坚战。综合实施减税降费，按要求取消、停征中央和省设立的行政事业性收费63项，政府性基金2项。阶段性降低社会保险费率，有效降低实体经济成本。推动实施服务经济倍增计划。二是依法组织收入。积极开展全省重点税源企业和重点税源项目调研。认真研究制定促进县乡增收的激励奖励政策，鼓励各地先行先试，玉溪、保山等地取得较好成效。坚持依法征收、应收尽收，加强重点税源企业稽查，严厉打击偷漏税行为。规范非税征管和涉企收费清理。认真开展财政收入真实性核查，坚决禁止虚收空转行为，挤出财政收入“水分”，三个州（市）主动调减收入预期目标。制定出台提高财政收入质量办法，着力提升财政收入质量，税收收入增长8.5%，增速快于非税收入，非税收入占比比上年下降了0.6个百分点。三是中央加大对云南支持。深入践行“三三制”工作方法，制定规范有序加强向中央汇报争取工作方案，多项资金争取取得突破。争取中央均衡性、民族地区转移支付增幅均居全国第一；争取地方政府新增债券规模居全国前列。

（二）惠民生促公平，各项民生福祉进一步改善

紧紧围绕以人民为中心的发展思想，加快基本公共服务均等化进程，突出补短板强弱项，持续增加财政民生投入。2017年，全省财政民生支出达4 126亿元，比上年增长11.3%，支持10件惠民实事圆满完成。一是聚焦脱贫攻坚。落实财政扶贫资金稳定增长机制，筹措安排省以上扶贫专项资金117.8亿元，聚焦4个集中连片特困地区和少数民族深度贫困群体，加大易地扶贫搬迁、迪庆藏区、怒江州等地脱贫攻坚行动的支持力度。强化扶贫资金监督检查，堵塞资金安全漏洞。二是全力推动教育事业优先发展。全省财政教育支出1 001.6亿元，首次突破1 000亿元大关，同比增长15%。完善城乡义务教育经费保障机制。367.6名万城乡义务教育阶段寄宿生享受生活费补助，480万名农村义务教育阶段学生享受营养膳食补助，免除563万名中小学学生学杂费。支持实施中小学“全面改薄”工程。重点支持特困连片地区普通高中

校舍改扩建。积极落实各阶段学生国家资助政策。支持云南大学顺利进入国家“双一流”建设名单。省属高等职业院校的生均经费提高到1.2万元。健全中等职业学校经费保障机制。落实教育精准扶贫政策。积极支持办好学前教育、特殊教育等。三是大力推进医疗卫生事业发展。全省财政医疗卫生与计划生育支出548.2亿元，同比增长17.4%。城乡居民基本医疗保险财政补助标准提高到年人均450元。基本公共卫生财政补助标准提高到年人均50元。对全省1373个乡镇卫生院、499个社区卫生服务中心（站）、13 351个村卫生室等基层医疗卫生机构实施基本药物制度和推进综合改革等给予补助。对全省37390名乡村医生给予生活补助。全面推开城市公立医院改革，所有公立医院（除中药饮片外）全面取消药品加成，各族群众的健康保障水平不断增强。四是着力筑牢社会保障底线。筹措资金105.7亿元，落实企业退休人员养老保险14年连续提标政策。全省机关事业单位养老保险改革稳定过渡。积极助力“贷免扶补”和担保贷款创业政策，新增发放贷款128.3亿元，居全国第一。出台健康扶贫30条，有效解决建档立卡贫困户因病致贫、因病返贫问题。全面实施重特大疾病医疗救助。落实社会救助和保障标准与物价上涨联动机制。五是积极支持“三农”发展。全省财政农林水支出662.5亿元，着力发展高原特色现代农业，大力推进农田水利基础设施建设，粮食综合生产能力再上新台阶。深入推进农村综合改革，继续实施“一事一议”财政奖补项目建设，开展1 000个美丽宜居乡村试点示范建设和243个传统村落保护工作，在25个边境县试点创新“党建+村级‘四位一体’”发展新模式。筹措资金15.5亿元，实施农业综合开发土地治理项目106个，完成高标准农田建设和小流域治理29万余亩，云南省成功申报为全国农业综合开发田园综合体建设试点省。六是“三保”支出得到保障。支持机关事业单位收入分配改革举措，省财政下达均衡性等7项由各地统筹使用的一般性转移支付达576.7亿元，比上年新增83亿元，对“三保”支出责任予以托底保障，对政策性、资源性减收给予阶段性补助，对自身加快发展予以奖励，帮助基层困难地区消化调整工资及民生提标等刚性增支。同时，明确“三保”项目清单，将“三保”责任落实纳入省委对各州（市）年度综合考评重要内容，督促基层切实保障“三保”支出。尽力保障机关事业单位正常运转，认真贯彻《党政机关厉行节约反对浪费条例》和国务院“约法三章”，全省“三公经费”只减不增。

（三）调结构补短板，重大项目和重要工作进一步有效保障

一是大力推进供给侧结构性改革。全力支持“三去一降一补”重点任务。筹措资金6.3亿元，支持全省钢铁和煤炭行业分别退出产能81万吨、169万吨，完成水泥行业产能置换800万吨。筹措保障性住房资金49亿元，实施棚户区改造16.5万套、租赁补贴7.1万套，推动公共租赁住房及其配套设施建设。二是大力支持“五网”等基础设施建设。省级筹措资金153.7亿元，支持高速公路、铁路、水利等基础设施建设。制定出台特色小镇建设的财税支持政策，省级筹措资金10.5亿元，支持105个特色小镇建设。三是积极支持对外开放。加快瑞丽、磨憨重点开发开放试验区建设，支持河口、临沧跨（边）境经济合作区以及昆明、红河综合保税区发展，有力促进口岸通关便利化。四是支持加快生态文明建设。全省财政节能环保支出182.8亿元，增长21.8%，扎实推进洱海、滇池、抚仙湖等九大高原湖泊保护治理和“森林云南”建设。开展跨界河流水环境生态补偿试点和生态环境损害赔偿制度改革试点，支持抚仙湖山水林田湖草生态修复工程纳入国家第二批试点项目。五是加大科技创新投入。全省科学技术支出54亿元，比上年增长15.2%，切实发挥财政科技资金的引导和激励作用。支持实施140个重大科技专项计划和258个重点研发计划项目。支持人才强省战略，推动省级工程技术研究中心累计申请专利631件，突破关键技术204项。六是积极强化“基层党建提升年”经费保障。安排资金3.7亿元，加快全省15942个村民小组活动场所建设。

（四）推改革建制度，财税改革进一步向纵深迈进

一是深化全口径预算管理改革。政府所有收支100%纳入预算管理，由编制一本预算到编制四本预算上报人大审议，做到预算一个“盘子”、收入一个“笼子”、支出一个“口子”。积极推进支出定额标准体系建设，预算编制更细更实更全。二是健全财政资金统筹使用机制。健全存量资金与预算安排，年初可用财力和新增债券资金，一般公共预算和政府性基金预算、国有资本经营预算的统筹机制。三是持续强化专项资金管理改革。继续清理整合专项转移支付，集中财力办大事。2017年省级项目压减158个，资金减少33.5亿元。大力推进专项资金竞争性分配和按因素法分配改革。四是创新完善转移支付制度。加大财力下沉力度，省对下一般性转移支付占转移支付总额的比重提高到60%，边境、民族、贫困和革命老区的

财力保障水平逐步提高。财政转移支付同农业转移人口市民化挂钩机制有效落实。五是硬化预算执行管理。继续实施预算执行目标考核制度，强化预算执行动态监控和考核奖惩，有效解决预算执行前低后高问题，支出更加均衡，月支出进度持续位居全国前列。六是切实加快绩效预算改革。2017年，省级开展40个项目绩效再评价，坚持绩效再评价与预算安排相结合，共扣减绩效差的项目资金6.6亿元。省级首次开展绩效目标审核并上报人大审查后随同预算同步批复，推动项目支出预算绩效目标与预算资金同步下达。七是着力打造透明预算。继续完善政府预决算、部门预决算以及“三公”经费等信息公开机制。健全部门预决算公开考核和行政问责制度。拓宽公开渠道，规范公开方式，丰富公开内容。八是全面清理盘活财政存量资金。全省共清理盘活存量资金128.4亿元，统筹安排用于重点支出。严格规范财政专户管理。切实加快盘活资金的预算执行。九是推进政府购买服务改革。出台加快推进事业单位政府购买服务改革的实施意见等制度文件，稳妥推动事业单位分类改革和转型发展。十是深入推进国库集中收付制度改革。构建全面系统的国库现金管理制度体系，加强库款与国库现金管理统筹。在全国率先完成省本级和16个州（市）本级国库集中支付电子化管理改革。积极开展公务卡电子化管理改革试点。十一是创新财政资金投入方式。财政资金支持产业和重大基础设施坚持无偿变有偿、资金变基金、直补变间补，充分发挥财政资金的乘数效应。规范推进PPP工作，云南省进入财政部第二批18个示范项目落地率100%。新增进入财政部第三批40个示范项目，已落地32个。强化融资担保行业监管，探索建立融资担保贷款风险分担机制。十二是稳步实施税制改革。继续推进营改增试点和资源税改革。全面实施商业健康保险个人所得税优惠政策。全力做好环境保护税的贯彻落实工作。紧密配合国家做好烟叶税等立法调研工作。十三是扎实推进财政事权和支出责任划分改革。出台省以下财政事权和支出责任划分改革实施意见，是全国第2个出台实施方案的省份。积极支持监察体制改革和统计管理体制改革等。十四是全面开展财税改革情况督查。对16个州（市）和部分县市进行改革调研督查，形成问题清单和整改清单，积极实施财税改革培训，督促各地加快推进财税改革。

（五）抓法治强监管，依法理财进一步推进

牢固树立法治意识，始终坚持依法行政、依法理财。认真执行《预算法》等财经法规，把《预算法》的各项规定作为从事财政管理活动的行为准则，增强预算的法治性和约束力。推动《云南省财政监督条例》列入省政府2018年立法计划，有序推进法治财政建设，积极开展“七五”普法工作。强化会计基础工作管理。对全省1.68万户行政机关企事业单位开展会计基础管理评价工作，筑牢财政资金管理“第一道防火墙”。依法接受人大监督，对人大作出的各项决议决定和意见认真吸纳和整改。坚决查处违反《财政违法行为处罚处分条例》等相关财经法律法规的行为。积极配合专员办对4个市、县违规问题进行查处。高度重视审计查出的问题，深刻分析原因，督促各级各部门认真整改，并在部门预算编制和执行管理中狠抓落实。认真办理人大建议和政协提案，2017年共办理省人大建议和省政协提案212件，办复率、按时办结率均达到100%。建立省人大与省政府财政部门的预算监督联网平台，实现实时监控。认真做好省委巡视整改工作。

2017年是本届政府任期的最后一年，回顾过去的5年，认真贯彻落实党中央、国务院和省委的各项决策部署，围绕中心、服务大局、主动作为、深化改革、锐意创新，坚持“经济效益、社会效益、生态效益和政治效益”一起抓和“法治财政、民生财政、高效财政、阳光财政、现代财政”同推进，深入实施“收入要增、编制要细、结构要优、执行要快、监管要严、绩效要好、信息要明、改革要实、干部要廉、队伍要强”十条措施，沉着应对经济下行压力，有力推动了财政改革发展，为全面建成小康社会、推动实现跨越式发展提供坚强保障。取得的主要成效是：

一是以做大“蛋糕”为目标，财政实力不断增强。五年来，在经济下行压力大、各项减税降费政策密集出台的背景下，全省财政总收入年均增长5.3%；地方一般公共预算收入年均增长7.1%；中央补助云南省一般性转移支付年均增长11%；争取中央新增债券年均增长40%；争取中央补助收入规模连续几年位居全国前列。全省地方一般公共预算支出年均增长9.8%，先后迈上4 000亿元和5 000亿元的台阶。

二是以稳增长为基础，重点建设支出保障有力。连续出台强有力财政支持稳增长和促进经济健康发展支持意见。全省财政累计筹措资金2771.6亿元，支持综合交通网建设。全省财政累计筹措资金732.6亿元，支持实施兴水强滇战略。全省财政节能环保支出年均增长12.6%，财政支持生态文明建设力度持续加大。积极支持以人为核心的城镇化。筹措资金支持传统产业转型升级和战略性新兴产业加快发展。全面支持鲁甸、景谷抗震救灾和灾后恢复重建。

三是以惠民生为根本，保障民生力度不断加大。五年来，全省民生支出年均增长 9.5%，民生支出占一般公共预算支出的比重始终保持在 70% 以上，教育、医疗卫生、社保等基本民生支出有效保障，人民群众享有更多获得感、幸福感、安全感。聚焦脱贫攻坚，扶贫资金投入逐年稳定增长，全省财政扶贫投入年均增长 28%，其中，累计筹措省以上财政扶贫专项资金 380.8 亿元。

四是以改革为动力，财税体制改革全面深化。坚持用改革的思路、创新的办法，为发展提供动力，激发活力，突破阻力，破解矛盾和问题。预算管理制度改革取得决定性进展，全面实施全口径预算管理，预算编制更细更实更准。财政资金统筹使用机制初步建立，19 项政府性基金转列一般公共预算，国有资本经营预算调入一般公共预算比例达到 29%。大力整合省级专项资金，累计调减专项资金项目 779 个，整合专项资金 112 亿元。全省累计清理收回财政存量资金 361.5 亿元，全省结余结转资金占地方一般公共预算支出的比重从 2013 年的 5.2% 下降到 2017 年的 2.2%，下降 3 个百分点，总规模下降 40%。采取有力措施，切实加快预算执行进度，支出更加均衡，有效解决年终突击花钱的顽疾。预算绩效管理机制初步建立。预决算信息公开等全面推进。财政事权和支出责任划分改革正式启动。税制改革措施有效落实。

五是以防风险为底线，确保全省财政可持续发展。持续规范政府债务预算管理，加快政府债券发行，抓好地方政府债券项目的遴选和实施。全国首家成立全省政府性债务管理委员会，推动实现政府债务集中统一归口管理。完善债务风险预警机制和应急处置机制，完善政府性债务考核问责制度，坚决防止隐性债务，切实防范和化解财政金融风险。

总体看，过去五年全省财政工作极不平凡，取得的成绩极为不易，财政运行稳中有进，稳中有好，财政改革发展取得新成效，但仍面临着一些突出矛盾和问题：一是财政收入增长基础不牢。全省经济发展处在结构调整期，部分实体经济经营困难，工业投资不足，税收增收基础依然薄弱，财政收入增长放缓、质量不高。二是基层财政困难问题凸显。“五网”建设、脱贫攻坚、保民生、供给侧结构性改革配套支出增加较多，各级财政“三保”面临较大压力，紧平衡特征明显。三是政府债务风险不断累积。部分州市县政府债务规模较大，风险较高，有些地方违规或变相举债，隐性债务风险加大。四是财税改革仍需深化。财税改革还有不少硬骨头，财政事权和支出责任划分改革需持续推进，省与各地收入划分需要调整，地方税体系建设任重道远，全面绩效预算管理改革仍需加强。五是依法理财有待加强。财政约束弱化，各类违法违规行为仍时有发生，监管有待加强，监督问责还不到位。

三、2018 年地方财政预算草案

2018 年是贯彻落实党的十九大精神的开局之年，是改革开放 40 周年，是决胜全面建成小康社会、实施“十三五”规划承上启下的关键一年，也是新一届政府履职的第一年。做好 2018 年财政工作意义重大、使命光荣。

（一）2018 年财政经济形势分析

当前，全省经济运行呈现总体平稳、转型加快、质量提升的良好态势，但财政收支矛盾仍然突出。

一是宏观政策持续加力。国家继续实施积极的财政政策和稳健的货币政策，特别是“一带一路”、长江经济带建设加快推进，供给侧结构性改革、简政放权等调控政策深入实施，都将进一步夯实经济增长基础。二是实体经济有所回升。近年来产业培育力度加大，有色、建材、化工等传统产业提质增效日益显现。企业转型升级步伐加快，国有企业经济效益有所好转，企业所得税有望持续回升。世界银行预计 2018 年国际大宗商品价格略有回升，微观市场更趋活跃，将有利于推动税收平稳增长。三是重大基础设施建设持续推进。县域高速公路“能通全通”，滇中引水工程等以“五网”建设为重点的重大项目稳步实施，预计建安增值税有望保持较高增速。四是扶贫攻坚力度加大。2018 年是扶贫攻坚的关键之年，中央将进一步加大对“三区三州”深度贫困地区脱贫攻坚的支持力度。

（二）2018 年预算编制的指导思想及原则

2018 年财政工作和预算编制指导思想是：全面贯彻党的十九大和中央经济工作会议精神，以习近平新时代中国特色社会主义思想为指导，认真落实省委十届四次全会和全国财政工作会议部署，坚持稳中求进工作总基调，坚持新发展理念，紧扣社会主要矛盾变化，按照高质量发展的要求，统筹推进“五位一体”总体布局和协调推进“四个全面”战略布局，紧紧围绕“一跨越”“三个定位”“五个着力”的要求，以推进供给侧结构性改革为主线，以加快建立现代财政制度为重点，全面实施绩效管理，深入推进零基预算，集中财力办大事，下大力气补短板，既要尽力而为，也要量力而行，在打好防范化解重大风险、精准脱贫、污染防治的攻坚战方面取得扎实进展，统筹推进稳增长、促改革、调结构、惠民生、防风险各项工作，促进全省经济社会持续健康发展。

按照上述指导思想，2018年预算编制的基本原则是：一是稳中求进的原则。坚持预算安排与经济发展水平相适应，并进一步稳住市场预期、提振信心，财政收入目标按适当高于实际税源增长的水平来安排，全面贯彻新发展理念，着力推动经济持续平稳发展。二是突出重点的原则。坚持集中财力办大事，将财政资源集中投向重大项目、关键环节、明显短板；探索构建综合支持平台，高效保障和落实省委、省政府重大决策部署，统筹兼顾好经济社会事业发展各个领域，努力改善和保障民生，实现财力统筹考虑、项目统筹保障、管理统筹推进。三是创新发展的原则。坚持实施零基预算，持续深化省对下专项转移支付改革，建立财政资金“能进能退”的决策机制，坚决打破预算固化格局，着力解决政策碎片化、资金分散化等问题；从严规范财政资金管理，切实细化预算编制，硬化预算约束，不断提高预算编制的科学性、合理性和准确性。持续深化财政投融资方式改革，有效增加资金供给。四是注重绩效的原则。全面实施绩效管理，将绩效理念融入预算管理的各个环节。预算申报以绩效为基础，预算项目申报与绩效信息挂钩，将预算审查由审项目、审额度为主转变为先审绩效，再定额度。坚持质量第一、效益优先，充分体现绩效挂钩和奖罚分明，强化预算绩效管理的激励与约束作用。五是防范风险的原则。坚决打好防范化解重大风险攻坚战。严格债务纳入预算管理和债务限额管理，妥善处理举债与发展、稳增长与防风险的关系。建立新增债券分配与债务风险挂钩机制，新增政府债务限额优先向债务风险较低地区倾斜。严格预算安排次序，确保“三保”支出不出问题。

（三）2018年全省及省本级收支预算安排

1. 一般公共预算

全省地方一般公共预算收入1 990亿元，比上年快报数同口径增长5.5%。加上中央各项补助收入3543亿元，上年结余收入128.2亿元，调入资金399亿元，收入总计6 060.2亿元。全省一般公共预算支出6 055亿元，比上年快报数增长6%。上解中央支出5.2亿元，收支平衡。

省本级地方一般公共预算收入353亿元，较上年快报数增长3.5%。加上中央各项补助收入3543亿元，下级上解收入203.8亿元，上年结余收入53.3亿元，调入资金197.1亿元，收入总计4 350.2亿元。省本级一般公共预算支出1 100.4亿元，较上年快报数增长0.7%。补助下级支出3 191.3亿元，上解中央支出5.2亿元，上年结转支出53.3亿元，收支平衡。

2. 政府性基金预算

全省政府性基金预算收入581亿元，比上年快报数下降20.6%。加上中央补助收入22.2亿元，上年结余收入85.4亿元，收入总计688.6亿元。全省政府性基金预算支出500亿元，比上年快报数下降18.6%，调出资金180亿元，收支相抵，结转8.6亿元。

省本级政府性基金预算收入84亿元，比上年快报数下降7.9%。加上中央补助收入22.2亿元，上年结余收入34.3亿元，收入总计140.5亿元；省本级政府性基金预算支出90.7亿元，比上年快报数增长69.9%。补助下级支出36亿元，调出资金13.4亿元，结转下年0.4亿元，收支平衡。

3. 国有资本经营预算

全省国有资本经营预算收入26.8亿元，比上年快报数下降17%。加上上年结转收入2.6亿元，收入总计29.4亿元。国有资本经营预算支出9.1亿元，比上年快报数下降72%。补助下级支出7.8亿元，向一般公共预算调出资金12.5亿元，收支平衡。

省本级国有资本经营预算收入14.4亿元，比上年快报数下降1%。加上上年结转收入1.2亿元，收入总计15.6亿元。国有资本经营预算支出3.3亿元，比上年快报数下降87%。补助下级支出7.8亿元，向一般公共预算调出资金4.5亿元，收支平衡。

4. 社会保险基金预算

全省社会保险基金预算收入1 444.6亿元，较上年快报数下降16.9%，其中：保险费收入1 000.4亿元，财政补贴收入399.6亿元；全省社会保险基金预算支出1 239.1亿元，较上年快报数下降15.1%，其中：社会保险待遇支出1 220.2亿元。年末滚存结余1 896.3亿元。

省本级社会保险基金预算收入213.9亿元，较上年快报数下降3.5%，其中：保险费收入123.9亿元，财政补贴收入78.3亿元；省本级社会保险基金预算支出177.3亿元，较上年快报数增长8%，其中：社会保险待遇支出176.8亿元。年末滚存结余566.4亿元。

按照《预算法》规定，在2018年预算年度开始后和省人代会批准预算之前，为保障省本级正常运转，省财政已将上年度结转的支出以及必须支付的基本支出提前下达各部门。同时，部分省对下转移支付也按一定比例提前下达，达1 965亿元。

四、2018 年财政重点工作

2018 年，省政府财政部门将紧紧围绕省委各项决策部署，在省人大的监督指导下，锐意进取，埋头苦干，综合发力稳增长、促改革、调结构、惠民生、防风险，为云南决战脱贫攻坚、决胜全面小康、实现跨越式发展提供有力保障和服务。

（一）持续聚焦重大任务，坚决支持打好三大攻坚战

一是坚决支持打好精准脱贫攻坚战。落实财政扶贫投入增长要求，省级安排扶贫专项资金 52.5 亿元，比上年增长 19.3%。聚焦深度贫困地区、瞄准特殊贫困人群、对症关键致贫原因，支持实施易地扶贫搬迁、产业、生态、健康、教育、农村危房改造、迪庆怒江深度脱贫等十大扶贫攻坚战项目。支持实施迪庆藏区脱贫攻坚三年行动计划和怒江州脱贫攻坚全面小康行动计划。加快推进贫困县涉农财政资金实质性整合。全面强化财政扶贫资金绩效管理。建立完善常态化监管机制。二是坚决支持打好防范化解重大风险攻坚战。坚持“量力而行、风险可控”原则，处理好举债与发展、稳增长与防风险的关系，严控地方政府债务增量，完成所有存量政府债务置换工作，降低债务成本。三是坚决支持打好污染防治攻坚战。牢固树立绿水青山就是金山银山的理念，加快建设生态文明建设排头兵。全省财政安排节能环保支出 198 亿元。其中，省级安排资金 15.3 亿元，同口径比上年增长 36.8%，支持推进大气、水、土壤污染防治。加快九大高原湖泊和六大水系保护治理。扎实推进“森林云南”建设。大力开展生态文明建设示范区创建和普洱绿色经济试验示范区建设。支持实施城乡“四治三改一拆一增”和农村“七改三清”环境综合整治工程，深入开展“厕所革命”。积极支持昆明等城市创建“文明城市”“森林城市”等活动。

（二）持续支持实体经济发展，推动产业结构转型升级

以深化供给侧结构性改革为主线，切实提升云南省经济发展质量。一是继续推进供给侧结构性改革。着力增加有效供给，大力破除无效供给。统筹用好中央和省奖补资金，推动钢铁、煤炭行业持续化解过剩产能、淘汰落后产能。支持处置“僵尸企业”。支持国有企业“三供一业”分离移交，着力推动国有企业做强做优做大。全力支持打好民营经济、县域经济、园区经济三大战役。二是筑牢传统动能，促进新动能加快成长。支持打好工业经济攻坚战，加快“3 个 100”工业转型升级重点项目建设，支持水电铝材、水电硅材加工一体化取得新突破。支持实施现代服务经济“倍增”计划。支持在共享经济、数字经济、生物经济、现代供应链等领域培育新增长点，支持谋划和发展新一代信息技术、智能制造、新能源汽车和新材料、生物医药、大健康等一批战略性新兴产业项目。全力推进旅游产业转型升级，安排 5 亿元确保“一部手机游云南”及时上线。省级财政安排 10 亿元，支持建立云南省中小微企业贷款风险补偿资金，引导金融机构支持民营企业和中小微企业发展。三是落实减税降费，降低实体经济成本。打好降成本“组合拳”，落实养老、失业等涉企社会保险降费政策，有效减少制度性交易成本、税费成本和要素成本，促进实体经济企稳向好。不折不扣落实好中央和省各项减税降费政策，停止征收坝区耕地质量补偿费。加大涉企收费项目的清理规范和乱收费的查处整治。

（三）持续注重短板弱项，大力夯实跨越发展基础

一是加快基础设施网络建设投入。省级安排 5 亿元前期工作经费，加强项目前期工作。省级统筹资金 171 亿元，扎实推进“4 个 100”重点建设项目建设，大力推进县域高速公路“能通全通”工程建设，支持加快在建重点铁路建设，推进昆明长水国际机场二期开工和综合交通枢纽建设。加快水利和能源基础设施建设，加快滇中引水等重点水利工程建设进度，加强农田水利、民生水利建设。支持开展新一轮农网改造。支持加快信息基础设施建设。支持海绵城市和城市地下综合管廊建设，有力推进棚户区和“城中村”改造。二是大力建设创新型云南。加大财政科技投入，提高科技对现代经济体系和高质量财源体系的支撑作用。加快建立以企业为主体、市场为导向、产学研用深度融合的技术创新体系。加快培育高新技术企业和科技型中小企业。加快推进创新体制改革，促进科技成果转化。支持实施智慧云南行动计划。加快南亚东南亚科技创新中心建设。支持实施人才强省战略和第四届科技入滇活动。三是大力支持实施乡村振兴战略。积极支持发展高原特色现代农业，深入推进农业供给侧结构性改革，大力推进“种植养殖 + 深加工 + 流通”全产业链发展。积极培育农业“小巨人”、龙头企业、专业合作社、家庭农场、种养大户等新型经营主体。支持推进“互联网 + 农业”，推动乡村旅游、农村电商等新产业新业态加快发展，促进农村一二三产业融合发展。安排资金支持农产品加工业做大做强。逐步

完善乡村治理体系。持续深化农村综合改革。积极支持全省28647个村民小组活动场所建设全覆盖。四是大力支持对内对外开放。主动服务和融入“一带一路”、长江经济带建设，培育形成区域经济合作和竞争新优势。支持加快沿边金融综合改革试验区建设，推动跨境金融加快发展。支持提升口岸综合服务功能。支持开展跨境动物疫病区域化管理试点。

（四）持续以人民为中心，切实保障和改善民生水平

坚持促发展与惠民生相结合，强化财力统筹，有力增加人民的获得感、幸福感、安全感。一是支持教育优先发展。省级筹措资金66.2亿元，增长35.7%，支持完成“全面改薄”任务，巩固落实城乡统一、重在农村的义务教育经费保障机制，推动县一中和中小学标准化建设，加快城乡义务教育一体化发展。提高学前教育公共服务能力。推动高中阶段教育普及工作。完善省属高职高专、中职、技师学院高级工和中专生均拨款标准。支持云南大学“双一流”建设，推动高等教育内涵式发展。办好民族教育、特殊教育和继续教育。健全学生资助制度。二是着力加强就业和社会保障投入。省级筹措资金71.8亿元，增长20.1%，大力支持实施“云岭创业计划”，全面落实“贷免扶补”扶持政策。着力促进高校毕业生、农民工等重点群体就业创业工作。支持实施全面参保计划，深入推进跨省异地就医联网直接结算。有效落实退休人员基本养老金提标支出。实施临时救助制度，健全残疾人福利制度，加强对特困人员等群体的兜底保障。继续加大棚户区改造和保障性安居工程建设。三是加快建设“健康云南”。省级筹措资金69.3亿元，增长16.7%，支持完善基本药物制度和基层医疗卫生机构运行机制。基本公共卫生服务项目财政补助标准提高到年人均55元，全面提升基本公共服务水平。加强公共卫生和疾病预防控制。支持做好食品药品安全保障工作。大力支持发展体育事业。四是加快建设民族文化强省。全省财政安排文化体育与传媒支出73.5亿元，加大公共文化服务体系建设力度。支持加强文物保护利用和少数民族的文化遗产保护。促进文化产业加快发展。深化民族团结进步示范区创建活动。支持兴边富民、扶持人口较少民族发展示范工程等。

（五）持续狠抓收支管理，有效保障财政高质量发展

一是强化收入组织，坚持依法征税管费。依法依规执行各项税法和收费政策，坚决不收过头税、过头费，严禁越权减免税。建立收入质量考核挂钩机制，对促进税收收入占比提高较快和占比较高的地区给予转移支付激励，强化收入质量管理。二是落实清理规范重点支出同财政收支增幅或生产总值挂钩事项改革精神，一律不再按挂钩要求安排预算。加大专项资金清理整合力度，切实改变“撒胡椒面”的状况。三是强化存量资金盘活。增加财政资金有效供给。将预算安排与部门结余资金挂钩，全面清理省级预算单位银行账户财政结余资金，统筹用于各项必保支出。四是加快预算执行管理。继续实施预算执行目标考核制度，强化预算执行动态监控和考核奖惩等。积极推进支出定额标准体系建设。五是扎实推进中期财政规划管理。强化中期财政规划与部门行业规划的衔接，增强中期财政规划对年度预算的约束作用，探索构建中期财政规划绩效目标体系。六是大力推进预决算公开。落实四本预决算公开全覆盖。确保政府预决算、部门预决算以及“三公”经费及时公开，提高公开的及时性、全面性、完整性和真实性。健全部门预决算公开考核和行政问责制度。七是完善现代国库管理体系。全面开展乡镇级动态监控工作，力争在2018年底前实现预算执行动态监控省、市、县、乡全覆盖。大力推进省级国库现金管理。健全完善地方债发行激励机制。全面推进县乡级国库集中支付电子化管理，力争2018年底前，条件具备的地区实现省、市、县、乡四级国库集中支付电子化管理纵向到底。

（六）持续激发发展动力，积极帮助基层缓解财政困难

一是建立财政增收和县域经济发展激励机制。对各地大力培植财源、实现地方财政税收增收及加快县域经济发展给予奖励，并对乡镇增收提高奖励幅度，激励各地强化自我“造血”意识。二是大力争取中央财政支持。深入分析云南省省情、特点和跨越发展需要，对接国家促进区域均衡发展的重大方针，争取中央财政转移支付支持，并在此基础上，紧扣保基本、兜底线的要求，加大对下倾斜补助力度。三是努力打造权责清晰、财力协调的财政管理体制。结合财政事权和支出责任划分改革、收入划分改革情况，明晰各级财政保障责任；完善省与各地收入划分，按照建立地方税体系的要求，加大放权让利力度，调动各地加快发展的积极性。四是加强县乡财政管理改革。健全完善“乡财县管”财政体制，支持鼓励经济发达乡镇、特色镇、工业园区所在乡镇恢复一级独立预算，巩固乡镇财政地位。按照“谁发展、谁受益，发展快、受益多”的原则，采取提高乡镇收入分成比例等手段，提高乡镇积极培财源抓收入的积极性。推进乡镇财政

信息化建设。五是加强对各地财政管理的指导帮助。监督指导各地统筹财力合理安排预算，切实防范基层财政“三保”风险。依托信息化手段大力推进地方财政标准化平台建设，及时动态掌握各地预算编制和执行情况，实施财政运行预警分析，对存在突出问题的地区做到早发现、早预警、早处置。

（七）持续深化财税改革，加快建立现代财政制度

围绕全面深化改革总目标，充分发挥财税体制改革的突破口和基础支撑作用，进一步加快财税体制改革，增强改革的系统性、整体性、协同性，提高改革工作质量，推动改革实现新突破。一是建立权责清晰、财力协调、区域均衡的省与各地财政关系。深入推进财政事权和支出责任划分改革，形成更加合理的省与各地财力格局。密切跟踪中央改革进展，尽快推出云南省教育、医疗卫生等领域财政事权和支出责任划分改革方案，研究出台基本公共服务领域共同财政事权改革方案，并做好其他基本公共服务领域改革准备工作。二是建立全面规范透明、标准科学、约束有力的预算制度。立足于十八大以来已经确立的预算制度主体框架，全面提升预算的全面性、规范性和透明度。加强政府预算协调统筹，将 20% 的政府性基金预算、30% 的国有资本经营预算统一调入一般公共预算，全部用于增加扶贫专项资金。深化零基预算改革，坚决打破预算固化格局。全力推进支出经济分类科目改革。三是落实国家税制改革要求。推进环保税法平稳实施，做好相关税制改革准备工作，积极争取烟叶税、资源税等税制改革红利，加快构建符合省情的地方税体系，努力把云南的资源优势转化为财税优势。四是全面实施绩效管理。建立健全以绩效为导向的财政管理机制，做到绩效预算全覆盖，强化绩效约束。将部门预算绩效管理情况、项目绩效目标实现程度、绩效跟踪和评价结果作为安排财政资金的依据。以项目绩效为标准，重新评估其必要性和可行性，大力压减绩效差的项目。五是大力实施规范的政府购买服务改革。切实推动公益二类事业单位政府购买服务改革，积极推进政府购买服务信息平台建设，督促各州（市）完成政府购买服务指导性目录编制工作。六是创新财政投入方式。省级安排 126 亿元用于高速公路建设资本金、重大项目投资基金、中小微企业贷款风险补偿金、创业担保贷款贴息资金、PPP 模式以奖代补资金等，积极采取财政贴息、以奖代补、充实资本金等方式，切实把财税政策杠杆用活。强化融资担保行业监管。着力发展普惠金融。

（八）持续推进依法理财，全面提升财政的法治化水平

自觉守法律、重程序、受监督，始终在依法行政、依法理财的轨道上全面推进各项工作。一是有序推进法治财政建设。把法治财政建设与财政改革发展、建立现代财政制度充分结合起来，认真贯彻落实法治政府、法治财政建设各项措施，完善财税法规制度体系。把依法行政、依法理财贯穿到财政工作的各个环节，切实把权力关进制度的笼子。二是严格执行《预算法》。把预算法的各项规定作为从事财政管理活动的行为准则，坚持以法治思维和法治方式推进财税体制改革，增强预算的法治性和约束力。扎实推进“七五”普法工作。三是依法接受人大监督。自觉接受人大及其常委会的法律监督、工作监督，严格落实人大各项决定和意见要求，完善人大代表建议办理机制。充分发挥省人大预算联网监督平台，增强人大监督实效。坚决查处各类违反《财政违法行为处罚处分条例》等法律法规的行为。四是积极配合审计监督和专员办监管。高度重视并认真整改审计提出的问题，认真自查和深刻分析原因，着力督促相关部门深入整改，并在部门预算编制和执行管理中狠抓落实。

云南省生态文明建设年度评价结果公报（2016 年）

云南省统计局　云南省发展和改革委员会　云南省环境保护厅　中共云南省委组织部

根据中共云南省委办公厅、云南省人民政府办公厅印发的《云南省生态文明建设目标评价考核办法》和省发展改革委、省统计局、省环保厅、省委组织部印发的《云南省绿色发展指标体系》《云南省生态文明建设考核目标体系》要求，现将 2016 年各州（市）生态文明建设年度评价结果公布如下：

表 1　2016 年各州（市）生态文明建设年度评价结果

地区	绿色发展指数	资源利用指数	环境治理指数	环境质量指数	生态保护指数	增长质量指数	绿色生活指数
昆明	1	1	1	14	10	1	1
西双版纳	2	4	12	8	3	4	3
德宏	3	5	9	10	4	7	2
临沧	4	2	15	4	14	10	6
怒江	5	11	16	1	1	8	12
迪庆	6	16	11	2	2	5	10
楚雄	7	6	10	12	12	2	8
保山	8	13	5	6	9	11	4
文山	9	9	2	3	16	3	14
普洱	10	10	7	5	6	13	15
昭通	11	3	8	11	11	16	16
玉溪	12	7	13	13	7	14	5
红河	13	8	3	16	13	6	9
丽江	14	15	6	9	8	15	13
大理	15	12	4	15	5	12	7
曲靖	16	14	14	7	15	9	11

注：本表中各州（市）按照绿色发展指数值从大到小排序。若存在并列情况，则下一个地区排序向后递延。

表 2　　2016 年各州（市）生态文明建设年度评价结果

地区	绿色发展指数	资源利用指数	环境治理指数	环境质量指数	生态保护指数	增长质量指数	绿色生活指数
昆　明	83.63	83.81	93.61	80.71	73.48	93.47	79.91
曲　靖	76.27	72.80	76.56	92.79	66.83	72.57	73.10
玉　溪	77.89	78.76	77.54	83.47	76.62	68.66	75.81
保　山	79.04	73.15	82.47	93.56	74.88	72.14	75.87
昭　通	78.35	81.57	78.62	88.64	73.42	64.24	69.16
丽　江	76.78	72.05	79.70	89.71	75.33	67.32	71.89
普　洱	78.77	74.56	79.47	94.58	77.00	69.47	70.56
临　沧	80.22	82.62	74.67	94.74	72.11	72.49	74.63
楚　雄	79.06	79.77	78.23	86.95	73.18	77.52	74.11
红　河	76.81	77.30	85.09	75.25	72.93	73.91	73.70
文　山	78.96	75.80	85.22	95.02	65.99	75.81	70.84
西双版纳	82.04	81.09	77.60	91.28	84.18	74.25	77.85
大　理	76.59	73.71	82.52	79.26	77.40	70.66	74.26
德　宏	81.06	79.98	78.55	88.88	82.25	73.58	78.22
怒　江	79.73	73.76	67.14	96.06	91.43	73.34	72.89
迪　庆	79.48	70.56	77.69	95.49	84.90	74.15	73.45

云南省统计局、云南省发展和改革委员会、云南省环境保护厅、中共云南省委组织部。

附注：

一、生态文明建设年度评价按照《云南省绿色发展指标体系》实施，绿色发展指数采用综合指数法进行测算。绿色发展指数包括资源利用、环境治理、环境质量、生态保护、增长质量、绿色生活 6 个方面，共 52 项评价指标。

1、资源利用指数主要反映一个地区能源、水资源、建设用地的总量与强度双控要求和资源利用效率；

2、环境治理指数重点反映一个地区主要污染物、危险废物、生活垃圾和污水的治理以及污染治理投资等情况；

3、环境质量指数主要反映一个地区大气、水、土壤的环境质量状况；

4、生态保护指数用来反映一个地区森林、草原、湿地、自然保护区、水土流失、土地沙化和矿山恢复等生态系统的保护与治理；

5、增长质量指数主要反映一个地区宏观经济的增速、效率、效益、结构和动力；

6、绿色生活指数主要反映一个地区绿色生活方式的转变以及生活环境的改善。

二、绿色发展指数的计算方法。

1、计算个体指数。计算公式为：

正向型指标：$$Y_i = \frac{X_i - X_{i,min}}{X_{i,max} - X_{i,min}} \times 40 + 60$$

逆向型指标：$$Y_i = \frac{X_{i,max} - X_i}{X_{i,max} - X_{i,min}} \times 40 + 60$$

其中 Y_i 为第 i 个指标的个体指数，X_i 为该指标在报告期的绿色发展统计指标值，$X_{i,max}$ 为该指标在报告期 16 个州（市）绿色发展统计指标值中的最大值，$X_{i,min}$ 为该指标在报告期 16 个州（市）绿色发展统计指标值中的最小值。

2、对个体指数进行加权，计算 6 个分类指数。计算公式为：

$$Z = F_1 \times \sum_{i=1}^{14} W_i + F_2 \times \sum_{i=15}^{22} W_i + F_3 \times \sum_{i=23}^{31} W_i + F_4 \times \sum_{i=32}^{39} W_i + F_5 \times \sum_{i=40}^{44} W_i + F_6 \times \sum_{i=45}^{52} W_i$$

其中 Fj 为第 j 个分类指数，Yi 为指标 Xi 的个体指数，Wi 为第 i 个指标 Xi 的权数 ,mj 为第 j 个分类中第一个评价指标在整个评价体系中的序号 ,nj 为第 j 个分类中最后一个评价指标在整个评价指标体系中的序号。

3、对 6 个分类指数进行加权，得出绿色发展指数。计算公式为：

$$Z = F_1 \times \sum_{i=1}^{14} W_i + F_2 \times \sum_{i=15}^{22} W_i + F_3 \times \sum_{i=23}^{31} W_i + F_4 \times \sum_{i=32}^{39} W_i + F_5 \times \sum_{i=40}^{44} W_i + F_6 \times \sum_{i=45}^{52} W_i$$

其中 Z 为绿色发展指数，W_i 为 X_i 第 i 个指标 X_i 的权数。

三、受污染耕地安全利用率、绿色产品市场占有率（高效节能产品市场占有率）和城镇绿色建筑面积占新建建筑比重等 3 个指标，2016 年暂无数据，为了体现公平性，其权数不变，指标的个体指数值赋为最低值 60，参与指数计算。

对有些州（市）没有的地域性指标，相关指标不参与绿色发展指数计算，其权数分摊至其他指标，体现差异化。

四、本公报由省统计局会同有关部门负责解释。

附录

他山之石

生态文明国际交流合作等领域创造出一批典型经验，在推进生态文明领域治理体系和治理能力现代化方面走在全国前列，为全国生态文明建设提供有效制度供给。

《国家生态文明试验区（江西、贵州）实施方案》

2017 年 9 月，中共中央办公厅、国务院办公厅印发《国家生态文明试验区（江西）实施方案》和《国家生态文明试验区（贵州）实施方案》，并发出通知，要求有关地区和部门结合实际认真贯彻落实。

《国家生态文明试验区（江西）实施方案》提出，努力打造美丽中国“江西样板”，建成山水林田湖草综合治理样板区、中部地区绿色崛起先行区、生态环境保护管理制度创新区、生态扶贫共享发展示范区。通过改革创新和制度探索，到 2018 年，试验区建设取得重要进展，在流域生态保护补偿、河湖保护与生态修复、绿色产业发展、生态扶贫、自然资源资产产权等重点领域形成一批可复制可推广的改革成果。到 2020 年，建成具有江西特色、系统完整的生态文明制度体系，基本建立山水林田湖草系统治理制度，基本建立有利于绿色产业发展的制度，基本建立质量优先的生态环境保护管理制度，基本建立绿色价值全民共享制度，基本建立体现绿色政绩观的评价考核制度，为全国生态文明体制改革创造一批典型经验和成熟模式，在推进生态文明领域治理体系和治理能力现代化方面走在全国前列。

《国家生态文明试验区（贵州）实施方案》提出，以建设“多彩贵州公园省”为总体目标，建成长江珠江上游绿色屏障建设示范区、西部地区绿色发展示范区、生态脱贫攻坚示范区、生态文明法治建设示范区、生态文明国际交流合作示范区。到 2018 年，贵州省生态文明体制改革取得重要进展，在部分重点领域形成一批可复制可推广的生态文明制度成果。到 2020 年，全面建立产权清晰、多元参与、激励约束并重、系统完整的生态文明制度体系，建成以绿色为底色、生产生活生态空间和谐为基本内涵、全域为覆盖范围、以人为本为根本目的的“多彩贵州公园省”。通过试验区建设，在国土空间开发保护、自然资源资产产权体系、自然资源资产管理体制、生态环境治理和监督、生态文明法治建设、生态文明绩效评价考核和责任追究等领域形成一批可在全国复制推广的重大制度成果，在生态脱贫攻坚、生态文明大数据、生态旅游、生态文明国际交流合作等领域创造出一批典型经验，在推进生态文明领域治理体系和治理能力现代化方面走在全国前列，为全国生态文明建设提供有效制度供给。

（新华社北京）

《生态环境损害赔偿制度改革方案》

2017 年 12 月，中共中央办公厅、国务院办公厅印发《生态环境损害赔偿制度改革方案》，并发出通知，要求各地区各部门结合实际认真贯彻落实。

《生态环境损害赔偿制度改革方案》全文如下：

生态环境损害赔偿制度是生态文明制度体系的重要组成部分。党中央、国务院高度重视生态环境损害赔偿工作，党的十八届三中全会明确提出对造成生态环境损害的责任者严格实行赔偿制度。2015 年，中央办公厅、国务院办公厅印发《生态环境损害赔偿制度改革试点方案》（中办发〔2015〕57 号），在吉林等 7 个省市部署开展改革试点，取得明显成效。为进一步在全国范围内加快构建生态环境损害赔偿制度，在总结各地区改革试点实践经验基础上，制定本方案。

一、总体要求和目标

通过在全国范围内试行生态环境损害赔偿制度，进一步明确生态环境损害赔偿范围、责任主体、索赔主体、损害赔偿解决途径等，形成相应的鉴定评估管理和技术体系、资金保障和运行机制，逐步建立生态环境损害的修复和赔偿制度，加快推进生态文明建设。

自 2018 年 1 月 1 日起，在全国试行生态环境损害赔偿制度。到 2020 年，力争在全国范围内初步构建责任明确、途径畅通、技术规范、保障有力、赔偿到位、修复有效的生态环境损害赔偿制度。

二、工作原则

——依法推进，鼓励创新。按照相关法律法规规定，立足国情和地方实际，由易到难、稳妥有序开展生态环境损害赔偿制度改革工作。对法律未作规定的具体问题，根据需要提出政策和立法建议。

——环境有价，损害担责。体现环境资源生态功能价值，促使赔偿义务人对受损的生态环境进行修复。生态环境损害无法修复的，实施货币赔偿，用于替代修复。赔偿义务人因同一生态环境损害行为需承担行政责任或刑事责任的，不影响其依法承担生态环境损害赔偿责任。

——主动磋商，司法保障。生态环境损害发生后，赔偿权利人组织开展生态环境损害调查、鉴定评估、修复方案编制等工作，主动与赔偿义务人磋商。磋商未达成一致，赔偿权利人可依法提起诉讼。

——信息共享，公众监督。实施信息公开，推进政府及其职能部门共享生态环境损害赔偿信息。生态环境损害调查、鉴定评估、修复方案编制等工作中涉及公共利益的重大事项应当向社会公开，并邀请专家和利益相关的公民、法人、其他组织参与。

三、适用范围

本方案所称生态环境损害，是指因污染环境、破坏生态造成大气、地表水、地下水、土壤、森林等环境要素和植物、动物、微生物等生物要素的不利改变，以及上述要素构成的生态系统功能退化。

（一）有下列情形之一的，按本方案要求依法追究生态环境损害赔偿责任：

1. 发生较大及以上突发环境事件的；

2. 在国家和省级主体功能区规划中划定的重点生态功能区、禁止开发区发生环境污染、生态破坏事件的；

3. 发生其他严重影响生态环境后果的。各地区应根据实际情况，综合考虑造成的环境污染、生态破坏程度以及社会影响等因素，明确具体情形。

（二）以下情形不适用本方案：

1. 涉及人身伤害、个人和集体财产损失要求赔偿的，适用侵权责任法等法律规定；

2. 涉及海洋生态环境损害赔偿的，适用海洋环境保护法等法律及相关规定。

四、工作内容

（一）明确赔偿范围。生态环境损害赔偿范围包括清除污染费用、生态环境修复费用、生态环境修复期间服务功能的损失、生态环境功能永久性损害造成的损失以及生态环境损害赔偿调查、鉴定评估等合理费用。各地区可根据生态环境损害赔偿工作进展情况和需要，提出细化赔偿范围的建议。鼓励各地区开展环境健康损害赔偿探索性研究与实践。

（二）确定赔偿义务人。违反法律法规，造成生态环境损害的单位或个人，应当承担生态环境损害赔偿责任，做到应赔尽赔。现行民事法律和资源环境保护法律有相关免除或减轻生态环境损害赔偿责任规定的，按相应规定执行。各地区可根据需要扩大生态环境损害赔偿义务人范围，提出相关立法建议。

（三）明确赔偿权利人。国务院授权省级、市地级政府（包括直辖市所辖的区县级政府，下同）作为本行政区域内生态环境损害赔偿权利人。省域内跨市地的生态环境损害，由省级政府管辖；其他工作范围划分由省级政府根据本地区实际情况确定。省级、市地级政府可指定相关部门或机构负责生态环境损害赔偿具体工作。省级、市地级政府及其指定的部门或机构均有权提起诉讼。跨省域的生态环境损害，由生态环境损害地的相关省级政府协商开展生态环境损害赔偿工作。

在健全国家自然资源资产管理体制试点区，受委托的省级政府可指定统一行使全民所有自然资源资产所有者职责的部门负责生态环境损害赔偿具体工作；国务院直接行使全民所有自然资源资产所有权的，由受委托代行该所有权的部门作为赔偿权利人开展生态环境损害赔偿工作。

各省（自治区、直辖市）政府应当制定生态环境损害索赔启动条件、鉴定评估机构选定程序、信息公开等工作规定，明确国土资源、环境保护、住房城乡建设、水利、农业、林业等相关部门开展索赔工作的职责分工。建立对生态环境损害索赔行为的监督机制，赔偿权利人及其指定的相关部门或机构的负责人、工作人员在索赔工作中存在滥用职权、玩忽职守、徇私舞弊的，依纪依法追究责任；涉嫌犯罪的，移送司法机关。

对公民、法人和其他组织举报要求提起生态环境损害赔偿的，赔偿权利人及其指定的部门或机构应当及时研究处理和答复。

（四）开展赔偿磋商。经调查发现生态环境损害需要修复或赔偿的，赔偿权利人根据生态环境损害鉴定评估报告，就损害事实和程度、修复启动时间和期限、赔偿的责任承担方式和期限等具体问题与赔偿义务人进行磋商，统筹考虑修复方案技术可行性、成本效益最优化、赔偿义务人赔偿能力、第三方治理可行性等情况，达成赔偿协议。对经磋商达成的赔偿协议，可以依照民事诉讼法向人民法院申请司法确认。经司法确认的赔偿协议，赔偿义务人不履行或不完全履行的，赔偿权利人及其指定的部门或机构可向人民法院申请强制执行。磋商未达成一致的，赔偿权利人及其指定的部门或机构应当及时提起生态环境损害赔偿民事诉讼。

（五）完善赔偿诉讼规则。各地人民法院要按照有关法律规定、依托现有资源，由环境资源审判庭或指定专门法庭审理生态环境损害赔偿民事案件；根据赔偿义务人主观过错、经营状况等因素试行分期赔付，探索多样化责任承担方式。

各地人民法院要研究符合生态环境损害赔偿需要

的诉前证据保全、先予执行、执行监督等制度；可根据试行情况，提出有关生态环境损害赔偿诉讼的立法和制定司法解释建议。鼓励法定的机关和符合条件的社会组织依法开展生态环境损害赔偿诉讼。

生态环境损害赔偿制度与环境公益诉讼之间衔接等问题，由最高人民法院商有关部门根据实际情况制定指导意见予以明确。

（六）加强生态环境修复与损害赔偿的执行和监督。赔偿权利人及其指定的部门或机构对磋商或诉讼后的生态环境修复效果进行评估，确保生态环境得到及时有效修复。生态环境损害赔偿款项使用情况、生态环境修复效果要向社会公开，接受公众监督。

（七）规范生态环境损害鉴定评估。各地区要加快推进生态环境损害鉴定评估专业力量建设，推动组建符合条件的专业评估队伍，尽快形成评估能力。研究制定鉴定评估管理制度和工作程序，保障独立开展生态环境损害鉴定评估，并做好与司法程序的衔接。为磋商提供鉴定意见的鉴定评估机构应当符合国家有关要求；为诉讼提供鉴定意见的鉴定评估机构应当遵守司法行政机关等的相关规定规范。

（八）加强生态环境损害赔偿资金管理。经磋商或诉讼确定赔偿义务人的，赔偿义务人应当根据磋商或判决要求，组织开展生态环境损害的修复。赔偿义务人无能力开展修复工作的，可以委托具备修复能力的社会第三方机构进行修复。修复资金由赔偿义务人向委托的社会第三方机构支付。赔偿义务人自行修复或委托修复的，赔偿权利人前期开展生态环境损害调查、鉴定评估、修复效果后评估等费用由赔偿义务人承担。

赔偿义务人造成的生态环境损害无法修复的，其赔偿资金作为政府非税收入，全额上缴同级国库，纳入预算管理。赔偿权利人及其指定的部门或机构根据磋商或判决要求，结合本区域生态环境损害情况开展替代修复。

五、保障措施

（一）落实改革责任。各省（自治区、直辖市）、市（地、州、盟）党委和政府要加强对生态环境损害赔偿制度改革的统一领导，及时制定本地区实施方案，明确改革任务和时限要求，大胆探索，扎实推进，确保各项改革措施落到实处。省（自治区、直辖市）政府成立生态环境损害赔偿制度改革工作领导小组。省级、市地级政府指定的部门或机构，要明确有关人员专门负责生态环境损害赔偿工作。国家自然资源资产管理体制试点部门要明确任务、细化责任。

吉林、江苏、山东、湖南、重庆、贵州、云南7个试点省市试点期间的实施方案可以结合试点情况和本方案要求进行调整完善。

各省（自治区、直辖市）在改革试行过程中，要及时总结经验，完善相关制度。自2019年起，每年3月底前将上年度本行政区域生态环境损害赔偿制度改革工作情况送环境保护部汇总后报告党中央、国务院。

（二）加强业务指导。环境保护部会同相关部门负责指导有关生态环境损害调查、鉴定评估、修复方案编制、修复效果后评估等业务工作。最高人民法院负责指导有关生态环境损害赔偿的审判工作。最高人民检察院负责指导有关生态环境损害赔偿的检察工作。司法部负责指导有关生态环境损害司法鉴定管理工作。财政部负责指导有关生态环境损害赔偿资金管理工作。国家卫生计生委、环境保护部对各地区环境健康问题开展调查研究或指导地方开展调查研究，加强环境与健康综合监测与风险评估。

（三）加快技术体系建设。国家建立健全统一的生态环境损害鉴定评估技术标准体系。环境保护部负责制定完善生态环境损害鉴定评估技术标准体系框架和技术总纲；会同相关部门出台或修订生态环境损害鉴定评估的专项技术规范；会同相关部门建立服务于生态环境损害鉴定评估的数据平台。相关部门针对基线确定、因果关系判定、损害数额量化等损害鉴定关键环节，组织加强关键技术与标准研究。

（四）做好经费保障。生态环境损害赔偿制度改革工作所需经费由同级财政予以安排。

（五）鼓励公众参与。不断创新公众参与方式，邀请专家和利益相关的公民、法人、其他组织参加生态环境修复或赔偿磋商工作。依法公开生态环境损害调查、鉴定评估、赔偿、诉讼裁判文书、生态环境修复效果报告等信息，保障公众知情权。

六、其他事项

2015年印发的《生态环境损害赔偿制度改革试点方案》自2018年1月1日起废止。

（新华社北京）

首批国家生态文明建设示范市县命名授牌

2017年9月21日，环保部在浙江省安吉县召开全国生态文明建设现场推进会，命名授牌浙江省安吉县等13个第一批“绿水青山就是金山银山”实践创新基地和北京市延庆区等46个第一批国家生态文明建设示范市县。

环保部部长李干杰在推进会上表示，开展第一批国家生态文明建设示范市县评选，是贯彻落实党中央、国务院决策部署，充分发挥生态文明建设示范创建的平台载体和典型引领作用，加快推进生态文明建设的重要举措。

环保部于2016年1月22日印发《国家生态文明建设示范区管理规程（试行）》《国家生态文明建设示范县、市指标（试行）》，对国家生态文明建设示范县、市的申报与管理在制度上予以明确。环保部在前述第二项文件指出，国家生态文明建设示范县、市的评选，在充分考虑发展阶段和地区差异的基础上，从生态空间、生态经济、生态环境、生态生活、生态制度、生态文化六个方面，分别设置38项（示范县）和35项（示范市）建设指标。其中示范地生态保护红线一经划定，便不得随意调整，确保面积不减少；示范地地方能源消耗总量不超过国家或上级政府下达的关于区域能源消耗总量控制目标；示范地区域大气环境质量应不降低并达到考核目标。而获评国家生态文明建设示范区的市、县也将获得环保部的一系列支持，但与此同时示范区名单也将根据相应标准实行动态管理。

环保部表示，对于国家生态文明建设示范市县，环保部将在农村环境综合整治、重点生态功能区生态补偿、山水林田湖生态保护修复工程等方面给予政策、项目、资金扶持，同时对环境质量明显下降、未完成年度环境质量目标、发生重大特大突发环境事件或生态破坏事件以及指标反弹的地区，及时警告或撤销称号。

环保部介绍，此次命名授牌的46个国家生态文明建设示范市县，把生态文明建设作为统筹推进“五位一体”总体布局和“四个全面”战略布局的重要内容，大力推动制度创新、环境治理和产业转型，取得积极进展和显著成效，各项工作在省内居于前列，其中一些地区在全国影响显著。

第一批“绿水青山就是金山银山”实践创新基地：河北省塞罕坝机械林场，山西省右玉县，江苏省泗洪县，浙江省湖州市、衢州市、安吉县，安徽省旌德县，福建省长汀县，江西省靖安县，广东省东源县，四川省九寨沟县，贵州省贵阳市乌当区，陕西省留坝县。

第一批国家生态文明建设示范市县：北京市延庆区，山西省右玉县，辽宁省盘锦市大洼区，吉林省通化县，黑龙江省虎林市，江苏省苏州市、无锡市、南京市江宁区、泰州市姜堰区、金湖县，浙江省湖州市、杭州市临安区、象山县、新昌县、浦江县，安徽省宣城市、金寨县、绩溪县，福建省永泰县、厦门市海沧区、泰宁县、德化县、长汀县，江西省靖安县、资溪县、婺源县，山东省曲阜市、荣成市，河南省栾川县，湖北省京山县，湖南省江华瑶族自治县，广东省珠海市、惠州市、深圳市盐田区，广西壮族自治区上林县，重庆市璧山区，四川省蒲江县，贵州省贵阳市观山湖区、遵义市汇川区，云南省西双版纳傣族自治州、石林县，西藏自治区林芝市巴宜区，陕西省凤县，甘肃省平凉市，青海省湟源县，新疆维吾尔自治区昭苏县。

（澎湃新闻）

北京市生态文明建设目标评价考核办法

第一章 总 则

第一条 为深入贯彻落实党的十九大精神，以习近平新时代中国特色社会主义思想为指引，加快绿色发展，高质量、高水平推进生态文明建设，根据《中共中央办公厅、国务院办公厅关于印发〈生态文明建设目标评价考核办法〉的通知》（厅字〔2016〕45号）等文件要求，结合本市实际，制定本办法。

第二条 本办法适用于对各区党委和政府生态文明建设目标的评价考核。

第三条 生态文明建设目标评价考核实行党政同责，各区党委和政府领导成员生态文明建设一岗双责，按照客观公正、科学规范、突出重点、注重实效、奖惩并举的原则进行。

第四条 生态文明建设目标评价考核在资源环境生态领域有关专项考核的基础上综合开展，采取评价、评估和考核相结合的方式，实行年度评价、中期评估、目标考核。

年度评价重点评价各区上一年度生态文明建设进展总体情况，引导各区落实生态文明建设相关工作，每年开展1次。中期评估主要评估各区五年规划期中期生态文明建设各项目标任务进展情况，督促各区加快推进五年规划期确定的目标任务，每个五年规划期中期开展1次。目标考核主要考查各区生态文明建设重点目标任务完成情况，强化各区党委和政府生态文明建设的主体责任，督促各区自觉推进生态文明建设，每个五年规划期结束后开展1次。

第二章 年度评价

第五条 生态文明建设年度评价（以下简称年度评价）工作由市统计局、国家统计局北京调查总队、市发展改革委、市环保局会同有关部门组织实施。

第六条 年度评价按照本市绿色发展指标体系实施，主要评价各区资源利用、环境治理、环境质量、生态保护、增长质量、绿色生活、公众满意程度等方面的变化趋势和动态进展，生成各区绿色发展指数。

本市绿色发展指标体系由市统计局、国家统计局北京调查总队、市发展改革委、市环保局会同有关部门和各区制订，并根据本市国民经济和社会发展规划纲要以及生态文明建设进展实际情况提出调整和完善建议，报请市委、市政府审定后施行。

第七条 年度评价应当在次年9月底前完成。

第八条 年度评价结果经市委、市政府审定后向社会公布，并纳入生态文明建设目标考核。

第三章 中期评估

第九条 生态文明建设中期评估(以下简称中期评估)工作由市发展改革委、市环保局牵头，会同有关部门组织实施。

第十条 中期评估对照本市生态文明建设考核目标体系实施，原则上基于五年规划期前两年数据，主要评估五年规划期中期各项生态文明建设目标任务阶段性进展情况，研判发展形势，及时调整和完善下一阶段工作目标任务，为完成五年规划期目标任务打好基础。

第十一条 可以委托第三方专业机构对各区生态文明建设情况进行独立评估，相关成果纳入中期评估报告。

第十二条 中期评估应当在五年规划期第三年的9月底前完成。

第十三条 中期评估报告经市委、市政府审定后，由中期评估牵头部门反馈至各区。

第四章 目标考核

第十四条 生态文明建设目标考核(以下简称目标考核)工作由市发展改革委、市环保局、市委组织部牵头，会同市财政局、市规划国土委、市农委、市水务局、市统计局、国家统计局北京调查总队、市园林绿化局等部门组织实施。

第十五条 目标考核按照本市生态文明建设考核目标体系实施，主要内容包括国家及本市国民经济和社会发展规划纲要中确定的资源环境约束性指标，以及党中央、国务院和市委、市政府部署的生态文明建设重大目标任务完成情况，突出公众的获得感。

本市生态文明建设考核目标体系由市发展改革委、市环保局会同有关部门和各区制订，并根据本市国民经济和社会发展规划纲要以及生态文明建设进展实际情况提出调整和完善建议，报请市委、市政府审定后施行。

有关部门应当根据国家和本市生态文明建设的总体要求，结合各区功能定位、经济社会发展水平、资源环境禀赋等因素，将考核目标科学合理分解落实到各区。

第十六条 目标考核在五年规划期结束后的次年开展，并于9月底前完成。各区党委和政府应当对照本市生态文明建设考核目标体系开展自查，在五年规划期结束次年的7月底前，向市委、市政府报送生态文明建设目标任务完成情况自查报告，并抄送考核牵头部门。

资源环境生态领域有关专项考核的实施部门应当在五年规划期结束次年的8月底前，将五年专项考核结果送考核牵头部门。

第十七条 目标考核采用百分制评分和约束性指标完成情况等相结合的方法，考核结果划分为优秀、良好、合格、不合格四个等级。考核牵头部门汇总各区考核实际得分以及有关情况，提出考核等级划分、考核结果处理等建议，并结合本市领导干部自然资源资产离任审计、环境保护督察等结果，形成考核报告。

第十八条 考核报告经市委、市政府审定后向社会公布，考核结果作为各区党政领导班子和领导干部综合考核评价、干部奖惩任免的重要依据。

对考核结果为优秀等级的区，给予通报表扬；对考核结果为不合格等级的区，进行通报批评，并约谈其党政主要负责人，提出限期整改要求；对生态环境损害明显、责任事件多发的区党政主要负责人和相关负责人(含已经调离、提拔、退休的)，按照《北京市贯彻落实〈党政领导干部生态环境损害责任追究办法(试行)〉实施细则》等规定，进行责任追究。

第五章 实 施

第十九条 市发展改革委、市环保局、市委组织部会同市统计局、国家统计局北京调查总队等部门建立生态文明建设目标评价考核部门协作机制，制订评价考核工作细则，研究相关重大问题，提出考核等级划分、考核结果处理等建议并形成考核报告，报请市委、市政府审定。

第二十条 生态文明建设目标评价考核采用有关部门组织开展专项考核认定的数据、相关统计和监测数据，以及自然资源资产负债表数据成果，必要时评价考核牵头部门可以对专项考核等数据作进一步核实。

因重大自然灾害等非人为因素导致有关考核目标未完成的，经主管部门核实后，对有关区相关考核指标得分进行综合判定。

第二十一条 市有关部门和各区应当切实加强生态文明建设领域统计和监测的人员、设备、科研、信息平台等基础能力建设，加大财政支持力度，增加指标调查频率，提高数据的科学性、准确性和一致性。

第六章　监督

第二十二条 参与评价考核工作的有关部门和机构应当严格执行工作纪律，坚持原则、实事求是，确保评价考核工作客观公正、依规有序开展。各区不得篡改、伪造或者指使篡改、伪造相关统计和监测数据，对于存在上述问题并被查实的区，考核等级确定为不合格。对徇私舞弊、瞒报谎报、篡改数据、伪造资料等造成评价考核结果失真失实的，由纪检监察机关和组织（人事）部门按照有关规定严肃追究有关单位和人员责任；涉嫌犯罪的，依法移送司法机关处理。

第二十三条 有关区对考核结果和责任追究决定有异议的，可以向作出考核结果和责任追究决定的机关和部门提出书面申诉，有关机关和部门应当依据相关规定受理并进行处理。

第七章　附则

第二十四条 各区党委和政府可以参照本办法，结合本区实际，制定针对乡镇（街道）的生态文明建设目标评价考核办法。

第二十五条 本办法由中共北京市委负责解释，具体解释工作由市发展改革委、市环保局、市委组织部、市统计局、国家统计局北京调查总队会同有关部门承担。

第二十六条 本办法自印发之日起施行。

中共北京市委办公厅
2017 年 12 月 7 日印发

江西推进生态文明试验区建设

习近平总书记充分肯定江西良好生态环境，对江西绿色发展寄予厚望，提出重要要求。

2015 年 3 月，在参加十二届全国人大三次会议江西代表团审议时，习近平总书记引述众多描写江西大好山河的千古名句，作出“环境就是民生，青山就是美丽，蓝天也是幸福”的著名论断，要求江西走出一条经济发展和生态文明水平提高相辅相成、相得益彰的路子。

2016 年 2 月，在视察江西时，习近平总书记又一次夸赞江西青山绿水，指出，江西是个好地方，生态秀美，庐山天下悠、三清天下秀、龙虎天下绝。他强调，绿色生态是江西最大财富、最大优势、最大品牌，一定要保护好，做好治山理水、显山露水的文章，打造美丽中国“江西样板”。

2016 年 8 月，江西获批国家生态文明试验区，肩负起先行先试、探索绿色发展新路的光荣责任。

2017 年 6 月，中央深改组第三十六次会议审议通过《国家生态文明试验区（江西）实施方案》，赋予江西构建山水林田湖系统保护与综合治理制度体系、严格的环境保护与监管体系、促进绿色产业发展的制度体系、环境治理和生态保护市场体系、绿色共治共享制度体系、全过程的生态文明绩效考核和责任追究制度体系等 6 大体系建设任务，着力构建具有江西特色、系统完整的生态文明制度体系。习近平总书记在会上强调，要做实做细实施方案，聚焦重点难点问题，在体制机制创新上下功夫，为完善生态文明制度体系探索路径、积累经验。

深入贯彻习近平总书记重要要求，江西省委高举绿色崛起大旗，全面推进国家生态文明试验区建设，坚持保护为先、发展为要、民生为本，聚焦制度创新，厚植生态优势，加快绿色崛起，奋力打造美丽中国“江西样板”。

河长制、生态补偿机制等一批生态文明制度建设走在全国前列，生态考评、生态损害责任追究等一批保障措施日益完善，生态农业、生态旅游、战略性新兴产业等绿色经济方兴未艾。

江西森林覆盖率稳定在 63.1%，位居全国前列；地表水监测断面水质达标率 90.7%，空气质量保持优良，均远高于全国平均水平。

江西发展实现质量与效益的双提升：2017 年上半年，全省经济发展主要指标增速稳居全国第一方阵；全省高新技术产业增加值增长 11%，占规模以上工业增加值比重达 31.7%；服务业增加值增长 10.5%，占生产总值的比例达 42.3%。

江西是中国最绿的省份之一，进入新世纪以来，历届省委以生态立省，以绿色发展强省，不断厚植江西绿色优势、推动江西绿色崛起。江西省第十四次党代会确立“深入贯彻新发展理念，大力弘扬井冈山精神，决胜全面建成小康社会，建设富裕美丽幸福江西”奋斗目标，把“美丽”与“富裕”和“幸福”一起列为三大努力方向与着力目标。提出江西生态建设的路线图：推进国家生态文明试验区建设取得重大进展，环境保护和生态建设持续加强，生态环境质量领先全国，绿色经济率先发展，资源节约利用水平大幅提高，形成一批可复制可推广的生态文明建设制度成果，成为生态文明建设领跑者。在随后召开的全省市厅级主要领导干部学习贯彻党的十八届六中全会暨省第十四次党代会精神专题研讨班上，省委又对省第十四次党代会精神进行深化细化，提出“创新引领、绿色崛起、担当实干、兴赣富民”的工作方针，在“当前及今后一个时期是江西省绿色发展的关键时期，绿色崛起进入了由量变到质变的新阶段”的科学判断基础上，从提升绿色发展优势、促进生态优势转化、强化生态文明保障等维度进行全面阐释与部署，将江西绿色崛起的认识与路径提升到新高度，推动江西沿着习近平总书记指引的绿色发展道路担当实干、砥砺奋进。2017年7月5日至7日，省委书记鹿心社赴赣州市大余、崇义、上犹三县调研绿色发展，提出“以生态保护为本，让江西放眼望去尽是绿水青山，以绿色发展为要，找准路子让绿水青山变成金山银山”要求；7月10日、11日，鹿心社又分别主持召开座谈会，听取国内生态领域知名专家学者和各设区市委书记意见建议，进一步丰富完善贯彻落实意见；省委十四届三次全体（扩大）会议上，省委研究《关于贯彻落实〈国家生态文明试验区（江西）实施方案〉的意见》，并对生态文明建设作出系统部署。

密集的行动、有力的举措、铿锵的推进，集中体现省委牢固树立“四个意识”，深入贯彻落实党中央和习近平总书记重要要求的自觉性、主动性、坚定性，体现了省委推进生态文明建设、走绿色发展之路的历史担当与坚强决心。

省委书记、省长分别担任正副总河长，7位副省级领导分别担任“五河一湖一江”河长，建立了全国覆盖面最广、规格最高、体系最完备的五级河长制；首期筹集生态补偿资金20.91亿元，在全国率先开展覆盖全境的流域生态补偿；划定保护范围5.52万平方千米，占全省面积的33.1%，使江西成为全国第三个正式发布生态保护红线的省份。

江西每个县都有一个现代农业园，是绿色生态农业理念的引领、技术的推广，大力发展“生态+”现代农业，深入实施“绿色生态农业十大行动”“百县百园”已成为江西的农业亮点，全省国家现代农业示范区增加到11个。全省每个市都有主导绿色产业、生态旅游亮点，以“生态+”现代工业和“生态+”现代服务业理念，电子信息、生物制药、先进制造、生态旅游、健康养老等绿色产业迸发出强劲动力。

光伏电池板成为广大贫困村的亮丽风景线，源源不断地把太阳光转化为电能，转化为贫困户持续增收的源动力。广为诟病的垃圾围村、污水横流的杂乱正在从根本上改善，许多农村家庭摆放不同颜色的垃圾桶，许多农村因地制宜建造污水生物净化系统，秀美农村恢复她的美丽。更多的人在家门口享受到生态的红利，从砍树、看树、到靠树，江西人充实的不仅仅是脑中的理念，更是钱包里的收入。

第十六届赣港经贸合作活动上，省长刘奇在香港用“杜鹃红”“青花蓝”“香樟绿”“马蹄金”四种颜色推介江西。绿色发展、生机勃发的江西在香港、在世界舞台璀璨着美丽，展现着自信，激扬着活力。

（《江西日报》记者　刘　勇）

贵州建设国家生态文明试验区

贵州省国家生态文明试验区建设探索出一条生动的实践道路，全省上下通力合作、全民参与，持续发出“多彩贵州拒绝污染”的时代强音。

一、提升战略定位，深化制度改革

自从国家将贵州省列为首批三个国家生态文明试验区以来，贵州省委、省政府持续加大对生态文明建设的统筹领导，紧锣密鼓对贵州省试验区建设进行安排部署。

2016年8月，贵州省委十一届七次全会专题研究贵州省国家生态文明试验区建设和推动绿色发展工作，提出贵州省推动绿色发展、建设生态文明因地制宜发展绿色经济、因势利导建造绿色家园、与时俱进完善绿色制度、绵绵用力筑牢绿色屏障、久久为功培育绿色文化等任务。

制度改革是贵州建设国家生态文明试验区的主题主线。一年来，全省各地各部门积极探索、大胆创新、深入实践，重点在省级空间规划、自然资源资产管理体制、自然资源资产负债表编制、领导干部自然资源资产离任审计、生态环境损害赔偿制度改革、环境监察执法机构垂直管理等方面进行试点并形成了一批初步成果。全面推行省市县乡村五级河长制、生态保护补偿制、控制污染物排放许可制等改革方案。

2016年以来，贵州共开展64项改革，其中2016年开展的26项已全部完成并进入实施阶段；2017年开展的38项改革，有10项已形成正式成果并进入实施阶段，12项形成初步成果，16项正在抓紧推进。

这些制度的改革和建设，在生态文明建设中已有生动实践。例如，河长制在黔中大地涌现出很多结合基层实际的探索和创新：六盘水开展水城河综合治理，既注重治水又改善景观，挖掘“三线”文化资源，着力提升公众生产生活水平；毕节市聘请中小学校长担任名誉河长，加强对中小学生的宣传教育；黔东南州麻江县结合脱贫攻坚，聘请精准扶贫的建档立卡贫困户作为河道保洁员，等等。

二、强化法治保障，发展“四型产业”

贵州在生态文明建设中高度重视法治保障的作用。一年来，贵州生态文明建设重点领域立法步伐不断加快。大气污染防治条例和水资源保护条例颁布实施，水污染防治条例等5部法规进入正式立法程序，全省生态文明法规规章体系框架基本拟定，与贵州省国家生态文明试验区建设相适应的法规框架基本成型。

一方面，加强法治保障改革和建设；另一方面，在生态文明建设中，贵州省发展改革委也紧紧围绕生态利用型产业、循环高效型产业、低碳清洁型产业、环境治理型产业“四型产业”，谋划全省产业布局。将“四型”15大类产业细化为400个具体条目，引导各地加快发展绿色经济“四型产业”。

贵州省发展改革委还围绕构建绿色屏障、守住四条生态底线，发布“青山”工程、“蓝天”工程、“碧水”工程、“净土”工程4类工程包；围绕打造绿色家园，提出绿色城镇、美丽乡村2类工程包。

三、织牢安全网，增强绿色获得感

在生态文明建设中，贵州省始终聚焦人民群众感受最直观、反映最强烈的突出环境问题，围绕治水、治气、治土，多措并举、多策并用系统保护山水林田湖草生命共同体，并着力实施四大工程：

——实施“青山”工程。一年来，先后开展了绿色贵州建设三年行动计划“攻坚战”，实施退耕还林、石漠化综合治理等重点生态工程。2016年以来，完成退耕还林475万亩，治理石漠化面积1 550平方千米，森林覆盖率超过52%。

——实施“碧水”工程。一年来，先后实施了十大污染源治理工程和十大行业治污减排全面达标排放专项行动，对磷化工、火电、煤矿等十大行业超标排放进行限期治理。突出抓好赤水河、乌江和清水江等重点流域环境整治，集中整治乌江、清水江总磷污染。

——实施“蓝天”工程。一年来，先后开展重点污染源和重点行业污染治理，截至2017年底全省累计淘汰10蒸吨及以下燃煤锅炉171台、385.9蒸吨，已完成总目标任务的91.4%；淘汰黄标车和老旧车辆25.9万辆。完成煤电机组超低排放改造186万千瓦，占年度目标任务的43.7%。

——实施“净土”工程。一年来，开展土壤污染状况详查，编制实施全省及10个重金属重点区域重金属污染防治“十三五”规划，累计完成40个标准化渣场建设，治理历史遗留重金属废渣167万吨。

（《中国经济导报》记者 吴承坤、公欣）

广东争当生态文明建设和绿色发展排头兵

习近平总书记视察广东时提出的“三个定位、两个率先”总体要求，争当生态文明建设和绿色发展排头兵。广东在保持经济高速发展的同时，让山清水秀成为常态，努力建设生态文明。

2016年，全省空气质量达标率达92.7%，同比上升1.2个百分点，PM2.5、PM10年平均浓度分别为32微克 / 立方米、48微克 / 立方米，同比均下降5.9%，连续两年全面达标，多个城市空气质量长期位列全国74个重点城市前十。主要江河水质总体良好，水质优良率和劣V类断面比例分别为80.3%和8.5%，完成90个黑臭水体整治，广州、深圳城市建成区黑臭水体消除比例达到40%，顺利完成国家下达的年度目标，实现“十三五”的良好开局。

同时，广东实施《广东省大气污染防治行动方案》，完成大气污染治理项目1 500多项，基本淘汰珠三角地区高污染燃料禁燃区高污染燃料锅炉。推进城市空气质量达标管理，14个地级以上市六项污染物年均浓度达标，深圳在全国一线城市中率先向世卫组织第二阶段空气质量标准推进。

2017年，广东省以改善环境质量为核心，打好大气、水、土壤污染防治攻坚战，努力建设天蓝、地绿、水清的美丽广东，为群众提供更多优质生态产品。

一、在大气污染治理上，广东力求稳中有进，为全国城市空气治理树立标杆

2017年，全省全面开展城市空气质量达标管理，抓好氮氧化物和挥发性有机物协同减排、PM2.5和臭氧的协同控制，实现全省和珠三角地区空气质量稳定达标，全面完成国家“大气十条”和“广东方案”的终期考核目标任务。

广东完成10万千瓦及以上现役燃煤机组超低排放改造。

加快推广使用新能源汽车，深圳市将实现公交车纯电动化，广州、佛山等市新增公交车要实现纯电动化，全省基本淘汰黄标车。

积极推动船舶、非道路移动机械和港口污染防治。推动道路扬尘污染控制和饮食油烟治理，全面禁止生物质和垃圾露天焚烧。完善空气质量预报预警和大气质量信息定期发布。强化重污染天气应对，开展秋季臭氧削峰专项行动。

二、在水污染治理上，广东积极进取，确保全面完成国家考核目标任务

广东省71个地表水国家考核断面水质优良（Ⅰ–Ⅲ类）比例达到81.7%以上，丧失使用功能（劣于Ⅴ类）水体比例控制在8.5%以下。加大东江、西江、北江、韩江等大江大河和重要湖库水质保护力度，强化饮用水源保护，推进县级集中式饮用水源规范化建设，确保地级以上市集中式饮用水水源水质100%达标。重点推进广佛跨界河流、深莞茅洲河、汕揭练江、湛茂小东江污染整治，继续推进石马河、淡水河、深圳河、东莞运河、榕江等重污染流域整治。推动广州、深圳市基本消除城市建成区黑臭水体。

三、土壤污染防治则要做到"预防为主，保护优先，风险防控"

以有色金属矿采选、有色金属冶炼、电镀、铅蓄电池制造、制革等重污染行业为重点，深入开展农用地、在产企业用地和关闭搬迁企业地块土壤环境详查。在详查基础上梳理建立土壤治理修复地块项目库，编制完成全省土壤污染治理与修复规划。开展土壤污染防治试点示范。广州、深圳、佛山、中山等市开展关闭搬迁企业地块再开发环境监管试点。东莞市开展水乡特色发展经济区土壤环境保护和综合治理试点示范。韶关市加快推进土壤污染综合防治先行区建设。

四、加大农村环境综合整治力度

广东将印发实施广东省农村环境保护"十三五"规划，加大农村环境综合整治力度，解决农村饮用水源、农村生活垃圾和污水处理、禽畜养殖污染治理等与人民群众密切相关的环境问题，改善农村人居环境质量，推动美丽乡村建设。

2017年，广东制定实施《珠三角国家绿色发展示范区建设实施方案（2017~2020）》，将珠三角地区打造成为现代产业发展和生态环境改善深度融合的绿色发展样板。

（金羊网记者　李　钢）

浙江全面提高生态文明建设水平

浙江以"八八战略"为总纲，坚定不移沿着"绿水青山就是金山银山"的路子走，将生态文明建设融入经济建设、政治建设、文化建设、社会建设的各方面和全过程，在发展中保护、在保护中发展，推动生态文明建设不断迈入全新境界。

2015年5月，习近平总书记来到浙江考察。从东海之滨到钱江两岸，一步一履，总书记期望殷切，赋予浙江生态文明建设新任务。他说，生态文明建设功在当代、利在千秋，关系人民福祉和未来。山清水秀是浙江最大的资源和资产，必须保护好。他还要求浙江"全面提高生态文明建设水平"，并提出"干在实处永无止境、走在前列要谋新篇"的新要求。之后，浙江站在全新的起点上，更高层次推进生产方式绿色化，大力培育生态文化，加快生态环境问题综合治理，实行最严格的生态环境保护制度，加快建设全国生态文明示范区和美丽中国先行区，使绿水青山发挥出持续的生态效益、经济效益和社会效益。

2017年6月，浙江省第十四次党代会提出，着力推进生态文明建设，深入践行"绿水青山就是金山银山"理念，大力开展"811"美丽浙江建设行动，积极建设可持续发展议程创新示范区，推动形成绿色发展方式和生活方式，为人民群众创造良好生产生活环境。

2017年7月，浙江省委、省政府印发《浙江省生态文明体制改革总体方案》，提出以绿色发展为主线，以改善环境质量为核心，以空间结构优化、资源节约利用、生态环境治理为重点，深化体制机制改革，建立系统完整的生态文明制度体系，努力建设高水平生态文明，为建设美丽浙江、高水平全面建成小康社会提供持续动力。

一、推进产业转型，生产方式绿色化

把"美丽资源"变成"美丽经济"的绿色发展方式，追求的是人与自然的和谐相处，是经济增长与资源环境的相互协调。按照习近平总书记考察浙江时的要求，浙江持续推进经济结构调整，加快培育发展生态经济，走出一条科技含量高、资源消耗低、环境污染少的清洁生产新路子。

2015年，浙江按下"低小散"块状行业整治提升"加速键"，启动实施"十百千万"计划：到2017年，全省每年确定重点行业10个以上，整治提升"低小散"企业（作坊）较多、安全生产和环境污染等隐患较大的集中区块100个左右，淘汰落后产能涉及规模企业1 000家以上，整治和淘汰各类存在问题的企业（作坊）10 000家以上。

在清洁生产行动计划持续实施的基础上，2016年，浙江低碳发展“十三五”规划、循环经济发展“十三五”规划、节能“十三五”规划等先后发布。2017年初，《浙江省绿色经济培育行动实施方案》正式印发，提出到2020年，单位生产总值能耗降低17%，服务业增加值占生产总值比重达到53%以上。2017年上半年，浙江规上工业中，装备制造、高新技术、战略性新兴产业增加值同比分别增长13.3%、10.8%和10.1%。借助“互联网+”、人工智能、大数据分析等新技术，符合生态文明理念的新产业、新业态、新模式、新产品层出不穷。

二、农村绿色化发展

2015年8月，浙江开始实施农业“两区”绿色发展三年行动计划，全面构建“产出高效、产品安全、资源节约、环境友好、科技先进、融合发展”的绿色农业产业体系；2016年10月，浙江又获批创建全国首个“畜牧业绿色发展示范省”，畜牧业也不断朝着绿色生态、节能减排的方向转型升级。

2017年3月，浙江发布《浙江省绿色农业行动计划》，计划通过4年努力，基本形成产业生态布局、生产清洁可控、废物循环利用、产品优质高效、田园整洁优美的现代农业发展新格局。

浙江省第十四次党代会进一步提出，谋划实施“大花园”建设行动纲要，使山水与城乡融为一体、自然与文化相得益彰。大力发展全域旅游，积极培育旅游风情小镇，推进万村景区化建设，提升发展乡村旅游、民宿经济，全面建成“诗画江南”中国最佳旅游目的地。

三、培育生态文化，绿色理念进万家

浙江通过每年开展“生态日”活动、评选“浙江省生态文明教育基地”等形式，进一步厚植生态文化，持续倡导勤俭节约、绿色低碳、文明健康的生活方式和消费方式，使绿色发展方式和生活方式成为全社会的高度自觉。2017年8月，湖州出台《关于开展生活方式绿色化行动的实施意见》，引导市民培养绿色生活习惯，促使绿色生活成为公众的主流选择。

“五水共治”既是一场整治环境、倒逼转型的大会战，也是一个培育生态文化、普及环保理念的大课堂。为形成上下联动、全民参与的治水大格局，浙江建立了省、市、县、乡、村五级联动的河长体系，6万多名各级党政领导干部组成的河长队伍，挑起了爱水、护水、治水的重担。2016年10月，“河长制”被推向全国。

“全民治水”理念的号召下，浙江形成比五级河长更为庞大的“民间河长”队伍。浙江既有省长、市长担任的“总河长”“河长”，也遍布着“红领巾河长”“河小二”“池大爷”“塘大妈”，还有不少“洋河长”和“乡贤河长”。他们投入到保护河湖的行动中，凝聚成“美丽浙江”建设的生动实践。

随着生态文化建设的推进，浙江人的生态环境意识愈加强烈，绿色行动愈加自觉。桐庐县，因为垃圾分类家家负责，29个行政村直接取消了保洁员岗位；浦江全县409个行政村，全部实现垃圾分类处置；龙游县贺田村村民们在垃圾袋上贴上“身份证”，实现垃圾处理责任到人等。垃圾分类逐渐实现从“政府推着走”向“村民主动干”的转变，绿色环保理念进入千家万户。

2016年底，中央财经领导小组会议听取了浙江省关于垃圾分类制度的汇报。随后，国家住建部下发通知，要求各省（区、市）认真学习借鉴浙江金华的垃圾分类经验。

四、绿色出行，日渐风行

2016年9月，在《浙江省主体功能区规划》的基础上，浙江进一步出台《浙江省环境功能区划》，将全省划分为2400余个环境功能分区，包括702个生态保护红线区，形成覆盖全省“一个区划一张图”的生态环境空间管制制度框架，浙江各地的发展定位进一步明确。

2016年，浙江探索实行以市县为单位、以单位GDP能耗为基础的节能量财政补偿和交易制度，促进各地单位GDP能耗的持续下降。

2017年1月3日，《浙江省海绵城市规划设计导则》正式发布，追求人与自然和谐相处，成为未来浙江所有城市规划建设的准则之一。

在杭州，新能源公交车已占总数九成以上，并将在2025年实现全覆盖；在湖州，公共自行车年租借量已达到210余万人次，接近全市264万的总人口数。

五、环境综合治理

以严格的执法惩治破坏生态、污染环境的行为，以完备的体制、机制来保障和推进生态文明建设，一直是浙江孜孜以求的目标。

城乡环境全面改善的同时，一系列着眼于提升生态环境质量的治土、治气行动次第推开：2016年5月，《浙江省水污染防治行动计划》发布，确定全面控制水污染物排放等9方面重点任务；2016年7月，《浙江省大气污染防治条例》发布，加大对大气环境违法行为的惩处力度；2017年1月，《浙江省土壤污染防治工作方案》发布，明确浙江土壤污染防治的任务书和时间表。这些专项行动，都被纳入第四轮“811”

美丽浙江行动当中。按照行动方案，到2020年，浙江将构建起较为完善的生态文明制度体系，建成生态省，成为全国生态文明示范区和美丽中国先行区。

2013年，浙江从群众反映最强烈的水污染入手，启动“五水共治”，以治水为突破口，系统提升生态环境。进入高水平全面建成小康社会的决胜阶段，面对人民群众对生态环境的更高要求，浙江从更高层次提升生态环境，推进“五水共治”。

2015年，浙江提出“打造最严环保执法省”；2016年起，在湖州率先试点领导干部自然资源资产离任审计；同年，《浙江省党政领导干部生态环境损害责任追究实施细则（试行）》印发，提出“终身追责”。

2017年一季度，浙江环保部门共立案查处环境违法案件2101件，罚款9495.66万元，移送行政拘留85人、刑事拘留156人，执法力度居全国第一。

保护生态环境，仅靠“最严执法”的“事后”监管显然不够，浙江不断探索建立一套合理完善的制度体系，对环境进行“事前”管理。2016年9月，《浙江省党政领导干部生态环境损害责任追究实施细则（试行）》明确，对违背科学发展要求、造成生态环境和资源严重破坏的，责任人不论是否已调离、轮岗、提拔或者退休，都必须严格追责。

省第十四次党代会提出，健全环境资源市场化配置机制，实施环境管理体制改革，建立健全全民所有自然资源资产有偿使用制度。2017年9月，《浙江省排污许可证管理实施方案》开始实施，浙江正式进入“持证排污”新阶段。

与绿色同行，与自然共赢。作为“先行者”和“领跑者”的浙江，绿色发展的步伐更加快速稳健，全面提高生态文明建设水平的动力也愈加强劲。

（浙江在线记者　章宏法　梁国瑞　钱　祎　沈晶晶）

湖北着力推进生态文明建设

2017年5月25日，湖北省政府新闻办召开“喜迎党代会 荆楚新跨越”系列新闻发布会第七场——湖北“着力推进生态文明建设”的特色和亮点。

湖北省是党的十八大以来第一个生态省建设试点省，自2013年启动以来，各项工作推进蹄疾而步稳。全省17个市、州全面启动生态创建工作；成功创建1个国家级生态县、45个国家级生态乡镇和22个国家级生态村；成功创建8个省级生态县、304个省级生态乡镇和2 922个省级生态村；十堰市、鄂州市梁子湖区、武汉市蔡甸区等3个市（区）纳入全国生态文明建设试点。

2016年底，党中央、国务院作出全面推行河长制的重大决定。湖北省委、省政府迅即出台《关于全面推行河湖长制的实施意见》，并部署相关工作。省委书记蒋超良同志任第一总河护张，省长王晓东同志任总河湖长，并担任长江的河长。清江等11条跨市（州）的重要河流和武大重要湖泊，分别由省委常委、副省长担任河湖长。目前，全省17个市级、35个县级、43个乡级实施方案已出台，到10月底有望基本建立四级河湖长制责任体系。同时，湖北省还组建了省、市湖泊保护专管机构，签订省市县三级湖泊保护责任状，实施了中小河流综合治理，力求水清、河畅、堤美、岸绿。

率先出台领导干部自然资源资产离任审计操作指南，开展领导干部自然资源资产离任审计工作，是党中央、国务院推进生态文明体制改革，加快生态文明制度建设的重要举措。党的十八届三中全会提出，对领导干部实行自然资源资产离任审计。2016年，湖北省委、省政府把“开展领导干部自然资源资产离任审计试点”作为全省重大改革项目之一，由省委主要领导同志领衔，负责总体推进和落实。湖北不仅在全国率先全面推开领导干部自然资源资产离任审计工作，还通过认真总结审计经验，依据相关法律指南，在全国率先出台《湖北省领导干部自然资源资产离任审计操作指南（试行）》，为开展相关工作提供了规范和指导，并获得了审计署的充分肯定。

（《湖北日报》记者　苏　畅）

生态文明建设的福建样本

福建省2000年提出生态省建设的战略构想，2014年3月建设全国首个生态文明先行示范区，2016年6月成为首个国家生态文明试验区。12条主要河流水质保持全优，9个设区城市空气平均达标天数占比98.4%，PM2.5年均浓度27微克/立方米，森林覆盖率长期保持全国第一。

2017年6月，福建出台的《福建省生态环境保护工作职责规定》通过列清单的形式明确界定各级党委、政府及52个部门130项生态环境保护工作职责。责任主体的覆盖在横向上新增党委工作职责，纵向上从省级拓展至乡镇（街道）。

实行党政领导生态环境保护目标责任制管理，优化干部绩效考核指标，把环保工作比重由2%提高到10%，对没有完成环保任务或发生环境事故造成恶劣影响的，在干部提拔使用和评先评优中实行“一票否决”。对约占全省县（市、区）总数40%的34个县（市），取消国内生产总值考核指标。

福建排污权二级交易市场活跃，占比超过70%，一些创新做法独树一帜。明确规定企业以有偿取得的排污权作为抵押物，可向金融机构申请贷款。这为企业新增一条融资渠道，得到点赞。

在全省环境高风险领域推行环境污染责任保险，分散企业对污染事故的赔付压力，有效保护污染受害者权益；将2277家企业列入环境信用评价，建立"守信激励、失信惩戒"机制，让环保一处失信处处失信。

不断创新环境监管机制，以严格实施主体功能区规划为基础，开展省级空间规划试点，推进多规合一；以问题为导向，环境质量会商机制不仅要分析数据，还要找出原因，对症下药；从设区市到乡村，建立四级环保网格监管体系，实现污染源一网打尽，截至目前，全省共有36083个网格员，打通环保监管"最后一千米"。

借力中央环保督察，福建全面推进"洁净蓝天""清新水域""清洁土壤"三大工程，着力打造"清新福建"，努力追求有质量、有效益、可持续的发展。

（《中国环境报》记者　魏　然）

西藏筑牢生态安全屏障

《西藏生态安全屏障保护与建设规划（2008~2030年）》（以下简称《规划》）实施9年来，工程区生态系统服务功能有所提升，生态屏障功能基本稳定，逐步向好。

西藏生态安全屏障保护与建设工程是继青海三江源自然保护区生态保护和建设工程之后，党中央、国务院在青藏高原实施的又一项重点生态工程。工程总投资155.02亿元，其中重点保护项目102.7亿元。

为确保《规划》落地生根，自治区党委、政府专门成立《规划》实施领导小组，召开专题会议研究部署《规划》实施；下发《西藏生态安全屏障保护与建设规划实施意见》，明确把《规划》落实作为头等大事来抓，各级相关部门牢记使命，勇于担当，扎实苦干。

《规划》实施以来，共落实投资95.2亿元，三大类10项工程全面实施。实施退牧还草工程864.96万公顷，治理鼠虫毒草害面积800.8万公顷，开展了羌塘国家级自然保护区等13个自然保护区的规范化建设，实施了玛旁雍错等15个重要湿地保护与恢复工程，建设农村户用沼气23.6万座，建设林业有害生物防治基础设施、建设森林防火预警监测、通讯系统等。防护林体系建设17.09万公顷，人工种草与天然草地改良11.83万公顷，治理各类沙化土地35万公顷。建设山南、申扎生态监测站，自治区草地资源监测中心、野生动物疫源疫病监测站5个、各级水土保持监测分站54个。

《规划》实施以来，全区生物多样性总体呈增长态势，退化草地有所好转，植被覆盖度呈上升趋势，生态系统结构和质量明显改善。植被覆盖度在0~5%之间的面积为73万平方千米，占西藏国土面积的61%，植被覆盖度大于5%的为7万平方千米，占西藏国土面积的5.6%。生态工程贡献率达30%~40%。

《规划》实施以来，全区极重度沙化土地向重度或中度沙化转化，沙化面积有所减少，工程区风沙治理成效显著。截至2014年底，治理各类沙化土地15.16万公顷，沙化土地面积减少10.71万公顷，土壤有机质、水分指标分别提高了88.5%、104.4%，工程区主要植物种类由29种增加至49种，植被总盖度由5%提高到20%以上，有效削弱了起沙风速，灾害性沙尘天气由2000年的85天下降至2014年的32天。

《规划》实施以来，工程区电能、太阳能、沼气为主的清洁能源比例由2008年的20.7%提高至2014年的65.6%，替代率为44.8%，每年可节约80万吨薪材、草料，减轻对森林、灌丛、草地的破坏，增加生态系统固碳增汇潜力。

天然林保护一期工程实施以来，累计完成生态公益林1.98万顷。通过设立各级各类自然保护区，西藏125种国家重点保护野生动物、39种国家重点保护野生植物得到较好保护。藏羚羊由原来的6万只上升至2014年的20万只，野牦牛增至2万余头，黑颈鹤由原来的2 000只增长至8 000余只，西藏马鹿总数突破1 000只，滇金丝猴的数量扩大至700多只。

总体而言，通过《规划》实施，西藏高原各类生态系统结构整体稳定，生态质量稳定向好。水、气、土壤及生态环境质量均保持在良好状态。森林、草场、湿地和野生动植物得到有效保护，西藏仍然是"世界上最后一方净土"。

《西藏日报》记者　王　莉；实习生　赵艳豪）

新疆生态文明建设

习近平总书记在参加十二届全国人大五次会议新疆代表团审议时强调，加强生态环境保护，严禁"三高"项目进新疆，加大污染防治和防沙治沙力度，努力建设天蓝地绿水清的美丽新疆。新疆全疆上下坚决贯彻落实党中央治疆方略，深入贯彻落实自治区党委、政府关于生态文明建设和环境保护工作一系列决策部署，采取有效措施不断加大生态文明建设，生态环境保护工作取得显著成效。

规划先行、环保优先。党的十八大以来，自治区发布实施《自治区主体功能区规划》，确定重点开发区、限制开发区、禁止开发区，为优化开发格局奠定基础；发布实施环境保护“十二五”规划及八个专项规划，形成完整的环保规划体系，从源头预防环境污染和生态环境破坏。

坚守底线、不越红线。对不符合国家和自治区产业政策以及对环境敏感区域产生重大不利影响、群众反映强烈的项目，一律不予审批。

重大工程，重要进展。长期以来，新疆对森林、绿洲的保护始终不遗余力。党的十八大以来，全区全力推进天山、阿尔泰山天然林保护和“三北”防护林三大生态工程，启动实施伊犁河谷百万亩生态经济林工程。全疆累计投入 4.18 亿元，实施叶尔羌河防洪治理工程、额尔齐斯河生态补水工程等一大批生态工程。实施塔里木河流域综合治理工程，结束塔河下游河道连续断流 30 年的历史。设立天山一号冰川保护区域，积极实施一号冰川保护系列工程。

民生情怀，责任担当。保障饮水安全，润泽百姓心田。全区加大河流水库的治理力度，各城市对中心城区的污染企业进行搬迁和治理，城市管网不断完善，全区河流水质状况不断趋好。截至“十二五”末，全疆农村饮水集中供水工程共完成 1 589 处，工程覆盖人口占农村总人口的 92%；自来水普及率达 71%，集中供水率达 77%，供水保证率达 70%，极大地改善广大农牧民生产生活条件。

质量可控，总体稳定。《新疆维吾尔自治区 2016 年环境状况公报》表明，2016 年，全区生态环境状况总体保持稳定，绿洲生态环境质量有所改善。截至 2017 年 4 月，新疆有 13 个国家级自然保护区和 16 个自治区级自然保护区。生态创建如火如荼。截至 2017 年 5 月，新疆创建国家级生态县 (区)1 个、生态乡镇 35 个、生态村 7 个、自治区级生态县 10 个、生态乡镇 162 个、生态村 1201 个。全面实施大气污染防治行动计划，积极推进奎—独—乌区域、克拉玛依、石河子和库尔勒市等重点区域大气污染联防联控，开展喀什、和田等城市沙尘型污染综合治理。2016 年，全区 19 个城市空气质量优良比率为 67%。在乌鲁木齐累计投入 454 亿元实施以“煤改气”为重点的 126 个重点大气污染治理项目，空气优良天数从 2013 年的 184 天增加到 2016 年的 246 天，增长 33.7%。

城乡环境，和谐宜居。扎实推进农村环境连片整治示范工作。累计对 1 836 个村庄实施环境综合整治，受益农牧民 295 万，带来“生产发展、生活富裕、乡风文明、村容整洁”的崭新面貌。

生态意识，凝聚民心。从中央顶层设计到自治区全面部署，新疆生态文明建设扎实有序推进。越来越多的新疆人深刻认识到，保护与发展并不矛盾，“青山”和“金山”可以双赢。生态文明、绿色发展日益成为各族群众的共识，引领全区社会各界形成新的发展观、政绩观和新的生产生活方式。

（新疆社会科学院经济研究所　李欣凭）

海南打造生态循环农业示范省

海南省构建现代农业产业园梯次发展格局，打造生态循环农业示范省，深入推进产业融合。海南省坚持生态优先、绿色发展、品牌引领、产业升级的思路，积极转方式调结构，促进农业转型升级，以深化农业农村改革为动力，以科技化、集约化、生态化、国际化为基本方向，全力打造特色农业“王牌”。

2017 年，陵水国家现代农业产业园入选国家农业部、财政部公布的第二批 30 个国家现代农业产业园创建名单，成为海南省首个获批创建的国家现代农业产业园。与此同时，海南省积极构建国家级、省级现代农业产业园梯次发展格局，以现代产业园为载体，加快发展现代农业。截至 2017 年底，省级现代农业产业园达 54 家。计划到 2020 年，高标准建设 100 个省级现代农业示范基地，因地制宜创建一批市县级现代农业示范基地。

海南省牢固树立“绿水青山就是金山银山”的发展理念，谱写绿色农业新篇章。2016 年起，着力发展生态循环农业，实施增施有机肥和生物菌肥、增加废弃物回收利用等 10 大工程，创建全国生态循环农业示范省，力求走一条资源节约、环境友好、产出高效、产品安全的农业可持续发展路子。以创建生态循环农业示范省为抓手，海南省加快转变农业发展方式，有效推进农业绿色发展，构建人与自然和谐共生的农业发展新格局。

海南省全面划定畜禽禁养区、限养区、适养区，推动 297 家规模养殖场完成环保改造，新建有机肥加工中心 4 个，全省畜禽粪污综合利用率从 30% 提高到 45.3%。开展绿色防控 65 万亩次、统防统治 90 万亩次，推广测土配方施肥 480 万亩次、水肥一体化 230 万亩次，示范推广商品有机肥替代化肥，实现农药使用量连续两年零增长、化肥施用量增幅连续两年下降。

以市场为导向，海南省紧跟消费需求变化，着力在促进农业“接二连三”融合发展上下功夫，推进休闲农业和农产品加工业加快发展。省农业部门紧紧抓住“美丽海南百镇千村”建设和全域旅游加快发展的历史机遇，推动农业与旅游等三产服务业深度融合发展，拓展农业的功能属性，培育农业农村发展新动能。省农业厅不仅组织编制有关规划，开展省级休闲农业示范点复评和评定工作。同时，还牵头启动“海南共享农庄”试点创建工作，以发展共享农庄为抓手建设美丽乡村。在农产品加工业方面，引导农产品加工企业向园区集中。截至 2017 年 6 月底，全省规模以上农产品加工企业 137 家，预计产值 180 亿元。大力推动“互联网农业小镇”“互联网 + 现代农业”深度融合。

（《海南日报》记者　陈奕霖）

西溪国家湿地公园

西溪国家湿地公园位于杭州市西部，距离西湖约 5 千米，离主城区武林门约 6 千米。西溪起始于汉晋，发展于唐宋。杭州历史上曾有“三西”并称之说，即西湖、西溪、西泠。历史上的西溪占地约 60 平方千米。目前实施保护的西溪湿地面积约有 11.5 平方千米。

西溪国家湿地公园是全国首个湿地公园，也是国内唯一的集城市湿地、农耕湿地、文化湿地于一体的湿地公园。主要景观有“三堤”“十景”，即福堤、绿堤、寿堤和秋芦飞雪、渔村烟雨、曲水寻梅、火柿映波、河渚听曲、深潭会舟、莲滩鹭影、高庄宸迹、洪园遗韵、蒹葭泛月等。西溪国家湿地公园比较注重文化要素的发掘，强调突出“梵、隐、俗、闲、野”五大主题文化要素；在公园的地域分区上，具有“南隐、北俗、东闹、西静”的特征。

湿地公园景观文化宣介

湿地生态景观雕塑

湿地生态知识简介标牌

湿地公园就地保护的民居

湿地公园民俗生产生活实物展示——桑农生产用具

湿地公园民俗生活实物展示——婚船

湿地公园大门

湿地公园生态良好水路四通八达

（许太琴　摄）

生态知识选介

《云南省滇西北生物多样性保护丽江宣言》

简称丽江宣言。2008年2月22日，由参加云南省人民政府滇西北生物多样性保护工作会议以及相关主题活动的各级政府和社会各界人士在丽江共同发布。主要内容包括：

一、以科学发展观为指导，以建设生态文明为目标，遵循自然规律，科学制定滇西北生物多样性保护规划，建立和完善立法、执法监督体系，依法保护生物多样性，建立生态补偿的长效机制，引导生物多样性资源向可持续利用的方向发展，努力构建滇西北科学、高效的生态安全体系。

二、遵守保护生物多样性国际公约和国家环境政策，正确处理环境约束与发展需求之间的关系，转变发展方式，合理有效地利用有限的自然资源，严格控制和尽量减少对滇西北生物多样性生存和延续的影响。

三、加强自然生物群落的保护，开展滇西北生物多样性资源的普查、研究和影响评估等工作，对珍稀濒危物种和破坏严重的遗传资源实施积极有效的保护和抢救，加强对外来有害入侵物种的防控力度。启动生态功能保护区建设，加强自然保护区、世界遗产地、高原湿地等自然资源管护体系建设，继续推进“国家公园”保护模式。

四、加大滇西北生物多样性保护的宣传教育力度，让全社会充分认识滇西北生物多样性的独特价值和地位，充分发挥城乡社区在保护中的作用，广泛开展国际交流与合作，鼓励企业和民间环保组织投入保护与建设。进一步提高全社会共同参与滇西北生物多样性保护与建设的自觉性和积极性。

滇西北生物多样性是全球不可替代的资源。要高举七彩云南保护行动的旗帜，用智慧和力量精心呵护，为当代人和子孙后代保留一片永远的生态绿洲。用热情和坚守，携同所有有志于滇西北生物多样性保护的人们，为促进人与自然和谐，实现滇西北地区生态与经济社会的可持续发展而努力奋斗。

（王丽达）

《云南省生物多样性保护腾冲纲领》

简称《腾冲纲领》。2010年5月26日，由云南省人民政府、滇西北、滇西南9州市、18县（市）区人民政府的负责人，省属大型企业、部分中央驻滇企业，省内生物多样性保护方面的专家学者和部分环保民间组织的代表在腾冲共同发布。主要内容包括：

一、扩大云南生物多样性保护重点区域。在省政府滇西北生物多样性保护工作会议确定的滇西北生物多样性保护重点区域的基础上，增加德宏州、西双版纳州、临沧市、普洱市，使云南生物多样性保护重点区域由滇西北扩大到滇西南，由5州市18个县（市）区扩大到9州市44个县（市）区。

二、进一步加大生物多样性保护建设资金投入，各级政府要不断增加对生物多样性保护的投入，广泛动员社会各界参与生物多样性保护行动，拓宽筹资渠道，建立云南省生物多样性保护基金会。

三、建立完善生物资源开发利用专家评估机制。坚持保护与开发并重，制定完善生物资源开发利用的评估体系及标准，建立生物多样性保护专家评估机制，凡是在云南生物多样性保护重点区域内进行重大开发利用的规划和建设项目，都必须通过严格科学的生物多样性专家评估。

四、积极探索建立生物多样性保护补偿机制。积极争取国家对国际国内生物多样性保护具有重要影响、重要地位和重要作用的云南实施生态补偿。积极探索生物多样性保护重点区域生态补偿试点。在“十二五”期间，基本建立全省生物多样性保护与开发利用的生态补偿机制。

五、加强生物多样性保护的交流与合作。建立与联合国环境规划署等国际组织的合作与交流。建立与生物多样性特色鲜明、优势明显、保护成效显著的国家和地区的合作与交流机制。建立与国内外民间环保组织的合作与交流机制。

六、重视提高公众参与生物多样性保护的意识和能力。在生物多样性保护重点区域的滇西北、滇西南9州市各建立一个区域性的生物多样性保护教育基地，并免费对公众开放。

七、着力增强生物多样性保护与利用的科技支撑。整合生物多样性保护科研力量，吸引国内外生物多样性专业科技人才，为生物多样性保护与开发利用提供强有力的科技支撑，组建云南生物多样性研究院。

八、认真抓好《滇西北生物多样性保护行动计划》

的贯彻落实。充分发挥云南生物多样性的独特优势，科学规划，有序开发，永续利用，促进全省经济社会环境可持续发展。着手编制《云南省“十二五”生物多样性保护规划》。

（王丽达）

《云南省生物多样性保护西双版纳约定》

简称版纳约定。2012年4月，由云南生物多样性保护重点区域的各级政府和各界人士，在西双版纳共同发布。主要内容包括：

一、确定实施《云南省生物多样性保护战略与行动计划》。明确重点保护区域、优先保护领域，提出具体保护措施，有效应对生物多样性保护面临的新问题、新挑战。

二、颁布施行《云南省生物多样性保护条例》。推进生物多样性保护立法和相关政策制定，完善生物多样性保护法律体系，规范生物物种资源的保护与利用活动，不断提高生物多样性保护的依法监管能力。

三、发展壮大绿色经济。按照保护优先、持续利用和惠益分享的原则，科学有序利用云南省丰富的生物资源，扶持培育生物资源利用企业，促进生物多样性资源优势转化为经济优势，使之成为实现云南科学发展、和谐发展、跨越发展的新经济增长点。

四、建立生物多样性减贫示范区。选择生物多样性丰富的扶贫开发工作重点县，开展生物多样性减贫示范，把生物多样性保护与扶贫开发、改善民生结合起来，帮助群众脱贫致富，探索生物多样性保护新模式。

五、加强各类保护地的建设和管理。进一步加大现有各级自然保护区、自然遗产地、湿地、国家公园、森林公园、风景名胜区建设和管理，严禁随意调整各类保护地的范围和功能。鼓励支持新建各级各类保护地、晋升保护级别，努力形成结构科学、布局合理、功能完备、管理高效的生物多样性保护体系。

六、加强生物多样性保护基础研究和成果运用。建立和完善生物遗传资源保存体系，抓紧开展珍稀物种种质资源采集入库工作。加强云南生物多样性研究院等科研平台建设，建设生物多样性管理信息系统，促进生物物种资源利用的科技研发和成果转化，为生物多样性保护和利用提供强有力的科技支撑。

七、努力构建生物安全防范体系。建立外来入侵物种、森林灾害的监测预警机制，加强野生动植物疫病监测预警体系建设，开展外来有害物种综合防控。建立引进物种环境风险评估制度，强化濒危野生动、植物物种进出口管理和贸易监管。积极参与大湄公河次区域环境保护合作，实施好生物多样性保护廊道建设示范等国际合作项目。

八、传承和弘扬民族生态文化。收集整理各民族生物多样性保护传统知识，探索建立生物遗传资源及传统知识获取与惠益分享机制。推动少数民族生态文化的传承和发展，努力形成各族群众参与生物多样性保护的良好氛围。

九、建立生物多样性保护工作评估监督机制。由省生物多样性保护联席会议与相关州市政府、省级部门签订生物多样性保护工作责任书，并组织开展对各地各部门生物多样性保护工作进展情况的督查和评估，定期向省政府报告。

十、设立省级生物多样性保护专项资金。环境保护厅、林业厅、财政厅等部门配合及时建立省级生物多样性保护专项资金，用于生物多样性保护的能力建设、科学研究、试点示范和宣传教育等领域。滇西北、滇西南重点区域州市也要分别设立生物多样性保护专项资金，并引导和筹集社会各方投入。

（王丽达）

《云南省生物多样性保护条例》

云南省生物多样性保护的地方性法规。2014年由云南省环境保护厅组织起草，全文共6章52条，分别为总则、严格保护、持续利用、监督管理、法律责任、附则。着重从严格保护、持续利用、监督管理3个方面规范生物多样性保护的相关行为，明确了县以上政府是生物多样性保护的责任主体，建立健全目标责任、组织协调、调查监测和评估、生物多样性影响评价、损害赔偿、保护补偿、惠益共享等制度，进一步理顺体制机制，于2015年提请省政府审议。生物多样性保护条例对进一步加强云南省生物多样性保护，健全生物多样性保护法律法规体系具有重要作用。

（胡　箐）

生态文化

由特定的民族或地区的生活方式、生产方式、宗教信仰、风俗习惯、伦理道德等文化因素构成的具有独立特征的结构和功能的文化体系。是代代沿袭传承下来的针对生态资源进行合理摄取、利用和保护，使之人与自然和谐相处，可持续发展的知识和经验等文化积淀。

云南是民族大省，同时也是生物多样性最为丰富的省份之一。物种的多样性、自然的多样性、民族的多样性、文化的多样性共生共存，使云南成为生物多样性与传统文化的多样性紧密相连。云南省民族生态文化丰富多彩，人文环境和谐。每个民族的生产生活方式，都蕴含着富有环保理念的习俗、禁忌和生态智慧，都有自己的生态伦理观和道德规范。形成以“善待自然、和谐共生”为基本理念的朴素生态观、生态伦理道德、传统生态知识及行为方式，如傣族的“山林崇拜”、纳西族的“人与自然是兄弟”、藏族的“圣境信仰”、哈尼族的梯田文化等，并在代代相传中保持了他们对当地生物多样性和生物资源保护、利用和管理的传统方法和经验。

保护、挖掘和传承生物多样性保护领域中的传统知识和传统文化是云南省生态环境保护的一项重点工作，云南已经把“生物多样性保护传统知识的调查与编目”作为“滇西北生物多样性保护行动计划”的行动之一，把“传播生态文化，培养生态文明”纳入了“七彩云南生态文明建设规划纲要”。同时，对云南省生物多样性保护与传统知识的研究也进行了许多探索性的工作，收集了许多相关的案例，出版了相关的书籍，如云南民族出版社出版的《森林树木与少数民族》等。在滇西北、滇西南的9个州市分别建立生物多样性保护教育基地，展示各地的传统文化。

云南省丰富的少数民族传统文化积淀，为生态文化产业的发展提供了资源，少数民族的茶文化、树林文化、饮食文化、服饰文化，潜力巨大，与旅游业的结合促进了生态旅游和相关第三产业的发展。如丽江的旅游歌舞晚会《丽水金沙》，以舞蹈诗画的形式，荟萃了丽江奇山异水孕育的独特的滇西北高原民族文化气象、亘古绝丽的古纳西王国的文化宝藏，择取丽江各民族最具代表性的文化意象，全方位地展现了丽江独特而博大的民族文化和民族精神。“云南印象”第三场家园，则展示了云南先民信奉“万物有灵”——山有山神，水有水神，树有树神，石有石神；几乎每一个寨子都有寨神树、密枝林，每一个民族每年都有祭祀自然、山神、水神、寨神、树神的活动。《丽水金沙》《云南印象》在获得巨大的经济效益的同时，成为传播云南传统文化、宣传云南的品牌。

（王丽达）

绿色建筑

建筑的生命周期内，最大限度地节约资源（节能、节地、节水、节材），保护环境和减少污染，为人们提供健康、适用和高效的使用空间，与自然和谐共生的建筑。包括由建材生产到建筑物规划设计、施工、使用、管理及拆除等系列过程，消耗最少资源，使用最少能源及制造最少废弃物。云南大部分州（市）发展绿色建筑前景广阔。2012年，住房和城乡建设部在昆明举办绿色建筑评价标识专家培训会，云南省成立绿色建筑专家委员会，组建绿色建筑评价标识办公室，明确技术依托单位，出台《云南省一二星级绿色建筑评价标识管理实施细则（试行）》。在住房和城乡建设部专家指导下，云南省专家委员会完成第一个自评项目。2013年，省住房和城乡建设厅颁布实施《云南省绿色建筑评价标准》，在国家标准的基础上，增加城镇上山、民族建筑文化、绿化系统遮阴、太阳能应用、低能耗建筑、消防储水循环利用、减隔震技术等条文，充分体现了云南地方特色。云南省第一个获得绿色建筑标识的项目，是昆明万科房地产开发有限公司开发的昆明万科白沙润园一期1~75号楼，获得三星绿色建筑设计标识。

（刘永丽）

生态风险评价

评估一种或多种外界因素导致可能发生或正在发生的不利于生态的影响过程。目的是帮助环境管理部门了解和预测外界生态影响因素和生态后果之间的关系，以利于环境决策。生态风险评价基于两种因素，后果特征以及暴露特征。主要进行三个阶段的风险评价，问题的提出、问题分析和风险表征。美国在1992年形成生态风险评价框架，1998年进行修改。中国的生态风险评价工作起步较晚，在化工项目，易燃、易爆、有毒化学品等方面做过大量的工作，并制定有一批评价导则。生态风险评价需要大量的基础数据和生态调查，以及评价方法的研究。云南的生态风险评价截至2015年底多用于科学研究。

（吴学灿）

森林生态系统

森林群落与其环境相互作用而形成一定结构、功能和自我调控的一类自然生态系统。为陆地生态系统中面积最多、最重要的自然生态系统。是地球表面陆地上面积最大、分布最广、类型最多、结构最复杂、功能最丰富、生物量最高的生态系统。乔木是其最基本的成分，群落的层次结构、层片结构、营养结构和食物网结构比较复杂，生物种类及生物多样性丰富，降水越多、温度越高、水温配置状况越好的陆地，森林生态系统就越复杂多样。地球上的森林生态系统主要包括热带雨林生态系统、亚热带常绿阔叶林生态系统、温带落叶阔叶林生态系统、寒温带针叶林生态系统等。另外还包括上述不同生态系统之间的大量过渡类型。

云南的森林生态系统分布广、类型多，全球主要森林生态系统在云南都可以见到。主要包括：热带雨林、热带季雨林、亚热带常绿阔叶林、亚热带硬叶常绿阔叶林、亚热带落叶阔叶林、亚热带常绿落叶阔叶林、亚热带针叶林、暖温带针叶林、暖温带落叶阔叶混交林、温带针叶林、温带针阔混交林等多种类型，不仅呈现水平地带性分布，而且还呈现垂直地带性分布。云南是森林资源大省，林地面积居全国各省第二位，森林面积和活立木总蓄积居全国各省第三位。从1978年开始建立森林资源连续清查体系以来，分别于1987年、1992年、1997年、2002年、2007年进行了5次复查。根据资源调查数据分析，1992年成为全省森林资源变化的转折点，扭转了森林资源下降的趋势。另一方面，从分布上看，云南森林生态系统，特别是滇中地区原始的森林生态系统保存很少。存在的主要问题是，云南森林覆盖率持续增加，但森林质量不高，人工林主要以云南松、桉树、木本油料作物、橡胶作物等为主，林种和林分比例结构不够合理，生态功能衰退，需要通过生态修复，恢复森林生态系统的规模和质量。

（吴学灿）

湿地生态系统

介于水、陆生态系统之间的一类自然生态系统。其生物群落由水生和陆生种类组成，物质循环、能量流动和物种迁移与演变活跃，具有较高的生态多样性、物种多样性和生物生产力。包括沼泽、海涂、湖滩、湿草地、浅水湖泊，但不包括河流、水库、深水湖泊。湿地具有净化水体、蓄洪抗旱、促淤保滩、提供野生生物栖息地等众多功能，被称为“地球之肾”、物种贮存库、气候调节器。在保护生态环境、保持生物多样性以及社会经济发展中，具有不可替代的重要作用。

云南湿地生态系统根据地理因素可以分为高山沼泽、高原浅水湖泊、小水库坝塘、河流滩地、水田等类型，面积达到417万公顷。云南东北和西北地区，很多湿地以沼泽化草甸形式出现，往往在高原或亚高山易积水的低洼地段因土壤水饱和条件发育而成，主要分布在水沟河道附近排水不良、地下水位高的沼泽区。高原浅水湖泊也是云南湿地生态系统的一个重要类型。云南湿地面临的主要威胁包括围垦、污染、过度利用、泥沙淤积、流域水电开发等。全省湿地在历史上存在普遍的排干开垦现象，其开垦率约占全省湿地面积的40%，如滇池草海从20世纪50年代末的25平方千米减少到70年代的8.3平方千米；一些湖泊甚至由于排干而消失，如嵩明的嘉丽泽、石屏的赤瑞湖等。滇西北的湿地面临着过度放牧、践踏和无序旅游导致湿地环境改变的状态，如滇西北的纳帕海湿地超载率接近400%。水域污染、不合理引种、过度捕捞加速土著鱼种的减少或消亡，如剑湖于二十世纪80年代发现的高背鲈鲤、云南裂腹鱼、光唇裂腹鱼等特有种现已不见踪迹。水体污染导致许多对环境敏感物种如滇池蝾螈、金线鱼等处于极度濒危。有序地恢复云南湿地，是高原湖泊污染防治和水环境综合治理的重要内容。

（吴学灿）

草地生态系统

以多年生草本植物为主的一类自然生态系统。按植被类型不同可分为草原、草甸、灌草丛等次一级陆生生态系统。植被层的高度一般在2米以内，植物个体小，但密度大，因季节变化植物种类呈现不同的季相，层次分化不明显，高等动物较少，哺乳动物以较小的洞穴动物和较大的健走动物为特征。分布于降水少、蒸发大的区域，生物种类、生物量低于森林生态系统。

云南草地生态系统类型较多。根据气候、海拔、地理条件等综合差异，分为高山草甸、亚高山草甸、山地草甸、山地灌草丛等不同类型，主要分布在香格里拉、昭通等地，面积较大；中部和其他地区零星分布，面积较小，且多与农地和林地交叉分布。云南草地生态系统及草地综合利用面积达到1200万公顷，居中国南方各省区首位。云南草地生态系统生产力一般比中国北部地区的同类草地的生产力要高，但草地质量较差，草地的蛋白质含量低且草质粗糙。云南有很多原本属于草地生态系统的区域被农业生态系统所代替。由于工矿和交通建设、过度放牧等因素，很多区域的草地土壤板结，草丛低矮，可食性草类减少，有毒、有害草种比例增加，病虫、鼠害严重，导致云南草地生态系统严重退化，不少地区形成了过度放牧——草地退化—放养周期延长——载畜量增加—草地更加严重退化的局面。合理放牧，减少对草地生态系统的压力，同时加快退化草场的修复步伐，是云南草地生态系统保护的重要任务。

（吴学灿）

人工生态系统

以人类活动为生态环境中心，按照人类的理想要求建立的生态系统。一般分为城市生态系统、农业生态系统等。主要特点，一是社会性，即受人类社会的强烈干预和影响。二是易变性，或称不稳定性，易受各种环境因素的影响，并随人类活动而发生变化，自我调节能力差。三是开放性，系统本身不能自给自足，依赖于外系统，并受外部的调控。四是目的性，系统运行的目的不是为维持自身的平衡，而是为满足人类的需要。所以人工生态系统是由自然环境（包括其生物和非生物因素）、社会环境（包括政治、经济、法律等）和人类（包括其生活和生产活动）三部分组成的网络结构。人类在系统中既是消费者又是主宰者，人类的生产、生活活动必须遵循生态规律和经济规律，才能维持系统的稳定和发展。一般而言，人工生态系统生物成分相对单一、营养结构比较简单、物质循环和能量流动途径较少，导致生态系统的稳定性、自我调节能力较低，容易出现生态系统功能降低，甚至生态系统崩溃等现象，因此，按照生态学规律管理人工生态系统，是保证人类投入少、产出高、更适于人类生存的正确途径。

根据研究目的的不同，人工生态系统分类方法也不同。一般将人工生态系统分为城市生态系统、农业生态系统，也可根据研究对象的不同，分为鱼塘生态系统、农田生态系统、庭院生态系统等。

云南很多自然生态系统在人类活动的影响下演变为人工生态系统。这些人工生态系统中，人工干预程度最高的为城市生态系统，其次是人工林生态系统、农田生态系统等，大多数高原湖泊程度不同地也受到城镇发展、农业农村的影响，成为半自然、半人工的生态系统。

（吴学灿）

云南省传统村落名录

经过四次全国性调查认定，我国已将4153个有重要保护价值的村落列入了中国传统村落名录，形成了世界上规模最大的农耕文明保护群。

2017年7月31日，住建部召开传统村落保护发展国际大会新闻发布会，发布了名录。

住建部总经济师赵晖说，传统村落是活着的文化遗产，是文明的生命延续。它积累着丰富宝贵的历史记忆、思想文化、生存智慧和艺术结晶，对当代及未来人类发展具有重要的借鉴意义。

但随着工业化、城镇化的快速发展，大批传统村落逐步消失，保护发展传统村落是当今迫在眉睫的历史使命。

传统村落中蕴含着极其丰富的文化遗产，近几年大规模开展的传统村落保护工作是文化遗产的大调查、大发现，更是将保护、修缮和传承工作扩大到前所未有的规模。

目前，中国已将大部分传统村落列入保护对象，让传统村落的文化遗产得到基本保护，生产生活条件得到基本改善，保护管理机制基本建立，具备基本的安全防灾能力。

发布会上，赵晖表示，我国传统村落保护，从现在起进入第二阶段，就是攻坚克难，复苏传统村落。

赵晖还说，下一步保护工作的难点在于，云南、贵州等西部地区的基础较差，在保护、修缮中不仅要提升卫生、餐厨、通风等传统民居的性能，还要与扶贫工作结合，而这些工作的关键是地方政府要重视。

被认定的4153个中国传统村落，中央财政将给予每村300万元的资金支持。

云南省已有615个村落入选中国传统村落名录。

第一批中国传统村落名录名单（2014年）
云南省名录（62个）

曲靖市会泽县娜姑镇白雾村
曲靖市罗平县鲁布革布依族苗族乡罗斯村委腊者村
玉溪市元江县青龙厂镇它克村
保山市隆阳区板桥镇板桥村
保山市施甸县姚关镇山邑村
保山市腾冲市固东镇和平村
保山市腾冲市固东镇顺利村
保山市腾冲市和顺镇水碓村
昭通市威信县水田乡湾子苗寨村
丽江市古城区大东乡大东行政村
丽江市古城区金山乡贵峰村
丽江市古城区金山乡漾西村

丽江市古城区七河乡共和西关村
丽江市宁蒗县永宁乡落水村
丽江市永胜县期纳镇谷宇村
丽江市永胜县期纳镇清水村
丽江市玉龙县白沙乡白沙村
丽江市玉龙县宝山乡石头城村
丽江市玉龙县石头乡桃园村
普洱市江城县整董镇城子三寨村
普洱市景东县大街乡三营村
普洱市景东县文井镇清凉村梁家组
普洱市澜沧县酒井哈尼族乡勐根村老达保组
普洱市墨江县联珠镇碧溪古镇村
普洱市墨江县那哈乡牛红村委勐嘎村
普洱市宁洱县同心乡那柯里村
普洱市思茅区龙潭乡龙潭村南本小组
临沧市沧源县勐角乡翁丁村
临沧市凤庆县鲁史镇鲁史古集村
临沧市凤庆县鲁史镇沿河村
临沧市临翔区博尚镇大勐准委会勐准组（村）
临沧市临翔区博尚镇碗窑村碗窑组
临沧市临翔区博尚镇永和村委上永和村
临沧市临翔区平村乡那玉村委东岗村
临沧市临翔区章驮乡勐旺村委勐旺大寨
楚雄彝族自治州姚安县光禄镇西关村
红河哈尼族彝族自治州建水县官厅镇苍台村
红河哈尼族彝族自治州建水县西庄镇团山村
红河哈尼族彝族自治州泸西县永宁乡城子村
红河哈尼族彝族自治州弥勒市西三镇可邑村
红河哈尼族彝族自治州弥勒市西三镇腻黑村
红河哈尼族彝族自治州石屏县宝秀镇郑营村
文山壮族苗族自治州麻栗坡县董干镇新寨村委城寨村
西双版纳傣族自治州景洪市基诺族乡洛特老寨村
西双版纳傣族自治州景洪市勐罕镇曼春满村
西双版纳傣族自治州勐腊县易武乡十字街村
大理白族自治州大理市太邑乡者么村委大村
大理白族自治州大理市喜洲镇喜州村
大理白族自治州大理市喜洲镇周城村
大理白族自治州剑川县金华镇剑川古城
大理白族自治州剑川县沙溪镇寺登村
大理白族自治州祥云县禾甸镇大营庄村
大理白族自治州祥云县禾甸镇旧邑村
大理白族自治州祥云县云南驿镇云南驿村
大理白族自治州永平县博南镇曲硐村
大理白族自治州永平县博南镇花桥村
大理白族自治州永平县杉阳镇杉阳村
大理白族自治州云龙县宝丰乡宝丰村
大理白族自治州云龙县检槽乡师井村大村
大理白族自治州云龙县诺邓镇诺邓古村
大理白族自治州巍山县永建镇东莲花村
德宏傣族景颇族自治州陇川县户撒乡曼东村

第二批中国传统村落名录名单（2015 年）
云南省名录（232 个）

昆明市西山区团结乡乐居村
昆明市晋宁区晋城镇福安村
昆明市晋宁区双河乡田坝村
昆明市晋宁区夕阳乡木鲊村
昆明市晋宁区夕阳乡打黑村
昆明市晋宁区六街镇新寨村
昆明市石林县圭山镇糯黑村
曲靖市马龙县旧县镇黄土坡村
曲靖市马龙县马鸣乡咨卡村
曲靖市陆良县芳华镇雍家村
曲靖市师宗县竹基镇淑基村
曲靖市师宗县竹基镇大冲村
玉溪市江川区江城镇海门村
玉溪市通海县河西镇河西村
玉溪市通海县高大乡高大社区克呆村
玉溪市通海县兴蒙乡北阁下村
玉溪市华宁县青龙镇海镜村
玉溪市元江县澧江街道龙潭村委会者嘎村
玉溪市元江县洼棰乡它才吉村委会坡桎村
保山市隆阳区河图镇河村村委会西街
保山市隆阳区金鸡乡金鸡村
保山市隆阳区金鸡乡育德村
保山市隆阳区水寨乡水寨村
保山市隆阳区芒宽乡芒龙村
保山市施甸县旧城乡和尚田村
保山市施甸县由旺镇木榔村
保山市施甸县由旺镇银川村
保山市施甸县甸阳镇西山村
保山市施甸县姚关镇大乌邑村
保山市施甸县仁和镇保场村
保山市施甸县仁和镇热水塘村
保山市腾冲市界头镇新庄村
保山市腾冲市界头镇石墙村
保山市腾冲市曲石镇江苴古村
保山市腾冲市曲石镇箐桥村

保山市腾冲市明光镇尖山脚村
保山市腾冲市明光镇麻栎社区茶山河河外村
保山市腾冲市滇滩镇水城村
保山市腾冲市滇滩镇棋盘石村
保山市腾冲市滇滩镇烧灰坝村
保山市腾冲市固东镇甸苴村
保山市腾冲市固东镇江东社区银杏村
保山市腾冲市马站乡和睦村
保山市腾冲市猴桥镇老寨村
保山市腾冲市北海乡打苴村横寨
保山市腾冲市和顺镇大庄社区
保山市腾冲市和顺镇十字路社区
保山市腾冲市腾越镇油灯村油灯庄
保山市腾冲市腾越镇董官村
保山市腾冲市腾越镇洞山村
保山市腾冲市腾越镇尚家寨村
保山市腾冲市腾越镇朝阳村
保山市腾冲市腾越镇大宽邑村
保山市腾冲市腾越镇吴邑村
保山市腾冲市中和镇中营村
保山市腾冲市中和镇闫家冲社区
保山市腾冲市中和镇新岐村
保山市腾冲市中和镇民振村
保山市腾冲市中和镇樊家营社区
保山市腾冲市中和镇勐蚌社区
保山市腾冲市中和镇大村社区
保山市腾冲市荷花镇羡多村
保山市腾冲市荷花镇甘蔗寨村
保山市腾冲市芒棒镇张家村
保山市腾冲市五合乡联盟社区帕连寨
保山市腾冲市五合乡鹿山村杨家寨
保山市腾冲市五合乡腾朗社区小地方
保山市腾冲市五合乡五合社区元甫
保山市腾冲市五合乡丙弄社区丙弄寨
保山市龙陵县龙山镇芒旦村
保山市龙陵县象达乡勐蚌村
保山市昌宁县卡斯乡毛寨村
保山市昌宁县温泉乡里睦村
保山市昌宁县大田坝乡铁匠寨村
保山市昌宁县鸡飞乡珠山村委会大水村
保山市昌宁县湾甸乡帕旭村
保山市昌宁县耇街乡打平村委会大水塘村
保山市昌宁县耇街乡耇街村委会老街子村
昭通市昭阳区洒渔镇巡龙村
昭通市巧家县药山镇半箐村
昭通市巧家县老店镇老店村
昭通市永善县大兴镇大兴村驿马一社
昭通市绥江县南岸镇南岸村
昭通市镇雄县罗坎镇发达村
昭通市镇雄县罗坎镇凤翥村
丽江市古城区金山乡良美村委会启良村
丽江市古城区金安镇义新村委会五坝里村
丽江市古城区七河镇羊见村委会金安村
丽江市古城区七河镇新民村委会新民下村
丽江市古城区七河镇共和村委会南溪村
丽江市古城区七河镇共和村委会东关村
丽江市古城区束河街道龙泉村委会
丽江市玉龙县黄山镇文华村委会文华中村
丽江市玉龙县黄山镇白华村委会吉来村
丽江市玉龙县石鼓镇石鼓村委会海螺村
丽江市玉龙县石鼓镇大新村委会竹园村
丽江市玉龙县石鼓镇仁和村委会石支村
丽江市玉龙县白沙镇玉湖村委会玉湖村
丽江市玉龙县拉市镇海南村委会丰乐村
丽江市玉龙县拉市镇南尧村委会南尧村
丽江市永胜县三川镇翠湖村委会翠湖村
丽江市宁蒗县拉伯乡加泽村委会油米村
丽江市宁蒗县永宁乡温泉村委会瓦拉别
普洱市宁洱县宁洱镇宽宏村委会困鹿山村民小组
普洱市宁洱县勐先镇蚌扎村
普洱市宁洱县勐先镇上宣德村？
普洱市墨江县联珠镇癸能村委会大寨村
普洱市景东县锦屏镇黄草岭村
普洱市景东县大街镇文山村田心村民小组
普洱市景东县林街乡林街村回营村民小组
普洱市景谷县景谷镇纪家村
普洱市江城县整董镇整董村大河边组
普洱市江城县整董镇整董村老伯寨
普洱市江城县整董镇整董村曼滩组
普洱市江城县整董镇整董村大青树
普洱市江城县整董镇整董村力哨坡
普洱市江城县整董镇整董村麻木树
普洱市江城县国庆乡摸等村博别寨组
普洱市澜沧县上允镇上允村老街组
普洱市澜沧县惠民镇景迈村糯干组
普洱市澜沧县惠民镇芒景村
普洱市澜沧县惠民镇芒景村翁基组
普洱市西盟县岳宋乡岳宋村永老寨

临沧市临翔区南美乡南美村委会南楞田村
临沧市临翔区圈内乡斗阁村委会斗阁大寨
临沧市凤庆县洛党镇箐头村委会石洞寺村
临沧市凤庆县新华乡紫薇村平坦组
临沧市云县幸福镇邦信村
临沧市云县茂兰镇茂兰社区
临沧市云县大寨镇文丰村
临沧市永德县乌木龙乡二道桥俐侎部落村
临沧市双江县勐库镇冰岛村
临沧市沧源县勐懂镇芒摆村委会永点村
临沧市沧源县勐懂镇芒摆村委会永让村
临沧市沧源县芒卡镇湖广村
楚雄彝族自治州楚雄市子午镇以口夸村
楚雄彝族自治州双柏县法脿镇雨龙村委会李方村
楚雄彝族自治州牟定县安乐乡小屯村委会小屯村
楚雄彝族自治州牟定县蟠猫乡蟠猫村委会母鲁打村
楚雄彝族自治州禄丰县金山镇炼象关村
楚雄彝族自治州禄丰县妥安乡琅井村
红河哈尼族彝族自治州蒙自市草坝镇碧色寨村
红河哈尼族彝族自治州蒙自市新安所镇新安所村
红河哈尼族彝族自治州建水县西庄镇新房村
红河哈尼族彝族自治州红河县洛恩乡朋洛村
红河哈尼族彝族自治州红河县乐育乡龙车村
红河哈尼族彝族自治州红河县乐育乡坝美村
红河哈尼族彝族自治州红河县乐育乡尼美村
红河哈尼族彝族自治州红河县乐育乡桂东村
红河哈尼族彝族自治州红河县乐育乡玉古村
红河哈尼族彝族自治州红河县浪堤乡马龙村
文山壮族苗族自治州砚山县者腊乡批洒村
文山壮族苗族自治州马关县马白镇马洒村
文山壮族苗族自治州马关县八寨镇街脚村
文山壮族苗族自治州丘北县曰者镇河边村
文山壮族苗族自治州丘北县平寨乡革雷村
文山壮族苗族自治州丘北县腻脚乡老寨村
文山壮族苗族自治州丘北县温浏乡石别村
文山壮族苗族自治州广南县坝美镇革乍村委会汤拿村
西双版纳傣族自治州景洪市勐龙镇曼龙扣村委会曼飞龙村
西双版纳傣族自治州景洪市勐罕镇曼听村委会曼乍村
西双版纳傣族自治州景洪市噶洒镇曼掌宰村委会曼景保村
西双版纳傣族自治州景洪市基诺族乡巴亚村委会巴坡村
西双版纳傣族自治州景洪市基诺族乡巴亚村委会巴卡老寨
西双版纳傣族自治州景洪市基诺族乡巴亚村委会扎吕村
西双版纳傣族自治州景洪市基诺族乡巴亚村委会巴亚中寨
西双版纳傣族自治州景洪市大渡岗乡大荒坝村委会勐满村
西双版纳傣族自治州勐海县打洛镇勐景莱村
西双版纳傣族自治州勐海县西定乡章朗村
西双版纳傣族自治州勐腊县勐腊镇曼龙勒村
西双版纳傣族自治州勐腊县勐腊镇曼旦村
大理白族自治州大理市下关镇刘官厂村委会凤阳邑村
大理白族自治州大理市大理镇龙龛村委会龙下登村
大理白族自治州大理市凤仪镇丰乐村北汤天村
大理白族自治州大理市喜洲镇沙村村委会城北村
大理白族自治州大理市喜洲镇庆洞村
大理白族自治州大理市挖色镇大城村
大理白族自治州大理市双廊镇双廊村
大理白族自治州大理市双廊镇长育村
大理白族自治州大理市太邑彝族乡桃树村委会坦底么
大理白族自治州祥云县刘厂镇大波那村委会大波那村
大理白族自治州宾川县金牛镇柳家湾华侨社区
大理白族自治州宾川县大营镇萂村村
大理白族自治州弥渡县密祉乡文盛街村
大理白族自治州南涧县公郎镇罗伯克茶园村
大理白族自治州巍山县南诏镇新村村委会新村
大理白族自治州巍山县庙街镇阿朵村
大理白族自治州巍山县庙街镇利克村
大理白族自治州巍山县庙街镇盟石村委会陈德厂村
大理白族自治州巍山县大仓镇新胜村委会啄木郎村
大理白族自治州巍山县永建镇马米厂村委会米姓村
大理白族自治州巍山县马鞍山乡青云村
大理白族自治州云龙县关坪乡字衙村
大理白族自治州云龙县长新乡长春村
大理白族自治州云龙县长新乡包罗村大达社
大理白族自治州云龙县检槽乡检槽村委会大村
大理白族自治州云龙县苗尾傈僳族乡表村村委会表村
大理白族自治州云龙县苗尾傈僳族乡松坪村
大理白族自治州剑川县金华镇三河村
大理白族自治州剑川县金华镇向湖村
大理白族自治州剑川县沙溪镇甸头村
大理白族自治州剑川县沙溪镇四联村委会段家登村
大理白族自治州剑川县沙溪镇石龙村
大理白族自治州剑川县甸南镇天马村
大理白族自治州剑川县甸南镇龙门村
大理白族自治州剑川县弥沙乡文新村岩洞村
大理白族自治州剑川县弥沙乡弥新村弥井村
大理白族自治州鹤庆县松桂镇长头村
大理白族自治州州鹤庆县松桂镇龙珠村委会军营村
大理白族自治州鹤庆县松桂镇松桂村委会街南村
大理白族自治州鹤庆县金墩乡和邑村

大理白族自治州鹤庆县六合乡五星村五星大村
大理白族自治州鹤庆县六合乡灵地村灵地大村
德宏傣族景颇族自治州梁河县九保乡九保村
德宏傣族景颇族自治州梁河县河西乡邦读村
德宏傣族景颇族自治州盈江县旧城镇旧城村委会大寨村
德宏傣族景颇族自治州盈江县太平镇芒允村
德宏傣族景颇族自治州盈江县新城乡繁勐村委会芒别村
怒江傈僳族自治州泸水市鲁掌镇鲁祖村
迪庆藏族自治州香格里拉市洛吉乡尼汝村
迪庆藏族自治州香格里拉市三坝乡白地村
迪庆藏族自治州香格里拉市建塘镇小街子村
迪庆藏族自治州德钦县云岭乡雨崩村
迪庆藏族自治州德钦县燕门乡茨中村
迪庆藏族自治州维西县叶枝镇同乐村
迪庆藏族自治州维西县叶枝镇叶枝村
迪庆藏族自治州维西县塔城镇塔城村塔城一二组
迪庆藏族自治州维西县塔城镇朵那阁村
迪庆藏族自治州维西县保和镇腊八底村
迪庆藏族自治州维西县保和镇永春村白帕塘
迪庆藏族自治州维西县巴迪乡结义村
迪庆藏族自治州维西县维登乡富川村

第三批中国传统村落名录名单（2016 年）
云南省名录（208 个）

昆明市西山区团结街道办事处永靖社区居委会白石岩村
昆明市东川区铜都街道办事处箐口村委会汪家箐村
昆明市晋宁区双河乡双河营村委会
昆明市晋宁区夕阳乡田房村委会大摆衣村
昆明市晋宁区夕阳乡保安村委会雷响田村
昆明市晋宁区夕阳乡新山村委会鸭打甸村
昆明市晋宁区夕阳乡一字格村委会
昆明市晋宁区六街镇干海村委会
昆明市富民县赤鹫镇平地村委会平地村
昆明市宜良县匡远街道办事处福谊社区居委会墩子村
昆明市嵩明县牛栏江镇荒田村委会马鞍山村
昆明市禄劝县撒营盘镇撒老乌村委会
昆明市安宁市禄脿街道办事处禄脿村委会禄脿村
曲靖市罗平县富乐镇富乐村委会富乐村
曲靖市沾益区大坡乡河尾村委会大村
曲靖市宣威市杨柳乡可渡村委会关上村
玉溪市澄江县海口镇松元村委会石门村
玉溪市通海县里山乡大黑冲村委会大黑冲村
玉溪市华宁县宁州街道办事处冲麦村委会冲麦村
玉溪市华宁县青龙镇落梅村委会来保康村
玉溪市峨山县塔甸镇大西村委会戈嘎村
玉溪市峨山县塔甸镇亚尼村委会伙枇杷村
保山市隆阳区潞江镇芒旦村委会老城村
保山市隆阳区瓦房乡党东村委会党东村
保山市施甸县旧城乡芭蕉林村委会小中山村
保山市施甸县旧城乡旧城村委会大坪子村
保山市施甸县木老元乡哈寨村委会哈寨村
保山市施甸县木老元乡木老元村委会下木老元村
保山市腾冲市滇滩镇河西社区村委会
保山市腾冲市界头镇大塘社区村委会
保山市腾冲市界头镇大园子社区村委会
保山市腾冲市界头镇永安社区村委会
保山市腾冲市明光镇中塘社区村委会白石岩村
保山市腾冲市明光镇中塘社区村委会丰盛坝村
保山市腾冲市芒棒镇老桥头社区桥头村
保山市腾冲市荷花镇朗蒲社区村委会
保山市腾冲市荷花镇民团社区村委会坝派村
保山市腾冲市荷花镇肖庄社区村委会荷花池村
保山市腾冲市马站乡三联社区村委会碗窑村
保山市腾冲市清水乡良盈社区村委会蔺家寨村
保山市腾冲市清水乡良盈社区村委会镇邑关村
保山市腾冲市蒲川乡曼朵社区曼堆村
保山市腾冲市新华乡龙洒社区龙洒村
保山市腾冲市新华乡新山社区坝角村
保山市龙陵县镇安镇大坝社区向阳寨村
保山市龙陵县勐糯镇大寨村委会大寨村
保山市龙陵县象达乡棠梨坪社区中寨村
保山市昌宁县湾水镇明华村委会徐家寨村
保山市昌宁县柯街镇扁瓦村委会秀雅村
保山市昌宁县田园镇勐廷社区大寨子村
保山市昌宁县珠街乡羊街村委会子原村
保山市昌宁县耇街乡新厂村委会汪家箐村
昭通市威信县高田乡新华村委会石坝子村
丽江市古城区束河街道黄山社区忠信村
丽江市古城区束河街道中济社区普济村
丽江市古城区文化街道东江居委会向阳村
丽江市古城区七河镇五峰村委会中排村
丽江市古城区七河镇新民村委会上村
丽江市玉龙县黄山镇五台村委会夏禾下束河村
丽江市玉龙县拉市镇海东村委会梅子村
丽江市玉龙县拉市镇吉余村委会余乐村
丽江市玉龙县拉市镇均良村委会打渔村
丽江市玉龙县拉市镇美泉村委会美泉村
丽江市玉龙县石头乡四华村委会龙华村

丽江市玉龙县大具乡培良村委会营盘村
丽江市玉龙县宝山乡吾木村委会吾木村
丽江市玉龙县龙蟠乡新联村委会土官村
丽江市玉龙县龙蟠乡兴文村委会宏文村
丽江市永胜县期纳镇文凤村委会果园南村
丽江市永胜县程海镇海腰村委会蒲米村
丽江市永胜县六德乡双河村委会双河二村
丽江市永胜县东山乡河东村委会妈知务邑啰村
丽江市永胜县松坪乡下啦嘛村委会看牦牛村
普洱市镇沅县勐大镇文仆村委会平掌上村
普洱市镇沅县勐大镇英德村委会英德村
普洱市镇沅县镇太镇太和村委会紫马街村
普洱市孟连县娜允镇芒街村委会傣族村
普洱市孟连县娜允镇芒掌村委会猛外村
普洱市孟连县公信乡糯董村委会糯董老寨村
普洱市孟连县芒信镇海东村委会笼帅村
普洱市孟连县芒信镇芒卡村委会芒畔村
普洱市澜沧县糯福乡阿里村委会老迈寨村
临沧市凤庆县诗礼乡古墨村委会古墨村
临沧市凤庆县诗礼乡清华村委会中兴村
临沧市云县茂兰镇哨街村委会哨街村
临沧市永德县永康镇忙腊村委会旧城村
临沧市永德县大山乡忙兑村委会大忙简村
临沧市镇康县凤尾镇芦子园村委会小落水村
临沧市耿马傣族佤族自治县孟定镇芒团村
临沧市沧源县勐来乡丁来村委会丁来村
楚雄州楚雄市吕合镇吕合村委会吕合村
楚雄州楚雄市吕合镇中屯村委会马家庄村
楚雄州牟定县江坡镇江坡村委会江坡大村
楚雄州永仁县宜就镇外普拉村委会大村
楚雄州永仁县中和镇中和村委会中和村
楚雄州武定县猫街镇猫街村委会咪三咱村
楚雄州武定县插甸乡水城村委会水城村
楚雄州武定县发窝乡大西邑村委会大西邑村
楚雄州武定县白路乡平地村委会木高古村
楚雄州武定县万德乡万德村委会万德村
楚雄州武定县己衣乡己衣村委会己衣大村
楚雄州禄丰县黑井镇黑井村委会板桥村
楚雄州禄丰县黑井镇黑井村委会黑井村
红河州个旧市贾沙乡陡岩村委会陡岩村
红河州屏边县白河乡胜利村委会洒卡村
红河州建水县临安镇韩家村委会碗窑村
红河州建水县官厅镇牛滚塘村委会柑子树村
红河州建水县西庄镇白家营村委会阿瓦寨村
红河州建水县西庄镇他广村委会贝贡村
红河州建水县西庄镇荒地村委会荒地村
红河州建水县西庄镇马坊村委会马坊村
红河州建水县西庄镇马坊村委会汤伍村
红河州建水县西庄镇马家营村委会马家营村
红河州建水县西庄镇马家营村委会绍伍村
红河州建水县南庄镇小龙潭村委会钱家湾村
红河州建水县岔科镇岔科村委会双见峰村
红河州建水县曲江镇欧营村委会欧营村
红河州建水县面甸镇红田村委会谷家山村
红河州建水县普雄乡纸厂村委会上纸厂村
红河州建水县塔瓦村委会塔瓦村
红河州建水县李浩寨乡温塘村委会湾塘村
红河州建水县坡头乡坡头村委会黄草坝村
红河州建水县坡头乡回新村委会回新村
红河州建水县盘江乡苏租村委会本善村
红河州建水县甸尾乡高楼寨村委会高楼寨村
红河州石屏县异龙镇陶村村委会符家营村
红河州石屏县异龙镇豆地湾村委会罗色湾村
红河州石屏县异龙镇大瑞城村委会小瑞城村
红河州石屏县异龙镇冒合村委会岳家湾村
红河州石屏县宝秀镇哥白孔村委会小冲村
红河州石屏县坝心镇白浪村委会白浪村
红河州石屏县坝心镇新街村委会关上村
红河州石屏县坝心镇老街村委会龙港村
红河州石屏县坝心镇芦子沟村委会小高田苏家寨村
红河州石屏县哨冲镇水瓜冲村委会慕善村
红河州石屏县哨冲镇水瓜冲村委会水瓜冲村
红河州石屏县牛街镇迭亩龙村委会迭亩龙村
红河州石屏县牛街镇他腊村委会他腊村
红河州石屏县牛街镇邑黑吉村委会邑黑吉村
红河州弥勒市西一镇起飞村委会红万村
红河州元阳县新街镇爱春村委会阿者科村
红河州元阳县新街镇土锅寨村委会箐口村
红河州元阳县攀枝花乡一碗水村委会垭口村
红河哈尼族彝族自治州红河县迤萨镇东门街村
红河州红河县甲寅乡甲寅村委会甲寅村
红河州红河县甲寅乡他撒村委会作夫村
红河州红河县大羊街乡大妥赊村委会大妥赊村
红河州红河县大羊街乡大羊街村委会大羊街村
红河州红河县驾车乡架车村委会哈冲上寨
红河州红河县驾车乡扎垤村委会妥女村
红河州红河县垤玛乡曼培村委会八哈村
红河州红河县垤玛乡曼培村委会树落村

红河州红河县垤玛乡牛红村委会腊约村
红河州河口县桥头乡桥头村委会白黑村
文山州广南县者兔乡者妈村委会里夺村
文山州广南县者兔乡者兔村委会西牙村
文山州广南县者兔乡者妈村委会者妈村
文山州广南县者太乡未昔村委会上米哈村
文山州广南县者太乡未昔村委会下米哈村
大理州大理市湾桥镇中庄村委会古生村
大理州大理市银桥镇五里桥村委会沙栗木村
大理州大理市上关镇青索村委会
大理州漾濞县苍山西镇上街村委会
大理州宾川县宾居镇宾居村委会
大理州宾川县州城镇老赵村委会
大理州宾川县州城镇州城村委会
大理州宾川县鸡足山镇上沧村委会
大理州宾川县鸡足山镇沙址村委会寺前村
大理州宾川县平川镇朱苦拉村委会
大理州弥渡县牛街乡牛街村委会
大理州南涧县南涧镇南涧街居委会向阳村
大理州南涧县公郎镇沙乐村委会旧村
大理州南涧县宝华镇虎街村委会虎街村
大理州南涧县无量山镇红星村委会黑么苴村
大理州巍山县庙街镇盟石村委会山塔村
大理州巍山县永建镇永胜村委会回辉登村
大理州永平县水泄乡阿波村委会阿波寨村
大理州云龙县漕涧镇漕涧村委会
大理州云龙县诺邓镇和平村委会天井村
大理州云龙县诺邓镇象麓村委会大井村
大理州云龙县功果桥镇下坞村委会
大理州洱源县茈碧湖镇碧云村委会碧云村
大理州洱源县茈碧湖镇海口村委会梨园村
大理州洱源县邓川镇旧州村委会旧州村
大理州洱源县凤羽镇凤翔村委会
大理州剑川县金华镇庆华村委会
大理州剑川县金华镇桑岭村委会
大理州剑川县马登镇东华村委会
大理州剑川县马登镇西宅村委会
大理州剑川县马登镇新华村委会
大理州剑川县沙溪镇鳌凤村委会
大理州剑川县沙溪镇华龙村委会
大理州剑川县沙溪镇长乐村委会
大理州剑川县弥沙乡文新村委会横场村
大理州鹤庆县草海镇新华村委会
大理州鹤庆县金墩乡银河村委会金翅禾村
德宏州瑞丽市勐卯镇姐东村委会喊沙村
德宏州芒市勐戛镇勐戛村委会勐戛村
德宏州芒市风平镇风平村委会弄么村
德宏州盈江县支那乡支那村委会硝塘村
怒江州兰坪县通甸镇黄松村委会
迪庆州香格里拉市建塘镇红坡村委会霞给村
迪庆州香格里拉市尼西乡汤满村委会汤堆村
迪庆州香格里拉市格咱乡木鲁村委会
迪庆州德钦县佛山乡江坡村委会江坡村
迪庆州德钦县拖顶乡大村村委会
迪庆州德钦县霞若乡霞若村委会
迪庆州维西县塔城镇塔城村委会托洛顶村

第四批中国传统村落名录名单（2017 年）
云南省名录（113 个）

曲靖市麒麟区珠街街道办事处箐口村
曲靖市麒麟区越州镇潦浒社区大村
曲靖市陆良县马街镇良迪村
曲靖市沾益区花山街道松林村
曲靖市宣威市落水镇宁营自然村
玉溪市红塔区春和街道黄草坝村委会玉碗水村
玉溪市通海县河西镇大回村
玉溪市通海县里山乡小荒田村
玉溪市通海县兴蒙乡桃家嘴村
玉溪市华宁县宁州街道办事处碗窑村
玉溪市易门县小街乡歪头山村
玉溪市峨山县甸中镇八字岭村
玉溪市峨山县甸中镇栖木掘村
玉溪市峨山县塔甸镇大西村
玉溪市峨山县岔河乡安居村
玉溪市峨山县富良棚乡雨果村
玉溪市新平县戛洒镇大平掌小组村
玉溪市元江县那诺乡二掌村
玉溪市元江县洼垤乡邑慈碑村
保山市隆阳区蒲缥镇塘子沟村
保山市隆阳区水寨乡平坡村
保山市腾冲市腾越镇马常村
保山市腾冲市腾越镇热海村
保山市腾冲市腾越镇洞坪村
保山市腾冲市清水乡大寨村
保山市腾冲市清水乡荆陈社区
保山市龙陵县象达乡营坡社区南海寨村
昭通市巧家县小河镇拖车村
昭通市巧家县大寨镇车坪村

昭通市威信县双河乡后房村
丽江市古城区九子海村
丽江市玉龙县巨甸镇拉市坝村
丽江市玉龙县塔城乡拉市落村
丽江市宁蒗县翠玉乡培德村
普洱市镇沅县振太镇文索村杨家组
普洱市澜沧县南岭乡勐炳村龙塘老寨村
临沧市凤庆县鲁史镇老道箐村老议山自然村
临沧市凤庆县鲁史镇金鸡村先锋自然村
临沧市凤庆县诗礼乡永兴村
临沧市凤庆县诗礼乡三合学堂村
临沧市云县后箐乡后箐村
临沧市沧源县单甲乡嘎多村
楚雄州武定县高桥镇老滔村
楚雄州禄丰县勤丰镇马街村委会旧县村
红河州蒙自市鸣鹫镇鸣鹫村
红河州蒙自市老寨乡老寨村
红河州建水县西庄镇东者村
红河州建水县普雄乡藤子寨村
红河州建水县坡头乡咪的村
红河州建水县利民乡小暮阳村
红河州建水县李浩寨乡马占户村
红河州建水县甸尾乡泥冲村
红河州建水县甸尾乡期租碑村
红河州石屏县异龙镇大水村
红河州石屏县异龙镇冒合村
红河州石屏县异龙镇松村
红河州石屏县异龙镇太岳村
红河州石屏县异龙镇李家寨村
红河州石屏县异龙镇豆地湾村
红河州石屏县宝秀镇宝秀村
红河州石屏县宝秀镇张本寨村
红河州石屏县宝秀镇吴营村
红河州石屏县坝心镇新街村
红河州石屏县龙朋镇桃园村
红河州石屏县龙朋镇大寨村
红河州石屏县龙朋镇龙朋村
红河州石屏县龙武镇坡头甸村
红河州石屏县哨冲镇莫测甸村
红河州石屏县哨冲镇龙黑村
红河州石屏县哨冲镇哨冲村
红河州石屏县哨冲镇曲左村
红河州石屏县哨冲镇撒妈鲊村
红河州弥勒市西一镇滥泥箐村
红河州泸西县金马镇嘉乐村
红河州泸西县旧城镇黑舍村
红河州泸西县午街铺镇普泽村
红河州泸西县白水镇小红杏村
红河州泸西县向阳乡小沙马村
红河州泸西县三塘乡大阿定村
红河州元阳县新街镇大鱼塘村
红河州元阳县大坪乡太阳老寨村
红河州红河县迤萨镇他竜村
红河州红河县甲寅乡阿撒村
红河州红河县大羊街乡小妥赊村
文山州广南县者兔乡下者偏村
文山州广南县者兔乡上者偏村
文山州广南县者兔乡那坝村
大理州大理市喜洲镇上关村
大理州祥云县下庄镇大仓村
大理州宾川县力角镇中营村
大理州宾川县平川镇盘古村
大理州弥渡县寅街镇朵祜村
大理州弥渡县寅街镇大庄村
大理州弥渡县苴力镇大寺村
大理州巍山县庙街镇顾旗厂村
大理州巍山县大仓镇回营村
大理州巍山县巍宝山乡玉碗水村
大理州巍山县五印乡鼠街村
大理州云龙县白石镇顺荡村
大理州洱源县茈碧湖镇松鹤村
大理州洱源县乔后镇老街村
大理州洱源县牛街乡牛街村
大理州鹤庆县辛屯镇逢密村
大理州鹤庆县金墩乡金登村
德宏州芒市遮放镇芒丙村
德宏州芒市遮放镇遮冒村
德宏州芒市三台山乡出冬瓜村
德宏州芒市轩岗乡芒项村
德宏州盈江县铜壁关乡松克村
德宏州盈江县盏西镇扒欠村
怒江州贡山县丙中洛镇甲生村
怒江州贡山县丙中洛镇秋那桶村
迪庆州香格里拉市虎跳峡镇海典村

（李甜江　整理）

云南省河长制公告名单

云南省河长制领导小组向社会公告云南省总河长、副

总河长、总督察、副总督察名单：

一、省级总河长、副总河长、总督察、副总督察及省级河长名单

总河长 省委书记，省人大常委会主任陈豪

副总河长 省委副书记、省长阮成发

总督察 省委副书记李秀领

副总督察 省政协主席罗正富（负责六大水系及牛栏江）省人大常委会常务副主任张百如（负责九大高原湖泊）

二、省级河长名单

长江（云南段） 副省长张祖林，联系部门省水利厅。

珠江（云南段） 省委常委、常务副省长宗国英，联系部门省财政厅

红河（云南段） 副省长高峰，联系部门省教育厅

澜沧江（云南段） 副省长何金平，联系部门省发展改革委。

怒江（云南段） 省委常委、省委秘书长刘慧晏，联系部门省国土资源厅

伊洛瓦底江（云南段） 副省长陈舜，联系部门省外办。

牛栏江（云南段） 副省长董华，联系部门省工业和信息化委

滇池 省委常委、昆明市委书记程连元，联系部门省住房城乡建设厅洱海 省委副书记、省长阮成发，联系部门省环境保护厅

抚仙湖 省委书记、省人大常委会主任陈豪，联系部门省旅游发改委，程海 省委常委、省委宣传部长赵金，联系部门省委宣传部

泸沽湖（云南部分） 省委常委、省委政法委书记张太原，联系部门省委政法委

杞麓湖 省委常委、省委统战部部长杨宁，联系部门省林业厅

星云湖 副省长张祖林，联系部门省农业厅

阳宗海 省委常委、省委组织部长李小三，联系部门省委组织部

异龙湖 省委副书记李秀领，联系部门省水利厅

（魏家骏 整理）

索引

说　明

一、本索引采用主题分析法编制。索引范围包括全书条目、专文、文献选辑、大事记、统计表格、附录、图片等。其中，文献选辑、大事记、附录、彩页图片的具体内容未做索引，仅以其编目名称或文献标题标引。

二、本索引按主题词首字汉语拼音音序（同音字按音调）排列，首字为阿拉伯数字或外文字母者，以非音序集中排列在本索引末。

三、索引款目由主题词、修饰词或说明词组成，索引款目后的阿拉伯数字表示该主题内容在书中的页码，a、b字母则表示该主题内容在该页码的栏目位置（a在左栏，b在左栏）。

四、同一主题的内容采用“互见”或“参见”的形式标引，其中在主题词下各占一行排列的为“互见”，在主题词后出现的两个以上的页码为“参见”。

五、本书中的篇目、类目、分目及文献名用黑体字标引，其余用宋体字排印。

A

B

C

D

E

F

G

H

J

K

L

M

N

P

T

W

X

Y

Z

非音序

云南生态年鉴 2018

Annual of Yunnan Ecology

倡导绿色和谐
促进生态文明

★《云南生态年鉴》（2008）
获云南省第八届年鉴评比综合特等奖

★《云南生态年鉴》（2009）
获第四届全国年鉴编纂出版质量综合一等奖
获云南省第九届年鉴系列评奖综合一等奖

★《云南生态年鉴》（2010）
获第五届全国年鉴编校质量检查评比特等奖

★《云南生态年鉴》（2011）
获云南省第十届年鉴系列评奖综合一等奖

★《云南生态年鉴》（2012）
获第五届全国年鉴编纂出版质量评比综合一等奖
获云南省第十届年鉴系列评奖综合特等奖

★《云南生态年鉴》（2013）
获云南省第十一届年鉴系列评奖综合一等奖

★《云南生态年鉴》（2015）
获云南省第十二届年鉴系列评奖综合一等奖

★《云南生态年鉴》（2016）
获云南省第十二届年鉴系列评奖综合特等奖

云南生态年鉴
2018